山东大学儒学高等研究院尼山文库

国家社会科学基金项目（批准号：05AZS003）

尼山文库

思想世界的概念系统

曾振宇 著

人民出版社

责任编辑:胡喜云
封面设计:周方亚

图书在版编目(CIP)数据

思想世界的概念系统/曾振宇 著. -北京:人民出版社,2012.8
(尼山文库)
ISBN 978-7-01-010857-5

Ⅰ.①思… Ⅱ.①曾… Ⅲ.①哲学思想-研究-中国-古代 Ⅳ.①B2

中国版本图书馆 CIP 数据核字(2012)第 081109 号

思想世界的概念系统
SIXIANG SHIJIE DE GAINIAN XITONG

曾振宇 著

人民出版社 出版发行
(100706 北京朝阳门内大街 166 号)

北京瑞古冠中印刷厂印刷 新华书店经销

2012 年 8 月第 1 版 2012 年 8 月北京第 1 次印刷
开本:700 毫米×1000 毫米 1/16 印张:32.5
字数:540 千字

ISBN 978-7-01-010857-5 定价:67.00 元

邮购地址 100706 北京朝阳门内大街 166 号
人民东方图书销售中心 电话 (010)65250042 65289539

目　录

引言：中国古代哲学概念的特点

黑格尔尝言："既然文化上的区别一般地基于思想范畴的区别，则哲学上的区别更是基于思想范畴的区别。"[①] 如果一个民族有自己的哲学形态，那么一定存在着自身独特的概念系统。道、气、心、性、理、阴阳、五行等概念，构成中国哲学史上独具人文特色的概念系统。但是，自从西学舍筏登陆以来，学人纷纷用西方哲学原理与概念体系重新诠释与裁评中国传统哲学的概念体系，道、气、心、性、理等中国传统学术思想中的概念逐渐被披上"洋装"。西风熏得国人醉，"直把杭州作汴州"，20 世纪 50 年代末关于老子"道"论哲学性质的大讨论就是一典型邯郸学步的事例[②]。这种以"反向格义"主流方法诠释中国古代哲学概念所带来的最大弊病，就在于中国本土哲学概念特点的逐渐丧失。造成这种东施效颦、方枘圆凿哲学困境的内在原因之一，在于忽略了中国传统哲学与西方哲学本是两个性质完全不同的文化形态。西方哲学中存在着两个世界：一个是感性的、现象的、经验的世界，另一个是非感性的、本质的、逻辑的世界。本体论是对逻辑世界的

① 黑格尔：《哲学史讲演录》第 1 卷，商务印书馆 1995 年版，第 47 页。

② 有关 20 世纪 50 年代末关于老子"道"论哲学性质的大讨论，详见《老子哲学讨论集》，中华书局 1959 年版。近几年刘笑敢教授连续发表多篇论文，对近代以来以"反向格义"主流方法诠释中国本土哲学概念所陷入的方枘圆凿困境进行反思，在学界产生了广泛影响。参见刘笑敢：《"反向格义"与中国哲学研究的困境——以老子之道的诠释为例》，《南京大学学报》2006 年第 2 期；《中国哲学，妾身未明?》，《南京大学学报》2008 年第 2 期；等等。

描述，它只存在于逻辑世界之中。从柏拉图到黑格尔，西方哲学形态一直表现为逻辑世界与经验世界的两离性。由于西方哲学划分出经验和经验之外两大分离的领域，从而产生了本体论以及本体论所表述的理性与纯粹原理范畴。本体论是西方哲学特有的一种哲学形态，其中包含着中国传统哲学中所没有的思维方式与叙述模式。中国传统哲学从来就没有所谓经验世界之外还存在着一个相对独立的逻辑世界的观点。恰恰相反，在中国传统哲学形态中，逻辑世界、原理世界是与经验世界、现象世界不可分割地包容于一体的，用中国哲学固有的命题来表述，就叫“道不离器”、“气兼有无”。无论“道”学、“理”学，抑或“气”学，都不是西方哲学意义上的那种在现象世界之外独立存在的逻辑世界。但是，需要明确回答的一个问题是：虽然中国本土哲学不存在西方哲学史上获得了“绝对的形式”的“纯粹概念”，但这并不意味着中国传统学术思想中没有哲学概念。实际上，中国本土哲学范畴、概念存在着与西方哲学范畴、概念迥然不同的“貌相”，中国古代的哲学概念系统有其自身独创性的文化内涵与哲学特质。

一、中国古代哲学概念的“泛心论”色彩比较浓厚

李泽厚先生认为，《老子》之“道”存在着“泛神论”或“物活论”的哲学特征：“‘道’是总规律，是最高的真理，也是最真实的存在。这三者（规律、真理、存在）在《老子》中是混为一体不可区分的。……正因为实体与功能、存在与规律混为一体，于是就显出种种泛神论、物活论等超经验超感性的神秘色彩。今日关于《老子》是唯物主义唯心主义的多余争论，原因之一恐怕是对古代哲学这一特征注意不够。”① 李泽厚这一观点十分精辟，但学界对这一观点显然重视不够。《老子》“道”论中含有“泛心论”、“物活论”色彩，与《老子》之“道”蕴涵精神属性密切相连。“道”是一有生命张力的存在，这是一发人深省的文化现象：“故从事于道者，道者同于道，德者同于德，失者同于失。同于道者，道亦乐得之；同于德者，

① 李泽厚：《中国古代思想史论》，人民出版社1986年版，第92页。

德亦乐得之。”[①]“夫慈以战则胜，以守则固。天将救之，以慈卫之。”[②]“天之道，利而不害。圣人之道，为而不争。”[③]“天之所恶，孰知其故？是以圣人犹难之。天之道，不争而善胜，不言而善应，不召而自来，繟然而善谋。”[④] 道并不单纯是一哲学概念，而且也是充满生命张力、有喜怒哀乐情感的最高存在。道论系统中的这一哲学特点，在“气”范畴中也有充分的体现。作为宇宙之本原的“气”，是一活泼泼的生命有机体，这是中国传统哲学中最为发人深思的、独特的文化特质。这种文化特质早在《左传》、《国语》、《庄子》等先秦典籍中就已萌发。在汉代王充的思想体系中，不仅“鬼妖之气”有精神、有知觉，而且宇宙万物皆有生命、有精神，都是活泼泼的生命体：“夫人之精神，犹物之精神也。物生，精神为病；其死，精神消亡。人与物同，死而精神亦灭，安能为害祸？”[⑤] 王充提出了“人之精神”和“物之精神”两个概念。我们不禁要追问：万物皆有生命、皆有意识如何可能？如果一直追问下去，最终又将牵涉到元气本原。元气之中阳气主管精神，阳气因而可以用于解释人类意识之起源，也可用来诠释鬼妖之气何以有知觉，此外也可用来解释万物有意识如何可能。宇宙本原先验性地具有“泛心论”、“泛灵论”特质，是中国哲学必须正视、必须深入思考的一大哲学课题。即使在代表中国古典气学最高水平的张载哲学中，这一哲学缺欠仍然没有得到根本性的超越。《正蒙·乾称》云：“气之性本虚而神，则神与性乃气所固有，此鬼神所以体物而不可遗也。”在张载哲学中，“神”范畴具有双重含义：其一，神妙、变化莫测。气处于清虚无形状态，并且在运动变化过程中神妙莫测。“气有阴阳，推行有渐为化，合一不测为神。”[⑥] 其二，“神”指谓精神意识与主宰。这种哲学含义在张载哲学中占据主导地位。他认为太虚之气分为两种：清气与浊气。清气为神，浊气为形。神为精华，清净无碍；形是糟粕，混浊有碍。形有大小粗精之分，神却无所分别，

---

① 《老子》二十三章，诸子集成本，中华书局2006年版，下同。

② 《老子》六十七章。

③ 《老子》八十一章。

④ 《老子》七十三章。

⑤ 王充：《论衡·治期篇》，中华书局1979年版。

⑥ 张载：《正蒙·神化》，《张载集》，中华书局1978年版，第16页。

纯粹是神。“太虚为清，清则无碍，无碍故神；反清为浊，浊则碍，碍则形。”[①] 张载认为神（精神、意识）和形（物质）皆源于气，都是“气所固有”；精神、意识是纯粹精致之气，万物皆是混浊驳杂之气。物质与意识皆属气化之物，其差别仅仅在于清浊程度不同。张载所论，实际上是在印证另一个观点：气作为宇宙本体是一个具有能动性的最高存在。此外，气之先在性品德是“至诚”：“至诚，天性也。”[②] 张载这一观点源于思孟学派，然后又在王廷相思想中得以扩充。王廷相在与何柏斋的辩论中，一开始就以问语方式表明自己的观点：“且夫天地之间，何虚非气？何气不化？何化非神？安可谓无灵？又安可谓无知？”[③] 宇宙万物何以皆有灵有知？王廷相从哲学形而上高度对此进行了论述：“愚以元气未分之时，形、气、神冲然皆具……”[④] 这句话对于理解中国哲学的内涵与本质极其重要。元气在宇宙论上是一全息之“种子”，精神、知觉、仁义品德都是元气先验之属性，是元气“冲然皆具”的。在古典气学哲学逻辑体系中，设定宇宙本体具有泛生命特性（生气）是至关重要的。因为唯其如此，才能“圆而神”地论证人类何以有生命知觉？人死后何以灵魂不灭？仁义何以具有可能性？万物何以皆有生命？“神与性皆气所固有”一句话，“圆满”解决了一切哲学难题。对于中国哲学中的这种泛生命特质，李约瑟先生理解得极其透彻。他将中国传统哲学家的自然观概括为“有机的自然主义”：“对中国人来说，自然界并不是某种应该永远被意志和暴力所征服的具有敌意和邪恶的东西，而更像是一切生命体中最伟大的物体。”[⑤]

二、气、理、道等概念兼摄价值本源

唐君毅先生指出，在老子道论中，“道”含有“同于德之义”：“道之义亦未尝不可同于德之义。盖谓物有得于道者为德，则此德之内容，亦只是其

---

① 张载：《正蒙·太和》，《张载集》，中华书局1978年版，第9页。
② 张载：《正蒙·乾称》，《张载集》，中华书局1978年版，第63页。
③ 王廷相：《内台集·答何柏斋造化论》，《王廷相集》，中华书局1989年版，第969页。
④ 王廷相：《内台集·答何柏斋造化论》，《王廷相集》，中华书局1989年版，第971页。
⑤ 潘吉星主编：《李约瑟文集》，辽宁科学技术出版社1986年版，第338页。

所得于道者；此其所得于道者，固亦只是道而已。”[①] 在中国古代思想史上，宇宙本根兼摄价值本源，在逻辑和义理上十分必要。因为道是价值总根据，仁、义等具体德目才能获得存在的正当性。与此同时，作为价值终极依据的道，其自身就闪耀着德性之光辉。《老子》文本中的“玄德”、“大德”、“广德”、“建德”、“常德”等概念，皆是对道崇高德行之描述。刘笑敢认为：“道既是宇宙起源之实然，又是人之价值之应然的根源。”[②]《老子》四十五章云：“大成若缺，其用不弊；大盈若冲，其用不穷。大直若曲，大巧若拙，大辩若讷。”正言若反、以反彰正是《老子》独特的方法论和表述方式，正因为蕴涵了“反”的某些特点，才成就其“大成”、“大盈”、“大直”、“大巧”和“大辩”，成、盈、直、巧、辩既是圣人之至德，也是道之玄德。[③]

宋明理学中的“理”或“天理”，也是仁义理智等具体德目存在之总根据。“理一分殊”是程朱理学核心思想之一，这一命题最早出现于程颐的《答杨时论西铭书》中，是程颐对张载《西铭》中关于道德起源论的一种概括。张载当年从形而上学的高度推演出仁义等道德观念的正当性，程颐进而将其归纳为“理一分殊”。在理论形式上，“理一分殊”借鉴了佛教华严宗的“一多相摄”学说；在适用范围上，“理一分殊”最初还只是一个伦理范畴，仅限于社会道德领域。“正其理则万事一，一以贯之也。”[④] 天理是天下万物中始终如一存在着的一贯之理，仁义礼智等德目是天理在社会道德领域的彰显。“理一分殊”后来演变成为理学中的一个重要命题，李侗甚至断言：“吾儒之学所以异于异端者，理一分殊也。理不患其不一，所难者分殊耳。”[⑤] 既承认理一又主张分殊，是区分纯儒与异端的理论标志。朱熹进而认为，天理是一“谷种”，是一百无欠缺的自在之物，人伦道德自然也是这

① 唐君毅：《中国哲学原论导论篇》，中国社会科学出版社 2005 年版，第 230 页。

② 刘笑敢：《老子古今》，中国社会科学出版社 2006 年版，第 294 页。

③ 在《老子》文本中，正言若反、相反相成的表述非常多：“企者不立，跨者不行，自见者不明，自是者不彰”（第二十四章），“知者不言，言者不知”（第五十六章），“正复为奇，善复为妖”（第五十八章），“不争而善胜，不言而善应，不召而自来，繟然而善谋，天网恢恢，疏而不失”（第七十三章）。

④ 程颢、程颐：《河南程氏外书》卷二，《二程集》，中华书局 2004 年版，第 365 页。

⑤ 赵师夏：《〈延平答问〉跋》，《朱子全书》第十三册，上海古籍出版社、安徽教育出版社 2002 年版，第 354 页。

一宇宙大“谷种”内在属性之一。“所论‘仁’字殊未亲切，而语意丛杂，尤觉有病。须知所谓心之德者，即程先生谷种之说。所谓爱之理者，则正所谓仁是未发之爱，爱是已发之仁耳。只以此意推之，更不须外边添入道理，反混杂得无分晓处。若于此处认得仁字，即不妨与天地万物同体。若不会得，而便将天地万物同体为仁，却转见无交涉矣。仁、义、礼、智，便是性之大目，皆是形而上者，不可分为两事。”[①]“理者物之体，仁者事之体。事事物物，皆具天理，皆是仁做得出来。仁者，事之体。体物，犹言干事，事之干也。”[②] 理是体，物是用，天下万物都完美无缺地凸显着天理的本质。从这一逻辑思路出发，理就可以看成是人伦道德之总称，而仁义礼智信“五常”则是天理之分名。“天理既浑然，然既谓之理，则便是个有条理底名字。故其中所谓仁、义、礼、智四者，合下便各有一个道理，不相混杂。以其未发，莫见端绪，不可以一理名，是以谓之浑然。非是浑然里面都无分别，而仁、义、礼、智却是后来旋次生出四件有形有状之物也。须知天理只是仁、义、礼、智之总名，仁、义、礼、智便是天理之件数。”[③] 天理浑然，自在自为。天理与仁义礼智信“五常”的关系不是宇宙本体与派生物之间的关系，而是本体与属性之间的关系。理是人伦道德的总名，仁义礼智信则是天理之“件数”。二程曾指明“人伦者，天理也”[④]，这已从哲学高度将人伦定性为天理内在之属性，朱熹只不过是对二程思想予以了发挥。“问：‘既是一理，又谓五常，何也?’曰：‘谓之一理亦可，五理亦可。以一包之则一，分之则五。’问分为五之序，曰：‘浑然不可分。’”[⑤]“一理”是人伦道德之总名，“五常”则是天理之具体内涵，这就是天理与仁义礼智信的内在关系。“五常”作为天理内在属性之一，是无形无象的，它必须借助于事亲、从兄等伦理行为才能表露出来：“理便是仁义礼智，曷常有形象来？凡无形者谓之理。”[⑥] 理是体，事亲、从兄是用，仁义道德须通过具体的道德

① 朱熹：《答周舜弼》，《朱熹集》卷五十，四川教育出版社 1996 年版，第 2464 页。
② 黎靖德编：《朱子语类》卷九十八，中华书局 1994 年版，第 2510 页。
③ 朱熹：《答何叔京》，《朱熹集》卷四十，四川教育出版社 1996 年版，第 1885 页。
④ 程颢、程颐：《河南程氏外书》卷七，《二程集》，中华书局 2004 年版，第 394 页。
⑤ 黎靖德编：《朱子语类》卷六，中华书局 1994 年版，第 100 页。
⑥ 黎靖德编：《朱子语类》卷八十三，中华书局 1994 年版，第 2168 页。

化行为表现出来，否则就无从说起。朱熹认为理具有客观实在性，仁义礼智信之体是实，其发见为用也是实。“理一也，以其实有，故谓之诚；以其体言，则有仁、义、礼、智之实；以其用言，则用恻隐、羞恶、恭敬、是非之实。故曰五常百行非诚，非也。盖无其实矣，又安得有是名乎？”① 理之体用均为实，即实实在在之存在，有其实，故有其名。基于此，既然理先验性地具备道德属性，社会伦理道德规范中的仁义礼智信价值观念只不过是天理内在属性的发散与外现而已。那么，沿着这一致思路向推论下去，有生命的和无生命的宇宙万物都应该先在性地禀受伦理道德属性。“天地以生物为心者也，而人物之生，又各得夫天地之心以为心者也。故语心之德，虽其总摄贯通，无所不备，然一言以蔽之，则曰仁而已矣。请试详之，盖天地之心，其德有四，曰元、亨、利、贞，而元无不统。其运行焉，则为春、夏、秋、冬之序，而春生之气无所不通。故人之为心，其德亦有四，曰仁、义、礼、智，而仁无不包。其发用焉，则为爱恭宜别之情，而恻隐之心，无所不贯。故论天地之心者，则曰乾元、坤元，则四德之体用不待悉数而足。论人心之妙者，则曰仁，人心也，则四德之体用亦不待偏举而该。盖仁之为道，乃天地生物之心，即物而在。情之未发，而此体已具；情之既发，而其用不穷。诚能体而存之，则众善之源、百行之本莫不在是。”② 张载之气与朱熹之理，究其本质，其实两者在哲学性质上是趋同的。理与气都是活泼泼的、充满生机的世界本原，两者都彰显出“物活论”、“泛心论”特点。正因为理范畴具有此哲学“基因”，才能推导出“天地之心”，有了“天地之心”，便有了天地之德“元亨利贞”。与此相对应，人伦之德则为仁义礼智。人伦之德是天地之心在人心中的外现，因此人在本质上都完好无损地先在性禀受了仁义礼智四德。“且以仁言之：只天地生这物时便有个仁，它只知生而已。从他原头下来，自然有个春夏秋冬，金木水火土。故赋于人物，便有仁义礼智之性。”③ 朱熹将五行、四时和五常相配搭，揭示这三者只不过是天理存在之证明。“缘他本原处有个仁爱温和之理如此，所以发之于用，自然慈祥恻

---

① 朱熹：《答郑子上》，《朱熹集》卷五十六，四川教育出版社 1996 年版，第 2876 页。

② 朱熹：《仁说》，《朱熹集》卷十三，四川教育出版社 1996 年版，第 3542—3543 页。

③ 黎靖德编：《朱子语类》卷十七，中华书局 1994 年版，第 383 页。

隐。”[①] 杨时曾就孟子思想与人论辩，杨时问对方：见到孩童跌落井中，心中为何会滋生恻隐之情？对方答：“自然如此。”杨时认为对方的回答过于粗浅，理应一直追问下去。譬如，人有恻隐之心如何可能？何以可能？穷根究底到尽头，就会发现源头活水乃是天理。“盖自本原而已然，非旋安排教如此也。”[②] 既然天地万物都禀具仁义礼智信“五常”之德，至少在逻辑上必须承认禽兽也禀受了“五常”。对于这一问题，朱熹作了如下回答：“问：‘性具仁义礼智？’曰：‘此犹是说‘成之者性。’上面更有‘一阴一阳’，‘继之者善’。只一阴一阳之道，未知做人做物，已具是四者。虽寻常昆虫之类皆有之，只偏而不全，浊气间隔。’”[③] 既然“人物之性一源”，当然禽兽也具“五常”之德。人兽之别仅仅在于人能禀受“五常”之全体，禽兽由于气禀有别，只能得“五常”之偏：“气相近，如知寒暖，识饥饱，好生恶死，趋利避害，人与物都一般。理不同，如蜂蚁之君臣，只是他义上有一点子明；虎狼之父子，只是他仁上有一点子明，其他更推不去。恰似镜子，其他处都暗了，中间只有一两点子光。”[④] 朱熹将“性”比喻为日光，人性得“性”之全和形气之“正”，受日光大；物性得“性”之偏，受日光小，因而只有“一点子明”。在逻辑学意义上，有什么样的大前提，就将推导出什么样的结论。既然设定天理先在性地具备道德特性，就必然会得出人类、动物和自然山川同样皆具有道德属性的结论来。而假定要否定这一结论，首当其冲的是，必须否定导致这一结论的逻辑大前提。

宇宙本体是人伦价值存在正当性之总根据，并且其自身具有先验之道德特性，在气学中也体现得非常明显。气学的这一哲学特点实际上是建立在“泛心论”特性前提之下的，彼此构成因果关系。本根之气具备道德特性，早在先秦气论中就已萌芽，而后又在张载哲学中得到发展。张载认为气不仅具备“爱恶之情”，而且还兼备至善至美的道德品格——诚。气之性为诚，所以人类一生的道德努力就在于追求与固守这一至上道德品德，唯其如此，才能臻于“天人合一”的理想人格境界。王廷相在承认气具有诚之品格的

① 黎靖德编：《朱子语类》卷十七，中华书局1994年版，第383页。
② 黎靖德编：《朱子语类》卷十七，中华书局1994年版，第383页。
③ 黎靖德编：《朱子语类》卷四，中华书局1994年版，第56页。
④ 黎靖德编：《朱子语类》卷四，中华书局1986年版，第57页。

同时，侧重于从人性论角度阐述这一观点。气之性至诚，气质之性有善有恶，故人性善恶混。“气有清浊粹驳，则性安得无善恶之杂?”[①] 气质之性有善有恶如何可能？其根据在于元气虽然“天生”至诚，但是，由于气禀有异，因而人之性有善恶之别。“天之气有善有恶，观四时风雨、霾雾、霜雹之会，与夫寒暑、毒厉、瘴疫之偏，可睹矣。况人之生本于父母精血之辏，与天地之气又隔一层。世儒曰：‘人禀天气，故有善而无恶’，近于不知本始。”[②] 王夫之“诚”论体系的逻辑起点上承张载的“实”、“有”与朱熹的“实有”。“夫诚者实有者也，前有所始、后有所终也。实有者，天下之公有也，有目所共见，有耳所共闻也。”[③] “实有”作为诚范畴基本的内涵，它是抽象的，其中包含着王夫之诚论在展开过程中的一切规定。诚（实有）最初表现为阴阳未分的“太和”之气，后来化生出人和万物；这种在气化过程中产生出来的宇宙万物，究其实质都是诚的外化形式；有了气化，便产生了气化之规律——理。“理”分“天道”与“人道”，“天道”和“人道”在人的认识境界和道德境界中达到“天人合一”。诚作为实有，蕴涵宇宙间一切有形和无形的实体及其本性，因此，天地万物归一为诚。此外，值得注意的是，“诚”作为阴阳未分的原初本然之气，先验性地“包五德”，因而后来当此气分化运动而有“理”时，便包含有“五德”的道德内容：“至诚者，实有之至也。目诚能明，耳诚能聪，思诚能睿，子诚能孝，臣诚能忠，诚有是形则诚有是性，此气之保合太和以为定体者也。”[④] 人性中的仁义礼智伦理原则，是“诚”在气化过程中的社会化外现。王夫之进而认为，当人们达到了理性认识之“诚”，获得了关于天道与人道相合一的明确认识之后，再在自己的言行中将其彰显出来，就达到了“诚身”的境界：“诚身”的境界是认识境界和道德境界之统一。诚作为“合内外之全德”的道德境界，其主要内容有：“故诚贯四德，而四德分一，不足以尽诚。”[⑤] 诚作为理

---

① 王廷相：《答薛君采论性书》，《王廷相集》，中华书局 1989 年版，第 518 页。

② 王廷相：《雅述》上，《王廷相集》，中华书局 1989 年版，第 840 页。

③ 王夫之：《尚书引义》卷三，《船山全书》第二册，岳麓书社 1996 年版，第 306 页。

④ 王夫之：《张子正蒙注》卷九，《船山全书》第十二册，岳麓书社 1996 年版，第 360 页。

⑤ 王夫之：《读四书大全说》卷三《中庸》，《船山全书》第六册，岳麓书社 1996 年版，第 553 页。

想的道德境界，其具体体现为："事人，诚而已矣。'正己而无求于人'，诚也。诚斯上交不谄，下交不渎。"[①] 无论静与动，无论小而好恶言行、大而加于家国天下，都要谨存"此理"于心中，使"此理"在一言一行中自始至终充满周遍，无所欠缺。三者缺一，都不能称之为"诚"。此处所谓"此理"，即人性中先天性的仁义礼智之理。诚作为终极理想境界，其价值判断为"善"："说到一个'诚'字，是极顶字，更无一字可以代释，更无一语可以反形，尽天下之善而皆有之谓也，通吾身、心、意、知而无不一于善之谓也。"[②] 诚是集天下之善于一身，表里内外皆善。虽然以实有释"诚"并非王夫之之首创，但王夫之对"诚"所作的哲学规定是前无古人的，其各种规定之间的区别和逻辑联系也是比较清晰的。一方面，他用"诚"涵摄自然界客观"实有"的一切无形和有形的物质实体及其客观"实有"的属性，力图通过诚这一高度抽象的哲学范畴来揭示世界的统一性，摆脱以往思想家以具体实物作为世界本原的局限性，表现出了相当高的抽象思维水平；另一方面，王夫之又用"诚"论证生命之起源、道德之发生与精神意识之缘起。与此同时，我们也应看到，虽然诚是对一切认知对象所作的最高哲学概括，但它并未超出气本论哲学形态，其根本性质仍然是气。"凡虚空皆气也，聚则显，显则人谓之有；散则隐，隐则人谓之无。"[③] 万物因气聚而有，本质上是气之有。王夫之以"实有"释诚，在哲学上可能有两层用意：一是为了否定佛教的"虚无"理论，彰显儒家重"实"之哲学传统；二是或许王夫之已经萌发了以诚代气为哲学最高范畴的念头。但是，诚最终也没有超越气本论，诚（实有）仍然在气论前提下才能成立。

在古希腊哲学史上，从宇宙论或本体论高度诠释人类精神现象的哲学家也比比皆是。泰勒斯的"水"、阿那克西美尼的"气"、德谟克里特的"原子"都具有灵魂的性质，毕达哥拉斯学派的"数"不仅用来作为宇宙万物之始基，也用来说明社会现象和精神现象。毕达哥拉斯学派认为："自己在数目中间发现了许多特点，与存在物以及自然过程中所产生的事物有相似之

① 王夫之：《思问录内篇》，《船山全书》第十二册，岳麓书社1996年版，第415页。

② 王夫之：《读四书大全说》卷九《孟子》，《船山全书》第六册，岳麓书社1996年版，第995页。

③ 王夫之：《张子正蒙注》卷一，《船山全书》第十二册，岳麓书社1996年版，第23页。

处，比在火、土或水中找到的更多，所以他们认为数目的某一种特性是正义，另一种是灵魂和理性，另一种是机会，其他一切也不无如此；由于他们在数目中间见到了各种各类和谐的特性与比例，而一切其他事物就其整个本性来说都是以数目为范型的，数目本身则先于自然中的一切其他事物，所以他们从这一切进行推论，认为数目的元素就是万物的元素，认为整个的天是一个和谐，一个数目。”① 毕达哥拉斯学派认为，数是第一性的，数不仅能诠释自然界之内在法则，而且可以说明人类精神现象之起源。灵魂和理性源于“一”之特性，道义源于“二”之特性，机会源于“七”之特性……“这些思想家，明显地，认为数就是宇宙万有之物质，其变化其常态皆出于数。”② 毕达哥拉斯学派认为，不仅可以用数说明世界背后的次序与法则，也可以用数来说明精神意识现象之缘起。东西方哲学的这一相似性，有待于学人进一步去探索。

三、古代哲学概念中的经验性色彩比较明显

中国古代哲学概念中的经验性、直观性特点，在“气”这一范畴中表现得尤其明显。作为哲学最高概念，应该是一克服了经验性、直观性缺陷的哲学纯粹概念。人们不是用视觉、听觉和触觉去感知哲学最高概念，而是通过理性思维来认识。反观中国古典哲学的“气”范畴，虽然已上升为宇宙本体，但其直观性局限仍未自觉地得到克服，形而上与形而下的纠缠一直是阻碍中国哲学范畴迈向“纯粹概念”的一道哲学之坎。王充哲学中的气范畴有厚薄之分、粗精之别。“万物之生，俱得一气。气之薄渥，万世若一③。”从哲学史进程分析，将气之无形无象特质论证到哲学最高境界的人物是张载。《正蒙·太和》云：“太虚无形，气之本体，其聚其散，变化之客形尔。”气是哲学最高范畴，在它之上不复存在“第一推动力”。它是自本自根的，它没有具体的规定性，无法直观把握，但是，气是实有，而非绝

① 北京大学哲学系外国哲学史教研室编译：《西方哲学原著选读》上卷，商务印书馆1981年版，第18—19页。

② 亚里士多德：《形而上学》，商务印书馆1959年版，第12—13页。

③ 王充：《论衡·齐世篇》，中华书局1979年版，第1073页。

对之虚无。王廷相起而踵之，认为作为宇宙本体的气与宇宙间各种客观存在是迥然不同的。王廷相在《王氏家藏集·答天问》一文中说："太古鸿蒙，道化未形，元气浑涵，茫昧无朕。不可以象求，故曰太虚。"王廷相多次提及"太虚"概念，在逻辑结构上设置太虚这一概念，是为了论证元气的非经验性与"湛然清虚"状态。缘此，王廷相认为气又是"无偏无待"的。"无偏"是指元气没有具体的规定性，因为一旦具有某种特殊的规定性，就意味着气具有局限性；"无待"是指元气之上无物，元气自身就是宇宙之原初性存在。它是多中之一，是普遍的，是"哲学一般"。但是，需强调说明的是，王廷相在倡言元气无形无象、无偏无待的同时，又彰显出了元气经验性、直观性的特点。"气虽无形可见，却是实有之物，口可以吸而入，手可以摇而得，非虚寂空冥，无所索取者。"① 在与论敌的辩论过程中，王廷相为了说明元气之"无"并非绝对虚无，竟然矫枉过正地认为元气虽不可目测，却可以直观经验。他在《答何粹夫》一文中，也存在着类似的观点："大抵阴阳，论至极精处，气虽无形，而氤氲焄蒿之象即阴，其动荡飞扬之妙即阳。"王廷相一方面认为"气无形"，另一方面又认为气有"氤氲焄蒿"之象。哲学"第一概念"抽象性与直观性、形而上与形而下的矛盾，在古典气论中成了一道无法自我超越的哲学之坎。冯友兰先生认为，气有"相对的意义"，也有"绝对的意义"。"我们不能说气是什么。其所以如此，有两点可说。就第一点说，说气是什么，即须说：存在底事物是此种什么所构成者。如此说，即是对于实际，有所肯定。此种什么，即在形象之内底。就第二点说，我们若说气是什么，则所谓气，亦即是一能存在底事物，不是一切事物所以能存在者。气并不是什么。所以气是无名，亦称为无极。"② 在冯友兰看来，气就是一逻辑的概念，他于此实际上是立足于西方哲学本体论的高度"鸟瞰"中国哲学：他所说的"气"范畴的名称是中国哲学的，其逻辑规定与哲学本质却是西方的。

在"理"或"天理"范畴中，经验性的特点也偶有显现。"理"无声无臭，无形体可言，"理无形也，故因象以明理。理既见乎辞，则可以由辞

---

① 王廷相：《内台集·答何柏斋造化论》，《王廷相哲学选集》，科学出版社1959年版，第72页。

② 冯友兰：《新原道》，《中国现代学术经典·冯友兰卷》，河北教育出版社1996年版，第811页。

而观象。故曰：得其理，则象数举矣”。[①] 理无方所，不是一具体存在，却是大千世界背后的总根源，有形有象的万物都由理化生，无形之理决定着有形之物。在理与象的关系上，二程主张先有理后有象，但认识理，却要通过象以明理。二程“理无形”思想后来在朱熹思想中得到继承与发挥。朱熹认为，理无形无象，理不具有物的具体规定性，所以是形而上的先在之物。陈淳问：“昨谓未有天地之先，毕竟是先有理，如何？”朱熹答：“未有天地之先，毕竟也只是理。有此理，便有此天地；若无此理，便亦无天地，无人无物，都无该载了！有理，便有气流行，发育万物。”陈淳又问：“发育是理发育之否？”朱熹答：“有此理，便有此气流行发育。理无形体。”[②]“理未尝离乎气。然理形而上者，气形而下者。自形而上下言，岂无先后！理无形，气便粗，有渣滓。”[③] 理无形，“物主乎形”。物有具体形体，气聚而成形。从无形与有形、形而上与形而下角度，把理和由理派生之物区分开来。但是，在有些场合的表述上，朱熹对“理”所作的哲学界定存在着一些矛盾。譬如，朱熹说“理只是泊在气上”[④]，罗钦顺对此批评说：“理果是何形状，而可以堕，以泊言之乎？”[⑤] 以“泊”描述理之哲学性质，意味着理具有空间和重量，理由此“堕”为一具体存在。罗钦顺认为，朱熹这一错误观点源于他“平日将理气作二物看，所以不觉说出此等话来”。[⑥] 朱熹认理、气为“二物”，所以会出现这种思想，如果合理气为一，就可圆融无碍。“盖内外只是一理，但有纤毫不合，便成窒碍，所见终未为的也。且吾心之理与人伦庶物之理，皆所谓‘无声无臭’者也。既曰穷理，孰非明其所难明者乎？”[⑦]

在古希腊哲学史上，有些宇宙论意义上的范畴也存在着表面性、直观性的特点。泰勒斯“水是本原”这一命题，标志着宗教宇宙观的终结、哲学的诞生。黑格尔认为，泰勒斯的这一命题有双重含义：“一，它是哲学，因

① 程颐：《论书篇》，《河南程氏粹言》卷一，《二程集》，中华书局2004年版，第1205页。
② 黎靖德编：《朱子语类》卷一，中华书局1994年版，第1页。
③ 黎靖德编：《朱子语类》卷一，中华书局1994年版，第3页。
④ 罗钦顺：《困知记》附录《答林次崖第二书》，巴蜀书社2000年版，第397页。
⑤ 罗钦顺：《困知记》附录《答林次崖第二书》，巴蜀书社2000年版，第397页。
⑥ 罗钦顺：《困知记》附录《答林次崖第二书》，巴蜀书社2000年版，第397页。
⑦ 罗钦顺：《困知记》附录《答黄筠溪亚卿》，巴蜀书社2000年版，第355页。

为在这个命题里，感性的水并不是被当做与其他自然元素和自然事物相对待的特殊事物，而是被当做融合和包含一切实际事物在内的思想，——因此水被了解为普遍的本质；二，它是自然哲学，因为这样‘普遍’被认定的‘实在’，——因而‘绝对’被认定为思维与存在的统一。”[①] “水”在泰勒斯哲学中获得了“普遍的本质”的哲学地位，但它的思辨性、抽象性到底有多高呢？黑格尔认为：“思想的世界还待建立，纯粹的统一还不存在。”[②] “水”范畴实质上还只是一直观性、表面性色彩浓郁的概念，“普遍的本质”仍然裹挟着感性经验的因素。“特殊的存在没有独立性，不是自在自为的真实体，而只是一种偶然事物，一种变形。而肯定的关系则是：一切其他事物均由这个‘一’产出，因而‘一’永远是一切其他事物的本体，特殊的存在只是由一种偶然的外在的规定而产生；同样地，一切特殊的存在都是变灭的，就是说，要失去‘特殊’的形式而再变成‘普遍’，再变成水。以‘一’为真实，乃是哲学的看法。”[③] “古代哲学家所讲的原则首先具有一定的特别是物理性的形式。我们知道，水是一种元素，是万有中的一个环节，是一种物理上的普遍力量；然而说水也同样是一种特殊的存在，和其他一切自然物一样，这却是另外一回事。我们有这种意识，——统一的需要迫使得我们这样，——承认各种特殊事物中有一种普遍性；但是水也同样是一种特殊事物。这是一个缺点；作为真实原则的东西，决不能有片面的、特殊的形式，而它的特点必须本身是有普遍性的。形式必须是形式的全体；精神原则的活动和高度的自觉，就是形式努力向上，以求达到绝对的形式，——这就是精神事物的原则。这是最深刻的原则，因而也就是最后的原则。”[④] 水尽管被人称为“普遍的本质”，但它还具有物理性的形式，还是一特殊性的存在。真正哲学意义上的“普遍的本质”，其形式必须已达到“绝对的形式”，“形式必须是形式的全体”，感性的因素已被剥离。很显然，“水”还算不上是一哲学“纯粹概念”。毕达哥拉斯学派的“数”相对于泰勒斯的“水”而言，是一哲学意义上的进步。但是，黑格尔仍然认为，毕达哥拉斯学派尚

---

① 黑格尔：《哲学史讲演录》第1卷，商务印书馆1995年版。
② 黑格尔：《哲学史讲演录》第1卷，商务印书馆1995年版。
③ 黑格尔：《哲学史讲演录》第1卷，商务印书馆1995年版，第187页。
④ 黑格尔：《哲学史讲演录》第1卷，商务印书馆1995年版，第187—188页。

未出现真正哲学与逻辑学意义上的“纯粹概念”。缘由何在呢？亚里士多德最早对此作过一评论：“毕达哥拉斯学派对原理与元素的想法比之那些自然哲学家较为奇怪。他们不从可感觉事物追求原理，而他们所研究的数理对象除了天文事物以外，都是一类无运动的事物。可是他们所讨论与探索的却正是这物质宇宙的诸问题；他们记述‘诸天’之创造并观察诸天的各部分与其活动和演变；他们使用各项原理与原因来解释这些现象时，恰又与自然哲学家们所言略同——他们所谓‘诸天’所包含的事物原也不殊于这物质宇宙的万物。但我们已说过他们所提示的原理与原因本可以导向更高境界的实是，这些原理与原因在自然理论上也不如在那些更高境界中来得适用。可是他们并没有告诉我们世上倘只有‘有限与无限’和‘奇与偶’，动变如何可能，而没有动变，生灭又如何可能，或是经行于天宇间的列宿又如何能照现在的轨迹而行动。”① 根据亚里士多德的评论，我们可以归纳出毕达哥拉斯学派“数”范畴的两大特点：

其一，数和水、气、火、土不同，后者属于可感性把握的、有形体的东西，数则是不能被感性认知的、无形体的对象。亚里士多德还指出，毕达哥拉斯学派的“数”是不动的东西，和现实存在的运动变化的事物是两类不同的实在，数是比较更高一级的实在。它不但没有形体，而且本身又是不运动变化的。“将‘实在’区分为这样不同的两类，这是从巴门尼德开始到柏拉图才完成的，毕泰戈拉及其早期学派大概并没有作这样的区分。但是，由于他们提出的‘数’确实是和米利都学派所说的水、气、火、土等不同，是两类不同性质的‘实在’，也是两类不同性质的‘本原’。因此，他们为希腊哲学开创了一条新的途径。”②

其二，毕达哥拉斯学派发现了事物的数量关系，认为事物是由数量的比率决定的。和毕达哥拉斯差不多同时的阿那克西美尼企图用气的稀散和凝聚来说明万物的产生和变化，稀散和凝聚就是一种不同数量的物态的变化方式，不过他不能说明精确的数量。毕达哥拉斯也是沿着这种思维路向进行探索的，由于他在数学等科学方面的成就，他在某些方面达到能用确切的数学

① 亚里士多德：《形而上学》，商务印书馆 1959 年版，第 22 页。

② 参见《希腊哲学史》第 1 卷，人民出版社 1997 年版，第 278 页。

比例来说明事物之间存在的关系的高度，例如几何学上的所谓毕达哥拉斯定理，以及所发现的音程的比例关系，按照怎样的数的比率可以达到最好的和谐，等等。他想将这种数的关系推广到日常生活和种种技艺中去，认为万物都可以用数为标准和尺度来进行衡量。从这些方面看，我们可以说，毕达哥拉斯学派已经开始提出了数量方面的规律的思想了。①

但是，黑格尔仍然认为毕达哥拉斯学派的“数”还不能说是“纯粹概念”，其内在原因在于：数作为哲学第一概念，仍然存在着表面性、直观性的缺陷。数所揭示的，还仅仅只是事物之间的量的关系。“他们便是这样用数来规定自然的、伦理的东西；但是这里一切都是不确定的和表面的，因此也就没有达到概念。”② 数还不是“普遍的本质”，也没有获得“绝对的形式”。“毕泰戈拉派哲学还没有达到用思辨的形式来表现概念。数虽然是概念，但只是在表象、直观方式内的概念，——在量的形式内的区别，没有被表现为纯粹概念，而只是两者的混合体。”③ 所谓“用思辨的形式来表现概念”，是指认知主体的概念性认识应建立在理性而非感性认识基础上，对哲学概念的界定与论证已臻至抽象化、本质化的认识水平，表面性、直观性缺陷已从概念中剔除干净，形式已获得了普遍性的形式。因此，思维要想把握事物的本质和规律，把握事物之间的普遍的必然的联系，就必须对客观对象、对通过感觉、知觉提供的感性经验进行分析，透过表象把握本质。如果没有这种哲学上的抽象，就不可能产生哲学“纯粹概念”。这也就是说，从概念的形式讲，概念是对认知本质与规律的抽象，因而具有抽象性特点。基于这种价值评判标准，毕达哥拉斯学派的“数”范畴因为仍然存在着表面性、直观性的缺陷，还不能称为哲学“纯粹概念”。

四、中国古代哲学概念的多义性特点比较突出

世界各民族哲学形态的独特性，往往首先表现为概念、范畴的独创性。

① 参见汪子嵩等：《希腊哲学史》第1卷，人民出版社1997年版，第279—280页。

② 黑格尔：《哲学史讲演录》第1卷，商务印书馆1995年版，第247页。

③ 黑格尔：《哲学史讲演录》第1卷，商务印书馆1995年版，第252—253页。

在西方哲学史上，可以勾勒出一幅线索清晰、层层递进的范畴发展演变史的图表。反观中国古代哲学，则缺乏这样一种线索明晰、递深递佳的概念演变史。在哲学与逻辑学意义上，中国古代哲学概念大多不存在相对确定的逻辑内涵与外延，逻辑多义性、模糊性特征比较突出。譬如，道既是宇宙本根，又含有物质与精神属性；道既是价值总根源，又是生命理想境界。道贯通于形而上与形而下世界，兼涵万有、赅总一切。严灵峰曾经归纳出老子之道有四种义项：道体、道理、道用、道术；[①] 唐君毅列举了老子之道涵括六种义项：宇宙原理、实有之存在者、道相、德、修德和心境[②]。道范畴的多义性，为前贤今哲理解与把握道之哲学性质带来了诸多困惑。任继愈在1959年的“老子哲学大讨论”中，认为老子之道是“古代朴素唯物主义”，其后在1973年主编的《中国哲学史简编》中否定了自己早年的观点，指出老子之道构成了老子的整个唯心主义体系的核心；之后，在1983年主编的《中国哲学发展史》中他再一次否定以前的观点，认为“老子哲学到底是唯物主义还是唯心主义？这个问题还可以继续争论。但必须看到老子的哲学本身确有不清楚的地方”。[③] 任继愈对老子道论哲学性质的认识颇具代表性。当然，这意味着并非只有任继愈一人出现了这种认识上的困惑。实际上这是自近代“西学东渐”以来，学人“以西释中”、“汉话胡说”经常陷入的尴尬境地。究其根源，在于忽略了中国哲学形态完全有别于西方哲学，中国古代哲学概念系统也完全与西方哲学概念系统不一样。在中国传统学术思想中，概念的逻辑边界模糊恰恰是其一大特点。作为宇宙本根之“道”，既含有物质属性，又兼具精神属性；道既是价值源头，又是生命内在超越境界。立足于西方哲学尤其是笛卡儿以来的对立二分概念体系分析，中国本土哲学概念多多少少会令人觉得不可思议。但无法回避的是，这恰恰正是中国古代哲学概念的“貌相”：概念内涵语义含混，概念外延边界模糊。

逻辑模糊性岂止表现在“道”范畴上？作为哲学概念的“气”，同样不存在相对确定的逻辑内涵与外延。气范畴的这种逻辑特性其实早在先秦气论

---

① 严灵峰：《老庄研究》，（台北）中华书局1966年版，第378页。

② 唐君毅：《中国哲学原论导论篇》，中国社会科学出版社2005年版，第224—234页。

③ 任继愈主编：《中国哲学发展史》（先秦），人民出版社1983年版，第259页。

就已萌芽，在《左传》、《国语》中，气范畴之义项繁杂淆乱，气有阳气、阴气、风气、雨气、晦气、明气之分。在汉代气论中，气范畴蕴含阴阳之气、四时之气、五行之气、自然现象之气、冷暖寒暑之气、血气、精神之气、伦理道德之气、治乱之气、精液之气、药物之气等。按照这种思维模式，气之义项实际上还可以无限枚举下去。罗素说："逻辑是哲学的本质。"一个科学的哲学概念必须具备相对确定的内涵与外延，必须遵循"A是A，不等于非A"、"A不是非A"等形式逻辑基本规律。必须在确定的含义上来使用每一个概念，否则就必然陷入折中主义和诡辩论的泥潭。但是，我们不难发现，气概念实质上没有确定的逻辑内涵，也缺乏确定的逻辑外延；它可以诠解自然、生命、精神、道德、情感、疾病等一切认知对象的起源与本质。它是一个大而无当的宇宙本体，是一个无限性的终极根据。受过西方哲学与逻辑学熏陶的严复，一针见血地指出中国传统学术概念体系最大缺点在于"含混闪烁"："所恨中国文字，经词章家遣用败坏，多含混闪烁之词，此乃学问发达之大阻力。"[①]"有时所用之名之字，有虽欲求其定义，万万无从者。即如中国老儒先生之言气字。问人之何以病？曰邪气内侵。问国家之何以衰？曰元气不复。于贤人之生，则曰间气。见吾足忽肿，则曰湿气。他若厉气、淫气、正气、余气、鬼神者二气之良能，几于随物可加。今试问先生所云气者，究竟是何名物，可举似乎？吾知彼必茫然不知所对也。然则凡先生所一无所知者，皆谓之气而已。指物说理如是，与梦呓又何以异乎！"[②]严复曾经要求对方从形式逻辑的角度对"气"概念下一定义："气是什么？"结果对方陷入"茫然不知所对"之窘境，这是两种不同的知识体系之间的碰撞，严复希望对方用苏格拉底以来的西方逻辑学原理界定中国本土哲学中的"气"，因为苏格拉底说过"应该抛弃任何一个用未经解释或未经承认的名辞来说明的答案"。[③] 但是，严复忽略了一个更深层次的问题：中国本土概念的外延本来就是模糊游移的，外延边界不确定恰恰正是中国古代哲学范畴的普遍性特点，"反向格义"的后果只会导致中土哲学概念的"西化"。

---

① 严复：《政治讲义》，《严复集》，中华书局1986年版，第1247页。

② 耶方斯著，严复译：《名学浅说》，商务印书馆1981年版，第18页。

③ 北京大学哲学系外国哲学教研室编译：《古希腊罗马哲学》，商务印书馆1982年版，第167页。

当然，严复立足于西方哲学与逻辑学高度所作的批判仍有其积极意义，因为他揭示出了中国传统学术的一大特点：逻辑学传统的缺失。

在西方学术界，自16世纪以来，中国哲学与文化中的“气”一词究竟应该作何种定义与界说，至今未达成一个统一的观点。日本学者福井文雅曾经统计过，在德国学术界，“气”概念的译名有三种：①Wirkungskraft（活动力、影响力）；②Lebenskraft（生命力）；③Odem（气息、呼吸）。在法国学术界，“气”一词则被译成：①Air atmospherique（地球上的大气）；②souffle du vent（风吹出之息）；③Haleine（出气、断气）；④Vapeur（蒸气）；⑤gaz（气体），fluide（流体）；⑥esprits vitaux（精气），vigueur（力量的强度、效力），energie（精力、气力）；⑦impatience（缺欠忍耐心），colere（发怒）；⑧disposition ou sentiment de l'ame（精神的某种倾向，或者精神上的某种意识）；⑨maniere d'etre（存在状况），apparence（外观）；⑩intelligence（分析理解能力），vaison（理性），principe intellectuel（知的原动力）。在英国学术界，“气”的英译语有以下几例：①breath，air，vapour，stream，vital fluid，temperature，energy，anger；②ether（大气以外的媒介物）；③material force；④陈荣捷教授把“元气”译成 the prime force，把“气”译成 force；⑤李约瑟教授把气译成 Subtle spirits。[①] 气范畴在西方学术界译名的歧异性，恰恰凸现出中国古代哲学范畴自身内涵与外延的难以确定性。实际上，若想在西方概念库中寻求一个在内涵与外延上都和气概念十分吻合的对应词，绝对是不可能的。导致中国传统哲学范畴逻辑模糊性现象的一个深层次的原因，可能与中国传统哲学的叙述模式和终极价值追求有密不可分的关系。西方哲学以求“是”为特征，以事实判断为前提，重在探究“事物是什么”，揭示认识对象的“实然”状态，注重逻辑论证与思辨，逻辑方法的重要性远远大于结论的重要性。西方哲学的这种对任何一个概念都必须刨根究底进行论证与定义的理性传统，从苏格拉底时代就已经形成。苏格拉底强调任何概念都必须建立在逻辑的严密定义基础上，否则一切论证都缺乏哲学根基。中国传统哲学以求“用”为特征，追求事物“应该是什么”，表达事物的“应然”状态，彰显出来的是价值理性。以《论语》文本

① 参见小野泽精一等编著：《气的思想》，上海人民出版社1990年版，第528—537页。

为例，“仁”范畴出现了109次，但孔子始终未能自觉地对“仁”范畴作一个内涵与外延相对确定的逻辑定义。面对不同学生提出的同一个问题：“仁是什么?”孔子“因材施教”予以回答，具体结论都不一样，但在思维方式上是雷同的：“仁应该如何行”。这与强调首先要解决世界本质上是什么，然后才能探讨人类知识来源的西方哲学正相颠倒。西方自古希腊哲学以来的宇宙论、认识论，探讨的是宇宙“是什么”，它们所得出的“水”、“火”、“原子”等结论，代表的是对宇宙本原本质上“是什么”的逻辑回答。与此相反，以气论、道论、理论为代表的中国哲学中的宇宙论、知识论，重心在探究宇宙“应该是什么”，而非宇宙“事实上是什么”。不仅如此，以气论、道论、理论为代表的宇宙论和知识论，往往与人生的终极价值、理想的人格境界相牵扯，表达的往往是一种生命的道德体验。正因为如此，它们并不把对所使用的哲学概念作逻辑论证与定义看成是哲学研究的前提与出发点。

通而论之，中国哲学与西方哲学是两种截然不同的哲学形态。中国本土哲学尽管不存在西方哲学那种获得了“绝对的形式”的“纯粹概念”①，但这决不意味着中国本土哲学概念的合法性就值得怀疑。当然，如果认为作出这一事实判断就可画一休止符，那显然也是错误的。因此，探究中西哲学的不同形态，梳理出中西哲学概念各自独创性的文化内涵，也就成为当下学者义不容辞的责任。就中国古代哲学概念体系而言，气、道、理、天、有、无等中国哲学本土概念实质上是具体的一般性，而不是抽象的一般性。抽象的一般性是抽象的纯理，是排除了诸多其他规定性、从变动和复杂中抽象出来的静止和单纯的东西。而“具体的一般性”是具体的、能动的。譬如“理”范畴，蕴涵了天、心、性、易、神、诚、敬、仁等诸多规定性，这些都是同一本根的不同侧面。同时，“具体的一般性”又是包含着特殊性的一般性，因此它必须是体用一如，既是形上又是形下，既是存在又是作用。宇宙间的一切均被认为是这一本根及其流行：“盖上天之载，无声无臭，其体则谓之易，其理则谓之道，其用则谓之神，其命于人则谓之性，率性则谓之道，修道则谓之教。”② 易、道、神、性、天命等，都是这一形而上本根的具体内

① 黑格尔：《哲学史讲演录》第1卷，商务印书馆1995年版，第252—253页。

② 程颢、程颐：《河南程氏遗书》卷一，《二程集》，中华书局2004年版，第4页。

涵。理范畴“百理俱备”，无所缺欠，自在自为，它是自然的、绝对的、运动不止的。换句话说，气、道、理、天、有、无等中国哲学概念近似于（仅仅是近似而已）黑格尔哲学中的“总念”：“概念指抽象的普遍性的观念，总念指具体的、有内容的、普遍性的观念。如果照黑格尔的专门名词来说，则概念指抽象共相，亦即脱离特殊的一般性，总念指具体共相，亦即与特殊相结合的一般性。总念是由事实中或经验材料中提炼而得，是特殊具体事实的总结。”①

① 黑格尔：《小逻辑》“译者引言”，商务印书馆 1986 年版，第 vii—viii 页。

第一章 “道在瓦甓”

如果一个民族有自己的哲学形态，那么一定存在着自身独特的概念系统。道、气、心、性、理、阴阳、五行等概念，构成中国古代哲学史上独具人文特色的概念系统。但是，自从西学东渐以来，学人纷纷用西方哲学原理与概念体系重新诠释与裁评中国传统的概念，道、气、心、性、理等中国传统学术思想中的概念逐渐西方化。近几年来，刘笑敢教授接连发表多篇文章，对近代以来以“反向格义”主流方法诠释中国本土哲学概念所陷入的方枘圆凿困境进行反思，在学界产生了广泛影响。[①] 笔者深感其对《老子》道论尚有意犹未尽之处，因此不揣谫陋，起而踵之，力图在他思考的基础上进一步对当年处于风口浪尖的《老子》之“道”进行考辨与梳理，其意义不仅仅在于对以往《老子》“道”论讨论中凸显的主流意识形态作别，更深刻的意义还在于努力回答一个似乎很简单的问题：以“道”为代表的中国传统哲学概念的独特性究竟何在？

一、“道”具有物质属性

“道可道，非常道；名可名，非常名。无名，天地之始；有名，万物之

---

① 参见刘笑敢：《“反向格义”与中国哲学研究的困境——以老子之道的诠释为例》，《南京大学学报》2006 年第 2 期；《中国哲学，妾身未明?》，《南京大学学报》2008 年第 2 期；等等。

母。”[①]《老子》首章是对道的纲领性阐述，道是宇宙本原，贯穿形而上和形而下世界。“道者，万物之所然也，万理之所稽也。”[②] 道不可言说，不可用概念界定，不可用西方分析哲学对其作逻辑规定，只能对其功能作粗略的描述。道无形象，不是经验理性认识的对象。“故常无，欲以观其妙。”[③] 王弼注：“妙者，微之极也。”因此，《老子》文本一方面大量用“似”、“或”、“象”、“不知”等犹疑之词来表明道是超越人类认知能力的存在；另一方面又常用“一”和“无”来描述道作为宇宙起始意义上的“至小无内”特性：“昔之得一者：天得一以清，地得一以宁，神得一以灵，谷得一以盈，万物得一以生，侯王得一以为天下贞。”[④]“天下万物生于有，有生于无。”[⑤]《老子》三十九章之“一”与《老子》四十二章“道生一”之“一”有别，前者是本原，后者是派生者，所以《韩非子·扬权》说“道无双，故曰一”。为何道范畴存在着“一”、“无”、“大”等诸多别名？因为“道”这一概念本身也是“强为之名”。刘笑敢认为道概念的模糊性是“深刻洞见之中的模糊”[⑥]，此言确当！正因为概念外延的模糊，才能凸显道作为世界万物总根源和总依据的无限性和绝对性。需要指出的一点是，无论是道，还是一、无、大，都是对作为世界万物总根源和总依据的譬喻性表述，都不是宇宙本根的本名，因为“道常无名”。[⑦]《老子》宇宙论的这一特点与古希腊留基伯和德谟克利特的原子论有几分近似之处。原子是一种微小的、其细无内的、不可再入的物质基本粒子。尽管德谟克利特在某些场合为了让普通大众通俗易懂，而将原子比作空气中游动的细微尘粒，人们从通过窗户的光线中可以看到它们。但是，这仅仅只是一种譬喻，并不意味着这些尘粒就是他们所说的原子。因为原子是细小到不可再分割的，既然眼睛还能看得见，那当然还可以再分割下去。关于原子的这种哲学属性，黑格尔理解得比较透彻：“‘一’的原则完全是观念性的，完全属于思想，即时我们也愿意说：原子存

① 《老子》一章。
② 陈奇猷：《韩非子新校注·解老》，上海古籍出版社 2000 年版，第 411 页。
③ 《老子》一章。
④ 《老子》三十九章。
⑤ 《老子》四十章。
⑥ 刘笑敢：《老子古今》，中国社会科学出版社 2006 年版，第 414 页。
⑦ 《老子》三十二章。

在。……我们不能看见‘一’，因为它是思想的一种抽象。”① “一”即原子，它是抽象的，是一种非感觉的存在，它只存在于人类形而上的理性活动中，在性质上是“思想的一种抽象”。《老子》文本反复用“一”、“无”描述道的超越性和绝对性，“视之不足见，听之不足闻，用之不足既”②，在哲学性质上同样是“思想的一种抽象”。但是，老子之道和留基伯、德谟克利特的原子论不可完全等同，因为道既是“思想的一种抽象”，又非“完全属于思想”。

如何正确认识与把握老子道论的有、无特性，在老学史上是一绵延不绝的话题。有人问朱熹：“佛氏之空，与老子之无一般否?”朱熹回答说：“不同，佛氏只是空豁豁然，和有都无了，所谓‘终日喫饭，不曾咬破一粒米；终日著衣，不曾挂著一条丝。’若老氏犹骨（有）是有，只是清净无为，一向恁地深藏固守，自为玄妙，教人摸索不得，便是把有无做两截看了。”③ 佛教大乘空宗之“空”是绝对虚无，老子之“无”是含“有”之无。在一封答友人的信件中，朱熹又特意用“无极”和“太极”两概念来界定老子之道：“然殊不知不言无极，则太极同于一物，而不足为万化之根；不言太极，则无极沦于空寂，而不能为万化之根。”④ 宇宙本体不可等同于具体的存在物，道是无，因此必须用“无极”来描述；但是，宇宙本体不可错认为绝对的空无，所以又必须用“太极”来界说。因为《老子》之“道”既是形而上的、无限的、超验的“无状之状，无物之象”，⑤ 与此同时又具有物的属性。换言之，道本身就是一“物”：“有物混成，先天地生。”⑥ 道是“物”，⑦ 还具有空间特性：“故道大，天大，地大，王亦大。域中有四大，而王居其一焉。”⑧ “域”即宇，《尸子》卷下云：“天地四方曰宇，往古来今曰宙。”⑨ 关

---

① 黑格尔：《哲学史讲演录》第1卷，商务印书馆1995年版，第332页。

② 《老子》三十五章。

③ 黎靖德编：《朱子语类》卷一百二十六，中华书局1994年版，第3011—3012页。

④ 朱熹：《答陆子英》，《朱熹集》卷三十六《答陆子美》，四川教育出版社1996年版，第1566—1567页。

⑤ 《老子》十四章。

⑥ 《老子》十五章。

⑦ 郭店竹简本为“有状虫虫成”。

⑧ 《老子》二十五章。

⑨ 《墨子·经上》又云：“久，弥异时也。宇，弥异所也。”《墨子·经说上》曰：“久，古今旦莫。宇，东西家南北。”

于“道之为物”,[1] 在20世纪五十年代末的老子哲学大讨论中，冯友兰和关锋曾有过一番争论。冯友兰释此句为“道那个东西”[2]，关锋则将此句译成“道创造万物”。[3] 竹简本《老子》无此章文句，帛书甲乙本俱作“道之物”。由此可见，“道”既不是“东西”，也不是绝对精神，而是一具有多重属性的宇宙本根，而“道之为物”就是其中哲学特性之一。“道之为物，惟恍惟惚。惚兮恍兮，其中有象；恍兮惚兮，其中有物。窈兮冥兮，其中有精。其精甚真，其中有信。自古及今，其名不去，以阅众甫。”[4] “其中有象”之“象”有别于“大象无形”之“大象”，“大象”是道之别名。此处之“象”应是小象，等同于“其中有物”之“物”，指谓具体的存在。“精”有二义：其一，“精”即气，《管子·内业》云：“精，气之极也。精也者，气之精者也。”其二，精、情古通用。《荀子·修身篇》有“术顺墨而精杂污”，杨倞注：“精，当为情。”《庄子·大宗师》也说：“夫道有情有信，无为无形，可传而不可受，可得而不可见。”两相参照，前一种训释比较通顺，“窈兮冥兮”作为“精”的修饰词，其义如王弼所言“窈冥，深远之叹”。以“窈冥”释精气，意在彰显气之细微不可见。“其中有信”之“信”，王弼释为“信验”，奚侗训为“静一不变”,[5] 似皆未得其奥义。先秦时期，信、伸通假。《易传·系辞下》：“往者曲也，来者信也。”陆德明《经典释文》云：“伸，本又作信，音身。”[6]《荀子·不苟》又云：“刚强猛毅，靡所不信，非骄暴也。”杨倞注：“信，读为伸，下同，古字通用。”因此，《老子》这段话所要表达的意思为：道窈冥深远，但其间蕴涵精气，有伸展变化。[7] 正因为道有物之属性，才能“周行而不殆”[8]。“周行而不殆”一句不见于竹简本和帛书本，刘笑敢认为：“‘周行’的说法会导致机械性

① 《老子》二十一章。
② 冯友兰：《关于老子哲学的两个问题》，载《老子哲学讨论集》，中华书局1959年版，第59页。
③ 关锋、林聿时：《论老子哲学体系的唯心主义本质》，载《老子哲学讨论集》，中华书局1959年版，第198页。
④ 《老子》二十一章。
⑤ 奚侗：《老子集解》，上海世纪出版集团2007年版，第54页。
⑥ 陆德明撰，黄焯汇校：《经典释文汇校》卷二，中华书局2006年版，第61页。
⑦ 参见孙希国：《老子对“道”的三重规定及其哲学启示》，《哲学研究》2001年第10期。
⑧ 《老子》十五章。

圆周运动的误解，传世本所加并不准确。”[①] 但是，如果我们承认《老子》道论有多重义项，道既是超验的、无限的，又是“物”、“象”、“精”，那么“周行而不殆”与《老子》思想体系并不冲突。

《老子》道论具有物质属性这一特点，与《庄子》道论有所不同。“东郭子问于庄子曰：‘所谓道，恶乎在?’庄子曰：‘无所不在。’东郭子曰：‘期而后可。’庄子曰：‘在蝼蚁。’曰：‘何其下邪?’曰：‘在稊稗。’曰：‘何其愈下邪?’曰：‘在瓦甓。’曰：‘何其愈甚邪?’曰：‘在屎溺。’东郭子不应。庄子曰：‘夫子之问也，固不及质。正、获之问于监市履狶也，每下愈况。汝唯莫必，无乎逃物。至道若是，大言亦然。周遍咸三者，异名同实，其指一也。”[②] 庄子指出东郭子的提问本身有问题，“道恶乎在”是一个错误的命题，道无时间与空间特性，无始终与聚散过程，“彼为盈虚非盈虚，彼为衰杀非衰杀，彼为本末非本末，彼为积散非积散也”。[③] 道虽无具体规定性，但却具有无限的遍在性。日月星辰、山河大地，乃至于蝼蚁、稊稗、屎溺，皆是道之显现。人们应从具体存在中去探求背后隐藏的世界本质，“道恶乎在”这一提问方式的错误就在于将道等同于具存。道“无所不在”，道是万物存在之总根据、总根源，但绝不可混同于物。

二、“道”蕴涵精神属性

侯外庐先生曾经指出：“《老子》书中的‘道’之陷于唯心主义，不但因为‘道’的义理性类似泛神论的神，而且是超越人类认识的彼岸的东西。”[④] 其后李泽厚又作出了带有学术性总结意义的点评：“‘道’是总规律，是最高的真理，也是最真实的存在。这三者（规律、真理、存在）在《老子》中是混为一体不可区分的。……正因为实体与功能、存在与规律混为一体，于是就显出种种泛神论、物活论等超经验超感性的神秘色彩。今日关于《老子》是唯物主义唯心主义的多余争论，原因之一恐怕是对古代哲学

---

① 刘笑敢：《老子古今》，中国社会科学出版社 2006 年版，第 286 页。

② 《庄子·知北游》。

③ 《庄子·知北游》。

④ 侯外庐、赵纪彬、杜国庠：《中国思想通史》第 1 卷，人民出版社 1957 年版，第 270 页。

这一特征注意不够。”[①] 两位学者都指出《老子》之“道”存在着“泛神论”或“物活论”的哲学特征，但学界对这一观点显然重视不够，笔者想在前贤今哲基础上对《老子》“道”论中的“泛神论”或“物活论”思想作一点补充性探讨。

《老子》“道”论中含有“泛神论”、“物活论”色彩，与《老子》之“道”蕴涵的精神属性密切相连。“道”有情感、有意志，这是一发人深省的文化现象。“故从事于道者，道者同于道，德者同于德，失者同于失。同于道者，道亦乐得之；同于德者，德亦乐得之。”[②] “夫慈以战则胜，以守则固。天将救之，以慈卫之。”[③] “天之道，利而不害。圣人之道，为而不争。”[④] “天之所恶，孰知其故？是以圣人犹难之。天之道，不争而善胜，不言而善应，不召而自来，繟然而善谋。”[⑤] 道并不单纯是一哲学概念，而且也是充满生命张力、有喜怒哀乐情感的存在。尤其是《老子》七十九章的一段话更值得细细品味：“天道无亲，常与善人。”类似文句又分别见于《说苑・敬慎》、《孔子家语・观周》和《史记・伯夷列传》。“天道无亲”之“天道”与“不窥牖，见天道”之“天道”，实际上是“道”的同义词。[⑥] “天”是周人崇拜的对象，与殷人所崇拜的“帝”或“上帝”相比较，最大区别在于：“天”只是至上神；而“帝”或“上帝”既是至上神，又是祖先神。天与周朝统治阶层没有血缘关系，所以“天道无亲”、一视同仁。河上公注云：“天道无有亲疏，唯与善人，则与司契同也。”[⑦] 既然“常与”，说明天有所选择，有其亘古不渝的价值取向。广而论之，“天道无亲，常与善人”实际上已涉及中国古代源远流长的善恶报应观念。汤用彤先生曾认为道教“承负说”“中土典籍所不尝有”，推测承负说是“比附佛家因

① 李泽厚：《中国古代思想史论》，人民出版社1986年版，第92页。

② 《老子》二十三章。

③ 《老子》六十七章。

④ 《老子》八十一章。

⑤ 《老子》七十三章。

⑥ 刘笑敢认为：“这里的‘天道’不限于‘天之道’的意义，不限于自然界的道理，应该和本根之‘道’是同义词。”参见刘笑敢《老子古今》，中国社会科学出版社2006年版，第476页。

⑦ 王卡点校：《老子道德经河上公章句》，中华书局1993年版，第301页。

果报相寻之意而来。”[①] 其实善恶报应观念并非单一来源于佛教，早在先秦时期就已流行于世：“圣人有明德者，若不当世，其后必有达人。”[②] “始作俑者，其无后乎！”[③] 先秦时期的善恶报应观念认为人们的善恶行为不仅影响行为人本身，还会对后代子孙产生影响，恰如《易传·文言》所论：“积善之家，必有余庆，积不善之家，必有余殃。”其后《太平经》在善恶报应的基础上提出“承负说”：“天地之性，半善半恶。故君子上善以闭奸。兴善者得善，兴恶者得恶。”[④] 行善必得天福，作恶多端必遭上天诛杀，饱受承负之责。道教承负说与佛教善恶报应思想相比较，两者的不同之处显而易见：在善恶报应的时空范围上，佛教主张三世因果业报，承负说则以人的前后五代共十世为限，“因复过去，流其后世，成承五祖。一小周十世，而一反初”；[⑤] 在报应的主宰力量上，承负说认为是上天，而佛教则认为是人自己的思想和行为，即“业力”；在报应的承载者上，佛教的观点是自作自受，承负说相信人会承受先祖带来的福祸，而自身的善恶行为也会给子孙带来影响。由此可推测，“天道无亲，常与善人”或许是西周春秋时期广泛流行于世的名言警句，善恶报应观念在佛教传入之前就已流布于世。

从哲学史进程上分析，道论是作为对天论、帝论等神创说的否定而萌生的。但是，新观念的出现绝非意味着旧思想彻底烟消云散。《老子》四章云：“道冲，而用之久不盈。渊兮，似万物之宗。挫其锐，解其忿，和其光，同其尘。湛兮，似或存。吾不知谁之子？象帝之先。”该章用了很多“似”、“或”、“象”、“不知”等假设之词，旨在说明道的无限性和超验性。在众多犹疑之词铺垫之上，却十分明确地点明道在“帝之先”，而非其后。王弼释“帝”为“天帝”，高亨也释为“天帝”。[⑥] 众所周知，“帝”是殷人一切大神之共名，“天”则是周人的发明。但值得注意的是，

---

① 汤用彤：《读〈太平经〉书所见》，《汤用彤学术论文集》，中华书局1983年版，第71页。

② 《左传·昭公七年》。

③ 焦循：《孟子正义》，中华书局1987年版，第63页。

④ 王明：《太平经合校》，中华书局1960年版，第702页。

⑤ 王明：《太平经合校》，中华书局1960年版，第22页。

⑥ 高亨：《周易大传今注》，齐鲁书社1979年版，第611页。

在周初的文献中，天与帝经常同时出现，含义都是至上神：“皇天上帝，改厥元子兹大国殷之命，惟王受命，无疆惟休，亦无疆惟恤。”① “自成汤至于帝乙，罔不明德恤祀。亦惟天丕建，保乂有殷。殷王亦罔敢失帝，罔不配天其泽。在今后嗣王，诞罔显于天，矧曰其有听念。于先王勤家诞淫厥泆，罔顾于天显民祗，惟时上帝不保，降若兹大丧。惟天不畀不明厥德，凡四方小大邦丧，罔非有辞于罚。”② “洪惟图天之命，弗永寅念于祀。惟帝降格于夏。有夏诞厥逸，不肯戚言于民，乃大淫昏，不克终日劝于帝之迪，乃尔攸闻。”③《召诰》是召公文献，《多士》和《多方》是周公文献，天、皇天、帝、上帝反复多次出现于周初文献中绝非偶然，其中既有历史观念的延续性，也隐藏周人安抚天下的政治策略。在《老子》文本中，天与帝并存，从文献学角度揣测，《老子》祖本极有可能在西周初就已经存在。

此外，《老子》道论的泛神论、物活论色彩还表现在承认鬼神的存在及其作用上。《老子》六十章云：“以道莅天下，其鬼不神。非其鬼不神，其神不伤人。非其神不伤人，圣人亦不伤人。夫两不相伤，故得交归焉。”类似文句出现于《庄子·天道》：“故知天乐者，无天怨，无人非，无物累，无鬼责。故曰：‘其动也天，其静也地，一心定而王天下；其鬼不祟，其魂不疲，一心定而万物服。’言以虚静推于天地，通于万物，此之谓天乐。”“其鬼不祟”也就是“其鬼不神”，高亨先生认为，“老子相信有神，但认为是宇宙本体产生的灵物，不是宇宙万物的创造者”。④ 鬼神由道生，而非道由鬼神生，这是《老子》鬼神论有别于古代其他典籍之处。关于鬼神的作用与功能，如果把《老子》与上博楚简《鬼神之明》、《墨子》相比较，其间的差别或许可以看得更加清晰。为便于讨论，先将楚简《鬼神之明》全文整揭如下：“今夫鬼神又（有）所明，又（有）所不明，则㠯（以）亓（其）赏善罚暴也。昔者尧舜禹汤悬（仁）义圣智，天下灋之。此㠯（以）

① 《尚书·召诰》。
② 《尚书·多士》。
③ 《尚书·多方》。
④ 高亨：《老子注译》，《高亨著作集林》第五卷，清华大学出版社2004年版，第331页。

贵为天子，富又（有）天下，长年又（有）𦣞（誉），逡（后）世遂（述）之。则鬼神之赏，此明矣。及桀受（纣）幽万（厉），焚圣人，杀讦（谏）者，恻（贼）百眚（姓），𤔔（乱）邦家。‖此目（以）桀折于鬲山，而受（纣）首于只社，身不沒，为天下笑。则鬼［神之罚，此明］矣。及五（伍）子疋（胥）者，天下之圣人也，鸱𡰥（夷）而死。荣夷公者，天下之𤔔（乱）人也，长年而沒。女（如）目（以）此诘之，则善者或不赏，而暴［者或不罚。古（故）］吾因加“鬼神不明”，则必又（有）古（故）。亓（其）力能至（致）安（焉）而弗为唬（乎）？吾弗智（知）也；意亓（其）力古（固）不能至（致）安（焉）唬（乎）？吾或（又）弗智（知）也。此两者枳（歧）。吾古（故）［曰：‘鬼神又（有）］所明，又（有）所不明。’此之胃（谓）唬（乎）‖？”①《鬼神之明》对鬼神“赏善罚暴”持怀疑态度，认为“鬼神又（有）所明，又（有）所不明”。这与《墨子·公孟》“以鬼神为明，能为祸福，为善者赏之，为不善者罚之”的观点有所不同。《墨子·明鬼下》云：“故鬼神之明，不可为幽闲广泽、山林深谷，鬼神之明必知之。鬼神之罚，不可为富贵众强、勇力强武、坚甲利兵，鬼神之罚必胜之。若以为不然，昔者夏王桀贵为天子，富有天下，上诟天侮鬼，下殃傲天下之万民，祥上帝伐元山帝行。故于此乎天乃使汤至明罚焉。汤以车九两，鸟阵雁行。汤乘大赞，犯遂下众人之螭遂，王乎禽推哆、大戏。故昔夏王桀，贵为天子，富有天下，有勇力之人推哆、大戏，生列兕虎，指画杀人。人民之众兆亿，侯盈厥泽陵。然不能以此圉鬼神之诛。此吾所谓鬼神之罚，不可为富贵众强、勇力强武、坚甲利兵者，此也。且不惟此为然，昔者殷王纣贵为天子，富有天下，上诟天侮鬼，下殃傲天下之万民，播弃黎老，贼诛孩子，楚毒无罪，刳剔孕妇，庶旧鳏寡，号咷无告也。故于此乎天乃使武王至明罚焉。武王以择车百两，虎贲之卒四百人，先庶国节窥戎，与殷人战乎牧之野。王乎禽费中、恶来，众畔百走，武王逐奔入宫，万年梓株，折纣而系之赤环，载之白旗，以为天下诸侯僇。故昔者殷王纣贵为天子，富有天下，有勇力之人费中、恶来、崇侯虎，指寡杀人。人民之众兆

① 马承源主编：《上海博物馆藏战国楚竹书》（五），上海古籍出版社2005年版，第307—320页。《鬼神之明》由曹锦炎先生释文。

亿，侯盈厥泽陵，然不能以此圉鬼神之诛。此吾所谓鬼神之罚，不可为富贵众强、勇力强武、坚甲利兵者，此也。且《禽艾》之道之曰：‘得玑无小，灭宗无大。’”墨子对上天“不善之有罚，为善之有赏”的信仰非常坚定，不容有丝毫怀疑。综合《老子》、《墨子》与《鬼神之明》“赏善罚暴”善恶报应思想，有四点值得注意：

1.《墨子》善恶报应的主宰力量是上天。在《墨子》思想逻辑结构中，“天、鬼、人”呈现出三极结构，表面上看似乎壁垒森严、互不渗透。其实不然，人往往被称为“天之人”、“鬼神之主”①。“天、鬼、人”互为说明，在“天”、“鬼”背后真正起主宰作用的是人，民本主义色彩十分浓郁。简文《鬼神之明》缺乏人为“鬼神之主”之类表述，哲学思辨深度不如《墨子》，人文关怀深度也不及《墨子》。

2. 为善者招福，为恶者招灾。墨子认为，夏王桀、殷王纣虽“勇力强武、坚甲利兵”，皆不能“圉鬼神之诛”；在这一点上，《鬼神之明》与《墨子》、《老子》相同。“尧舜禹汤悬（仁）义聖智”，鬼神使之“贵为天子”，桀、纣、幽、厉，为恶多端，鬼神罚以“折于鬲山”、“首于只社，身不沒”。关于《老子》“以道莅天下，其鬼不神。非其鬼不神，其神不伤人。非其神不伤人，圣人亦不伤人。夫两不相伤，故得交归焉”一段话，释德清的阐释非常深刻：“此言无为之益，福利于民，返显有为之害也。凡治大国，以安静无扰为主，行其所无事，则民自安居乐业，而蒙其福利矣。故曰‘若烹小鲜’。烹小鲜，则不可挠。挠，则靡烂而不全矣。治民亦然。夫虐政害民，灾害并至，民受其殃。不知为政之道，乃以鬼神为厉而伤人，反以祭祀以要其福。其实君人者不道所致也。若以道德君临天下，则和气致祥，虽有鬼而亦不神矣。不神，谓不能为祸福也。且鬼神非无，然洋洋乎如在其上，如在其左右，岂不昭格于上下耶？第虽灵爽赫然，但只为民之福，不为民害。故曰‘非其鬼不神，但其神不伤人’耳。然非其神不伤人，实由圣人含哺百姓，如保赤子。与天地合其德，鬼神合其吉凶，而绝无伤民之意，故鬼神协和而致福也。故曰‘非其神不伤人，圣人亦不伤之’。如汤之时，七年大旱。汤以身代牺牲，藉茅以祷，

① 《墨子·非攻下》。

致雨三尺。故民皆以汤王克诚感格所致，斯盖由夫两不相伤，故其德交归焉。此无为之德，福民如此。”[①]“灾害并至”的根源并非在鬼神，而在于人。如果社会统治者“以道德君临天下，则和气致祥”，人之德与鬼神之德合一，“鬼神协和而致福”。鬼神客观存在，关键在于人之德行是否能与鬼神之德“交归”。由此可以看出，《老子》与《墨子》在鬼神观上有异曲同工之妙。

3.《墨子》善恶报应的时空范围是现世现报。“戒之！慎之！凡杀不辜者，其得不祥。鬼神之诛，若此之憯遬也[②]。”“憯遬”，孙诒让《墨子间诂》认为“憯、速义同”，《玉篇·手部》又云“憯，侧林切，急疾也”。从《鬼神之明》所列举尧、舜、禹、汤、夏桀、殷纣、伍子胥和荣夷公事例分析，《鬼神之明》也是主张现世现报，与《墨子》并无二致。

4. 在《墨子》思想中，“不善之有罚，为善之有赏”不仅是一深信不疑的信仰，而且也蕴含强烈的现实社会政治诉求：“逮至昔三代圣王既没，天下失义，诸侯力正。是以存夫为人君臣上下者之不惠忠也，父子弟兄之不慈孝弟长贞良也，正长之不强于听治，贱人之不强于从事也。民之为淫暴寇乱盗贼，以兵刃、毒药、水火，退无罪人乎道路率径，夺人车马、衣裘以自利者，并作由此始，是以天下乱。此其故何以然也？则皆以疑惑鬼神之有与无之别，不明乎鬼神之能赏贤而罚暴也。今若使天下之人，偕若信鬼神之能赏贤而罚暴也，则夫天下岂乱哉！”天下失范的根源在于不信鬼神“能赏贤而罚暴”。《墨子》这一段话的背后实际上隐含着一个逻辑推断：人有所畏惧，方能对自身言行有所制约；人一旦无所畏惧，则无恶不作。“古圣王皆以鬼神为神明，而为祸福，执有祥不祥，是以政治而国安也。自桀、纣以下，皆以鬼神为不神明，不能为祸福，执无祥不祥，是以政乱而国危也。”[③]这是典型的“三表法”之“本之于古者圣王之事”论证方法，这一逻辑论证方式在《鬼神之明》所列举尧、舜、禹、汤、夏桀、殷纣等历史事例中也客观存在。从“善者或不赏，而暴［者或不罚。古（故）］吾因加‘鬼

① 释德清：《道德经解》，华东师范大学出版社2009年版，第118—119页。

② 《墨子·明鬼下》。

③ 《墨子·公孟》。

神不明’”之怀疑与诘问中，也可体悟简文作者希望鬼神在“赏贤罚暴”上能够不产生事实与逻辑上的矛盾，其中蕴含的社会政治诉求似乎也能感觉一二。因此，在鬼神是否能“为祸福”上，楚简《鬼神之明》观点与态度与其他文本有所不同。孔子对待鬼神所持态度为“存而不论”，更多倡扬的是人如何积极入世，治国平天下；《鬼神之明》对鬼神“为祸福”持怀疑态度，既没有完全肯定，也没有完全否定；墨子对“鬼神之能赏贤而罚暴”的信仰坚不可摧、始终如一。虽然《墨子》文本中几次出现关于鬼神是否能“为祸福”的争议，但文章的立论是阐发墨子的核心观点，这与楚简《鬼神之明》主题思想有明显差异。

在人类哲学的初创阶段，“泛神论”、“物活论”仍顽强存在，恐怕是世界文明普遍性现象。在古希腊哲学中，灵魂这一常见的范畴具有两个层面的含义：一是指可超越肉体而独立存在的、不朽的精神性本体；二是指生命，指感觉、理智等意识活动。古希腊大多数哲学家都相信灵魂的永恒。譬如，泰勒斯认为万物有灵魂，灵魂具有推动事物运动的能力。黑格尔引用亚里士多德的话说：“根据人们对于泰勒斯所讲述的话，泰勒斯好像是把灵魂当做一种运动的东西，因为他说到石头（磁石）时说，它有一个灵魂，因为它推动着铁。”[①] 阿那克西美尼和第欧根尼都认为本原气蕴涵着灵魂因子，黑格尔说：“普鲁泰克把阿那克西美尼的想法，即一切事物由空气产生而又消失于空气中的想法（这空气后来的人叫以太），更进一步规定如下：‘正如我们的灵魂——灵魂就是空气——与我们结合在一起一样，整个世界也与一种精神和空气结合在一起，精神和空气是具有同等意义的。’”[②] 正因为“精神与空气具有同等意义”，所以黑格尔进而认为阿那克西美尼与第欧根尼哲学的产生，标志着自然哲学开始过渡到意识哲学。作为原子论的代表人物，德谟克利特同样认为原子是宇宙本原的同时也是灵魂的本原。灵魂原子无处不在，日、月、星辰、山河等万物皆有灵魂，一切事物都有灵魂。德谟克利特甚至认为灵魂原子的形状是圆形的，比较精致；在各种形状的原子中，圆形的原子最能动、最活泼。德谟克利特认为灵魂与努斯是同一个东西，努斯

① 黑格尔：《哲学史讲演录》第1卷，商务印书馆1995年版，第190—191页。
② 黑格尔：《哲学史讲演录》第1卷，商务印书馆1995年版，第198页。

是阿那克萨戈拉哲学中与物质性的“种子”相对立的精神性本原，既然努斯与灵魂是同义词，那么灵魂在德谟克利特哲学中也是指精神活动与精神本体。古希腊气论中存在的物活论、泛心论哲学局限，在原子论中仍然没有得到克服。

三、道是价值本源

《老子》第二十五章云：“人法地，地法天，天法道，道法自然。”何谓“自然”？“自然”是《老子》文本中极其重要的概念，它所指称的是宇宙万物的“本质”或“本性”，而非任何意义上的物理对象或自然界。日本学者池田知久认为：“中国的‘自然’与西洋的nature是根本由来不同且从无关系的两个词，后者在近代日本虽译作‘自然’，可两者意思似乎还是毫无共通之处。”[①] 如果说在先秦两汉时代，“自然”范畴与西洋的nature“根本由来不同且从无关系”，这无疑符合历史事实。但是，如果说整个中国古代的“自然”范畴与西洋的nature“根本由来不同且从无关系”，那就有待商榷了。实际上，“自然”一词的含义在西方世界也是前后不一、有所变化的。在古希腊时代，“自然”（Natura、Φυσι）范畴蕴涵两重义项：一是本性、人性；二是自然界。第一种含义是主导性的，第二种义项是次要的。亚里士多德在《形而上学》中专门讨论了“自然”一词的诸种含义，并列出了“自然”概念的六种含义：（1）生物的创造；（2）一生物的内在部分，其生长由此发动而进行；（3）每一自然事物由彼所得于自然者，开始其最初活动；（4）任何自然物所赖以组成的原始材料；（5）自然物的本质；（6）事物之所由成为事物者。[②] 由此可以看出，在亚里士多德的时代，“自然”一词的基本含义是事物的本性、本质，是事物之所以如此的内在根源，而不是指通常意义上的物理对象或自然界。亚里士多德的“自然”与老子的“自然”存在着些许遥相契合之处，不是“根本由来不同且从无关系”，还是有点相近与相通的，当然其中的缘由尚有待学人深入探讨。据徐复观和张

① 池田知久：《中国思想史上“自然”之产生》，《民族论坛》1994年第3期。

② 亚里士多德：《形而上学》，商务印书馆1991年版，第88—89页。

岱年先生考证，物理对象或大自然意义上的“自然”范畴到魏晋时期才出现。[①] 由此而来我们需深入探讨的一个问题是：“道法自然”之“法”究竟何意？人、地、天、道四者位格不一，在所“法”对象上，存在着递进上升的逻辑关系。何谓“法”？学界通常将其理解为“效法”。在人、地、天三者中，训“法”为“效法”，义稍可通。但是，最后一句的“道法自然”，颇令人困惑不解。如果训“法”为“效法”，“道法自然”就意味着作为宇宙本体的道还有效法的对象，道并不是最高概念，在道之上还存在着比它位格还要高的“自然”，这种解释无论从义理上抑或从情感上都难以让人接受。[②] 在老学史上，王弼将“法”界定为“不违”，为我们今天正确理解“道法自然”提供了一个很好的切入口：“法谓法则也。人不违地，乃得全安，法地也。地不违天，乃得全载，法天也。天不违道，乃得全覆，法道也。道不违自然，乃得其性，法自然也。法自然者，在方而法方，在圆而法圆，于自然无所违也。”[③] “法”即“不违”，“道法自然”即“道不违自然”。道生成万物，但道“生而不有，为而不恃，长而不宰”，[④] 道并不居功自傲，也不干预天下万物，而是遵循万物之本性（自然），让天地万物自身如其自身地存在与变化。[⑤] 由此可见，道不仅是宇宙本体，而且道有大德。换言之，道是价值本源与根据。严灵峰认为老子之道有四重义项，其中之一就是道乃人生修身养性之应然法则。[⑥] 唐君毅也认为，老子之道蕴涵“同于

① 徐复观说：“魏晋时代，则对人文而言自然，即指非出于人为的自然界而言。后世即以此为自然界之通义。这可以说是语意的发展。”（徐复观：《中国艺术精神》，春风文艺出版社 1987 年版，第 213 页）。张岱年进一步点明阮籍《达庄论》以自然为包含天地万物的总体，他说：“‘天地生于自然，万物生于天地。自然者无外，故天地在焉。天地者有内，故万物生焉。当其无外，谁谓异乎？当其有内，谁谓殊乎？’自然是至大无外的整体，天地万物俱在自然之中。阮籍以‘自然’表示天地万物的总体，可以说赋予‘自然’以新的含义。近代汉语中所谓‘自然’表示广大的客观世界，‘自然’的此一意义可谓开始于阮籍。”（张岱年：《中国古典哲学概念范畴要论》，中国社会科学出版社 1989 年版，第 81 页）。

② 参见王中江：《老子的“道法自然”》，《光明日报》2008 年 10 月 6 日。

③ 《老子》二十五章。

④ 《老子》十章。

⑤ 刘笑敢将“自然”定位为“人文自然”，这一定位是对《老子》“自然”含义的窄化。《老子》“自然”是高悬于人之道之上的最高准则，天之道是用来矫正人之道的。因此，“人文自然”当是“自然”义项之一，而非其全部内涵。参见刘笑敢《老子古今》，中国社会科学出版社 2006 年版，第 46—66 页。

⑥ 严灵峰：《老庄研究》，台北中华书局 1966 年版，第 378 页。

德之义”：“道之义亦未尝不可同于德之义。盖谓物有得于道者为德，则此德之内容，亦只是其所得于道者；此其所得于道者，固亦只是道而已。”[①] 在中国古代哲学中，宇宙本根兼摄价值本源，在逻辑和义理上十分必要。因为道是价值总根据，仁、义等具体德目才能获得存在的正当性。与此同时，作为价值终极依据的道，其自身就闪耀着德性之光辉。《老子》文本中的“玄德”、“大德”、“广德”、“建德”、“常德”等概念，皆是对道崇高品行之描述。刘笑敢认为：“道既是宇宙起源之实然，又是人之价值之应然的根源。”[②]《老子》四十五章云：“大成若缺，其用不弊；大盈若冲，其用不穷。大直若曲，大巧若拙，大辩若讷。”正言若反是《老子》独特的方法论和表述方式，正因为蕴涵了“反”的某些特点，才成就其“大成”、“大盈”、“大直”、“大巧”和“大辩”，成、盈、直、巧、辩既是圣人之至德，也是道之玄德。

在道之德中，地位最重要的是“谦退不争”之德。谦退不争是“无为”表现形式之一。《老子》之“无为”有别于庄子之“无为”，《老子》之无为主要表现为达到社会理想境界和生命境界的手段与途径；在庄子哲学中，无为不是手段而是目的，无为指谓人生与社会理想境界。《老子》“无为”之“为”，其义为“妄为”。范应元说：“故圣人不妄为，而常为于无为；不生事，而常事于无事；不耽味，而常味于无味也。”[③] 由此可见，《老子》之“无为”并非否定人类一切行为与观念，否定的只是有违于自然本性的观念与行为，“道常无为而无不为，侯王若能守之，万物将自化”。[④]“自化”与“自正”、“自均”、“自富”、“自朴”等概念一样，表达的是经过“无为”之后臻至的理想境界。在《老子》叙事模式中，经常运用类比推理进行论证，以水之德比喻圣人之德、道之德即是其中一例。“上善若水，水善利万物而不争，处众人之所恶，故几于道。居善地，心善渊，与善仁，言善信，正善治，事善能，动善时。”[⑤] 利物、谦退、沉静、兼爱、尚信、公正、忠义、和顺皆是水之德，后出的《管子·水地》将水德概括为仁、清、正、

① 唐君毅：《中国哲学原论导论篇》，中国社会科学出版社 2005 年版，第 230 页。
② 刘笑敢：《老子古今》，中国社会科学出版社 2006 年版，第 294 页。
③ 范应元：《老子道德经古本集注》，《续古逸丛书》本，江苏古籍出版社 2001 年版，第 62 页。
④ 《老子》三十七章。
⑤ 《老子》八章。

义、谦五德，《春秋繁露·山川颂》继而又将水德高度归纳为力、平、察、智、知命、洁清、勇、武、惠九德。在水的诸多德行中，“不争”高居第一：“以其不争，故天下莫能与之争。”[①] “夫唯不争，故无尤。”[②] “不争”在社会政治领域表现为“欲上民，必以言下之；欲先民，必以身后之”[③]；在军事上则体现为“善为士者不武，善战者不怒，善胜敌者不与，善用人者为之下”[④]；在世俗生活中表现为“持而盈之，不如其已；揣而锐之，不可长保。金玉满堂，莫之能守；富贵而骄，自遗其咎。功遂身退，天之道也”。[⑤] “不争”是洞察天地奥秘和自然本性之后的心态与行为方式。换言之，“不争”本身就是“争”，“不争”是出于“自然”、不违“自然”之争。“不争”是圣人之争，也即“道法自然”之争。在老学史上，曾经有不少人批评过老子思想，朱熹就是颇具代表性人物之一。他曾自负地认为：“《庄》、《老》二书解注者甚多，竟无一人说得他本义出，只据他臆说。某若拈出，便别，只是不欲得。”[⑥] 朱熹对老子思想的批评，或许有助于我们从另一侧面理解老子的谦退不争思想：“老子之学只要退步柔伏，不与你争。才有一毫主张计较思虑之心，这气便粗了。……让你在高处，他只要在卑下处，全不与你争。他这个工夫极难。常见画本老子便是这般气象，笑嘻嘻地，便是个退步占便宜底人。虽未必肖他，然亦是它气象也。”[⑦] 在朱熹看来，老子的谦退不争只不过是一种阴险狡诈之处事手段，目的是“退步占便宜”。有人问如何理解《老子》的“反者道之动，弱者道之用”，朱熹回答说：“老子说话都是这样意思。……故张文潜说老子惟静故能知变，然其势必至于忍心无情，视天下之人皆如土偶尔。其心都冷冰冰的了，便是杀人也不恤，故其流多入于变诈刑名。太史公将他与申韩同传，非是强安排，其源流实是如此。”[⑧] 老学之流“变诈刑名”，其原因在于老学之源本身就是

---

① 《老子》六十六章。
② 《老子》八章。
③ 《老子》六十六章。
④ 《老子》六十八章。
⑤ 《老子》九章。
⑥ 黎靖德编：《朱子语类》卷一百二十五，中华书局 1994 年版，第 2986 页。
⑦ 黎靖德编：《朱子语类》卷一百二十五，中华书局 1994 年版，第 2996 页。
⑧ 黎靖德编：《朱子语类》卷一百二十五，中华书局 1994 年版，第 2998 页。

“忍心无情”、“视天下之人皆如土偶”、“其心都冷冰冰”。以了解《老子》“本义”自诩的朱熹，对《老子》的误解却是如此之深！如果《老子》思想真的蕴涵“视天下之人皆如土偶”之意，那么又该如何理解“天地不仁，以万物为刍狗”、“是以圣人欲不欲，不贵难得之货”、“圣人无常心，以百姓心为心”等命题？贺麟先生一针见血地指出：“我们承认用阴谋权术去解释道家，特别是用之解释老子的趋势，在中国政治策略思想上相当大，一如将道家认作炼丹修仙的趋势相当大一样。阴谋权术与炼丹修仙乃中国政治上、文化上的黑暗方面，是开明时代、民主社会所须扫除廓清的。这似乎均非老庄的真面目，只代表被歪曲、被丑化了的道家，或误解老子所产生的流弊。”① 贺麟先生之论，可谓一言中鹄！

四、道是人生永恒意义和价值实现的境界

朱熹虽对老、庄多有偏见，但有些评论也不乏公正与深刻。譬如，他曾点明《老子》中有“仙意”，② 此说就颇具深义，后代继踵而起者代有其人。牟宗三从中西哲学的对比与会通出发，指出西方哲学大体上是“实有形态的形而上学”，道家义理则是一“境界形态的形而上学”，③ 道家的“道”与“无”不是西方存有论上的一个存有论的概念，“而是修养境界上的一个虚一而静的境界”。④ 冯友兰比较了道家“为道”与“为学”两个概念的区别，“为学”的原则在于“日益”，“为道”则在于“日损”。“日损”即“涤除”，就是把心中的一切私心杂念都去掉。“‘损之又损’以至于无为，这就可以见道了。见道就是对于道的体验，对于道的体验就是一种最高的精神境界。”⑤

① 贺麟：《文化与人生》，商务印书馆 1988 年版，第 169 页。

② 黎靖德编：《朱子语类》卷一百二十五，中华书局 1994 年版，第 2988 页。

③ 牟宗三：《中国哲学十九讲》，上海古籍出版社 1997 年版，第 121 页。

④ 牟宗三：《中国哲学十九讲》，上海古籍出版社 1997 年版，第 125 页。

⑤ 冯友兰：《中国哲学史新编》第二册，人民出版社 1984 年版，第 55—56 页。与此相对，有的学者对老子“道”论是否蕴涵境界论成分作出了截然相反的评论。崔大华认为：“在老子看来，作为世界万物根源的‘道’是可以通过一种抽象的、深入的理性思索去把握的，去‘明’的。所以在老子思想中，通向‘道’的途径，在性质上仍是一种理性的认识过程。”参见崔大华《庄学研究》，人民出版社 1992 年版，第 404 页。

何谓“境界”？牟宗三认为：“把境、界连在一起成‘境界’一词，这是从主观方面的心境上讲。主观上的心境修养到什么程度，所看到的一切东西都往上升，就达到什么程度，这就是境界，这个境界就成为主观的意义。”[①]从这一界定出发，我们不难发现，《老子》之“道”不仅存在境界论，而且还可细分为人类社会理想境界和个体生命理想境界。就前者而论，十七章的“太上”，十八章的“大道”，三十五章的“执大象”和八十章的“小国寡民”都在从不同层面论述理想社会，“道法自然”是构建人类理想社会的终极原则。“法”意味着“不违”，“自然”在此指人类社会之自然趋向。“执大象，天下往；往而不害，安平太。”[②] “大象”即“大道”，奚侗诠释说：“安宁、平和、通泰，皆申言不害谊。”[③] 河上公注云：“万民归往而不伤害，则国安家宁而致太平矣。治身不害神明，则身安而大寿也。”[④] 八十章的“小国寡民”可以说是作者对其心目中人类理想社会最直接、最素朴的表白。在这一段文句中，值得注意的地方有两处：一是“虽有舟舆，无所乘之；虽有甲兵，无所陈之。使民复结绳而用之”。舟舆和甲兵代表人类社会技术文明，人们大多看到的是文化正面的意义，老子强调更多的却是文化负面的作用。以技术文明为代表的社会文化似乎与人之自然本性存在着不可通约性的内在矛盾。技术文明越发达，人类自然本性却离大道越来越远。“有机械者必有机事，有机事者必有机心。机心存于胸中，则纯白不备；纯白不备，则神生不定；神生不定者，道之所不载也。”[⑤] 机心是对纯白之心的破坏，远离机事才能使虚室生白。另外一处是“甘其食，美其服，安其居，乐其俗。邻国相望，鸡犬之声相闻，民至老死，不相往来”。[⑥] 这段话彰显出道家“忘”的精神，忘形体、忘生死、忘是非，始能合于大道。《庄子·大宗师》中的“鱼相忘乎江湖，人相忘乎道术”是对道家之“忘”最好的诠释。相望而不相往

① 牟宗三：《中国哲学十九讲》，上海古籍出版社1997年版，第123页。

② 《老子》三十五章。

③ 奚侗：《老子集解》，上海世纪出版集团2007年版，第91页。

④ 王卡点校：《老子道德经河上公章句》，中华书局1993年版，第139页。

⑤ 《庄子·天地》。

⑥ 《淮南子·齐俗训》：“是故邻国相望，鸡狗之音相闻，而足迹不接诸侯之境，车轨不结千里之外者，皆得其所。”《论衡·说日篇》：“古者质朴，邻国接境，鸡犬之声相闻，终身不相往来。”又《史记·货殖传》也有“至治之极”四字，皆本老子此章。

来，就是人相适于大道的境界，也就是“逍遥”的境界。

当然，在《老子》境界论中最重要的还是个体生命的理想境界，老子称之为“玄同”：“知者不言，言者不知。塞其兑，闭其门；挫其锐，解其分；和其光，同其尘，是谓玄同。”[①] 范应元诠释说：“惟塞兑闭门以挫情欲之锐，解事物之纷莹，心鉴而不炫其明，混浊世而不汙其真者，则是谓与道冥合矣。”[②]“塞”、“闭”、“挫”、“解”都是在做“减法”，“为学日益，为道日损”[③]，通过祛除嗜欲等负面因素，超越世俗对错、是非等二相思维，达到“以道观之”、万物齐同的境界。“玄同”的境界也就是道之境界，《老子》借助于两个人格化的形象进行论证：一是“婴儿”，二是圣人。这种叙事模式与西方首先“公设”几个核心范畴，然后通过逻辑推衍得出结论有所不同，中国古代哲学往往擅长于通过寓言、故事或饱满的人物形象来隐喻其观点，《老子》和《庄子》是其中代表。《老子》十章、二十章、二十八章、四十九章和五十五章一再出现“婴儿”形象。《老子》十章中的“婴儿”所蕴涵的文化意义与其他几章相比有所不同，“载营魄抱一，能无离乎？专气致柔，能如婴儿乎？涤除玄览，能无疵乎？爱国治民，能无为乎？天门开阖，能为雌乎？明白四达，能无知乎？”“营魄”即“魂魄”，河上公注云：“营魄，魂魄也。”“抱一”即“抱道”，王弼注曰：“抱我灵魂而上升也。”[④] 张岱年认为，“涤除玄览”是一种“冥会宇宙本根”之“直觉”。[⑤] 此处的“婴儿”是“自然婴儿”，类似于《庄子·齐物论》中“庄周梦蝶”之蝶。“庄周梦蝶”之蝶是一种文化符号，象征得道者“齐物我”之后的逍遥。更为重要的在于，这种逍遥蕴涵着生命的体验！不像人死之“物化”虽然也算是“物化”之一种，但缺乏主体生命的体验。《老子》十章中的“婴儿”不是后天经过克欲、守静等修养功夫达到的与道合一境界，而是先天的与道抱一不离境界。因此，《老子》文本中的“婴儿”实际上分为两种类型：一是先天性的“自然婴儿”，不待修炼自然与道之“常德”合一；二

---

① 《老子》五十六章。

② 范应元：《老子道德经古本集注》，江苏古籍出版社 2001 年版，第 56—57 页。

③ 《老子》四十八章。

④ 《老子》十章。

⑤ 张岱年：《中国哲学大纲》，中国社会科学出版社 1982 年版，第 531 页。

是经过后天“绝圣弃智”、“绝仁弃义”、“绝巧弃利”[①] 等“损之又损”修养，臻于“复归于婴儿”之“人文婴儿”。“知其雄，守其雌，为天下溪。为天下溪，常德不离，复归于婴儿。知其白，守其黑，为天下式。为天下式，常德不忒，复归于无极。知其荣，守其辱，为天下谷。为天下谷，常德乃足，复归于朴。”[②] 该章三次提到“复归”，“复归于婴儿”、“复归于无极”、“复归于朴”，实质上都是复归于道。唐杜光庭说：“婴儿者，未分善恶，未识是非，和气常全，泊然凝静，以喻有德之君、全道之士。”[③] 婴儿情欲未萌，无巧辩、诈伪之机心，也无是非善恶之价值评判。此处之婴儿，有别于“自然婴儿”，而是后天之“人文婴儿”。经过“见素抱朴”之后进入的“人文婴儿”状态，在《老子》二十章中有详细描述：“众人熙熙，如享太牢，如春登台。我独泊兮其未兆，如婴儿之未孩；儽儽兮若无所归。众人皆有余，而我独若遗。我愚人之心也哉！沌沌兮，俗人昭昭，我独昏昏。俗人察察，我独闷闷。澹兮其若海，飂兮若无止，众人皆有以，而我独顽似鄙。我独异于人，而贵食母。”“愚人”是返朴归真的生命境界，表面上似乎“昏昏”、“闷闷”与“沌沌”，实际上是大知大识之后的淡泊与从容。愚人静如大海之渊深，故能大度容物；动如大风之飘扬，故能随缘应物。这种理想生命境界颇类似《庄子·齐物论》中的“真人”：“今者吾丧我，汝知之乎？女闻人籁而未闻地籁，女闻地籁而未闻天籁夫。”“吾丧我”之“我”，是小我、偏执之我；“吾”是真我，是臻于万物一体境界之大我。“吾丧我”彰显的是生命修炼的历程及其愿景，与《齐物论》篇末的“庄周梦蝶”有所不同。“吾丧我”是人在清醒时的精神状态，“庄周梦蝶”却是梦境。“庄周梦蝶”隐喻的是人之自然本性与道的融合，“吾丧我”旨在证明历经人籁、地籁，有望达到天籁境界的生命历程和后天修养的必要性。“吾丧我”是实，“庄周梦蝶”是幻，庄子将“庄周梦蝶”放在全文之末，或许隐含深意。也许《齐物论》想要说明与道合一的逍遥境界只能在梦中实现？如果确系如此，则与《老子》道论中的“愚人”有所不同，《老子》中的理想人格完全可以在人生此岸实现：“含德之厚，比于赤子。蜂虿虺蛇

---

① 《老子》十九章。竹简本《老子》记载有所不同。

② 《老子》二十八章。

③ 奚侗：《老子集解》，上海世纪出版集团2007年版，第72页。

弗螫，猛兽不据，攫鸟不搏。骨弱筋柔而握固。未知牝牡之合而全作，精之至也。终日号而不嗄，和之至也。知和曰常，知常曰明。"[①]"含德之厚"也就是"有道之人"，"精之至"指脉气充盈，"和之至"指内在心灵和谐。和的状态，也就是有的学者所说的"合于'道'的状态"。[②]

个体生命理想境界的另外一种人格化形象是"圣人"。《老子》文本中的理想人格范畴比较单一，不像《庄子》文本名目繁多，叫人很难分辨究竟哪一个概念是庄子本人使用的，哪些是庄子后学添加的。[③]葛洪将圣人分为"治世之圣人"和"得道之圣人"："夫圣人不必仙，仙人不必圣"，[④]"且夫俗所谓圣人者，皆治世之圣人，非得道之圣人，得道之圣人，则黄老是也。治世之圣人，则周孔是也"。[⑤]葛洪的这一观点为我们今天梳理老子的"圣人"观提供了一个很好的参考。"治世之圣人"不可混同于现实社会中的君王，而应当看做理想社会中的圣君。"以正治国，以奇用兵，以无事取天下。"[⑥]"不尚贤，使民不争。不贵难得之货，使民不为盗。不见可欲，使民心不乱。是以圣人之治，虚其心，实其腹，弱其志，强其骨。常使民无知、无欲，使夫智者不敢为也。为无为，则无不治。"[⑦] "不尚贤"之"贤"，敦煌本作"宝"，《说文解字》释："贤，多财也。"《庄子·天地》有"至德之世，不尚贤，不使能"记载，可资旁证。"治世之圣人"治理天下最高原则是"无为"："是以圣人处无为之事，行不言之教。"[⑧]在《老子》谈及"无为"的十章中，有八章（2、3、64、63、43、38、48、10章）与圣人有涉，充分表明"无为"正是圣人之德。在竹简本《老子》出土之前，有些学者推断"无为而不为"可能是韩非等人所增添。竹简本《老子》"亡为而亡不为"的记载，证明通行本《老子》"无为而不为"思想其来有自。在社会政治层面上，"无为"意指人之道应遵循天之道，天之道最高法

① 《老子》五十五章。
② 刘笑敢：《老子古今》，中国社会科学出版社2006年版，第542页。
③ 《庄子》文本中关于理想人格的名号有：真人、圣人、至人、神人、德人、大人、天人、全人等。
④ 葛洪：《抱朴子内篇·辨问》，中华书局1985年版，第224页。
⑤ 葛洪：《抱朴子内篇·辨问》，中华书局1985年版，第224页。
⑥ 《老子》五十七章。
⑦ 《老子》三章。
⑧ 《老子》二章。

则是“道法自然”，因此，社会政治最高原则应因循人之自然本性，而不戕害人之本性。“故圣人云：我无为而民自化，我好静而民自正，我无事而民自富，我无欲而民自朴。”① 我们于此不难发现，老子提出的是理想社会政治的价值理想，其中蕴涵着独特而深邃的人文关怀。恰如李约瑟所论：“实际上，每个翻译者和注释者都采用了不加修饰的 action（行动）这个词，以致成为道家最大口号之一的‘无为’就变成了 non-action（无所作为）或 inactivity（不活动）了。我相信，大多数汉学家在这里是都弄错了；就早期原始科学的道家哲学家而言，‘无为’的意思就是‘不做违反自然的活动’（refraining from activity contrary to Nature），亦即不固执地要违反事物的本性，不强使物质材料完成它们所不适合的功能。”② 在这种社会政治思想中，其哲学的形而上学意义明显多于现实政治的可操作性。或许后人已经看到了这一“缺陷”，于是将《老子》“无为”思想加以“坎陷”，纷纷画蛇添足地提出了“君无为而臣有为”思想：“君臣之道：臣事事，而君无事；君逸乐，而臣任劳。臣尽智力以善其事，而君无与焉，仰成而已。”③ “何谓道？有天道，有人道。无为而尊者，天道也；有为而累者，人道也。主者，天道也；臣者，人道也。”④ 值得注意的是，“君无为而臣有为”思想在汉代“儒家宗”的董仲舒思想中也得到发扬光大：“为人君者，居无为之位，行不言之教，寂而无声，静而无形，执一无端，为国源泉。因国以为身，因臣以为心，以臣言为声，以臣事为形。……是以群臣分职而治，各敬而事，争进其功，显广其名，而人君得载其中，此自然致力之术也。”⑤ 论证的角度虽然与庄子不一，但落脚点都在于强调君道无为、臣道有为。原始道家和黄老思想在汉代大儒董仲舒思想中得到了彰显，这是学界一直未加注意的一个问题。

《老子》一书共出现“圣人”32 次，论述“得道之圣人”的篇幅远远多于“治世之圣人”。牟宗三先生曾对“圣人”概念作过界定：“与希腊哲

---

① 《老子》五十七章。

② 李约瑟：《中国科学技术史》第二卷《科学思想史》，科学出版社、上海古籍出版社 1990 年版，第 76 页。

③ 《慎子·民杂》，贵州人民出版社 1996 年版。

④ 《庄子·在宥》。

⑤ 《春秋繁露·保位权》，苏舆撰，钟哲点校：《春秋繁露义证》，中华书局 1992 年版。

学传统中那些哲学家不同，在中国古代，圣和哲两个观念是相通的。哲字的原义是明智，明智加以德性化和人格化，便是圣了。”[①] 人经过克欲、守静等后天修道、体道功夫，臻于与道合一的圣人境界可否用语言表达呢？《老子》十五章有粗略描述：“古之善为士者，微妙玄通，深不可识。夫唯不可识，故强为之容：豫兮若冬涉川，犹兮若畏四邻，俨兮其若容，涣兮若冰之将释，敦兮其若朴，旷兮其若谷，混兮其若浊。孰能浊以之徐清？孰能安以久动之徐生？保此道者不欲盈，夫唯不盈，故能蔽不新成。”“古之善为士者”一句，傅奕本和帛书乙本皆作“古之善为道者”，[②] 竹简本作“古之善为士者”，善为士和善为道相通，河上公曰：“谓得道之君也”，[③] 陈鼓应也说“本章是对体道之士的描写”。[④] 自谦、仁慈、旷达、纯朴、恬静、飘逸是得道之士的人格特征，刘笑敢评论说：“这种境界、这种态度和表现不是刻意遵照某种政治理想或道德原则而行动的结果，更不是为了实现某种具体目的的手段。这种境界和气功之类的身心结合的修养有某种联系：似乎很专注，却又心无所系；似乎高度自信，却又好像极为谦和；似乎心无旁骛，却又洞悉天下。”[⑤] 而《老子》五十章的“陆行不遇兕虎，入军不被甲兵”等文字描述，几近于方仙道夸张和癫狂的程度。但有一点值得探讨，下层平民百姓能成为“微妙玄通”的圣人吗？《老子》和《庄子》的回答显然不同。《老子》中的“善摄生者”往往是指明君、贵族等上层人士；庄子则认为普通平民百姓通过知识积累与后天践行，完全可以超越技术层面到达与道合一、逍遥自由的心境，《庄子·养生主》中的“庖丁”就是一“善为道者”：“臣之所好者，道也，进乎技矣。始臣之解牛之时，所见无非牛者。三年之后，未尝见全牛也。方今之时，臣以神遇而不以目视，官知止而神欲行。依乎天理，批大郤，导大窾，因其固然，技经肯綮之未尝，而况大軱乎！良庖岁更刀，割也；族庖月更刀，折也。今臣之刀十九年矣，所解数千牛矣，而刀刃若新发于硎。彼节者有间，而刀刃者无厚。以无厚入有间，恢

① 牟宗三：《中国哲学的特质》，上海古籍出版社 1997 年版，第 11 页。

② 帛书乙本缺“善”字。

③ 王卡点校：《老子道德经河上公章句》，中华书局 1993 年版，第 57 页。

④ 陈鼓应：《老子今注今译》，商务印书馆 2003 年版，第 132 页。

⑤ 刘笑敢：《老子古今》，中国社会科学出版社 2006 年版，第 197 页。

恢乎其于游刃必有余地矣，是以十九年而刀刃若新发于硎。”庖丁解牛的动作可媲美桑林之舞，其声合乎《咸池》音乐之节奏。换言之，庖丁已臻于技进乎道的自由境界。这种踌躇满志的心境，在《德充符》中的兀者王骀和申徒嘉那里，体现为“游心乎德之和”；在《天地》篇中的圃畦丈人那里，则是“执道者德全，德全者形全，形全者神全。神全者，圣人之道也”。

五、《老子》道论内在逻辑缺陷的弥补

美国学者罗浩在通行本《老子》生成与演变问题上，提出三种模型说：一是“辑选模型”，简本《老子》对文是《老子》祖本的“辑选”；二是“来源模型”，简本《老子》对文是《老子》祖本的来源之一；三是“并行文本模型”，简本《老子》对文、《管子·内业》和《老子》祖本共同来自一种或多种来源。[①] 借用顾颉刚先生的一个学术术语，通行本《老子》实际上是“层累地”造成的。譬如，竹简本《老子》只有13章谈“道”，帛书本有36章谈“道”，通行本有39章谈“道”。又比如竹简本《老子》“四大”的排列次序是“天大，地大，道大，王亦大”，帛书本和通行本排列次序却是“道大，天大，地大，王亦大”。一个总的趋势是对“道”的论述越来越多，对“道”的论证越来越周密。李存山教授撰文指出，竹简本《老子》中不见的“道生一，一生二，二生三，三生万物。万物负阴而抱阳，冲气以为和”一节，极有可能是后来添加进通行本《老子》的，[②] 这一观点颇具启发意义。楚简《太一生水》紧附于《老子》丙本之后，当是诠释《老子》之文，但其宇宙生成图式却是：大一—天地—神明—阴阳—四时—沧热—湿燥—岁，其中并无“道生一”和“万物负阴而抱阳”命题，气只不过是与天、地、土并列的质料，这恰恰说明《太一生水》作者所看到的《老子》没有“万物负阴而抱阳”一节。上博简《凡物流形》有“□（闻）之曰：一生两，两生厽（叁），厽（叁）生女（母?），女（母?）城（成）

---

① ［美］艾兰、［英］魏克彬原编，邢文编译：《郭店〈老子〉——东西方学者的对话》，学苑出版社2002年版，第66—67页。

② 李存山：《从郭店楚简看早期道儒关系》，《中国哲学》第20辑，辽宁教育出版社1999年版，第187—203页。

结。是古（故）又（有）一，天下亡（无）不又（有）；亡（无）一，天下亦亡（无）一又（有）”。[①] 这篇文章虽然大量出现“一”，而且有类似于通行本《老子》四十二章“一生二，二生三”文句，但仍然没有“道生一”、“万物负阴而抱阳”和“冲气以为和”等论断，更没有论述“一”生“二”如何可能，无“一”何以就无“有”。凡此种种，凸显出在早期版本的《老子》（指祖本和早期传本）思想体系中，存在着一个重大的逻辑缺陷：天地万物生成与变化的动力因何在？换言之，道何以能化生天地万物？这一重大理论问题，在早期《老子》文本中找不到答案。广而论之，在人类文明“轴心时代”，宇宙万物生成与运动、变化的动力因问题曾经是困扰着整个世界文明的一大哲学难题。在古希腊哲学史上，阿那克西美尼认为气本原中存在着热和冷的矛盾对立，是宇宙万物生成与运动、变化的内在动力。赫拉克利特也认为万物运动变化的根源在于物质内部存在着对立统一。恩培多克勒提出宇宙间存在着两种原始的力量：联合与分离。亚里士多德曾批评恩培多克勒没有彻底地使用这些原理，但是也客观承认恩培多克勒是历史上第一位把运动的原理论证为“殊异的相互对立”。[②] 值得注意的是，原子论的代表人物留基伯与德谟克利特却在这一关键问题上沉默不语，没有明确地回答这一显然十分重要的问题：原子运动的终极原因是什么？作为百科全书式的哲学家，德谟克利特理应说明这一关键性问题。因为在他之前的诸多哲学家，都曾从不同角度诠释过这一问题。对于原子学说中这一本不应有的缺失，亚里士多德曾经作过一个善意的推测：“关于运动的问题——事物的运动是从何来的，如何进行的——这些思想家，也像别人一样，疏懒地忽视了。”[③] 他认为德谟克利特完全有能力从形而上学的高度圆满地阐明这一问题，只是由于“疏懒”才给他的宇宙论造成体系上的不完整。这一原子学说史上的不应有的缺失，几乎成了一桩学术公案，以至于引起后来诸多哲人的关注。譬如，罗素也曾探究过这一问题，并且认为原子论者没有回答原子运动的终极动力因并非是一件坏事。“亚里士多德和别人都指责他和德谟

① 此段文句参照王中江教授考证和重新编联的结论，见王中江《〈凡物流形〉编联新见》，简帛网，2009年3月4日。

② 黑格尔：《哲学史讲演录》第1卷，商务印书馆1995年版，第323页。

③ 亚里士多德：《形而上学》，商务印书馆1991年版，第12页。

克利特并没有说明原子的原始运动，但是在这一点上原子论者要比批评他们的人更科学得多。因果作用必须是从某件事物上开始的，而且无论它从什么地方开始，对于起始的预料是不能指出原因的。世界可以归于一位创世主，但是纵令那样，创世主的自身也是不能加以说明的。事实上，原子论者的理论要比古代所曾提出过的任何其他理论，都更近于近代科学理论。”[①] 因为在哲学史上，众多哲学家，譬如苏格拉底、柏拉图与亚里士多德等人，都从“目的因”或“最终因”角度来认识这一问题，其结果无一不是将物质运动的终极根源归结为“不动的动者”，即“第一推动者”——上帝。德谟克利特的缄默反而在事实上避免了向宗教神学哲学泥淖陷得更深。因为“一切因果式的解释就是必定要有一个任意设想的一端。这就是为什么在原子论者的理论里留下来原子的原始运动而不加以说明，并不能算是缺欠了”。[②] 在一定的历史条件下，明智的回避与沉默，甚至比随意的猜测与想象更合乎理性精神。早期版本《老子》的作者并非由于“疏懒”的缘故没有对这一问题做出回答，而是时代哲学还没有发展到要求思想家必须回答这一关键问题的高度。大约从战国伊始，思想家们不仅要回答“是什么”，更要回答“为什么”。《淮南子·天文训》对《老子》道论内在逻辑缺失的针砭可谓非常深刻：“道（日规）始于一，一而不生，故分而为阴阳，阴阳合和而万物生。故曰：一生二，二生三，三生万物”。无论是“道生一”，还是“一生二”，都没有回答“道”与“一”何以能“生”这一问题。“阴阳合和而万物生”，道论作为宇宙论必须与阴阳气论结合，援气入道，才能解决天地万物生成与运动变化最终根源问题。以气释道、道气结合，道论才能真正走向成熟与完善。

在道论走向完善的哲学进程中，最为关键的一点在于以阴阳气论释道。梁启超先生曾认为：“阴阳两字意义之居变，盖自老子始。老子曰：‘万物负阴而抱阳’，此语当作何解？未易断言，抑固有以异于古所云矣。虽然，五千言中，言阴阳者只此一句，且亦非书中重要语，故谓老子与阴阳说有何等关系，吾未敢承。”[③] 在《老子》一书中，“阴阳”确实只出现一次，但

① 罗素：《西方哲学史》，商务印书馆 1991 年版，第 99 页。
② 罗素：《西方哲学史》，商务印书馆 1991 年版，第 100 页。
③ 梁启超：《阴阳五行说之来历》，《饮冰室合集》第 4 册，中华书局 1989 年版，第 47 页。

认为“非书中重要语”却有失偏颇。如果我们从《老子》四十二章中抽掉阴阳气论，宇宙论意义上的道论就会坍塌，因为无法解释道生万物如何可能。《老子》作者的弟子或弟子的弟子发现了这一内在逻辑缺陷，因此增补“道生一，一生二，二生三，三生万物。万物负阴而抱阳，冲气以为和”一节。所增补的这一节在《老子》文本思想体系中，意义极其重大！因为祖本《老子》没有回答的一个关键问题——道生万物如何可能——终于在形而上学的高度得到论证。《庄子·田子方》显然受到《老子》四十二章阴阳气论的影响：“老聃曰：‘吾游心于物之初。’孔子曰：‘何谓邪?’曰：‘心困焉而不能知，口辟焉而不能言。尝为汝议乎其将：至阴肃肃，至阳赫赫。肃肃出乎天，赫赫发乎地。两者交通成和而物生焉，或为之纪而莫见其形。消息满虚，一晦一明，日改月化，日有所为而莫见其功。生有所乎萌，死有所乎归，始终相反乎无端，而莫知乎其所穷。非是也，且孰为之宗!’”阴阳二气“交通成和”，天地万物得以化生，阴阳之气作为动力因的地位与作用自此得以彰显。从《老子》四十二章和《庄子·田子方》中的表述分析，《庄子·田子方》当是对《老子》阴阳气论的阐发。《淮南子·天文训》继而评论说：“一而不生，故分而为阴阳，阴阳合和而万物生。”无论“道”或者“一”，都无法论证种类繁殊的万物如何产生，所以称“一而不生”；援阴阳气论入道论，用阴阳二气相摩相荡诠释天地万物化生之动力因，“阴阳合和而万物生”。河上公对《老子》四十二章宇宙图式的诠释更加细致：“道始所生者【一也】，一生阴与阳也。阴阳生和、清、浊三气，分为天地人也。天地【人】共生万物也。天施地化，人长养之。万物无不负阴而向阳，回心而就日。”[1] 一为气，气分阴阳属性，阴阳生“和、清、浊”三气。道家道论内在逻辑缺陷演变至此，终于得到弥补。[2] 但是，由此而来《老子》四十二章增补者也给《老子》思想体系留下了一个矛盾：“道生一”之“一”显然不同于三十九章“万物得一以生”之“一”和十四章“故混而

① 王卡点校：《老子道德经河上公章句》，中华书局 1993 年版，第 168—169 页。

② 河上公对《老子》四十二章的诠释与《淮南子·天文训》相似：“道始所生者【一也】，一生阴与阳也。阴阳生和、清、浊三气，分为天地人也。天地【人】共生万物也。天施地化，人长养之。万物无不负阴而向阳，回心而就日。”参见王卡点校：《老子道德经河上公章句》，中华书局 1993 年版，第 168—169 页。

为一”之“一”。[①] 前者是派生的、第二位的，后者是根本的、第一位的。“万物得一以生”之“一”就是道之别名，[②] 而“道生一”之“一”是气。这种矛盾是根本性的，或者说是不可通约性的。后世一些学者已经十分清楚地认识到了这一裂痕，并试图加以缝合。譬如，《韩非子·扬权》强调“道无双，故曰一”。道即一，以一证明道为最高存在。《淮南子·天文训》进而说：“道（曰规）始于一，一而不生，故分而为阴阳，阴阳合和而万物生。”《淮南子·天文训》的提法是“道始于一”[③]，而非“道生一”，“道生一”意味着“一”是质料（按照战国秦汉流行的解释，一即气），质料是有限性存有，有限性的实存与无具体规定性的宇宙本根位格不一，“道始于一”圆融地化解了这一内在矛盾，道因“一”之存在而澄明。“所谓一者，无匹合于天下者也。”[④] “一而不生”，气因为内含阴阳对立互补属性而生万物，“神明接，阴阳和，万物生矣”。[⑤] “吐气者施，含气者化，是故阳施阴化。”[⑥] 范应元继而认为：“道一而已，故曰道生一也。犹言易有太极也。一之中便有动静，动曰阳，静曰阴，故曰一生二也。康节所谓天向一中分，造化者是也。一与二便是三，故曰二生三也。其实一也。然动静无端，阴阳无始，一亦非一，但形于言则不可不谓之一也。初不是逐旋生之也，其曰生者，亦犹言太极动而生阳，动极而静，静而生阴也。阴阳不可不二而言之，然阳自阴来，阴自阳来，其实一也。孔子所谓一阴一阳之谓道是也，周子所谓二本则一亦是也。盖二与一便是三也，自三以往生生不穷，故曰三生万物也。”[⑦] “一”并非生于道，道即一，一即道。一是虚无，概念之“一”并非意味着“一”含有具体规定性，故曰“一亦非一”。阴阳是道的内在本质性规定，无阴阳则无道，有道则有阴阳，有阴阳动静才能“生万物”。从“动静无端，阴阳无始”的表述分析，范应元是在以庄解老，因为庄子主张

① 除了《老子》三十九章和十四章之外，《老子》十章、十一章、二十二章、二十五章也有“一”之记载，含义均有别于四十二章之“一”。

② 参见高亨：《老子注译》，《高亨著作集林》第五卷，清华大学出版社2004年版，第331页。

③ 根据历代学者的考证，“日规”二字当是衍文。

④ 《淮南子·原道训》。

⑤ 王利器撰：《文子疏义·精诚》，中华书局2000年版。

⑥ 《淮南子·天文训》。

⑦ 范应元：《老子道德经古本集注》，江苏古籍出版社2006年版，第43页。

道无终始，“道未始有封”，[1] 这与《老子》主张的天地从道开始有所区别。释德清的运思路向与范应元如出一辙，有意忽略“道生一”之“生”，“谓道本无名，强名之一，故曰‘道生一’”。[2] 道之本质是“冲虚”，人们应善于透过概念之“一”看清背后“道”之哲学特性。

从思想史逻辑进程分析，在《淮南子》之前就已经出现“道气合一”学说，“道气合一”可以说是对“道生一”命题的否定，这一学术思潮在《管子》一书中表现得最为典型。《管子·宙合》云：“宙合之意，上通于天之上，下泉于地之下，外出于四海之外，合络天地以为一裹。散之至于无闲。不可名而出。是大之无外，小之无内，故曰有橐天地。”从前段所论述的“道也者，通乎无上，详乎无穷，运乎诸生”分析，“大之无外，小之无内”是对道的界说，这与《心术上》的观点雷同：“道在天地之间也，其大无外，其小无内，故曰‘不远而难极也’。”但是，在《内业》篇中，类似的文句并不是在论述“道”，而是在谈论“气”：“灵气在心，一来一逝，其细无内，其大无外。所以失之，以躁为害。心能执静，道将自定。得道之人，理丞而屯【毛】泄，匈中无败。节欲之道，万物不害。”在《管子》文本中（尤其在“黄老四篇”中），道与气已经合流，在一定程度上道与气含义相同，道即气，气即道，道与气是同义反复的同一概念。郭沫若早就点明：“这道……可以称之为气，称之为精，称之为神。”[3] 陈鼓应赞同郭沫若的观点，并进一步指出道气合一源于稷下道家：“稷下道家继承了老子的形上之道，并将道转化为精气，而以‘心’、‘气’作为主要的论述范畴。所谓‘精气’是极精灵细微之气，所谓‘道乃无处’、‘彼道自来’、‘道将自定’之道即是‘精气’的同义词。”[4] 又如，《管子·心术下》云：“气者身之充也，行者正之义也。充不美则心不得，行不正则民不服。是故圣人若天然，无私覆也；若地然，无私载也。”类似的文句出现于《内业》篇：“夫道者，所以充形也，而人不能固。其往不复，其来不舍，谋乎莫闻其音，卒乎乃在于心；冥冥乎不见其形，淫淫乎与我俱生。不见其形，不闻其声，而

① 《庄子·齐物论》。
② 释德清：《道德经解》，华东师范大学出版社 2009 年版，第 96 页。
③ 郭沫若：《宋钘尹文遗著考》，《青铜时代》，人民出版社 1954 年版，第 262 页。
④ 陈鼓应：《管子四篇诠释·〈内业〉注译与诠释》，商务印书馆 2006 年版，第 130 页。

序其成，谓之道。”《心术下》指的是气，《内业》篇谈的却是道。陈鼓应认为气与道“异文同义”,[①] 证诸前后文，确乎不谬！再如，《内业》篇云：“凡物之精，比则为生。下生五谷，上为列星。流于天地之间，谓之鬼神；藏于胸中，谓之圣人。是故此气，杲乎如登于天，杳乎如入于渊，淖乎如在于海，卒乎如在于己。是故此气也，不可止以力，而可安以德；不可呼以声，而可迎以意。敬守勿失，是谓成德，德成而智出，万物毕得。”此篇叙事模式是从宇宙论落实到圣人智慧，气是天地万物本根。《枢言》篇的一段文字与此非常接近：“管子曰：‘道之在天者，日也；其在人者，心也。’故曰：有气则生，无气则死，生者以其气；有名则治，无名则乱，治者以其名。枢言曰：爱之、利之、益之、安之，四者，道之出。”日在上明照天地，心在胸中明察万物，圣人由此体悟无论日月抑或人心，都植根于道。道即气，二者可互训。《内业》篇与《枢言》篇互证的例子很多，譬如，《内业》篇云：“凡道无所，善心安爱（处）。心静气理，道乃可止。彼道不远，民得以产；彼道不离，民因以知。是故卒乎如可与索，眇眇乎其如穷无所。彼道之情，恶音与声，修心静音（意），道乃可得。道也者，口之所不能言也，目之所不能视也，耳之所不能听也；所以修心而正形也。人之所失以死，所得以生也。事之所失以败，所得以成也。凡道，无根无茎，无叶无荣，万物以生，万物以成，命之曰道。”道既是宇宙本根又是生命境界，道不远人，正心诚意可得道。“人之所失以死，所得以生”之类文句又出现于《枢言》篇中：“凡万物阴阳两生而参视，先王用其参而慎所入所出。以卑为卑，卑不可得；以尊为尊，尊不可得；桀舜是也。先王之所以最重也。得之必生，失之必死者何也？唯无。得之，尧舜禹汤文武孝己，斯待以成，天下必待以生。故先王重之。一日不食，比岁欠；三日不食，比岁饥；五日不食，比岁荒；七日不食，无国土；十日不食，无畴类；尽死矣。”郭沫若考证“唯无”之“无”当作“炁”，即“气”字。[②] 根据该篇“有气则生，无气则死，生者以其气”判断，郭沫若的观点持之有据。从以气释道演变到

① 陈鼓应：《管子四篇诠释 · 〈内业〉注译与诠释》，商务印书馆 2006 年版，第 51 页。

② 郭沫若：《管子集校 · 枢言篇第十二》，《郭沫若全集》历史编第五卷，人民出版社 1984 年版，第 324—325 页。

道气合一，这既是一历史的进程，也是逻辑的进程。

概而论之，道是天地万物之本根，贯通于形而上与形而下世界，兼涵万有、赅总一切。严灵峰归纳出老子之道四种义项：道体、道理、道用、道术；[①] 唐君毅列举了老子之道六种义项：宇宙原理、实有之存在者、道相、德、修德和心境。[②] 道既是宇宙本根，又含有物质与精神属性；道既是价值总根源，又是生命理想境界。立足于西方哲学尤其是笛卡儿以来的对立二分概念体系分析，中国本土哲学概念多多少少会令人觉得不可思议，台湾学者袁保新就发出了“令人沮丧”之感叹！[③] 但无法回避的是，这恰恰正是中国古代哲学概念的“貌相”：概念内涵语义含混，概念外延边界模糊。受过西方哲学与逻辑学熏陶的严复，一针见血地指出中国传统学术概念体系最大缺点在于“含混闪烁”：“所恨中国文字，经词章家遣用败坏，多含混闪烁之词，此乃学问发达之大阻力。”[④] 几乎每一个哲学概念都是语义含混，边界模糊。严复的批评揭示出了中国传统学术的一大特点：逻辑学传统的缺失。从中西文化比较视域分析，以“道”为代表的中国传统哲学概念体系至少存在着三大特征：其一，“泛心论”色彩浓郁；其二，概念的逻辑进程十分缓慢；其三，语义含混、边界模糊。缘此，刘笑敢主张避免用现成的西方哲学概念来定义老子之道，而应采取“功能性、描述性定义”，[⑤] 这种处理方法对“原样理解”老子之道哲学特性无疑具有指导意义，也与陈寅恪“了解之同情”治学方法契合。但是，从现代中国哲学发展方向这一意义上讲，李泽厚所主张的“澄清含混的语义批判，在中国至今犹堪借鉴”[⑥] 更是一当头棒喝！没有批判的立场，就没有现代中国哲学的进步。

---

① 严灵峰：《老庄研究》，中华书局 1966 年版，第 378 页。

② 唐君毅：《中国哲学原论·导论篇》，中国社会科学出版社 2005 年版，第 224—234 页。

③ 袁保新：《老子哲学之诠释与重建》，台湾文津出版社 1997 年版，第 26 页。

④ 严复：《政治讲义》，《严复集》，中华书局 1986 年版，第 1247 页。

⑤ 刘笑敢：《“反向格义”与中国哲学研究的困境——以老子之道的诠释为例》，《南京大学学报》2006 年第 2 期。

⑥ 李泽厚：《中国近代思想史论》，人民出版社 1979 年版，第 273 页。

第二章　天人之辨

商人尚“帝”，周人敬“天”。以郁郁“周文”传承者自期的孔子，“天”在其思想体系中至关重要，起而踵之的孟子与荀子亦复如是。中国近现代思想转型就其本质而言是库恩（Thomas S. Kuhn）所谓的“范式”的转型。但是，近代以来学界在对孔、孟、荀“天”论内涵与性质的研究上，评价不一。尤其在对荀子“天”论的评价上，更是歧义百出。随着近几年郭店楚简与“上博简”考古材料的问世，实有必要对先秦儒家“天”论作一次新的探讨。董仲舒的天人合一学说以天人感应为核心，既在主体内在修养方面继承了孟子、庄子，又超越了孟子和庄子。这种超越主要表现为将内圣之学置于“法天而行”的前提下，将个人的内在道德自觉与外在的以人随君、以君随天和“天不变道亦不变”的外在律则相联系。在承认个人作用和历史责任的同时，使内圣之学转变为外王之道。董仲舒的天人学说无论其理论构架的系统、思想内容的丰富，抑或方法上的创新，都是对儒家文化乃至整个中国文化的创造性贡献。

一、自然之天·主宰之天·义理之天

（一）自然之天

根据先秦各种文献推断，自然之天早在《尚书·盘庚》中就已出现，并非首创于孔子。《论语·阳货》云："天何言哉？四时行焉，百物生焉，天何言哉？"人通过后天道德践履，扩充人之内涵、提升人之境界，最终有望达到哲学意义上的人天合一。冯友兰认为天"能言而不言"，因此天是"主宰之天"。这一论点失于偏颇，"天何言哉"只是表明天"不言"这一客观事实，并不隐含天"能言而不言"之意。马王堆汉墓帛书《要》有助于我们进一步讨论这一问题。子贡对"夫子何以老而好"《易》颇感困惑，孔子解释道："……故《易》有天道焉，而不可以日月星辰尽称也，故为之以阴阳；有地道焉，不可以水火金土木尽称也，故律之以柔刚；有人道焉，不可以父子、君臣、夫妇先后尽称也，故为之以上下；有四时之变焉，不可以万物尽称也，故为之以八卦。"① 这是一段有关人与自然关系的论述，《易》涵括天道、地道、人道，以及四季的变化规律。天、地、人相对，天是物质之天，是"是其所是"的科学对象。本杰明·史华兹对此评论说："我们已经注意到，依据他对天与四季之间关系的认识，和他对宇宙的生生不息过程的通见，孔子宁愿保持沉默。在这里，他似乎展望着这样的人类秩序：与无思无虑而又天真自发的自然秩序相伴运行。"② 在孟子天论中，也有自然之天的含义："天之高也，星辰之远也，苟求其故，千岁之日至，可坐而致也。"③ "天时不如地利，地利不如人和。"④

《荀子·天论》中的"天"范畴内涵繁复，自然之天是其中义项之一："天行有常，不为尧存，不为桀亡。应之以治则吉，应之以乱则凶。……故明于天人之分，则可谓至人矣。""天"之内涵是"列星随旋，日月递照，四时代御，阴阳大化，风雨博施"，天与人相对，天职与人职相对。⑤ 天地自然变化有其内在之规律，与人的意志无涉。"天有常道矣，地有常数矣，君子有常体矣。"⑥ 前段文字最易引起歧义的是"明于天人之分"，有些学者

---

① 邓球柏：《帛书周易校释》，湖南出版社 1987 年版，第 484 页。

② 本杰明·史华兹：《古代中国的思想世界》，江苏人民出版社 2004 年版，第 197 页。

③ 《孟子·离娄章句下》。

④ 《孟子·公孙丑章句下》。

⑤ 除了《荀子·天论》之外，在《荀子》之《君道》、《礼论》、《乐论》、《解蔽》、《荣辱》和《儒效》等篇章中，也包含"自然之天"的内容。

⑥ 《荀子·天论》。

据此认为荀子已提出“天人相分”思想：“荀况把天人之分提到哲学高度。他把‘天’和‘人’的界限严格地划分开来。这样划分的一个主要的涵义，就是承认自然、物质和客观世界是第一位的，社会、精神和主观世界是第二位的。荀况的‘明于天人之分’这句话就把唯物主义哲学的一个最主要的命题明确地树立起来。”[①] 引发争议的原因在于对“分”概念的理解。“分”指“职分”、“名分”，而非“区别”、“区分”。郑玄注《礼记·礼运》：“分，犹职也”。先秦时期文献多有这方面的例证。《管子·七臣七主》云：“法者，所以兴功惧暴也；律者，所以定分止争也；令者，所以令人知事也。”《商君书·定分》云：“名分已定，贫盗不取。”《慎子·内篇》亦云：“一兔走，百人追之；积兔于市，过而不顾。非不欲兔，分定不可争也。”《尹文子·大道上》曰：“雉兔在野，众人逐之，分未定也。鸡豕满市，莫有志者，分定故也。”《孟子·尽心上》云：“广土众民，君子欲之，所乐不存焉。中天下而立，定四海之民，君子乐之，所性不存焉。君子所性，虽大行不加焉，虽穷居不损焉，分定故也。”《荀子·富国》也讲“明分”，正好可引以为旁证：“兼足天下之道在明分：掩地表亩，刺中殖谷，多粪肥田，是农夫众庶之事也。守时力民，进事长功，和齐百姓，使人不偷，是将率之事也。”农夫众庶、将率、天与圣君贤相各有职分，明分方能“兼足天下”。

值得一提的是，郭店楚墓竹简《穷达以时》出现了与荀子“明于天人之分”相类似的材料：“有天有人，天人有分。察天人之分，而知所行矣。有其人，无其世，虽贤弗行矣。苟有其世，何难之有哉？舜耕於历山，陶拍於河浦，立而为天子，遇尧也。……遇不遇，天也。……穷达以时，德行一也。誉毁在旁，听之慝，毋之白。……穷达以时，幽明不再，故君子惇於反己。”[②] 池田知久先生说：“众所周知，在传世古典文献中，仅有一例出现于《荀子·天论》。因此，可以推测《穷达以时》的思想与《荀子·天论》的思想有着密切的关系。”[③]《穷达以时》这段话要阐明的中心思想是“穷达以时，德行一也”。“时”与“德”是这段话两个重要概念，在社会大机遇上

① 冯友兰：《中国哲学史新编》第二册，人民出版社1984年版，第369页。

② 刘钊：《郭店楚简校释》，福建人民出版社2005年版。另参考荆门市博物馆编《郭店楚墓竹简》，文物出版社1998年版。

③ 池田知久著，曹峰译：《池田知久简帛研究论集》，中华书局2006年版，第89页。

要重"时",在德行上要"惇于反己"。《郭店楚墓竹简》整理者认为,《穷达以时》的基本内容与《荀子·宥坐》、《孔子家语·在厄》、《韩诗外传》卷七、《说苑·杂言》所载孔子困于陈、蔡之间时答子路的一段话类似。上博简《孔子诗论》第二十五简"《有兔》不奉时",[①] 奉、逢,古音皆属东部,奉与逢通假。"《有兔》不奉时"之"时"与"遇不遇者,时也"之"时"含义相同。如果进一步拓宽视野,《穷达以时》"时"论与《庄子》关系也非常密切:"不知吾所以然而然,命也。"[②] "求其为之者而不得也,然而至此极者,命也夫。"[③]《庄子》文本中的"时"与"命"是指一种非人力所能干预的外在制约因素,这种制约因素不仅决定人之寿命长短,而且还预定了人在后天的贫富贵贱。《穷达以时》的"时"、"世"、"天"三概念含义与《庄子》的"时"与"命"极其相似。池田知久认为:"如果《穷达以时》之'世'和'遇'或'时'大致同义,以《穷达以时》第三章'遇不遇,天也'为媒介,认为'世'和'天'大致同意,或看做是'天'下面的子概念也无不可。"[④] "天"与"时"、"遇"、"世"诸概念含义相近,池田知久这一论断可谓持之有据。

由此而来需要辨明的两点在于:其一,《荀子·天论》的"天行有常"之"天"是自然之天,《穷达以时》之"天"不是自然之天,也非主宰之天,而是运命之天。池田知久认为"两者基本上是相同之物,《荀子》'天人之分'首先成立,在其影响下《穷达以时》'天人之分'得以形成"。[⑤] 这一观点可能有待于进一步商榷。通观《穷达以时》全文所列举的事例皆在谈人与时之关系,而"时"所呈现的恰恰正是人之运命。《穷达以时》"遇不遇,天也"一句,把《穷达以时》"天"范畴的哲学性质暴露得淋漓尽致。正如有的学者所论:"这种'遇不遇'的天既不同于上古有意志、有目的的神学天,也不同于后来'不为尧存,不为桀亡'的自然天,而是一

---

① 马承源主编:《上海博物馆藏战国楚竹书》(一),上海古籍出版社 2001 年版。

② 《庄子·达生》。

③ 《庄子·大宗师》。

④ 池田知久著,曹峰译:《池田知久简帛研究论集》,中华书局 2006 年版,第 96—97 页。

⑤ 池田知久著,曹峰译:《池田知久简帛研究论集》,中华书局 2006 年版,第 113 页。

种命运天，具体到个人，又可称为命，合称为天命。”[①] 实际上，《穷达以时》“遇不遇，天也”与《荀子·宥坐》“遇不遇，时也”、《韩诗外传》卷七“遇不遇者，时也”、《说苑·杂信》“遇不遇者，时也”、《孔子家语·在厄》“夫遇不遇者，时也”含义相同，“天”与“时”都是指谓人无法预料的、外在性的因素。换言之，《穷达以时》之“天”与《孟子》文本多次出现的运命之天并无二致。运命之天是一种神秘的外在力量，是“非人之所能为也”。其二，《穷达以时》“天人有分”之“分”是区分、分别，与《荀子·天论》“明于天人之分”之“分”内涵相异。郭店楚墓竹简《语丛一》有类似记载：“知天所为，知人所为，然后知道，知道然后知命。”“天所为”有别于“人所为”，职分和作用不一，体悟天人之分，才能“知命”。所以，《穷达以时》的“天人有分”与《荀子·天论》“明于天人之分”有相近之处，但更多的是相异与相别。表面上看起来非常相近，其实是差之毫厘，谬以千里。

（二）主宰之天

“天”字在商代甲骨文中已经出现，甲骨文“天”作“”或“”，突出人之头颅。《说文》：“天，颠也。”在甲骨文中，“天”与“上”或“大”字通借，在当时尚无主宰之天或自然之天含义。[②] 陈梦家指出：“卜辞的‘天’没有作“上天”之义的，‘天’之观念是周人提出来的。”[③] 商人至上神是“帝”或“上帝”，而非“天”。因此，作为宗教哲学范畴的“天”形成于殷周之际，源出于殷人的帝、上帝的观念，是周人改造殷人宗教思想的产物。“天”范畴与“人”范畴发生关系，在金文中已出现：《大盂鼎》：“佳九月，王才（在）宗周令（命）盂。王若曰：‘盂，不（丕）显文王，有天有大令（命）’。”[④] 《师訇毁》：“王若曰：‘师毁，不显文、武，孚（敷）受天令（命），亦（奕）鼑殷民。’”[⑤] 在《尚书·周书·大

---

① 梁涛：《竹简〈穷达以时〉与早期儒家天人观》，《哲学研究》2003 年第 4 期。

② 参见于省吾主编：《甲骨文字诂林》第一册，中华书局 1996 年版，第 210 页。

③ 陈梦家：《殷墟卜辞综述》，科学出版社 1956 年版，第 58 页。

④ 郭沫若：《两周金文辞大系考释》，上海书店出版社 1999 年版，第 33 页。

⑤ 郭沫若：《两周金文辞大系考释》，上海书店出版社 1999 年版，第 139 页。

诰》等文献中也有所反映："予不敢闭于天降威，用宁王遗我大宝龟，绍天明。即命曰：'有大艰于西土，西土人亦不静。'"又"天亦惟休于前人"。"天"是指人格化的至上神，"人"是指西周的统治者，天人关系即指至上神与人间君王之间的关系，即神人关系。周人之"天"与殷人之"帝"的最大区别在于：周人之"天"与"德"相牵扯，[①] 周人首次直接以德论天，将天与德相联系，因而与殷人的宗教观念形成了原则之区别。正如有的学者所论："商周世界观的根本区别，是商人对'帝'或'上帝'的信仰中并无伦理的内容在其中，总体上还不能达到伦理宗教的水平。而周人的理解中，'天'与'天命'已经有了确定的道德内涵，这种道德内涵是以'敬德'和'保民'为主要特征的。"[②]

孔子之"天"，在某种程度上是对"周文"的继承。冯友兰认为："孔子所言之天为主宰之天；孟子所言之天，有时为主宰之天，有时为运命之天，有时为义理之天；荀子所言之天，则为自然之天，此盖亦由于老、庄之影响也。"[③] 在《论语》文本中，"主宰之天"的含义十分明显："文王既没，文不在兹乎？天之将丧斯文也，后死者不得与于斯文也；天之未丧斯文也，匡人其如予何！"[④] 前有文王，后有孔子，孔子以"礼乐文明"的担当者自许，这种担当使命来自上天，是上天以孔子为"木铎"。在孔子看来，天公正无私，无偏无袒。在基督教文明中，有"选民"之说，选民也就意味着上帝并非公正无私，这与孔子儒家"天"观念迥然不同。孔子认为天公平无私，所以"不怨天，不尤人"，通过"下学"以求"上达"。天具有惩戒功能，尊天而行者顺，逆天而行者亡，因此孔子感慨"获罪于天，无所祷也"。[⑤]

---

① 《尚书·康诰》："惟乃丕显考文王，克明德慎罚，不敢侮鳏寡，庸庸，祗祗，威威，显民，用肇造我区夏，越我一二邦，以修我西土。惟时怙冒闻于上，帝休，天乃大命文王殪戎殷，诞受厥命越厥邦厥民。"又，《尚书·召诰》："我不可不监于有夏，亦不可不监于有殷，我不敢知曰，有夏服天命，惟有历年。我不敢知曰，不其延。惟不敬厥德，乃早坠厥命。"

② 陈来：《古代宗教与伦理——儒家思想的根源》，生活·读书·新知三联书店1996年版，第168页。

③ 冯友兰：《中国哲学史》，华东师范大学出版社2000年版，第355页。

④ 《论语·子罕》。

⑤ 《论语·八佾》。

史华兹认为："在作为'自然秩序'的天和作为宇宙意识的天之间的刚性对立，却从来也没有牢固地确立起来。"[①] 这一观点显然有失于偏颇。孟子侧重于站在民本主义立场上论"天"，宇宙万物由天所生，人是"天民"，应"畏天之威"，否则"必有天殃"。[②] 与孔子相比，孟子更多的是从政治文化的角度论证天之神圣性。天是社会制度的最终设计者、君王位置更迭的决定者，"天与贤，则与贤；天与子，则与子"。[③] "天不言"，天"以行与事示之而已矣"。[④] "天视"的本质是"民视"，"天听"的本质是"民听"。在孟子思想逻辑体系中，预设天这一至高无上的人格神极其重要。正因为至上之天的存在，孟子民本主义思想的诸多观点才获得了存在的正当性。

《荀子·天论》虽说"治乱非天也"，人类社会或治或乱与自然之天无涉，却与主宰之天有关。"礼有三本：天地者，生之本也；先祖者，类之本也；君师者，治之本也。无天地，恶生？无先祖，恶出？无君师，恶治？三者偏亡，焉无安人。故礼，上事天，下事地，尊先祖，而隆君师。是礼之三本也。"[⑤] 天是生之本始，"夫天生蒸民，有所以取之"。[⑥] 郭店楚墓竹简《语丛一》有类似记载："夫〈天〉生百勿（物），人为贵。"[⑦] 荀子这一观点与孟子民本论十分相似，他也为天设计了"惩戒"功能："为善者天报之以福，为不善者天报之以祸。"[⑧] 此外，天同样具备公正无私之品德，"天非私曾骞孝己而外众人也，然而曾骞孝己独厚于孝之实，而全于孝之名者，何也？以綦于礼义故也。天非私齐鲁之民而外秦人也，然而于父子之义，夫妇之别，不如齐鲁之孝具敬文者，何也？以秦人从情性，安恣孳，慢于礼义故

① 本杰明·史华兹：《古代中国的思想世界》，江苏人民出版社2004年版，第123页。

② 《孟子·梁惠王章句下》。

③ 《孟子·离娄下》。

④ 《孟子·离娄下》。

⑤ 《荀子·礼论》。

⑥ 《荀子·荣辱》。

⑦ 郭店楚墓竹简《语丛一》"夫〈天〉生百勿（物），人为贵"的记载，与《大戴礼记·曾子大孝》"天之所生，地之所贵，人为大矣"非常接近。

⑧ 《荀子·宥坐》。

也，岂其性异矣哉！”[①] 正因为天公正无私，又具主宰之义，所以必须尊天、敬天与祭天。“故王者天太祖，诸侯不敢坏，大夫士有常宗，所以别贵始；贵始得之本也。郊止乎天子，而社止于诸侯，道及士大夫，所以别尊者事尊，卑者事卑，宜大者巨，宜小者小也。故有天下者事七世，有一国者事五世，有五乘之地者事三世，有三乘之地者事二世，持手而食者不得立宗庙，所以别积厚，积厚者流泽广，积薄者流泽狭也。”[②] 郊祭天神，社祭土神，天神与土神相对，郊祭天神成为统治者“上事天”的表现之一。“古者天子之礼，莫重于郊。郊常以正月上辛者，所以先百神而最居前。礼，三年丧，不祭其先而不敢废郊。郊重于宗庙，天尊于人也。”[③] 周礼中“郊祭”专门祭祀天神，列于各种祭祀的首位。三年之丧中，其他祭祀都可暂停，却不可废郊祭。因为天下之政出于天子，而天子又出于天，郊祭是天与人相沟通的纽带：“天子号天之子也，奈何受为天子之号，而无天子之礼？天子不可不祭天也，无异人之不可以不事父。为人子而不事父者，天下莫能以为可。今为天之子而不事天，何以异是？”[④] “天子”是天之子，“行子道”、“行子礼”就成为天子对天应有之态度，天子必须始终对天存有敬畏之心。除此而外，“上事天”还意味着如何通过“行与事”去揣摩天之意愿，进而修正人事，以达到“通于神明”的效果。[⑤] 于此又使人联想起郭店楚墓竹简《五行》的“禨而知之”：“目而知之谓之进之。喻而知之，谓之进之。譬而知之，谓之进之。禨而知之，天也。‘上帝临汝，毋贰尔心’，此之谓也。”马王堆帛书《五行》对此有进一步解释：“‘禨而知之，天也’。禨也者，赍数也。唯有天德者、然后禨而知之。”“几”与“禨”通假，根据征兆而知天，唯有“天德者”能之。

既然有主宰之天，自然也就存在着“天命”。陈梦家认为，“天命”是西周武王灭纣后才出现的概念：“商人称‘帝命’，无作天命者，天命乃周

① 《荀子·性恶》。

② 《荀子·礼论》。

③ 《春秋繁露·郊祀对》。

④ 《春秋繁露·郊祭》。

⑤ 高晨阳也认为荀子所说的“天”带有意志性的特征，并指出“这是荀子哲学体系的一个内在矛盾”。参阅高晨阳《孟荀天人关系思想异同比较》，《孔孟荀比较研究》，山东大学出版社1989年版。

人的说法。”[①] 唐君毅也持同样的观点：“兹就文籍足征者而言，周人之言天命者亦最多。吾人无妨假定：中国宗教思想中之天命观之具体形成在周初。吾人今论中国后世言命之思想之本源，亦溯自周初而已足。”[②] 细而论之，中国思想史上的“天命”观念实际上存在着两重含义：

其一，“天命”是超自然的神学目的论。《尚书·汤誓》：“有夏多罪，天命殛之。”《诗经·商颂·玄鸟》：“天命玄鸟，降而生商。”毫无疑问，此处所罗列的商朝时代的“天命”，皆指至上神的意志。殷周革命，周人“天命”取代商人“帝命”，周朝伦理政治取代商朝的神权政治，在意识形态上强调敬天修德、以德治政。“周监于二代，郁郁乎文哉，吾从周。”[③] 孔子向往周代礼乐文明，并以周代礼乐文明的传承者自居，周代礼乐文明中的敬畏天命思想在孔子思想中也有体现：“道之将行也，命也；道之将废也与，命也。”[④] “尧曰：‘咨！尔舜！天之历数在尔躬，允执其中。四海困穷，天禄永终。’舜亦以命终。”[⑤] “君子有三畏：畏天命，畏大人，畏圣人之言。”[⑥] 上博楚简《孔子诗论》也有孔子“畏天命”的记载：“‘怀尔明德’，曷？诚谓之也。‘有命自天，命此文王’，诚命之也，信矣。孔子曰：‘此命也夫。文王虽裕也，得乎？此命也。’”[⑦] 这种感兴式的诗歌评论充分显现了孔子对“天命”的态度。孟子也信“天命”：“有王者起，必来取法，是为王者师也。《诗》云：‘周虽旧邦，其命维新’，文王之谓也。”[⑧] 孟子与墨家一样推崇禅让，郭店楚墓竹简《唐虞之道》也有翔实的“禅而不传”思想：“唐虞之道，禅而不传。尧舜之王，利天下而弗利也。禅而不传，圣之盛也；利天下而弗利也，仁之至也。”[⑨] “禅而不传”思想与孟子禅让说存在内

① 陈梦家：《尚书通论》，中华书局1985年版，第207页。

② 唐君毅：《原命上：先秦天命思想之发展》，《中国哲学原论·导论篇》，中国社会科学出版社2005年版，第324页。

③ 《论语·八佾》。

④ 《论语·宪问》。

⑤ 《论语·尧曰》。

⑥ 《论语·季氏》。

⑦ 马承源主编：《上海博物馆藏战国楚竹书》（一），上海古籍出版社2001年版。

⑧ 《论语·季氏》。

⑨ 刘钊：《郭店楚简校释·唐虞之道》，福建人民出版社2005年版。

在逻辑关联，旨在说明君王须是大贤、大德、大圣之人，“宜民宜人，受禄于天”。[①] 有德者方有天下，有德者之“德性”上达于天，天“以行与事示之”，授之以命，“作之君，作之师”。

尤其值得注意的是《荀子·天论》中的一段文字，这段文字长期以来被涂抹上了一层神圣的色彩：“大天而思之，孰与物畜而制之！从天而颂之，孰与制天命而用之！”在用西方话语系统建构中国哲学史的历程中，这段话往往被看成是“人定胜天”、“征服自然”的典型材料。其实这是不符合荀子思想本义的过度诠释，而且也缺乏史料在其背后作支撑。何为“制”？王念孙训为“裁”，东汉高诱则认为“制，犹从也”，即有“遵从、顺从”之义。两相比较，高诱的理解可能更贴近荀子本意。在古代文献中，训“制”为“从”的例子不少：《商君书·更法》：“知者作法，而愚者制焉。”《淮南子·氾论训》：“夫圣人作法，而万物制焉。”通观《荀子》全书，“天命”既有自然目的论的成分，又有超自然的神学目的论的色彩，但是就《天论》篇“制天命而用之”这一命题而言，“天命”是指谓至高无上人格神之意志，否则就没有“大天”、“从天”并且“从之”、“颂之”了。因此，“制天命而用之”的含义只不过是在强调人们应当清醒认识天、人之间的职分，切不可越俎代庖，代天行道。在认识与顺从天命基础上，发挥人之主体性。“制天命而用之”这一命题，与所谓“人定胜天”、“征服自然”可以说是风马牛不相及。

其二，“天命”是“非人之所能为”的一种神秘的外在力量。宇宙间不存在一个所谓的至高无上的主宰之神，但是，自然大化流行又确实彰显出某种无目的之目的。墨家“非命”，并且对儒家的“运命之天”进行了批判：“儒者以命为有，寿夭、贫富、治乱、安危有极矣，不可损益也。”[②] 证诸史实，其言不虚，相信“运命之天”确实是儒家一贯之传统。孔子“五十而知天命”，并且认为“知命”是人有可能成为君子的必要条件，“不知命，无以为君子也”。[③] 知命并非使人无可奈何而消极沉沦，而是在“逝者如斯”的前提下“知其不可而为之”。《孟子》中多次出现运命之

① 朱熹：《中庸章句》，《四书章句集注》，中华书局1983年版，第26页。
② 《墨子·公孟》。
③ 《论语·尧曰》。

天："行，或使之，止，或尼之，行止非人所能也。吾之不遇鲁侯，天也。臧氏之子，焉能使予不遇哉！"[①]"舜、禹、益相去久远，其子之贤不肖，皆天也，非人之所能为也。"[②]"君子创业垂统，为可继也。若夫成功，则天也。"[③]运命之天是一种神秘的外在力量，是"非人之所能为也"。荀子之"天"，有时也指命运、时遇。"人之命在天，国之命在礼"，"节遇谓之命"。[④]"自知者不怨人，知命者不怨天；怨人者穷，怨天者无志。失之己，反之人，岂不迂乎哉！"[⑤]尤其值得注意的是《天论》中一段话："楚王后车千乘，非知也；君子啜菽饮水，非愚也；是节然也。若夫志意修，德行厚，知虑明，生于今而志乎古，则是其在我者也。故君子敬其在己者，而不慕其在天者；小人错其在己者，而慕其在天者。君子敬其在己者，而不慕其在天者，是以日进也；小人错其在己者，而慕其在天者，是以日退也。故君子之所以日进，与小人之所以日退，一也。君子小人之所以相县者，在此耳。"君子与小人的区别之一在于君子知命而日进，小人知命而日退。有的学者据此评论说："在《荀子》书中，不是所有的'天'字都可以理解为'自然'。此处的'天'便是指'命运'、'时遇'。"[⑥]同样在《天论》一篇文章中，何以"天"范畴具有相互矛盾的多重义项？确实值得思索。

（三）义理之天

从宇宙本体（本根）高度推论伦理道德存在正当性，是中国古代哲学一大特点。在古代气学中，作为宇宙本始的"气"具有先在性的伦理特征，而正因为宇宙本根这一逻辑性悬设的存在，仁、义、礼、智等具体德目的存在才具备合法性。在中国古代天论中，其运思路向与古代气论如出一辙。牟宗三尝言：荀子之天"乃自然的，亦即科学中'是其所是'之天"，而孔孟

① 《孟子·梁惠王下》。
② 《孟子·万章上》。
③ 《孟子·梁惠王下》。
④ 《荀子·天论》。
⑤ 《荀子·荣辱》。
⑥ 向世陵、冯禹：《儒家的天论》，齐鲁书社1991年版，第59页。

之天是“形而上的天，德化的天”。[①] 其实“德化之天”、“义理之天”是儒家天论中一以贯之的传统，无论孔子、孟子，抑或荀子、董仲舒，概莫能外。唐君毅对此曾有一段精辟的论述：“故孔子立而后中国之人道乃立，孔子之立人道，亦即立人人皆以‘天子之仁心’存心之人道。天子之仁心，即承天心而来。故孔子之立人道，亦即承天道。近人谓孔子之学非宗教，且不信古代相传之天神之存在，此实无可征。可征者，唯是孔子不重信天之本身，而重信天之所以为天之仁道。孔子信天道，中国人之自觉论天道，亦自孔子始，则信而有征者。故孔子以前有人有文化，而人与文化之道未真被自觉，人之道未立，自孔子自觉之而后立。孔子以前亦有天，人亦知信天，而敬天学天之仁等；然自觉天之所以为天之道，即是此仁，而唯以仁道言天者，则自孔子始。”[②] 孔子以仁重新建构“天道”，使天重新获得了活泼泼的生命。继而孔子立人道以承天道，使人道之存在获得了形而上的合理性。“天生德于予，桓魋其如予何!”[③] 德源于天，神圣不可侮。孟子进而提出了“天爵”、“人爵”范畴，“仁义忠信，乐善不倦，此天爵也；公卿大夫，此人爵也”。[④] 天爵是人之所以成为人之“几微”之处，也就是人安身立命之“安宅”。根据孟子“尽心—知性—知天”的逻辑思维模式，“修其天爵”是为了证明人心源于天心，人性源于天性，“恻隐之心，人皆有之；羞恶之心，人皆有之；恭敬之心，人皆有之；是非之心，人皆有之。恻隐之心，仁也；羞恶之心，义也；恭敬之心，礼也；是非之心，智也。仁义礼智，非由外铄我也，我固有之也，弗思耳矣。故曰：‘求则得之，舍则失之。’或相倍蓰而无算者，不能尽其才者也。诗曰：‘天生蒸民，有物有则。民之秉夷，好是懿德。’孔子曰：‘为此诗者，其知道乎！故有物必有则，民之秉夷也，故好是懿德’。”[⑤] 在孔子思想体系中，孔子侧重于强调“仁如何行”，而非“仁是什么?”前者是实践理性，后者则涉及儒家思想存在正当性如何可能这一问题。孟子在儒学史上的最大贡献就在于他开始对儒家思想存在正

① 牟宗三：《历史哲学》，台湾学生书局 1988 年版，第 113 页。

② 唐君毅：《中国文化之精神价值》，广西师范大学出版社 2005 年版，第 37—38 页。

③ 《论语·述而》。

④ 《孟子·告子章句上》。

⑤ 《孟子·告子章句上》。

当性如何可能进行自觉的论证。天道既超越又内在。天道高高在上，天道超越；另一方面天道又是内在的，天道彰显于人心时，又内在于人而为人性。因此在天论基础上，儒家思想与儒家伦理范畴的存在正当性如何可能已有了初步的论证。令人鼓舞的是，郭店楚墓竹简多篇文章涉及儒家伦理存在正当性这一话题："凡物由亡生。有生乎名。有命有度有名，而后有伦。有迒有形有尽，而后有厚。有生有知而后好恶生。有物有繇有绿，而后教生。其生也亡为乎其型。知礼然后知型。型非胑也。有天有命，有迒有形，有物有容，有家有名。有物有容，有尽有厚，有美有善。有仁有智，有义有礼有圣有善。亡物不物，皆至焉，而亡非己取之者。"[①]"伦"当为伦理道德，郭店楚墓竹简其他文章又称为"民伦"、"人伦"。孔颖达《中庸》疏："伦，道也，言人所行之行皆同道理。""人伦"降自于天，是天道或天命的人间化表现。"性自命出，命自天降"一句话，非常深刻地概括了人伦道德与天之关系："凡人，虽有性，心亡定志，待物而后作，待悦而后行，待习而后定。喜怒哀悲之气，性也。及其见于外，则物取之也。性自命出，命自天降。道始于情，情生于性。始者近情，终者近义。知情者能出之，知义者能入之。好恶，性也。所好所恶，物也。善不善，义也。所善所不善，势也。凡性为主，物取之也。"[②]"性自命出"之"性"，并不仅仅指谓"喜怒哀悲"等情感，其实还包含"好恶"等价值判断和"善不善"等伦理价值观。因此，"性自命出"之"性"是一内涵丰富的概念，近似于孟子所说的"大体"与"小体"之别。如果进一步追问：以仁为核心的儒家伦理范畴源出于天如何可能？孟子的回答是天本身就是具有道德属性的精神实体，天赋有至高无上的伦理品德——诚，或者说天就是"诚"之化身："是故诚者，天之道也；思诚者，人之道也。至诚而不动者，未之有也；不诚，未有能动者也。"[③]后于《孟子》的《中庸》进而说："自诚明，谓之性；自明诚，谓之教。诚则明矣，明则诚矣。"《孟子》与《中庸》论"诚"最大区别在于孟子强调"思"，"思"就是"诚之"，也就是后天修养功夫。而"诚之"

① 刘钊：《郭店楚简校释·语丛一》，福建人民出版社2005年版。
② 刘钊：《郭店楚简校释·性自命出》，福建人民出版社2005年版。
③ 《孟子·离娄章句上》。

的修养功夫的终极目标，则是由“诚之”工夫以求恢复天所赋予自己的“诚”之本性，上达于天德，成为圣人。

《荀子》在论证“德化之天”何以可能的深度上，显然不及《孟子》。但是，两者之间在德化之天思想方面，仍然存在着逻辑性的延伸。譬如，《荀子》多处出现“天德”概念：“君子养心莫善于诚，致诚则无它事矣。惟仁之为守，惟义之为行。诚心守仁则形，形则神，神则能化矣。诚心行义则理，理则明，明则能变矣。变化代兴，谓之天德。天不言而人推其高焉，地不言而人推其厚焉，四时不言而百姓期焉。夫此有常，以至其诚者也。君子至德，嘿然而喻，未施而亲，不怒而威：夫此顺命，以慎其独者也。善之为道者，不诚则不独，不独则不形，不形则虽作于心，见于色，出于言，民犹若未从也；虽从必疑。天地为大矣，不诚则不能化万物；圣人为知矣，不诚则不能化万民；父子为亲矣，不诚则疏；君上为尊矣，不诚则卑。夫诚者，君子之所守也，而政事之本也，唯所居以其类至。”[①] 诚是上位概念，仁义礼智是下位概念。“守仁”、“行义”，可以变化气质，臻于天德之“诚”。天、地与圣人皆已达到诚之境界，因此“诚”乃君子与庶人共同追求的终极目标。尤其值得注意的是，“诚”不仅是人内在超越的境界，而且还是“政事之本”：“贤能不待次而举，罢不能不待须而废，元恶不待教而诛，中庸不待政而化。分未定也，则有昭缪。虽王公士大夫之子孙也，不能属于礼义，则归之庶人。虽庶人之子孙也，积文学，正身行，能属于礼义，则归之卿相士大夫。故奸言，奸说，奸事，奸能，遁逃反侧之民，职而教之，须而待之，勉之以庆赏，惩之以刑罚。安职则畜，不安职则弃。五疾，上收而养之，材而事之，官施而衣食之，兼覆无遗。才行反时者死无赦。夫是之谓天德，是王者之政也。”[②] 尚贤罢无能、赏善罚恶、老老幼幼是“王者之政”，先有王者方有可能行王者之政，在荀子心目中，尧、舜、禹等人才是王者，王者也就是圣人，有天德“诚”之圣人方有可能行“王者之政”。楚简《成之闻之》也有“天德”范畴：“天降大常，以理人伦。制为君臣之义，著为父子之亲，分为夫妇之辨。是故小人乱天常以逆大道，君子

① 《荀子·不苟》。
② 《荀子·王制》。

治人伦以顺天德。”[①] 君臣之义、父子之亲和夫妇之别等人伦源出于天，是“天德”的世俗化显现。《成之闻之》进而解释了何以“圣人天德”：“唯君子，道可近求，而［不］可远借也。昔者君子有言曰“圣人天德”何？言慎求之于己，而可以至顺天常矣。《康诰》曰“不还不戛，文王作罚，刑滋无赦”何？此言也，言不逆大常者，文王之型莫厚焉。是故君子慎六位，以祀天常。”[②] 圣人反求诸己，敬顺天道（天常），天道与人道不同，“仁义礼智”四行之和为“人道”，“仁义礼智圣”五行之和为天道：“五行：仁形于内谓之行，不形于内谓之行。义形于内谓之德之行，不形于内谓之行。礼形于内谓之德之行，不形于内谓之行。智形于内谓之德之行，不形于内谓之行。圣形于内谓之德之行，不形于内谓之德之行。德之行五，和谓之德，四行和谓之善。善，人道也。德，天道也。君子亡中心之忧则亡中心之智，亡中心之智则亡中心之悦，无中心之悦则不安，不安则不乐，不乐则亡德。五行皆形于内而时行之，谓之君子。士有志于君子之道谓之志士。善，弗为无近；德，弗之不成；智，弗思不得；思，不清不识。思不长不形，不形不安，不安不乐，不乐亡德。”[③]《五行》把人伦境界分为两大层级，“仁义礼智”四行之和为“善”，是人道层级；[④]“仁义礼智圣”五行之和为“德”，是天道层级。具备“圣”德才能上达天德，也就是“诚”之德。

儒家德化之天的思想传统凸显出中国古代自然观与西方自然观之区别。西方论自然往往不涉及价值与德性，天是“是其所是”之天。中国儒家的自然观往往与德性、价值相涉。唐君毅称之为“中国式之道德精神”，并且分析说：“中国人之以自然有德性、有价值，其根据则在中国人之道德精神之不私其仁与其德；故能客观化其仁德于宇宙间。中国此种思想，文化史上之渊源，则在中国古代相传之上帝与天皆不超越而外在，而上帝无常处，天道贯入地中，天道内在于万物之宗教哲学思想。此种思想之精神，正通于西方理想主义唯心论之精神。故能不止于人生中言理想价值，于人上言心；而

① 刘钊：《郭店楚简校释·成之闻之》，福建人民出版社 2005 年版。

② 刘钊：《郭店楚简校释·成之闻之》，福建人民出版社 2005 年版。

③ 刘钊：《郭店楚简校释·五行》，福建人民出版社 2005 年版。

④《礼记·丧服四制》有类似记载：“恩者仁也，理者义也，节者礼也，权者知也。仁义礼智，人道具矣。”

于自然万物，亦言其具人心之德性，神之德性也。”[①]

与孔子、孟子一样，“自然之天”、“宗教之天”与“义理之天”同样是荀子“天”论中三种基本义项。所谓荀子是“战斗的唯物主义者”等论断是特定时代出于意识形态之原因而涂抹上的一层神圣而虚假的金粉，现在有必要还原其历史本来面目。先秦儒家哲学中的“天”并不存在一个像某些学者所说的由“宗教之天”向“哲学之天”过渡的哲学进程。广而论之，就先秦两汉儒家哲学而言，“宗教之天”与“哲学之天”不仅自始至终都是裹挟在一起的，而且“宗教之天”还有逐步强化的趋势。西汉董仲舒为了迎合时代之需求，广泛吸收阴阳五行、神仙方术和墨家学说，在“天人感应”基础上重铸儒家思想，儒家从此成为一个具有强烈神秘主义色彩的理论体系。一种学术思想演变为国家意识形态，意味这种学术思想的法典化与绝对化，而要论证与维护这种学术思想的法典化与绝对化，最直接的手段就是获得宇宙论的支持。董仲舒“法天而行”口号背后隐伏着的，恰恰正是儒家思想在一个新的时代力图获得形而上学支撑的时代诉求。法典化与绝对化的儒家学说合乎逻辑性发展的必然趋势是西汉末年形成的谶纬之学。儒家经典在阴阳五行、天人感应、灾异祥瑞理论基础上被重新诠释，《诗》、《书》、《易》、《礼》、《春秋》及《论语》等儒家经典成为纬书。纬书是反映天心、天经的作品，《易》成了“气之节、含五精，宣律历，上经象天，下经计历，《文言》立符，《象》出其节，《彖》言变化，《系》设类迹”[②]的神秘著作，《书》成了“上天垂文象，布节度”[③]的上天象征与警示人间的著作，《礼》则“与天地同气，与四时合信，阴阳为符，日月为明”[④]，《诗》则是“天地之心，君祖之德，百福之宗，万物之户”[⑤]，《春秋》则更是“以天之端，正王者之政”[⑥]的大书。儒家经典摇身一变成为天之言、神

① 唐君毅：《中国文化之精神价值》，广西师范大学出版社 2005 年版，第 82—85 页。
② 安居香山、中村璋八：《纬书集成·春秋纬·说题辞》，河北人民出版社 1994 年版。
③ 安居香山、中村璋八：《纬书集成·尚书纬·璇玑钤》，河北人民出版社 1994 年版。
④ 安居香山、中村璋八：《纬书集成·礼纬·稽命征》，河北人民出版社 1994 年版。
⑤ 安居香山、中村璋八：《纬书集成·诗纬·含神雾》，河北人民出版社 1994 年版。
⑥ 安居香山、中村璋八：《纬书集成·春秋纬·元命包》，河北人民出版社 1994 年版。

之言，而非人之言。东汉《白虎通》的出现是汉代经学走向统一的标志，也是儒家学说作为国家意识形态的合理性的建构最终完成。换言之，又可看成是儒家学说神化的最终完成，儒家思想与天的关系真正达到了一个水乳交融、浑然一体的境界。随着儒家思想与天的“婚媾”，“思想一致的时代”（葛兆光语）翩然而至。

二、“天行健”：《易传》天论的多重意蕴

物质与精神、存在与意识的关系问题，是西方哲学基本问题之一。“天人关系”则是中国古代哲学基本问题。对于后者，有三点必须点明，否则有可能陷入逻辑陷阱：其一，虽然历代思想家大多谈论“天人关系”，但目的、内涵和命题均有所不同：“天人玄同”是老子的命题，“无以人灭天”是庄子的命题，“天人一义”是孟子的命题，“天人相分”是荀子的命题，“天人感应”是董仲舒的命题，“天人一气”是张载和王夫之的“气学”命题，“天人一理”是二程、朱熹的命题，“天人一心”是陆九渊和王阳明的“心学”命题；其二，“人”之内涵有所不同，“人”是泛指同类之人？还是仅指圣人、君子？历代思想家对“人”概念之内涵与外延的理解不尽相同；其三，“天”与“人”概念自始至终缺乏一个统一的逻辑规定。换言之，历代哲人是在一个逻辑缺席的前提下来讨论“天人关系”的。这一哲学现象不仅在孔子、孟子和荀子思想中有所展现，在《易传》中表现得也十分典型，因而颇具代表意义。

在哲学与逻辑学的意义上，《易传》之“天”主要涵括四种义项：

1. 自然之天。“有天地，然后万物生焉。盈天地之间者唯万物，故受之以《屯》。”[①]“在天成象，在地成形，变化见矣。”[②] 天作为宇宙本体具有空间特性，日月星辰附“丽于天”。正因为如此，人们才能“仰则观象于天，俯则观法于地”。[③] 此外，天又指谓与地相对的物质实体。“是故《易》有大

① 高亨：《周易大传今注》卷六《序卦》，齐鲁书社1979年版，第643页。

② 高亨：《周易大传今注》卷五《系辞》上，齐鲁书社1979年版，第504页。

③ 高亨：《周易大传今注》卷五《系辞》下，齐鲁书社1979年版，第559页。

极，是生两仪。两仪生四象，四象生八卦，八卦定吉凶，吉凶生大业。是故法象莫大乎天地，变通莫大乎四时，县象著明莫大乎日月。”[①] 两仪即天地，天地是宇宙本原化生的两个最大的物质实体，因而“法象莫大乎天地”。天有运动、有静止，“夫乾，其静也专，其动也直，是以大生焉”。[②] 从《易传》对天所作的规定来分析，此处之天与中国古代“盖天说”有近似之处。《周髀算经》认为“天象盖笠，地法覆盘”，天与地均为拱形，天在上，地在下，天比地高八万里。天穹的曲率和拱形的大地的曲率是相同的，天穹上有日月星辰交替出没，因此在大地上产生了昼夜。《周髀算经》中有一个概念叫“七衡六间”，其意在说明太阳每天绕地球运行的几何图形。换言之，太阳在天穹上的周日运动，一年中有七条道路，故称为“七衡”，画出来就是七个同心圆。同心圆的圆心是北天极，也相当于“极下”。最内一道称为内衡，夏至日太阳就沿外衡走一圈，也即“冬至日道”；在其他节气里，太阳就沿中间的五道运行。七衡之间共有六个间隔，每一“间”的距离相等。《周髀算经》一书通过用“七衡六间”范畴所构成的几何图形，来表述昼夜的长短交替和四季之循环。由于盖天说与一系列天文现象之间存在着不可克服的矛盾，这一学说在东汉以后逐渐式微。但作为一种宇宙结构学说，其理论之源头可能与《易传》有一定的关联。

2. 自然规律、自然法则。《易传》经常出现“天道”、“天则”、“乾道”、“天地之道”等概念，“天道”、“地道”和“人道”构成“三才之道”。《易传》作者认为《易经》广大悉备，“弥纶天地之道”。[③]《乾·彖》：“乾道变化，各正性命。保合大和，乃利贞。”高亨先生解释说：“乾道，天道，即天象之自然规律。”[④] 具体而论，天地之道包含哪些基本内容呢？《系辞》上说：“一阴一阳之谓道”，天地之道即阴阳之道，阴阳之道有三重内涵：其一，阴阳对立。天道、地道和人道都是分阴分阳而相对立，任何事物都包含阴阳两种相互对立的属性，奇数为阳，偶数为阴；男人为阳，女人为

① 高亨：《周易大传今注》卷五《系辞》上，齐鲁书社 1979 年版，第 538—539 页。

② 高亨：《周易大传今注》卷五《系辞》上，齐鲁书社 1979 年版，第 517 页。

③ 高亨：《周易大传今注》卷五《系辞》上，齐鲁书社 1979 年版，第 511 页。

④ 高亨：《周易大传今注》卷一，齐鲁书社 1979 年版，第 55 页。

阴；动为阳，静为阴……由于分阴分阳，“观变于阴阳而立卦，发挥于刚柔而生爻”。[①] 爻分阴爻和阳爻，卦分阴卦和阳卦，64 卦 384 爻阴阳各半，整个世界就是一个不断分阴分阳的过程。世界万物分阴分阳，但这种分不是绝对的分开，而是阴中有阳，阳中有阴。阴阳互涵，相互包容。除乾卦纯阳和坤卦纯阴之外，阳卦中有阴爻，阴卦中有阳爻，而且往往是“阳卦多阴，阴卦多阳”。[②] 即使是纯阳乾卦，有六个阳爻为“飞”，同时隐伏着六个阴爻为“伏”。纯阴坤卦也是如此，有六个阴爻为“飞”，同时隐伏着六个阳爻为“伏”。阳飞则阴伏，阴飞则阳伏，乾坤互为飞伏，称为旁通卦，其他 62 卦也都有自己的旁通卦。阴与阳的对立不是绝对的，异中有同，同中有异，具有同一性。比如，《睽》卦卦体是下兑上离，兑泽，离为火，水火相乖离。其睽以时，其合也以时。但宇宙万物有睽，必有其合。这正如《睽卦·彖传》所云：“天地睽而其事同也。男女睽而其志通也。万物睽而其事类也”。其二，阴阳交感。阴与阳相摩相荡，相互作用。比如，否卦卦体下坤上乾，乾为天，坤为地，阳气自然习性上腾，阴气自然习性下降，阴阳二气只是分离对立而不交感作用，结果天地万物得不到阳光雨露而死气沉沉。与之相对的《泰》卦卦体是下乾上坤，乾天本居上，今“来”而居下；坤地本居下，今“往”而居于上，阴阳二气上下互流，天地交感而万物滋生。《泰卦·彖传》云：“‘泰，小往大来，吉，亨’，则是天地交而万物通也；上下交而其志同也；内阳而外阴；内健而外顺。”又譬如《咸》卦，卦体下艮而上兑。艮男兑女，男女相感相应，由此比喻万物化生，天下大吉。《咸卦·彖传》云：“咸，感也。柔上而刚下，二气感应以相与，……天地感，而万物化生。圣人感人心，而天下和平。观其所感，而天地万物之情可见矣。”天地之气交融和盛，万物欣欣向荣。《否》卦之所以“不利君子贞”，就在于“天地不交”，天气在上，地气在下，上下缺乏互动交流。《泰》卦之所以“吉亨”，在于天地交而万物通，上下交而其志同。地气在上，天气在下，有交流互动之象，所以吉利。其三，阴阳转化。《系辞下》云：“刚柔相推，变在其中矣。”阴阳对立与交感的结果，自然而然是阴阳转化。阴

---

① 高亨：《周易大传今注》卷六《说卦》，齐鲁书社 1979 年版，第 609 页。

② 高亨：《周易大传今注》卷五《系辞》下，齐鲁书社 1979 年版，第 569 页。

阳转化有两种表现形式：一是阴阳消长，“消”指阳爻往而阴爻来，“息”指阴爻往而阳爻来，阴阳消长在12消息卦的周而复始中表现得最为典型；二是指阴极生阳，阳极生阴。《否卦·象传》云：“否终则倾，何可长也。”否极则泰来，与之相反，泰极而否至。《丰卦·象传》云：“日中则昃，月盈则食，天地盈虚，与时消息。”日午则西斜，月盈则招亏。天地万物同理，有盈必有虚，随时间而消长变化。《系辞下》对阴阳相推、阴阳转化规律总结道：“日往则月来，月往则日来，日月相推而明生焉。寒往则暑来，寒暑相推而岁成焉。往者屈也，来者信也，屈信相感而利生焉。”阴阳对立、阴阳交感和阴阳转化，三者合而论之，称为“一阴一阳之谓道”。

3. “天地之大德曰生。”[①] 天具有先验之道德属性，这是中国古代哲学特点之一。“夫乾，天下之至健也，德行恒易，以知险。夫坤，天下之至顺也，德行恒简，以知阻。”[②] 天德为生，为健，《乾卦·象传》称之为“天行健”。《乾卦·文言》则直接将“元、亨、利、贞”论证为“仁、义、礼、正”四德：“‘元’者，善之长也。‘亨’者，嘉之会也。‘利’者，义之和也。‘贞’者，事之干也。君子体仁足以长人，嘉会足以合礼，利物足以和义，贞固足以干事。”对于《乾卦·文言》“大哉乾乎！刚健中正，纯粹精也”一句，高亨先生解释说：“色不杂曰纯，米不杂曰粹，米至细曰精。此用于形容天德，是其引申义。此言天之刚健中正之德达于纯粹而精之地步。”[③] 不仅天具有先验之道德规定，《易传》作者甚至认为《易经》64卦均蕴涵道德属性，或者说64卦是天德完整而全面之彰显：“是故《履》，德之基也。《谦》，德之柄也。《复》，德之本也。《恒》，德之固也。《损》，德之修也。《益》，德之裕也。《困》，德之辨也。《井》，德之地也。《巽》，德之制也。《履》，和而至。《谦》，尊而光。《复》，小而辨于物。《恒》，杂而不厌。《损》，先难而后易。《益》，长裕而不设。《困》，穷而通。《井》，居其所而迁。《巽》，称而隐。《履》以和行。《谦》以制礼。《复》以自知。《恒》以一德。《损》以远害。《益》以兴利。《困》以寡怨。《井》以辨义。

---

① 高亨：《周易大传今注》卷五《系辞》下，齐鲁书社1979年版，第558页。

② 高亨：《周易大传今注》卷五《系辞》下，齐鲁书社1979年版，第594—595页。

③ 高亨：《周易大传今注》卷一，齐鲁书社1979年版，第70页。

《巽》以行权。《易》之为书也不可远，为道也屡迁，变动不居，周流六虚，上下无常，刚柔相易，不可为典要，唯变所适。"[①] 行笔至此，我们不禁要追问，天具有先验之道德属性如何可能？《易传》对此没有任何形而上层面的解释。立足于现代哲学的高度，我们不难看出，天德相当于康德哲学意义上的"公设"，既无法证明、也无需证明。实际上，这是一种颇具代表意义的"道德起源学说"。《易传》并不认为伦理道德观念是人类社会进化到一定阶段的产物，而是将其论证为宇宙本体先验的、内在的属性。人类社会伦理道德观念及其价值体系的建立，源自对宇宙本体先验德性的体认与实践。基于此，《易传》作者反复强调人们应如何因循天之德："君子以成德为行，日可见之行也。"[②] "夫'大人'者与天地合其德，与日月合其明，与四时合其序，与鬼神合其吉凶，先天而天弗违，后天而奉天时。天且弗违，而况于人乎，况于鬼神乎。"[③] "夫《易》，圣人所以崇德而广业也。知崇礼卑，崇效天，卑法地。"[④]《说卦》作者进而对这种泛道德主义哲学观作了进一步的论证："昔者圣人之作《易》也，幽赞于神明而生蓍，参天两地而倚数，观变于阴阳而立卦，发挥于刚柔而生爻，和顺于道德，而理于义，穷理尽性以至于命。昔者圣人之作《易》也，将以顺性命之理，是以立天之道曰阴与阳，立地之道曰柔与刚，立人之道曰仁与义。兼三才而两之，故《易》六画而成卦。"天道阴与阳，地道柔与刚；人道仁与义，三者概念虽然不同，但实质内涵却是相通的，仁义实质上就是天地之道的社会化体现。

4. "自天祐之，吉，无不利。"[⑤] 揭橥于西周时期的人文主义思潮，开始对原始宗教的天帝观念与天帝崇拜产生怀疑与批判。但天帝崇拜观念始终未能根除，它作为一股潜流，仍然潜伏于中国思想文化之中。"帝出乎震，齐乎巽，相见乎离，致役乎坤，说言乎兑，战乎乾，劳乎坎，成言乎艮。"[⑥] "帝"，天帝也。万物之萌生，天地之运动，都是天帝在背后有目的、有意

① 高亨：《周易大传今注》卷五《系辞》下，齐鲁书社 1979 年版，第 582—587 页。

② 高亨：《周易大传今注》卷一，齐鲁书社 1979 年版，第 71 页。

③ 高亨：《周易大传今注》卷一，齐鲁书社 1979 年版，第 72—73 页。

④ 高亨：《周易大传今注》卷五《系辞》上，齐鲁书社 1979 年版，第 517 页。

⑤ 高亨：《周易大传今注》卷二，齐鲁书社 1979 年版，第 175 页。

⑥ 高亨：《周易大传今注》卷六《说卦》，齐鲁书社 1979 年版，第 611 页。

识作用的结果。帝、天帝、天神、神和天，在一定意义上是指谓同一对象，名异而实同。在《易传》中，天、天帝或天神主要是指至上人格神，已看不到有祖先神或多元神的痕迹。“观天之神道，而四时不忒。圣人以神道设教，而天下服矣。”① “昔者圣人之作《易》也，幽赞于神明而生蓍。”神明，神祇也。《说文》释“神”：“神，天神。祇，地祇。”有天神方有神道，神道体现于“四时不忒”，所以圣人要“神道设教”。人类认识自然现象和自然规律的目的，不是在于发现真理，而是在于证明至上人格神的存在。既然有天帝，自然也就存在“天命”：“大‘亨’以正，天之命也。‘其匪正有眚，不利有攸往’，无妄之往何之矣？天命不祐，行矣哉？”② “‘用大牲吉，利有攸往’，顺天命也。”③ 《易传》之“天命”范畴，与殷商之“天命”、墨子之“天志”以及董仲舒之“天命”率无二致，在哲学性质上是相同的。既然在哲学上承认天帝与天命存在，那么如何认识天命和顺应天命，就成了人类行为的终极目标。“昔圣人之作《易》也，幽赞于神明而生蓍。”不是圣人幽赞神明，而是神明幽赞圣人；不是圣人生蓍草，而是神明生蓍草。圣人作《易》，其终极目的就是通过一种方式与手段来领悟天命，从而达到天人合一。《大有》“上九”爻辞云：“自天祐之，吉，无不利。”《易传》反复多次引证这一句话：“祐者，助也。天之所助者，顺也；人之所助者，信也。履信，思乎顺，又以尚贤也，是以自天祐之，吉无不利也。”④ “《易》，穷则变，变则通，通则久。是以自天祐之，吉无不利。”⑤ 天佑顺天者，有天帝方有天命，有天命方有天佑，有天佑方有《易经》。人们“玩其辞”，“玩其占”，目的就在于通达天命，去除妄言妄行。

通而论之，《易传》中的“天”概念兼摄自然之天、规律之天、义理之天、宗教之天等多重内涵。“天”概念与前一章论述的“道”概念一样，多义性特点仍然比较明显。

① 高亨：《周易大传今注》卷二，齐鲁书社 1979 年版，第 214 页。
② 高亨：《周易大传今注》卷二，齐鲁书社 1979 年版，第 246—247 页。
③ 高亨：《周易大传今注》卷三，齐鲁书社 1979 年版，第 383 页。
④ 高亨：《周易大传今注》卷五《系辞》上，齐鲁书社 1979 年版，第 541 页。
⑤ 高亨：《周易大传今注》卷五《系辞》下，齐鲁书社 1979 年版，第 562 页。

三、董仲舒："以类合之，天人一也"

（一）"天者万物之祖"

在先秦时代，人们的最高信仰对象并不是一成不变的。在商朝，最高的崇拜对象是"帝"或者"上帝"。帝不仅是自然界的最高立法者，能支配自然界的生成变化，创造并化育万物，决定岁收丰歉，而且它还是人类社会的至上神，主宰着人类社会的政治活动，决定着人类行为的吉凶祸福。商朝统治者相信自己就是上帝的子孙，他们的统治权力是上帝意志的体现，他们的王座得到了上帝的佑护，这一切都具有神圣不可侵犯的性质。如果谁敢僭越犯上，就是忤逆了上帝意志，必然遭受上帝的惩罚。周王朝统治时期，人们信仰的最高对象不再是上帝，而是天，天的意志称为"天命"。天既是自然神，也是人类社会的主宰之神，是两者合二为一的至上神。随着岁月的流逝，天的内涵在不断地变化。在春秋、战国时期，"天"之义项至少涵盖三大层面：自然之天、义理之天和主宰之天。汉儒领袖董仲舒的天论与先秦时代的孔子、孟子、荀子思想之间，存在着一脉相承之关系："天高其位而下其施，藏其形而见其光。高其位，所以为尊也；下其施，所以为仁也；藏其形，所以为神；见其光，所以为明。故位尊而施仁，藏神而见光者，天之行也。"[①] 天在董仲舒思想逻辑框架中的地位不可混同于地、人、金、木、水、火、土等实存，天是一种位居于宇宙万物之上并且化育天地万物的宇宙本根。在宇宙论上，天至少蕴涵四重内涵：

首先，天是创造宇宙万物的至上神。"天者万物之祖，万物非天不生。"[②] "天者，百神之大君也。事天不备，虽百神犹无益也。"[③] 在《春秋繁露》一书中，天范畴的内涵与外延并不是严格同一的。《官制象天》篇说："天有十端，十端而止已。天为一端，地为一端，阴为一端，阳为一

① 《春秋繁露·离合根》。

② 《春秋繁露·顺命》。

③ 《春秋繁露·郊语》。

端，火为一端，金为一端，木为一端，水为一端，土为一端，人为一端。凡十端而毕，天之数也。”“天有十端”之“天”和“天为一端”之“天”显然不是同一个概念，前者指的是宇宙本原，后者实际上是指代自然界。宇宙本原之天和自然之天属于语词相同但内涵各异的相异概念。

其次，天是孕育人类生命的人格神。《为人者天》篇说：“为生不能为人，为人者天也。人之人本于天，天亦人之曾祖父也。此人之所以乃上类天也。”《王道通三》篇也说：“人生于天，而取化于天。”天是人类生命存在的终极根据，关于这一点，《庄子·达生》篇也有类似的表述：“天地者，万物之父母也。”

复次，天是人类社会的最高立法者，是主宰人类社会的最高神。《墨子·天志上》篇说：“天子未得次已而为政，有天政之。”墨子苦心孤诣构建“天命约束机制”之目的在于为制约君王权力寻求形而上的依据。董仲舒显然绍承了墨子的这一观点，并且有所发明。他进而论证君王权力的存在根据、社会制度的存在合理性，都是来源于天之意志：“《春秋》之法，以人随君，以君随天。曰：缘民臣之心，不可一日无君。一日不可无君，而犹三年称子者，为君心之未当立也。此非以人随君耶？孝子之心，三年不当。三年不当而逾年即位者，与天数俱终始也。此非以君随天邪？故屈民而伸君，屈君而伸天，《春秋》之大义也。”① 孟子曾经建构了“民→社稷→君王”三级金字塔式的政治格局，目的在于论证民在政治生活中的重要地位，民本主义色彩昭然于世。董仲舒在这里建构的是“天→君→民”三级政治金字塔式结构，从表面上看，似乎董仲舒的思想是对孟子民本主义的一种反向运动，或者说是否定，但实质并非如此。董仲舒“屈民而伸君，屈君而伸天”的政治目的，在于论证天在人类社会中的神圣地位，从而为制约君王权力寻找至上的依据，这种政治理想的本质仍然是民本主义的，与孟子思想可以说是异曲同工。

最后，天有意志。《阴阳义》篇说：“天亦有喜怒之气、哀乐之心，与人相副。以类合之，天人一也。”与此同时，天也是价值本源。天的品德体现为“仁”：“天，仁也。天覆育万物，既化而生之，有养而成之。事功无

---

① 《春秋繁露·玉杯》。

已，终而复始，凡举归之以奉人。察于天之意，无穷极之仁也。人之受命于天也。取仁于天而仁也。"[①] 天孕育万物、化生万物，但从不居功自傲，只有奉献没有索取，呈现出一种至善至美的"仁"的品性。人伦之"仁"源出于天之德，因而获得了存在之神圣性。

（二）**法天而行**

天是宇宙本原，天有"天道"。在天人关系上，董仲舒反复阐述一个根本性的价值观——法天而行。人道源出于天道，人道是天道在人类社会的落实。董仲舒的"法天说"具有三个层面的含义：

首先，人类生理结构"法天"。

《为人者天》篇从理论上解释了人类生理结构与天之间的内在关系："为生不能为人，为人者天也。人之人本于天，天亦人之曾祖父也。此人之所以乃上类天也。人之形体，化天数而成；人之血气，化天志而仁；人之德行，化天理而义。人之好恶，化天之暖清；人之喜怒，化天之寒暑；人之受命，化天之四时。"孩子虽是母亲十月怀胎而生，但解释不了作为类之人究竟从何而来。按照康德式的认识逻辑，必将追问至一个终极性的问题：人类生命之存在如何可能？对于这个问题，董仲舒回答说：人类生命源出于天，所以人类的生理结构在内容与形式上与天的结构是同一的；天是大宇宙，人是小宇宙，人类生命体是天的缩影。穷根究底，这一观点并非由董仲舒第一次提出，《庄子・达生》篇早就说过："天地者，万物之父母也。"董仲舒可能是受到了庄子思想的影响，宋代张载继而又有"乾父坤母"的提法，前后的逻辑关系比较清晰。

在《人副天数》、《为人者天》等篇中，董仲舒比附了人与天在结构、内容与形式上如何一一对应：

人之象	**天之象**
头圆形	天圆形

① 《春秋繁露・王道通三》。

续表

人之象	天之象
头发	星辰
耳目	日月
呼吸	风气
知觉	神明
视瞑	昼夜
刚柔	冬夏
哀乐	阴阳
骨肉	地厚
血脉经络	山川之象
腹腔	万物
足布而方	地形之象
四肢	四时
每肢三个关节	每时三个月
四肢十二个关节	四时十二个月
人十月而生	天道十月而成
数以十进位	天数为十
目不能二视，耳不能二听	天道无二
三百六十个骨节	一年有三百六十日
十二个大骨节	天有十二个月
五脏	五行

在这里，天象与人象、天数与人数一一对应，了无间隔。不仅如此，董仲舒甚至认为，人的性情也起源于天的性情，或者说人之性情就是天之性情的外化："夫喜怒哀乐之发，与清暖寒暑，其实一贯也。喜气为暖而当春，怒气为清而当秋，乐气为太阳而当夏，哀气为太阴而当冬。四气者，天与人所同有也，非人所能蓄也。"① 天有春夏秋冬之分，人有喜怒哀乐之情，喜来源于春气，乐来源于夏气，怒来源于秋气，哀来源于冬气，"人生于天，

① 《春秋繁露·王道通三》。

而取化于天。”[1]

其次，社会政治制度“法天”。

像以往大多数思想家一样，董仲舒在崇拜天的同时，也对天的结构、原则、规律进行了形而上论述，并从中抽绎出了一些永恒性的“自然法则”。关于这一点，最典型的莫过于对“天之数”的崇拜。在中国传统文化中，“一、二、三、四、五、六、七、八、九”等自然数很早以来就不仅仅是一些单纯的数字符号，尽管《汉书·律历志》说过“数者，一十百千万也，所以算数事物”，但是，这其实仅仅只是数的基本性质之一，数字还被赋予了广泛而深厚的文化譬喻。譬如，“一”指谓宇宙本原，“二”指代由本原分化而成的阴阳二气，“三”指代阴阳推演、相摩相荡而化生的天地万物。这恰如《老子》所说：“道生一，一生二，二生三，三生万物。万物负阴而抱阳，冲气以为和。”[2] 当然，这仅仅是在自然观的意义上对于宇宙运行规律的探索，它的深层表述则是一种神秘化的“定数”观念。在中国古代典籍中，我们时常可以见到“天数已定”、“命数难逃”之类的文字，描述宇宙间万物万事的确定性，这种神秘决定论从事物产生的那一刻起就已存在先验的既定之中了。[3] 这种神秘的决定论能够对人类的兴衰产生巨大的作用，正因为如此，对数这种神秘实在的崇拜，也是董仲舒思想体系中的一个重要内容。“以此见天之数，人之形，官之制，相参相得也。人之与天，多此类者，而皆微忽，不可不察也。”[4] “备天数以参事，治谨于道之意也。”[5] 官制既然是“天之数”之一，自然而然“官制法天”也就成为董仲舒“天人合一”思想的内涵之一。人类社会政治制度的性质、结构、功能等，必须以“天之数”作为其存在的合理依据。在“备天数以参事”这一问题上，“三”和“五”两个数尤其重要。

“三”之所以重要，是因为“三”被看成是宇宙现象与宇宙法则的高度

① 《春秋繁露·王道通三》。

② 《老子》四十二章。

③ 参见俞晓群：《数术探秘》，生活·读书·新知三联书店 1994 年版。

④ 《春秋繁露·官制象天》。

⑤ 《春秋繁露·官制象天》。

概括。“天以三成之，王以三自持。”[①] 宇宙由“天、地、人”三部分构成，在这一宇宙规律基础上，宇宙间的众多现象无不呈现为三或者三的倍数：

天有三光：日、月、星；

地有三形：高、下、平；

人有三尊：君、父、师；

……

《官制象天》篇说：“何谓天之大经？三起而成日，三日而成规，三旬而成月，三月而成时，三时而成功。寒暑与和，三而成物；日月与星，三而成光；天地与人，三而成德。由此观之，三而一成，天之大经也，以此为天制。”缘此，董仲舒不仅为汉王朝政治制度存在的合法性寻找到了至高无上的哲学依托，而且为汉王朝政治制度的结构找到了形而上的说明：

天子以三公作为辅佐；

三公以九卿作为辅佐；

九卿以三大夫作为辅佐；

三大夫以三士作为辅佐；

三臣而成一选；

礼三让而成一节；

……

“天之数”的另一个神秘实在是“五”。“五”与“五行”紧密地联系在一起。五行学说最早出现在《尚书·洪范》篇中：“五行：一曰水，二曰火，三曰木，四曰金，五曰土。水曰润下，火曰炎上，木曰曲直，金曰从革，土爰稼穑。”在中国传统文化中，五行也是宇宙图式学说上的一个范畴。在汉代以前，古人在论述宇宙的演化过程时，通常使用气、道、阴阳等抽象概念，很少涉及五行。从汉朝开始，人们常用五行概念来诠释宇宙万物的生成变化。譬如，《论衡·物势》：“天用五行之气生万物”，《孔子家语·五帝》：“天有五行，水、火、木、金、土，分时化育，以成万物，其神谓之五帝。”这种学说历经魏晋隋唐的不断补充与发挥，到宋代已经趋于成熟。胡瑗、周敦颐、朱熹等思想家将五行之气和阴阳学说相结合，构建了一

① 《春秋繁露·官制象天》。

个“气（道）→阴阳→五行→万物”的宇宙生成图式，五行作为从阴阳到万物这一生成演化过程的中介环节从而获得了哲学认识论价值。在董仲舒思想中，五行学说也是一个非常重要的部分，它不仅具有哲学认识论的意义，而且也成为人类社会政治制度形而上之根据：“天地之气，合而为一，分为阴阳，判为四时，列为五行。行者行也，其行不同，故谓之五行。五行者，五官也，比相生而间相胜也。故为治，逆之则乱，顺之则治。”[①] 按照这种认知逻辑，天有五行，人类社会自然应该设置“五官”与此相对应。在《五行相生》、《五行顺逆》、《五行相胜》等篇章中，董仲舒十分详细地论证了人类社会的政治制度应该如何与五行这一宇宙法则相互协调、相互论证的问题：

司农。木代表东方、春，春天是万物复苏、萌芽生长的时节。统治者应当设立“司农”这一官职与天相配。“木者春，生之性，农之本也。”[②] 司农的职责是劝导农民勤勉于农事，开垦荒地，种植百谷；徭役不超过三天，赋税实行“什一之税”。木之德为仁，所以司农应该推行仁政，对农民、草木、鸟兽虫鱼都应该仁慈宽惠。如果司农仁德深厚，“恩及草木，则树木华美，而朱草生；恩及鳞虫，则鱼大为，鳣鲸不见，群龙下”。[③] 与此同时，董仲舒还从另一个角度对君王和司农的行为加以制约：君王不应该不理朝政、沉湎酒色，不应该赋役无度，盘剥百姓不应无所节制；司农则不应该朋党比周、蔽上欺下，理应劝导农民积极从事农业生产，如果整天沉溺于搏戏斗鸡、走狗养马，纵容平民百姓贪图享乐，势必导致所管辖区道德水平下降、长幼无序、上下相欺、寇贼蜂起。君王与司农的这种行为忤逆了五行木气之性，必将招致百草不生、百谷不熟、洪水泛滥、群龙深藏、猛兽横行的后果。《汉书·五行志》曰：“畋猎不宿，饮食不享，出入不节，夺民农时，及有奸谋，则木不曲直。”从现代人的思维逻辑来理解，董仲舒的这些思想非常怪诞离奇。但是，如果我们从那个时代流行的“天人合一”、“天人感应”观念出发去体会其内在的底蕴，一切又都迎刃而解了。

---

① 《春秋繁露·五行相生》。

② 《春秋繁露·五行顺逆》。

③ 《春秋繁露·五行顺逆》。

司马。火代表南方、夏。火的特点为“成长”，与之相对应的官职是司马。司马的职责是“举贤良，进茂才，官得其能，任得其力，赏有功，封有德，出货财，振困乏，正封疆，使四方”。①

司营。土代表季夏、中央。与此相对应，人类社会应该设置司营一职。土是万物生长之本，夏季是万物成熟之时，所以司营应该辅佐君王治理百政。君王如果能够始终以“鲠直之臣”辅佐自己，天下必定五谷丰收、六畜兴旺、仓廪充实、人丁兴旺，贤能之士闻风向往；如果司营是一个谀臣，以君王的喜怒哀乐作为政治决策的依据，必将导致贤臣叛离、人民逃亡。董仲舒用五行学说“木克土”的原理来提醒统治者时时刻刻保持“惕厉”之心，不要重蹈楚灵王身败名裂的覆辙。

司徒。金代表秋，秋天是成熟、收获的季节，同时也是“杀气之始”，是由盛到衰的转折关头。司徒作为一种官职，西周时期开始设置，主要掌管国家的土地与人口。西汉哀帝时期，改丞相为大司徒，与大司马、大司空并列三公。但在《春秋繁露》一书中，司徒这一官职的职权范围显然不同于上述，他的主要职责是军事而不是土地人口，“建立旗鼓，杖把旄钺，以诛贼残，禁暴虐，安集，故动众兴师，必应义理，出则祠兵，入则振旅，以闲习之”。② 据此，司徒的职权范围是率领三军保国戍边、征讨叛逆、修缮城郭、整饬兵甲、维护社会治安。如果司徒罪不可恕，“司马诛之”。为什么让司马行使诛杀之权呢？因为司马属火，司徒属金，火克金，所以制约司徒的官吏应是司马。

司寇。水代表冬季，《五行相胜》篇说：“夫水者，执法司寇也。”与此相对应，人类社会应该设置司寇一职。司寇的职责是执掌司法大权，“闭门闾，大搜索，断刑罚，执当罪，饬关梁，禁外徙”。③ 司寇应该谨小慎微、赏罚得当、执法公允，像水一样公平无欺。如果司寇结党营私，巧言令色，赏罚不明，号令不行，诛杀无辜，必将招致水灾出现，“必有大水，水为民害”。④《汉书·五行志》也持同样的观点：“若乃不敬鬼神，（致）【政】令

① 《春秋繁露·五行顺逆》。

② 《春秋繁露·五行顺逆》。

③ 《春秋繁露·五行顺逆》。

④ 《春秋繁露·五行顺逆》。

逆时，则水失其性。雾水暴出，百川逆溢，坏乡邑，溺人民，及淫雨伤稼穑，是为水不润下。”如果司寇罪不可恕，司营可以依法诛杀。司营属土，司寇属水。土克水，所以制约司寇的官吏是司营。

其三，政治决策导向法天。

统治者的政治决策纯粹是一个社会政治学范畴，属于一种社会行为。但是，在《春秋繁露》所构建的宇宙图式中，事情并非如此简单。如果我们单纯地从现代人的认识水平和思维方式去阅读《春秋繁露》，很可能坠入云遮雾罩之中，不知道董仲舒是在说呓语，还是在说谵语。但是，如果我们以现代哲学认识水平为理性工具，切入那个时代的思维模式中，我们会发现列维·布留尔对原始民族思维模式的研究很有启发价值。列维·布留尔认为世界范围内的原始民族存在着一种普遍意义上的宇宙观——万物有灵、万物感应。“一个是，人格化的灵被认为是赋予每个人和每个物（动物、植物、圆石、星球、武器、用具，等等），并使他（它）们有灵性；另一个阶段在这一个之先，那时还没有进行人格化，那时，好像有一个能够到处渗透的弥漫的本原，一种遍及宇宙的广布的力量在使人和物有灵性，在人和物里发生作用并赋予他（它）们以生命。”① 在“万物有灵”世界观的支配下，流行着一种具有普遍意义的思维模式——互渗律。这种思维方式认为宇宙间的任何一种存在、一种客体都不是偶然性的孤立的存在，都是相互联系、相互作用的，都可能是另一个客体、另一种存在的原因或结果。这种思维方式不太注意空间位置与空间意义，但是非常重视时间意义。“一切奇异的现象都被看成是稍后必将发生的灾难的朕兆，同时也是它的原因；但是，以另一个观点看来，这个灾难也同样可以被看成是那个奇异现象的原因。所以，假如我们用因果律来解释这些集体表象，那就是歪曲了它们，因为因果律要求前件与后件之间的不变的和不可逆的时间次序。实际上，这些集体表象服从于互渗律——原逻辑思维所固有的规律。任何奇异现象和以它为朕兆的灾难之间是靠一种不能进行逻辑分析的神秘联系连结起来的。”② 如果两件事情在时间上前后发生，构成了时间性的前后次序，那么不管这两件事情在性质上是如

① 列维·布留尔：《原始思维》，商务印书馆1994年版，第432页。
② 列维·布留尔：《原始思维》，商务印书馆1994年版，第279页。

何相异，在空间上是如何遥远，都能构成原始民族的特有的因果联系。此外，这种原始民族的思维模式还确信宇宙间的一切都充满着灵魂，都在相互作用。“原始人用与我们相同的眼睛来看，但是用与我们不同的意识来感知。”① 在原始人思维的集体表象中，一切认知客体都以我们现代人不可思议的方式存在着、作用着，任何东西既是它们自身，又是其他什么东西；既是一件事情的因，又是另外一件事情的果。“一个实体可以是另一个实体的象征，但它并不就是这另一个实体。然而，以原始逻辑思维的观点看来，这些同一又是完全可以理解的，因为它们是互渗的同一。”②

从列维·布留尔的理论出发，我们就可以很轻松地读懂《春秋繁露》中的《治水五行》、《治乱五行》、《五行变救》、《五行顺逆》等章节了。董仲舒以五行学说为指导，将一年 360 天划分为五个单元，每一单元 72 天。从冬至那天算起的 72 天，木气主事，“其气燥浊而青”。木代表东方、春天，春天的特点是万物萌生、百兽复苏。顺应自然界的这一特点，董仲舒认为在这一时期统治者的工作重点应该是搞好农业生产的宏观管理：“劝农事，无夺民时，使民，岁不过三日。行什一之税，进经述之士。挺群禁，出轻系，去稽留，除桎梏，开门阖，通障塞。”③ 如果统治者的政治决策完全依循五行之气的运行规律而动，以自然界的运行法则作为人类社会的政治行为的决策导向，那么就会产生风调雨顺、五谷丰收的结局：“恩及草木，则树木华美，而朱草生；恩及鳞虫，则鱼大为，鳣鲸不见，群龙下。”④ 换言之，如果政治决策背离了自然界五行之气的运行规律，逆五行之气而动，沉湎于声色犬马之中，不爱惜民力，大兴徭役，巧夺民时，将会招致十分不利的后果：“民病疥搔，温体，足胻痛。咎及于木，则茂木枯槁，工匠之轮多伤败。毒水渰群，漉陂如渔。咎及鳞虫，则鱼不为，群龙深藏，鲸出见。”⑤ 值得注意的是，在《五行变救》一篇中，董仲舒煞费苦心地论述了当人事乖离天时、天降灾异之时，统治者如何及时发挥主观能动性，亡羊补牢，及

① 列维·布留尔：《原始思维》，商务印书馆 1994 年版，第 35 页。
② 列维·布留尔：《原始思维》，商务印书馆 1994 年版，第 119 页。
③ 《春秋繁露·五行顺逆》。
④ 《春秋繁露·五行顺逆》。
⑤ 《春秋繁露·五行顺逆》。

时调整政治决策导向，顺应五行之气运行规律。在木气主事这一时间段，如果天人相背、人事与天事不协调，自然界的怪异现象表现为“春凋秋荣，秋木冻，春多雨”。统治阶层应该及时采取一系列措施进行补救：“救之者，省徭役，薄赋敛，出仓谷，振困穷矣。”①

在火气主事的72天里，火气“惨阳而赤”。火代表夏季，自然界万物蓬勃生长，良者立，莠者萎，优胜劣汰。与五行之火的运行规律相配，统治者在这一时期的工作重心应该是通过察举、征辟等手段，擢拔贤能之士，有能者赏之，无功无能者黜之。如果统治者不了解这一时期五行之气运行的特点，逆时而行，“善者不赏，恶者不绌，不肖在位，贤者伏匿”，② 上天降临的灾异将会是“冬温夏寒”、水旱之灾并起。统治者应该幡然醒悟，“救之者，举贤良，赏有功，封有德”。③

在土气主事的72天里，土气“湿浊而黄”。土气代表夏季，是自然界万物成熟的时节。统治者在这一时期的工作重点应该是加强道德教化，重老少长幼之礼，序夫妇长幼之节。如果统治者不重教化，“犯亲戚，侮父兄，欺罔百姓，大为台榭，五色成光，雕文刻镂”，④ 自然界必将出现大风时起、五谷不收的异常现象。统治者的补救措施应该是“省宫室，去雕文，举孝悌，恤黎元”。⑤

在金气主事的72天里，金气“惨淡而白”。金气代表秋季，秋季是自然界收获的季节，同时也是大自然万物由盛向衰的转折点。在这一时期，统治者的工作重点有两个方面：一是战争，“金者秋，杀气之始也”。⑥ 统治者可以在这一时期讨伐不义，诛杀贼人，维护社会正义。二是以法治国、以法治吏，“警百官，诛不法”。如果统治者在秋季这一时期好大喜功、穷兵黩武、蔑视法纲、刑罚不当，天地之间必然会出现昴毕星宿失色、寇贼蜂起的

① 《春秋繁露·五行变救》。
② 《春秋繁露·五行变救》，
③ 《春秋繁露·五行变救》。
④ 《春秋繁露·五行顺逆》。
⑤ 《春秋繁露·五行变救》。
⑥ 《春秋繁露·五行顺逆》。

局面。如果统治者适时改弦更张，“举廉洁，立正直，隐武行文，束甲械”，[①] 还有望得到上天的宽宥。董仲舒“隐武行文”思想和墨子的“非攻”思想比较相近，墨子并不是一概地否定战争，他否定的只是非正义的战争，对于正义的战争，墨子还是持肯定态度的。

在水气主事的72天里，水气“清寒而黑”。水代表冬季，冬季是收藏的季节。统治者的工作中心应围绕两个方面进行：一是祭祀：“宗庙祭祀之始，敬四时之祭，禘祫昭穆之序。天子祭天，诸侯祭土。”[②] 二是整顿社会秩序、维护社会治安。《五行顺逆》篇说：“闭门闾，大搜索，断刑罚，执当罪，饬关梁，禁外徙。”如果人事与天时相协调，天地之间的祥瑞将会是灵龟；反之，如果统治者不懂“慎终追远”的礼节，废灭祭祀，执法不当，“必有大水，水为民害，咎及介虫，则龟深藏，鼋鼍呴”。[③] 因此，在天降灾异之前，统治者应该及时调正自己的决策导向，“忧囹圄，案奸宄，诛有罪，蓃五日”。[④]

董仲舒对社会政治决策应如何“法天而行”的翔实论述，涉及农业管理、官吏选拔、隐武兴文、祭祀、伦理教化、以法治国等政治决策与政府管理的各个层面。董仲舒将人事与天时相结合，主张人事仿效天时，实际上隐含双重目的：其一，为汉王朝统治者的各项政治制度、政治决断寻找形而上的、神圣的依托，这对于维护和强化专制主义中央集权有一定的帮助；其二，为制约君王权力寻找形而上的、神圣的依据。董仲舒和孔子都是民本主义者，都主张对君王的权力加以制约。但是，由于时代的不同，两人在如何才能有效地制约君王权力的方式方法上有所不同。孔子站在政治伦理化立场上，高扬道德理想主义大旗，倡导君王只有自化为尧舜式的贤君、圣君，方能治国平天下。孔子制约君王的手段是伦理道德原则，期望君王通过榜样的力量来感化天下芸芸众生。董仲舒生活在皇权日益加强、专制主义中央集权政体已经成熟的汉王朝中期，如果仍旧一成不变地继承孔子衣钵，继续用孔子“君子之德风”思想来制约君王，显然有些空幻和迂阔。董仲舒极其聪

① 《春秋繁露·五行变救》。
② 《春秋繁露·五行顺逆》。
③ 《春秋繁露·五行顺逆》。
④ 《春秋繁露·五行变救》。

明地利用了当时社会上普遍流行的天人感应社会思潮以及敬天畏天社会心理，倡导“法天而行”，借助上天这一至上人格神的权威来隐晦地达到制约君王的目的。相比较而言，董仲舒制约君王的手段比较含蓄、隐晦，但是却更具社会功效。汉武帝建元元年（公元前140年）十月，刚刚履临九五之尊的汉武帝，下诏命令丞相、御史、列侯等大臣选出“贤良文学”之士，将他们召集起来，由他亲自考试。他以皇帝的名义提出问题（册问），让那些“贤良文学”们回答（对策）。在前后三次册问中，汉武帝提出的第二个问题就是“灾异之变，何缘而起?”水旱、地震、火山爆发等自然灾害发生的原因究竟是什么？这本来是一个涉及天文学、地质学等自然科学方面的问题，但是，精通阴阳五行之术的董仲舒却作了另一番解释：“臣谨案《春秋》之中，视前世已行之事，以观天人相与之际，甚可畏也。国家将有失道之败，而天乃先出灾害以谴告之，不知自省，又出怪异以警惧之，尚不知变，而伤败乃至。以此见天心之仁爱人君而欲止其乱也。自非大亡道之世者，天尽欲扶持而安全之，事在强勉而已矣。”[①] 董仲舒认为，水灾、旱灾、虫灾、地震等自然灾害，不是单纯的自然现象，实质上它们和天降祥瑞一样，是上天意志的直观表现形式——“谴告”。如果人间的君王残贼百姓、暴虐无道，生民涂炭，万户萧疏，上天就会通过水旱之灾、日食月食等自然怪异现象予以警告；倘若统治者仍然执迷不悟，不思悔改，上天就会更换王命，江山易主。董仲舒的对策受到了汉武帝的赞许，“天子览其对而异焉”。[②] 汉武帝之所以会感到惊异，大概是董仲舒的对策与众不同，无论谈论什么问题，总是从天人合一、天人感应的角度与现实时政挂钩，甚至是在暗讽时政。刚上台不久的汉武帝踌躇满志，所以会对董仲舒的对策产生惊异之感。董仲舒之所以被《汉书》誉为“儒者宗”，其中的一个原因就在于董仲舒的天人合一、天人感应学说确确实实对西汉皇权与政府决策产生了重大影响。[③]

---

① 《汉书·董仲舒传》。

② 《汉书·董仲舒传》。

③ 参见曾振宇：《春秋繁露注说》，河南大学出版社2009年版。

（三）对天人学说的现代反思

季羡林先生从天人关系角度划分中西哲学的不同性质，将中国传统哲学归纳为“天人合一”，将西方古典文化归纳为“天人相分”，甚至认为“天人合一”代表了世界文化的未来方向，对于如何认识人在宇宙间的责任、处理人与自然的关系大有启迪。[①] 肇始于古希腊与古希伯来文明的西方文化可否抽绎为“天人相分”，这是一个值得深入讨论的话题，但将中国古典哲学的特点概括为“天人合一”，应该说其来有自。但问题在于如何正确理解中国古典哲学“天人合一”这一命题的底蕴。张岱年先生在其所著《中国哲学大纲》中，将“天人合一”之旨趣归纳为两个方面：一是天人相通，二是天人相类。近几年有人认为“天人合一”这一命题是一种哲学悖论。其逻辑推论过程如下：如果这里的“天”指的是自然界，那么天的规则是自然法则，人的规则是社会法则，人之所以与动物不同，就因为它突破了动物的界限，才能使人从动物界中分化出来。在这一逻辑意义上，人类第一个起点就是天人不合一，天人不合一是人类诞生的杠杆，所以“天人合一”是一个哲学悖论。“天人合一”这一哲学命题果真如此令人困惑不解吗？近百年来，学术界之所以一直在这一问题上争论不休，其症结之一就在于忽略了对“天人合一”之“一”的训释。大多数学者都把“天人合一”之“一”解析为一个普通的数量词，没有认识到“一”乃“天人一也”之“一”。也就是说，“一”实际上指宇宙本体，也就是亚里士多德在《形而上学》中所说的“万物都由它构成，开始由它产生，最后又化为它”的最高存在。譬如，在董仲舒的思想体系中，“天人合一”之“一”就是“气”，气是一种大而无当的最高存在，它可以解释自然、精神、伦理、生命诸现象，它是一个无穷大的本原，宇宙间的诸种实在与现象，无论是物质的抑或精神的，都可以“气”为最终根据。我们只有从这一哲学层面解读“天人合一”，才能真正领悟这一哲学命题的奥义。

综上所论，董仲舒思想体系中的“天人合一”命题涵括三个层面的内容：

---

① 参见季羡林：《传统文化能否再写辉煌》，《人民日报》1994 年 12 月 6 日。

其一，天人同质。《春秋繁露·深察名号》说："天人之际，合而为一。同而通理，动而相益，顺而相受，谓之德道。""天"指与人类社会相对的自然，但它不是现代意义上的自然界，而是万物有灵论意义上的大自然，"天"与"自然界"是一种形式逻辑学意义上的交叉关系，而非同一关系。这诚如列维·布留尔所言："对原始人的思维来说，这种意义上的'自然界'是不存在的。社会集体把它周围的实在感觉成神秘的实在：在这种实在中的一切不是受规律的支配，而是受神秘的联系和互渗的支配。"[①] 既然如此，天与人在性质上是相同的，"以类合之，天人一也"。[②] 天与人在本质上都是充满生命活力的泛道德存在，都是气本体在不同空间、不同意义上的延伸与证明。参悟了这一点，我们才能茅塞顿开地理解董仲舒何以反复多次、不厌其烦地论证天有喜怒哀乐之情感，人也有喜怒哀乐之情感，天通过春夏秋冬四季的清暖寒暑来表达它的诉求。譬如，《阴阳义》篇说："天亦有喜怒之气、哀乐之心，与人相副。"

其二，天人同构。天与人不仅在性质上趋同，在结构上也相近。天与人在结构上可以相互论证，互为前提，构成形式逻辑上的"循环互证"。譬如，天有 360 日，人有 360 节；天有四时，人有四肢；天有日月，人有耳目；天有山谷起伏，人有五脏六腑；天有星辰，人有毛发……按照这种比附逻辑，天与人在结构上的相同相近还可以无限地枚举下去。值得注意的是，董仲舒还利用了物理学上的一些共振现象来论证天人同质也同构。《同类相动》篇说："故气同则会，声比则应，其验皦然也。"音调相同的乐器会相互震动，大气气压的增强会导致关节病痛的复发，月亮盈亏变化会引起水生动物的生理变化……如果单纯地从自然科学角度评价这些论述，应该说不乏真知灼识之处。但是，这些"精细的论证"其实是"醉翁之意不在酒"，其真实目的在于更深入地论证他的"天人同构"说。

其三，天人互渗。列维·布留尔在论述原始人的前逻辑思维特征时说："我们在这里见到是原始人对因果律的不正确的应用，他们把原因和前件混淆起来了。这应当是一个以 posthoc，ergo propter hoc（在这个之后，所以因

① 列维·布留尔：《原始思维》，商务印书馆 1981 年版，第 238 页。

② 《春秋繁露·阴阳义》。

为这个）的谬误而得名的极普遍的逻辑错误。”① “对土人来说，没有任何偶然的事情。那些在时间上接近的事件，即使是在彼此很远的地点发生，也很容易被他们认为是由因果关系连结起来的。”② 这种前逻辑思维的因果律比较奇特，所发生事件在时间上的因果联系往往比该事件在空间位置上的内在关联更加重要，他们常常把在时间上接连发生的两个偶发事件联系起来，却忽略这两个偶发事件在空间上的互不关联。从列维·布留尔这一理论出发，我们就很容易破译晦涩佶屈的《五行五事》篇了。在这篇文章中，董仲舒断言，如果君臣不知礼节、放浪形骸，树木就长不直，夏天经常有暴风；君王如果言不守信，秋天常有霹雳；君王如果目光短浅、胸无大志，秋天常有闪电；君王如果不善纳谏、刚愎自用，水就不能渗透进地下，春夏两季就会暴雨成灾；君王如果心胸狭隘，庄稼就会歉收，秋天常打雷。君王品行——君臣政绩——庄稼丰歉——植物荣枯——四季气候变迁之间，构成了一个因果互渗链。在现代人看来，这几者之间不可能存在着内在的逻辑因果关联。但是，从“天人合一”这种宇宙学说出发，有些问题却似乎又是圆融无碍的。因为“一切奇异的现象都被看成是稍后必将发生的灾难的朕兆，同时也是它的原因”。宇宙中永远不存在偶发事件，任何一件事情、任何一件物体既是它自身，又不是它自身；既是另外一件物体或事件的原因，同时又会是另外一件物体或事件存在的结果。

天人同质、天人同构、天人互渗，构成“天人合一”学说的三个层面的义项，而“天人合一”学说成立的形而上的哲学根据，则是那无所不在、无所不能的宇宙本体。我们只有从这一意义上去界定“天人合一”，才能真正把握其内在的哲学底蕴。

探究天人关系一直是中国古代哲学发展的主线。“究天人之际，通古今之变”，是历代思想家赋予自己的神圣使命。在中国古代天人学说发展史上，董仲舒的天人思想独树一帜，创造性地将中国古代天人关系理论发展到了一个新的高峰。从中国文化发展史的层面考察，董仲舒的天人理论有着重要的思维导向价值和理论建构意义。

---

① 列维·布留尔：《原始思维》，商务印书馆 1981 年版，第 66 页。

② 列维·布留尔：《原始思维》，商务印书馆 1981 年版，第 66 页。

众所周知，天人感应思想并非董仲舒的发明，在他之前早已存在。至迟在西周时期，天人感应思想就已经萌生。西周统治者鉴于前朝灭亡的教训，为了论证自己“受命”而王，特意以德释天命，用德的有无说明天命的转移，这是天人感应思想最早的形态。后来的《诗经》、《左传》、《礼记》、《尚书》、《吕氏春秋》等，大都用自然现象比附社会现象，将二者看做是内在生命情感联系的对应物。风调雨顺，表明政治清明；灾害迭现，表明政治昏暗。凤凰游、麒麟现，是天降祥瑞；天雨石、地裂缝、日食月蚀，是天降灾异。通而论之，这种天人感应思想是以自然现象和社会现象的对应，通过比附阐发其政治见解。与以往的天人学说相比较，董仲舒的学说更加成熟和缜密。这首先表现为广泛地吸收了前人的天人感应思想。他既绍承了西周的以德释天命、天命随人德转移的思想，又继承了《左传》、《国语》、《诗经》、《吕氏春秋》等用阴阳论自然、用自然论人事的天人感应学说，又吸纳了墨子关于天志爱人、赏贤罚暴的思想。这种杂取诸家的思想态度和方法，反映了董仲舒儒学的兼容性，从而也丰富了中国文化的内涵。其次，董仲舒的天人感应思想利用了流行于汉代的阴阳五行思想，并以此为建构体系的理论原则，在哲学思维的层次上超越了前人。再者，董仲舒天人学说在方法论层面上将天地人纳入一个动态的宇宙图式，使天人感应在彼此相通相济的框架中进行，增强了思想的系统性。

在天人学说的理论方面，董仲舒将内圣之学置于“法天而行”前提之下，将个人的内在道德自觉与外在的“天不变道亦不变”宇宙律则相联系。在承认个人作用和历史责任的同时，使内圣之学转变为外王之道。与此同时，在儒学史上，董仲舒的天人学说也具有超越时代的文化史意义，这主要表现为对中国文化基本形态的形成起了巨大的促进作用。秦汉时期是中国文化的定型期，它所形成的经济制度、官僚政治制度、家庭制度、文化教育制度以及伦理价值观念等，奠定了中国文化的基础。与西方文化形态相比较，中国文化是一种伦理至上型文化。董仲舒的天人学说，将仁义忠孝等伦理规范纳入天人系统中，从而融政治与伦理为一体。将家庭关系与政治关系合而为一，将个体的内在道德修养外化为尊君事天的社会实践，使人人扬善抑恶、律己达人。由此形成了强大的趋善求治的社会心理态势，充实了中国文化的内涵，完善并拓展了中国文化的基本形态。此外，还需点明一点，董仲舒的天人学说为中华民族“大一统”观念的确立提供了哲学依据和社会心理基础。大一统观念是中华民族凝聚力的体现。先秦时期还没有出现理论意义上的大一统观念，无论是孔子所言“君君、臣臣、父父、子子”、“名不正则言不顺，言不顺则事不成，事不成则礼乐不兴”，抑或《春秋》隐公元年“春，王正月”等表述，不过是为了论证社会角色的责任意识和社会秩序的重要性，它与后来天下一统含义上的大一统思想尚有较大差距。传统意义上的大一统观念，肇端于秦始皇统一中国之后。秦的大一统使维护既成的一统天下成为迫切的政治需求，秦的灭亡以及汉初至汉武帝即位的半个多世纪正反两方面的经验，迫使思想家们从文化认同的层面论证建设大一统的必要性与正当性。冯友兰先生在《中国哲学史新编》第三册中讲到汉武帝时有两派对立的思想派别，一派是以董仲舒为代表，在政治上与文化上主张大一统；另一派则以淮南王刘安为代表，在政治上主张实行分封，倡导地方分权，结果董仲舒的思想占主导地位，顺乎时代之潮流。秦始皇虽然完成了中国的统一，但从形而上高度论证大一统正当性却是与董仲舒紧密相关。董仲舒的天人思想就其文化视野而言，是将天地人看做一个统一的整体，将个人、家庭和国家看做不可分离的有机体。董仲舒在政治上推崇“《春秋》大一统”，主张以人随君、以君随天，“天不变道亦不变”，为大一统社会的长治久安进行理论论证；与此同时，董仲舒又从文化层面上论证“《春秋》大一统”，“天不变道亦不变”这一命题实际上也蕴涵文化大一统含义，尊崇华夷之辨、崇华攘夷。经过他的理论论证和汉武帝的政治实践，双重含义的大一统观念成为中华民族的核心价值观，并逐渐转化为民族文化的深层心理意识，从而为中国文化的延续与发展做出了重大贡献。

第三章　气与阴阳

“气”在甲骨文和金文中已经出现。气由一普通字词，蜕变而为哲学范畴，其间经历了一个十分漫长的历程。竹书《恒先》应是一篇在阴阳五行家产生之前就已问世的作品，既非道家类文章，也非儒家文献。《恒先》“气是自生自作”之命题，表明“气”已上升为哲学最高范畴。阴阳学说与气学的结合，或许应以《国语·周语》为标志，伯阳父和太子晋从阴阳二气交感互动、相互作用的角度，论证宇宙万物生成与变化的内在根据，气论与阴阳学说合二为一。在中国古代气学史上，王充立足于气本论高度建构其思想体系，其气论在理论上已基本上趋于成熟。宋代张载“太虚即气”、“气兼有无”、“气则有异”、“一物两体”等一系列哲学命题的问世，弥补了古典气学哲学形而上学不发达的缺陷。独具特色的“关学”气论的问世，标志中国古典气学达到了顶峰阶段。

一、“气是自生自作”：竹书《恒先》气论考辨

（一）“恒先无有，朴、静、虚”

甲骨文中已出现“气”字。据于省吾先生考释，在甲骨文中，“气”有三种义项：其一，乞求。“例如，‘贞，今日其□雨。王固曰，秭（疑），兹气雨。之曰允雨。三月’。（前七·三六·二）按今日其雨之其应读作

‘该’。今日该雨，则信否尚未可知也，故以疑为言。下言兹气雨，但气雨亦未知其能否降雨？是日允雨而后验也。”其二，迄至。“例如：‘王固曰，㞢（有），其㞢来嬉（艱）。气至五日丁酉，允㞢来嬉’。（菁一）……按气通迄，丙寅迄壬申，即由丙寅至壬申，迄丁酉，即至丁酉”。其三，终止。“例如，‘之日气㞢来嬉’（前七·三一·三）气读讫训终。言是日终有来艱也。”于省吾先生认为：“总之，甲骨文气字作三，自东周以来，为了易于辨别，故一变作钚，再变作气。但其横画皆平，中画皆短，其嬗演之迹，固相衔也。气训气求、迄至、迄终，验之于文义词例，无不吻合。”[①]“气”字也出现于金文中。譬如，《洹子孟姜壶》：“洹子孟姜用乞嘉命。”[②]《天亡簋》：“不克乞衣王祀。”[③]此外，拓片保存于《三代吉金文存》中的“行气玉秘铭”，据陈梦家先生考证乃战国初期齐国器物，其铭文云：“行气立则畜，畜则神，神则下，下则定，定则固，固则明，明则长，长则衮，衮则大。天其柱在上，地其柱在下：顺则生，逆则死。”[④]此处“气”字是一个名词。通而论之，甲骨文与金文中的“气”字，只是一普通的字词，尚未蕴涵哲学意义。在甲骨文与金文之后，竹书《恒先》的气论在中国古代气学史上意义非同一般。

竹书《恒先》共计13简，首尾完整，有残无缺，是中国古代气学史上一篇重要的文献：[⑤]“恒先无有，朴、静、虚。朴、大朴，静、大静，虚、大虚。自厌，不自忍；或作。有或焉有气，有气焉有有，有有焉有始，有始

---

① 于省吾：《甲骨文字释林》，中华书局1979年版，第79—83页。

② 容庚编著：《金文编》卷一，中华书局1985年版，第27页。

③ 容庚编著：《金文编》卷一，中华书局1985年版，第27页。

④ 罗振玉编：《三代吉金文存》卷二十，中华书局1983年版，第2127页。

⑤ 学术界无论在关键概念的厘定，抑或在思想内涵的认识上，皆歧义纷呈，莫衷一是。学界研究《恒先》的论著主要有：李学勤：《楚简〈恒先〉首章释义》，《中国哲学史》2004年第3期；王中江：《〈恒先〉宇宙观及人间观的构造》，《文史哲》2008年第2期；郭梨华：《出土文献与先秦儒道哲学》，万卷楼图书股份有限公司2008年版，第210页；郭齐勇：《〈恒先〉——道法家形名思想的佚篇》，《江汉论坛》2004年第8期；李锐：《“气是自生”：〈恒先〉独特的宇宙论》，《中国哲学史》2004年第3期；廖名春：《上博藏楚竹书〈恒先〉新释》，《中国哲学史》2004年第3期；庞朴：《〈恒先〉试读》，http：//www. jianbo. org/，2004—04—22。根据曹峰教授的统计，到2008年4月，已有68篇正式发表的论文，参见曹峰《〈恒先〉已发表论著一览（增补）》，简帛研究网 http：//www. jianbo. org/，2008—05—15。

焉有往者。未有天地，未1有作行，出生虚静。为一若寂，梦梦静同，而未或明，未或滋生。气是自生，恒莫生气。气是自生自作。恒气之2生，不独，有与也。或，恒焉。生或者同焉。昏昏不宁，求其所生：异生异，畏生畏，韦生韦，悲生悲，哀生哀。求欲自复，复，3生之生行。浊气生地，清气生天，气信神哉，云云相生。信盈天地，同出而异生，因生其所欲。察察天地，纷纷而4多采：物先者有善，有治无乱；有人焉有不善，乱出于人。先有中，焉有外。先有小，焉有大。先有柔，焉8有刚。先有圆，焉有方。先有晦，焉有明。先有短，焉有长。天道（地?）既载，唯一以犹一，唯复以犹复。恒气之生，因9复其所欲。明明天行，唯复以不废，知既而荒思不殄。有出于或，性出于有，音出于性，言出于音，名出于5言，事出于名。或非或，无谓或。有非有，无谓有。性非性，无谓性。音非音，无谓音。言非言，无谓言。名非6名，无谓名。事非事，无谓事。详宜（义）利，主采物，出于作，焉有事；不作无事。举天［下］之事，自作为事，庸以不可更也。凡7言名先者有疑，荒言之后者校比焉。举天下之名，虚树，习以不可改也。举天下之作强者，果天下10之大作，其※※不自若作，庸有果与不果，两者不废。举天下之为也，无夜也，无与也，而能自为也。11举天下之生，同也，其事无不复。［举］天下之作也，无许恒，无非其所。举天下之作也，无不得其恒而果述（遂）。庸或12得之，庸或失之。举天下之名，无有废者。与（举）天下之明王、明君、明士，庸有求而不虑13。”①

《恒先》在思想史上最大贡献在于第一次明确提出“气是自生”命题，这一哲学命题是对宗教和神话传说世界观的否定，而这一否定在一个民族的哲学史上极其重要，因为黑格尔曾经说：“一个民族的精神文明必须达到某种阶段，一般地才会有哲学。”② 他所说的“某种阶段”并非是一空泛的时间概念，而是指“哲学切不可从宗教开始”③。气作为宇宙论意义上的本原，是哲学“第一概念”。亚里士多德曾经解析“本原”六大层面的含义，进而

① 《恒先》的文字考证与编排，采用庞朴先生的观点。参见庞朴《〈恒先〉试读》，http：//www.jianbo. org/，2004—04—22。

② 黑格尔：《哲学史讲演录》第1卷，商务印书馆1995年版，第53页。

③ 黑格尔：《哲学史讲演录》第1卷，商务印书馆1995年版，第63页。

指出“所谓‘原’就是事物的所由成，或所从来，或所由以说明的第一点”[①]。《恒先》“气是自生”思想表明气既是宇宙生成论（“所由成”、“所从来”），又是宇宙论（“所由以说明的第一点”）。《恒先》“气是自生”观点与西周初期的两篇文献思想有相近之处。《逸周书·官人》云：“气初生物，物生有声。声有刚柔清浊好恶，咸发于声。”《大戴礼记·文王官人》亦云：“初气生物，物生有声，声有刚有柔，有浊有清，有好有恶，咸发于声也。”从天论到人论，这是先秦时代行文一贯的运思模式。“气初”和“初气”都是指太初之气，《列子·天瑞》有“太初者，气之始也”可资旁证。“生”是指生生之生，“化于阴阳，象形而发谓之生，化穷数尽谓之死”[②]。此处之“物”是一比较宽泛的概念，既指山河大地，也蕴涵人类。犹如《孟子》的“性”既指人之性，也包含物之性。《恒先》和《逸周书·官人》、《大戴礼记·文王官人》都探讨了气与声音的内在关系，《逸周书》和《大戴礼记》的重心在于说明“心气”与后天修养关系紧密，而《恒先》没有功夫论方面的论述。两相比较，《逸周书·官人》、《大戴礼记·文王官人》的论述远比《恒先》全面和深入。鉴于《逸周书·官人》、《大戴礼记·文王官人》已有“心气”、“五气”、阴阳之气等范畴出现，推测《恒先》写作时间可能要早于《逸周书·官人》和《大戴礼记·文王官人》。

《恒先》“自生”思想在后来的思想家著作中有所反映。《易纬·乾凿度》云：“夫有形生于无形，乾坤安从生？……太易者，未见气也。太初者，气之始也。”郑玄注云：“以其寂然无物，故名之为太易。元气之所本始，太易既自寂然无物矣，焉能生此太初哉？则太初者，亦忽然而自生。”“未见气”并非意味着“太易”在性质上近似于哲学理念，绝对与气绝缘，而只是指宇宙本根在“太易”阶段处于清静、浑沦状态。郑玄误读了《易纬·乾凿度》的基本观点，因而认为在宇宙论上，“太易”只是逻辑在先，而非时间在先。“太易”不生“太初”，“太初”也不能被生，“太初”是“忽然而自生”。《列子·天瑞》篇也有“自生”思想，其“自生”思想的

① 亚里士多德：《形而上学》，商务印书馆 1991 年版，第 84 页。

② 《大戴礼记·本命》，王聘珍撰：《大戴礼记解诂》，中华书局 1983 年版，下同。

得出，源于对《老子》的感悟："有生不生，有化不化。不生者能生生，不化者能化化。生者不能不生，化者不能不化，故常生常化。常生常化者，无时不生，无时不化。阴阳尔，四时尔，不生者疑独，不化者往复。往复其际不可终，疑独其道不可穷。《黄帝书》曰：'谷神不死，是谓玄牝。玄牝之门，是谓天地之根。绵绵若存，用之不勤。'故生物者不生，化物者不化。自生自化，自形自色，自智自力，自消自息。谓之生化、形色、智力、消息者，非也。……故有生者，有生生者；有形者，有形形者；有声者，有声声者；有色者，有色色者；有味者，有味味者。生之所生者死矣，而生生者未尝终；形之所形者实矣，而形形者未尝有。"无论是郑玄出于误读得出的"自生论"，抑或《列子·天瑞》感悟《老子》得出的"自生论"，这些观点与《恒先》"自生"思想在表述方式上雷同，也与后来裴頠《崇有论》近似："夫至无者无以能生，故始生者自生也。自生而必体有，则有遗而生亏矣。"[①] 裴頠将"无"界定为绝对之空无，只看到了老子道（无）论其中一义，忽略了老子道论的多义性。尽管裴頠是从"有无"之争入手论"自生"，但"始生者自生"的观点在本质上与《恒先》一致，旨在强调宇宙本根是最高位格的存在。有的学者认为，《恒先》"气是自生"思想与王充《论衡》之《自然》、《物势》"自生"论存在着"渊源"联系[②]，这一观点可能还有商榷的余地。《论衡·物势》说："夫天地合气，人偶自生也。犹夫妇合气，子则自生也。……因气而生，种类相产。"《论衡·自然》云："天地合气，万物自生，犹夫妇合气，子自生矣。"王充从生物学角度论证形形色色、种类繁殊的物种如何产生，这与立足于宇宙论高度解释世界统一性的《恒先》气论在性质上还是有区别的。实际上，王充"因气而生，种类相产"的"自生"论与阿那克萨哥拉"种子"说有相似之处。阿那克萨哥拉认为，构成世界万物的基本元素是数目无限、性质不同的"种子"，种子的性质与事物的可感性质相同，事物有多少种性质，构成它的种子就有多少类，数目众多的一类种子构成事物的一种性质或一个部分。比如，毛的种子构成动物的毛，肉的种子构成动物的肉。正因为如此，亚里士多德后来又

---

① 《晋书·裴頠传》。

② 参见李锐：《"气是自生"：〈恒先〉独特的宇宙论》，《中国哲学史》2004 年第 3 期。

把种子称做“同质体”。阿那克萨哥拉的“种子”有三大特点：其一，在数量上无限多；其二，在体积上非常细微；其三，在种类上可感性质相同，有各种不同的形状、颜色和味道。正因为阿那克萨哥拉主要从构成世界万物的基本元素上理解始基，所以他认为万物的始基不能只有一种，而应该是多种多样的，只有多种元素才能构成轻重不同、性质迥异的宇宙万物。由此可见，阿那克萨哥拉侧重于说明世界的形形色色，而不注重说明世界万物的统一性。从构成事物的基本元素出发，他们认为始基只能是具体的东西，只有具体的元素才能构成具体的感性事物，一般的、抽象的东西不可能成为具体事物的元素。

论及“气是自生”，一个无法回避的问题就是如何释读《恒先》中的“恒先”与“恒莫”两大范畴？李学勤、李零、廖名春释“恒先”为“道”[①]；王中江认为“《恒先》恐怕是有意识地回避‘道’而另立一新名来指称宇宙的根源”，“恒先”自身即“根本性概念”；[②] 庞朴认为“恒先”是“极先，绝对的先，最初的最初，屈原《天问》所谓的‘遂古之初’”[③]；王连成也认为“恒先”是“表示时间的副词”[④]。比较而论，释“恒先”为“表示时间的副词”，理由相对充分，先秦两汉文献类似记载较多。除了屈原《天问》“遂古之初”之外，帛书《道原》有“恒先之初，迵（洞）同大虚，虚同为一，恒一而止，湿湿（混混）梦梦，未有明晦”记载，“恒先之初”即是时间的副词，指称时间的起始。又，《列子・天瑞》云：“太初者，气之始也；太始者，形之始也；太素者，质之始也。”《庄子・天地》云：“泰初有无，无有无名；一之所起，有一而未形。”张衡《灵宪》云：“太素之前，幽清玄静，寂漠冥默，不可为象，厥中惟虚，厥外惟无。”《潜夫论・本训》云：“上古之世，太素之时，元气窈冥，未有形兆，万精合并，混而为一，莫制莫御，若斯久之，翻然自化，清浊分别，变成阴阳。”

---

① 参见李学勤：《楚简〈恒先〉首章释义》，《中国哲学史》2004 年第 3 期；廖名春：《上博藏楚竹书〈恒先〉新释》，《中国哲学史》2004 年第 3 期；李零的《恒先》释文注释，见马承源主编《上海博物馆藏战国楚竹书》（三），上海古籍出版社 2003 年版，第 288 页。

② 王中江：《〈恒先〉宇宙观及人间观的构造》，《文史哲》2008 年第 2 期。

③ 庞朴：《〈恒先〉试读》，http：//www. jianbo. org/，2004—04—22。

④ 王连成：《恒先・总论》，http：//www. jianbo. org/，2008—06—04。

《孝经纬·钩命诀》云："天地未分之前，有太易，有太初，有太始，有太素，有太极，是为五运。形象未分谓之太易。元气始萌，谓之太初。"在宇宙生成论上，论及宇宙本根总要标明时间性起始，这已成先秦两汉时代一以贯之的叙事模式。"恒先"是一表达时间性概念，而"恒莫"则是一指称空间性的概念。与"恒莫"类似的概念出现于《庄子》，《庄子·应帝王》有"游心于淡，合气于漠"记载，成玄英疏："可游汝心神于恬淡之域，合汝形气于寂寞之乡。""漠"即"寂寞之乡"、"恬淡之域"。《庄子·山木》又云："吾愿去君之累，除君之忧，而独与道游于大莫之国。"王先谦注："大莫犹广莫。"郭象注："欲令荡然无有国之怀。"成玄英疏："大莫犹大无也，言天下无能杂之。"郭庆藩也认为"莫，无也"[①]。"大莫"即"漠"，也就是《庄子·应帝王》所说的"无何有之乡"、"圹埌之野"。在庄子思想中，类似表述多与理想人格境界有关。得道之圣人可"乘夫莽渺之鸟，以出六极之外"[②]。通过与《庄子》的比照，我们可以看出"恒莫"与"大莫"、"漠"有相同之处，都是属于空间范畴。当然这种空间范畴蕴涵特殊的含义，都与宇宙本根萌生时的空间有关。在庄子思想中，圣人通过修道、悟道而游心于"大莫之国"，但在《恒先》中看不到这一层功夫论含义，"恒莫"只是指称宇宙本根气产生之时的空间概念，先有"恒莫"然后才有气，在这一意义上，"恒莫"也就是"或"（域），"或"即宇。基于此，将"恒莫"之"莫"释为"不"、将"恒莫生气"释为"道并不直接产生气"[③]有待商榷。

（二）"浊气生地，清气生天"

《恒先》在内容和结构上都比较完整。整篇文章从头至尾没有出现阴阳、四时、五行等范畴，更没有以此建构庞大的宇宙图式。尤其值得一提的是，《恒先》只出现了"清气"、"浊气"概念，却没有出现"阴阳"或"阴气"、"阳气"等概念，这一现象值得注意。在中国古典气学史上，阴阳

---

① 郭庆藩辑：《庄子集释·山木》，上海书店1986年版，第296页。

② 《庄子·应帝王》。

③ 参见李零：《〈恒先〉释文注释》，马承源主编：《上海博物馆藏战国楚竹书》（三），上海古籍出版社2003年版，第290页。

是宇宙本原在内在结构上所具有的基本属性，是宇宙万物产生与运动的动力因。阴阳二气循环推移，化生天地万物，“天地之间无往而非阴阳。一动一静，一语一默皆是阴阳之理”①。从思想史逻辑进程分析，理应先出现“清气”、“浊气”概念，其后才可能演化出“阴气”、“阳气”概念，因为阴阳之气范畴远比“清气”、“浊气”抽象。基于此，那么如何理解战国秦汉文献中大量出现的“清气”、“浊气”、“清轻”、“浊重”、“清阳”、“重浊”等概念？它们和《恒先》中的“清气”、“浊气”概念又是一种什么关系？为了回答这些问题，我们不妨先梳理一下气论与阴阳学说的汇流历程。

李约瑟先生认为，阴阳概念的产生脱胎于原始生殖崇拜。从目前已有文献与考古材料推论，把阴阳与气相联系，并且用阴阳二气的摩荡推移来诠释自然和社会现象，或许应该以《国语·周语》为标志。周幽王二年（公元前780年），镐京一带地震。太史伯阳父对此解释说：“周将亡矣！夫天地之气，不失其序；若过其序，民乱之也。阳伏而不能出，阴迫而不能蒸，于是有地震。今三川实震，是阳失其所而镇阴也。阳失而在阴，川源必塞。源塞，国必亡。夫水土演而民用也。水土无所演，民乏财用，不亡何待？”②与此相类似的材料还有：“天无伏阴，地无散阳，水无沈气，火无灾燀，神无闲行，民无淫心，时无逆数，物无害生。”③这两段材料值得注意的地方在于：伯阳父和太子晋从阴阳二气交感互动、相互作用的角度，论证宇宙万物生成与变化的内在根据。与此同时，又不否认至上神（天）的主宰地位，从天人感应角度论证山崩地裂乃上天之谴告。

上博简《容成氏》也出现了“阴阳之气”、“天地之气”：“民有余食，无求不得，民乃赛，骄态始作，乃立皋陶以为李。皋陶既已受命，乃辨阴阳之气，而听其讼狱，三年而天下之人无讼狱者，天下大和均。舜乃欲会天地之气而听用之，乃立质以为乐正。质既受命，作为六律六郙，辨为五音，以定男女之声。”④“听其讼狱”为何须先“辨阴阳之气”？《汉书·艺文志》

① 黎靖德编：《朱子语类》第六十五卷，中华书局1994年版，第1604页。

② 《国语·周语上》，薛安勤、王连生注译：《国语译注》，吉林文史出版社1991年版，下同。

③ 《国语·周语下》。

④ 《容成氏》文字编联采纳陈剑观点，参见陈剑《上博简〈容成氏〉的拼合与编连问题小议》，http：//www. jianbo. org/，2003—01—09。

有段话或许可作解释："阴阳者，顺时而发，推刑德，随斗击，因五胜，假鬼神而为助者。"统治者根据四时阴阳之气特点，决定何时行教化、何时行刑杀。《容成氏》中的"阴阳之气"和"天地之气"有浓郁的天人交感、天人合一色彩，尽管并非专论宇宙生成，但当是阴阳气论的多种义项之一。

银雀山汉简《曹氏阴阳》是早期阴阳学家的著作，文中已出现"气"、"阴阳"、"五行"、"春夏秋冬"、"动静"、"神明"等概念，并且已可看出用阴阳气论建构宇宙图式的雏形。这篇文章的有些观点比较奇特，与我们常见的战国秦汉时代的文献表述不尽相同：其一，天阴地阳，日阴月阳。"……天无为也主静行阴事地生物有动行阳事。"① "日阴也月阳也星阴也星阳窅暝。"② 传世文献材料常见的表述却是天阳地阴、日阳月阴。譬如，《易传》认为乾为天，属阳；坤为地，属阴。黄老帛书《称》："天阳地阴，春阳秋阴，夏阳冬阴，昼阳夜阴。"③ 其二，阴阳无尊卑贵贱之分。《曹氏阴阳》用阴阳学说将世界万物分类，动物无贵贱，"介虫最阴者龟蛟鳖也，鳞虫最阴者龙蛇"，④ 十天干也无贵贱，"属亦然，甲丙戊庚壬阳也，乙丁己辛癸阴也"⑤。据郭沫若先生考证，甲骨文中十天干多与天文历法有关，十天干无贵贱尊卑之分⑥。《曹氏阴阳》阴阳无尊卑贵贱之思想与传世文献有所不同。譬如，《孙子兵法·行军》篇有"贵阳而贱阴"，黄老帛书《称》有"贵【阳】贱阴"。《春秋繁露·基义》也说："物随阳而出入，数随阳而终始，三王之正，随阳而更起。以此见之，贵阳而贱阴也。"梁启超先生认为，阴阳学说"其始盖起于燕齐方士，而其建设之传播之宜负罪责者三人焉。曰邹衍、曰董仲舒、曰刘向"⑦。《曹氏阴阳》极有可能是燕齐方士早期文章，未经邹衍增添或改造，因而其阴阳气论灿然有别于其他传世文献。

在中国古代气学史上，阴阳气论的成熟应以《易传》为标志。《易传》

---

① 吴九龙释：《银雀山汉简释文》，文物出版社 1985 年版，第 55 页。
② 吴九龙释：《银雀山汉简释文》，文物出版社 1985 年版，第 114 页。
③ 余明光等：《黄帝四经今注今译》，岳麓书社 1993 年版，第 200 页。
④ 吴九龙释：《银雀山汉简释文》，文物出版社 1985 年版，第 77 页。
⑤ 吴九龙释：《银雀山汉简释文》，文物出版社 1985 年版，第 75 页。
⑥ 参见郭沫若：《卜辞通纂》（一）《干支》，科学出版社 1983 年版，第 219—221 页。
⑦ 梁启超：《阴阳五行说之来历》，《饮冰室合集》第 4 册，中华书局 1989 年版，第 47 页。

首次将“气”进一步抽绎为“精气”，认为精气是化育天地万物之本原：“精气为物，游魂为变，是故知鬼神之情状，与天地相似，故不违。”[①] 这段文字与帛书《易传》稍有出入。通行本的“情状”，帛书本为“精壮”，而后者似乎更符合原意。精气化育自然万物和人类，而且“游魂”也是由精气流变而成。[②]《易传》作者力图在自然、人类、精神意识和鬼魂之间，探寻天地万物存在何以可能的终极依据，这种观点比荀子“人有气有生有知亦且有义”的提法更具哲学普遍意义。概而论之，《易传》阴阳气论可梳理为三个要点：阴阳对立、阴阳交感和阴阳转化。三者合而论之，称为“一阴一阳之谓道”。由阴阳对立、阴阳交感和阴阳转化建构而成的“阴阳之道”，从哲学意义上首次论证了气化生天地万物的内在动力、内在本质和内在规律等问题。在中国气论发展史上，阴阳与气论的“牵手”具有重大哲学意义。因为正是阴阳理论的“加盟”，才得以从逻辑与哲学的意义上弥补气论的内在缺陷，使“气生万物何以可能”这一哲学问题得到形而上论证。

将《恒先》气论置放于阴阳学说与气论汇流的思想史进程考察，我们发现从战国以来出现的一种文化现象值得关注：在道家类或受到道家影响的文献中，“清气”、“浊气”、“阳气”、“阴气”、“清轻”、“浊重”、“清阳”、“重浊”等概念往往同时出现，彼此互训互换、含义相同，属于逻辑学意义上的同一概念：

竹书《太一生水》：“大一生水，水反辅大一，是以成天。天反辅大一，是以成地。天地复相辅也，是以成神明。神明复相辅也，是以成阴阳。阴阳复相辅也，是以成四时。四时复相辅也，是以成沧热。沧热复相辅也，是以成湿燥。湿燥复相辅也，成岁而止。”《太一生水》是早期道家类文献，此处虽已出现“阴阳”，但位列大一、水、天地和神明之后，神明即阴阳之气，因为《大戴礼记·曾子天圆》有“阳之精气曰神，阴之精气曰灵”记载。综合其后记载的“下，土也，而谓之地。上，气也，而谓之天。道亦其字也，请问其名”[③] 分析，气是一有限的具存，阴阳也复如是，阴阳之气

① 高亨：《周易大传今注》卷五《系辞上》，齐鲁书社 1979 年版，第 512 页。

② 其后《管子》“黄老四篇”（《心术》上下，《白心》、《内业》）也以“精”训气：“精也者，气之精者也”，“一气能变曰精”。

③ 刘钊：《郭店楚简校释》，福建人民出版社 2005 年版，第 46 页。

实际上也就是浊清之气。

《列子·天瑞》云："一者，形变之始也。清轻者上为天，浊重者下为地，冲和气者为人；故天地含精，万物化生。""清轻"是对阳气特点的直观描述，"浊重"是对阴气特点的概括，结合下文"故天地之道，非阴则阳"分析，清轻为阳，浊重为阴，应无疑义，而且与《说文》释"地"非常吻合："元气初分，轻清阳为天，重浊阴为地，万物所陈列也。"《文子·九守》又云："天地未形，窈窈冥冥，浑而为一，寂然清澄。重浊为地，精微为天。离而为四时，分而为阴阳。精气为人，粗气为虫，刚柔相成，万物乃生。精神本乎天，骨骸根于地。"《文子》以气释道，"精气"、"粗气"、"重浊"、"精微"与阴阳之气含义一致。《易纬·乾凿度》卷上："昔者圣人因阴阳，定消息，立乾坤，以统天地也。夫有形生于无形，乾坤安从生？故曰：有太易，有太初，有太始，有太素也。太易者，未见气也；太初者，气之始也；太始者，形之始也；太素者，质之始也。气形质具而未离，故曰浑沦。浑沦者，言万物相混成，而未相离，视之不见，听之不闻，循之不得，故曰易也。……清轻者上为天，浊重者下为地。"这是汉代"象数之学"的宇宙发生论。太易、太初、太始和太素是气不同的存在状态，"未见气"并非指绝对之无，只是指气在"太易"阶段静止不动。《乾凿度》有"阴阳"，也有"清轻"之气、"浊重"之气，"清轻者"和"浊重者"是阴阳之气直观表述，因为这篇文章所要表达的中心观点为："乾坤者，阴阳之根本，万物之祖宗也。"

《黄帝内经素问·阴阳应象大论》云："故积阳为天，积阴为地。""故清阳为天，浊阴为地。"阳气即清气，阴气即浊气，彼此可互换。《淮南子·天文训》对道论系统中的气与阴阳表述得更加清晰："道始于虚廓，虚廓生宇宙，宇宙生气，气有涯垠，清阳者薄靡而为天，重浊者凝滞而为地，清妙之合专易，重浊之凝竭难，故天先成而地后定。天地之袭精为阴阳，阴阳之专精为四时，四时之散精为万物。"道是天地本根，气是一有限的实存（气有涯垠），《天文训》所建构的宇宙图式为：道—虚廓—气—清阳之气、重浊之气—四时—万物。清阳、重浊与阴阳概念同时出现，阴阳与清浊的含义相同。《潜夫论·本训》又云："上古之世，太素之时，元气窈冥，未有形兆，万精合并，混而为一，莫制莫御。若斯久之，翻然自化，清浊分别，变成阴阳。阴阳有体，实生两仪，天地一郁，万物化淳，和气生人，以统理之。”在王符的宇宙生成论中，道是最高范畴，气只不过是宇宙演化过程中的质料。“道者气之根也，气者道之使也。必有其根，其气乃生。必有其使，变化乃成。”气既然已“坎陷”为质料，“清浊”意在表明气有质量。张衡《灵宪》：“道干既育，有物成体。于是元气剖判，刚柔始分，清浊异位。天成于外，地定于内。天体于阳，故圆以动；地体于阴，故平以静。动以行施，静以合化，堙郁构精，时育庶类，斯谓太元，盖乃道之实也。”[①]《灵宪》把宇宙演化三阶段称之为道根、道干、道实，气是道干这一阶段上的质料，这充分说明《灵宪》宇宙论的源头是老子道家哲学。《灵宪》的宇宙起源学说和《淮南子·天文训》的思想十分相像，区别仅在于《淮南子》认为在气分清浊之后“清阳者薄靡而为天，重浊者凝滞而为地”，天上地下，属于盖天说。而《灵宪》主张清气所成的天在外，浊气所成的地在内，属于浑天说。

综上所述，我们发现从战国伊始，“清气”、“浊气”、“清轻”、“浊重”、“清阳”、“重浊”等概念大多出现在道家类或受到道家“道”论影响的文献中。在以道为核心的宇宙论中，经验性、直观性特点浓郁的“清气”、“浊气”似乎比“阴气”、“阳气”更能通俗易懂地阐明天地万物的生成变化。但是，必须辨明的一点在于：《恒先》只有“清气”、“浊气”，并没有出现“阴气”、“阳气”、“清轻”、“浊重”、“清阳”、“重浊”等概念。从“浊气生地，清气生天，气信神哉，云云相生”等表述判断，《恒先》概念的特点与《列子》、《文子》、《淮南子》有所区别。《恒先》中的“清气”、“浊气”不可等同于“阳气”、“阴气”、“清轻”、“浊重”、“清阳”、“重浊”等概念，《恒先》中的“清气”、“浊气”概念比较原始，直观性、经验性色彩比较浓郁。从范畴演变史角度分析，“清气”、“浊气”概念的逻辑性演进应是“阳气”、“阴气”。“阳气”、“阴气”概念问世后，在道家类或受到道家“道”论影响的著作中进而又出现了“清气”、“浊气”、“清轻”、“浊重”、“清阳”、“重浊”等概念互训的现象，但《恒先》显然没有受到道家这种思想变化的影响。

---

① 严可均校辑：《全上古三代秦汉三国六朝文》卷五十五，中华书局1958年版，第776页。

（三）从道、气关系推论《恒先》写作年代

在先秦两汉时期，存在着一条从“以气释道”发展到“道气合一”的思想史线索。在“以气释道”阶段，《老子》文本最具代表性。借用顾颉刚先生的一个学术术语，通行本《老子》实际上是“层累地”造成的。譬如，竹简本《老子》只有13章谈“道”，帛书本有36章谈“道”，通行本有39章谈“道”；竹简本《老子》“四大”的排列次序是“天大，地大，道大，王亦大”，帛书本和通行本的排列次序却是“道大，天大，地大，王亦大”。一个总的趋势是对“道”的论述越来越多，对“道”的论证越来越周密。但是，无论是“道生一”，还是“一生二”，都没有回答“道”与“一”何以能“生”这一问题。《淮南子·天文训》一针见血地指出：“道（日规）始于一，一而不生，故分而为阴阳，阴阳合和而万物生。”“一而不生”，意指仅有“一”或“道”，无法从哲学层面解释天地万物的生成。援阴阳气论入道论，用阴阳二气相摩相荡诠释天地万物化生之动力因，“阴阳合和而万物生”，援气入道，才能最终解决天地万物生成与运动变化最终根源问题。在《老子》一书中，“阴阳”虽然只出现一次，但“道生一，一生二，二生三，三生万物。万物负阴而抱阳，冲气以为和”一节的意义极其重大！因为祖本《老子》没有回答的一个关键问题——道生万物如何可能，终于在形而上学的高度得到论证。河上公进而指出：“道始所生者【一也】，一生阴与阳也。阴阳生和、清、浊三气，分为天地人也。天地【人】共生万物也。天施地化，人长养之。万物无不负阴而向阳，回心而就日。”[①] 一为气，气分阴阳属性，阴阳生“和、清、浊”三气。“神明接，阴阳和，万物生矣。”[②]“吐气者施，含气者化，是故阳施阴化。”[③] 从思想史逻辑进程分析，“以气释道”自然而然将演变为“道气合一”，这一学术思潮在《管子》一书中表现得最为典型：《管子·宙合》云：“宙合之意，上通于天之上，下泉于地之下，外出于四海之外，合络天地以为一裹。散之至于无闲。不可名

---

① 王卡点校：《老子道德经河上公章句》，中华书局1993年版，第168—169页。

② 王利器：《文子疏义·精诚》，中华书局2000年版，第60页。

③ 《淮南子·天文训》。

而出。是大之无外，小之无内，故曰有橐天地。”从前段论述的“道也者，通乎无上，详乎无穷，运乎诸生”分析，“大之无外，小之无内”是对道的界说，这与《心术上》的观点雷同：“道在天地之间也，其大无外，其小无内，故曰‘不远而难极也’。”但是，在《内业》篇中，类似的文句并不是在论述“道”，而是在谈论“气”：“灵气在心，一来一逝，其细无内，其大无外。所以失之，以躁为害。心能执静，道将自定。得道之人，理丞而屯【毛】泄，匈中无败。节欲之道，万物不害。”在《管子》文本中（尤其在“黄老四篇”中），道与气已经合流，在一定程度上道与气含义相同，道即气，气即道，道与气是同义反复的同一概念。郭沫若早就点明：“这道……可以称之为气，称之为精，称之为神。”[①] 陈鼓应赞同郭沫若的观点，并进一步指出道气合一源于稷下道家：“稷下道家继承了老子的形上之道，并将道转化为精气，而以‘心’、‘气’作为主要的论述范畴。所谓‘精气’是极精灵细微之气，所谓‘道乃无处’、‘彼道自来’、‘道将自定’之道即是‘精气’的同义词。”[②]

又如，《管子·心术下》云：“气者身之充也，行者正之义也。充不美则心不得，行不正则民不服。是故圣人若天然，无私覆也；若地然，无私载也。”类似的文句出现于《内业》篇：“夫道者，所以充形也，而人不能固。其往不复，其来不舍，谋乎莫闻其音，卒乎乃在于心；冥冥乎不见其形，淫淫乎与我俱生。不见其形，不闻其声，而序其成，谓之道。”《心术下》指的是气，《内业》篇谈的却是道。陈鼓应认为气与道“异文同义”[③]，证诸前后文，确乎不谬！

再如，《内业》篇云：“凡物之精，比则为生。下生五谷，上为列星。流于天地之间，谓之鬼神；藏于胸中，谓之圣人。是故此气，杲乎如登于天，杳乎如入于渊，淖乎如在于海，卒乎如在于己。是故此气也，不可止以力，而可安以德；不可呼以声，而可迎以意。敬守勿失，是谓成德，德成而智出，万物毕得。”此篇叙事模式是从宇宙论落实到圣人智慧，气是天地万

① 郭沫若：《宋钘尹文遗著考》，《青铜时代》，人民出版社1954年版，第262页。

② 陈鼓应：《管子四篇诠释·〈内业〉注译与诠释》，商务印书馆2006年版，第130页。

③ 陈鼓应：《管子四篇诠释·〈内业〉注译与诠释》，商务印书馆2006年版，第51页。

物本根。《枢言》篇的一段文字与此非常接近："管子曰：'道之在天者，日也；其在人者，心也。'故曰：有气则生，无气则死，生者以其气；有名则治，无名则乱，治者以其名。枢言曰：爱之、利之、益之、安之，四者，道之出。"日在上明照天地，心在胸中明察万物，圣人由此体悟无论日月抑或人心，都植根于道。道即气，二者可互训。《内业》篇与《枢言》篇互证的例子很多，譬如，《内业》篇云："凡道无所，善心安爱（处）。心静气理，道乃可止。彼道不远，民得以产；彼道不离，民因以知。是故卒乎如可与索，眇眇乎其如穷无所。彼道之情，恶音与声，修心静音（意），道乃可得。道也者，口之所不能言也，目之所不能视也，耳之所不能听也；所以修心而正形也。人之所失以死，所得以生也。事之所失以败，所得以成也。凡道，无根无茎，无叶无荣，万物以生，万物以成，命之曰道。"道既是宇宙本根又是生命境界，道不远人，正心诚意可得道。"人之所失以死，所得以生"之类文句又出现于《枢言》中："凡万物阴阳两生而参视，先王用其参而慎所入所出。以卑为卑，卑不可得；以尊为尊，尊不可得；桀舜是也。先王之所以最重也。得之必生，失之必死者何也？唯无。得之，尧舜禹汤文武孝己，斯待以成，天下必待以生。故先王重之。一日不食，比岁欠；三日不食，比岁饥；五日不食，比岁荒；七日不食，无国土；十日不食，无畴类；尽死矣。"郭沫若考证"唯无"之"无"当作"炁"，即"气"字[①]。根据该篇"有气则生，无气则死，生者以其气"判断，郭沫若的观点持之有据。从以气释道演变到道气合一，这既是一历史的进程，也是逻辑的进程。

将《恒先》置放于以气释道、道气合一的哲学史进程分析，笔者认为《恒先》属于道气合一之前的文献。《恒先》出现"天道"范畴一次，但"天道"之"道"是否隶定为"道"，学界尚有争议。退一步讲，即使"天道"之"道"释读为"道"，也不蕴涵宇宙本根的意义。另外，从"朴、大朴，静、大静，虚、大虚"分析[②]，学界普遍认为"朴、静、虚"是对道的界说，帛书《道原》、《管子》、《庄子》、《文子》和《淮南子》皆有充分展

---

① 郭沫若：《管子集校·枢言篇第十二》，《郭沫若全集》历史编第五卷，人民出版社1984年版，第324—325页。

② 迄今为止，学界在"朴、静"两字字形隶定上分歧较大。

现。《文子·道原》云："故道者，虚无、平易、清静、柔弱、纯粹素朴，此五者，道之形象也。虚无者，道之舍也。平易者，道之素也。清静者，道之鉴也。柔弱者，道之用也。"《恒先》"朴、静、虚"三大修饰词到《文子》演变为"虚无、平易、清静、柔弱、纯粹素朴"等"五德"。"虚"意味着宇宙本根没有具体规定性；"朴"原意指草木初生，借喻本根是最原始存在；"静"为"清静"，如同明镜透明无滞碍。"静"旨在形容本根之清明，而非学界普遍认为的"静止不动"。在现有的传世文献中，我们确实很难找到以"朴、静、虚"释气的材料。在《庄子》、《管子》等文献中大量出现的以"静、虚"释气的材料，已是以气释道、道气合一的产物。但是，我们为什么不能说恰恰正是《恒先》"朴、静、虚"的问世，弥补了传世文献中难以找到"朴、静、虚"释气的缺陷呢？转换一下思考问题的立场与角度，也许有助于我们看清《恒先》的思想史意义。

由此而来，在《恒先》学派归属上，学界大多将其归为道家类，并且认为是对老子思想的阐发。但是，如果仔细揣摩，我们发现《恒先》与《老子》思想差别很大。换言之，《恒先》极有可能并没有受到《老子》思想影响：

其一，《恒先》没有出现上帝、帝、上天、神等与神创说有关的范畴，也没有泛神论和泛心论色彩，这与《国语·周语》和《老子》有所不同。伯阳父一方面从阴阳二气交感互动论证宇宙万物生成，另一方面又从天人感应角度论证至上神（天）的主宰地位。《老子》四章亦云："吾不知谁之子？象帝之先。"王弼释"帝"为"天帝"，高亨也释为"天帝"[①]。《老子》六十章又云："以道莅天下，其鬼不神。非其鬼不神，其神不伤人。"类似文句出现于《庄子·天道》："其鬼不祟，其魂不疲，一心定而万物服。""其鬼不祟"也就是"其鬼不神"，鬼神由道生，而非道由鬼神生，这是《老子》鬼神论别于古代其他典籍之处。但是，这种泛神论和泛心论思想均不见于《恒先》。

其二，《老子》位格最高的概念是道，道范畴含义多元，既是宇宙本

① 高亨：《周易大传今注》，齐鲁书社1979年版，第611页。

根、价值本源，又是“境界形态的形而上学”①。《老子》生命理想境界的人格化形象是“圣人”。《老子》一书共出现“圣人”32 次，牟宗三曾对“圣人”概念作过界定：“与希腊哲学传统中那些哲学家不同，在中国古代，圣和哲两个观念是相通的。哲字的原义是明智，明智加以德性化和人格化，便是圣了。”② 人经过克欲、守静等后天修道、体道功夫，臻于与道合一的圣人境界可否用语言表达呢？《老子》十五章有粗略描述：“古之善为士者，微妙玄通，深不可识。夫唯不可识，故强为之容：豫兮若冬涉川，犹兮若畏四邻，俨兮其若容，涣兮若冰之将释，敦兮其若朴，旷兮其若谷，混兮其若浊。”“古之善为士者”一句，傅奕本和帛书乙本皆作“古之善为道者”③，竹简本作“古之善为士者”，善为士和善为道相通，河上公曰：“谓得道之君也”④，陈鼓应也说“本章是对体道之士的描写”⑤。自谦、仁慈、旷达、纯朴、恬静、飘逸是得道之士的人格特征，刘笑敢评论说：“这种境界和气功之类的身心结合的修养有某种联系。”⑥ 而《老子》五十章的“陆行不遇兕虎，入军不被甲兵”等文字描述，几近于方仙道夸张和癫狂的程度。但有一点值得探讨的是，下层平民百姓能成为“微妙玄通”的圣人吗？《老子》和《庄子》的回答显然不同。《老子》中的“善摄生者”往往是指明君、贵族等上层人士；庄子则认为普通平民百姓通过知识积累与后天践行，完全可以超越技术层面到达与道合一、逍遥自由的心境，《庄子·养生主》中的“庖丁”就是一“善为道者”，《德充符》中的兀者王骀和申徒嘉，《天地》篇中的圃畦丈人，都是“执道者德全，德全者形全，形全者神全”的圣人。相比较而言，《恒先》位格最高的概念是气而非道。气仅仅只是宇宙本根，含义单一，没有后天修养论因素，更无价值本源色彩。

其三，《恒先》“先有中，焉有外。先有小，焉有大。先有柔，焉有刚。先有圆，焉有方。先有晦，焉有明。先有短，焉有长”等表述与《老子》

① 牟宗三：《中国哲学十九讲》，上海古籍出版社 1997 年版，第 121 页。
② 牟宗三：《中国哲学的特质》，上海古籍出版社 1997 年版，第 11 页。
③ 帛书乙本缺“善”字。
④ 王卡点校：《老子道德经河上公章句》，中华书局 1993 年版，第 57 页。
⑤ 陈鼓应：《老子今注今译》，商务印书馆 2003 年版，第 132 页。
⑥ 刘笑敢：《老子古今》，中国社会科学出版社 2006 年版，第 197 页。

“大成若缺”、“大盈若冲”、“大直若屈”、“大巧若拙”、“大辩若讷”[①] 似是而非。虽然《恒先》也有柔刚、长短、方圆、晦明等对立范畴，但和《老子》思想中蕴涵深邃思辨色彩的对立范畴相比，简直有云泥之别。《恒先》的表述相对而言比较浅显和原始，《老子》的思想则非常成熟与深刻。在《老子》思想体系中，天地万物存在与运动变化的方式为“反”，“反”即返，任何存在无不向其对立面转化。这一观点与庄子所说的“化”不同，也与《恒先》“先有柔，焉有刚”含义粗浅的表述不一。

基于以上分析，把《恒先》定性为道家类文献有些牵强附会。在《恒先》写作年代问题上，李学勤认为《恒先》的著作时间“为战国中、晚期之间，公元前300年左右或甚至更迟一些”[②]。王中江认为《恒先》“处在《老子》和黄老学之间”[③]，郭梨华认为“大抵不晚于战国稷下道家时期”[④]，郭齐勇认为《恒先》成书“可能早于《淮南子》与《黄帝四经》”[⑤]。但是，从以气释道、道气合一的思想史进程判断，《恒先》可能在以气释道、道气合一学术思潮出现之前就已问世。此外，还有一点可作旁证的是，《恒先》没有阴阳、四时、五行、五方、干支等概念，更没有以此建构庞大的宇宙图式，这与《太一生水》、《列子》、《文子》、《礼记·月令》、《吕氏春秋》、《淮南子》、《春秋繁露》迥然有别。宇宙图式理论与战国时代阴阳五行家密切相关，这一学派最大弊病是“舍人事而任鬼神”[⑥]。在无所不包的宇宙图式背后起支撑作用的是天人感应的宇宙论，但《恒先》没有出现上帝、神等与神创说有关的范畴，也没有泛神论和泛心论思想。综合以上分析，《恒先》写作时间可能不晚于战国初期。《恒先》应是一篇在阴阳五行家产生之前就已问世的作品，既非道家类文章，也非儒家文献。

---

① 《老子》四十五章。
② 李学勤：《楚简〈恒先〉首章释义》，《中国哲学史》2004年第3期。
③ 王中江：《〈恒先〉宇宙观及人间观的构造》，《文史哲》2008年第2期。
④ 郭梨华：《出土文献与先秦儒道哲学》，万卷楼图书股份有限公司2008年版，第210页。
⑤ 郭齐勇：《〈恒先〉——道法家形名思想的佚篇》，《江汉论坛》2004年第8期。
⑥ 《汉书·艺文志》。

二、“万物自生，皆禀元气”：王充元气说衡评

王充哲学思想的最大特点是具有叛逆精神。对于所有传统之信仰、社会流行之观念和历代典籍之记载，他都主张重新审视与评价。《论衡》一书的主旨是“订其真伪，辨其实虚”①，考论虚实是《论衡》一书的主线。“是故《论衡》之造也，起众书并失实，虚妄之言胜真美也。故虚妄之语不黜，则华文不见息；华文放流，则实事不见用。故《论衡》者，所以铨轻重之言，立真伪之平，非苟调文饰辞，为奇伟之观也。”② 叛逆意味着对“世无愚智贤不肖皆谓之然”③ 的社会共识进行批判与消解，正因为王充思想具有这一显明的时代特点，梁启超在《中国近三百年学术史》一书中称“王充《论衡》实汉代批评哲学第一奇书”。冯友兰在《中国哲学史》一书中也对王充给予了高度评价：“他以惊人的科学的怀疑精神，反对偶像崇拜。”④ 在中国古代气学史上，王充是重要的代表人物之一。王充以“元气”作为其哲学逻辑结构的最高概念，并以此建构一套比较完备的思想体系。王充“元气”概念所蕴含的四大特点，基本显现出中国古代气概念的一般性特点。

（一）“夫天地合气，物偶自生也”

在董仲舒、扬雄、张衡和纬书“元气”说基础上，王充进一步以元气作为其哲学逻辑结构最高范畴：“元气，天地之精微也。”⑤ “万物自生，皆禀元气。”⑥ “天地，含气之自然也。”⑦ 在宇宙论与宇宙生成论意义上，元气是宇宙万物之本原和总根据，天地万物皆源出于元气。在《言毒》篇中，

---

① 《论衡·对作》，黄晖撰：《论衡校释》，中华书局1990年版。

② 《论衡·对作》。

③ 《论衡·龙虚》。

④ 冯友兰：《中国哲学简史》，北京大学出版社1985年版，第235页。

⑤ 《论衡·四讳》。

⑥ 《论衡·言毒》。

⑦ 《论衡·谈天》。

辩论对手向王充提出诘难："万物之生，皆禀元气。元气之中，有毒螫乎?"从表面上看，这似乎是一个很幼稚浅陋的问题，其实不然！如果王充承认"元气之中，有毒螫"，又该如何解释宇宙本原与具体事物、形而上与形而下之间的辩证关系？元气势必下降为一有方所的具象。王充对此回答说："夫毒，太阳之热气也。""夫毒，阳气也"，"天下万物，含太阳气而生者，皆有毒螫"。"毒螫"在性质上属于阳气，由极盛之阳气化生。王充巧妙地偷换了论题，从生物分类角度论证毒螫与元气关系，避免了将元气"坠落"为具体存在。随之而来的问题是，元气化生天下万物如何可能？"夫天地合气，物偶自生也。"[①] 天地阴阳二气相反相成、相互交感运动，化生宇宙万物，宇宙万物自身也无不存在着阴阳属性。在阴阳二气的运动变化过程中，人类意志无法干预，所以从表面上看，它是一种偶然性的过程。在阴阳学说中，王充尤其注重对《老子》"和气"思想的阐发。《老子》四十二章云："道生一，一生二，二生三，三生万物。万物负阴而抱阳，冲气以为和。"马王堆帛书《老子》甲本作"中气以为和"。庄子对《老子》"冲气以为和"的思想阐发说："至阴肃肃，至阳赫赫；肃肃出乎天，赫赫发乎地。两者交通成和而物生焉，或为之纪，而莫见其形。消息满虚，一晦一明，日改月化，日有所为，而莫见其功。生有所乎萌，死有所乎归，始终相反乎无端，而莫知乎其所穷。非是也，且孰为之宗。"[②] 阴阳二气相互激荡，臻于均衡状态，"交通成和"，才能化生万物。阴阳二气的最大特点是"无形"，宇宙间的动植人物、山河大地，皆是阴阳二气之外化，但阴阳之气自身又是形而上之"无"，是"思想的一种抽象"。汉代学者，譬如严遵、河上公等人，也大多训"一"为气。在宇宙论上，《老子》"道生一"之"一"即气，"冲气"是指不断运动着的阴阳二气。气内含阴阳属性，阴阳二气化生天地万物，万物都内在地包含着阴阳二气。阴阳二气的交感运动，促使万物协调地生长。因此，气有两重特征：一是混沌性，气是无形之混沌，但气之"无"不是绝对之空无，气实质上是一种实有；二是运动性，气的特点是"冲"，即不停顿地运动变化。气分阴阳，阴阳相反相成、相摩相荡，最终

① 《论衡·物势》。

② 《庄子·田子方》。

臻于阴阳均衡状态——“和”，万物就在“冲气”之和中化生。气具有这一特性，因此它可以生成万物。王充继承了前人“和气”思想。一方面将阴阳二气看成是气本原内在的属性，这与《易传》阴阳理论是一致的；另一方面，王充认为只有阴阳二气和谐，宇宙万物才能正常地化育。“且瑞物皆起和气而生，生于常类之中，而有诡异之性，则为瑞矣。”[①] 阴阳气和，才能风调雨顺，百事遂愿，甚至祥瑞也是应和气而生。如果阴阳失和，阳胜阴或阴胜阳，则是自然灾异产生的内在原因：“阴阳不和，灾变发起。”[②] 王充在《明雩》、《感类》等文章中，反复阐明一个观点：水旱等自然灾异与人事不存在因果关联。“世称圣人纯而贤者驳，纯则行操无非，无非则政治无失。然而世之圣君，莫有如尧、汤。尧遭洪水，汤遭大旱。如谓政治所致，尧、汤恶君也；如非政治，是运气也。”[③] 如果立足于天人感应、天人互渗立场论事，将水旱之灾与人事相比附，那么，世称“圣君”的尧、汤成了导致水旱之灾的“恶君”。王充在此提及“时气”、“运气”和“自然之气”诸概念，目的在于强调阴阳和气在宇宙论上的意义。

在元气一元论哲学高度，王充进而解释了风、雨、雷、电等自然现象和日、月、星辰、动植飞潜等宇宙万物之缘起：

雷。“夫雷，天气也。”[④]“实说，雷者太阳之激气也。”[⑤] 阴阳二气碰撞激扬，产生雷这一自然现象，王充这一解释与现代天文学理论所言雷电是雷雨云中之放电现象已十分接近。《论衡·雷虚》篇云：“阴阳分争，则相校轸。”王充于此用了一个日常生活事例来阐释这一自然现象：雷的产生，犹如以一斗冷水浇灌在冶铸之火上，“气激弊裂，若雷之音矣”。[⑥] 天地之间犹如一个大炼炉，“阳气之热，非直消铁之烈也；阴气激之，非直泥土之湿也；激气中人，非直灼剥之痛也”。[⑦] 基于此，王充还深入分析了一年四季

① 《论衡·讲瑞》。
② 《论衡·感类》。
③ 《论衡·明雩》。
④ 《论衡·难岁》。
⑤ 《论衡·雷虚》。
⑥ 《论衡·雷虚》。
⑦ 《论衡·雷虚》。

中由于阴阳二气的消长盛衰，雷这一自然现象的表现也略有差异。正月阳气始动，雷电开始出现；五月阳气盛而阴气衰，雷迅猛强劲；秋冬阳气衰而阴气盛，因而秋冬雷电很少发生。现代天文学认为，冬天由于空气寒冷干燥，加之太阳辐射较弱，空气中不易形成对流，因而很少有雷电。王充用阴阳二气消长变化解释何以秋冬雷电很少发生，与现代天文学常识已有几分相通之处。此外，《雷虚》篇还特别点明雷与天神毫不相干："冬雷，人谓之阳气泄；春雷，谓之阳气发；夏雷，不谓阳气盛，谓之天怒，竟虚言也。"阴阳二气力量对比的消长盛衰，产生了雷这一自然现象。

云雨。"天地之间，恍惚无形，寒暑风雨之气乃为神。"[①]《雷虚》篇又云："说雨者以为天施气。天施气，气渥为雨，故雨润万物，名曰澍。"云雨之气是一气态化的存在，密集则为云，发散则为雨。

风。"夫风者，气也。"[②] 风是大气流动现象。但在两汉时代，大多数人从原始宗教角度将"风"解释为天帝发怒，"论者以为天地之号令也"。[③] 譬如，有的文献记载周武王伐纣渡孟津时，风波骤起，疾风晦暝，人马不见。王充反驳说：如果周武王伐纣是替天行道、顺应民心，就不应该风云突变，阻截周武王的行程；假定风确实是天帝意志的外现，那么恰巧说明周武王伐纣属不义之行为。王充于此运用了逻辑推理上的归谬法对这种错误观点进行了抨击。"如风天所为，祸气自然，是亦无知。"[④] 风是一种自然现象，风"无知"，无论风给人类活动带来的是福还是祸，都是大自然无意识、无目的运动的结果。

四时之气。王充像董仲舒一样，从气本论立场解释春夏秋冬四季之形成、寒来暑往之奥秘。在《论衡》一书中，频繁出现"春气"、"夏气"、"秋气"、"冬气"、"寒气"和"温气"等概念。"夫寒温，天气也。"[⑤]"王命之当兴也，犹春气之当为夏也。其当亡也，犹秋气之当为冬也。见春之微

---

① 《论衡·龙虚》。
② 《论衡·感虚》。
③ 《论衡·感虚》。
④ 《论衡·感虚》。
⑤ 《论衡·变动》。

叶，知夏有茎叶。”[①] 春夏秋冬四季之变换是气运动变化的一种外在形式，也是天地自然内在规律的体现。这正如《庄子·庚桑楚》所云：“弟子何异于予？夫春气发而百草生，正得秋而万宝成。夫春与秋，岂无得而然哉？天道已行矣！”春夏秋冬之更迭，乃天道自然之表现，与天帝或天命无涉。

虫。“夫虫，风气所生，苍颉知之，故‘凡’、‘虫’为‘风’之字。取气于风，故八日而化。生春夏之物，或食五谷，或食众草。”[②] 虫是承受风所含之气而化生，《说文》云：“风动虫生，故虫八日而化。”王充这一观点可能源自《大戴礼记·易本命》：“二九十八，八主风，风主虫，故虫八月化也。”两者的区别仅在于“八日而化”和“八月化”，何谓“化”？郑玄注云：“能生非类曰化”，因此，“化”之含义为物种变异。

日月星辰。日月星辰与动植物一样，存在着一个共同的本原——元气。“日，气也。”[③] 日月皆由气化生，金、木、水、火、土五大行星也概莫能外。“星有五，五行之精，金、木、水、火、土各异光色。”[④] 五大行星由气化生，光色各不相同。人们在日常生活中能直观目测的彗星，也是气化流行的产物：“岁害鸟帑，周、楚有祸；綝然之气见，宋、卫、陈、郑皆灾。”[⑤] “岁”即木星，它绕太阳运行的周期是11.8622年，古人误认为是12年，并用它来纪年，故称岁星。“鸟”指位居南方的一组星宿朱雀。古代把二十八宿分为东南西北四组，南方这组星宿排列的形状像一只大鸟，南方属火，故称“朱雀”。古人把一周天分为十二等分，认为岁星每年运行一个等分。由于计算误差，到一定的时间岁星并不在应到达的等分里，而是越过它，到了下一个等分。传统观念认为这是一种不祥之兆，正对岁星的等分里的星宿受到了“冲犯”。“綝然之气”是指彗星拖着长长的尾巴划过天空。总之，宇宙中的日月星辰等天体的性质及其运行特点，皆可以从气本论的角度寻找终极性说明。

① 《论衡·异虚》。
② 《论衡·商虫》。
③ 《论衡·感虚》。
④ 《论衡·说日》。
⑤ 《论衡·治期》。

（二）“夫天地合气，人偶自生也”

庄子认为人类生命乃气之外化，生是气之聚，死为气之散。生命这一存在形式与宇宙间其他具存一样，本质上是同一的，“通天下一气耳”。从这一认识论出发，对生命的哲学体悟自然与世俗之见有异。“舜问乎丞曰：‘道可得而有乎’？曰：‘汝身非汝有也，汝何得有夫道’？舜曰：‘吾身非吾有也，孰有之哉’？曰：‘是天地之委形也。生非汝有，是天地之委和也；性命非汝有，是天地之委顺也；孙子非汝有，是天地之委蜕也。故行不知所往，处不知所持，食不知所味。天地之强阳气也，又胡可得而有邪?”[①] 关于“强阳气”，郭象注云：“犹运动”。生、性命、子孙都是天地之气的委和、委顺与委蜕，生命的存在与延续只是气的一种运动与变化方式。庄子关于生命“气化”论思想，在王充哲学思想中有所阐发，他从三个方面以元气论证生命之起源：

其一，王充驳斥“天地故生人”的神学目的论，认为生命只是天地阴阳二气自然而然的生化之物，与“天命”不存在因果关联。“夫天地合气，人偶自生也。犹夫妇合气，子则自生也。”[②] “天禀元气，人受元精，岂为古今者差杀哉？优者为高，明者为上。”[③] “人禀元气于天，各受寿夭之命，以立长短之形，犹陶者用埴为簋庑，冶者用铜为柈杅矣。”[④] 两汉时期的儒家和阴阳五行家从神学目的论角度诠释生命起源，认为“天地故生人”。[⑤] “故”与“偶”是两个相对的概念，“故”指有意识、有目的的行为，“偶”指非人为，也即自然而然。“夫天地合气，人偶自生也。”人类生命由阴阳二气化生，这种化生过程完全是一种自然而然的无意识过程，与“天命”无涉。有的学者根据“人偶自生也”之“偶”字，认定王充的生命起源论是一种偶然论，论据是将“偶”训为偶然，而未注意“偶”在此处实际上应训为“非人为、无意识”或“自然而然”。

---

① 《庄子·知北游》。
② 《论衡·物势》。
③ 《论衡·超奇》。
④ 《论衡·无形》。
⑤ 《论衡·物势》。

王充的很多哲学观点，往往是在与论敌的驳难中展开的。对于王充的生命起源论，阴阳五行家批判说：如果否定“天地故生人”，等于否定手工作坊里的器物不是由工匠有意识、有目的制造出来，而是由器物自身自然而然产生。对此，王充首先指出对方逻辑上的谬误。从工匠有目的创制手工器皿，推导出天帝有目的创造生命，这在逻辑学上只是一种比附，而非类比。具有众多相同属性的同类事物之间才能够进行比较，才能够推导出一个新结论，异质的两类事物是不能比较的。况且类比推理的结论也只是或然性的，还有待于证明。其次，王充认为，即使是那些人类有意识的活动，譬如，农夫耕耘播种，在其中起作用的并非完全是人类的意志，万物的生长有其内在的规律与法则，不是人类意志所能全部驾驭。“夫天不能故生人，则其生万物，亦不能故也。天地合气，物偶自生矣。夫耕耘播种，故为之也，及其成与不熟，偶自然也。何以验之？如天故生万物，当令其相亲爱，不当令之相贼害也。”[①] 从表面上看，农夫种庄稼似乎是人类将自身意志作用于大自然的过程，但实际并非如此，最终的结果可能与人类初始的意愿背道而驰。王充这些论述实际上是力图阐明生命起源的自然性过程，这种自然过程天命无法干预。

其二，王充抨击“五行之气，天生万物”观点。汉代儒者和阴阳五行家的这一观点实际上是企图解决宇宙万物多样性与同一性的矛盾，他们把五行说与“天命论”捆绑在一起，宣扬天有意识、有目的地用五行创造万物，并且牵强附会地把五行与天干、地支、动物、方位等相配属，建构一个庞大的、无所不包的宇宙图式。虽然他们也讲气化，但这种气化论却是建立在神学目的论前提之下，五行之气实质上成了天帝至上神存在与功能的外在原初质料。王充诘问说：如果天帝果真能有意识地创造万物，只用“一行之气”化生万物即可，何必避简就繁，用五行之气创制万物？阴阳五行家反驳说：“欲为之用，故令相贼害，贼害，相成也。”[②] 阴阳五行家认为，天用五行之气化生万物，目的在于让万物相克相成。天为了使万物相互为用，所以才让万物相残害。应该说，汉儒和阴阳五行家的这一观点蕴涵一些辩证法因素，

① 《论衡·物势》。

② 《论衡·物势》。

但这种辩证法思想却是建立在虚妄的哲学根基之上的。王充反驳道："天生万物欲令相为用，不得不相贼害也，则生虎、狼、蝮蛇及蜂、虿之虫，皆贼害人，天又欲使人为之用邪？且一人之身，含五行之气，故一人之行，有五常之操。五常，五行之道也。五藏在内，五行气俱。如论者之言，含血之虫，怀五行之气，辄相贼害。一人之身，胸怀五藏，自相贼也？一人之操，仁义之心，自相害也？"① 按照汉儒和阴阳五行家的逻辑，一人之身含五行之气，所以先天性具备仁、义、礼、智、信"五常"和脾、肺、心、肝、肾"五藏"。如果按照五行之气相克相成的逻辑推演下去，那么必将推导出人体内部五脏"相贼害"、仁义礼智信"五常"也"相贼害"的结论。此外，针对汉儒和阴阳五行家把五行之气与地支、动物、方位等相配属的天人互渗、天人感应思想，王充认为这种理论不仅在事实上荒谬无稽，而且在逻辑上矛盾百出。汉儒将十二地支与五行相配属，寅、卯属木，巳、午属火，辰、未、戌、丑属土，申、酉属金，亥、子属水；十二地支又分别与十二种动物相配属，即子鼠、丑牛、寅虎、卯兔、辰龙、巳蛇、午马、未羊、申猴、酉鸡、戌狗、亥猪；五方又与五行相配属，东方木，南方火，中央土，西方金，北方水。王充指出，这种宇宙图式内容芜杂、矛盾迭现。譬如，马属午，鼠属子，鸡属酉，兔属卯，"水胜火，鼠何不逐马？金胜木，鸡何不啄兔？"② 猪属亥，羊属未，牛属丑，"土胜水，牛羊何不杀豕？"③ 蛇属巳，猴属申，"火胜金，蛇何不食猕猴？猕猴者，畏鼠也"。④ 中国古代天文学家将全天的恒星分为三垣、二十八宿和其他星座，二十八宿又分为东、南、西、北四组，每组七宿。东方七宿被称为"仓龙"，西方七宿被称为"白虎"，南方七宿被称为"朱鸟"，北方七宿被称为"玄武"。按照汉儒和阴阳五行家理论，水火相克，金木相克，但"龙虎交不相贼，鸟龟会不相害"。建立在天命论基础上的这种宇宙图式理论，显然无法圆融地解释宇宙式的内在矛盾与冲突。而后王充笔锋一转，指出宇宙万物之间确实存在着相生相克现象，但这种现象不能用汉儒和阴阳五行家的理论来解释，更不能立足于神

① 《论衡·物势》。
② 《论衡·物势》。
③ 《论衡·物势》。
④ 《论衡·物势》。

学目的论立场上来思考。万物之间的相生相克，是由万物各自的自然禀赋造成，与“天命”毫无关联。“夫物之相胜，或以筋力，或以气势，或以巧便。”① 人有勇怯之分，胜者未必禀受了金气，负者未必禀受了木气。“孔子畏阳虎，却行流汗。”② 其原由并非阳虎属金而色白，孔子属木而色青，“自是筋力勇怯相胜服也。”③

其三，在批判天命论基础上，王充进而论证人类作为宇宙间生命存在之一种，与动物、植物相比，有其相对独立的起源过程。《论衡》全书经常出现一个概念——“人气”，“儒者称圣人之生，不因人气，更禀精于天”④，“天地，夫妇也，天施气于地以生物，人转相生，精微为圣，皆因父气，不更禀取”。⑤ “人气”又称“父气”，人气概念并非首见于《论衡》，早在《庄子·人间世》就已出现：“且德厚信矼，未达人气。名闻不争，未达人心。”两汉时代，有一种流行的世俗之见：帝王、圣人不是人的后代，而是由各种神奇怪异的东西（如燕卵、龙、植物等）与人交配或感于人生出。譬如，禹的母亲吞食薏苡而生禹，所以夏姓为姒；契的母亲吞食燕卵而生契，所以殷姓为子；后稷母亲“履大人迹”而生后稷，所以周姓为姬；尧的母亲在野外与赤龙交配而生尧，刘邦母亲与蛟龙交配而生刘邦……。这些奇谈怪论的社会政治目的，在于宣扬君权神授论；在哲学意义上，充斥着逻辑上的荒谬与理论上的虚妄。“且夫薏苡，草也；燕卵，鸟也；大人迹，土也。三者皆形，非气也，安能生人？说圣者以为禀天精微之气，故其为有殊绝之知。今三家之生，以草、以鸟、以土，可谓精微乎？天地之性，唯人为贵，则物贱矣。今贵人之气，更禀贱物之精，安能精微乎？”⑥ 儒者认为圣人禀受天地精微之气，故具备“殊绝之知”。但是，草、鸟、土三者都是直观具体之物，而非初始意义上的物种本根。如果承认圣人是由草、鸟、土所生，则意味着圣人禀受的并非精微之气，而是“更禀贱物之精”。既然如

① 《论衡·物势》。
② 《论衡·物势》。
③ 《论衡·物势》。
④ 《论衡·奇怪》。
⑤ 《论衡·奇怪》。
⑥ 《论衡·奇怪》。

此，圣人之所以为圣人的逻辑根据就坍塌了。这是一个哲学悖论，面对这种哲学悖论，王充进而从生物学意义上剖析说：假如尧和汉高祖果真是龙之子，那么“物生自类本种，夫二帝宜似龙也”。[①] 龙能腾云驾雾，那么尧和刘邦也应该能翱翔于天空，但客观事实正好相反。“且夫含血之类，相与为牝牡；牝牡之会，皆见同类之物。精感欲动，乃能授施。若夫牡马见雌牛，雄雀见牝鸡，不相与合者，异类故也。今龙与人异类，何能感于人而施气！”[②] 在生物学意义上，同类动物之间才能交合繁殖，异类之间存在着器质上的相互排斥。因此，当时的学者论证龙与人交配繁殖，无论在逻辑上，抑或在生物学意义上都是荒诞可笑。

在批驳社会上流行的诸多错误观念的同时，王充也从元气论高度阐述了人类起源。其中有两点值得注意：

其一，人类生命起源中的“自然命定论”因素。生命源自元气，这是一个从整体意义上所作的哲学论断。在《气寿》、《命义》等篇章中，王充进而又详细论述了决定个人寿命长短的内在原因。在他看来，人之寿命长短，取决于胚胎于母体时所禀受的气之厚薄。所受之气厚实，则寿命长，反之则体弱寿短。“凡人禀命有二品：一曰所当触值之命，二曰强弱寿夭之命。”[③] 人的寿命有两种：一是“所当触值之命”，二是“强弱寿夭之命”。前者“谓兵、烧、压、溺也”，即指因遭受外在无法预见的偶发事变而死亡之命；后者是指胚胎于母体时所受气之厚薄而形成的命。在《命义》篇中，王充又具体将命分为三种：正命、随命和遭命。“传曰：‘说命有三：一曰正命，二曰随命，三曰遭命’。正命，谓本禀之自得吉也。性然骨善，故不假操行以求福而吉自至，故曰正命。随命者，戮力操行而吉福至，纵情施欲而凶祸到，故曰随命。遭命者，行善得恶，非所冀望，逢遭于外，而得凶祸，故曰遭命。”王充的“三命论”与《白虎通·寿命》篇所载有相似之处：“命者，何谓也？人之寿也。天命已使生者也。命有三科，以记验。有寿命以保度，有遭命以遇暴，有随命以应行。寿命者，上命也。若言文王受

① 《论衡·奇怪》。
② 《论衡·奇怪》。
③ 《论衡·气寿》。

命唯中身，享国五十年。随命者，随行为命，若言怠弃三正，天用剿绝其命矣。又欲使民务仁立义，无滔天。滔天则司命举过言，则用以弊之。遭命者，逢世残贼，若上逢乱君，下必灾变，暴至，夭绝人命，沙鹿崩于受邑是也。冉伯牛危行正言，而遭恶疾。孔子曰：'命矣夫，斯人也而有斯疾也，斯人也而有斯疾也！'"“正命”、“随命”和“遭命”三个概念虽然完全雷同，但内涵却相距甚远。班固的“三命说”是建立在天命论基础上的，王充的“三命说”则是建立在否定天命论前提之下的。实际上，王充之“命”主要是指命运。这种先验性的“命”实际上可划归自然命定论之列。因此，王充在哲学上否定天命论的同时，又在哲学上建构他的自然命定论“大厦”。

王充对“强弱寿夭之命”论述颇多，着重论证个人寿命之长短取决于禀气之厚薄。“禀得坚强之性，则气渥厚而体坚强，坚强则寿命长，寿命长则不夭死。禀性软弱者，气少泊而体羸窳，羸窳则寿命短，短则蚤死。故言‘有命’，命则性也。”[①] 人胚胎于母体受气“充实而坚强”，则长寿；受气“虚劣而软弱”，则夭亡。寿命的长短，在婴儿降生的第一声啼哭声中，便已显露端倪。“儿生，号啼之声鸿朗高畅者寿，嘶喝湿下者夭。何则？禀寿夭之命，以气多少为主性也。”[②] 在气禀说基础上，王充进而认为，人的正常寿限应为百岁，王充称之为“正命”。“百岁之命，是其正也。不能满百者，虽非正，犹为命也。”[③] 寿命的长与短，与天命无关。“非天有长短之命，而人各有禀受也。”[④] 当时社会上普遍流行的观点认为，寿命的长短由上天决定。譬如，《白虎通·寿命》认为，人之生命是“天命已使生者也”。因此，王充的自然气禀论在人类认识论发展史上，显然要比“天命论”进步。但是，需指出的一点是，王充同时又认为人的贫富贵贱也是由气禀决定，称为“禄命”：“人有命，有禄，有遭遇，有幸偶。命者，贫富贵贱也；禄者，盛衰兴废也。以命当富贵，遭当盛之禄，常安不危；以命当贫贱，遇

① 《论衡·命义》。
② 《论衡·气寿》。
③ 《论衡·气寿》。
④ 《论衡·气寿》。

当衰之禄，则祸殃乃至，常苦不乐。”[①] 贫富贵贱不是由后天个人行为和社会因素造成的，而是在最初承受母体之气时就已经注定。“则富贵贫贱皆在初禀之时，不在长大之后随操行而至也。”[②] 商汤曾被夏桀囚禁于夏台，周文王曾被纣王囚于羑里，虽遭大难，但因“命善禄盛”，终能逢凶化吉。当然，王充也承认，禄命虽决定人的社会政治与经济地位，但某些外在突发性偶然事变对人的禄命也会产生某些影响。譬如，历阳之都一夜之间沉而为湖，长平之战四十多万赵国降卒被白起坑杀。其中必定也有“命善禄盛”之人，但在强大的外在灾难性事变面前，也只能徒唤奈何。

王充不蹈流俗之言，从气禀论立场论证生命之起源，否定天命论，这无疑是哲学之进步。但是，王充又不自觉地陷进了“自然命定论”的泥淖。王充确像冯友兰所论，其学说“多攻击破坏”[③]。王充思想的“推土机”在铲倒一座座荒谬的思想路障的同时，却在身后的废墟上立起了一座座同样荒谬与虚妄的思想路障。当然，其中也不乏哲学意义上精彩独到之处。

其二，“阳气主为精神”。在中国思想史上，庄子较早地从气本论高度探讨精神、意识的起源。在《人间世》等篇中，庄子将精神、意识称为“神气”，气聚而成人，但精神、意识不是人类大脑的认识功能，而是本体气的另一种外化形式。庄子的这一观点，对后来的董仲舒有所影响，他同样没有意识到精神、意识与人类脑功能之间的关系，而是将它们论证为无所不包的气本体在另一个领域的延伸：“心有哀乐喜怒，神气之类也。”[④] 东汉的《白虎通·情性》篇继而将“精”与“神”合而为一，专门解释了精神的起源：“精神者，何谓也？精者，静也，太阴施化之气也，象水之化，须待任生也。神者，恍惚太阳之气也，出入无间，总云支体，万化之本也。”在这里，精神、意识被认为是太阴之气、太阳之气“施化”的结果，是人类生理机能的中枢，制约着人的肌体与性情的变化。既然人的精神、意识直接来源于本体气，那么人的情感、情性也不能单纯地归结为人类内在精神世界的产物，也是与天地互渗、互参的气化结果：“人生于天，而取化于天。喜

① 《论衡·命义》。
② 《论衡·命义》。
③ 冯友兰：《中国哲学简史》，北京大学出版社 1985 年版，第 235 页。
④ 《春秋繁露·人副天数》。

气取诸春，乐气取诸夏，怒气取诸秋，哀气取诸冬，四气之心也。”[①] 董仲舒认为，天有春夏秋冬，人有喜怒哀乐，两者本质上趋同，都是气先验内在属性的彰显。王充因循庄子、董仲舒等人的思维模式，也从元气角度论证精神、意识之起源。人禀阴阳二气而生，“阴气主为骨肉，阳气主为精神。人之生也，阴、阳气具，故骨肉坚，精气盛。精气为知，骨肉为强，故精神言谈，形体固守。骨肉精神，合错相持，故能常见而不灭亡也”。[②] 骨肉躯体由阴气化生，精神意识由阳气化生。换句话说，阳气中先验性地蕴涵了精神意识之因子。阴阳兼备，则人之形神具备。精神出智慧，骨肉出筋力。人有精神意识，才能思维；人有骨肉形体，才能维持生存。

在王充哲学逻辑结构中，“精神”、“精气”、“光气”、“志气”几个概念交叉出现，彼此之间相互说明，实际上是内涵相同的同一概念：“凡天地之间有鬼，非人死精神为之也，皆人思念存想之所致也。致之何由？由于疾病。人病则忧惧，忧惧则鬼出。”[③] “夫觉见卧闻，俱用精神；畏惧存想，同一实也。”[④] “物善恶同，遭为人用，其不幸偶，犹可伤痛，况含精气之徒乎！”[⑤] “何则？长吏光气已消，都邑之地与野均也。”[⑥] “富贵人情所贪，高官大位人之所欲乐，去之而隐，生不遭遇，志气不得也。”[⑦] 王充哲学中的“精神”，与现代哲学中的精神、意识概念已十分接近。在思维方式上，王充与庄子、董仲舒等人观点趋同，都从宇宙本原意义上论证精神、意识之起源。但需指出的是，王充否认人死后精神仍然可以另一种形式（如鬼神）而存在，死亡意味着形与神的同时消解。“形体腐于水中，精气消于泥涂。”[⑧] 形、神同时生、同时亡，这一观点再一次从一侧面彰显出王充特立独行的学术风格。

此外，王充认为，喜怒哀乐之情感也可以从元气本根高度寻求终极性的

---

① 《春秋繁露·王道通三》。
② 《论衡·订鬼》。
③ 《论衡·订鬼》。
④ 《论衡·订鬼》。
⑤ 《论衡·幸偶》。
⑥ 《论衡·遭虎》。
⑦ 《论衡·定贤》。
⑧ 《论衡·论死》。

说明："夫寒温之代至也，在数日之间，人君未必有喜怒之气发胸中，然后渥盛于外。见外寒温，则知胸中之气也。"[①]"韩非之书，传在秦庭。始皇叹曰：'独不得与此人同时'。陆贾《新语》，每奏一篇，高祖左右，称曰万岁。夫叹思其人与喜称万岁，岂可空为哉？诚见其美，欢气发于内也。"[②]"喜气"、"怒气"、"欢气"等概念，早在先秦气论中就已出现。将喜怒哀乐之情感与宇宙本根相牵扯，这种思维模式和观点源自先秦气论，其后在西汉董仲舒气论中有充分论述。董仲舒将阴阳二气论证为宇宙本体内含的两种既对立又互为前提的力量，《春秋繁露·天地阴阳》篇说："天地之间，有阴阳之气。"他认为阴阳之气细微不可见，但充盈于太虚之中，无处不在；宇宙间所有的存在都可以归纳为阴气与阳气两大类，或者说，宇宙间各种存在都是阴阳二气的存在证明与表现样式。董仲舒还十分详细地描述了阴阳二气的运行轨道：阴气与阳气在运行方向和运行轨道方面都截然相左，阳气发生于东北，由东北往南、往西，再返回到东北方向，按顺时针方向运转；阴气发生于东南，然后朝北运行，经过西北、西南，再回到东南，按逆时针方向运动。在《阳尊阴卑》篇中，董仲舒还为阴阳二气赋予了不同的社会伦理属性和情感特性："阳，天之德；阴，天之刑也。"阳气的特征为：暖、予、仁、宽、爱、生；阴气的特征表现为：寒、夺、戾、急、恶、杀。由此而来，董钟舒甚至认为春夏秋冬四季也彰显出某种情感特征，《春秋繁露·王道通三》篇说："春气爱，秋气严，夏气乐，冬气哀。爱气以生物，严气以成功，乐气以养生，哀气以丧终，天之志也。"春季何以暖？夏季何以热？秋季何以凉爽？冬季何以寒冷？值得注意的是，董仲舒在《王道通三》一文中对这些问题并没有从天象学角度进行探讨，而是把这种自然现象解释为气本与气化功能的彰显：春季之所以暖和，是因为天"爱而生之"；夏季之所以炎热，是因为天"乐而养之"；秋季之所以清凉宜人，是因为天"严而成之"；冬季之所以寒冷，是因为天"哀而藏之"。在董仲舒哲学体系中，天是有生命活力的实体，但这种人格神的"天"同样是气化产物。因此，春夏秋冬四季产生的原因与其说是"天之志"，不如说是"气之志"。两相

① 《论衡·寒温》。
② 《论衡·佚文》。

比较，我们不难发现王充在这方面的论述并非空穴来风，而是对前人思想有所昭承。

（三）王充气学的哲学特点

王充气学的出现，标志着中国古典气学已臻至系统化阶段。王充气学的哲学特点，在一定意义上，实际上代表着中国古典气学的普遍特点。王充气学的哲学局限性，在中国古代气学史上也颇具代表性。基于此，评价两汉以后思想家的气学，应以是否对王充气学的哲学局限性有所超越作为标尺。通而论之，王充气学的哲学特点表现在三个方面：

1. “夫人之精神，犹物之精神也”

元气既是宇宙本根，又是一“生气”、一个充满生命活力的世界本原。在王充看来，正因为元气具有这一哲学特质，才能形而上地诠解生命之起源、精神意识之缘起。元气本原的这种“泛心论”特质，是一值得学界深思的哲学课题。王充元气本原的“泛心论”特质不仅体现在生命与精神起源上，也非常典型地表现在鬼神观方面。远在夏、商时代，就已产生了鬼神观念与鬼神崇拜。夏代统治者开始用天命神权思想论证君权存在合法性，殷商统治者继而建立了比较完整的鬼神崇拜系统。孙诒让总结出了“天神、地示、人鬼”商人鬼神系统，陈梦家在《殷墟卜辞综述》进一步将其分列如下：

甲、天神：上帝，日，东母，西母，云，风，雨，雪。

乙、地示：社，四方，四戈，四巫，山，川。

丙、人鬼：先王，先公，先妣，诸子，诸母、旧臣。[①]

金景芳的观点与陈梦家大抵相似：“大体上说，殷人对自然崇拜，于天神有上帝、日、东母、西母、风、云、雨、雪等等；于地祇有社、方（四方）、山、岳、河、川等等；对祖先崇拜（周人称为‘人鬼’的）不仅于先王、先妣有复杂的祀典，而且于名臣又有配享制度……”[②] 这种天神、地祇、人鬼崇拜系统成为全社会民众精神信仰之基础，影响日渐深远。陈梦家

① 参见陈梦家：《殷墟卜辞综述》，中华书局1988年版，第562页。

② 金景芳：《中国奴隶社会史》，上海人民出版社1983年版，第97页。

指出，殷商时期祖先崇拜有一大特点，祖先崇拜与天神崇拜逐渐混合为一，而且“祖先崇拜压倒了天神崇拜”。[①] 迨至西周，周人对这一天神、地祇、人鬼崇拜系统有所损益，根据《周礼·大宗伯》所载，具体表现在三方面：其一，在天神类系统，强调对上天、天帝之信仰，“昊天上帝”为天子祭祀的最高神灵；其二，人鬼类只祭后稷等先祖，删除了祭祀先妣、诸母等内容；其三，地祇类特别注重对社稷土谷之神的祭祀。周人虽强化了对“昊天上帝”的崇拜，但对祖先神的敬仰丝毫未弱化。《国语·鲁语》云：“黄帝能成命百物，以明民共财；颛顼能修之。帝喾能序三辰以固民，尧能单均刑法以仪民。舜勤民事而野死，鲧障洪水而殛死，禹能以德修鲧之功，契为司徒而民辑，冥勤其官而水死，汤以宽治民而除其邪，稷勤百谷而山死，文王以文昭，武王去民之秽。故有虞氏禘黄帝而祖颛顼，郊尧而宗舜；夏后氏禘黄帝而祖颛顼，郊鲧而宗禹；商人禘舜而祖契，郊冥而宗汤；周人禘喾而郊稷，祖文王而宗武王。”祖先神崇拜源自图腾崇拜，从早期的动物、植物崇拜衍变为对人自身的崇拜，这是生命起源理论的一次飞跃。夏人、商人、周人所禘、所祖、所郊、所宗、所报之人，皆是声名显赫之祖先。商周之后，在鬼神起源问题上，存在一个比较流行的观点：“人死曰鬼”。《墨子·明鬼下》将鬼神分为三类：“古之今之为鬼，非他也，有天鬼，亦有山水鬼神者，亦有人死而为鬼者。”《礼记·祭法》云：“其万物死，皆曰折；人死曰鬼。”《尔雅·释训》亦云：“鬼之为言归也”，《说文》释“鬼”：“人所归为鬼。”但是，人死为鬼何以可能？在对这一问题深层次的探索上，无论思维方式、抑或具体论证过程，都存在一趋同性现象——皆从阴阳气学视域解释鬼神之生成。《左传》昭公七年载子产观点：“人生始化曰魄，既生魄，阳曰魂。用物精多，则魂魄强。是以有精爽，至于神明。匹夫匹妇强死，其魂魄犹能冯依于人，以为淫厉。”这是较早地从生理学和阴阳气学角度解释鬼神起源的材料。《吕氏春秋·振乱》高诱注：“魂，人之阳精也。阳精为魂，阴精为魄。”魄为人之形体，魂为人之精神。形体强壮，精神旺盛，则“魂魄强”。人死后躯体化为泥土，但精神可“至于神明”。普通人被迫害而死，其鬼魂仍然能依附在活人身上活动。《周易·系辞上传》云：“精气为

---

① 参见陈梦家：《殷墟卜辞综述》，中华书局1988年版，第562页。

物，游魂为变，是故知鬼神之情状。与天地相似，故不违。”《易传》非常明确地从气学高度阐释鬼神起源，“精气”化生万物，而且“游魂”也是由精气流变而成，由此可知鬼神同天地变化相似。《易传》实际上认为天地万物和人类生命，乃至鬼神都由精气化生，这就将自然、生命和精神意识置放于一共同的哲学本体之上。这一认识，比荀子“人有气有生有知亦且有义”的观点有所深化。《管子·内业》继而对鬼神之缘起作了进一步的发挥：“凡人之生也，天出其精，地出其形，合此以为人。”何谓“精”？“精也者，气之精者也。”“精”就是指精微无形之神气，“气之精”“流于天地之间，谓之鬼神”，“鬼神”实即无所附着状态的、游动不已的精神。《内业》篇认为，健康的身体“可以为精舍”，存纳精神。人一旦排除了杂念，“敬除其舍，精将自来”。人的精神充足，悟性与智慧也就增多。“精之所舍，而知之所生”。所以说“气之精”“藏于胸中，谓之圣人”。要保养身体，首先要知道如何涵养精神，“得之而勿舍”。在《易传》和《管子·内业》思想基础上，两汉时期的鬼神学说有所发展，基本上皆是沿着阴阳气学思维范式思考：“人死曰鬼。鬼者，归也。精气归于天，肉归于土，血归于水，脉归于泽，声归于雷，动作归于风，眼归于日月，骨归于木，筋归于山，齿归于石，膏归于露，发归于革，呼吸之气归复于人。”[①] “且夫死者，终生之化，而物之归者也……。精神者天之有也；形骸者地之有也。精神离形，各归其真，故谓之鬼，鬼之为言归也。其尸块然独处，岂有知哉？”[②] “魂气归于天，形魄归于地。”[③] “鬼神，阴阳也。”[④] 通而论之，汉代学者对鬼神的认识可归纳为：人类生命由精神与形体结合而成。精神为阳性，又叫魂，或称魂气；躯体为阴性，又叫魄、魄气，阴精、阴神又称为形骸、形魄。精神是元气本原固有的内在“因子”之一，人死后，精神离开躯体，化而为鬼。躯体是阴气所化生的生命质料，与精神相结合，成为有生命的个体。一旦精神游离躯体，生命个体就将成为一具没有知觉意识的尸体，迅速腐烂而为泥土。

① 李昉等：《太平御览》卷883《韩诗外传》，中华书局1960年版，第3923页。
② 《汉书·杨王孙传》。
③ 孙希旦：《礼记集解·郊特牲》，中华书局1989年版。
④ 孙希旦：《礼记集解·郊特牲》，中华书局1989年版。

针对传统的鬼神观念，富有挑战精神的王充在《死伪》篇中提出了一系列的质疑：

（1）人与万物并生，为什么人死变鬼，而物死不能为鬼？

（2）倘若由于人高贵而变成鬼，那么，高贵者死后都应变成鬼，为何史籍中只有杜伯、庄子仪等人变为鬼？

（3）假如设定凡无辜受害者将变成鬼，那么世上受冤而死者不可胜数，像比干、伍子胥等人为何都未变成鬼？

（4）罪莫大于弑君，杜伯、庄子仪都犯了弑君之罪，鬼中高贵者应当再次诛杀他们，为何让其逍遥法外？

（5）如果人死为鬼，那么杜伯弑宣王、庄子仪弑简公，宣王和简公也成了高贵之鬼，他们理应找庄子仪、杜伯复仇。倘若不能复仇，那就证明没有鬼，鬼何以又能害人呢？

（6）秦始皇采纳李斯建议，焚书坑儒。博士之怨，罄竹难书。但是，秦时死儒为何不请求于上帝？为何不显出鬼形宣告秦始皇无道？

（7）上帝允许将晋给秦，但狐突认为不妥，申生也附和狐突之论。这等于证明上帝作出了一错误决断，证明上帝还不如狐突公正，上帝之为上帝又如何可能？

在这一连串的质疑提出之后，王充在《论死》篇中，对“死人为鬼，有知，能害人”的传统观念进行了猛烈抨击：

首先，王充认为人死不能为鬼。“人，物也；物，亦物也。”人为万物之一种，万物不能变为鬼，人死变鬼又如何可能？如果证明不了万物可以变鬼，又如何能够证明人死能够变鬼？王充于此实际上运用了一个三段论推理：

人为万物之一种，

万物不能变鬼，

所以，人死不能变鬼。

人如果没有耳目感官，就无法感知外在客体，所以世人常把聋子、瞎子比作草木。精神一旦离开形体，连草木都不如，只会趋向消亡。所谓消亡，就是指人死后精神之气升天，骸骨归土。“人死精神升天，骸骨归土，故谓之鬼神。”精神之气升天叫神，骸骨归土为鬼。人由于有神气，才有生命，人死后神气脱离人的躯体。元气与人类生命的关系，犹如水与冰。气凝而为人，水凝而成冰。冰融化为水，人死复化为气。人的精神藏在躯壳之内，就像粟米装在布袋中。“人之精神藏于形体之内，犹粟米在囊橐之中也。死而形体朽，精气散，犹囊橐穿败，粟米弃出也。粟米弃出，囊橐无复有形，精气散亡，何能复有体而人得见之乎？”活人如同装满粟米的布袋，远远望去，形象丰满而生动。人死后，精神之气散亡于虚空，形体朽烂于泥土，就像布袋破漏，粟米散出，布袋软瘪于地。与此同理，人死以后，无法复见生前充满旺盛精力之形象。假如精神之气能变为鬼，那么鬼也应像烟雾一样，但世俗所见鬼神形象却与此相矛盾。“人见鬼若生人之形，以其见若生人之形，故知非死人之精也。”[①] 自从人类诞生以来，死者可以亿万计，活着的人远远不如死者多。“天地开辟，人皇以来，随寿而死，若中年夭亡，以亿万数，计今人之数，不若死者多。”[②] 如果人死果真变为鬼，那么“道路之上，一步一鬼”。传言人在病危时常常见到鬼，那么“宜见数百千万，满堂盈廷，填塞巷路，不宜徒见一两人也”。[③] 有时病人见鬼，说是某甲来，但当时某甲明明还活着。如果人死才能成鬼，为什么病人见到的有些鬼却是活人？

其次，王充认为人死后不复有知觉。“夫死人不能为鬼，则亦无所知矣。”[④] 王充认为，人、兽之别在于前者有智慧。人之所以有智慧，在于先天性地具备仁、义、礼、智、信道德观念；人之所以先验性蕴含“五常之气”，在于心、肝、肺、脾、肾“五脏”存在于人身。五脏未受伤害，则五常之气健全；五脏有病则人神志不清，愚痴呆傻。人死后五脏腐烂，五常之气无处可资依凭，知觉、智慧也就随之丧失。“形须气而成，气须形而知。”[⑤] 形神兼备，才是完整意义上的生命个体。天下没有离开物体而独自燃烧之火，人间又怎能有脱离形体而独自产生知觉、智慧的精神之气？死亡与睡眠（梦）、休克（殄）有一点关联，梦、殄、死亡是逐渐加重的过程，

---

① 《论衡·论死》。

② 《论衡·论死》。

③ 《论衡·论死》。

④ 《论衡·论死》。

⑤ 《论衡·论死》。

人若一旦昏迷不醒，就会导致死亡；人沉睡时不可能知道醒时状态的事情，人一旦亡故也不可能再了解人世间的事情。“人梦不能知觉时所作，犹死不能识生时所为矣。”处在沉睡状态的人不知道旁人的言辞与行为，死者当然也不知道棺材边发生的事。在睡眠状态下，人的知觉还存在，形体完好无损，但此刻不能感知外在客观存在，更何况人死精神消亡、形体朽败呢？人死如同火灭，火灭则光不复存在，人死后知觉不复存在，两者的道理是相同的。如果说人死而有知觉，那等于说火灭而光仍然存在。“谓人死有知，是谓火灭复有光也。”

复次，人死不能言语。野外枯骨经常发出呼叫声，近似于夤夜闻听他人的哭泣声，世俗之人因而断言死人仍能言语。王充认为这种观点荒谬无稽。活人之所以能言语，是因为气在喉管里，张闭嘴巴，摇动舌头，才能发出声音。人死，喉咙、嘴、舌头全部朽烂，发不出任何声音，鬼又何以能言语？野外枯骨发出的呼叫之声，可能是由大风造成的。如果说枯骨也能言语，那么野外枯骨以千万计，鸣叫之声应该如同电闪雷鸣。况且，“人之所以能言语者，以有气力也，气力之盛，以能饮食也”。人之所以能说话，是因为有气力；人之所以有气力，是以饮食作为基础。人一旦死亡，则气力衰亡，如何还能言语？

最后，人死不能害人。“人死不为鬼，无知，不能语言，则不能害人矣。”害人者必须要有气力，气力又须以筋骨刚强为前提。人一旦死亡，“骨朽筋力绝，手足不举，虽精气尚在，犹呴吁之时无嗣助也，何以能害人也?”害人者或手持利刃，或爪牙锋利。“今人死，手臂朽败，不能复持刃，爪牙隳落，不能复啮噬，安能害人?”婴儿手足肢体虽然完整无缺，但不能加害于人，因为血气刚刚凝成，筋骨还不结实。“气为形体，形体微弱，犹未能害人，况死，气去精神绝。”婴儿四肢健全尚且不能加害于人，何况人死肢体朽烂、气力衰绝？因此，“夫论死不为鬼，无知，不能害人，则夫所见鬼者，非死人之精，其害人者，非其精所为，明矣”。

如果行笔至此，进而对王充鬼神观作一结论，毋庸置疑，应将其归入无神论者之列。实际上，学术界长期以来将王充树立为古代朴素唯物主义者或无神论者。在众多的“中国哲学史”或“中国无神论史”论著中，对王充无神论思想的溢美之词不胜枚举。弥足遗憾的是，史实并非如此！王充思想犹如一多棱镜，有些学者仅仅看到了王充思想的一个侧面，忽略了其他一些侧面。具有反叛精神的王充，在将世俗鬼神观无情地批判与否定的同时，却又在建构一种新的鬼神观。与世俗鬼神观相比，王充的鬼神观显得颇具些许哲学思辨色彩："天地之气为妖者，太阳之气也。"[①]　"鬼者，太阳之妖也。"[②]"故凡世间所谓妖祥，所谓鬼神者，皆太阳之气为之也。太阳之气，天气也。天能生人之体，故能象人之容。夫人所以生者，阴、阳气也。阴气主为骨肉，阳气主为精神。人之生也，阴、阳气具，故骨肉坚，精气盛。精气为知，骨肉为强，故精神言谈，形体固守。骨肉精神，合错相持，故能常见而不灭亡也。太阳之气，盛而无阴，故徒能为象，不能为形。"[③] 王充认为，鬼神是客观存在的，其真实性不容置疑。王充鬼神观与世俗鬼神观的区别仅在于：世俗观念认为鬼神是人死后变化而成，王充则认为鬼神是由"太阳之气"化生。人禀阴阳二气，骨肉形体由阴气化生，精神知觉由阳气化生。阴阳之气兼备，所以人类生命个体骨肉坚强、精神旺盛。因为精神由阳气化生，所以阳气有时又称为"精气"。有精神知觉才能思维与言谈，有形体才能维持生存。精神与形体"合错相持"，才能构成完整意义上的生命个体。极盛之阳气（"太阳之气"）有阳而无阴，所以没有外在形体，无法直观经验。由"太阳之气"化生的鬼神自然只有精神知觉，而无直观经验的外在躯体。"无骨肉，有精气，故一见恍惚，辄复灭亡也。"[④]

在王充看来，鬼妖之气虽然没有直观之形体，但有精神、有知觉，可以凭借天地间任何一种客观实在进行有目的的活动。对于陨石刻文、张良受书、"石言"和历史上众多奇闻异事，王充同样认为是鬼妖之气有意识、有目的活动之结果。按照这一逻辑推导下去，姜太公的"吕尚封齐"，周武王的"以予发"，以及河图、洛书，实质上都是鬼妖之气以吉凶之兆的方式证明自身的存在。如果我们将视野进一步拓宽，我们发现在王充思想体系中，不仅鬼妖之气有精神、有知觉，而且宇宙万物皆有生命和知觉意识。"物与人通，人有痴狂之病，如知其物然而理之，病则愈矣。夫物未死，精神依倚形体，故能变化，与人交通；已死，形体坏烂，精神散亡，无所复依，不能

---

① 《论衡·订鬼》。
② 《论衡·言毒》。
③ 《论衡·订鬼》。
④ 《论衡·订鬼》。

变化。夫人之精神，犹物之精神也。物生，精神为病；其死，精神消亡。人与物同，死而精神亦灭，安能为害祸？设谓人贵，精神有异，成事，物能变化，人则不能，是反人精神不若物，物精神奇于人也。”① 王充提出了“人之精神”和“物之精神”两个概念，王充思想的“泛心论”色彩，于此体现得淋漓尽致。我们不仅要追问：天地万物皆有生命和精神如何可能？如果顺藤摸瓜探究其根源，最终将回到宇宙本根——元气。元气之中的阳气主管精神，阳气因而可以解释人类精神之起源，也可诠释鬼妖之气何以有知觉，此外也可解释万物有知觉如何可能。反过来说，正因为阳气先验性地蕴含精神意识之“因子”，才能从形而上意义上论证人类精神意识之起源和万物精神之缘起。宇宙本根先验性地具有“泛心论”特质，是中国哲学亟待深入探究的一大哲学课题。如果不了解中国古代哲学的这一特质，就无法真正领悟中国哲学的内在神韵。

2. “五常之气”

从宇宙本根高度探求人伦道德存在之正当性，也是中国古代哲学一大特质。王充从元气本根高度论证仁、义、礼、智、信五常之起源，并进而诠释人性之善恶何以可能。人性论是中国古代哲学基本问题之一，孟子道性善，荀子言性恶，世硕认为人性有善有恶，告子认为性无善恶之分等。但是，其中有些思想家未能进一步从形而上学高度回答一个问题：性善如何可能？性恶又如何可能？缺乏哲学形而上的论证，使得有些先秦诸子的人性论停留在直觉与描述的水平层面。王充的哲学贡献在于：他从哲学形而上学的高度对这一问题进行了探索，从而使中国古代人性论获得了一个坚实的哲学基础，哲学思辨性也随之加强。王充认为，伦理道德观念是元气本原固有内在属性之一，具体表现为仁、义、礼、智、信“五常之气”：“禀性受命，同一实也。命有贵贱，性有善恶。谓性无善恶，是谓人命无贵贱也。……人禀天地之性，怀五常之气，或仁或义，性术乖也。”② “上世之人所怀五常也，下世之人亦所怀五常也。俱怀五常之道，共禀一气而生，上世何以质朴？下世何

① 《论衡·论死》。
② 《论衡·本性》。

以文薄?”[①] “人之所以聪明智惠者，以含五常之气也；五常之气所以在人者，以五藏在形中也。”[②] 伦理道德观念，作为一种莱布尼茨式的“预定和谐”，是至善至美的，但在每一个个体生命中的显现又不一样。禀气厚者则性善，禀气薄者则性恶。小人与君子虽属同类，但天性不一，其差异就在于禀气有少多。犹如酒都是用酒曲酿造出来的，但酒的味道不一，其差别在于酒曲的多与少。在人性论上，王充或多或少地也存在着一些天人互渗思想。他认为“五常之气”寄存于人体五脏中，五脏健全无缺，“五常之气”就能正常地发挥其效能。人一旦死亡，失去寄托之所，“五常之气”就将离开人的躯体，复归于元气之中。“人死五藏腐朽，腐朽则五常无所托矣，所用藏智者已败矣，所用为智者已去矣。”[③]

人性之善恶既然由人胚胎于母体时承受不同量的气决定，那么是否意味后天的社会典章制度和伦理教化已失去存在的合理性与必要性？王充的回答是否定的。“论人之性，定有善有恶。其善者，固自善矣；其恶者，故可教告率勉，使之为善。凡人君父，审观臣子之性，善则养育劝率，无令近恶；恶则辅保禁防，令渐于善。善渐于恶，恶化于善，成为性行。”[④] 先天本性是第一位的、主导性的，但后天社会环境的改造也不可忽略，人们可以通过“教告率勉”，从法制与伦理教化的角度进行劝勉与约束，使性恶者向性善趋近，最终有可能达到化恶为善，与先天善性趋于一致。缘此，王充罗列了大量论据，从不同层面对这一问题进行论证：

首先，王充论证后天社会教化的必要性。周成王即位之时，吕公告诫道：今天始受天命，履临王位，应谨小慎微，如临深渊，如履薄冰。人生犹如一匹白绢，“染之蓝则青，染之丹则赤”。[⑤] 15 岁的青年犹如一匹白绢，后天社会环境的作用就像蓝丹染料一样。所以杨朱哭歧路，墨子见染坊而叹。“人之性，善可变为恶，恶可变为善，犹此类也。”[⑥] 蓬草长在麻地，不扶自直；白

---

① 《论衡·齐世》。
② 《论衡·论死》。
③ 《论衡·论死》。
④ 《论衡·率性》。
⑤ 《论衡·率性》。
⑥ 《论衡·率性》。

纱与黑色染料相混，不染自黑，人之操行也同此理。蓬草的本性歪曲不直，白纱的本质纯白无瑕，人之本性如同蓬草与白绢，后天社会环境对人性的改造与重塑是至关重要的。“夫人之性犹蓬纱也，在所渐染而善恶变矣。”

其次，王充论证后天社会教化的重要性。王充认为后天社会教化在一定意义上比先天禀赋更重要，后天的教化可以改变胚胎于母体时禀气之不足，“竟在化不在性也”。王良和造父是传说中擅长驾驭车马之人，如果他们仅仅能够驾驭良马，那和普通马伕没什么差别，他们卓异不凡之处在于能驯服他人驯服不了的劣马，所谓“王良登车，马不罢驽”。伯夷和柳下惠道德高尚的故事一经传播，“贪夫廉而懦夫有立志”，“薄夫敦而鄙夫宽”。仅仅听到这些故事就足以使人改易操行、弃恶向善，更何况那些亲聆圣人教诲者。土地的本性有肥瘠，通过人力后天的改造，深耕细锄，“厚加粪壤”，种出来的庄稼也可以与肥沃土地上的庄稼相媲美。人性的善与恶，如同土地的肥与瘠，“善以化渥，酿其教令，变更为善，善则且更宜反过于往善”。通过后天社会化努力，使性恶改造而为性善，这种经后天努力而达到的性善，甚至比先天性的性善还要强百倍。

最后，王充指出后天社会化改易的可行性。棠谿、鱼肠、龙泉和太阿都是传说中的宝剑，宝剑的原材料是很普通的铁矿石，后来经过工匠反复冶炼与锻打，才成为世罕其匹的宝剑。宝剑并非具有某种先天的特殊材料，而是因为工匠技术高超，又经多次反复冶炼锻造的缘故。即便是一柄十分普通的剑，只要交到高明的工匠手中，他也能将其锻造成为一柄锋利无比的“千金之剑”。在高明的工匠手中，铁矿石的本质都可变易，何况“含五常之性”的人之本质！“夫铁石天然，尚为锻炼者变易故质，况人含五常之性，贤圣未之熟锻炼耳，奚患性之不善哉！”阪泉之战，黄帝、炎帝皆驱熊、罴、貔、虎作战；尧禅位于舜，心怀不满的鲧率领猛兽向尧发起攻击。猛兽的角挑起来可以组成城郭，尾巴竖起可以成为旌旗。在鲧的指挥下，猛兽步伐一致向前冲锋。禽兽与人异类，尚可被人驯服，变易其性，何况同类的人之本性？“夫禽兽与人殊形，犹可命战，况人同类乎？推此以论，百兽率舞，潭鱼出听，六马仰秣，不复疑矣。异类以殊为同，同类以钧为异，所由不在于物，在于人也。”异类可以由不同转化为相同，同类可以由相同转化为不同。问题的关键不在于事物的原质，而在于人的主观能动性。所以只要

“学校勉其前，法禁防其后”。即使像丹朱这样品质顽劣者，也会竦然向善。“由此言之，亦在于教，不独在性也。”①

3. “气之薄渥，万世若一”

气作为哲学“第一概念”，应该是一克服了直观性、经验性缺陷的哲学范畴。人们不是用视觉、听觉和触觉去感知哲学最高概念，而是通过哲学理性思维来认识。爱利亚学派的巴门尼德认为，本质的东西是看不见摸不着的，只能用思想去把握。黑格尔进一步说：“如果人们所了解的具体是指感觉中的具体事物或一般直接的可感知的东西来说，那么，概念也可以说是抽象的。”②在西方哲学史上，赫拉克利特第一次提出了“存在”范畴，但他并没有从形而上学意义上进行论证。爱利亚学派的巴门尼德赋予了“存在”一系列哲学特性，从而克服了泰勒斯的“水”、赫拉克利特的“火”、阿那克西美尼的“气”、毕达哥拉斯学派的“数”的直观性、经验性缺陷，蜕变而为高度抽象的哲学范畴。首先，巴门尼德认为，存在是不可分的、连续的“一”，“只剩下一条路可言：有物存在。对于这条路，人们有许多标志表明：不是产生之物是不灭的，完满的，不动的，无极限的；没有过去，也没有未来，而现在的存在是唯一的‘全’，唯一的‘一’，唯一的‘连续存在物’”③；其次，存在是不生不灭、不动不变的，它不是产生出来的，所以也不会消灭；再次，存在是“全”、“完满”的，它充满了空间，不缺少任何东西，因而它又是永恒的、无始无终的；复次，存在又是必然的和受限制的。“在巨大的界限和锁链中，一切都是静止的，无始，无终，因为生灭已被远远抛开，真理的信念离开了它们。强大的必然性的锁链限制了存在，从四面八方限制住，因此存在不可能是无限的。因为存在不缺少什么，如果它是无限制的，那就会缺少一切。”④ 巴门尼德于此遇到了一个矛盾：既然存在是永恒的，无始无终的，就必然是无限的，因为无始无终就是没有界限，没有界限就是无限；但巴门尼德又认为存在是受限制的，受限制意味着有限，于是巴门尼德就用“必然性”来解决这一矛盾。他认为，所谓受限制，

---

① 《论衡·率性》。

② 黑格尔：《小逻辑》，商务印书馆 1986 年版，第 328 页。

③ 叶秀山：《前苏格拉底研究》，生活·读书·新知三联书店 1982 年版，第 143 页。

④ 叶秀山：《前苏格拉底研究》，生活·读书·新知三联书店 1982 年版，第 143 页。

并非另有一个存在限制了这一存在，而是说存在要受“必然性”的限制。所以，巴门尼德的所谓存在是受限制的，亦即是说存在是必然的。从巴门尼德赋予“存在”的这些哲学规定来分析，它已经获得了高度抽象的逻辑范畴的意义，它已不是一般的具体的物质形态，而是世界万事万物之共同本质的概括。正因为如此，黑格尔高度评价了巴门尼德的“存在”范畴，并把存在作为他的逻辑学的起点。

反观王充哲学体系中的第一概念——气，虽然已上升为宇宙本原，但其经验性局限仍未自觉地得到克服，它仍然是一个可以用听觉和视觉去感知的具象存在。与巴门尼德的“存在”范畴相比，气概念的哲学抽象水平远不如“存在”范畴，这主要表现在以下几个方面：

其一，王充认为气有厚薄之分。气不仅可以直观感知，而且存在着量上的差别：“万物之生，俱得一气。气之薄渥，万世若一。”[①]“禀得坚强之性，则气渥厚而体坚强，坚强则寿命长，寿命长则不夭死。”[②] 气有“渥”、“薄”之分，存在着体积之大小和数量上的多与少。寿命的长与短，命运之顺逆，人性之善恶，与气数量上的差异存在着内在的因果关系。

其二，气有粗精贵贱之分。气不仅存在着量上的差异，也存在着性质上的不同。当然，元气的精粗不是绝对的，而是相对的。在自然界中，构成天的气比构成地的气更精细，构成有生命物类的气比构成无生命物类的气要精细，构成较高级生物之气比构成较低级生物之气要精细。人是最有灵性、有智慧的生命体，构成生命及其道德精神之气最精微。“人之所以生者，精气也，死而精气灭。能为精气者，血脉也。”“夫卧，精气尚在，形体尚全，犹无所知，况死人精神消亡，形体朽败乎！”[③] 人之圣、凡之别，决定于禀气粗精之不同。凡人所受之气较粗，圣人所受之气较精。“说圣者以为禀天精微之气，故其为有殊绝之知。今三家之生，以草、以鸟、以土，可谓精微乎？天地之性，唯人为贵，则物贱矣。今贵人之气，更禀贱物之精，安能精微乎？”[④] 既然圣、凡禀气有异，那么世俗所谓禹母吞薏苡而生禹，契母吞

① 《论衡·齐世》。
② 《论衡·命义》。
③ 《论衡·论死》。
④ 《论衡·奇怪》。

燕卵而生契，后稷母履大人迹而生后稷的观点，纯属荒诞无稽。此外，王充还认为人的灵魂也是由精微之气构成，“夫魂者，精气也，精气之行与云烟等，案云烟之行不能疾。使魂行若蜚鸟乎？行不能疾。人或梦蜚者，用魂蜚也，非蜚不能疾于鸟”。[①] 由此可见，“精气”作为元气的精微部分，其内部仍有精粗之别，由于其精微程度不同，化生的物类也迥然有别。

在古希腊哲学史上，阿那克西美尼的“气”同样存在着直观性、经验性的缺陷。“另一个米利都人，欧律司特拉托的儿子阿那克西美尼认为本原是无限的气。一切生成的东西，已经是或者将要是的东西，还有神和神圣的东西，以及其他由它产生的东西，都是由它而成为存在的。气的形式是这样的：当它均匀地分布时，它是看不见的，但是，冷、热、湿和运动，却使它显露出来了。它总是在运动中，不然，如果没有运动，变化的事物也就不能变化了。”[②] 阿那克西美尼的“气”与泰勒斯的“水”属于同一类事物，古代希腊人将水、火、土、气并列，后来成为构成事物的四种物质性元素。因此，气和水一样是具体的、感性的存在。但是，从泰勒斯的水到阿那克西美尼的气，在人类认识发展史上，也是从具体到抽象的一个进步。这正如希波吕托所解释的：气是我们一般所看不到的，只有通过它的冷、热、干、湿等变化及其运动，我们才能感触到它。在四种元素中，水和土是我们能够直接看到和感觉到的；火并不是物质实体，而是物质的运动，但它也是我们所能直接看到和感觉到的；只有气，是我们不能直接看到的，如果它不发生变化和运动，我们就不能感觉到它的存在。正因为气具有这样的特性，我们认识它就相对困难些。因此，在哲学发展史上，它是从具体到抽象的一大进步。但是，我们也应认识到水与气相同的一面。阿那克西美尼的气与泰勒斯的水，实际上都存在着两重性：一方面它们都是具体的，是我们的感觉所能感知到的物质性存在；另一方面，它们既然被认为是万物本原，是多中之一，所以又是一般的。选择这种既是具体又是一般的存在作为万物之本原，表明了当时人类认识的哲学进程。和原始的神话世界观相比，他们否定了神创说，主张从自然界本身来说明世界，这是一个划时代的哲学突破，标志着哲

① 《论衡·纪妖》。

② 希波吕托：《驳众异端》，转引自《希腊哲学史》第1卷，人民出版社1997年版，第221页。

学的产生。但是，他们用来说明万物产生的，仍然是某种具体的、我们的感觉可以直接感知的对象。这就是人类认识从具体到抽象发展过程中的最初阶段：人类的认识力图从具体上升到抽象，但一时还摆脱不了具体的纠缠。

概念既是主观与客观的对立统一，又是普遍性和特殊性的对立统一。概念是对一类对象的共同本质属性的抽象和概括，因此它们无不具有普遍性；与此同时，辩证逻辑认为，概念所包含的普遍性不是那种撇开了个别或特殊的丰富内容的抽象的普遍性，而是具体的普遍性，即自身包含了特殊性和个别性的普遍性。正如黑格尔所言，范畴、概念既是"抽象的共相"，又是"包含了丰富的特殊事物的共相"。[①] 如前所论，在概念论的意义上，王充哲学中的"气"概念存在着三大特点：一是"泛心论"色彩浓郁；二是经验性特征比较突出；三是宇宙本根总是与价值本源相牵扯。基于此，我们可以说，理解了王充气学，实际上已基本了解了中国古代气学的一般性质。王充气学中所蕴含的哲学特点，实际上是中国古典气学特点比较典型的表现样式。后世的思想家们，譬如张载、王廷相、刘宗周、王夫之、严复等人，其气论的哲学成就如何，关键应看他们对王充气学的诸多哲学特点是否有深刻的认识与反思，并进而在哲学和逻辑学层面上有所超越。

三、"太虚即气"：张载与巅峰状态的中国古代气学

张载是中国11世纪著名的哲学家。他的哲学思想在中国哲学发展史上占有比较重要的地位，并对以后的哲学发展产生了深远的影响。张载，字子厚，生于宋真宗天禧四年（1020年），卒于宋神宗熙宁十年（1077年）。因为家住陕西郿县横渠镇，并曾在横渠镇讲学，所以学者称其为横渠先生。张载弟子大多为关中人，所以后人称他的学派为"关学"。中国古典气论的逻辑进程非常滞缓。从1世纪左右的王充气论到11世纪的张载气论，其间约1000年左右的时间。在这漫长的时光流变中，古典气论并没有彰显出明显的逻辑变化。迨至张载气论的出现，古典气论才开始出现了一些新的生机与活力。张载气论的出现，标志着古典气学已发展到巅峰阶段。"太虚即气"、"气

① 黑格尔：《逻辑学》上册，商务印书馆1966年版，第41页。

兼有无”、“气则有异”、“气一分殊”和“一物两体”等一系列哲学命题的出现，表明古典气学已趋近内涵的思辨性和逻辑的周密性。张载气论弥补了古典气学形而上学不发达的缺陷，与王充气论相比显然是一哲学之跃进。

（一）太虚即气

“太虚”是张载哲学中的一个重要概念，但这一概念并非由张载首次提出。在中国古代思想史上，“太虚”可以说是一个比较古老的概念，至迟在战国时代就已出现，在不同思想家的思想中，其含义有所不同。通而论之，历史上的“太虚”概念主要有两重涵义：

其一，“太虚”指谓宇宙空间。《庄子·知北游》云：“以无内待问穷，若是者，外不观乎宇宙，内不知乎大初，是以不过乎昆仑，不游乎太虚。”此处“太虚”，当是指宇宙空间。《黄帝内经》也多次出现“太虚”概念：“太虚廖廓，肇基化元，万物资始，五运终天，布气真灵，揔统坤元，九星悬朗，七曜周旋，曰阴曰阳，曰柔曰刚，幽显既位，寒暑弛张，生生化化，品物咸章。”[①]“太虚廖廓，五运回薄，衰盛不同，损益相从。”[②]此处之“太虚”，与《庄子》一样指谓广袤无垠的宇宙空间。[③]屈原《天问》尝言：“隅限多有，谁知其数？天何所沓？十二焉分？日月安属？列星安陈？”唐朝柳宗元对答道：“巧欺淫诳，幽阳以别，无限无隅，曷懵厥列？折篿剡筳，午施旁竖，鞠明究曛，自取十二。非余之为。焉以告汝？规燬魄渊，太

---

① 《黄帝内经·天元纪大论》。

② 《黄帝内经·六节藏象论》。

③ “太虚”、“虚空”概念也经常出现于佛教典籍中，并且大多与宇宙观有关。东晋高僧道安在解释佛经中“想受灭尽定”一语时说：“行兹定者，冥如死灰，电霆不能骇其念，火焦不能伤其虑，萧然与太虚齐量，恬然与造化俱游。”（《人本欲生经注》）人经过勤持修炼，一旦大觉大悟，得道成佛，就与太虚一样获得永恒，可以逍遥自在，与造物主俱游。此处之“太虚”，也是指宇宙空间。天台宗的湛然在《金刚錍》中说：“故知经以正因结难，一切世间何所不摄，岂隔烦恼及二乘乎？虚空之言何所不该？安弃墙壁瓦石等邪？”湛然认为，佛性无所不在，“一阐提皆有佛性”。虚空不是虚无，自然也包括在佛性之中。此外，《金刚经注解》说：“吾试问尔，东方虚空，可谓大矣，尔思量不？须菩提曰：此等虚空之处，想之何用，吾不思量也。佛又曰：东南西北方，四维上下虚空不可思量，则知菩萨之无住相，布施其福德，亦如虚空一般，断不可思量也。但须依吾之教，心住于无相，则自获超证矣。”菩萨无住相，犹如虚空之无限一般。此处之虚空，当是指宇宙空间。

虚是属。棋布万荧，咸是焉托。”[①] “规魄”即日月，“太虚”即宇宙空间，日月星辰在宇宙空间存在与运行，太虚是“无极之极”的无限空间。

其二，太虚是产生天地万物之始基。竹书《恒先》有“恒先无有，朴、静、虚。朴、大朴，静、大静，虚、大虚”记载，“虚、大虚”是对宇宙本根特性之描述。竹书《太一生水》又云：“大一生水，水反辅大一，是以成天。天反辅大一，是以成地。”“大一”即“太一”，也即“太虚”。《淮南子·天文训》说：“天地未形，冯冯翼翼，洞洞灟灟，故曰太昭。道始于虚霩，虚霩生宇宙，宇宙生气，气有涯垠，清阳者薄靡而为天，重浊者凝滞而为地。清妙之合专易，重浊之凝竭难，故天先成而后地定。”天地未成形之前，是一无形无象、混沌迷茫之状态。虚霩生宇宙，宇宙生气，气化生天地万物。虚霩是指无限的、不可见的原始始基，气则是指有限的、可见的化生天地万物的质料，“虚霩”是一比气位格更高的范畴。张衡在《灵宪》中提出了与《淮南子》类似的观点：“太素之前，幽清玄静，寂寞冥默，不可为象。厥中惟虚，厥外惟无。如是者永久焉，斯为溟涬，盖乃道之根也。道根既建，自无生有，太素始萌，萌而未兆，并气同色，浑沌不分。”[②] “虚”是指无形的、不可直观的原初存在，虚在气先，虚比气更原始、更根本。在禅宗史上，“太虚”等同于“佛性”、“真如”，“又问：‘如何是法有宗旨?’师曰：‘随其所立，即有众义。文殊于无住本立一切法。’曰：‘莫同太虚否?’师曰：‘汝怕同太虚否?’曰：‘怕。’师曰：‘解怕者不同太虚。’”[③]“无住”如同“太虚”，无形无象，空无所住。正因为无住的虚空性质，才能成为天地万物和精神现象之总根据，才能为佛教“立一切法”。

在张载气学中，“太虚”是出现频率较高的一个范畴。在哲学性质上，太虚是宇宙论意义的哲学范畴，与气实质上是同一概念，主要指谓气本原的原初本然状态：“太虚者，气之体。气有阴阳，屈伸相感之无穷，故神之应也无穷；其散无数，故神之应也无数。虽无穷，其实湛然；虽无数，其实一而已。阴阳之气，散则万殊，人莫知其一也；合则混然，人不见其殊也。形

① 柳宗元：《天对》，《柳河东集》卷十四，上海古籍出版社 2008 年版。
② 严可均校辑：《全上古三代秦汉三国六朝文》卷五十五，中华书局 1958 年版，第 776 页。
③ 道原：《景德传灯录》卷二十八《诸方广语》，上海书店 2010 年版。

聚为物，形溃反原，反原者，其游魂为变与！”[①] “太虚为清，清则无碍，无碍故神；反清为浊，浊则碍，碍则形。”[②] 气聚成形为物，气散形溃反原，复归太虚本然状态。太虚即气，气即太虚，两者属于同义反复的同一概念。如果说两个概念之间还存在着一点差异，其差异表现为：太虚是无形之气，气的有形状态是宇宙万物，太虚不具备有形之属性。“天地之气，虽聚散、攻取百涂，然其为理也顺而不妄。气之为物，散入无形，适得吾体；聚为有象，不失吾常。太虚不能无气，气不能不聚而为万物，万物不能不散而为太虚。循是出入，是皆不得已而然也。”[③] 庄子当年论及人之生死时尝言：“人之生，气之聚也；聚则为生，散则为死。若死生为徒，吾又何患！故万物一也，是其所美者为神奇，其所恶者为臭腐；臭腐复化为神奇，神奇复化为臭腐。故曰‘通天下一气耳。’圣人故贵一。”[④] 庄子第一次提出气有聚与散两种存在形态，生与死是气之聚与散表现形式。张载继承了庄子这一思想，立足于宇宙本原高度阐发庄子气论。无形之太虚与有形之万物，彼此并不矛盾对立，而是相互证明、相互转化，因为两者的终极根据都是气。种类繁殊的天地万物是气之“客形”，无形无象的太虚则是气之本然状态。缘此，太虚也是宇宙论层面上的一个范畴。“天地以虚为德，至善者虚也。虚者天地之祖，天地从虚中来。”“诚则实也，太虚者天之实也。万物取足于太虚，人亦出于太虚，太虚者心之实也。”[⑤] 以太虚为天地之祖，就是以气为宇宙万物之本原。因为气与太虚同实而异名，所以可以说天地万物与人皆“取足于太虚”。基于此，张载对气与太虚的关系还加以经验性说明：“气之聚散于太虚，犹冰凝释于水，知太虚即气，则无无。”[⑥] 气与太虚的关系，犹如水与冰。水有液态、固态、气态三种存在样式，但其本质仍是水。

从“太虚无形，气之本体”哲学立场出发，张载批评了把气从属于太虚、以太虚为宇宙本原、将气设定为太虚之派生物的观点。“知虚空即气，

① 张载：《正蒙·乾称》，《张载集》，中华书局1978年版。
② 张载：《正蒙·太和》，《张载集》，中华书局1978年版。
③ 张载：《正蒙·太和》，《张载集》，中华书局1978年版。
④ 《庄子·知北游》。
⑤ 张载：《张子语录中》，《张载集》，中华书局1978年版。
⑥ 张载：《正蒙·太和》，《张载集》，中华书局1978年版。

则有无、隐显、神化、性命通一无二，顾聚散、出入、形不形，能推本所从来，则深于《易》者也。若谓虚能生气，则虚无穷，气有限，体用殊绝，入老氏‘有生于无’自然之论，不识所谓有无混一之常。”① “虚能生气”命题是把“太虚”作为哲学最高概念，而把气下降为太虚本原的派生物，这与张载一贯倡导的“太虚即气”观点正相抵牾。要坚持“太虚即气”论，就必须否定“虚能生气”论。张载认为，“虚能生气”观点实际上是道家《老子》“有生于无”命题的延续。在道家思想史上，《老子》“有生于无”之“无”即“道”，《老子》意在阐释作为位格最高范畴的“道”是超越经验性的抽象存在。但是在张载看来，《老子》“有生于无”之“无”就是绝对之无，而非“有无混一”之无，因而是“体用殊绝”之谬论。《淮南子·天文训》进而企图消解道、气矛盾，将道论证为宇宙本原，将气设定为构成宇宙万物的原初质料。在天地未成形之前，是一无形无象的混沌世界，这种状态叫“太昭”。自本自根的道是宇宙的第一推动者，由于道的作用，虚霩发展而为宇宙，从宇宙中产生出气。气与道有所不同，道无形无象、无边际，气有限、有边际。气化生出天地，气之清阳部分散布而为天，气之重浊部分凝聚而成地。天地生成之后，天地间万物才得以萌生。《淮南子》的这种宇宙生成图式，基本上昭承了老子以来的“道—气—物”思维路向。但《淮南子》也稍微有点创新，在道与气之间加进了“虚霩”、“宇宙”两个变化阶段，在时空关系上更加详细与明晰。张载坚持“太虚即气”，以气（太虚）为本的观点，肯定了气作为哲学第一概念的哲学地位，反对在气之上悬设一个所谓的“太虚”或“道”作为宇宙之本原。

在宋明理学史上，“理”与“气”孰为哲学最高概念的矛盾十分尖锐。这种矛盾具体表现为“气先理后”、“理先气后”、“理在气中”、“理为气主”的分歧与抗辩。与张载“太虚即气”观点相颉颃，二程、朱熹坚持以理为本。二程、朱熹认为理是宇宙之本原，气只是理之派生物。他们将太虚与气相割裂，认为太虚与理、道是同一层次的范畴，是形而上者；气则是低一层次的范畴，是形而下者。“离阴阳则无道。阴阳，气也，形而下也。

① 张载：《正蒙·太和》，《张载集》，中华书局 1978 年版。

道，太虚也，形而上也”，“以气明道，气亦形而下者耳”。[①] 他们批评张载把太虚与气等同为一的观点，认为张载的气一元论哲学的“源头有未是处”，张载“如以太虚太和为道体，却只是说得形而下者”。[②] 从程朱对张载的批评中，可以清楚地看出理本论哲学与气本论哲学的尖锐对立。基于此，张载在正面论证“太虚即气”、气为世界本根的同时，也必须明确地阐释气与理、道等范畴的关系。在张载气论哲学体系中，气是哲学最高存在，理体现着气运动变化的内在规律。理不是高踞于气之上的世界本质，而是统一于气本论哲学框架之内的从属性范畴。关于理，张载指出：“万物皆有理，若不知穷理，如梦过一生。”[③] “理不在人皆在物，人但物中之一物耳，如此观之方均。故人有见一物而悟者，有终身而悟之者。”[④] 宇宙万物虽然变化莫测，但这种“神妙万物”并非意味着万事万物运动变化的无序性。恰恰相反，宇宙万物的运动变化是按其内在固有的规律，自然而然地运动变化、生长消亡。张载将这种运动变化的规律与秩序称为“理”。理即规律、法则，张载之“理”自然与程朱之“理”截然不同，张载之“理”是指“万物自然之理”[⑤]。理只是事物之理，即“理在气中”，这与二程、朱熹所主张的“理在气先”之理有云泥之别。关于“道”，张载指出“道”即“理”，二者都是指宇宙万物运动变化的内在规律与秩序。道与理不存在性质上的差异，遵循了理，也就是遵循了道。任何事物有理，也就意味着有道。张载《正蒙·太和》开宗明义就说：“太和所谓道，中涵浮沉、升降、动静、相感之性，是生絪缊、相荡、胜负、屈伸之始。其来也几微易简，其究也广大坚固。起知于易者乾乎！效法乎简者坤乎！散殊而可象为气，清通而不可象为神。不如野马、絪缊，不足谓之太和。”[⑥] 王夫之对此注释道：“太和，和之至也。道者，天地人物之通理，即所谓太极也。”[⑦] 道即理，天道即天理，

① 程颢、程颐：《河南程氏粹言》卷一《论道》，《二程集》，中华书局2004年版，第1180、1182页。

② 黎靖德编：《朱子语类》卷九十九，中华书局1994年版，第2532页。

③ 张载：《张子语录》中，《张载集》，中华书局1978年版。

④ 张载：《张子语录》上，《张载集》，中华书局1978年版。

⑤ 张载：《横渠易说·序卦》，《张载集》，中华书局1978年版。

⑥ 张载：《正蒙·太和》，《张载集》，中华书局1978年版。

⑦ 王夫之：《张子正蒙注》卷一《太和》，中华书局1975年版。

气之“絪蕴、相荡、胜负、屈伸”，既是气之道，也是“必然之理势”。[①] 王夫之的这一诠释，符合张载思想之原意。除此之外，张载关于道与理与气关系的论述不胜枚举：“由太虚，有天之名；由气化，有道之名。”[②] “一阴一阳不可以形器拘，故谓之道。”[③] “凡不形以上者，皆谓之道。”[④] “万事只一天理”，“理则天道存焉，故欲知天者，占之于人可也。”[⑤] “循天下之理之谓道，得天下之理之谓德[⑥]”。道与理均指谓天下万物运动变化之内在规律、秩序，道与理旨趣相同，遵循了万物之“理”也就是遵循了“道”。但是，如果要进一步细微地加以辨析，在张载著述中，道与理两大范畴在有些时候还存在着些微差别：“理”主要指自然界万物的特殊规律；“道”是从“气化”层面上说的，主要是指自然界万物的总规律、总趋势。理是异，侧重于表述特殊性；道为同，侧重于表述普遍性。譬如，“阴阳者，天之气也，刚柔缓速，人之气也。生成覆（帱），天之道也；仁义礼智，人之道也；损益盈虚，天之理也；寿夭贵贱，人之理也。天授于人则为命，人受于天则为性；形得之备，气得之偏，道得之同，理得之异。此非学造至约不能区别，故互相发明，贵不碌碌也。”[⑦] 从“道得之同，理得之异”表述分析，两者有细微之别。但是这种表述非常少见，在张载的大多著述中，道与理两大概念的内涵大致还是一致的。厘清气与理、道诸范畴的关系，对于一位力图自觉地建构气一元论哲学体系的思想家来说，其意义不言自明，因为这是无法回避的一个哲学问题。

（二）气兼有无

与《老子》“有生于无”思想针锋相对，张载提出了“气兼有无”哲学命题。“凡不形以上者，皆谓之道，惟是有无相接与形不形处知之为难。

---

① 王夫之：《张子正蒙注》卷一《太和》，中华书局1975年版。
② 张载：《正蒙·太和》，《张载集》，中华书局1978年版。
③ 张载：《横渠易说·系辞上》，《张载集》，中华书局1978年版。
④ 张载：《横渠易说·系辞上》，《张载集》，中华书局1978年版。
⑤ 张载：《经学理窟·诗书》，《张载集》，中华书局1978年版。
⑥ 张载：《横渠易说·系辞上》，《张载集》，中华书局1978年版。
⑦ 张载：《张子语录》中，《张载集》，中华书局1978年版。

须知气从此首，盖为气能一有无，无则气自然生，（气之生即）是道是易（也）。”[①] 有、无相接与有形、无形的关键之处最难把握。“气能一有无”，指气作为宇宙本根能够把有、无与有形、无形统一起来。在气之有无关系上，张载反对“虚能生气”提法，因为这一观点将气下降为生成天地万物之质料；另一方面张载也反对把太虚与有形的万物混而为一。“若谓万象为太虚中所见之物，则物与虚不相资，形自形，性自性，形性、天人不相待而有，陷于浮屠以山河大地为见病之说。”[②] 有与无迥然有别，太虚无形，不可直观经验；宇宙万物有形有象，可以直观认识。虽然张载以气之聚与散来联结二者，但彼此之间毕竟有别。如果看不到这种差别，就不会明白宇宙万物从何而来。把世界本原与具体存在看成是互不相关的孤立存在，就有可能陷入佛教“明有不尽，则诬世界乾坤为幻化”[③] 的虚妄之中。关于这一点，张载进而从认识论高度进行论证。他认为人类认识的出发点是外在客观实有，但客观事物自身包含着表象与本质的对立，人的感觉器官只能认识事物的表象，而事物背后隐藏的本质，仅仅凭借感性认识无法入其堂奥。“由象识心，徇象丧心。知象者心，存象之心，亦象而已，谓之心可乎？”[④] “心”即指人之理性认识，理性认识有把握外在客体本质与规律的能力，人的思维不应被表象所蒙蔽，也不应仅仅停留在认识事物表象的阶段，“知象者心”，由心才能知象。如果“徇象”不放，等于放弃了理性认识。对此，高攀龙解释说：“天下之物皆象也。由象识心者，格物致知也。徇象丧心者，玩物丧志也。存象之心，心滞于象也。知知象者，心存象者，非心而可以识心矣。”[⑤] 高攀龙的解释是符合张载原意的，张载主张将感性认识与理性认识相区别，并且注重理性在认识真理过程中的作用。因为他已注意到人的耳目闻见，只能认识部分事物的表象，不能探究全部事物的本质，“须知耳目外更有物”[⑥]。缘此，张载提出了“耳目安能尽天下之物”[⑦] 之疑问，“天之明

---

① 张载：《横渠易说·系辞上》，《张载集》，中华书局 1978 年版。
② 张载：《正蒙·太和》，《张载集》，中华书局 1978 年版。
③ 张载：《正蒙·太和》，《张载集》，中华书局 1978 年版。
④ 张载：《正蒙·大心》，《张载集》，中华书局 1978 年版。
⑤ 高攀龙：《正蒙释》卷二《大心篇集注》，四库存目丛书。
⑥ 张载：《张子语录》上，《张载集》，中华书局 1978 年版。
⑦ 张载：《张子语录》上，《张载集》，中华书局 1978 年版。

莫大于日，故有目接之，不知其几万里之高也；天之声莫大于雷霆，故有耳属之，莫知其几万里之远也；天之不御莫大于太虚，故必知廓之，莫究其极也。人病其以耳目见闻累其心而不务尽其心，故思尽其心者，必知心所从来而后能”[①]。认识对象是无限的，个体的感官所能接触到的事物是有限的，因此个人无法认识宇宙间全部事物，尤其无法穷尽客观事物的内在本质。“若以耳目所及求理，则安得尽？”[②] “天地之道至（广）【大】至（大）【广】，贞乃能观也；日月之明，贞乃能明也；天下之动，贞乃能一也。盖言天地之道，不眩惑者始能观之；日月之明，不眩惑者始能明之；天下之动，不眩惑者始能见夫（者）一也。所以不眩惑者何？正以是本也。本立则不为闻见所转，其（见）【闻】其（闻）【见】，须透彻所从来，乃不眩惑。此盖谓人以贞而观天地，明日月，一天下之动也。”[③] “眩惑”的根由在于没有“贞观”，贞是“正也，本也”[④]，“贞观”不是以人之闻见为基础，而是“透彻所从来”。因此，张载特别强调“大其心”：“大其心则能体天下之物，物有未体，则心为有外。世人之心，止于闻见之狭。圣人尽性，不以闻见梏其心，其视天下无一物非我，孟子谓尽心则知性知天以此。”[⑤] 张载于此提出了“世人之心”与“圣人之心”两个概念，前者“止于见闻之狭”，后者“不以闻见梏其心”而能“大其心”、“尽其性”。尽心者知天，知天即知道。人类应该超越“闻见之狭”，从理性认识高度去探求世界的本质，“大其心则能体天下之物”。

当时社会上存在着两种颇具代表性的观点：一是主张“虚能生气”，二是把太虚混同于万物。为了厘清这两种错误倾向，张载站在气本论的高度以气统摄有与无：“知虚空即气，则有无、隐显、神化、性命通一无二，顾聚散、出入、形不形，能推本所从来，则深于《易》者也。若谓虚能生气，则虚无穷，气有限，体用殊绝，入老氏‘有生于无’自然之论，不识所谓

---

① 张载：《正蒙·大心》，《张载集》，中华书局1978年版。
② 张载：《横渠易说·系辞下》，《张载集》，中华书局1978年版。
③ 张载：《横渠易说·系辞下》，《张载集》，中华书局1978年版。
④ 张载：《横渠易说·系辞下》，《张载集》，中华书局1978年版。
⑤ 张载：《正蒙·大心》，《张载集》，中华书局1978年版。

有无混一之常。”[①] “所谓气也者，非待蒸郁凝聚，接于目而后知之；苟健、顺、动、止、浩然、湛然之得言，皆可名之象尔。然则象若非气，指何为象？时若非象，指何为时？”[②] “象”仅仅是气的外化形式，而非气之全部内涵，更不可将有形之象等同于本根之气。有无、隐显、聚散、形或不形，是指气的两类不同的表现样式，两者都源于气。当气散时，它是无形的太虚，表现为无、隐、幽、不形、虚，“天地以虚为德，至善者虚也。虚者天地之祖，天地从虚中来”；当气聚时，形成有质有量的万物，显现为有、显、明、形、实。“气之苍苍，目之所止也；日月星辰，象之著也。当以心求天之虚。”[③] 张载又说：“气聚则离明得施而有形，气不聚则离明不得施而无形。方其聚也，安得不谓之客？方其散也，安得遽谓之无？”[④] 气之无，形容其无具体规定性；气之有，说明宇宙本根之功能。气兼有、无两种属性，二者相辅相成，互为前提，缺一不可。当气聚未散时，它是有，“凡可状，皆有也；凡有，皆象也；凡象，皆气也”[⑤]。由气而象，因其“可状”，象形而有。当气散未聚时，它是无，“气本之虚则湛（本）【一】无形”[⑥]。“阴阳【之】之气，散则万殊，人莫知其一也。”[⑦] 气之本然为虚，因其虚故无形。气之无既非绝对之无，也非观念性存在。张载哲学中的气之“无”，是指太虚的无形可见而言。“气本之虚则湛（本）【一】无形，感而生则聚而有象。”[⑧] 从人类独有的认知系统出发来认识气之有无，相对于宇宙万物的有形有象而言，太虚是无形的，所以称为无；但无形的太虚并非绝对之虚无，虚中包含了实，无中具备了有。“天地之道无非以至虚为实，人须于虚中求出实。圣人虚之至，故择善自精。”“诚则实也，太虚者天之实也。万物取足于太虚，人亦出于太虚，太虚者心之实也。诚者，虚中求出实。”[⑨]

---

① 张载：《正蒙·太和》，《张载集》，中华书局 1978 年版。
② 张载：《正蒙·神化》，《张载集》，中华书局 1978 年版。
③ 张载：《张子语录》中，《张载集》，中华书局 1978 年版。
④ 张载：《正蒙·太和》，《张载集》，中华书局 1978 年版。
⑤ 张载：《正蒙·乾称》，《张载集》，中华书局 1978 年版。
⑥ 张载：《正蒙·太和》，《张载集》，中华书局 1978 年版。
⑦ 张载：《横渠易说·系辞上》，《张载集》，中华书局 1978 年版。
⑧ 张载：《正蒙·太和》，《张载集》，中华书局 1978 年版。
⑨ 张载：《张子语录》中，《张载集》，中华书局 1978 年版。

有形的存在是实有，无形的存在也是“天之实”。具体的事物因其内在的局限性不可避免将走向消亡，“金铁有时而腐，山岳有时而摧，凡有形之物即易坏，惟太虚（处）无动摇，故为至实。《诗》云：‘德輶如毛’，毛犹有伦，上天之载，无声无臭，至矣”。[①] 具存有具体规定性，因而是有限的、短暂的；无形的太虚“无声无臭”，因而具有永恒、无限之特性。此外，有与无是可以相互说明的，“至虚之实，实而不固；至静之动，动而不穷。实而不固，则一而散；动而不穷，则往且来”。[②] 太虚既有“实”之属性，又有“不固”之属性，“不固”意味着宇宙本根具有运动之特性。太虚之静，仅是一表面现象，其实质是“动而不穷”。有形的物体散而归于无形之太虚，无形的太虚聚而为有形之具存，物质世界正是遵循着这样一个气化聚散、有无相联的规律运动变化。无不是绝对之虚无，而是指太虚的无形无象，“知太虚即气，则无无”。太虚即气，但是，太虚之气是无形的。明白了这一道理，就没有所谓的“无”。为了避免人们把“无”当做绝对的虚无，而不是把无当做气的一种表现形态，张载后来特意用“幽明”一词取代“有无”概念：“故圣人仰观俯察，但云‘知幽明之固’不云‘知有无之故’。盈天地之间者，法象而已；文理之察，非离不相覩也。方其形也，有以知幽之因；方其不形也，有以知明之故。”[③] 幽则无，明即有，以幽代无，哲学思辨色彩大为减省，社会通俗性却大大增强。“幽明”概念并非张载的特意发明，“幽明”一词出自《易传·系辞上》：“《易》与天地准，故能弥纶天地之道。仰以观于天文，俯以察于地理，是故知幽明之故。原始反终，故知死生之说。”《易传》之“幽明”，是指气之实与虚。张载对此诠释说：“天文地理，皆因明而知之，非明则皆幽也，此所以知幽明之故。万物相见乎离，非离不相见也。见者由明而不见【者】非无物也，乃是天之至处。彼异学则皆归之空虚，盖徒知乎明而已，不察夫幽，所见一边耳。”[④] 以“幽明”取代“有无”，不仅仅只是语词的更迭变易，实际上张载是想说明：世俗大众往往习惯于凭借感性认识去掌握认识客体的内在本质，殊不知

① 张载：《张子语录》中，《张载集》，中华书局 1978 年版。

② 张载：《正蒙·乾称》，《张载集》，中华书局 1978 年版。

③ 张载：《正蒙·太和》，《张载集》，中华书局 1978 年版。

④ 张载：《横渠易说·系辞上》，《张载集》，中华书局 1978 年版。

这是“所见一边”的浅显之见、片面之识。人们如果不善于“原始反终”，既知“明”又知“幽”，从哲学形而上高度去认识外部世界，就无法真正认识客观世界的本质。

张载气兼有无的思想把有与无看成是气本原自身固有的属性，“有”代表有形的万物，“无”代表无形的太虚，以气统率有与无，比较正确地解决了有限性与无限性、暂时性与永恒性、间断性与连续性的矛盾。张载的这一观点，从另一视域来分析，实质上已涉及“气不灭论”。具体物质有生有灭，本原之气却是永恒的、自足的、无限的，这一思想与当时颇为流行的佛教与道教思想是相左的。“世人取释氏销礙入空，学者舍恶趋善以为化，此直可为始学遣累者，薄乎云尔，岂天道神化所同语也哉!”[①] 佛教将度脱生死、寂静无为的境地，称为“寂灭”，《法华经》云：“我虽说涅槃，是亦非真灭；诸法从本来，常自寂灭相。”[②] 佛教宣扬“寂灭”，“寂灭”是诸法本来之相，张载斥之为“往而不反”之谬论；道教宣扬“徇生执有”，追求长生久视、羽化成仙，张载认为这是“物而不化”之邪说。“二者虽有间矣，以言乎失道则均焉。”[③] 佛教重死而不明生之理，道教重生而不明死之道。佛、道两家都背离了“气化”之理，不了解“气化”是一个由无形而为有形，又由有形而为无形的不断往复变化的过程。张载的气不灭论，比较科学地解答了有与无的矛盾，从而给现象世界以科学的说明，捍卫了气本论的哲学立场。

（三）气则有异

宇宙万物种类繁殊，性质各异。“造化所成，无一物相肖者，以是知万物虽多，其实一物；无无阴阳者，以是知天地变化，二端而已。”[④] 又言：“人与动植之类已是大分不齐，于其类中又极有不齐。某尝谓天下之物无两个有相似者，虽则一件物亦有阴阳左右。譬之人一身中两手为相似，然而有左右，一手之中五指而复有长短，直到毛发之类亦无有一相似。至如同父母

① 张载：《正蒙·神化》，《张载集》，中华书局1978年版。
② 《法华经》卷一《方便品第二》，中国社会科学出版社2003年版。
③ 张载：《正蒙·太和》，《张载集》，中华书局1978年版。
④ 张载：《正蒙·太和》，《张载集》，中华书局1978年版。

之兄弟，不惟其心之不相似，以至声音形状亦莫有同者，以此见直无一同者。”[①] 天地万物，“大分不齐”，无一物雷同，彼此区别为一个个具体的存在，然后又在气本原中得到形而上的说明。基于此，张载势必回答一个问题：天地万物何以种类繁殊？各有不同？张载对这一问题的解释为：气有“气本”与“气质”之分，“气本”是宇宙本根，“气质”是宇宙本根化生天地万物之质料。“气质”之气种类繁多，在宇宙万物生成过程中，不同之气化生出不同种类之物：“……则是人之性（则）【虽】同，气则【有异】。天（理）【下】无两物一般，是以不同。”[②] 性同气异，本是张载在人性论上的基本观点；在宇宙论上，则表现为“气本”相同、“气质”各异：“气质犹人言性气，气有刚柔、缓速、清浊之气也，质，才也。气质是一物，若草木之生亦可言气质。”[③] “气本”与“气质”是两个不同的概念，切不可混为一谈。质即才，才即质料。因此，“气本”之气是形而上者；“气质”之气是形而下。“气质”之气有刚、柔、缓、速、清、浊之分，万物生成之时，所禀之气不同，因此决定了天地万物品物流行的多样性。“太虚为清，清则无碍，无碍故神；反清为浊，浊则碍，碍则形。”[④] “大凡宽褊者是所禀之气也，气者自万物散殊时各有所得之气，习者自胎胞中以至于婴孩时皆是习也[⑤]。”太虚之气无具体规定性，是纯存在，因此表现为“清”、“无碍”；气质之气有方位、重量等具体特性，是有限的存在，“事物的有限性即在于它们的直接的特定存在不符合它们的本身或本性”。[⑥] 气质之气因其有限性，体现为“浊则碍”。清气上扬，浊气下降，禀受不同之气，“万物散殊时各有所得之气”，形成“无两物一般”之物，这就是宇宙万物各各相异的内在原因。

在张载哲学思想中，时常出现“游气”一词。“游气纷扰，合而成质者，生人物之万殊。”[⑦] “游气”之“游”，意为运动变化、永无止息。张载

① 张载：《张子语录》中，《张载集》，中华书局 1978 年版。
② 张载：《张子语录》下，《张载集》，中华书局 1978 年版。
③ 张载：《经学理窟·学大原上》，《张载集》，中华书局 1978 年版。
④ 张载：《正蒙·太和》，《张载集》，中华书局 1978 年版。
⑤ 张载：《张子语录》下，《张载集》，中华书局 1978 年版。
⑥ 黑格尔：《小逻辑》，商务印书馆 1980 年版，第 258 页。
⑦ 张载：《正蒙·太和》，《张载集》，中华书局 1978 年版。

旨在说明气的运动变化性，气在运动变化过程中化生万物。爱因斯坦相对论认为，任何物质都是以运动的形式存在，运动是绝对的、无条件的，运动是物质的存在形式。任何物质都只能以运动的形式存在，绝对静止的物质是不存在的，物质的无限多样性其实是运动的无限多样性。没有运动的物质和没有物质的运动都是不可思议的。张载给气本原加上“游”这一内在规定性，指明气的基本特性就是运动与变化。太虚之气在永不停顿地进行着“健顺动止”的运动：“气坱然太虚，升降飞扬，未尝止息。《易》所谓‘絪缊’，庄生所谓‘生物以息相吹’，‘野马’者与！此虚实、动静之机，阴阳、刚柔之始。浮而上者阳之清，降而下者阴之浊，其感（遇）【通】、聚（散）【结】，为风雨，为雪霜，万品之流形，山川之融结，糟粕煨烬，无非教也。”[①]“有形有象，然后知变化之验。”[②]“太虚之气，阴阳一物也，然则有两【体】，健顺而已。……有【变】则有象，如乾健坤顺，有此气则有此象可得而言；若无则直无而已，谓之何而可？是无可得名。故形而上者，得辞斯得象，但于不形中得以措辞者，已是得象可状也。……有气方有象，虽未形，不害象在其中。”[③]太虚之气在运动变化当中，化生出宇宙万物。那么，气何以能够像野马一样奔腾运动呢？张载认为气本原内在固有阴与阳属性，阴阳二气相摩相荡，造成气如野马“升降飞扬，未尝止息”。自然界中的风雨雪霜、寒暑往来、山川融结等现象，无一不是气升降变化之结果。张载把阴阳之争臻至均衡状态的气称为“太和”，但“太和”状态并非等同于运动终止，恰恰相反，“太和”之气的本质就是运动与变化。《太和》篇云：“太和所谓道，中涵浮沈、升降、动静、相感之性，是生絪缊、相荡、胜负、屈伸之始。其来也几微易简，其究也广大坚固。起知于易者乾乎！效法于简者坤乎！散殊而可象为气，清通而不可象为神。不如野马、絪缊，不足谓之太和。”“野马”意象源自《庄子·逍遥游》：“野马也，尘埃也，生物之以息相吹也。天之苍苍，其正色邪？其远而无所至极邪？其视下也，亦若是则已矣。”“絪缊”一词则出自《易传·系辞下》：“天地絪缊，万物化醇；男女

---

① 张载：《正蒙·太和》，《张载集》，中华书局1978年版。

② 张载：《横渠易说·系辞上》，《张载集》，中华书局1978年版。

③ 张载：《横渠易说·系辞下》，《张载集》，中华书局1978年版。

构精，万物化生。”“野马”与“絪缊”在《庄子》和《易传》中本来就是形容气之特性，张载继而用“野马”与“絪缊”阐释太和之气，可谓天衣无缝。“野马”意象指谓“太和”之气浮沉升降如同野马飞腾无所羁绊，“絪缊”意象则旨在说明阴阳二气相摩相荡、互为前提。关于“太和”之气的这一运动特性，高攀龙解释说：“太和阴阳会合冲和之气也。《易》曰：‘一阴一阳之谓道’。张子本《易》以明器即是道，故指太和以明道。盖理之与气一而二，二而一者也。理无形而难窥，气有象而可见，假有象者而无形者可默识矣。浮沉升降动静者，阴阳二气自然相感之理是其体也。氤氲交密之状，二气摩荡胜负屈伸如日月寒暑之往来是其用也。……野马出《庄子》，喻气之浮沉升降如野马飞腾无所羁络而往来不息，言太和之盛大流行，充塞无间也。太和即阴阳也，阴阳即易也，易即道也。故知此谓之知道，见此谓之见易，明非阴阳之外别有所谓道也。”① 高攀龙认为理即气，这显然是对张载哲学的误读。但是，他用“盛大流行，充塞无间”来形容太和之气，却是对张载气学合乎逻辑的解读。“太和”作为阴阳二气的均衡状态，自身包含着正反两极的相互作用。阳气的特性是清、浮、升、动。阴气的特性是浊、沉、降、静，阴阳之气在“和气”统一体中，相互对立、互为前提、相互渗透。而且气的这些特性是宇宙本原自身所固有，与至上人格神无关。“若阴阳之气，则循环迭至，聚散相荡，升降相求，氤氲相揉，盖相兼相制，欲一之而不能，此其所以屈伸无方，运行不息，莫或使之，不曰性命之理，谓之何哉？”② 日月星辰等天体运行有其自身内在的原因，“莫或使之”旨在说明天地的变化既不需要外力的推动，更不需要至上人格神的操纵。太和之气“无所羁络而往来不息”，宇宙间客体的运动也是亘古长存，“天道不穷，寒暑（已）【也】；众动不穷，屈伸（已）【也】；鬼神之实，不越二端而已矣”③。“天行何尝有息？正以静，有何期程？此动是静中之动，静中之动，动而不穷，又有甚首尾起灭？自有天地以来以迄于今，盖为静而动。天则无心无为，无所主宰，恒然如此，有何休歇？”④ 气化流行，

① 高攀龙：《正蒙释》卷一《太和篇集注》，四库存目丛书。

② 张载：《正蒙·参两》，《张载集》，中华书局 1978 年版。

③ 张载：《正蒙·太和》，《张载集》，中华书局 1978 年版。

④ 张载：《横渠易说·上经·复》，《张载集》，中华书局 1978 年版。

生生不息。没有气之运动，就不会化生宇宙万物；没有气之运动，也就不会有时空；没有气之运动，也就无法真正领悟气本之实质。气、运动和时空，三位而一体。

张载不仅指出宇宙万物的存在是由气本所化生，“太虚之气，阴阳一物”，而且认为从太虚之气到天地万物的生成变化之间，并非杂乱无章，而是有规律可循，他称这种规律为“天道”、“天理”：“天道四时行，百物生，无非至教；圣人之动，无非至德，夫何言哉!”[①]“天地之气，虽聚散、攻取百途，然其为理也顺而不妄。”[②] 道即理，但理只是气之内在规律与法则，气与理是本原与属性之间的关系。张载有时又将规律、法则称之为“天秩”、“天序”，“生有先后，所以为天序；小大、高下相并而相形焉，是谓天秩。天之生物也有序，物之既形也有秩。知序然后经正，知秩然后礼行”。[③] 四时运行、万物蕃衍的先后顺序称为“天序”，客观事物在空间的大小、高下称为“天秩”。

“天地变化，圣人作《易》以（著）【蓍龟】效之，故曰‘圣人效之’。”[④] 宇宙万物是运动变化的，天地万物的运动变化表现为两种不同的形式：一是逐渐的“化”，二是显著的“变”。“变”与“化”范畴最早出现于《易传》和《中庸》。《易传·系辞上》谓：“化而裁之谓之变，推而行之谓之通。”《易传》对“变”与“化”两个范畴并未作严格的区分，两个范畴的内涵基本相同，因此有时“变”与“化”连用：“天地变化，圣人效之[⑤]。”由于《易传》作者没有严格从逻辑上区分“变”与“化”，历代对“化而裁之谓之变”的阐释不尽相同，但《易传》“化而裁之谓之变”的思想影响深远，古代思想史上“变”与“化”的思想，皆源自对《易传》“化而裁之谓之变”的发挥。此外，《中庸》论变化有“其次致曲，曲能有诚，诚则形，形则著，著则明，明则动，动则变，变则化，唯天下至诚为能化”。《中庸》对“变”与“化”也没有作细致的区分。张载的贡献就在

① 张载：《正蒙·天道》，《张载集》，中华书局 1978 年版。
② 张载：《正蒙·太和》，《张载集》，中华书局 1978 年版。
③ 张载：《正蒙·动物》，《张载集》，中华书局 1978 年版。
④ 张载：《横渠易说·系辞上》，《张载集》，中华书局 1978 年版。
⑤ 《易传·系辞上》。

于，在继承《易传》和《中庸》思想基础上，从逻辑上对“变”与“化”两个概念的内涵与外延进行界定：“变，言其著；化，言其渐。”① “著”和“渐”是两种不同的运动变化形式，“化”是逐渐的、渐次的量变，“变”是万物发展变化过程中的显著的质变。著变引起渐化，由粗而入精；渐化积聚而成著变，由微而至显：“‘变则化’，由粗入精也；‘化而裁之谓之变’，以著显微也。”② 阴阳二气一直存在着渐变与著变两种运动形式，著变以渐变为基础。渐化的过程中，事物内部相互对立的因素在持续争斗，这种争斗打破均衡状态，继而发展到一定程度时，就由渐化转变而为著变：“气有阴阳，推行有渐为化，合一不测为神。”③ “《易》言‘感而遂通’者，盖语神也。虽指暴者谓之神。然暴亦固有渐，是亦化也。”④ 在著变之前，必须以渐化为基础，经过一定量的积聚，又会出现显著的质变，由缓而转暴，正如《横渠易说·系辞下》所云：“雷霆感动虽速，然其所由来亦渐尔。”张载关于“渐化”与“著变”思想，旨在说明事物的变化存在着固有的形式与规律，“万物皆有理”⑤。现代哲学认为，量变是质变的前提和必要准备，质变是量变的必然结果。张载的变化观是对《易传》、《中庸》等中国古代传统思想的新发展，与现代哲学的质量互变规律的精神相近。

（四）一物两体

在西方哲学史上，黑格尔的世界观充满了辩证精神，他第一次把整个自然的、历史的和精神的世界描写为一个处在不断的运动、变化和发展的过程，并力图揭示这种运动和发展的内在联系。在《小逻辑》一书中，黑格尔指出整个世界是一矛盾发展的过程，“辩证法是现实世界中一切运动、一切生命、一切事业的推动原则。同样，辩证法又是知识范围内一切真正科学认识的灵魂”。⑥ 在批评矛盾律时，黑格尔评论说：“矛盾是推动整个世界的

---

① 张载：《横渠易说·上经·乾》，《张载集》，中华书局1978年版。
② 张载：《正蒙·神化》，《张载集》，中华书局1978年版。
③ 张载：《正蒙·神化》，《张载集》，中华书局1978年版。
④ 张载：《横渠易说·系辞上》，《张载集》，中华书局1978年版。
⑤ 张载：《张子语录》中，《张载集》，中华书局1978年版。
⑥ 黑格尔：《小逻辑》，商务印书馆1980年版，第177页。

原则，说矛盾不可设想，那是可笑的。这句话的正确之处只在于说，我们不能停留在矛盾里，矛盾会通过自己本身扬弃它自己。”[①] 贺麟先生认为，“我们可以肯定地说，黑格尔的世界观是辩证的，是认世界万物均在矛盾发展中，均自相矛盾而过渡到对方，得到发展和矛盾的统一”[②]。在中国古代哲学史上，张载气学中“一物两体”哲学命题对中国古代朴素辩证法思想作出了杰出的贡献。

《易传·系辞上》说：“是故《易》有太极，是生两仪。两仪生四象。四象生八卦。八卦定吉凶。吉凶生大业。”太极是宇宙本根，太极与阴阳两仪是生与被生的关系。张载虽然对《易传》的阴阳学说有所继承，但对《易传》的“太极阴阳说”有所扬弃。张载认为阴阳是气本原自身所固有的对立统一属性，阴阳之气不是由太极化生，太极与阴阳之间不存在生与被生的关系。此外，张载对“太极”的内涵也有所界定，他反对在气概念之上悬置一个所谓的太极作为哲学第一概念，太极只不过是指与太虚相同的原初本然状态的气而已。“太虚者，气之体。气有阴阳，屈伸相感之无穷，故神之应也无穷；其散无数，故神之应也无数。虽无穷，其实湛然；虽无数，其实一而已。阴阳之气，散则万殊，人莫知其一也；合则混然，人不见其殊也。”[③]《易传》“太极阴阳说”被张载改造为“气有阴阳”论，强调气具有阴阳对立的内在属性，宇宙在阴阳二气的相互作用下，不断地运动变化。宇宙万物运动变化的根源，在于事物内部存在着的这种内在矛盾性。

现代哲学认为，宇宙万物都是由对立的矛盾双方组成的统一体，矛盾双方互为前提，相互作用。矛盾统一体中的对立双方的矛盾又使事物分解为二，转化为新的统一体，在新的统一体中对立双方又进行着新的斗争，宇宙万物就是这样不断地进行着矛盾运动。阴阳二气对立统一是天地间万事万物的普遍规律，“一阴一阳之谓道”。具体而论，任何事物都是“两”与“一”的矛盾统一体，“两”意味着矛盾的对立，“一”意味着对立的矛盾双方不可分割地存在于同一体中：“太虚之气，阴阳一物也，然而有两

① 黑格尔：《小逻辑》，商务印书馆 1980 年版，第 258 页。
② 贺麟：《黑格尔哲学讲演录》，上海人民出版社 1986 年版，第 65 页。
③ 张载：《正蒙·乾称》，《张载集》，中华书局 1978 年版。

【体】，健顺而已。”[①]“天象者，阳中之阴；风霆者，阴中之阳。”[②]“气有阴阳，推行有渐为化，合一不测为神。”[③] 正因为阴阳二气矛盾对立，推动事物发生变化。“循是出入，是皆不得已而然也。”[④] 宇宙万物内部矛盾对立的双方相互排斥、相互斗争，但又相反相成、复归于一。“游气纷扰，合而成质者，生人物之万殊；其阴阳两端循环不已者，立天地之大义。”[⑤]“天性，乾坤、阴阳也，二端故有感，本一故能合。天地生万物，所受虽不同，皆无须臾之不感，所谓性即天道也。”[⑥] 张载认为，宇宙万物都是由阴阳二气聚合而成，因此每一存在内部都存在着阴阳“二端”。阴阳“二端”的对立与统一，促使宇宙万物运动变化不已。张载进而又提出，这种运动变化是神妙莫测的：“一物两体，气也；一故神（两在故不测），两故化（推行于一）。此天之所以参也。”[⑦]“一”指代宇宙本原，宇宙万物的统一体；“两”指代阴阳二气。“一”中包含了“两”，所以其变化神秘莫测；“两”复归于“一”，所以宇宙万物运动变化不已。“两不立则一不可见；一不可见则两之用息。两体者，虚实也，动静也，聚散也，清浊也，其究一而已。”[⑧] 事物内部既有矛盾着的两个对立面，同时矛盾双方又存在于一个统一体中。“两”与“一”彼此对立，又相互统一。没有对立的两端，也就没有统一体的“一”相合，这就是“二端，故有感”。同样，如果没有矛盾统一体中“一”的相合，对立的两端相互作用也就不可能存在。因为互不相干，永远不会结合成为一个统一体，这就是“本一，故能合”。张载又说：“感而后有通，不有两则无一。故圣人以刚柔立本，乾坤毁则无以见易。”[⑨] 在《正蒙·参两》篇中，张载进一步解释说：“阴阳之精互藏其宅，则各得其所安，故日月之形，万古不变。若阴阳之气，则循环迭至，聚散相荡，升降相

① 张载：《横渠易说·系辞下》，《张载集》，中华书局 1978 年版。
② 张载：《正蒙·参两》，《张载集》，中华书局 1978 年版。
③ 张载：《正蒙·神化》，《张载集》，中华书局 1978 年版。
④ 张载：《正蒙·太和》，《张载集》，中华书局 1978 年版。
⑤ 张载：《正蒙·太和》，《张载集》，中华书局 1978 年版。
⑥ 张载：《正蒙·乾称》，《张载集》，中华书局 1978 年版。
⑦ 张载：《正蒙·参两》，《张载集》，中华书局 1978 年版。
⑧ 张载：《正蒙·太和》，《张载集》，中华书局 1978 年版。
⑨ 张载：《正蒙·太和》，《张载集》，中华书局 1978 年版。

求，絪缊相糅，盖相兼相制，欲一之而不能，此其所以屈伸无方，运行不息，莫或使之，不曰性命之理，谓之何哉?”张载气学中的“一”与“两”、“分”与“合”的翔实论证，大大丰富了中国古代辩证法思想。针对《正蒙·太和》“一物两体，气也”之表述，朱熹评论说：“此语极精，一故神（两在故不测）。只是这一物周行乎事物之间，如阴阳、屈伸、往来、上下，以至于行乎十、百、千、万之中，无非这一个物事，所以谓两在故不测。两故化（推行于一）。凡天下之事，一不能化，惟两而后能化，且如一阴一阳始能化生万物，虽是两，要之亦推行乎此一耳。一是一个道理，却有两端用处不同，譬如阴阳，阴中有阳，阳中有阴，阳极生阴，阴极生阳，所以神化无穷。两者阴阳消长进退。非一，则阴阳消长无自而见，非阴阳消长则一不可得而见。一故神，譬之人身四体皆一物，故触之而无不觉，不待心使至此而后觉也。此所谓感而遂通，不行而至，不疾而速也。”[①] 朱熹这一评论深刻地揭示出了张载“一物两体”思想的内在特质。“一”与“两”既对立又统一，无“一”则“两”的存在失去前提，因为阴阳是宇宙本根之属性，阴阳并非实体性范畴。无“两”，天地万物无从化生，因为阴阳是“一”之内在动力，“一不能化，惟两而后能化”。每一具体事物都包含着阴与阳，“两者阴阳消长进退”，才促使宇宙万物变化不已。

在“一”与“两”关系论证基础上，张载进而论述了世界普遍联系性问题。在张载哲学中，存在着“感”和“遇”两个概念。“感”是指不同性质的事物之间的普遍联系、相互作用；“遇”则是指同一事物的不同作用。相比较而言，张载对“感”的阐述比较多：“无所不感者虚也，感即合也，咸也。以万物本一，故一能合异；以其能合异，故谓之感；若非有异则无合。天性，乾坤、阴阳也，二端故有感，本一故能合。天地生万物，所受虽不同，皆无须臾之不感，所谓性即天道也。”[②] “感而后有通，不有两则无一，故圣人以刚柔立本，乾坤毁则无以见《易》。”[③] “太和所谓道，中涵浮沉、升降、动静、相感之性，是生絪缊、相荡、胜负、屈伸之始。”[④] “感”

① 张载：《张子全书》卷二《正蒙》朱熹注，四库全书本。
② 张载：《正蒙·乾称》，《张载集》，中华书局 1978 年版。
③ 张载：《横渠易说·系辞上》，《张载集》，中华书局 1978 年版。
④ 张载：《正蒙·太和》，《张载集》，中华书局 1978 年版。

概念源出于《周易·咸·彖》:“《咸》,感也。柔上而刚下,二气感应以相与……天地感而万物化生,圣人感人心而天下和平。观其所感,而天地万物之情可见矣。”阴阳之气有“感”有“遇”,有聚有散,阴阳二气的相感相遇,形成了宇宙中的万千事物及其变化。《正蒙·太和》云:“浮而上者阳之清,降而下者阴之浊,其感(遇)【通】聚(散)【结】,为风雨,为雪霜,万品之流形,山川之融结,糟粕煨烬,无非教也。”宇宙万物的生成变化都是阴阳二气相互感通、相互作用的结果。对此,王夫之发挥道:“感者,交相感;阴感于阳而形乃成,阳感于阴而象乃著。遇者,类相遇;阴与阴遇,形乃滋,阳与阳遇,象乃明。感遇则聚,聚已必散,皆升降飞扬自然之理势。风雨、雪霜、山川、人物,象之显藏,形之成毁,屡迁而已结者,虽迟久而必归其原,条理不迷,诚信不爽,理在其中矣。教者,朱子所谓‘示人以理’是也。”① “感”是一个矛盾概念,包含两种性质相异的事物之间的相互作用。对立物相感,产生矛盾运动;同类物相遇,产生事物形象。张载进一步指出,宇宙万物这种相互联系、相互作用性,是由事物自身具有的矛盾特性决定的,是一种自然而然的作用,不存在人为的干预。“有两则须有感,然天之感有何思虑?莫非自然。”② “感”是普遍的,无处不在。“感”不仅存在于自然界万事万物中,也存在于人类社会中。“感”的形式多种多样,“感”的内容无所不包,“感”的范围十分广泛:“咸,感也。其爻虽相应而词多不吉,顾其时如何耳。说者多以咸恒配天地,殊不知咸自可配天地,故于《序卦》独不言咸。咸既可以配天地,则恒亦可以配天地,皆夫妇之道也。咸之为言皆也,故语咸则非事。‘咸,感也’,不可止以夫妇之道谓之咸,此一事耳,男女相配,故为咸也。感之道不一:或以同而感,圣人感人心以道,此是以同也;或以异而应,男女是也,二女同居则无感也;或以相悦而感,或以相畏而感,如虎先见犬,犬自不能去,犬若见虎,则能避之;又如磁石引针,相应而感也。若以爱心而来者自相亲,以害心而来者相见容色自别。‘圣人感人心而天下和平’,是风动之也;圣人老吾老以及人之老而人欲老其老,此是以事相感也。感如影响,无复先后,有

① 王夫之:《张子正蒙注》卷一《太和》,中华书局 1975 年版。

② 张载:《横渠易说·上经·观》,《张载集》,中华书局 1978 年版。

动必感，咸感而应，故曰咸速也。”[①] 异极相应，同极相斥，“感”是普遍存在的。正因为事事物物都可以相“感”，才能促使万物向前发展。“感”既然是阴阳二气矛盾对立双方的相互联系与相互作用，那么有“感”必有“应”，“感”无穷，“应”也无穷：“气有阴阳，屈伸相感之穷，故神之应也无穷；其散无数，故神之应也无数。”[②]“感而后有通，不有两则无一，故圣人以刚柔立本，乾坤毁则无以见《易》。”[③]“感”与“应”反映的是阴阳二气的矛盾运动规律，“感”与“应”是一切事物存在的形式和运动变化的内在动力。

张载认识到了宇宙中的万物都有矛盾对立的两端存在，对立两端的矛盾斗争是事物产生、发展与变化的内在原因。新旧事物的更替，又是旧矛盾的解决和新矛盾的产生。在探讨矛盾解决的方法时，他提出了“仇必和而解”的著名论断。历代学者对这一论断评论不一，当代有的学者认为这是一种主张“最终取消矛盾斗争”的“矛盾调和论”。张载这一论断出自《正蒙·太和》：“气本之虚则湛（本）【一】无形，感而生则聚而有象。有象斯有对，对必反其为；有反斯有仇，仇必和而解。”如果通览《太和》篇，我们不难发现，张载实际上是在探讨矛盾同一性问题。现代哲学认为，同一性是指矛盾双方相互联系、相互吸引的性质和趋势，它包括两方面的含义：其一，矛盾双方互相依存；其二，矛盾双方相互贯通。同一是对立中的同一，对立是同一中的对立，要正确认识事物及其发展，就要从事物内部双方的对立中把握同一，从同一中把握对立。对立和同一是矛盾两种相反的属性，但二者又互为前提、不可分离。没有对立就没有同一，没有同一也就没有对立。对立和同一作为两种相反的属性，失去其中任何一极，事物就不成其为事物；同一之所以不能脱离对立而存在，这是因为同一是以差别和对立为前提的，是差别和对立中的同一。对立之所以不能脱离同一而存在，这是因为对立是统一体内的对立，如果对立面之间没有了联系，就谈不上所谓对立。因此，脱离对立的同一是绝对的同一，脱离同一的对立是绝对的对立，这在现实中都是不存在的。从现代哲学的高度来剖析张载的观点，“有反斯有仇，仇必和

---

① 张载：《横渠易说·下经·咸》，《张载集》，中华书局 1978 年版。

② 张载：《正蒙·乾称》，《张载集》，中华书局 1978 年版。

③ 张载：《横渠易说·系辞上》，《张载集》，中华书局 1978 年版。

而解”其实是对“太和”范畴的论述，而“太和”则是指阴阳二气的对立同一。“太和所谓道，中涵浮沉、升降、动静、相感之性，是生絪缊、相荡、胜负、屈伸之始。其来也几微易简，其究也广大坚固。起知于易者乾乎！效法于简者坤乎！散殊而可象为气，清通而不可象为神。不如野马、絪缊，不足谓之太和。”[①]“太和”并非意味着矛盾对立的丧失，恰恰相反，它是矛盾对立达到均衡状态的统一体。《庄子》之“野马”，《易传》之“絪缊”，旨在说明阴阳二气的对立与斗争，但是这种矛盾斗争不是一方消灭了另一方，纯阳而无阴或纯阴而无阳，而是指在不妨碍矛盾斗争的前提下，矛盾双方的相互依存、互为前提。“太和”是统一体，是“一”。阴阳二气两个对立的两极是“二”，在“二”之间，如果一方消灭了它的对立面，那么“一”也就不存在了；“一”不存在，“二”也就失去了存在的前提，这也就是张载所说的“一不可见则两之用息”。这一观点与《周易·系辞上》“乾坤其《易》之蕴邪！乾坤成列而《易》立乎其中矣，乾坤毁则无以见易，易不可见，则乾坤或几乎息矣”的表述是相契合的。宇宙在本原意义上是“一”，《庄子·天下》说：“至大无外谓之大一”。庄子之“大一”，即张载之“一”，《周易·系辞上》中的“乾坤”即天地、阴阳，也就是“二”。“一”、“大一”、“气”是宇宙之始基，是永恒的存在，蕴涵于“一”之中的“二”是“一”之属性，因此也不可能消亡。在“一”之中，“二”的矛盾对立表现为“屈伸”、“胜负”与“相荡”，也即是说某一方占据优势地位，而不可能是指一方消灭了另一方。《系辞》“一阴一阳之谓道”，其意在说明阴阳对立同一乃宇宙之根本法则，而“太和”是指阴阳二气矛盾斗争达到一种理想状态的统一体，这一理想状态意味着阴阳二气矛盾斗争臻至均衡水平。我们只有从这一哲学层面上去理解“仇必和而解”命题，才能真正领悟其内在的哲学底蕴。

张载气一元论哲学的最大成就是哲学思辨性空前加强了。如果说王充气论标志着中国古典气学基本成熟，张载气论则弥补了中国古典气学形而上学不发达的缺陷。“太虚即气”、“气则有异”、“气有阴阳”、“气兼有无”、“一物两体”等哲学命题的问世，标志中国古典气学进入了一个新的高峰。

① 张载：《正蒙·太和》，《张载集》，中华书局1978年版。

与此同时，我们也应清醒地看到，在张载思想体系中，还存在一些哲学缺陷：

其一，有神论成分没有完全被根除。譬如，“神”范畴在张载思想中至少有两层含义：一，神灵、鬼神。“鬼神，往来、屈伸之义，故天曰神，地曰示，人曰鬼。”[①] 鬼神是气之“往来、屈伸”，而非世俗所言“人死为鬼”。从气本论角度论证鬼神，这一思维方式与观点与王充基本相同。由此可以看出，张载并未彻底否认鬼神的存在及其作用。在有些文章中，“神”甚至成为天地万物产生的主宰者，“天不言而信，神不怒而威；诚故信，无私故威”。[②] “惟神为能变化，以其一天下之动也。人能知变化之道，其必知神之为也。”[③] 又如他解释《易传·系辞上》“鼓之舞之以尽神”：“鼓天下之动者存乎神。天下之动，神鼓之也，神则主（于）【乎】动，故天下之动，皆神【之】为（之）也。”[④] 此处之“神”显然有别于“鬼神”，神有无私之德，而且“天下之动”由其“鼓之”，神之主宰意义跃然纸上。二，指天地之气运动变化神妙莫测。《易传·系辞》有“阴阳不测之谓神”，意为阴阳变化神妙不可测定，故语之为“神”。在大多数文章中，张载是在这一意义上使用“神”概念。譬如，《正蒙·神化》云：“气有阴阳，推行有渐为化，合一不测为神。”“无我而后大，大成性而后圣，圣位天德不可致知谓神。故神也者，圣而不可知。”从以上记载可以看出，“神”范畴指阴阳之气的变化神妙不测。气变之所以神妙不测，是因为自然界中大多数规律还没有被人发现和掌握，天地之间的变化呈现出“神”的特性，“妙万物而谓之神”。[⑤]

其二，“泛心论”与泛道德论因素在张载思想中仍然存在。张载认为“爱恶之情”出于太虚之气，“故爱恶之情同出于太虚，而卒归于物欲，倏而生，忽而成，不容有毫发之间，其神矣夫！”[⑥] 王夫之诠释道：“爱恶之情

---

① 张载：《正蒙·神化》，《张载集》，中华书局 1978 年版。
② 张载：《正蒙·神化》，《张载集》，中华书局 1978 年版。
③ 张载：《正蒙·神化》，《张载集》，中华书局 1978 年版。
④ 张载：《横渠易说·系辞上》，《张载集》，中华书局 1978 年版。
⑤ 张载：《正蒙·乾称》，《张载集》，中华书局 1978 年版。
⑥ 张载：《正蒙·太和》，《张载集》，中华书局 1978 年版。

无端而不暂息者，即太虚之气一动一静之机；物无不交，则情无不起，盖亦不疾而速，不行而至也。存神以合湛，则爱恶无非天理矣。”[①] 气有阴阳动静，在人道层面显现为爱恶之情。人之情感之所以出于天理，是因为爱恶之情在宇宙本体高度可以得到形而上阐释。不仅如此，太虚之气还兼备至善至美的伦理品格——诚。“天人异用，不足以言诚；天人异知，不足以尽明。所谓诚明者，性与天道不见乎小大之别也。义命合一存乎理，仁智合一存乎圣，动静合一存乎神，阴阳合一存乎道，性与天道合一存乎诚。”[②] 周敦颐当年就将“诚”视为“寂然不动”的宇宙本体和“纯粹至善”的先验人性[③]，张载的“诚”论对周敦颐思想显然有所继承与发展。在张载哲学中，太虚之气表现为诚；在某种意义上，气即诚，诚即气。张载这一观点后来在王夫之思想中得到进一步阐发。“诚”是指阴阳未分的原初本然之气。“气之诚，则是阴阳，则是仁义；气之几，则是变合，则是情才。若论气本然之体，则未有几时，固有诚也。”[④] “不测者，有其象，无其形，非可以比类广引而拟之。指其本体，曰诚，曰天，曰仁，一言而尽之矣。”[⑤] 诚是气之“本然之体”，并且“诚”、“仁”、“天”三者异名而同实，都是指“合一不测之谓神”的本原——阴阳未分之气。他在《读四书大全说·孟子·尽心上》篇中，也有以诚言气的论述：“若夫天，则《中庸》固曰‘诚者，天之道也’。诚者，合内外，包五德，浑然阴阳之实撰，固不自其一阴一阳、一之一之之化言矣。诚则能化，化理而诚天。天固为理之自出，不可正名之为理矣。故《中庸》言诚也曰一，合同以启变化，而无条理之可循矣。”“诚”是“一”、“一”即气，因而诚即内外合一、包孕“五德”而阴阳未分的原初本然之气。“一”是指气的本根而言，而不是就气的一阴一阳的运动变化而言。正因为“诚”是这样一种阴阳未分的浑然一体之气，所以它虽然具

---

① 王夫之：《张子正蒙注·太和》，中华书局1975年版。

② 张载：《正蒙·诚明》，《张载集》，中华书局1978年版。

③ 周敦颐以“诚”作为其思想体系最高范畴。“诚者，圣人之本。大哉乾元，万物资始，诚之源也。”“诚，五常之本，百行之源也。”（《通书》）“诚”不仅被赋予宇宙本体之含义，而且仁义礼智信五常和一切德行皆以“诚”为基础。

④ 王夫之：《读四书大全说·孟子·告子上》，《船山全书》第六册，岳麓书社1996年版，第1055页。

⑤ 王夫之：《张子正蒙注·神化》，中华书局1975年版。

有“合同以启变化”的内在潜能，但毕竟尚未分化流行，所以“无条理之可循”。

缘此，从天道层面立论，张载哲学中的“诚”表现为“四时行，百物生”[①]，也即《易传·系辞》所言“日月相推而明生”，“寒暑相推而岁成”；从人道层面立论，诚又表现为仁孝不已、事天诚身，表现为“立必俱立，知必周知，爱必兼爱，成不独成”[②] 从而“性与天道不见乎小大之别也”。气之性为诚，所以人类一生的道德化努力就在于追求与固守这一至上伦理品德，只有这样，才能臻于“天人合一”理想境界。其后，王夫之进一步从哲学本体高度论证仁、义、礼、智与“诚”的内在关系，目的在于为人伦道德存在合理性寻找至高无上的说明。王夫之认为，“诚”作为阴阳未分的原初本然之气，其中已先验性地“包五德”。太虚之气一动一静化生天地万物，“五德”也随之在人间实现：“至诚者，实有之至也。目诚能明，耳诚能聪，思诚能睿，子诚能孝，臣诚能忠，诚有是形则诚是有性，此气之保合太和以为定体者也。”[③] “是唯气之已化，为刚为柔，为中为正，为仁为义，则谓之理而别于非理。”[④] 人性中的仁义礼智信伦理原则，是“诚”在气化过程中的社会化外现。王夫之进而认为，当人们达到了理性认识之“诚”，获得了关于天道与人道相合一之“天理”，就达到了“诚身”之境界，即“体其合之谓诚”。[⑤] 此处之诚作为“诚身”的境界，既是一认识境界，又是道德境界。诚作为“通动静、合内外之全德”的道德境界，其主要内容有：“心统性，故诚贯四德，而四德分一，不足以尽诚。”[⑥] “合知、仁、勇于一诚，而以一诚行乎三达德者也。”[⑦] 诚一分而为仁、义、礼、智“四德”，“四德”合一就是诚。诚作为理想的道德境界，其具体体现为：“事人，诚而已矣。‘正己而无求于人’，诚也。诚，斯‘上交不谄，下交不渎’。”[⑧]

---

① 张载：《正蒙·天道》，《张载集》，中华书局 1978 年版。
② 张载：《正蒙·诚明》，《张载集》，中华书局 1978 年版。
③ 王夫之：《张子正蒙注·乾称》，中华书局 1975 年版。
④ 王夫之：《读四书大全说》卷十，《船山全书》第六册，岳麓书社 1996 年版，第 1110 页。
⑤ 王夫之：《张子正蒙注·动物》，中华书局 1975 年版。
⑥ 王夫之：《读四书大全说》卷三，《船山全书》第六册，岳麓书社 1996 年版，第 553 页。
⑦ 王夫之：《读四书大全说》卷三，《船山全书》第六册，岳麓书社 1996 年版，第 570 页。
⑧ 王夫之：《思问录·内篇》，山东友谊出版社 2001 年版，第 140 页。

无论个人道德践履，抑或家国天下治理之道，都应谨存“此理”于心，使“此理”在一言一行中充满周遍，无所欠缺。知、仁、勇三者缺一，都不称之为“诚”。此处所谓“此理”，即人性中先天性的仁义礼智之理。诚作为终极理想境界，其价值判断为“善”：“然在诚则无不善”[①]，“说到一个‘诚’字，是极顶字，更无一字可以代释，更无一语可以反形，尽天下之善而皆有之谓也，通吾身、心、意、知而无不一于善之谓也”。[②] 诚是集众善于一身，表里内外皆善。

通而论之，在高度评价张载气学哲学成就的同时，我们对其中蕴涵的哲学特性也不应掩饰或虚美。问题的本质不在于张载气学存在着多少缺陷，而在于中国古代气学何以演变到11世纪有神论、泛心论的“幽灵”仍然拂之不去？冯友兰先生认为气是一“逻辑底观念”，“在我们的系统中，气完全是一逻辑底观念，其所指既不是理，亦不是一种实际底事物。一种实际底事物，是我们所谓气依照理而成者”。[③] 这是立足于西方本体论高度，运用“反向格义”思维方式对中国哲学概念作出的颇具代表性的评论。如果单纯“以西释中”，张载思想体系中的“气”概念，既不是“逻辑的观念”，也难等同于“科学底观念”。理论与方法的偏颇，只会导致对中国古典学术文化认识与评价的失衡。回到中国学术本身，力求“原样理解”、“以中释中”，方能参悟张载气学的内在精蕴。[④]

四、继承与回复：王廷相气学思想的局限

王廷相，字子衡，号浚川，又号平厓，别号河滨丈人，世称浚川先生。河南仪封（今河南省兰考）人。生于明宪宗成化十年（1474年），卒于明世宗嘉靖二十三年（1544年），享年71岁。明代中期之后，思想界的主流思潮仍然是程朱“理学”与陆王“心学”之争。在这一占主导地位的社会

① 王夫之：《读四书大全说》卷十，《船山全书》第六册，岳麓书社1996年版，第1106页。

② 王夫之：《读四书大全说》卷九，《船山全书》第六册，岳麓书社1996年版，第995—996页。

③ 冯友兰：《中国现代哲学史》，广东人民出版社1999年版，第207页。

④ 参见丁为祥：《虚气相即》，人民出版社2000年版；杨立华：《气本与神化》，北京大学出版社2008年版。

思潮背后，潜伏着一脉思想暗流，那就是思想界对张载哲学的回归与彰扬。王廷相自诩是张横渠忠实信徒，在其众多著述中，对张载哲学敬慕与赞颂之词俯拾即是："《正蒙》，横渠之实学也。"① "《正蒙》'太虚不得不聚而为万物，万物不得不散而为太虚。'此自完好。"② "张子曰：'太虚不能无气，气不能不聚而为万物，万物不能不散而为太虚；循是出入，皆不得已而然也。''气之为物，散入无形，适得吾体；聚而有象，不失吾常。''聚亦吾体，散亦吾体。知死之不亡者，可与言性矣。'横渠之论阐造化之秘，明人性之源，开示后学之功大矣。"③ 仰慕与感佩之心，溢于言表。值得注意的是，在中国古代气学发展的逻辑进程中，王廷相气论并非表现为对张载气论的发展与创新，而是表现为回复、停滞和倒退，这是中国古代气学史上值得反思和深入探讨的文化现象。

（一）"天地未生，只有元气"

中国古典气论哲学存在着三大高峰期：一是以王充为代表的汉代气学，二是以张载为代表的宋代气学，三是以罗钦顺、王廷相和王夫之为代表的明清气论。对张载气学拳拳服膺的王廷相，步张载之后尘，高揭气本论大纛，倡言世界的统一性在于元气："愚谓天地未生，只有元气。元气具，则造化人物之道理即此而在，故元气之上无物、无道、无理。"④ "人与天地、鬼神、万物，一气也。"⑤ 气是原初性存在，在它之上不复存在更高一级的宇宙本原。日月星系、动植人物，皆是元气化生之物，世界的统一性在于元气。由此而来，王廷相势必从形而上学高度回答一个问题：宇宙间既然"有形亦是气，无形亦是气"，那么何以能存在千姿百态、种类繁杂的宇宙万物？汉代王充曾用"气量说"诠释这一哲学难题："是故酒之泊厚，同一曲蘖；人之善恶，共一元气。气有少多，故性有贤愚。"⑥ 或为人，或为物，

---

① 王廷相：《慎言·鲁两生篇》，《王廷相哲学选集》，中华书局 1965 年版。
② 王廷相：《王氏家藏集·答何粹夫》，《王廷相哲学选集》，中华书局 1965 年版。
③ 王廷相：《王氏家藏集·横渠理气辩》，《王廷相哲学选集》，中华书局 1965 年版。
④ 王廷相：《雅述》上，《王廷相哲学选集》，中华书局 1965 年版。
⑤ 王廷相：《慎言·作圣》，《王廷相哲学选集》，中华书局 1965 年版。
⑥ 《论衡·率性》。

或善或恶，或贵或贱，皆可以从禀气数量的多与少找到哲学说明。与此相左，王廷相独辟蹊径，提出了一种新的观点——元气“种子”论：“有太虚之气，则有阴阳；有阴阳，则万物之种一本皆具。随气之美恶大小而受化，虽天之所得亦然也。阴阳之精，一化而为水火，再化而为土，万物莫不藉以生之，而其种则本于元气之固有，非水火土所得而专也。”① “愚尝谓天地、水火、万物皆从元气而化，盖由元气本体具有此种，故能化出天地、水火、万物。”② 水有水之种，火有火之种，人有人之种，“各各完具，不相假借”。③ 宇宙间各种“定在”之“种子”与宇宙本根的关系，近乎逻辑学意义上的属种关系。各类不同性质的“种子”彼此区别，不相混淆，但都源自元气。基于此，王廷相进而提出“物种有定论”：“万物巨细柔刚各异其才，声色臭味各殊其性，阅千古而不变者，气种之有定也。”④ 宇宙万物皆有不同的材质，具有不同的性质与功能，物种之间不可能产生变异现象，所以“阅千古而不变”。他以返祖遗传现象为例予以说明：“人不肖其父，则肖其母；数世之后，必有与祖同其体貌者，气种之复其本也。”⑤ 王廷相尽管正确地猜测到了生物进化中的遗传现象，但是，他截然否定物种变异现象。只承认遗传而不承认变异，这自然是错误的。王廷相力图通过元气种子说来说明宇宙万物多样性与统一性之间的辩证关系，但是，元气种子说内部隐匿着一个重大的逻辑悖论：若承认万物统一性在于元气，就不能同时承认元气含有不同性质的种子，因为这样等于又否定了统一性。

在“元气种子说”基础上，王廷相进而阐述其宇宙图式学说。众所周知，从战国晚期开始，建构宇宙系统性理论成为一种普遍性的社会思潮。《吕氏春秋》、《春秋繁露》、《淮南子》和《黄帝内经》等典籍或立足于“气”、或立足于“道”，建构庞大的宇宙理论，其思维方式与哲学性质则大同小异，无非是在天人感应基础上将五行、方位、时序、人体结构、星宿与时政一一比附。王廷相不仅是一位思想家，而且上知天文，下谙地理与生

① 王廷相：《慎言·道体》，《王廷相哲学选集》，中华书局 1965 年版。

② 王廷相：《内台集·答何柏斋造化论》，《王廷相哲学选集》，中华书局 1965 年版。

③ 王廷相：《王氏家藏集·五行辩》，《王廷相哲学选集》，中华书局 1965 年版。

④ 王廷相：《慎言·道体》，《王廷相哲学选集》，中华书局 1965 年版。

⑤ 王廷相：《慎言·道体》，《王廷相哲学选集》，中华书局 1965 年版。

物，著有《玄浑考》、《岁差考》、《答天问》等文章，算得上是一位古代科学思想家。王廷相从元气论出发，也精心建构了他的宇宙系统理论：

其一，宇宙结构。王廷相认为，太虚真阳之气与真阴之气化生的第一个客体就是天。其后，气又依次化生出地、火、水、人、金、木等。关于宇宙之结构，王廷相认为“盖天自是一物，包罗乎地。地是天内结聚者，且浮在水上”。[①] 由此可以看出，王廷相信奉“浑天说”。在中国古代各种宇宙结构学说中，“盖天说”起源最早。“盖天说”认为天在上而地在下，天像一个半圆形的罩子，大地是方形或拱形的。这种观点肇始于先秦，到汉代又分化而为三大流派。“浑天说”稍晚于“盖天说”，这一学说发展、演变到张衡，已基本成熟。“浑天说”认为天与地都是圆球形的，天在外，地在内，天比地大得多，天包裹着地，犹如蛋壳包裹着蛋黄一般。日月星辰附丽于天球之上，天球以南北极为轴，每天自东向西绕轴旋转一周，天可以绕到地下面，北极出地平的高度36度。太阳沿黄道运行，黄道与天球赤道交成24度角。在天文学说史上，浑天说最大的成就在于肯定了大地是球状的，这在人类认识宇宙的学说史上是一巨大进步。由方形或拱形的大地，发展到球状的大地，这是宇宙理论中由感性认识到理性认识的一大飞跃。但是，在中国古代“论天三家”中，科学水平最高的应属“宣夜说”，而且这种学说早在汉代就已经基本成熟了。“宣夜说”认为，天实际上是广袤无垠之空间，地球“恒动不止”。“宣夜说”与坚持认为天是固体球形、天动地静的“浑天说”相比，无疑是一科学之进步。在宇宙学说上，王廷相的观点明显滞后于时代。

其二，自然现象之生成。王廷相从“气化”角度，诠释天地万物之生成：流星雨，“星之陨也，光气之溢也，本质未始穷也，陨而即灭也”。[②] 雪，“雪之始，雨也，下遇寒气乃结”。[③] 风，“阴遏于阳，畜之极，转而为风”。[④] 雹，“雹之始，雨也，感于阴气之冽。故旋转凝结以渐而大尔”。[⑤]

---

① 王廷相：《王氏家藏集·答孟望之论慎言》，《王廷相哲学选集》，中华书局1965年版。
② 王廷相：《慎言·乾运》，《王廷相哲学选集》，中华书局1965年版。
③ 王廷相：《慎言·乾运》，《王廷相哲学选集》，中华书局1965年版。
④ 王廷相：《慎言·乾运》，《王廷相哲学选集》，中华书局1965年版。
⑤ 王廷相：《慎言·乾运》，《王廷相哲学选集》，中华书局1965年版。

霾，“风扬尘土于下，濛雨自上而降，遇结而为霾”。[①] 宇宙万物在本质上皆源于元气内部阴阳二气的聚散推移，都是元气的功能化表现，都“不越乎气机聚散而已”。[②] 但是，需指出的是，王廷相对有些自然现象生成的理解，明显存在着错误之处。譬如，关于雷电之生成，远在汉代就有学者提出了比较科学的解答，认为“阴阳相薄为雷，激扬为电”。[③] 但是，明代的王廷相居然认为雷电“乃龙之类所为”。[④] 又如，关于潮汐之生成，东汉王充认为潮汐与月球运动存在着内在关联，但是，王廷相却断然否定“与月相应”，竟然认为“与月进退不应”。[⑤] 一部自然科学史，并不是一部呈算术级数向前演进的历史。前进与倒退、超越与滞后相互纠缠、相互换位的现象时常发生。

其三，精神、意识。不是从生命科学的意义上探究精神与意识的起源，而是从哲学本体的高度论证精神、意识之缘起，实乃中国古代哲学一大特点。庄子在《人间世》一文中，将精神称为“神气”，王廷相进一步发挥说：“精也者，质盛而凝气，与力同科也，质衰则疏弛，而精力减矣。神也者，气盛而摄质，与识同科也，气衰则虚弱，而神识困矣。”[⑥] 无论庄子，抑或王廷相，都没有认识到精神、意识只不过是人类大脑的属性与功能。令人惊讶的是，他们无一例外地将精神、意识与哲学本体直接挂钩，认为元气自身就固具精神、意识之“因子”。正因为气本原先验性地具有这重属性，才能圆融无碍地诠释人类、植物等生命体何以有知觉、意识。“愚以元气未分之时，形、气、神冲然皆具。”[⑦] “气，物之原也；理，气之具也；器，气之成也。《易》曰：‘形而上者为道，形而下者为器，’然谓之形，以气言之矣。故曰神与性乃气所固有者，此也。”[⑧] 气是一全息之“种子”，宇宙间各类存在与现象皆可以从气本原中寻觅终极性根据。精神、意识也是气本原本来就固有的，是“冲然皆具”的。基于此，王廷相对“神先气后”、“神能

① 王廷相：《慎言·乾运》，《王廷相哲学选集》，中华书局 1965 年版。
② 王廷相：《慎言·乾运》，《王廷相哲学选集》，中华书局 1965 年版。
③ 《淮南子·地形训》。
④ 王廷相：《雅述》下，《王廷相哲学选集》，中华书局 1965 年版。
⑤ 王廷相：《王氏家藏集·策问》，《王廷相哲学选集》，中华书局 1965 年版。
⑥ 王廷相：《慎言·道体》，《王廷相哲学选集》，中华书局 1965 年版。
⑦ 王廷相：《内台集·答何柏斋造化论》，《王廷相哲学选集》，中华书局 1965 年版。
⑧ 王廷相：《慎言·道体》，《王廷相哲学选集》，中华书局 1965 年版。

御气”等观点进行了驳斥：“愚则谓神必待形气而有，如母能生子，子能为母主耳。至于天地之间，二气交感，百灵杂出，风霆流行，山川冥漠，气之变化，何物不有？欲离气而为神，恐不可得。”① 气是母，神为子。论神不可离气，神只是气之内在属性之外化，神只是一属性范畴，属性与功能不能超越哲学本根而存在。

其四，人性。宋人大多主张“性二元论”。譬如，张载认为存在着“天地之性”与“气质之性”。天地之性实质上就是气本原之“气性”，气质之性具体指谓个人降生时由于禀受阴阳之气的厚薄而形成的个体人性。天地之性纯善，气质之性或善或恶。只有“变化气质”，返回“天地之性”，才能实现内在超越。在人性论上，王廷相继承了张载的观点，在运思路向上也趋于雷同，都是从气本与气化角度论证人性之起源与特点，都认为气本原自身存在着至善至纯之“气性”。正因为如此，才能从逻辑上圆融地解释人类何以有普遍之人性。王廷相说：“神与性皆气所固有。”② 因此，王廷相坚定不移地反对“离气言性”：“故离气言性，则性无处所，与虚同归；离性论气，则气非生动，与死同途，是性之与气可以相有而不可相离之道也。是故天下之性莫不于气焉载之。”③ 离气论性，性成为无根之浮萍；离性论气，气本原则缺乏生命活力，与死物无异。所以气与性合二为一，不相分离。“性生于气，万物皆然。”④ 那么何以解释人之性有善有恶呢？王廷相认为，“气性”至纯至善，“气质之性”善恶交混。“天之气有善有恶，观四时风雨、霾雾、霜雹之会，与夫寒暑、毒厉、瘴疫之偏，可睹矣。”⑤ 具体而论，圣人所禀之气“清明淳粹”，所以“纯善而无恶”；下愚之人气禀驳浊，所以纯恶无善；中人之性，气禀“清浊粹驳”，所以性有“善恶之杂”。气禀之不同，导致人性的多样性。

其五，鬼魂。鬼魂信仰是原始宗教之一种。《礼记·郊特牲》云：“魂气归于天，形魄归于地。”《祭法》又云：“大凡生于天地之间者皆曰命，其万物

① 王廷相：《内台集·答何柏斋造化论》，《王廷相哲学选集》，中华书局 1965 年版。
② 王廷相：《慎言·道体》，《王廷相哲学选集》，中华书局 1965 年版。
③ 王廷相：《王氏家藏集·性辩》，《王廷相哲学选集》，中华书局 1965 年版。
④ 王廷相：《雅述》上，《王廷相哲学选集》，中华书局 1965 年版。
⑤ 王廷相：《雅述》上，《王廷相哲学选集》，中华书局 1965 年版。

死皆曰折，人死曰鬼，此五代之所不变也。”传统鬼魂信仰相信人死后灵魂不灭，灵魂具有超人之能力，并且存在着一个与人的生活和社会关系相类似的鬼魂世界。中国传统文化中的这一原始宗教“因子”在王廷相哲学中非但没有湮灭，反而更加充实与成熟。王廷相在《慎言》、《雅述》等文章中，反复多次对鬼、魂、魄等概念进行界定：魂是“气之灵”，魄是“质之灵”，鬼是“归也，散灭之义也”。① 人类生命体由魂气和魄气结合而成，精神意识是魂气，肉体是魄气。魄气衰败死亡，化而为腐土，但魂气可以脱离肉体而独存。中国传统文化中的这种灵魂崇拜，很容易使人联想起古希腊哲学。在古希腊哲学中，灵魂范畴具有两个层面的含义：一是指与肉体相对立的、可超越肉体而独立存在和不朽的精神性本体；二是指感觉、情感、理智等意识活动。古希腊哲学家大多相信灵魂之永恒。譬如，泰勒斯认为，万物有灵魂，灵魂具有推动事物运动的能力。德谟克利特则认为，原子既是宇宙之本原，也是灵魂之本质。灵魂原子无处不在，日月星辰、动植人物皆有灵魂。德谟克利特甚至认为，灵魂原子的形状是圆形的，比较精密，在各种形状的原子中，圆形的原子最能动、最活泼。此外，在德谟克利特哲学中，灵魂也是指精神活动和精神本体。从哲学性质上看，王廷相哲学中的灵魂概念是指谓精神意识的另外一种存在形式。中西哲学中的这种内在的共通性，极易被人们所忽略。

除此而外，王廷相宇宙系统理论中还有所谓“五行之气”、“四时之气”、“心气”、“风气”、“惠气”、“疫气”和“浩然之气”等。通而论之，王廷相在元气本原论基础上，建构了一个完备而周全的宇宙系统性理论，不仅日月星辰可以从中找到终极性根据，甚至意识、灵魂、伦理道德观念也可以从中寻求哲学说明。气既是世界之终极性来源与始基，同时又可以据此探究天地万物产生、存在与变化的根本原因与依据。

（二）元气之特性

在王廷相思想体系中，作为世界本原的元气，呈现出以下几重特点：

其一，无形无象与直观经验相糅。在《庄子》、《管子》等典籍中，已对气范畴之特性作了初步的规定。从哲学与逻辑进程分析，将气之无形无象

① 王廷相：《慎言·道体》，《王廷相哲学选集》，中华书局 1965 年版。

特质论证到哲学最高境界的人物当属张载。《正蒙·太和》云："太虚无形，气之本体，其聚其散，变化之客形尔。""气之为物，散入无形，适得吾体；聚为有象，不失吾常。太虚不能无气，气不能不聚而为万物，万物不能不散而为太虚。"气是哲学最高范畴，在它之上不复存在"第一推动力"。它是自本自根、自在自为的，它没有具体的规定性，无法直观把握。但是，气又是实有，而非绝对之虚无。王廷相起而踵之，认为作为宇宙本原的气与宇宙间各种客观存在是迥然不同的。"太古鸿蒙，道化未形，元气浑涵，茫昧无朕。不可以象求，故曰太虚；不知其所始，故曰太极。"[①] 王廷相多次提及"太虚"概念，在逻辑结构上设置太虚这一概念，是为了论证元气的非直观性、非经验性，是为了论证气本体的"湛然清虚"状态。缘此，王廷相认为气又有"无偏无待"的特点。"无偏"是指元气没有具体的规定性，因为一旦具有某种特殊的规定性，就意味着气具有局限性。气是无限的、永恒之先在，宇宙万物由于气禀之不同，"元气化为万物，万物各受元气而生，有美恶，有偏全，或人或物，或大或小，万万不齐"。[②]"无待"是指元气之上无物，元气自身就是宇宙之原初性存在，元气的存在是无条件的，无待于它物，它是自本自根的，在它之上不再存在任何主宰性根据。它是多中之一，是普遍的、一般的，是"哲学一般"。但是，需强调说明的是，如果行笔至此而要对王廷相气学作一个总结性评论，毋庸置疑，我们应当认定他是张载气论哲学的忠实信徒，因为他将哲学本体上的普遍性与多样性、一般性与特殊性的关系论证到了一个崭新的哲学高度。弥足遗憾的是，史实并非如此！王廷相在倡言元气无形无象、无偏无待的同时，又刻意凸显出了元气直观性、经验性的缺欠："气虽无形可见，却是实有之物，口可以吸而入，手可以摇而得，非虚寂空冥无所索取者。"[③] 在与论敌的辩论过程中，王廷相为了说明元气之"无"并非绝对虚无，竟然矫枉过正地认为元气虽不可目测，却可以直观经验。他在《答何粹夫》一文中，也存在着类似的观点："大抵阴阳，论至极精处，气虽无形，而氤氲焄蒿之象即阴，其动荡飞扬之妙即

① 王廷相：《王氏家藏集·答天问》，《王廷相哲学选集》，中华书局1965年版。

② 王廷相：《雅述》上，《王廷相哲学选集》，中华书局1965年版。

③ 王廷相：《内台集·答何柏斋造化论》，《王廷相哲学选集》，中华书局1965年版。

阳，如火之附物然，无物则火不见示是也。”[①] 王廷相一方面认为“气虽无形”，另一方面又认为气有“氤氲君蒿之象”。世界本原抽象性与经验性、形而上与形而下的矛盾，在王廷相气论中成了一道无法自我超越的哲学之坎。张载气论本来已经初步解决的哲学难题，在王廷相气论哲学中竟然又死灰复燃。哲学每向前跨进一步，有时候总要以后退数步为代价。

其二，无生无灭，无始无终。在王廷相哲学逻辑结构中，“太虚”、“太极”、“元气”三个概念经常交叉使用，实质上三者内涵趋同，属于逻辑学意义上的同一概念。“太虚”旨在说明元气无形无象、无具体规定性；“太极”意在强调元气在时间上的无始无终、无生无灭。“元气之上无物，故曰太极，言推究于至极不可得而知，故论道体必以元气为始。故曰有虚即有气，虚不离气，气不离虚，无所始无所终之妙也。”[②]《列子》曾经建构了一幅宇宙生成图式：太易—太初—太始—太素。太易是“未见气”时代，太初是“气之始”时代，太始是“形之始”时代，太素是“质之始”时代。换言之，在“气之始”之前，在时间意义上还存在着一个“未见气”阶段。《列子》在这一点上与《庄子》截然不同，庄子主张“气无终始”，气无所谓终结，也无所谓开始。《列子》的宇宙生成图式实际上承认元气在时间意义上存在着一个生灭起始过程，元气实际上并不是世界本原，不是宇宙的“第一推动者”。王廷相对这一观点进行了批判：“是气也者乃太虚固有之物，无所有而来，无所从而去者。今曰‘未见气’，是太虚有无气之时矣。又曰‘气之始’，是气复有所自出矣。其然，岂其然乎？元气之上无物，不可知其所自，故曰太极；不可以象名状，故曰太虚耳。”[③] 如果在哲学上承认元气自身存在着一个生灭起始过程，必然导致两种后果：一是否定元气的哲学本体地位。因为既然承认元气存在着生灭起始过程，说明元气并不是宇宙之始基，气并不是自本自根，在它之上还存在着更加原初性的最高本体。二是为宗教神学提供理论依据。元气既然有生灭过程，那么是谁在主宰这一生灭过程呢？从逻辑上无限推论下去，最终必将证明“第一推动者”——上帝之存在，因为一切因果式的解释必定要有一个任意设想的开端。因此，

① 王廷相：《答何粹夫》，《王廷相哲学选集》，中华书局1965年版。
② 王廷相：《内台集·答何柏斋造化论》，《王廷相哲学选集》，中华书局1965年版。
③ 王廷相：《雅述》上，《王廷相哲学选集》，中华书局1965年版。

王廷相一再强调作为世界本原之“气”不存在生灭过程，但宇宙万物却存在着起始生灭过程。宇宙间万物由阴阳二气化生而来，可称之为“有”；气不可直观体认，无起始过程，称之为“无”，无中生有，但无并非绝对之虚无。“气至而滋息，伸乎合一之妙也；气返而游散，归乎太虚之体也。是故气有聚散，无灭息。”[①] 宇宙间万物生灭过程，不是一个从实有走向虚无之过程，而是物质形态不断转化之过程。冰散而为水，水蒸而为汽，王廷相这一观点与西方近代科学史上的质量守恒与转化理论已有几分形似之处。“质量守恒定律”是在18世纪由法国的拉瓦锡和俄国的罗蒙诺索夫从实验中得来的。16世纪的王廷相承张载之余绪，把气界定为无生无灭、永恒运动、从一种形态转化为另一种形态的实有，“气有聚散，无灭息”的哲学命题几乎是对“质量守恒定律”的超前性表述。当然，我们应当清醒地意识到，气与现代哲学意义上的“物质”范畴并不能画等号，两者不是同一逻辑意义上的概念。气不是一个纯粹物质性的哲学概念，其逻辑内涵实际上要比“物质”这一范畴广博得多、驳杂得多。理性地辨明这一点，不无必要。

其三，运动不息。元气既有客观实在性，又有内在运动性，由元气构成的宇宙不是一个僵硬的死物，而是一个生生不息、运动不止的气化之物。张载认为，“一物两体”是宇宙间的普遍规律，阴阳二气的聚散推移成为一切事物运动变化的内在根据。在运动变化之中，万物得以化生。“天惟运动一气，鼓万物而生，无心以恤物。”[②] 阴阳二气运动化生宇宙万物，万物为阴阳二气运动之功能证明。王廷相承张载之余绪，同样认为阴阳二气运动变化是宇宙间根本法则，天下万物无时无刻不处在永无休止的运动变化之中。“子在川上，见水之逝，昼夜不息，乃发为叹，意岂独在水哉？天道、人事、物理，往而不返，流而不息，皆在其中，不过因水以发端耳。”[③] 孔子所感慨的岂只是一江春水？天道、人事、物理无一不是“往者不可谏”，逝者如东流水。在王廷相“气化”论中，变与常、动与静两对范畴尤其重要。“气常”是指元气本原的永恒性，“气变”指阴阳二气运动的恒久变化性。

① 王廷相：《慎言·道体》，《王廷相哲学选集》，中华书局1965年版。
② 张载：《横渠易说·系辞上》，《张载集》，中华书局1978年版。
③ 王廷相：《雅述》上，《王廷相哲学选集》，中华书局1965年版。

永恒性与变动性，是宇宙间客观规律之一。张载《正蒙·太和》云："气之为物，散入无形，适得吾体；聚为有象，不失吾常。"王廷相《雅述》上篇云："天地之间，一气生生，而常，而变，万有不齐，故气一则理一，气万则理万。"宇宙万物不是静止的存在，而是处于一种自无入有、自有入无的聚散变化过程中。但是，作为宇宙本原之元气，则是"此气常在，未尝澌灭"[①]。动静关系，也是王廷相"气化"论内涵之一。有的学者认为，从张载的"为静为动"，到王廷相的"动静互涵"，再发展到王夫之的"动静皆动"，构成了中国古代辩证法思想发展的内在逻辑线索。[②] 张载尚静，认为太虚"至静无感"，静是绝对的，动是相对的，宇宙万物之动只是"静之动也"。王廷相对于张载这一观点有所修正，认为动与静相互作用，动中有静，静中有动。"静而无动则滞，动而无静则扰，皆不可久，此道筌也，知此而后谓之见道。"[③] 动静互涵之观点是对张载尚静观点的发展，但真正科学地阐述动静关系问题的思想家是清初的王夫之。王夫之提出了"动静皆动"的哲学命题，第一次从形而上学高度阐明了运动是绝对的、静止是相对的这一哲学问题。"一气之中，二端既肇，摩之荡之而变化无穷，是以君子体之，仁义立而百王不同法，千圣不同功。"[④] "太虚者，本动者也。动以入动，不息不滞。"[⑤] 动静相依，动静皆动，静非不动，动而不离乎静之存，静而皆备动之理。"天地之德不易，而天地变化日新。今日之风雷非昨日之风雷，是以知今日之日月非昨日之日月也。风同气，雷同声，月同魄，日同明，一也。抑以知今日之官骸非昨日之官骸，视、听同喻，触、觉同知耳，皆以其德之不易者类聚而化相符也。"[⑥] 今日之物已非昨日之物，万物皆流动不居，正如《易·系辞》所言"富有之谓大业，日新之谓盛德"。正因为"日新"，所以才"富有"。因此，王夫之"动静互动"命题可以说是对中

① 王廷相：《王氏家藏集·太极辩》，《王廷相哲学选集》，中华书局1965年版。

② 参见葛荣晋：《王廷相和明代气论》，中华书局1990年版；高令印、乐爱国：《王廷相评传》，南京大学出版社1998年版。

③ 王廷相：《慎言·见闻》，《王廷相哲学选集》，中华书局1965年版。

④ 王夫之：《张子正蒙注》卷一《太和》，中华书局1975年版。

⑤ 王夫之：《周易外传》卷六，《船山全书》第一册，岳麓书社1996年版。

⑥ 王夫之：《思问录》外篇，《船山全书》第十二册，岳麓书社1996年版。

国古代辩证法思想的重大发展。

其四，“愚以元气未分之时，形、气、神冲然皆具。”元气是一“生气”，充满生命智慧，这是中国传统文化中发人深思的文化特点。这一文化现象早在《左传》、《国语》、《庄子》等先秦典籍中就已萌发。即使在代表中国古典气学最高水平的张载哲学中，这一哲学缺欠仍然没有得到根本性的超越。《正蒙·乾称》云：“气之性本虚而神，则神与性乃气所固有，此鬼神所以体物而不可遗也。”如前所述，在张载哲学中，“神”范畴具有双层含义：其一，太虚之气运动变化的神妙莫测；其二，精神意识。清气为神，浊气为形。张载认为神和形皆源于气，都是“气所固有”。张载所论，实际上是在隐证另一个观点：气作为宇宙本原是一个有意识的自在自为最高存在。此外，气之先在性品德是“至诚”。“至诚，天性也。”[①] 张载这一观点源于思孟学派，然后又在王廷相思想中得以扩充[②]。王廷相在与何柏斋的辩论中，一开始就以问语方式标明自己的观点：“且夫天地之间，何虚非气？何气不化？何化非神？安可谓无灵？又安可谓无知？”[③] 其后又在《雅述》、《慎言》等文章中，正面阐述了他的万物有灵有知的“泛心论”观点。动植

① 张载：《正蒙·乾称》。

② “诚”在中国古代思想文化中有独特的含义，从西方哲学概念体系中找不到与之完全对应的概念。《说文》云：“诚，信也。从言成声。”《中庸》最早从天人关系层面对“诚”作出哲学和伦理学规定，“诚”的义项有二：它既是一种伦理道德规范，又是天道之本然。程颐尝言“无妄之谓诚”，朱熹在此基础上进一步发挥说：“诚者，真实无妄之谓。”（《中庸章句》）“真实无妄”四字，将《中庸》关于“诚”的思想表述得既精炼又准确。“真实”即客观实在性，“无妄”即合乎规律性。朱熹的思想与张载相合，张载将“诚”规定为“实”，又规定为“有”，“性与天道合一存乎诚”。（张载：《正蒙·诚明》）诚之本体是太虚之气，从天道层面立论，诚表现为“四时行，百物生”，也即《易传·系辞》所言“日月相推而明生”，“寒暑相推而岁成”；从人道层面立论，诚又表现为仁孝不已、事天诚身，表现为“立必俱立，知必周知，爱必兼爱，成不独成”，从而“性与天道不见乎小大之别也”。气之性为诚，所以人类一生的道德化努力就在于追求与固守这一至上伦理品德，方其如此，才能臻于“天人合一”理想境界。王夫之继承了张载与朱熹的思想，把“实”与“有”结合起来重新界定“诚”范畴。“实有”是对“诚”最普遍、最抽象的哲学规定。王廷相在承认气具有诚之先验品格的同时，侧重于从人性论角度阐发这一观点。气之性至诚，气质之性有善有恶，故人性善恶混。“气有清浊粹驳，则性安得无善恶之杂？”（王廷相：《王氏家藏集·答薛君采论性书》）气质之性有善有恶如何可能？其根据在于元气虽然“天生”至诚，但是，由于气禀有异，因而人之性有善恶之别。“天之气有善有恶，观四时风雨、霾雾、霜雹之会，与夫寒暑、毒厉、瘴疫之偏，可覩矣。况人之生本于父母精血之辏，与天地之气又隔一层。世儒曰人禀天气，故有善而无恶，近于不知本始。”从“泛心论”角度建构宇宙生成论，从哲学本体高度论证人性之起源，这种思维方式与列维·布留尔论述的“互渗律”正相吻合。

③ 王廷相：《内台集·答何柏斋造化论》，《王廷相哲学选集》，中华书局1965年版。

飞潜、山川林薮、岩洞岛泽，皆有灵有知，“气所郁积，靡不含灵”。[1] 宇宙万物何以皆有生命、皆有灵有知？王廷相从哲学本原论高度对此进行了论述：“愚以元气未分之时，形、气、神冲然皆具。”[2] 这句话对于理解王廷相哲学内涵与本质极其重要，元气在宇宙生成论上是一全息之“种子”，精神、知觉、伦理都是元气先验之属性，是元气“冲然皆具”的。“精神魂魄，气也，人之生也；仁义礼智，性也，生之理也；知觉运动，灵也，性之才也。三物者，一贯之道也。”[3] 在王廷相哲学逻辑体系中，设定宇宙本原具有泛生命（生气）特性是至关重要的。因为方其如此，才能“圆而神”地论证人类何以有生命知觉？人死后何以灵魂不灭？万物何以皆有生命？“神与性皆气所固有”一句话，“圆满”解决了一切哲学难题。研究中国哲学，如果不从哲学主干范畴入手，进而发现其中内在的泛生命特质，很难把握中国古代哲学的一般性质。简单套用西方哲学的一些概念、术语，根本无法参悟中国哲学与文化的内在神韵。

在中国古典气学史上，王廷相气学的哲学意义表现为：在“理学”与“心学”占据主流社会思潮地位之时，不遗余力地对宋代张载气学大力弘扬。在思想史的逻辑进程中，王廷相气学与罗钦顺气学一样，其地位与意义不可忽略。王廷相也一再申明自己是张载哲学的忠实信徒，“横渠之论阐造化之秘，明人性之源，开示后学之功大矣”。但是，其哲学成就远不如张载。在中国古代气学史上，王廷相是一个无法回避的思想家。之所以说“无法回避”，其一，其气学在某些方面对张载气学有所继承；其二，更深刻的含义还在于：王廷相气学与张载气学相比较，在很多方面并非表现为对张载思想有所发展与超越，而是体现出停滞、倒退与回复的特点。

---

① 王廷相：《雅述》下，《王廷相哲学选集》，中华书局 1965 年版。

② 王廷相：《内台集·答何柏斋造化论》，《王廷相哲学选集》，中华书局 1965 年版。

③ 王廷相：《王氏家藏集·横渠理气辩》，《王廷相哲学选集》，中华书局 1965 年版。

第四章　中国古代气学的“接转”①

在中国古代哲学中，“气”既是宇宙论意义上的概念，又是道德学说的形而上基础。不仅如此，气还被赋予宏富繁博的文化含义。气与古代天文学相“挂搭”始于先秦，演变至唐朝李淳风达到一个高峰时期。“气占”属于中国古代天象占之一，起源甚早。唐朝李淳风的《乙巳占》是古代“气占”集大成之作，《旧唐书》本传“天之所命，必无禳避之理”的观点与《乙巳占》的主体思想存在矛盾，但在这种矛盾背后潜伏着用天象干预人事、制约皇权的人文关怀。中国古代天文学除包含自然科学内容外，其中还蕴涵着丰富的人文诉求，这恰恰正是中国古代天文学一大特点。

徐敬德不仅是朝鲜王朝著名的思想家，也是对朝鲜气学进行系统梳理的第一人。作为张载气学的忠实信徒，无论在气范畴基本内涵之界说，抑或气论的哲学性质论述上，徐敬德对张载哲学皆有所昭承。在继承的同时，也有所创新与发明。正因为徐敬德的努力，中国古代气学与朝鲜气学走向融合。

严复援西入中，运用“反向格义”方法论，对中国传统气学进行了颠覆性的诠释与重构。气论的具体性逐渐加强，抽象性却逐渐淡化。气已经逐渐从哲学形而上学殿堂中淡出，蜕变为一具体的、特殊的物质存在，完成了其作为万物存在的终极根据被用于对世界本原进行探索的历史使命。基于此，严复可以说是中国古典气学的终结者。

---

① “接转”是陈寅恪先生论述佛教中国化进程时经常使用的一个概念。

一、气占：古代气学朝天象占方向的嬗变
——以李淳风“军气占”为例

“气”是古代天文学史中一个非常重要的范畴。学界对中国古代天文学的研究，以往关注的焦点多在于天象记录和观测技术，对于其中蕴涵的天占、日占、月占、星占、气占、风占等内容，往往斥之以“伪科学”而视若敝屣。“中国古代天文学”这一概念的边界十分宽泛，决非“自然科学”这一概念所能涵盖。单纯以现代天文学理论裁量中国古代天文学，难免导致中国古代天文学中隐含的人文内涵的遗失。黄一农先生从“社会天文学史”角度研究星占对中国古代战争的影响，研究视角与观点令人耳目一新。①

（一）“军气占”判断吉凶的标准

殷周时代，卜筮之风隆盛，灼龟为卜问，蓍占为筮问。这两种祷问术数因有殷墟甲骨和《周易》的传世，人们知之甚详。其实，中国古代实际上还存在着另一种祷问方式——气占。气为云气，卜与巫通过观察云气来预测人事吉凶休咎。按照周礼，每逢春分秋分、夏至冬至、立春立夏、立秋立冬，国君必亲带巫、卜到宫门附近的高台观察云气，占卜吉凶。因此，各诸侯国一般都建有“望国氛”、“望氛祥”之类的高台，因其用途与神事有关，故称为“灵台”。《周礼》中的“眡祲”官“掌十煇之法，以观妖祥，辨吉凶”，② 郑玄注云：“煇谓日光气也”，“十煇”具体指太阳的十种光气。《周

---

① 英国剑桥大学的李约瑟（Joseph Needham）先生和美国宾夕法尼亚大学席文（Nathan Sivin）先生最早认识到中国古代天文学中蕴涵浓厚的社会政治目的，但没有进行深入和全面的探析。台湾黄一农教授自1989年起揭举“社会天文学史”大旗，从“荧惑守心”、“五星会聚”等特殊天象入手，进行一系列个案研究。他将古代科技史与传统历史的研究相结合，综合“外史诉求”和“内史析探”，进而揭示中国古代天文学史独特的人文特点。比如，在《中国星占学上最凶的天象：“荧惑守心”》和《汉成帝与丞相翟方进死亡之谜》两篇论文中，黄一农对史籍中所有“荧惑守心”记录逐一考证和验算，发现23次“荧惑守心”天象记录中有17次是伪造的；而实际上曾经真实出现过的38次“荧惑守心”天象，却绝大部分未见诸史籍记录。不仅如此，“荧惑守心”天象还往往和人世间权力斗争密切相关。参见黄一农《社会天文学史十讲》，复旦大学出版社2004年版。

② 孙诒让：《周礼正义》卷48，中华书局1987年版，第1979页。

礼》中的“保章氏”负责“以五云之物，辨吉凶、水旱降丰荒之祲象”，所谓“五云之物”也是特指日旁云气的五种颜色，古人认为它预示着不同的灾祸或吉祥，郑玄解释说：“以二至二分观云色，青为虫，白为丧，赤为兵荒，黑为水，黄为丰。”①

除了《周礼》之外，② 在可考的先秦文献中，关于这方面的史料近于雪泥鸿爪。《汉书·艺文志》著录有《别成子望军气》、《常从日月星气》、《黄帝杂子气》，颜师古认为常从是老子之师，因此《老子》一书蕴含兵学方面论述。这三种文献皆是先秦古籍，但早已佚失。弥足珍贵的是，《墨子》中的《迎敌祠》和《号令》两篇文章保存了一些尚待学人评估的材料。《墨子·迎敌祠》是墨家探讨城池防守战术的文章，开宗详述兵临城下应如何祭祀和誓师，紧接其后言及“气占”：“凡望气，有大将气，有小将气，有往气，有来气，有败气。能得明此者，可知成败吉凶。举巫、医、卜有所，长具药，宫之，善为舍。巫必近公社，必敬神之。巫、卜以请守，守独智巫、卜望气之请而已。”城池被围之时，守城主将让卜、医、巫等专司气占之人，通过观察云气来推算敌方何时进攻，我方宜何时反攻。专司“望气”的卜、医、巫伴随守城主将左右，随时将观察云气变幻的“望占”实情禀报给守城主将。卜、医、巫不可将不利于鼓舞士气的“气占”结果泄露给守城将士，否则将受重惩，即《墨子·号令》所云：“巫祝史与望气者必以善言告民，以请上报守，守独知其请而已。无与望气，妄为不善言，惊恐民，断弗赦。”在古代社会，“军气占”是战争爆发之前“庙算”内容之一，“圣人独知气变之情，以明胜负之道”。③ 通晓气占之道，方能知己知彼，掌握战争的主动权。因此，李淳风认为军气占的最大作用在于“探祸福之源，征成败之数”。④ 因为古人相信胜败可“逆知”，军气占的价值逐渐被过分渲染和夸大，甚至到了“进退以气为候”的程度：“其军中有知晓时

---

① 孙诒让：《周礼正义》卷51，中华书局1987年版，第2124页。

② 《周礼》真伪和成书年代问题是聚讼纷纭的一大学术公案。历代学者为此进行了旷日持久的争论，至少形成了西周说、春秋说、战国说、秦汉之际说、汉初说、王莽伪作说等六种说法。笔者认为《周礼》编辑成书年代偏晚，约编成于战国后期，但其单篇流传的年代显然要早。

③ 《越绝书》卷12《越绝外传记军气》。

④ 李淳风：《乙巳占》卷9，上海古籍出版社1995年版，第142页。

气者，厚宠之，常令清朝若日午察彼军及我军上气色，皆须记之。若军上气不盛，加警备守，辄勿轻战，战则不足，守则有余。察气者，军之大要，常令三五人参马登高若临下察之，进退以气为候。”①

天上云气变化多端，通过望占云气推算吉凶休咎的标准何在？李淳风认为：“夫气者，万物之象，日月光照之使见。是故天地之性，人最为贵，其所应感亦大矣。人有忧乐喜怒诚诈之心，则气随心而见至。日月照之以形其象，或运数当有，斯气感召，人事与之相应，理若循环矣。”② 人为因，天为果。先有社会人事之变，后有云气之变与之相应。正因如此，人们可以通过望占云气以预测吉凶祸福。根据李淳风这一观点，我们可以从中抽绎出古代“军气占”预测吉凶的三条标准：

其一，根据云气颜色预测吉凶。“稍云精白者，其将悍，其士怯。”③“青白，其前低者，战胜；其前赤而仰者，战不胜。”④ “军上有赤色气者，径抵天，军有应于天，攻者其诛乃身。”⑤ “若烟非烟，若云非云，郁郁纷纷，萧索轮囷，是谓卿云。卿云（见），喜气也。若雾非雾，衣冠而不濡，见则其域被甲而趋。”⑥ “卿云”又称“庆云”、“景云”，李淳风《乙巳占》卷 8“云气吉凶占”解释说：“庆云，赤紫色，如烟非烟，如云非云，郁郁纷纷萧索，是谓庆云，亦曰景云，见者国有庆。庆云有五色，润泽和缓，见于城上，景云也。”⑦ 《史记・天官书》“正义”引京房《易（兆）【飞】候》亦云：“视四方常有大云，五色具，其下贤人隐也。青云润泽蔽日在西北，为举贤良也。”⑧《开元占经》进一步发挥说：“贤人气，视四方常有大云，五色具者，其下贤人隐也。青云润泽蔽日在西北，为举贤良也。”⑨ “军

① 瞿昙悉达：《开元占经》卷 97，中央编译出版社 2006 年版，第 711 页。
② 李淳风：《乙巳占》，上海古籍出版社 1995 年版，第 33 页。
③ 《史记・天官书》。
④ 《史记・天官书》。
⑤ 《越绝书》12《越绝外传记军气》。
⑥ 《史记・天官书》。
⑦ 李淳风：《乙巳占》卷 8，第 139 页。
⑧ 《史记・天官书》。
⑨ 瞿昙悉达：《开元占经》卷 94，中央编译出版社 2006 年版，第 692—693 页。

上有五色气，上与天连，此天应之军，不可击。”①

其二，根据云气之象预测吉凶。“云气有兽居上者，胜。”②“其大根而前绝远者，战。”③“阵云如立垣。杼云类杼。轴云抟两端兑。杓云如绳者，居前亙天，其半半天。其蛪者类阙旗故。钩云句曲。诸此云见，以五色合占。而泽抟密，其见动人，乃有占；兵必起，合斗其直。”④马王堆帛书《天文气象杂占》有“如杼，万人【死下】”、“见此，长如车轱，死者盈千。如辕，死者盈万。如敦布，百万死下”等记载，⑤含义与此同。在此基础上，《乙巳占》和《开元占经》这方面的记载不胜枚举：“气如人无头，如死人卧，如两蛇，赤气随之，必有大战，将败。四望无云，独见赤云如狗入营中，其下流血。”⑥“军败之气，如群鸟乱飞，疾伐之，必大胜。”⑦

其三，根据云气运行态势预测吉凶。“气相遇者，卑胜高，兑胜方。气来卑而循车通者，不过三四日，去之五六里见。”⑧“兑”通“锐”，《荀子·议兵》有“兑则若莫邪之利锋，当之者溃”之说。《乙巳占》有类似记载：“将军之气如龙如虎，在杀气中。两军相当，若发其上，则其将猛锐。……猛将气如尘埃，头锐而卑本大而高。”⑨《开元占经》卷97《猛将军阵胜负云气占》又云：“气如尘埃，前卑后高者，将士精锐，不可击；气如堤阪，前后摩地，避之勿击；见彼军上气如尘埃粉沸，其色黄白，如旗幡晖晖然，无风而动，将士勇猛不可击。”

《墨子》、《越绝书》、马王堆帛书《天文气象杂占》、《史记·天官书》、《汉书·天文志》等典籍主要立足于兵学谈论“气占”。在《史记·天官书》309例占辞中，涉及军事的有124则，占所有占辞的40%。⑩基于此，

---

① 瞿昙悉达：《开元占经》卷94，中央编译出版社2006年版，第693页。
② 《史记·天官书》。
③ 《汉书·天文志》。
④ 《史记·天官书》。
⑤ 《天文气象杂占》，上海古籍出版社1995年版，第16页。
⑥ 李淳风：《乙巳占》卷9，上海古籍出版社1995年版，第149页。
⑦ 瞿昙悉达：《开元占经》卷97，中央编译出版社2006年版，第714页。
⑧ 《史记·天官书》。
⑨ 李淳风：《乙巳占》卷9，上海古籍出版社1995年版，第143页。
⑩ 刘朝阳：《史记天官书之研究》，《刘朝阳中国天文学史论文选》，大象出版社2000年版，第39—104页。

使人自然而然地萌发这样一个推测：司马迁当年创作《史记·天官书》“气占”这一部分时，原来是有所本的。除了《史记·天官书》罗列的昆吾、巫咸、史佚、苌弘、甘公和石申等人之外，墨家学说与帛书《天文气象杂占》也是其写作的直接来源之一。而《史记·天官书》和《汉书·天文志》后来又成为《乙巳占》创作源泉，前后的逻辑脉络比较清晰。

（二）李淳风《乙巳占》对古代气占思想的发展

由于史料阙失，今人已难以了解《周礼》、《墨子》、帛书《天文气象杂占》、《史记·天官书》和《汉书·天文志》中“军气占”的全部内容。《乙巳占》中的“军气占”材料丰富详尽，可以说是中国古代“气占”思想的集大成之作。[①] 李淳风认为：“《易》曰：‘天垂象，见吉凶，圣人则之。’又云：‘观乎天文，以察时变；观乎人文，以化成天下。’故伏羲画卦，以定逆顺之征；轩辕说图，实著阴阳之道。盖大圣人所以通天地之至理，极造化之能事，体好缀于神机，作范拟于系象。唯神也，故冥默可寻；唯机也，故幽玄可验。”[②] 李淳风的思维方式与《周易》同出一辙，皆认为人类通过某种技艺与手段，发挥人的主体性，就可以预测吉凶，从而掌握自身命运。《乙巳占》在军气占方面的论述条分缕析、层次分明。具体分为“军胜气”、“军败气”、“降城气”、“猛将气”、“围城气”、“伏兵气”、“游兵气”、“屠城气”、“暴兵气”等，尤其值得注意的是对“军胜气”和“军败气”的表述。

其一，军胜气。

在《周礼》和《墨子》之中，我们看不到有关“军胜气”的表述。马王堆帛书《天文气象杂占》开始出现这方面的记载，但内容很少。《乙巳占》有关“军胜气”的记载丰富详尽，蔚为大观。《开元占经》卷97中的

---

① 学界尚无全面探讨气占的论文，与天象占有关的文章主要有：赵贞：《唐代星变的占卜意义对宰臣政治生涯的影响》，《史学月刊》2004年第2期；关增建：《日食观念与传统礼制》，《自然辩证法通讯》第17卷，1995年第2期；江晓原：《六朝隋唐传入中土之印度天学》，《汉学研究》第19卷，1992年第2期；董煜宇：《天文星占在北宋皇权政治中的作用》，《上海交通大学学报》2003年第3期。

② 李淳风：《乙巳占》卷9，上海古籍出版社1995年版，第142页。类似记载又见于《开元占经》卷97《猛将军阵胜负云气占》：“凡兴军动众陈兵，天必见其云气，示之以安危，故胜则可逆知也。”

《胜军气》基本上抄自《乙巳占》，别无新意。譬如，马王堆帛书《天文气象杂占》载：“不出五日，大战，主人胜。”[①] 此条所绘图像为树，占文意指如有树状云气出现，则会出现大战，并且主方获胜。与此相关的占文在《天文气象杂占》中还有：“在帀（师）上，归”，“夜半见如布咸（缄）天，有邦亡”。[②]《乙巳占》卷9《军胜气象占》对此有详细阐发：“凡气占与天连，此军士众强盛，不可击；若在吾军上，可战大胜。军上气如火光，将军猛，士卒猛，不可击；若在吾军上，战必大胜。军上气如尘埃粉沸，其色黄白，如旌旗无风自扬，其势指敌，我军欲胜，可急击之。有云如布匹广前后大，军行气也。”[③] 从图像与文字考查，《乙巳占》此条文与马王堆帛书当有一共同的祖本，而《开元占经》卷97《猛将军阵胜负云气占》之“胜军气”的记录与《乙巳占》基本雷同：“凡敌军上气如山堤上林木，不可与战。在吾军大胜。或如火光，亦大胜。或敌上白气坌沸如楼，缘以赤气者，兵劲不可击。在吾军必大胜。”

《史记·天官书》尝云：“云气有兽居上者，胜。”“其大根而前绝远者，当战。青白，其前低者，战胜；其前赤而仰者，战不胜。”[④] 马王堆帛书《天文气象杂占》有“在城上，不出五【日】拔”[⑤] 所绘图像为虎，与《史记》“云气有兽居上者，胜”记载相近。《乙巳占》卷9《军胜气象占》起而踵之，作了进一步阐发：“凡云气似虎居上者，胜。”“敌上气如乳虎者，难攻。”“两军相当，白气沸粉如楼，缘之以赤气者，锐不可击；若在吾军上，战必大胜。”“两军相当，上有气如蛇，齐首向敌胜。”“敌上气如匹布，此权将之气，不可攻；若在吾军上，战胜。”“敌上有云如牵，不可击。”“遥望军上如斗鸡，赤白相随在云中，得天助也，不可击。”“军上气如尘埃、前后高者，将士精锐，不可击。”“军上常有气，其兵难攻。”“军上云如华盖，勿往与战。”“有气如飞鸟，徘徊在其上，或来而高者，兵精锐，不可敌。”《开元占经》进而认为“气如虎”是将军之气，说明我军将领有

---

① 《天文气象杂占》，上海古籍出版社1995年版，第16页。

② 《天文气象杂占》，上海古籍出版社1995年版，第18页。

③ 李淳风：《乙巳占》卷9，上海古籍出版社1995年版，第143—144页。

④ 类似记载另见于《汉书·天文志》。

⑤ 《天文气象杂占》，上海古籍出版社1995年版，第17页。

勇有谋，与此同时，“气如虎”也是“胜军气”，“胜兵气上与天连，……或如乳虎，……此皆雄兵猛士之气”。如果在我军之上，“急战大胜”，如果在敌军上空，则“不可击”，“云气如伏虎居上，或如华盖，或如杵形向外，或如赤马，或如山岳，皆不可攻”。[①]

《天文气象杂占》载：“在帀（师）上，取。”[②] 此条所绘图像为马，有云气如马悬浮于军队上空，对我军有利。《乙巳占》卷9《军胜气象占》亦云：“军上气如牛、高头低尾昂首勿与战。军上云如杵形，勿与战。”[③] 参照其他版本，“军上气如牛”之后或有阙文，当为“军上气如牛马”。《开元占经》卷94《云气杂占》认为“气如马”是“帝王气”，并且认为云气如马是人间帝王出现的预兆：“范增曰：吾使人望沛公，其气冲天，五色相摎，皆为龙虎，此非人臣气也。”如果两军对垒，敌军上空“气如龙马”，对我方不利；如果“气如龙马”在我军上空，则可出击：“敌上气如龙马，杂色，郁郁冲天者，帝王之气，不可击。若在吾军，必得天助。”“两军相当，敌上有气如飞马徘徊，或来而高者，兵精难击。”[④]《武备志》对此进一步发挥说：“云如野马向前行，在我军上胜；在敌军上勿战，大凶。”[⑤]

其二，军败气。

关于“军败气”的描述，《史记·天官书》中有“其前赤而仰者，战不胜”、“阵云如立垣，杼云类杼，轴云抟两端兑”等记载。所谓“杼云”是指云之形状如织布之梭，马王堆帛书《天文气象杂占》有“如杼，万人【死下】。【如】杼三，三万人死下”的记载，含义与此相同。“轴云”是指云之形状如车轴，《天文气象杂占》载：“见此，长如车轱，死者盈千；如辕，死者盈万。如敦布，百万死下。”[⑥] 孙诒让认为“轱”与“轴”字形相近（《墨子·杂守》），其义应相同。[⑦] 马王堆帛书《天文气象杂占》

① 瞿昙悉达：《开元占经》卷94，中央编译出版社2006年版，第693页。
② 《天文气象杂占》，上海古籍出版社1995年版，第17页。
③ 李淳风：《乙巳占》卷9“军胜气象占”，第144页。
④ 瞿昙悉达：《开元占经》卷94，中央编译出版社2006年版，第693页。
⑤ 茅元仪辑：《武备志》卷161，宗青·华世出版社1996年版，第6559页。
⑥ 《天文气象杂占》，上海古籍出版社1995年版，第16页。
⑦ 参阅刘乐贤著：《马王堆天文书考释》，中山大学出版社2004年版，第129页。

有“邦有女丧，库兵尽出”[①] 的记载，所绘图像是月傍有厚黑云。《乙巳占》卷《军败气象占》对此作了全面阐发：“有气上黄下白，名曰善气，所临军欲求和，云退，向北，其象死散；向东，则不可信，众能为害；向南，将死。敌上气囚废枯散，如马肝色，或如死灰，或拟妪盖，如或类腌鱼，皆将士散败。……黑气如坏山随军上者，名曰营首之气，其军必败。”[②]

马王堆帛书《天文气象杂占》载：“日军（晕）有云如□，陈于四方。有它邦□城及军其邦。□□赤云如日月，入之□□日军（晕），有四耳（珥）。”[③] 此条有文无图。占文意指日晕之时，若有状如某物的云气陈列于日晕四周，则有战事发生，且对我方不利。《乙巳占》卷9《军胜气象占》有类似表述：“云如日月，而赤气绕，日月晕状有光者，所战之地大胜，不可攻。”[④]《开元占经》的记载与此基本雷同：“云如日月而有赤气绕之，似日月晕，或有光者，所见之城邑不可攻。”[⑤]

马王堆帛书《天文气象杂占》载：“在币（师）上，大将死。”[⑥] 所绘图像为猪。又，马王堆帛书《天文气象杂占》：“在币（师）上，败”，“云如牛，十介，入人野，五日亡地”。[⑦] 所绘图像为牛，为战败之兆。《乙巳占》卷9《军败气象占》有与帛书此条相类似的表述：“军上气如羊形，或如猪形，此是瓦解之象，军必败。敌上有气如双蛇，疾往攻之，大胜。……军上有黑气如牛形，或如马形，从云雾中渐渐入军，名曰天狗下食血，则军散败。敌上气如群鸟乱飞，此衰气。……敌上云如群羊，如惊鹿，必退走，急击之。……敌上气如双蛇，如飞鸟，如决堤垣，如坏屋，如人相指，如人无头，如惊鹿相逐，如人形相向，皆将败之象。”[⑧]《开元占经》卷97《猛将军阵胜负云气占》之“败军气”基本上录自《乙巳占》，别无新意：“军

① 《天文气象杂占》，上海古籍出版社1995年版，第17页。
② 李淳风：《乙巳占》卷9“军败气象占”，上海古籍出版社1995年版，第145页。
③ 《天文气象杂占》，上海古籍出版社1995年版，第18页。
④ 李淳风：《乙巳占》卷9“军胜气象占”，上海古籍出版社1995年版，第144页。
⑤ 瞿昙悉达：《开元占经》卷94，中央编译出版社2006年版，第693页。
⑥ 《天文气象杂占》，上海古籍出版社1995年版，第16页。
⑦ 《天文气象杂占》，上海古籍出版社1995年版，第15页。
⑧ 李淳风：《乙巳占》卷9“军败气象占”，上海古籍出版社1995年版，第145—146页。

败之气，如群鸟乱飞，疾伐之，必大胜。气乍明乍暗，皆有诈谋。气过旬不散，城有大辅，疾去之勿攻。凡敌上气如双蛇飞鸟，如缺垣，如坏屋，如人无头，如惊獐，如走鹿相逐，如鸡相向，皆为败军杀将之气。敌上气如囷仓正白，见日益明者，将士猛锐，不可击之。敌上气黑中有赤气在前，精悍不可当。敌上气如转蓬者，击之立破。”①

此外，“气占”这一祷问术数在其他社会人事活动中是否就不适用呢？其实不然。以气占来推测人事吉凶，在古代社会十分普遍。如《左传·僖公五年》载：“公既视朔，遂登观台以望。而书，礼也。凡分、至、启、闭，必书云物，为备故也。”春分秋分、夏至冬至、立春立夏、立秋立冬之时，君王须登台看“云物”，将天地之异象（即妖祥）记录下来，以便在相应要发生的人事变故上做好应对准备。《史记·孝文本纪》载孝文十五年有黄龙等祥瑞出现，赵人新垣平趁机投其所好，欺君惑众。“赵人新垣平以望气见，因说上设立渭阳五庙。”两年之后，新垣平的骗局终被戳穿，结果被“夷三族”。又，《隋书·萧吉传》载：萧吉精通阴阳算术，“尝行经华阴，见杨素冢上有白气属天，密言于帝。帝问其故，吉曰：‘其候素家当有兵祸，灭门之象。改葬者，庶可免乎！’帝后从容谓杨玄感曰：‘公家宜早改葬。’玄感亦微知其故，以为吉祥，托以辽东未灭，不遑私门之事。未几而玄感以反族灭，帝弥信之。”

（三）“验人事之是非，托神道以设教”

综观《乙巳占》所论，有两点值得我们深入思考：

其一，天命是否可以更易？李淳风长期担任太史令，既是天文学家，又是占星大家。当时社会上流行一条谶语，其中预言：“唐三世之后，则女主武王代有天下。”唐太宗对此耿耿于怀，秘招李淳风商议，欲将有嫌疑者尽杀之。李淳风说：“臣据象推算，其兆已成。然其人已生，在陛下宫内，从今不逾三十年，当有天下，诛杀唐氏子孙殆尽。”唐太宗欲将有嫌疑者斩尽杀绝，李淳风劝阻他说：“天之所命，必无禳避之理。王者不死，多恐枉及无辜。”即使这次将其处死，此人必将复生，届时她将“杀戮陛下子孙，必

① 瞿昙悉达：《开元占经》卷97，中央编译出版社2006年版，第714页。

无遗类”。李淳风的劝谏发挥了很大作用，“太宗善其言而止”，[①] 从而避免了一次滥杀。但是，李淳风所说的“天之所命，必无禳避之理”[②] 的观点与《乙巳占》的主体思想存在着深刻的矛盾。《乙巳占》是中国古代天象占著作，其基本原理就是通过观测天象，揣度“天心”、“天意”，人类据天象而修德，进而期盼变易天象，让上天收回对自己不利的成命。望占是手段，变易天象才是真正目的。如果没有这一条，占星学赖以存在的基础也就被颠覆了。《周礼》中的“眡祲”官“掌十晖之法”[③] 的目的，就在于“诏救政，访序事”。[④]《史记·天官书》说：“日变修德，月变省刑，星变结和。……太上修德，其次修政，其次修救，其次修禳，正下无之。”应对天象之变的上上策是修德，修禳排在非常次要的位置。李淳风《乙巳占》中还有专门冠以“修德”为名的篇目，可见他对德的一种天学意义的重视。在《修德》一文中，李淳风首先论证上天是至高无上的人格神，时时在俯视人间社会，通过“垂象”表达其意志。天与君王的关系是父子关系，“夫人君顺天者，子从父之教也。见灾不修德者，逆父之命也。顺天为明君，顺父为孝子”。[⑤] 天有“德”，换言之，天是至真至纯美德之化身，[⑥] 人的最终努力是追求天人合德：“《易》曰：‘大人者，与天地合其德，与日月合其明，与四时合其序，与鬼神合其吉凶。’此顺天地之化也。先天而天不违，后天而奉天时。天且不违，而况于人乎？况于鬼神乎？此天人至德，同乎天也。”如果统治者不修德，天将通过灾异来表达其“谴告之义”，如果统治者仍然不思悔改，则后患无穷：“不修德以救，则天裂地动，日月薄蚀，五星错度，四序愆期，云雾昏冥，风寒惨裂，兵饥役疾，水旱过差，遂至亡国丧身，无所不有。”因此，君王理应“斋戒洗心，修政以道，顺天之道也”。其原则是“日变修德，礼重责躬；月变修刑，恩从肆赦；星变结和，义敦邻睦”。[⑦] 其具体做法应当是：“其

---

① 《旧唐书·李淳风传》。

② 《新唐书·李淳风传》为：“天之所命，不可去也。”

③ 孙诒让：《周礼正义》卷48，中华书局1987年版，第2124页。

④ 孙诒让：《周礼正义》卷51，中华书局1987年版，第2128页。

⑤ 李淳风：《乙巳占》卷3“修德”，上海古籍出版社1995年版，第73页。

⑥ 中国古代德化之天的思想传统凸显出中国古代自然观与西方自然观之区别。西方论自然往往不涉及价值与德性，天是自然之天。中国古代的自然观往往与德性、价值相涉。

⑦ 李淳风：《乙巳占》卷3“修德”，上海古籍出版社1995年版，第73页。

救之也，君治以道，臣谏以忠，进用贤良，退斥谗佞，刑宽狱缓，为孤育寡，薄赋宽徭，矜哀无告，散后宫积旷之女，配天下鳏独之男，齐七政于天象，顺四时以布令，舆人之诵必听，刍荛之言勿弃，行旅束帛，以贲邱园，推安车以搜岩穴，然后广建贤戚蕃屏皇家，磐石维磐石城，本支百世，然则此灾可弭也，国可保也，身可安也。”① 综观《修德》的思维方式和基本观点，无非是在表达这样一种理念：人类通过修德，最终有望实现“变恶从善、改乱为治”的社会理想，而达到这一目标的一个最重要的因素就是让上天收回成命。

两相参照，可以看出《修德》篇所阐述的观念与《旧唐书·李淳风传》所载“天之所命，必无禳避之理”之间似乎产生了深刻的矛盾。但是，如果我们深入探究下去，就会发现这种矛盾其实是一种假象。《旧唐书·李淳风传》评论李淳风：“每占候吉凶，合若符契，当时术者疑其别有役使，不因学习所致，然竟不能测也。”李淳风以占候灵验闻名于世，但他却一再申明“多言屡中，非余所尊”。② 占星家所要追求的就是望占的灵敏性，李淳风却把占星家的这一立足点推翻。如果“多言屡中”不是李淳风的终极追求，那么他的最终目的又何在？《乙巳占》卷3暴露了李淳风内心世界的真实想法：“权持正，斟酌治纲，验人事之是非，托神道以设教，忠节上达，黎庶下安，此则中古之贤史。”③ 天道幽远，变化莫测，“托神道以设教”、“验人事之是非”才是一位“贤史”矻矻以求的目标。《乙巳占》李淳风自撰“序”进一步阐明了他的这一意图。他认为，自然及人事变化无穷，这些变化可以按不同种类相互感应，“同声相应，鹤鸣闻于九皋；同气相求，飞龙吟乎千里”。④ 在茫茫宇宙之中，人最具有代表性，“事之所召，随类毕臻”。⑤ 因此，人观察天象变化是其手段，干预时政、制约人君才是真正的价值指向：“故宋常晋野，志存设教；京房谷永，义在救君。”⑥ 天文象占是工具理性，“设教”与“救君”才是最终社会目的。其实李淳风这种观点古

① 李淳风：《乙巳占》卷3“修德”，上海古籍出版社1995年版，第74页。
② 李淳风：《乙巳占》卷3“史司”，上海古籍出版社1995年版，第75页。
③ 李淳风：《乙巳占》卷3“修德”，上海古籍出版社1995年版，第74页。
④ 李淳风：《乙巳占》“序”，上海古籍出版社1995年版，第19页。
⑤ 李淳风：《乙巳占》“序”，上海古籍出版社1995年版，第19页。
⑥ 李淳风：《乙巳占》卷3“史司”，上海古籍出版社1995年版，第75页。

已有之，《史记·天官书》早就标明：“凡天变，过度乃占。……然其与政事俯仰，最近（大）【天】人之符。”观“天数”的目的在于“与政事俯仰”，或者说是“诏救政”。《汉书·天文志》对《史记·天官书》的观点作了进一步的阐发：“政失于此，则变见于彼，犹景之象形，响之应声。是以明君睹之而寤，饬身正事，思其咎谢，则祸除而福至，自然之符也。”董仲舒的表述最为清晰：“所闻《诗》无达诂，《易》无达占，《春秋》无达辞。从变从义，而一以奉仁人。”[①] “《春秋》无达辞”的原因在于依从道义，因此不求通辞，从变而移。因此，《旧唐书·李淳风传》中“天之所命，必无禳避之理”这句话只不过是在特殊时间针对特殊情况的权宜之策，或者说是“托神道以设教”的一个典型事例。为了实现制约皇权的社会理想，在自己思想学说中人为制造裂痕也在所不惜。在中国历史上，用天象干预人事、制约皇权，已成为士大夫薪火相传之传统。譬如，唐开元七年（719年）五月发生日食，唐玄宗“素服以俟变，彻乐减膳，命中书、门下察系囚，赈饥乏，劝农功”。[②] 唐玄宗改弦易辙的目的在于应对天象变异，以“修德”来消弭天人矛盾。在天象占中，彗星出现是大凶之兆，《续资治通鉴长编》卷166载：宋皇祐元年（1049年）二月丁卯，“彗出虚，晨见东方，西南指，历紫微至娄，凡一百一十四日而没，诏：‘自今月五日不御正殿，其尚食所供常膳，宜亦减省，中外臣僚极言当时切务。’”宋仁宗节衣缩食、广开言路，是为了回应上天之谴告。正因为天文学对皇权安危有直接影响，所以古代对私习天文多有禁止。法律禁止私习天文始于西晋，“禁星气、谶纬之学”。[③] 此后历代多有禁令。例如，《晋书·石季龙上》载，后赵石虎于建武二年（336年）下令“禁郡国不得私学星谶，敢有犯者诛”。北魏孝明帝熙平二年（517年），“重申天文之禁，犯者以大辟论”。[④] 唐朝对私习天文的禁令达到最高峰：“诸玄象器物，天文，图书，谶书，兵书，七曜历，太一，雷公式，私家不得有，违者徒二年。……若将传用，言涉不顺者，自从‘造妖言’之法。‘私习天文者’，谓非自有书，转相习学者，亦

① 曾振宇、傅永聚注：《春秋繁露·精华》，商务印书馆2010年版。

② 司马光：《资治通鉴》卷212，开元七年五月己丑朔条，中华书局1956年版，第6736页。

③ 《晋书·武帝纪》。

④ 《魏书·肃宗纪》。

得二年徒坐。”[①]

其二，“军气”望占吉凶祸福的逻辑与事实依据何在？何以云气“似虎”、“似马”为军胜气？似羊、似牛、似猪就是战败之气？关于这一点，尽管《乙巳占》诸篇都没有明确的解释，但我们认为这与中国古代的祥瑞崇拜密切相关。《宋书·符瑞志》对两汉以降的祥瑞进行梳理，归纳出107种祥瑞。另据《新唐书·百官志》的记载，唐代祥瑞已上升到148种。[②]根据历代史书的记载，祥瑞大体可分为四类：其一，天文与自然现象，譬如瑞星、景云、五星连珠、瑞雪、醴泉、甘露；其二，动物，譬如麒麟、凤凰、龙、龟、鹿、兔、鸾、鹅等；其三，植物，嘉禾、灵芝、朱草之类；其四，器物，如鼎、钟、磬、玉璧等。在这四大类祥瑞之中，虎与马皆位列其中。虎，“白虎，王者不暴虐，则白虎仁，不害物”。[③]虎能食鬼御魅、驱妖除魔，因此被视为瑞兽。《风俗通·祀典》云：“虎者，阳物，百兽之长也，能执搏挫锐，噬食鬼魅。”[④]《武备志》亦云：“云如骆驼、如狮子、如虎、如龙、如斗牛者皆猛将之势，在我军上胜，在敌军上勿攻战。”[⑤]马，《宋书·符瑞志》介绍了几种马，譬如龙马、腾黄、白马、泽马等，其中龙马地位最高：“龙马者，仁马也，河水之精。高八尺五寸，长颈有翼，傍有垂毛，鸣声九哀。”[⑥]在古代社会，有时马的出现被视为天降祥瑞：“汉章帝元和中，神马见郡国。”“晋怀帝永嘉六年二月壬子，神马鸣南城门。”[⑦]正因为如此，《乙巳占》卷9“帝王气象占”认为：“敌上气中龙马，杂色郁郁冲天者，此皆帝王之气，不可击。若在吾军上，战必大胜。”

---

① 《唐律疏议》卷九“私有玄象器物”。

② 《新唐书·百官志》载：“凡景星、庆云为大瑞，其名物六十四；白狼、赤兔为上瑞，其名物三十有八；苍乌、朱雁为中瑞，其名物三十有二；嘉禾、芝草、木连理为下瑞，其名物十四。”

③ 《宋书·符瑞志中》。

④ 《宋书·符瑞志中》收录了多处虎为祥瑞的事例。譬如，“元嘉二十五年二月乙亥，白虎见武昌，武昌太守蔡兴宗以闻。”“元嘉二十六年四月戊戌，白虎见南琅邪半阳山，二虎随从，太守王僧达以闻。”

⑤ 茅元仪辑：《武备志》卷161，第6559页。

⑥ 《宋书·符瑞志中》。

⑦ 《宋书·符瑞志中》。

在社会心理学上，气占与人们趋吉避凶的心理诉求有关。[①] 在世界观上，则与古代社会源远流长的天人感应、天人合一宇宙观密不可分。周人之“天”与殷人之“帝”的最大区别在于：周人之“天”与“德”相牵扯。周人首次以德论天，用德之有无说明天命之转移，这是天人感应思想最早的形态。后来的《诗经》、《左传》、《礼记》、《尚书》、《吕氏春秋》等，大都用自然现象比附说明社会现象：凤凰游、麒麟现，是天降祥瑞；天雨石、地裂缝、日食月蚀，是天降灾异。《史记·天官书》进而又从天象学角度论述天人合一，其核心观点为：“云气各象其山川人民所聚积。”山川形势和民风不同，显现在天上的云气也各异。天与人相互影响、相互作用：“仰则观象于天，俯则法类于地。天则有日月，地则有阴阳。天有五星，地有五行。天则有列宿，地则有州域。三光者，阴阳之精，气本在地，而圣人统理之。”天上的日、月、星三光是由地上阴阳二气精华凝聚而成，天之象是地之象的折射：“故北夷之气如群畜穹闾，南夷之气类舟船幡旗。大水处，败军场。破国之虚，下有积钱；金宝之上，皆有气，不可不察。海旁蜃气象楼台；广野气成宫阙然。”《乙巳占》亦云：“韩云如布，赵云如牛，楚云如日，宋云如车，鲁云如马，卫云如犬，周云如车轮，秦云如行人，魏云如鼠，郑云如绛衣，越云如龙，蜀云如囷。”[②] 本源在人，显现在天。人事之得失，在天象上皆有对应之兆象，所谓“天垂象，见吉凶”。(《周易·系辞上》) 李淳风对此作了进一步的论证：“夫天地者，万物之祖也。覆载养育，左右无方。况人禀最灵之性，君为率土之宗，天见人君得失之迹也，必报吉凶，故随其所在，以见变异。天有灾变者，所以谴告人君觉悟之，令其悔过，慎思虑也。”[③] 从宇宙生成论高度分析，天是至上人格神，天创造宇宙

---

① 江晓原甚至认为中国古代天文学本质上是一种政治巫术。“事实上，据我多年来研究得出的结论，天学（或者，许多喜欢美化我们祖先的人喜欢用的名称：天文学），在中国古代，它最初曾是王权确立的必要条件之一，后来则长期成为王权的神圣象征，因此它本质上可以说是一种政治巫术——尽管在实施、运作这一政治巫术时确实需要使用天文学知识和方法。”江晓原：《天学：古代的政治巫术》，《南方周末》2005年10月13日。

② 李淳风：《乙巳占》卷9“九土异气象占”，上海古籍出版社1995年版，第151页。马王堆帛书《天文气象杂占》有类似记载。

③ 李淳风：《乙巳占》卷1“天占”，上海古籍出版社1995年版，第27页。马王堆帛书《天文气象杂占》有类似记载。

万物；从哲学性质上言，天人一体，相互感应，“同声相应”、“同气相求”。[①]“谴告”是上天意志的体现，目的在于迫使统治者悔过自新。由此可见，隐伏在李淳风气占思想背后、起支撑作用的是一种天人感应、天人合一的宇宙观。

行笔至此，我们发现在《乙巳占》字里行间似乎总飘浮着董仲舒的影子。董仲舒以五行学说为指导，将一年360天划分为五个单元，每一单元72天。从冬至那天算起的72天，木气主事。木代表东方、春天，董仲舒认为在这一时期统治者的工作重点应该是劝课农桑。如果政令遵循时令运行规律，上天将降祥瑞：“恩及草木，则树木华美，而朱草生。”[②] 换言之，如果人之行为逆五行之气而动，上天之谴告表现为“春凋秋荣，秋木冻，春多雨”。[③] 当人事乖离天时、天降灾异之时，人们可以发挥主观能动性，改弦易辙，以求达到更易天命之目的：“救之者，省徭役，薄赋敛，出仓谷，振困穷矣。”[④] 上天通过祥瑞与谴告表达其意志，人们也可以通过自身努力使上天收回成命，而这种思维方式和观点在李淳风《乙巳占》的《修德》、《辰星占》和《天象》等篇章中都有不同程度的体现。由此可以看出，《乙巳占》与《春秋繁露》之间存在着一种内在的逻辑关联。梁启超先生的一个论断对我们认识这一问题非常关键。他认为阴阳学说“其始盖起于燕齐方士，而其建设之传播之宜负罪责者三人焉。曰邹衍、曰董仲舒、曰刘向”。[⑤] 董仲舒的天人感应思想建基于阴阳五行理论之上，而这种阴阳五行理论又源自以邹衍为代表的阴阳五行家。董仲舒的阴阳五行、天人感应思想，后来在李淳风思想中得到延续与发展。

中国古代天文学蕴涵着丰富的人文诉求，黄一农称之为“浓厚的人文精神及其丰富的社会性格”。[⑥] 李淳风当年告诫后人：“至若多言屡中，非余

---

① 李淳风：《乙巳占》“序”，上海古籍出版社1995年版，第19页。

② 苏舆撰，钟哲点校：《春秋繁露义证·五行顺逆》，中华书局1992年版，第372页。

③ 苏舆撰，钟哲点校：《春秋繁露义证·五行变救》，中华书局1992年版，第385页。

④ 苏舆撰，钟哲点校：《春秋繁露义证·五行变救》，中华书局1992年版，第385页。

⑤ 梁启超：《阴阳五行说之来历》，《饮冰室合集》第4册，中华书局1989年版，第56页。

⑥ 参见黄一农：《通书——中国传统天文与社会的交融》，《社会天文学史十讲》，复旦大学出版社2004年版，第311页。

所尊，唯尔学徒，幸勿胶柱。”① 他希望后人善于从天象学中体悟弦外之音，切勿单纯就天象论天象。具体就李淳风的气占思想而言，其中蕴含着“存教”、“救君”和“辅国利民”② 等社会政治目的。忧国忧民、干预时政、制约君权是中国古代儒生一以贯之的传统，手段不一，最终追求却是一致。在李淳风思想深处，“君治以道，臣谏以忠，进用贤良，退斥谗佞，刑宽狱缓，为孤育寡，薄赋宽徭，矜哀无告”③，是其一生追求的社会理想境界。“验人事之是非，托神道以设教”，我们或许只有从此入手，才能真正读懂李淳风的天象学。

二、“敬德之学，出于横渠”：中国古代气学对朝鲜徐敬德之影响

徐敬德（1489—1546），字可久，自号复斋，因其隐居之地是花潭，多称其为花潭先生。徐敬德是朝鲜王朝著名的思想家，尤其在气论哲学方面成就卓越。徐敬德生于15世纪末，正值朝鲜王朝程朱性理学广泛传播时期。朝鲜王朝建国（1392）已近百年，“四书”、“五经”、《近思录》和《性理大全》等儒家经典在朝鲜各地已是家喻户晓。不仅如此，朝鲜性理学此时已经跨越了单纯学习中国程朱理学的阶段，自身已有所发明与创获。在朝鲜哲学史上，徐敬德不仅是一位著名的思想家，而且还是对朝鲜气学进行系统梳理与发展的第一人。

徐敬德18岁时始习《大学》，念至“致知在格物”一句时，心生感叹：“为学而不先格物，读书安用?”于是下定决心，将天、地以及万物范畴贴写于墙壁，日究一字，朝夕讽诵，以至于临食不辨其味、行路不知所趣。20岁时，学至痴迷境界，不论昼夜寒暑，端坐室内达三年之久，颇有董仲舒“三年不窥园”之风范。六年之后，无物不格，无理不通。徐敬德一生不喜仕宦，甘愿隐居乡野。平时致力于研究和讲学，“述而不作”。56岁染病卧床不起，预感时日不多，开始考虑留下自己的著作。徐敬德尝言：圣贤之

① 李淳风：《乙巳占》卷3“史司”，上海古籍出版社1995年版，第75页。

② 李淳风：《乙巳占》卷9，上海古籍出版社1995年版，第142页。

③ 李淳风：《乙巳占》卷3“修德第十九”，上海古籍出版社1995年版，第74页。

言，已经先儒注释者，不必更为叠床之说；其未说破者，欲为之著书，今病极如是，不可无传。于是撰《原理气》、《理气说》、《太虚说》和《鬼神死生论》等文章。除此之外，还留下了《复其见天地之心说》、《温泉辨》、《声音解》、《皇极经世数解》、《六十四卦方圆之图解》和《卦变解》等著作。1546年，徐敬德病逝，享年58岁。这一年，李退溪46岁，李珥11岁。1567年，朝鲜王朝下诏表彰了他的学行，追认他为正六品官户曹佐郎。1575年，又被朝廷追认为议政府右议政之正一品官，并赐以文康公的谥号。徐敬德的哲学不仅在朝鲜得到了很高的评价，而且在中国也深受好评。《四库全书总目》收录并介绍了《徐花潭集》，这是以单行本介绍朝鲜学者的唯一版本。

（一）“气无始也，无生也”

在徐敬德哲学逻辑结构中，气是哲学第一概念。“气无始也、无生也，既无始，何所终？既无生，何所灭？”[①]“气无乎不在，何所疾哉？气无乎不到，何所行哉？气之湛然无形之妙，曰神。”[②] 朝鲜学术界普遍认为，徐敬德是张载的忠实信徒，“敬德之学，出于横渠”。[③] 这一评论比较中肯，徐敬德确实在许多方面继承了张载气学。对张载感佩与赞誉之词，俯拾皆是。但是，徐敬德在宣扬张载哲学的同时，也多有自己的心得收获。既有继承又有创获，从而建构出颇具特色的气学思想。

其一，太虚即气。

在中国哲学史上，太虚是一古老的哲学概念。它产生于战国时代，在不同的思想家的著作中，含义并不相同。《庄子·知北游》中的“不游乎太虚”之“太虚”是指广袤无垠之宇宙空间。但在《淮南子》一书中，“虚霸”（太虚）则是指比气更为原初的宇宙始基。在张载气论哲学中，气有两种状态：一是宇宙间有形之万物；二是无形的、非经验性的宇宙本根之本然状态，即“太虚”。作为气之本然状态的“太虚”，实际上只存在于哲学形

① 徐敬德：《花潭集》卷二《太虚说》，成均馆大学校大东文化研究院：《李朝名贤集》，成均馆大学校出版部1975年版，下同。

② 徐敬德：《花潭集》卷二《原理气》。

③ 徐敬德：《花潭集》卷三《附录、年谱、碑铭、遗事》。

上学中，因为它是思想的一种抽象。基于此，我们可以认为，太虚即气，太虚也是宇宙本原。“虚者天地之祖，天地从虚中来。”[①] 天地以虚为祖，宇宙万物皆源于太虚。在哲学性质上，气与太虚同实而异名。徐敬德在《原理气》、《理气说》和《太虚说》等文章中，系统阐述了太虚和气的关系。

首先，徐敬德高揭张载气论大旗，力倡“太虚即气”。“太虚虚而不虚，虚即气，虚无穷无外，气亦无穷无外。既曰虚，安得谓之气？曰：虚静即气之体，聚散其用也。”[②] “太虚湛然无形，号之曰先天，其大无外，其先无始，其来不可究，其湛然虚静，气之原也。弥漫无外之远，逼塞充实，无有空阙，无一毫可容间也。然挹之则虚，执之则无，然而却实不得谓之无也。”[③] “湛然无形”的太虚是气之本然状态，是先验性的实存。“其大无外，其细无始”文句源出于《管子·内业》中的“其细无内，其大无外”。《管子·内业》篇在历史上第一次以“精”训气，提出了“精气”范畴，目的在于论证宇宙本根——气的抽象性和初始性。徐敬德以“其大无外，其先无始”来界定“太虚”概念，目的在于说明太虚是一个与宇宙有形万物相对立的哲学本体概念。

其次，徐敬德对“太虚生气”说进行了批判：“知虚之不为虚，则不得谓之无。老氏曰：‘有生于无’，不知虚即气也。又曰：‘虚能生气’，非也。若曰‘虚生气’，则方其未生，是无有气，而虚为死也。既无有气，又何自而生气？无始也，无生也，既无始何所终？既无生，何所灭？老氏言虚无，佛氏言寂灭，是不识理气之源，又乌得知道。”[④] 太虚是“无”，但非绝对之“无”，而是指超越感性经验的形而上学之无。这种哲学之“无”并不是比气更原始、更抽象的宇宙本体，而是说气即无、无即气。值得注意的是，这一段文句与前引张载《正蒙·太和》篇之“若谓虚能生气，则虚无穷，气有限，体用殊绝，入老氏‘有生于无’自然之论，不识所谓有无混一之常”不仅观点相同，而且文字也大体相同。张载和徐敬德两人的哲学渊源关系，由此也可窥知大略。此外，还需补充说明的一点是，张载哲学中的“太虚”

---

① 张载：《张子语录》中，《张载集》，中华书局1978年版。

② 徐敬德：《花潭集》卷二《太虚说》。

③ 徐敬德：《花潭集》卷二《原理气》。

④ 徐敬德：《花潭集》卷二《太虚说》。

概念，内涵比较单一，仅仅指气之“湛然无形”状态。但是，在徐敬德思想中，“太虚”概念实际上还有另一层义项：宇宙空间。“虚无穷无外，气也无穷无外。”“其大无外”，“程张谓天大无外，即太虚无外者也。知太虚为一，则知余皆非一者也”。[①] 在这一点上，徐敬德和张载稍有不同，却与庄子思想遥相呼应。

其二，气不灭。

对宇宙本根之气作何种哲学规定，反映出一种文化形态在一定历史阶段的哲学水平。在“太虚即气”命题基础上，张载进而提出了气不灭论。《横渠易说·易辞上》云：“惟是有无相接与形、不形处知之为难。须知气从此首，盖为气能一有无，无则气自然生，气之生，即是道（也）是易（也）。”“气能一有无”，是指气具有将有、无统一于自身的属性。气兼有、无两种哲学属性，两者互为前提，不可或缺。当气聚未散时，它是有，由气而象，由象而有；当气未聚时，它是无，由气而虚，虚则无形。气之无，并非绝对之虚无，而是指太虚超越于人类感知系统之上的非直观经验。相对于宇宙万物的有形有象，太虚是无形的，所以称为无。但无形的太虚并不等同于绝对虚无，虚中蕴涵了实，无中具备了有。

与此相对应，徐敬德承张载之余绪，在《太虚说》、《鬼神死生论》等文章中，系统地论述了“气不灭”观点：“气无始也，无生也，既无始何所终？既无生，何所灭？”[②] 在时间维度上，气无所谓起始，这一观点既与张载思想吻合，也与庄子“气无终始”契合；在宇宙论意义上，气是自在自为的，气是位格最高的概念，在它之上不复存在更根本、更抽象的哲学本体。在哲学意义上，自觉地对气作出这种哲学规定不无必要。因为二程、朱熹等人在气之上加上了一个比气更具初始意义的“理”，实质是取消了气的哲学本体地位。因此，张载和徐敬德对本原之气所作的“无无”、“无始”、“无生”的哲学规定，避免了陷入殷周时代宗教神学的泥潭，捍卫了气本论的哲学地位。在《鬼神死生论》一文中，徐敬德通过对生命起源的思索，进一步论证了“气不灭”观点：“程曰：死生人鬼，一而二，二而一，此尽

① 徐敬德：《花潭集》卷二《原理气》。
② 徐敬德：《花潭集》卷二《太虚说》。

之矣。吾亦曰：死生人鬼，只是气之聚散而已，有聚散而无有无，气之本体然矣。气之湛一清虚者，弥漫无外之虚，聚之大者为天地，聚之小者为万物，聚散之势，有微著久速耳，大小之聚散于太虚，以大小有殊，虽一草一木之微者，其气终亦不散，况人之精神知觉，聚之大且久者哉！形魄见其有，散似归于尽，没于无，此处卒皆不得致思，虽三先生之门下，亦莫能皆诣其极，皆掇拾粗粕为说尔。气之湛一清虚，原于太虚之动而生阳，静而生阴之始，聚之有渐以至博厚，为天地、为吾人。人之散也，形魄散耳，聚之湛一清虚者，终亦不散。散于太虚湛一之中，同一气也。其知觉之聚散，只有久速耳，虽散之最速有日月，期者乃物之微者尔，其气终亦不散。何者？气之湛一清虚者，既无其始，又无其终，此理气所以极妙底，学者苟能做工到此地头，始得观破千圣不尽传之微旨矣。”气自身无所始无所终，但由气化生之宇宙万物，却存在着生灭存亡过程。具象的存与亡，只不过是气本原聚与散两种存在状态的转换。人之生命源于气，生为气之聚，死为气之散，但死亡之散，并非化为绝对之虚无。徐敬德以“香烛之气”为例，形象地说明气之聚散状态：“虽一片香烛之气，见其有散于目前，其余气终亦不散，焉得谓之尽于无耶？”[①] 香烛由固体转化而为气体，由气体转换为虚无，这实际上是人类感知系统给人的视觉造成的认识假相。物质是不灭的，只是存在方式有所变化，本原之气永恒固存。

徐敬德写过几首意味隽永的小诗，表达了他对生命的深切体悟：“有物来来不尽来，来才尽处又从来。来来本自来无始，为问君初何从来？”“有物归归不尽归，归才尽处未曾归。归归到底归无了，为问君从何所归。”[②]“物自何来亦何去，阴阳合散理机玄。有无悟了云生灭，消息看来月望弦。原始反终知鼓缶，释形离魄等忘筌。堪嗟弱丧人多少，为指还家是先天。”“万物皆如寄，浮沉一气中。云生看有迹，冰解觅无踪。昼夜明还暗，元贞始复终。苟明于此理，鼓缶送吾公。”[③] 生与死，如同云之生灭、月之圆缺，都是阴阳二气的聚与散，现象变而本体不变。徐敬德临终前坦然说道：“死

① 徐敬德：《花潭集》卷二《鬼神死生论》。
② 徐敬德：《花潭集》卷一《有物》。
③ 徐敬德：《花潭集》卷一《挽人》。

生之理，知之已久，意思安矣！”精神和肉体将复归于太虚之气，如同回到阔别已久的故乡。徐敬德的生命哲学与庄子遥相呼应，《庄子·知北游》云：“人之生，气之聚也。聚则为生，散则为死。若死生为徒，吾又何患！故万物一也，是其所美者为神奇，其所恶者为臭腐。臭腐复化为神奇，神奇复化为臭腐。故曰：‘通天下一气耳。’圣人故贵一。”气是天地人物共同的终极本根，人之生死，物之成毁，都是气化之结果。在哲学意义上，人所赞美的神奇之物和人所厌恶的臭腐之物，活着的人和死去的人，尽管种类有别、形态各异，都只不过是一气之化而已。

其三，“二故化，一故妙”。

《易·系辞上传》云：“易有太极，是生两仪。”两仪指阴阳二气，太极指谓宇宙本根。张载继承并发展了这一思想，认为阴阳是气本身所具有的对立统一之属性，但阴阳二气不是由太极产生，而是源于气。气之上不复存在另外一个位格更高的本体，太极与太虚均指谓气的本然状态。气有阴阳，宇宙万物在阴阳二气的作用下不断地运动变化。气之阴阳变化体现于万事万物之中，通过具体事物得以彰显，这就是“气一分殊”。气是一，一气分而为阴阳，阴阳对立体现于万殊之中。这种哲学观点与程朱“理一分殊”论在逻辑思维方式上相近，但哲学内涵与本质大相径庭。在“气有阴阳”基础上，张载进而提出了“一物两体”命题。太虚之气是一，气有阴阳是两。两是一之属性，表现为对立的两方面。虚实、动静、聚散、清浊等，皆是对立两方面的具体表现，也是一气之阴阳的具体内容。“气有阴阳”和“一物两体”思想，在徐敬德气论中也得到了充分展现。“既曰一气，一自涵二。既曰太一，一便涵二。一不得不生二，二自能生克。生则克，克则生。气之自微以至鼓荡，其生克使之也。一生二，二者何谓也？阴阳也，动静也，亦曰坎离也。一者何谓也？阴阳之始，坎离之体，湛然为一者也。”①“一”即气，“二”即阴阳，阴阳是气内在属性。宇宙论意义上之“一”，在宇宙生成论层面上显现为“二”。在《理气说》一文中，徐敬德进一步论证道：“气之源，其初一也。既曰气，一便涵二，太虚为一，其中涵二，既二也，斯不能无阖辟、无动静、无生克也。原其所能阖辟、能动静、能生克者，而

---

① 徐敬德：《花潭集》卷二《原理气》。

名之曰太极。”“太虚”、“太一”范畴均指谓气之本然状态，气自身先在性地具有阴阳这一对立统一属性。阴阳二气存在着“生克”关系，就像坎、离两卦一样，坎之象为水，离之象为火，彼此对立。但是，两卦又互为前提、相互转化，坎卦全变而为离，离卦全变而为坎。阴阳二气相生相克，宇宙万物得以萌动与发展。与此同时，徐敬德像张载一样，指明宇宙万物运动变化之因存在于客观事物内部，即“太极之妙”：“易者，阴阳之变，阴阳二气也。一阴一阳者，太一也，二故化，一故妙，非化之外别有所谓妙者。二气之所以能生生化化而不已者，即其太极之妙，若外化而语妙，非知易者也。”[①] 徐敬德“二故化，一故妙”与张载所言“一故神，两故化”，在文句上唯一不同之处就在于一“妙”一“神”。张载哲学中的“神”是指气内含阴阳对立的性质，既对立又互相统一。气之变化微妙不测，非人力所能干预。故称之为“气有阴阳，推行有渐为化，合一不测为神”。[②] 徐敬德的“太极之妙”源出于张载“一故神，两故化”，在哲学内涵上并无明显差异。所谓“太极之妙”，是形容气具有聚散无方、周流太虚的神妙能力，正如徐敬德在《原理气》中所感慨：“是则先天不其奇乎？奇乎奇，不其妙乎？妙乎妙，倏尔跃，忽尔辟，孰使之乎？”众所周知，在西方科学思想史上，近代产生了吸引力和排斥力理论，从而科学地解答了物质世界运动变化终极动力问题。近代严复援西学入中学，用西方排斥力和吸引力学说来改造中国本土的阴阳学说。他将排斥力翻译为“拒力”，将吸引力翻译为“爱力”，用“爱力”与“拒力”矛盾对立统一运动原理来对中国古典气学进行重构。需补充说明的是，在严复翻译与引进西学之前，中国与朝鲜古典气学都用阴阳理论表述物质世界运动变化的原动力，无论在基本内涵上，抑或在所用哲学概念上，两者基本上都趋同。

在日常生活中，徐敬德经常用阴阳二气相生相克理论来解释周围自然现象。他家庭院中有一株杏树，暮春时节仍不发芽，仆人认为树已枯死，主张将其锯掉。徐敬德不同意仆人的看法，亲自刨土露根，洒水浇灌，数天后终于发芽。家人问其中原因，他解释说：“无足怪也。凡草木之生出，地各有

---

① 徐敬德：《花潭集》卷二《理气说》。

② 张载：《正蒙·神化》，《张载集》，中华书局 1978 年版。

分，今见其树，培土太过，以朝暮扫庭而坟之也。土崇气而气不达，故生意不得发也，披而疏之，使通阳气，所以复生，此理之常，但人未之知也。”①阳气在上，阴气在下，阴阳二气相摩相荡，达到阴阳之和状态，才能化生宇宙万物。徐敬德刨土露根，使阴气上升、阳气下潜，和气终于生成。此外，他还撰有《温泉辨》一文，用阴阳二气原理解释温泉现象：“天则主阳，地则主阴，火热而水凉，其性也。火则未闻有寒者，而泉或有温者，何也？邵子曰：一气分而为阴阳，阴阳半而形质具焉，阴阳偏而性情分焉，知此则泉之温无足怪也。天未始无阴，地未始无阳，水火互藏其宅，且天之阳常贯乎地之虚，而地不得而不受。故曰天一而实，地二而虚，阳蕴于地中，气或辐凑于一处，积而蒸郁，泉脉被他蒸薄而热，坎之中实亦见其阳潜于水中。”②阳气下潜水中，气聚而生热，使本具阴气本性之水“蒸薄而或钟其热”，因而冰凉的地下水成了温泉。

其四，“理不先于气，气无始，理固无始”。

理气关系是中国哲学史基本问题之一。理与气孰为先后，反映了“理本论”、“气本论”和“心本论”在哲学本体问题上不同的哲学立场。在朝鲜哲学史上，理气关系同样是一重要哲学基本问题。何谓“理”？徐敬德界定说：“语其所以曰理。”③ 理是客观存在内部固有之条理、法则和规律。在理气关系上，徐敬德的哲学立场既不同于张载的“气先理后”，也有别于二程、朱熹的“理先气后”，而是卓然独立地主张“理气合一”。“气外无理。理者，气之宰也。所谓宰，非自外来而宰之，指其气之用事能不失所以然之正者而谓之宰。理不先于气，气无始，理固无始。若曰理先于气，则是气有始也，老氏曰：‘虚能生气，’是则气有始有限也。”④ 气是世界本原，理是气内在的“所以然之正者”，是气之“宰”。此处之“宰”不同于有神论意义上的“最高主宰者”，所以“非自外来而宰之”。用现代哲学语言表述，理是气本内在固有之条理、法则和规律。气之运动、生克和变化，都不能与理相忤逆。此外，作为实体属性的理不能先于气而存在。如果理先于气，意

---

① 韩国哲学会编：《韩国哲学史》中册，社会科学文献出版社 1992 年版，第 131—132 页。

② 徐敬德：《花潭集》卷二《温泉辨》。

③ 徐敬德：《花潭集》卷二《原理气》。

④ 徐敬德：《花潭集》卷二《理气说》。

味着气有时间和空间规定性。一旦气与宇宙间具象一样具有某种具体规定性，说明气“有始有限”，这将意味着气哲学本体地位的丧失。从哲学观点上考索，徐敬德“理气合一”论显然有别于张载，而与罗钦顺思想相吻合。在心性理气之辩中，罗钦顺从气本论立场出发，揭示理范畴的哲学本质。“理须就气上认取，然认气为理便不是。”[①] 罗钦顺首先定下一个基调：必须在气本论前提下考察理范畴。“气之聚，便是聚之理；气之散，便是散之理。惟其有聚有散，是乃所谓理也。推之造化之消长，事物之终始，莫不皆然。”[②] 气有聚散之运动变化，才存在着聚散之规律，天地万物的规律莫外乎此。他把气之运动变化的属性与理的周流循环相贯通，近似于现代哲学所谓规律依存于实体、并随实体之变化而变化的思想。在《答欧阳少司成崇一》一文中，罗钦顺说：“夫孔孟之绝学，至二程兄弟始明。二程未尝认良知为天理也，以谓有物必有则，故学必先于格物。今以良知为天理，乃欲‘致吾心之良知于事事物物’，则是道理全在人安排出，事物无复本然之则矣，无乃不得于言乎！”[③] 受二程哲学之影响，罗钦顺认为客观规律之理本来就具有，不是“全在人安排出”。但是，罗钦顺对二程哲学又有改进之处。他在解释《周易·说卦传》“穷理尽性以至于命”时说：“理果何物也哉？盖通天地，亘古今，无非一气而已。气本一也，而一动一静，一往一来，一阖一辟，一升一降，循环无已。积微而著，由着复微，为四时之温凉寒暑，为万物之生长收藏，为斯民之日用彝伦，为人事之成败得失。千条万绪，纷纭胶轕而卒不可乱，有莫知其所以然而然，是即所谓理也。初非别有一物，依于气而立，附于气以行也。或者因‘《易》有太极’一言，乃疑阴阳之变易，类有一物主宰乎其间者，是不然。夫《易》乃两仪、四象、八卦之总名，太极则众理之总名也。云‘《易》有太极’，明万殊之原于一本也，因而推其生生之序，明一本之散为万殊也。斯固自然之机，不宰之宰，夫岂可以形迹求哉？”[④] 气是最高存在，宇宙万物之生，“无非二气之所

---

① 罗钦顺：《困知记》卷下，巴蜀书社2000年版，第271页。

② 罗钦顺：《困知记》卷下，巴蜀书社2000年版，第276—277页。

③ 罗钦顺：《困知记》附录，巴蜀书社2000年版，第359页。

④ 罗钦顺：《困知记》卷上，巴蜀书社2000年版，第242—243页。

为”[①]；理是气之条理，是“莫知其所以然而然”的内在法则、规律，这种内在规律是与人的主观随意性相斥的。

徐敬德（1489—1546）与罗钦顺（1465—1547）基本上属同时代人。徐敬德“理气合一”论是否像某些学者所论乃受罗钦顺哲学之影响，笔者认为这一观点的论据不够充分。但两人观点遥相呼应与契合这一文化现象，倒是值得注意的。李退溪先生当年专门写了一篇《非理气为一物辩正》，批评徐敬德的“理气合一”论：其一，李退溪认为，徐敬德之论与孔子、周敦颐哲学相背离。“孔子、周子明言阴阳是太极所生，若曰理气本一物，则太极即是两仪，安有能生者乎？曰真曰精，以其二物，故曰妙合而凝，如其一物，宁有妙合而凝者乎？”[②] 李退溪站在“理本气末”哲学立场上，认为徐敬德“理气合一”论混淆了本体与“所生”之间的关系。其二，徐敬德所论与程朱观点不合。李退溪首先引用程子“形而上为道，形而下为器，须著如此说，器亦道，道亦器”一段话，然后诘问：“今若按理气果是一物，孔子何必以形而上下分道器？明道何必曰‘须著如此说’乎？明道又以其不可离器而索道，故曰‘器亦道’，非谓器即是道也；以其不能外道而有器，故曰‘道亦器’，非谓道即是器也。”李退溪认为“理气合一”论是将形而上之道与形而下之器混而为一，将哲学的抽象与具象合而为一。因此，在李退溪心目中，徐敬德的思想与程朱圣贤学说相比，“无一符合处”。不仅如此，李退溪进一步批评说：“每谓花潭一生用力于此事，自谓穷深极妙，而终见得理字不透，所以虽拼死力谈奇说妙，未免落在形器粗浅一边了，为可惜也。”[③] 通而论之，李退溪对徐敬德气论采取了全盘否定的态度。在他看来，徐敬德“所著诸说，无一篇无病痛”，“花潭之学，诞而杂，恐不及白沙”。[④] 哲学立场上的相异，自然而然会导致哲学评论上的相左。

---

① 罗钦顺：《困知记》附录，巴蜀书社2000年版，第402页。

② 退溪学丛书编辑委员会编辑：《陶山全书》卷58，骊江出版社1988年版。

③ 退溪学丛书编辑委员会编辑：《陶山全书》卷58，骊江出版社1988年版。

④ 退溪学丛书编辑委员会编辑：《陶山全书》卷2，骊江出版社1988年版。

（二）中国古代气学特点在徐敬德思想中的体现

徐敬德气学思想深受中国古典气学影响。如果我们将其气论置放于中国古典气学逻辑框架中考察，并进而比较古代中国与朝鲜气学之异同，我们不难发现其中的同一性明显地大于歧异性。

其一，“死生人鬼，只是气之聚散而已”。

东汉王充曾经提出“人之精神”和“物之精神”两个概念。阳气主管精神，因而可以用于解释精神之起源，也可用来诠释鬼妖之气何以有知觉，还可解释天地万物有生命知觉如何可能。换言之，正因为阳气先验性地蕴涵知觉属性，才能从形而上学高度论证人类精神意识之起源和万物精神之缘起。在徐敬德哲学中，气同样是一充满生命智慧的哲学本体。如前所述，在《鬼神死生论》一文中，他认为：“程曰：死生人鬼，一而二，二而一，此尽之矣。吾亦曰：死生人鬼，只是气之聚散而已，有聚散而无有无，气之本体然矣。气之湛一清虚者，弥漫无外之虚，聚之大者为天地，聚之小者为万物，聚散之势，有微著久速耳。”① 从哲学本体高度论证生命起源和生命现象，这种思维方式与中国传统哲学同出一炉。生是气之聚，死为气之散。形魄为阴气，精神知觉为阳气。人死后形魄腐烂为泥土，但精神知觉可以脱离形魄而复归于太虚之气。鬼者，归也，复归于“湛一清虚”之气。“虽一草一木之微者，其气终亦不散，况人之精神知觉，聚之大且久者哉！……人之散也，形魄散耳，聚之湛一清虚者，终亦不散。散于太虚湛一之中，同一气也。其知觉之聚散，只有久速耳。虽散之最速有日月，期者乃物之微者尔，其气终亦不散。何者？气之湛一清虚者，既无其始，又无其终，此理气所以极妙底。”② 关于鬼神、魂魄之本质，学人大多受《礼记》和《易传》影响：“魂气归于天，形魄归于地。”“鬼神，阴阳也。”③《周易·系辞上传》又云：“精气为物，游魂为变，是故知鬼神之情状，与天地相似故不违。”万物和人由“精气”化生，“游魂”也是由精气流变而成。鬼神之变化与天

① 徐敬德：《花潭集》卷二《鬼神死生论》。

② 徐敬德：《花潭集》卷二《鬼神死生论》。

③《礼记·郊特牲》。

地万物之变化，在客观规律上是一致的。《易传》实际上认为天地万物、人类生命，甚至鬼神，都是由精气化生。自然之物、生命体和精神意识，皆源自于统一的宇宙本原——气。气无所不具，无象不兼。基于此，徐敬德进而以香烛为例，形象性地表述这一哲学观点：“虽一片香烛之气，见其有散于目前，其余气终亦不散，焉得谓之尽于无耶？”[①] 生命如同香烛，死后之形魄如同香烛之灰烬，但人的精神意识如同香烛之气，袅袅然直上云霄，似乎化为虚无，但实际上返归于太虚。承认人死后精神意识可以脱离人之形体而独存，而鬼神就是这一存在的表现样式，这实际上是在隐证另一个哲学观点——气作为宇宙本原，是充满生命智慧的最高存在。宇宙万殊万象之生成变化，是本根之气由统一到分离、由分离复归于统一的气化过程，这恰如《管子·内业》所云：“化不易气”。对于这种颇具中国特色的宇宙理论，李约瑟先生称为“有机的自然主义”，并且认为在中国人心目中，自然界是“一切生命体中最伟大的物体”[②]。李约瑟先生之卓识已触及到了中国乃至东方古典哲学的内在本质。但是，李约瑟没有明确点明，在中国古典哲学中自然界何以一直被看做是“一切生命体中最伟大的物体”？究其根源，就在于以中国为代表的东方古典哲学之宇宙本原，从其诞生之始就具备了与西方哲学迥然不同的哲学特质。

其二，“天地之正，禀全者人”。

张载哲学存在着两个“不灭论”。一是气不灭论，二是“道德性命”不灭论。“道德性命是长在不死之物也，己身则死，此则常在。”[③] 有些学者对此甚感困惑，认为两个“不灭论”之间存在着逻辑矛盾。其实不然，这种哲学与文化现象在中国古典哲学史上十分普遍，而且并不构成逻辑矛盾。因为在张载哲学中，本体之气不仅可以说明天地万物之起源，而且又是精神和伦理道德的形而上依据。关于这一点，后来的王夫之说得更加透彻：“二气所生，风雷、雨雪、飞潜、动植、灵蠢、善恶皆其所必有，故万象万物虽不得太和之妙，而必兼有阴阳以相宰制，形状诡异，性情区分，不能一也；不

---

① 徐敬德：《花潭集》卷二《鬼神死生论》。
② 潘吉星主编：《李约瑟文集》，辽宁科学技术出版社 1986 年版，第 338 页。
③ 张载：《经学理窟·义理》。

能一则不能久。”[①] 气本是善，气化中有神气之别，善恶之分，治乱之差，灵蠢之异，王夫之把这些现象与风雷、雨雪、露霜、动植、飞潜等相提并论，这无疑是把自然现象和社会人事、自然范畴与社会伦理范畴合于一处，这些本应属于不同畛域的现象与范畴又都可从“氤氲不可象”的太虚之气的气本与气化中寻找先验性的哲学阐释，并且“至今而不易”[②]。中国古代哲学中的这种伦理起源学说，也深刻地影响了徐敬德的气学。在《送沈教授序》一文中，徐敬德认为宇宙间无处不存在“止”：“夫天下之万物庶事，莫不各有其止。天，吾知其止于上；地，吾知其知于下。山川之流峙、鸟兽之飞伏，吾知其各一其止，而不乱其在。吾人尤不能无其止，而止且非一端，当知各于其所而止之。如父子之止于恩，君臣之止于义，皆所性而物之则也。”[③]“止”即法则、秩序，天地山川、飞潜动植都有其内在的秩序与法则。人类社会关系“止”于伦理规范，社会伦理规范如同天地山川之法则一样，都是“所性而物之则也”。徐敬德将伦理价值观念体系置放于与自然万物相互联系、相互统一的结构性图式中进行考察，从而论证伦理价值观念的先在性与神圣性。在另一篇文章中，徐敬德阐述了人性的起源与本质：“天地之正，禀全者人，其正伊何？曰义与仁，仁义之源，至善至真，如水未波，如镜未尘。情一用事，或失其正。其始也几差，其究也狂圣。”[④] 气本至善至真，所以天地之德至善至真。“天地之中庸，至善至信之德，于此而识之。”[⑤] 天地之德完满地体现在人性上，显现而为“仁义之性”，这种“未动”人性之美是“如水未波，如镜未尘”。这种伦理思想及其语言特色，很容易使人联想起禅宗。神秀说：“身是菩提树，心如明镜台，时时勤拂拭，莫使惹尘埃。”佛性如同明镜，至善至真，一尘不染。人们应该时时护守人性中的佛性，使之不至于放失。徐敬德借用禅宗语言，将人性与明镜相比，旨在申明上自帝王，下自贩夫走卒，皆有先验性的仁义之性。天下之人在人性上平等，这一思想与孟子人性论相契合。世人大多为名利情欲所困，

---

① 王夫之：《张子正蒙注》卷一《参两篇》，中华书局 1975 年版。
② 王夫之：《张子正蒙注》卷一《太和篇》，中华书局 1975 年版。
③ 徐敬德：《花潭集》卷二《送沈教授序》。
④ 徐敬德：《花潭集》卷二《朴颐正字词并序》。
⑤ 徐敬德：《花潭集》卷二《复其见天地之心说》。

放失了至善至真的人性，因而滚滚红尘中有圣人、狂人之分。因此，人的一生，终极价值就在于道德践履，通过后天学习与道德修养，恢复人性原有之光芒。“宜时遵养，敦复初性，闲邪存诚，正斯内充，充之之极，浩然气雄，收天下善，敛之厥躬，道不远人，圣可学至。”[①] 圣人是儒家终极理想人格，这种理想人格境界的实现不在于人生“彼岸”，而在于人生“此岸”。通往这一人生理想境界的桥梁，就是后天的学习与实践。在《复其见天地之心说》一文中，徐敬德论述了伦理道德观念先在性与实践性的辩证关系。“复其见天地之心乎”一句，源于《周易·复卦》之彖辞。《复》卦（䷗）五阴一阳，《彖》曰：“复，其见天地之心乎。”《复》卦震下坤上、雷下地上，卦象为“雷在地中”，暗示不久地下将有震动。冬至是一年中最冷的一天，阴气为主，但就在冰天雪地中，仍然有一丝阳气在蠕动。阳气在逐渐壮大与上升，并最终战胜阴气成为至大至刚的纯乾之卦。徐敬德认为，此乃天地之用心：“至日乃天地始回旋，阴阳初变化之日也。故曰复其见天地之心乎。”[②]《复》卦初爻“一阳来复”表征的是“天地之心”，复见天地之心即复人之本心。对于冬至日这一自然现象所蕴涵的文化意蕴，徐敬德曾经用赋的形式加以表述：“方天地净洒洒，玄酒之味淡，大音之声希，漠然虚静，若无所事，一阳之复，忽尔而跃，其不自容已之妙，是可见天地之心也。”[③]徐敬德反复谈论冬至，真实用意在于论证一个伦理学观点：至善至真的仁义之性，先验性存在于人性之中。人禀天地之气而降生时，就已蕴涵了天地之气中的伦理“因子”，“天地之正，禀全者人”。所以，人的一生在于通过后天努力，不断地扩充与护守这种至善至真的人性，“反于吾身，仁智之性，忠恕之道，无非至日之理，暂于动静，微于瞬息”。[④]

其三，“风者气也”。

在徐敬德哲学中，气不仅仅是形而上的哲学本体，同时又是一直观性、经验性特质比较明显的哲学范畴。在《谢金相国惠扇》中，徐敬德探究了风之起源：“问扇挥则风生，风从何出？若道出于扇，扇里何尝有风

---

① 徐敬德：《花潭集》卷二《朴颐正字词并序》。

② 徐敬德：《花潭集》卷二《复其见天地之心说》。

③ 徐敬德：《花潭集》卷二《复其见天地之心说》。

④ 徐敬德：《花潭集》卷二《复其见天地之心说》。

在？若道不出于扇，毕竟风从何出？谓出于扇，既道不得，谓不出于扇，且道不得。若道出于虚，却离那扇，且虚安得自生风。”徐敬德对于扇子、风、气三者关系进行了哲学思索，认为风并不是出于扇子，而是对充满空间的大气加以冲击，造成大气流动的结果。“然扇才挥风便鼓，风者气也。”① 在无风的静止状态中，宇宙空间仍然充斥着不流动的气体。如同水弥漫溪谷一样，大气充斥于整个空间，了无间隙。徐敬德认为老子所说的“虚而不屈，动而愈出”，是对宇宙空间气状态最好的哲学表述。需指出的一点是，此处之气与前述作为哲学本体之气，两者究竟是什么关系？是同一关系？交叉关系？相异关系？抑或属种关系？虽然徐敬德未能对此加以说明，但是，我们不难从材料中分辨出其中的哲学特质：作为哲学本体之气与作为具体实存的空气在逻辑上属于属种关系。换言之，空气是气本外化之一。此处之气，是一个直观性、经验性非常强的概念。这一哲学特色，在《原理气》一文中，也有充分反映：“气之性动，腾上者也。形之质重，坠下者也。气包形外，形载气中，腾上坠下之相停，是则悬于太虚之中而不上不下，左右环转、亘古今而不坠者也。邵所谓天依形、地附气，自相依附者，依附之机，其妙矣乎！”② 地球悬浮于太虚之气中，不上不下，左右环转，古今不坠，太虚之气将地球等星体托起。很显然，此处“气之性动”之气与前述挥扇生风之气的性质相同，其经验性、直观性比较典型。在中国古典气学中存在的经验性哲学特征，在以徐敬德为代表的朝鲜气论中同样存在。

其四，气概念之多义性。

在哲学与逻辑学意义上，中国古代哲学中的“气”概念存在着多义性特点。在《左传》、《国语》中，气之义项繁杂淆乱，不仅有阳气、阴气、风气、雨气、晦气、明气，而且还兼摄天地之气、血气、夜气、呼吸之气等。在董仲舒气学中，气概念包含了阴阳之气、四时之气、五行之气、自然现象之气等12种规定。按照这种逻辑思维模式，气之义项实际上还可以无限地枚举下去。中国古代气学的这一特点，在徐敬德气论中也有所体现。在

---

① 徐敬德：《花潭集》卷一《谢金相国惠扇》。

② 徐敬德：《花潭集》卷二《原理气》。

徐敬德哲学中，“气”概念的义项纷繁复杂，既指谓“阴阳之气”、“太虚之气”、“天地之气”、“空气”，又指代“浩然之气”、“血气”、“淑气”、“香烛之气”、“黄花气”、“粹气”等。譬如，“仆前年来气衰，寒斋短褐，得寒疾固其所矣。”[①]“观物功夫到十分，日星高揭霁披氛，自从浩气胸中养，天放林泉解外纷。”[②]“屏寒窗牖忽南开，迎面冷风淑气回，湛湛天光依旧远，始知吾性所从来。”[③] 在逻辑学意义上，徐敬德哲学中的“气”作为一哲学主干范畴，其外延与内涵均是模糊的、游移的。黑格尔认为，在西方哲学史上，直到爱利亚学派才开始诞生真正哲学意义上的“纯粹概念”。所谓“纯粹概念”，是指概念已经获得了纯粹的形式，已是一抽象的、单纯的存在。如果以黑格尔所说的哲学与逻辑学价值尺度来评估徐敬德哲学中的“气”概念，很显然，气还算不上是一个哲学纯粹概念，还没有完全达到“用思辨的形式来表现概念”的哲学高度。当然，我们理应看到东西方哲学范畴的区别是巨大的，甚至是不可通约的。如果单纯以“西学”作为参照系和唯一价值评判尺度来裁评气、道、理、心、性、天、阴阳等中国哲学概念，“哲学概念在中国”就有待于证明。假如我们设定以“中学”作为价值评判标准来裁量西方哲学范畴与概念，是否也将会得出同样的结论呢？这确实是一道令学者们深感困惑的难题。其实这种困惑早在20世纪30年代冯友兰先生写《中国哲学史》的过程中就已经出现了。冯友兰当年尝试过以中国传统“义理之学”为主体，从西学中“选”出可以“义理之学”之名来叙述的内容，建构一部西方义理学史。但是，这种平等的、交互式的反向设定是很难成立的。因为近代学术源起于西方，中西文化在近代学术中的地位已有轩轾之别，“此所以近来只有中国哲学史之作，而无西洋义理之学史之作也”。[④] 以“西学”释“中学”，在某种意义上意味着以现代阐释传统。但是，这决不意味着必须以“西学”来规范“中学”，以西学之是为是，以西学之非为非。中国和朝鲜哲学史上的哲学范畴与概念具有独创性的文化特质，切不可通过以“西学”释“中学”，从而将东方哲学与文化的特质加以

---

① 徐敬德：《花潭集》卷一《赋诗》。

② 徐敬德：《花潭集》卷一《赋诗》。

③ 徐敬德：《花潭集》卷一《赋诗》。

④ 冯友兰：《中国哲学史》上册，华东师范大学出版社2000年版，第7页。

抹杀。因此，无论是“接着讲”，还是“学着讲”，这都是中国哲学目前必须正视和仔细辨析的现实课题。

关于徐敬德的学术渊源，李珥曾经作过一番评论：“敬德之学，出于横渠。”① 证诸史实，确乎不谬！徐敬德和李退溪走的是两条截然不同的学术道路。李退溪是朱熹的忠实信徒，在哲学上力倡“理先气后”；徐敬德继承的是张载的哲学思想，主张气一元论。无论在气论的基本内涵、哲学性质，抑或逻辑思维方式上，徐敬德都对张载哲学有所昭承。当然，在继承的同时，也有所创新与发明。

三、反向格义：中国古代气学的“西化”

黑格尔在评论泰勒斯哲学何以没有提出“第一原理”这一概念时说：“既然文化上的区别一般地基于思想范畴的区别，则哲学上的区别更是基于思想范畴的区别。”② 一个民族如果有“哲学”，那么肯定存在着一套独创性的哲学概念系统。气是中国思想史主干范畴之一，并贯穿于中国古代思想史始终。严复援西入中，运用反向格义方法论，对中国传统气学进行了颠覆性的诠释与重构。伽达默尔认为，任何文本都是一未完成的传承物，人们在阅读的同时，也在参与创造。“问题不是我们做什么，也不是我们应当做什么，而是什么东西超越我们的愿望和行动而与我们一起发生。”③ 经过严复精心“筹划”的“气”范畴，让人感到既熟悉又陌生。这一“与我们一起发生”的“东西”，究竟属于“不同理解”、“原样理解”、“更好理解”？抑或过度诠释？

（一）“中国文字，中有歧义者十居七八”

中国近现代思想转型就其本质而言是库恩（Thomas S. Kuhn）所谓的范式的转型。正如本杰明·史华兹（Benjamin Schwartz）所说，在19世纪最后

① 徐敬德：《花潭集》卷三《附录》。

② 黑格尔：《哲学史讲演录》第1卷，商务印书馆1995年版，第47页。

③ 伽达默尔：《真理与方法》上卷，上海译文出版社1999年版，第4页。

十年与20世纪最初十年中的一代知识分子代表了“价值观念的真正变革者、西方新观念的载体”。[①] 而严复则是这一代知识分子中最具有范式寻求意义的人物。他是近代中国第一个“响应西方”并系统介绍西方社会政治思想的学者，是近代中国第一个真正了解西方文化的思想家。严复的问题意识以及他试图解决这些问题的方法在很大程度上左右了近代中国思想发展的轨迹。正因为如此，学术界不约而同地用“第一”来称赞严复。蔡元培说：“五十年来，介绍西洋哲学的，要推侯官严复为第一。”[②] 梁启超说：“西洋留学生与本国思想界发生关系者，复其首也。”[③]

自鸦片战争以来，中国文化传统现代化的一大重要标志就是引进了西方逻辑。[④] 在“响应西方”思想指导下，严复不仅向国人大量介绍了西方的哲学、政治学、经济学以及自然科学，而且十分重视对科学方法论——逻辑学的介绍。他译著的八本西方著作中，就有两本是逻辑学：《穆勒名学》和《名学浅说》。正是由于严复第一次全面系统地介绍西方逻辑学，因而开辟了中国学术研究建立在科学方法论基础上的新天地。“自严先生译此二书，论理学始风行国内，一方学校设为课程，一方学者用为致学方法”。[⑤] 譬如，章太炎在《无神论》一文中，用形式逻辑的论证方法批判基督教思想；梁启超在《中国历史研究法》一文中运用归纳法来研究西周时期的部落分布情况。严复大力宣扬西方逻辑科学，良有以焉。培根曾说逻辑学是“一切法之法，一切学之学”。[⑥] 严复认识到这是西方自然科学的基础与方法论，更是西学“命脉之所在”。[⑦] “而有用之效，征之富强；富强之基，本诸格致。不本格致，将无所往而不荒虚，所谓‘蒸砂千载，成饭无期’者矣。”[⑧]

---

① Benjamin Schwartz, *Reflections on the May Fourth Movement*: *Asymposium*, *Cambridge*, *Mass.*: *East Asian Research Center*, Harvard University, 1972. pp. 2, 4。

② 申报馆：《最近之五十年》，《论严复与严译名著》，商务印书馆1982年版，第33页。

③ 梁启超：《清代学术概论》，上海古籍出版社1998年版，第98页。

④ 早在明代末年，著名学者李之藻就翻译过西方逻辑学著作《名理探》，但此书并未在学术界产生重大影响，西方逻辑学没有在中国真正扎根。直到清末，严复发现了西方逻辑学的奥秘，并不遗余力在全社会倡导与宣传，近代中国从而掀起一股提倡逻辑学科学方法之热潮。

⑤ 郭湛波：《近五十年中国思想史》，山东人民出版社1997年版，第183页。

⑥ 严复：《〈穆勒名学〉按语》，《严复集》，中华书局1986年版，第1027页。

⑦ 严复：《论世变之亟》，《严复集》，中华书局1986年版，第2页。

⑧ 严复：《救亡决论》，《严复集》，中华书局1986年版，第43页。

经过严复这种开创性的工作，西方逻辑学知识受到中国知识界的热烈欢迎。“一时风靡，学者闻所未闻，吾国政论之根柢名学理论者，自此始也。”[①] 逻辑定义、推理与论证的广泛运用，使现代学术著作卓然有别于古代学术著作，中国学术呈现出焕然一新的面貌，中国文化的特性由于西方逻辑学的传入与运用而彻底改变。

受过西方哲学与逻辑学训练的严复，他对中国传统学术认识的广度与深度决非固守一隅的“老儒先生”所能比拟。严复认为中国之所以一直没产生“精深严确之科学哲学”，其奥秘就在于本土文化的“细胞”——概念、范畴本身存在着“含混闪烁”之集体表象。爱因斯坦尝言，西方古代科学之所以能向现代化形态转换，依赖于两大文明杠杆：一是实证精神，二是形式逻辑。在中西文化的比较研究中，通过对中国传统学术深层次的探寻，严复已经清醒地认识到了中国传统学术作为一个整体，存在着一个内在根本性的缺陷：从思想结构上说，缺乏严谨的逻辑系统；从叙事模式上讲，概念与范畴驳杂、模糊、含混、矛盾。如果说王夫之当年对中国文化的这一内在缺失已有了一些模糊觉察的话，那么，严复通过对西方哲学与逻辑学的研究，对中国传统学术缺乏逻辑性的认识，可以说是十分深刻：

“人类能力，莫重于思辨。而语言文字者，思辨之器也。求思审而辨明，则必自无所苟于其言始。言无所苟者，谨于用字已耳。”[②]

“汝等试翻何等字书，上自五雅三仓、说文方言，直至今之经籍纂诂，便知中国文字，中有歧义者十居七八，特相去远近异耳。”[③]

浸润于西方文明数载的严复，对中国传统文化的批评可谓一针见血。根据西学的标准，所谓“学”必须符合两大条件：一是逻辑性，二是实证性。援引这一标准来衡量中国传统文化，无论是伦理学、哲学，还是政治学，在理论上都只是一些知识经验的积累杂凑，如同一堆散钱，缺乏内在的逻辑联

① 王蘧常：《严几道年谱》，商务印书馆 1936 年初版，第 55 页；后收入《严复研究资料》，海峡文艺出版社 1990 年版，第 55 页。

② 耶方斯著，严复译：《名学浅说》，商务印书馆 1981 年版，第 15 页。

③ 耶方斯著，严复译：《名学浅说》，商务印书馆 1981 年版，第 17 页。

系。“凡学必有其因果公例，可以数往知来者，乃称科学。”[①] 符合逻辑因果律，可以据已知以推未知者，才能称为科学。中国传统学术，从来只是重视结论而忽略产生这些结论的逻辑论证过程。“所恨中国文字，经词章家遣用败坏，多含混闪烁之词，此乃学问发达之大阻力。”[②]“然而人类言语，其最易失误而事理因以不明者，莫若用字而不知其有多歧之义。此杨朱所以有亡羊之泣也。”[③] 大到整个中国传统哲学形态，小到传统哲学的“细胞”——概念，都存在着这种“含混闪烁”的逻辑缺陷。关于“气”概念，严复在《名学浅说》中说：“有时所用之名之字，有虽欲求其定义，万万无从者。即如中国老儒先生之言气字。问人之何以病？曰邪气内侵。问国家之何以衰？曰元气不复。于贤人之生，则曰间气。见吾足忽肿，则曰湿气。他若厉气、淫气、正气、余气、鬼神者二气之良能，几于随物可加。今试问先生所云气者，究竟是何名物，可举似乎？吾知彼必茫然不知所对也。然则凡先生所一无所知者，皆谓之气而已。指物说理如是，与梦呓又何以异乎！……他若心字天字道字仁字义字，诸如此等，虽皆古书中极大极重要之立名，而意义歧混百出，廓清指实，皆有待于后贤也。”[④] 严复“今试问先生所云气者，究竟是何名物，可举似乎”这段话实际上是要求对方从形式逻辑的角度对“气”概念下一定义——“气是什么？”对方之所以陷入“茫然不知所对”之窘境，或许可以作两种维度的解读：一是像冯友兰所认为的，气有“相对的意义”，也有“绝对的意义”。“我们不能说气是什么。其所以如此，有两点可说。就第一点说，说气是什么，即须说：存在底事物是此种什么所构成者。如此说，即是对于实际，有所肯定。此种什么，即在形象之内底。就第二点说，我们若说气是什么，则所谓气，亦即是一能存在底事物，不是一切事物所有以能存在者。气并不是什么。所以气是无名，亦称为无极。”[⑤] 冯友兰把“气”看做西方哲学本体论意义上“纯粹概念”，他所说的“气”范畴的名称是中国哲学的，其逻辑规定与哲学本质却是西方的。二是用苏格

① 严复：《〈群学肄言〉译余赘语》，《严复集》，中华书局 1986 年版，第 125 页。
② 严复：《政治讲义》，《严复集》，中华书局 1986 年版，第 1247 页。
③ 耶方斯著，严复译：《名学浅说》，商务印书馆 1981 年版，第 15 页。
④ 耶方斯著，严复译：《名学浅说》，商务印书馆 1981 年版，第 18—19 页。
⑤ 冯友兰：《新原道》，《中国现代学术经典 · 冯友兰卷》，河北教育出版社 1996 年版，第 811 页。

拉底、亚里士多德以来的西方逻辑学理论来规范中国本土哲学中的“气”，多多少少有点南辕北辙。因为“气”概念的外延本来就是模糊游移的，外延边界不确定恰恰正是“气”等中国哲学范畴的普遍性特点。当我们勉强要定义“气是什么”时，我们恰恰是在肯定“气不是什么”。苏格拉底曾说：“应该抛弃任何一个用未经解释或未经承认的名辞来说明的答案。”[①] 任何一个概念如果未经解释，就缺乏存在的正当性。当我对任何东西不知道它是“什么”，也就不知道它“如何”。苏格拉底的这番话用在中国古代哲学范畴上，多少有点“水土不服”。“老儒先生”不像严复那样受过西方哲学与逻辑学的熏陶，用冯友兰的观点来解释“茫然不知所对”显然不合时宜，因此第二种解释或许正好凸显了因中西思维模式与叙事模式不同给国人带来的“电然”之感。但是，严复这段话仍然可圈可点，意义深远，甚至可以说是前无古人之论！其理论意义在于：在中国古典气学发展史上，严复首次从哲学与逻辑学的高度揭示出了气概念“意义歧混百出”的逻辑缺陷，这是一种自觉的、清醒的哲学认识。张载、朱熹和王夫之等人达不到的哲学高度，严复终于达到了，这是一件具有哲学进步意义的大事。[②] 在中国哲学史上，作为思维网结的概念、范畴充满歧异与矛盾，其思想之网驳杂多失，在所难免。在《左传》中，气概念分为“阴、阳、风、雨、晦、明”等“六气”。在董仲舒哲学体系中，气概念统摄了阴阳之气、四时之气、五行之气、自然现象之气等 12 种义项，它涵盖了自然、生命、精神、伦理、社会、人事诸方面，实际上它还可以包容得更多，它可以无限制地枚举下去。虽然历史上众多思想家把“气”作为其哲学逻辑结构中的最高概念，但是，我们不难发现这样一个现象：历代思想家们始终没有对于“气”概念作出一个统一的、确定的、具有科学意义的逻辑界定，其外延的边界始终游移不定。严复所说的“几于随物可加”，“指物说理如是，与梦呓又何以异乎”，描述的都是这一逻辑性现象。王充在《论衡·无形》篇说：“人禀元气于天，各受寿夭之命。”苏轼受其思想影响，认为“人之寿夭在元气”。严复

① 北京大学哲学系外国哲学教研室编译：《古希腊罗马哲学》，商务印书馆 1982 年版，第 167 页。

② 李泽厚先生认为：严复“这种澄清含混的语义批判，在中国至今犹堪借鉴”。参见李泽厚《中国近代思想史论》，人民出版社 1979 年版，第 273 页。

不赞同这种仅有结论而无论证过程的观点，慨然长叹："元气二字，到底是何物事?"[①] 一个科学的哲学概念必须具备相对确定的内涵与外延，必须遵循"A是A，不等于非A"，"A不是非A"等形式逻辑基本规律，必须在确定的涵义上来使用每一个概念，否则就必然陷入折中主义和诡辩论的错误泥潭。严复从逻辑学之概念定义的角度，对传统"气"概念发出的感慨，揭示出了中国传统学术的一大特点：逻辑学传统的缺失。在西方哲学史上，范畴、概念的发展经历了一个自我否定的阶段。泰勒斯"水是本原"命题标志着宗教宇宙观的终结与哲学的诞生。"水被了解为普遍的本质"[②]，但黑格尔认为"思想的世界还待建立，纯粹的统一还不存在"。[③] 水范畴实质上还只是一个经验性色彩很浓郁的概念。真正哲学意义上的"普遍的本质"，其形式必须已达到"绝对的形式"，感性的因素已被剥离。很显然，"水"还算不上是一哲学"纯粹概念"。毕达哥拉斯学派的"数"，相对于泰勒斯的"水"而言是哲学意义上的进步。但是，毕达哥拉斯学派的"数"还"没有达到概念"。[④] 数还不是"普遍的本质"，也没有获得"绝对的形式"。"毕达哥拉斯派哲学还没有达到用思辨的形式来表现概念。数虽是概念，但只是在表象、直观方式内的概念，——在量的形式内的区别，没有被表现为纯粹概念，而只是两者的混合体。"[⑤] 所谓"用思辨的形式来表现概念"，是指认知主体的概念性认识应建立在理性而非感性认识基础上，对哲学概念的界定与论证已臻至抽象化、本质化的认识水平，形式已获得了普遍性的形式。黑格尔认为，在西方哲学史上，直到爱利亚学派才开始诞生真正哲学意义上的"纯粹概念"："在这个学派里，我们看见思想本身成为独立自由的了；在爱利亚学派所说的绝对本质里，我们看见思想纯粹地掌握其自身，并且看见思想在概念里的运动了。"[⑥] 在西方哲学史上，可以勾勒出一副线索清晰、层层递进的范畴发展演变史的图表。反观中国哲学史，则缺乏这种自我否定的

---

① 严复：《苏子瞻〈上皇帝书〉批语》，《严复集》，中华书局1986年版，第1206页。
② 黑格尔：《哲学史讲演录》第1卷，商务印书馆1995年版，第185—186页。
③ 黑格尔：《哲学史讲演录》第1卷，商务印书馆1995年版，第186页。
④ 黑格尔：《哲学史讲演录》第1卷，商务印书馆1995年版，第247页。
⑤ 黑格尔：《哲学史讲演录》第1卷，商务印书馆1995年版，第252—253页。
⑥ 黑格尔：《哲学史讲演录》第1卷，商务印书馆1995年版，第253页。

哲学进程。从西周太史伯阳父的“阴阳之气”，到王夫之、康有为的气论，绵延两千多年，气概念的哲学性质始终未发生根本性的哲学变革[①]。

（二）响应西方：严复对“气”概念的重构

冯友兰尝言：“在中国近代史中，所谓中西之分，实际上是古今之异。”[②] 立足于西学，对中学进行格义与会通，在某些层面实际上是以现代阐释传统。因此，中国传统哲学要真正实现向近现代化形态的转换，首先必须进行形式逻辑的批判。严复立足于西方近代自然科学成就，以西方哲学与逻辑学为尺度，既“格义”又“会通”，对中国传统“气”概念作出了全新的哲学界定：

（1）气是构成宇宙万物之始基

宇宙万物纷繁复杂，但存在着一个共同的终极性根据，即“始于一气，演成万物”，[③] 宇宙万物生于气，由简至繁，从低级向高级嬗演。“一气之转，物自为变。此近世学者所谓天演也。”[④] 严复略谙西方近代自然科学知识，认为一切物质都由 64 种化学元素构成。在一定条件下，元素间不同的分化组合构成不同的具体物象。“虽化学所列六十余品，至热度高时，皆可以化气。而今地球所常见者，不外淡轻养三物而已。”[⑤] 不仅生命有机体如此，甚至天地山川、瓦砾草树都具有共同的终极性根据，“物类繁殊，始惟一本”。[⑥] 宇宙万物按照这一宇宙生成图式，肇端于气，由简至繁，从低级向高级嬗演。严复在对《庄子·知北游》“通天下一气”的评语中说：“今

---

① 中国古代哲学概念语义含混决非偶然现象。严复曾经对“天”概念也作过逻辑性的批判。他在《群学肄言》按语中说：“中国所谓天字，乃名学所谓歧义之名，最病思理，而起争端。以神理言之上帝，以形下言之苍昊，至于无所为作而有因果之形气，虽有因果而不可得言之适偶，西文各有异字，而中国常语，皆谓之天。如此书天意天字，则第一义也，天演天字，则第三义也，皆绝不相谋，必不可混者也。”“天”是中国哲学古老范畴之一，但是，不同时代的思想家，甚至同一时代的不同思想家的“天”的概念，其内涵与外延都是歧义横生的。换句话说，几千年来，中国历代学者是在一个没有对“天”概念作一共同的逻辑界说的基础上来使用这一概念的。

② 冯友兰：《中国哲学史新编》第 6 册，人民出版社 1989 年版，第 155 页。

③ 严复：《原强修订稿》，《严复集》，中华书局 1986 年版，第 17 页。

④ 严复：《〈庄子〉评语》，《严复集》，中华书局 1986 年版，第 1106 页。

⑤ 耶方斯著，严复译：《名学浅说》，商务印书馆 1981 年版，第 18 页。

⑥ 严复：《原强修订稿》，《严复集》，中华书局 1986 年版，第 16 页。

世科学家所谓一气常住，古所谓气，今所谓力也。”[①] 严复将气诠释为“力”，极有可能是受到了斯宾塞哲学的影响。斯宾塞在康德不可知论影响下，认为对一切可理解的东西的解释只说明后面还有不可理解的东西存在。现象背后存在着绝对实体，绝对实体是不可知的。可知的只是经验现象，不可知的则是绝对实体，即他所称的“力”。而力之所以不可知，是因为证明这种力的试验都要预先假定这种力存在，经验方法却不能用来证明力的恒久性。“力”是恒久存在的（persistence of force），是既无开端又无终结的无条件的实在，是一切现象的终极原因，是对经验进行科学组织的基础，因而也必然是一切知识的来源。不可知的恒久存在的“力”在直接对立的主体与客体、自我与非我、精神与物质中表现自己。需要点明的是，严复此处所讲的力虽然来源于斯宾塞哲学，但是，严复只领悟了斯宾塞哲学的皮毛，并未把握其内在精髓。因为斯宾塞所说的“力”，不是知识的对象，它是绝对不可知的，只能通过宗教信仰接近。因此严复以力训气，是想把气界定为一种具体物质性存在：“今夫气者，有质点、有爱拒力之物也，其重可以称，其动可以觉。”[②] 章太炎1899年著《菌说》，也将气界定为天地万物生成之始基。他认为气即“以太”，而其实质则为阿屯。[③] 近代物理科学曾经把“以太”假设为传播光的媒介，章太炎称之为“传光气”，表明他把以太定义为气，而其实质则是“阿屯”（Atom），即原子。近代物理学借用古希腊哲学中的原子范畴来表示构成物质的最基本的粒子。章太炎以它确定气——以太的实质，在当时是以科学概念取代经验直观的概念。客观存在是实在的，它们的始基也不能是虚无的存在或纯粹的抽象。近代实证科学认为，阿屯尽管极其微小，但仍有其实在的形体，可以用实验的手段确定其大小，并且以一定的速度进行着或快或慢的运动。众所周知，传统的西方哲学存在着三大主题：上帝、物质和灵魂。在启蒙运动之后，上帝在哲学领域至高无上的地位开始逐渐丧失，上帝不再是现代哲学的首要研究对象，而且也不是哲学的一般对象，而是演变为宗教哲学的首要研究对象。尤其重要的是，随着19世纪自然科学的突飞猛进以及孔德实证主义思潮和马赫现象主义的出现，传统

---

① 严复：《〈庄子〉评语》，《严复集》，中华书局1986年版，第1136页。

② 耶方斯著，严复译：《名学浅说》，商务印书馆1981年版，第18页。

③ 章太炎：《菌说》，《章太炎政论选集》，中华书局1977年版，第134页。

哲学关于自然的研究已逐步淡出人们的视野。黑格尔的《自然哲学》开始受到冷落，实证科学取代了自然哲学的思辨。自然科学重视的是对具体物质现象的研究，而非传统哲学对物质世界的一般性原理的探究。换言之，物质不再是现代西方哲学的研究对象。在西方自然科学的熏陶下，中国传统气论已经涂抹上了些许实证主义色彩。

（2）中国古代阴阳学说被西方吸引与排斥理论取代

中国古典气论一直将阴阳看做是宇宙本原在内在结构上所具有的基本属性，是宇宙万物产生与运动的动力因。阴阳二气循环推移，化生出天地万物。恰如朱熹所言：“天地之间无往而非阴阳。一动一静，一语一默皆是阴阳之理。”[①] 这种宇宙生成理论与古希腊阿那克西美尼将稀散和凝聚视为气本原内在属性的观点有相近之处。这表明处于创始阶段的人类早期哲学，其相似性、相通性总要多于相异性。但是，这种宇宙生成理论存在着两大缺陷：一是直观、经验；二是与“物活论”、“泛心论”相通，这正如马克思评论培根物质观所形容的：“物质带着诗意的感性光辉对人的全身心发出微笑。”[②] 公元前5世纪的恩培多克勒提出宇宙间存在着两种原始的力量：一是联合，二是分离。亚里士多德曾批评恩培多克勒没有彻底地使用这些原理，但是也客观承认恩培多克勒是历史上第一位把运动的原理论证为“殊异的相互对立”。[③] 牛顿万有引力的发现，加深了人们对吸引理论的认识。当西方哲学将排斥力与吸引力带进本体论殿堂，将宇宙万物存在与变化的根源归结为排斥与吸引的对立统一规律时，西方哲学本体论开始告别它的古典形态，因为“真正的物质理论必须给予排斥和吸引同样重要的地位，只以吸引为基础的物质理论是错误的、不充分的、片面的”。[④] 在西方哲学史上，“真正的物质理论”是由康德建构的，因为康德克服了牛顿片面强调吸引力的缺陷，认为物质就是排斥与吸引的统一。黑格尔评价说：“这不能不归功于康德，康德完成了物质的理论，因为他认为物质是斥力和引力的统一。”[⑤]

---

① 黎靖德编：《朱子语类》第六十五卷，中华书局1994年版。

② 《马克思恩格斯全集》第2卷，人民出版社1998年版，第163页。

③ 黑格尔：《哲学史讲演录》第1卷，商务印书馆1995年版，第323页。

④ 恩格斯：《自然辩证法》第3卷，人民出版社1971年版，第466—467页。

⑤ 黑格尔：《小逻辑》，商务印书馆1986年版，第216页。

严复站在西学立场上，对中学作格义，将排斥力译为“拒力”，将吸引力译为“爱力”：“故物之少也，多质点之力。何谓质点之力？如化学所谓爱力是已。及其壮也，则多物体之力。凡可见之动，皆此力为之也。”①

严复将沿袭数千年之久的阴阳理论从气本论中驱逐出去，用西方近代哲学物质理论重新规范气本原的内在结构。用“爱力”与“拒力”的对立统一规律来诠释宇宙万物的生成、运动与变化。严复的这种哲学努力，实质上是以西方近代哲学与自然科学成就为“鞭子”，催促中国传统哲学向近现代化形态飞速过渡。值得注意的是，“爱力”、“拒力”概念从此在中国学术界迅速地流行起来。譬如，谭嗣同在西方近代自然科学知识影响下，用“以太”概念来表述宇宙本原，代替了以前使用的气范畴。谭嗣同对“以太”作了一些崭新的哲学规定：其一，以太是万物构成之最基本的原质；其二，以太是万物之所以然；其三，以太是事物相互作用的媒介；其四，以太是天地万物之间的“爱力”、“吸力”，日月星辰乃至天河之星团，“皆互相吸引不散去，曰惟以太”。② 在谭嗣同哲学思想中，气是构成万物的原质，而以太是原质之原；日月星辰相吸相摄，气使之运而不坠，而以太便是物体间相互吸摄的“爱力”与“吸力”。实际上，以太是对气范畴所作的进一步哲学提炼，是对气范畴本质哲学意义的规定，是气范畴的转化。由此我们也可发现，传统的阴阳理论已被学术界抛弃，代之而起的，是西方的吸引与排斥理论。

（3）气嬗变为有重量、无处不在、细微的物质基本粒子

在中国古代气学史上，抽象与直观、形而上与形而下的矛盾一直是阻碍中国古代哲学范畴迈向“纯粹概念”的一道哲学之坎。譬如，王充哲学中的气范畴有厚薄之分、粗精之别。“万物之生，俱得一气。气之薄渥，万世若一。”③ 从哲学史进程分析，将气之无形无象特性论证到哲学最高境界的人物是张载。在张载“太虚即气”命题中，太虚与气实质上是同一概念：“太虚无形，气之本体，其聚其散，变化之客形尔。”④ 气聚成形为物，气散

① 严复：《天演论》，《严复集》，中华书局1986年版，第1328页。
② 谭嗣同：《仁学》，《谭嗣同全集》，中华书局1998年版，第294页。
③ 北京大学历史系《论衡》注释小组：《论衡注释》，中华书局1979年版，第1073页。
④ 张载：《正蒙·太和》，《张载集》，中华书局1978年版，第7页。

形溃反原，复归太虚本然状态。太虚即气，气即太虚，两者属于同义反复的同一概念。如果说两个概念之间还存在着一点差异，其差异表现为：太虚是无形之气，气的有形状态是宇宙万物，太虚不具备有形的属性。气作为“第一推动力”，它自本自根，没有具体的规定性，不是经验理性认识的对象。与此相对，严复的气论并非“接着讲”张载，而是“学着讲”西方：“今夫气者，有质点、有爱拒力之物也，其重可以称，其动可以觉。”① 在西方哲学史上，德谟克利特将原子的属性规定为两种：体积和形状。后来，伊壁鸠鲁又加上了第三重属性——重量。德谟克利特等人建构的原子论是对早期希腊各派哲学家的综合与发展，标志着古希腊哲学开始进入体系化阶段。罗素曾经总结出原子的五大特点：1. 原子在物理上——而不是在几何上——是不可分的；2. 原子之间存在着虚空；3. 原子是永恒的，不可毁灭；4. 原子处在永恒的运动之中；5. 原子在数量上是无限的，不同的只在于形状和大小。② 原子在宇宙论上是一种微小的、其细无内的、不可再入的物质基本粒子。关于原子的“不可分”特性，罗素曾以“刀切苹果”为例加以诠释：德谟克利特相当详尽地完成了他的理论工作，并且其中有些工作是非常有趣的。每个原子都是不可渗透的、不可分割的，因为它里面没有虚空。当你用刀切苹果的时候，刀必须找到一个可以插进去的空虚的地方。如果苹果没有虚空，它就会是无限的坚硬，在物理上就会是不可分割的。每个原子内部是不变的，事实上原子就是一个巴门尼德式的“一”。③ 在认识发展论上，“原子不可入”的观点是为了避免阿那克萨哥拉的“种子”可以无限分割所造成的逻辑矛盾而提出的。芝诺曾从逻辑上剖析了无限分割与不可分割之间的矛盾：无限分割的结果等于点，等于零。而零的总和还是零，于是万物等于零。原子论者正视了这一问题，于是提出了原子具有“不可入”的内在规定性。但是，现代自然科学的发展，使原子“不可分”的传统观点受到了严峻的挑战。其实早在黑格尔，就对原子论者将世界看成是由一块块完全封闭的、独立自存的“宇宙之砖”堆积而成的宇宙图式进行了批判：

---

① 耶方斯著，严复译：《名学浅说》，商务印书馆1981年版，第18页。

② 罗素：《西方哲学史》，商务印书馆1991年版，第97页。

③ 罗素：《西方哲学史》，商务印书馆1991年版，第105页。

“但是这种关系乃是完全外在的关系，独立的东西与独立的东西相结合，彼此仍然是独立的；所以这只是一种机械的联合。照这种看法，一切有生命的、精神的……东西只是凑合起来的；变化、发生、创造因此也仅仅是一种联合。这里立刻就表明了整个学说的空疏性。又在近代，特别是通过伽桑第，这种原子论的观念又得到复兴。但主要的问题是，只要人们把原子、分子、细小部分等等认作是独立自存的东西，则它们的联合就只是机械的；被联合者总是彼此外在，它们的结合只是外在的，——一种凑合。”① 严复显然没有看到黑格尔等人对原子论者的批判，没有认识到原子论“学说空疏性”，更没有对张载的气论进行分析研究，而是“截断众流”，在《名学浅说》中以西方原子论来改造中国古代的气论，“今夫气者，有质点、有爱拒力之物也，其重可以称，其动可以觉”。气概念由此嬗变而为一有重量的、无处不在的、细微的物质基本粒子。

（4）气在不断地运动变化

中国古典气论一直认为气变动不居，“刚柔相推而生变化”②，“万物负阴而抱阳，冲气以为和”。③ 在西方哲学史上，阿那克西美尼等人认为“气”存在着热和冷的矛盾对立互补，是宇宙万物运动变化的动力。赫拉克利特则认为万物运动变化的根源在于物质内部存在着对立统一。西方近代吸引力与排斥力理论出现后，严复及时地援西学入气本论，从“爱力”与“拒力”矛盾对立统一运动的角度来对古典气论中有关运动变化终极动力因问题进行重构：“大宇之内，质力相推，非质无以见力，非力无以呈质。”④

伽达默尔的“效果历史意识”包涵两层含义：一方面任何理解都具有历史的条件性，历史的实在性是历史与对历史理解的统一；另一方面它是指理解者清醒地知道他自己的意识状态是效果历史意识：“谁想理解某个文本，谁总是在完成一种筹划。一当某个最初的意义在文本中出现了，那么解释者就为整个文本筹划了某种意义。”⑤ 严复完全清楚地明白他为之奋斗不

---

① 黑格尔：《哲学史讲演录》第1卷，商务印书馆1995年版，第334页。

② 《易传·系辞上》。

③ 《老子》四十二章。

④ 严复：《天演论》，《严复集》，中华书局1986年版，第1320页。

⑤ 伽达默尔：《真理与方法》，上海译文出版社1999年版，第343页。

息的工作是要“完成一种筹划”。严复气论是中西文化视域融合的“新生儿”。他运用西方逻辑学原理与近代自然科学与哲学成就对中国古典气学所进行的反向格义努力，是对中国古典气学一次具有重大哲学意义的“筹划”。经过“西学”铸范重新“淬火锻打”的气概念，已经蜕变为一有重量的、有广延性的、细微的物质基本粒子。严复的这一哲学解构与重构工作，其哲学意义在于：中国古典气学中一直存在的“含混闪烁”的逻辑模糊性特质，在严复气论中终于得到了具有里程碑意义的超越。中国古典气论以严复气论为界石，进入一个崭新时代。但是，我们也应清醒地认识到，严复援“西学”入气论，赋予气一些可用科学实验手段获得的物质性质，其逻辑内涵越来越确定、逻辑外延越来越稳定，气也因此逐渐蜕变为某种特殊的、具体的存在。气原有的哲学抽象性、普遍性的程度大大降低，原有的哲学“本体”意义大大弱化，中国本土哲学概念的内在“韵味”大大丧失。在“重估一切价值”思想引导下，高喊冲决思想网罗、清算旧有价值观念、全方位“响应西方”是严复这一代中国人焦躁心理的普遍反映。恰如史华兹所言：中国近代思想的发展反映了与传统思想的决裂。诚哉斯言！严复立足于西方近代自然科学与哲学立场，对气概念作出了全新的哲学规定。气范畴的具体性逐渐加强了，抽象性却逐渐淡化了。因此，古典气论嬗变到近代，确如有些学者所言，是一个“科学性不断加强，而哲学性不断弱化”的过程。[①] 换句话说，严复思想中的气概念不再是宇宙本原，也并未“西化”为哲学“纯粹概念”，气已经逐渐从哲学形而上学殿堂中淡出，蜕变为一具体的、特殊的物质存在，完成了其作为万物存在的终极根据被用于对世界本原进行探索的历史使命。从这一意义上讲，严复又是中国古典气学的终结者。

---

① 参见张立文主编：《气》第九章，中国人民大学出版社 1990 年版。

第五章　理·心·性

研究孟子人性论，应当区分“君子所性”和“人之性”两大概念。在“君子所性”意义上，孟子强调应当自觉以“四端”为人性。在“人之性”层面，孟子并未否定人性有恶端。学界把董仲舒人性论概括为“性三品说”，也存在着一些误解，有必要重新进行界说。

罗钦顺对程朱理学既有“错看”，更有“发明”。罗钦顺从程朱理学内部颠覆了理学体系，理本论嬗变为气本论，从而与张载和王廷相哲学前后呼应。

一、“只是要正人心”：孟子“性善说”献疑

刘歆《七略》考证《孟子》当有11篇，从而否定了司马迁《史记·孟子荀卿列传》所言“《孟子》七篇”的观点。东汉赵岐进而考证《孟子》其余四篇文章为《性善辨》、《文说》、《孝经》、《为政》。如果《外书》四篇信而有征，其中的《性善辨》当是阐发孟子人性学说最重要的文献。可惜《外书》四篇真伪问题至今众说纷纭、莫衷一是，今人只能通过阅读《尽心》、《告子》等文管窥孟子人性学说一二。实际上，在先秦时期的一些著述中，譬如《荀子·性恶》篇，引述《孟子》人性思想的一些重要文句就不见于今本《孟子》，[①] 或许这已

① 《荀子·性恶》所载“孟子曰：‘人之学者，其性善’”、“孟子曰：‘今人之性善，将皆失丧其性故也’”等文句，皆不见于今本《孟子》。

从一个侧面证明通行本《孟子》并非全本或祖本。学界普遍认为，在人性论上，孟子的基本观点为“人性善”或“性善”。孟子弟子当年就认为“孟子道性善，言必称尧舜”。[①]《荀子·性恶》又言“孟子曰：‘人之学者，其性善。’”西汉董仲舒认为，“孟子下质于禽兽之所为，故曰性已善”。[②] 东汉王充《论衡·本性》篇记载：“孟子作《性善》之篇，以为‘人性皆善，及其不善，物乱之也。’”[③] 赵岐也认为，“今孟子曰：‘人性尽善。’”[④] 宋代大儒程颐认为，“孟子有大功于世，以其言性善也”。[⑤] 杨时认为，“《孟子》一书，只是要正人心，教人存心养性，收其放心……心得其正，然后知性之善，故孟子遇人便道性善”。[⑥] 现代学者韦政通认为，“孟子是就人心之善来印证人性之善的”。[⑦] 任继愈认为，“在春秋战国时代，孟子第一个提出了系统的人性善的理论”。[⑧] 但是也有一些学者对此提出质疑与反驳，焦循曾经指出，孟子只说“人无有不善”，并未说“性无有不善”。[⑨] 冯友兰指出，孟子“认为人性内有种种善的成分。他的确承认，也还有些其他成分，本身无所谓善恶，若不适当控制，就会通向恶”。[⑩] 相比之下，张岱年的质疑更加直截了当：“然而性中不过有仁义礼智之端而已，性有善端，岂得即谓性善？而且性固有善端，未必无恶端。今不否证性有恶端，仅言性有善端，何故竟断为性善？”[⑪] 遗憾的是，目前学界与社会大众对冯友兰与张岱年先生早期的观点多有疏略甚至遗忘。近年梁涛教授结合出土文献，对孟子人性思想多有考索，新识迭现。他认为，“孟子‘道性善’也应表述为：人皆有善性；人应当以此善性为性；人的价值、意义即在于其充分扩充、实现自己的

① 《孟子·滕文公章句上》。
② 《春秋繁露·深察名号》。
③ 《论衡·本性篇》。
④ 焦循：《孟子正义·告子章句上》，中华书局2006年版，第442页。
⑤ 朱熹：《孟子集注·序说》。
⑥ 朱熹：《孟子集注·序说》。
⑦ 韦政通：《中国思想史》，上海书店出版社2003年版，第184页。
⑧ 任继愈主编：《中国哲学发展史》（先秦），人民出版社1983年版，第326页。
⑨ 焦循：《孟子正义·告子章句上》，中华书局2006年版，第442页。
⑩ 冯友兰：《中国哲学简史》，北京大学出版社1985年版，第81页。
⑪ 张岱年：《中国哲学大纲》，中国社会科学出版社1982年版，第184页。

性”。[①] 梁涛的观点已在学界产生了广泛影响，笔者不揣谫陋，力图在前贤今哲思考与论证基础上，对业已成为“国民常识”[②] 的观点作进一步的质疑与考辨。不当之处，敬祈指正！

（一）“君子所性”：孟子只论证“人性”有善端

陈来教授认为，中国古代的人文思想“从西周开始萌芽”，[③] 礼乐文化取代了祭祀文化。与这一革命性的社会人文思潮出现相呼应，对人与人性之思考逐渐取代对神与神性之关注。如果说《商书·西伯勘黎》中的“不虞天性”尚是对神性之描述，那么《诗经》出现对人之欲求与人之本质的思考当是合乎逻辑之演进：“天生蒸民，有物有则。民之秉彝，好是懿德。”[④] 人之懿德，源自于天，孟子曾引这一首诗论证其人性思想。韦正通先生认为，“孟子的性善论，曾受到这类言论的启发”。[⑤]《诗经·大雅·卷阿》又云：“岂弟君子，俾尔弥尔性，百神尔主矣。”性与生通假，反复出现的“弥尔性”表明，对人之普遍生理与生命欲求之关注已成为这一时代探讨的文化话题。迨至春秋时代，讨论性与人性已蔚然成风。公元前 575 年，单襄公云：“夫人性，陵上者也，不可盖也。求盖人，其抑下滋甚，故圣人贵让。”[⑥]“人性”一词，或首现于此。人性“陵上”，此处之“人性”已是对人普遍本质之概括。《左传》襄公十四年载：“天生民而立之君，使司牧之，勿使失性。……天之爱民甚矣，岂其使一人肆于民上，以从其淫，而弃天地之性？必不然矣。”[⑦]“何谓天地之性”？徐复观释为“爱民”，[⑧] 也可成一解。值得注意的是，《左传》昭公二十五年所载子产所言，已开始将天地之性与人性相牵扯：“夫礼，天之经也，地之义也，民之行也。天地之经，而民实则之。则天之明，因地之性，生其六气，用其五行。气为五味，发为五

---

① 梁涛：《郭店竹简与思孟学派》，中国人民大学出版社 2008 年版，第 362 页。
② 罗根泽：《孟子传论》，东方出版社 2011 年版，第 95 页。
③ 陈来：《古代思想文化的世界》，上海三联书店 2009 年版，第 12 页。
④ 《诗经·大雅·蒸民》。
⑤ 韦政通：《中国思想史》，上海书店出版社 2003 年版，第 186 页。
⑥ 薛安勤、王连生注译：《国语·周语》，吉林文史出版社 1991 年版，第 91—92 页。
⑦ 杜预集解：《春秋经传集解》，上海古籍出版社 1988 年版，第 916 页。
⑧ 徐复观：《中国人性论史》，华东师范大学出版社 2005 年版，第 37 页。

色，章为无声，淫则昏乱，民失其性。是故为礼以奉之。……哀乐不失，乃能协于天地之性，是以长久。"[①] 天地之性为"礼"，所以人之性也是"礼"，人之性出于天地之性，徐复观进而推导出"这便含有'性善'的意义"。[②] 这种"善"是外在的"命"，而非孟子思想意义上的"由仁义行"。徐复观先生旨在说明：孟子思想并非空穴来风，在孟子性善说之前，当有一"性善"思想的早期发展历程。除了《左传》材料之外，徐复观还着力指出，孔子认定"仁乃内在于每一个人的生命之内"，仁之基本内涵为"爱人"，所以可以认为孔子"实际是认为性是善的"。[③] 亲炙于孔子多年的子贡曾经感叹"夫子之言性与天道，不可得而闻也"。[④] 我们所能看到的，只是"性相近，习相远"[⑤] 之类笼统表述。徐复观以仁释性，"以仁为人生而即有，先天所有的人性"，[⑥] 致思路向显然已受到宋儒程朱哲学以"天理"释人性的熏陶。断言孔子人性论为"性善"，未免有些超前。楚简《性自命出》有"仁，性之方也，性或生之"[⑦]，近似于"人性仁"，但这已是孔子弟子或再传弟子的思想。

缘此，让我们还是回到孟子思想本身，以孟释孟。"孟子道性善，言必称尧舜。"[⑧]《孟子》论性善，始见于此。朱子以"言"释"道"，"道性善"也就是倡言性善。"天下之言性也，则故而已矣，故者以利为本。"[⑨] 这段话中的"故"与"利"颇令人费解，学界争论较多。[⑩] 赵岐《注》云："言天下万物之情性，常顺其故则利之也。改戾其性，则失其利矣。若以杞柳为杯棬，非杞柳之性也。"[⑪] 赵岐释"故"为人性与物性之自然、本然，这一训

① 杜预：《春秋经传集解》，上海古籍出版社 1988 年版，第 1516—1517 页。

② 徐复观：《中国人性论史》，华东师范大学出版社 2005 年版，第 38 页。

③ 徐复观：《中国人性论史》，华东师范大学出版社 2005 年版，第 62 页。

④ 《论语·公冶长》。

⑤ 楚简《性自命出》有"养性者，习也"、"习也者，有以习其性也"等记载，可以看出后人对孔子思想之阐发。刘钊：《郭店楚简校释·性自命出》，福建人民出版社 2005 年版，第 94 页。

⑥ 徐复观：《中国人性论史》，华东师范大学出版社 2005 年版，第 62 页。

⑦ 刘钊：《郭店楚简校释·性自命出》，福建人民出版社 2005 年版，第 100 页。

⑧ 《孟子·滕文公章句上》。

⑨ 《孟子·离娄章句下》。

⑩ 参见梁涛：《郭店竹简与思孟学派》，中国人民大学出版社 2008 年版。

⑪ 焦循：《孟子正义·离娄章句下》。

解比较符合孟子本意。《荀子·性恶》云："凡礼义者，是生于圣人之伪，非故生于人之性也。"[①] 杨倞注："故，犹本也。"王引之《经传释词》亦云："故，本然之词也。"[②] "故"即性之本然，孟子此处之"性"，既指人性，也指物性。何谓"利"？朱子认为"利，犹顺也，语其自然之势也。"[③] 焦循的观点与朱子基本相同，训"利"为"顺"。[④] 王夫之释"利"为"顺利"，[⑤] 因顺而推之，观点基本上与朱子相同。梁涛教授也认为，"'以利为本'的利，可能还是应释为有利或顺"。[⑥] 因此，"故者以利为本"意指人当顺从、遵循人性与物性之本然，如同大禹治水，善遵循水土之自然本性。人之本然之性，是一先验的存有。"广土众民，君子欲之，所乐不存焉。中天下而立，定四海之民，君子乐之，所性不存焉。君子所性，虽大行不加焉，虽穷居不损焉，分定故也。君子所性，仁义礼智根于心。"[⑦] "所性"既是事实判断，也是一价值判断。君子所认可、所界定的"性"有别于芸芸众生"所性"，"君子所性"之性生于心，[⑧] "所性"之基本内涵为仁义礼智。性之四德源于天，落实于人心。郑玄注《礼记·礼运》："分，犹职也。"朱子注："分者，所得于天之全体，故不以穷达而有异。"[⑨] 性之四德不因人之穷达贵贱而增损，换言之，性之四德超越具体生活经验而独立存在。"君子所性"之性圆满自足，乃恒常之本体，所以"不加"、"不损"。孟子这一论证方式与内涵非常令人惊奇！因为这种哲学论证模式与内涵广泛见诸程朱理学与阳明心学，在战国时期就已从形而上高度论证"性"存在之正当性，足见孟子已将孔子开创的儒家思想推向了一个崭新的哲学高峰，令人叹服！陈鼓应教授认为"孟子有关人性的议论，尚未明确地建立起哲学形上学为其理论依据"，并进而断言儒家的心性论一直到宋代儒学才从"先秦道家移植

---

① 《荀子·性恶》。
② 王引之：《经传释词》卷五，江苏古籍出版社2000年版，第54页。
③ 《孟子·离娄章句下》。
④ 《孟子正义·离娄章句下》。
⑤ 王夫之：《四书笺解》卷八《孟子》，《船山全书》，岳麓书社1996年版，第326页。
⑥ 梁涛：《郭店竹简与思孟学派》，中国人民大学出版社2008年版，第372页。
⑦ 《孟子·尽心章句上》，《四书章句集注》，中华书局1983年版，第354—355页。
⑧ 焦循释"根"为"生"。焦循：《孟子正义·告子章句上》。
⑨ 朱熹：《孟子集注·尽心章句上》。

本体论为其理论之最后保证”。[1] 这一观点不能不说有些偏颇，如果对递进递佳的儒学史加以回顾，不难发现儒家心性论之哲学形上学萌芽于《孟子》、《中庸》，集大成于程朱理学和阳明心学。儒家心性论之哲学形上学的建构其来有自、源远流长，根本无需从“先秦道家移植”。

在《孟子》中，人性有善端的立论方式至少有三种：

1. 证诸人类普遍情感经验

韦政通对孟子的论证方式评论说：“孟子的性善论，不是经由知识上曲折的论证的过程，所得到的结果，他是直接就当下流露在具体生活中的恻隐、羞恶的德性的表现，而印证到人性普遍价值的存在。”[2] 这种“具体的普遍”的例子比较多，我们主要分析其中的三个事例：

例一，孺子入井。“人皆有不忍人之心。先王有不忍人之心，斯有不忍人之政矣。以不忍人之心，行不忍人之政，治天下可运之掌上。所以谓人皆有不忍人之心者，今人乍见孺子将入于井，皆有怵惕恻隐之心。非所以内交于孺子之父母也，非所以要誉于乡党朋友也，非恶其声而然也。由是观之，无恻隐之心，非人也；无羞恶之心，非人也；无辞让之心，非人也；无是非之心，非人也。恻隐之心，仁之端也；羞恶之心，义之端也；辞让之心，礼之端也；是非之心，智之端也。人之有是四端也，犹其有四体也。”[3] 既然“乍见孺子将入于井”，皆会“诱发”“怵惕恻隐之心”，证明“四心”、“四德”如同人之“四体”，皆是先验的存有，与后天人文教化无涉，甚至与知识论也无关。这种形式逻辑上的枚举推理，其结论真实可靠吗？王夫之对此提出疑问：“且如乍见孺子将入于井，便有怵惕恻隐之心，及到少间，闻知此孺子之父母却与我有不共戴天之仇，则救之为逆，不救为顺，即此岂不须商量？”[4] 王夫之的这一反驳失之偏颇。如果因不共戴天之仇而弃孺子入井于不顾，这已经是由后天的伦理价值观支配其行为。但是，孟子力图要证明的是人之“四心”、“四德”，超越后天人文教化与知识。不是“乍见孺子将入于井”会滋生出我的恻隐之心，而是恻隐之心本来就存在于我心，孺子

---

① 陈鼓应：《庄子论人性的真与美》，《哲学研究》2010 年第 12 期。

② 韦政通：《中国思想史》，上海书店出版社 2003 年版，第 185 页。

③ 《孟子·公孙丑章句上》。

④ 王夫之：《读四书大全说》卷八《孟子》，《船山全书》，岳麓书社 1996 年版，第 943 页。

入井只不过是触动、引发了我内在的恻隐之心而已。“稍涉安排商量，便非本心。”[①] 杨时曾就孟子思想与人论辩，杨时问对方：“乍见孺子将入于井”，心中为何会产生恻隐之情？对方答：“自然如此。”杨时不满意对方这一回答，他认为应当一直追问下去。譬如，人有恻隐之心何以可能？穷根究底到尽头，就会发现源头活水乃是天理。“盖自本原而已然，非旋安排教如此也。”[②] 相比之下，韦政通的质疑直指要害：“如果我们从知识的观点，质问孟子：假如人不具有‘人掉下井就要死亡’的知识，是否还有‘怵惕恻隐之心’的表现呢?”[③] 韦政通认为怵惕恻隐之心只能是知识论意义上的命题，怵惕恻隐之心是后天知识。换言之，在韦政通看来，孟子的怵惕恻隐之心缺乏普遍性证明。关于这一点，章太炎先生其实早已揭明：“然四端中独辞让之心为孩提之童所不具，野蛮人也无之。”[④] 如果儿童与野蛮人皆不具辞让之心，如何能证实“人皆有不忍人之心”？杨国荣教授继而指出，孟子这一论证方式与观点“似是而非”：“事实上，孟子所说的恻隐之心，已非纯粹的自然本性，作为一种渗了道德意识的情感，恻隐之心乃是在长期的社会教化影响下形成的，这种影响在沉淀、内化之后，便习惯成自然，亦即取得了某种‘自然’的形式，如果离开了后天的社会作用过程，这种情感显然不可能形成。孟子将恻隐之心（同情之心）视为先天的道德意识，似乎忽视了这一点。”[⑤] 怵惕恻隐之心建立在知识论的基石之上，缺乏知识论与人文教化的支撑，“四心”、“四德”至少在逻辑上势必丧失其存在的充足理由。

例二，心之所同然。“口之于味，有同耆也。易牙先得我口之所耆者也。如使口之于味也，其性与人殊，若犬马之与我不同类也，则天下何耆皆从易牙之于味也？至于味，天下期于易牙，是天下之口相似也。惟耳亦然。至于声，天下期于师旷，是天下之耳相似也。惟目亦然。至于子都，天下莫不知其姣也。不知子都之姣者，无目者也。故曰：口之于味也，有同耆焉；耳之于声也，有同听焉；目之于色也，有同美焉。至于心，独无所同然乎？

① 王夫之：《读四书大全说》卷八《孟子》，《船山全书》，岳麓书社 1996 年版，第 943 页。

② 黎靖德编：《朱子语类》卷十七，中华书局 1994 年版，第 383 页。

③ 韦政通：《中国思想史》，上海书店出版社 2003 年版，第 186 页。

④ 章太炎：《国学讲演录·诸子略说》，华东师范大学出版社 1995 年版，第 178 页。

⑤ 杨国荣：《孟子的哲学思想》，华东师范大学出版社 2009 年版，第 118—119 页。

心之所同然者何也？谓理也，义也。圣人先得我心之所同然耳。故理义之悦我心，犹刍豢之悦我口。"[①] 从口、耳、目之"同耆"、"同听"、"同美"，推导出心有理义悦心之"同然"，这一类比推理过程与结论存在诸多逻辑漏洞。类比推理是从特殊到特殊，前提与结论之间没有蕴涵关系，结论是或然性的。口、耳、目是生理层面上的感觉器官，心却是德性之心，而非生理学意义上范畴，非同类之间缺乏可比性；此外，类比对象之间应存在共同的本质属性，并且与推出的结论之间有内在关联，口、耳、目之"同耆"、"同听"、"同美"，与要得出的"理义之悦我心"结论之间，缺乏逻辑意义上的内在联系。牟宗三先生评论说："尝觉、视觉、听觉是人之感性大体如此，其同嗜、同听、同美之'同'亦不是严格的普遍性。但心之所同然（即理与义）之普遍性是严格的普遍性。"[②] "心之所同然"何以就是"严格的普遍性"？牟宗三在此没有详加说明，与孟子一样存在循环论证之嫌疑。实际上，"刍豢之悦我口"与"超越的义理之心"相类比，在逻辑上只是一种典型的机械类比，其结论的非真性不言而喻。

例三，牛山之木。"牛山之木尝美矣，以其郊于大国也，斧斤伐之，可以为美乎？是其日夜之所息。雨露之所润，非无萌蘖之生焉，牛羊又从而牧之，是以若彼濯濯也。人见其濯濯也，以为未尝有材焉，此岂山之性也哉？虽存乎人者，岂无仁义之心哉？其所以放其良心者，亦犹斧斤之于木也，旦旦而伐之，可以为美乎？其日夜之所息，平旦之气，其好恶与人相近也者几希，则其旦昼之所为，有梏亡之矣。梏之反复，则其夜气不足以存；夜气不足以存，则其违禽兽不远矣。人见其禽兽也，而以为未尝有才焉者，是岂人之情也哉？"[③] 孟子以"牛山"喻"人"，以"萌蘖"喻"本心"，以木之"美"喻性之"善"，以"牛山之木尝美矣"证明人之性未尝不善。人的一生，所谓"人人皆可谓尧舜"，究其实质是自我内在本性不断完善与实现的过程。牟宗三评论说："现实的人不是神圣的，而此实体性的心却必须是神圣的。惟在如何能培养而操存之而使之不放失而呈现耳。"[④] 儒家这一理念

① 《孟子·告子章句上》。

② 牟宗三：《圆善论》，吉林出版集团有限责任公司2010年版，第24页。

③ 《孟子·告子章句上》。

④ 牟宗三：《圆善论》，吉林出版集团有限责任公司2010年版，第28页。

与《圣经》所言人性普遍恶截然不同，根据《圣经》所载，生命的理想人格的实现，是自我本性不断否定的过程。但是，在逻辑与知识论层面，孟子这一论证过程仍然存在着机械类比的错误，因为人们完全可以在经验生活中列举出山既有良木也有莠草、既有瑞兽也有恶禽的事实，来轻而易举地反驳孟子的观点。

2. 形式逻辑证明

第一证，反驳“生之谓性”。告子开宗明义，标明自己的观点：“生之谓性。”[1]“生”与“性”古音相同，告子对“性”范畴之界定与荀子、董仲舒和王充相近，[2]“性”指“生之所以然者”，与后天教化无涉。按说孟子理应赞同告子这一观点，因为孟子把仁义礼智“四端”预设为先验的存有，仁义礼智“四端”即是“生”。但是告子所说的“生”是指“食色”，不涵摄伦理因子，也不蕴涵善恶判断。因此两人对何谓“生”之理解上差距较大，或许正是在这一意义上，孟子明确否定告子的提法。孟子巧妙运用形式逻辑上的归谬法进行反驳：“‘生之谓性也，犹白之谓白与?’曰：‘然。’‘白羽之白也，犹白雪之白；白雪之白，犹白玉之白与?’曰：‘然。’‘然则犬之性，犹牛之性；牛之性，犹人之性与?’”[3] 孟子在运用归谬法进行反驳的过程中，一再偷换概念，把共白与别白相混淆、共相与殊相相混淆。白与白玉、白羽、白雪之白何以能混而为一？性与犬之性、牛之性、人之性又何以能等同为一？实际上，告子认同的只是共名意义上的“白”和“性”，可惜他没有察觉出孟子埋设的逻辑陷阱，一步一步深陷其中而无法自拔。

第二证，杞柳与杯棬之辨。“告子曰：‘性，犹杞柳也；义，犹杯棬也。以人性为仁义，犹以杞柳为杯棬。’孟子曰：‘子能顺杞柳之性而以为杯棬乎？将戕贼杞柳而后以杯棬也？如将戕贼杞柳而以为杯棬，则亦将戕贼人以为仁义与？率天下之人而祸仁义者，必子之言夫!’”[4] 在这一场辩论中，孟子至少犯了两大逻辑错误。其一，偷换辩论论题。告子认为，仁义等善端源

① 《孟子·告子章句上》。

② 《荀子·正名》：“生之所以然者谓之性。”《春秋繁露·深察名号》：“如其生之自然之资谓之性。”《论衡·初禀》：“性，生而然者也。”

③ 《孟子·告子章句上》。

④ 《孟子·告子章句上》。

自后天教化，属于荀子哲学意义上之“伪”。告子并未讨论以杞柳加工成杯棬是否戕贼人性，孟子巧妙地把辩论的主题转换为因顺抑或戕贼杞柳之性而为杯棬。在事实层面上，因循杞柳之性而为，只能是杞柳，而非杯棬。在逻辑意义上，顺杞柳之性而为杯棬，恰恰证明告子仁义后出观点是正确的。实际上，孟子理应从类比推理角度，指明告子以杞柳、杯棬论证人性与仁义犯了“异类不比”的逻辑错误。其二，虚设论敌。告子并未主张戕贼杞柳之性才能编织杯棬、戕贼人性而成仁义。从前后辩论语境分析，告子的观点当是顺杞柳之性而为杯棬。但是孟子虚设论敌，[①] 认为告子倡言戕贼杞柳之性而为杯棬，批评告子所言将祸害天下。朱熹曾经一针见血地揭明孟子的内心想法：“言如此，则天下之人皆以仁义为害性而不肯为，是因子之言而为仁义之祸也。”[②] 孟子担忧告子之言一出，天下人势必以为仁义本非人性所有、因循仁义有违于人性，芸芸众生因而弃仁义于不顾，恣意妄为。正因为如此，孟子罔顾逻辑与事实之偏差，猛烈抨击告子之说。[③]

第三证，“性犹湍水”。“性犹湍水也，决诸东方则东流，决诸西方则西流。人性之无分于善不善也，犹水之无分于东西也。”[④] 告子认为，人性不可以善恶界说，不存在普遍性、先验性的人性，这一思想或许与萨特人性论有几分遥相契合之处。孟子悄悄把告子所言水性无分东西偷换为水性向下，“水信无分于东西。无分于上下乎？人性之善也，犹水之就下也。人无有不善，水无有不下。今夫水，搏而跃之，可使过颡；激而行之，可使在山。是岂水之性哉？其势则然也。人之可使为不善，其性亦犹是也”。[⑤] 以水之性

---

① 参见杨泽波：《孟子评传》，南京大学出版社1998年版，第399页。

② 朱熹：《孟子集注·告子章句上》。

③ 宋代张九成对孟子的忧虑也深有感悟：“或以为性可以为善，可以为不善……或以有性善，有性不善……如或者前说行，则其罪一归于君上，而不知自责；如或者后说行，则善不善皆归于天，而无与于人事。伤名败教莫此为甚。”（张九成：《孟子传》卷二十六，文渊阁四库全书本，第484页下）如果否认存在普遍性、先验性的人性，认为性是后天环境熏陶而成，就会导致人将自身的善恶归结为后天教化与环境的影响，从而放弃自身的努力；如果认为出生时就有善恶之别，就会导致人将自身的善恶归结为天命，也将放弃自身的德性践履。缘此，张九成高倡人性善，使德性生命始终存有昂扬向上的奋斗目标。

④ 《孟子·告子章句上》。

⑤ 《孟子·告子章句上》。

论证人之性，告子和孟子犯了同样的逻辑错误。任继愈指出，孟子在此“以真证假”。[①] 受地球引力影响，水性向下是一符合客观事实的知识，实际上水往东或往西流，也是水性向下表现形式。但是，由水之特性推导出人“无有不善”，在逻辑上无法成立，前提的虚假，只会导致结论的荒谬。

从以上所列举的三种逻辑论辩可以看出，孟子人性学说立论方式在形式逻辑层面上漏洞百出。有的学者进而指出，孟子论性善并不是通过形式逻辑来证明，“而主要是通过生命体验启发人们对于自己良心本心的体悟，只要体悟到了自己有良心本心，就会相信良心本心是人所固有的，就会对性善论坚信不疑”。[②] 与其说性善论是一种生命体验，毋宁可以说性善论是一种精神信仰。这一精神信仰作为一种人类常识，无法也无需通过逻辑手段加以证明。这非常使人容易地想到格劳秀斯的自然法，自然法的证明有两种途径，其中之一就是证诸人之普遍本性。一个普遍的结果往往需要一个普遍的原因，这种原因往往代表了人类的常识。孟子性善说尽管在形式逻辑上不完善，但在人类常识意义上却无法否认。杨泽波教授甚至认为，“仅仅依靠形式逻辑是读不懂性善论的”。[③] 但无法否认的是，《孟子》确实存在借助逻辑论辩证明其人性学说的事实，如果我们把“好辩”的孟子放在春秋战国那种特定社会历史阶段中考察，再证之公孙龙、惠施、《墨辨》等古代形式逻辑智慧之光的一再闪现，我们不难发现，力图从形式逻辑意义上建构思想学说“形式上的系统”是一种时代精神的诉求。

3. 从“即心言性”到即天言性

唐君毅认为，孟子学的本质是心学，孟子人性论特点是“即心言性”。[④] 徐复观也认为，“性善”两字，到孟子才明白清楚地说出，“由人心之善，以言性善”。[⑤] 牟宗三进而认为，中国学术思想可大约称为“心性之学”，此“心”代表“道德的主体性（Moralsubjectivity）”。[⑥] 孟子“即心言性”目的

① 任继愈主编：《中国哲学发展史》（先秦），人民出版社 1983 年版，第 328 页。
② 杨泽波：《孟子与中国文化》，贵州人民出版社 2000 年版，第 199—200 页。
③ 杨泽波：《孟子与中国文化》，贵州人民出版社 2000 年版。
④ 唐君毅：《中国哲学原论 · 原性篇》，中国社会科学出版社 2005 年版，第 14 页。
⑤ 徐复观：《中国人性论史》，华东师范大学出版社 2005 年版，第 99—100 页。
⑥ 牟宗三：《中国哲学的特质》，上海古籍出版社 1997 年版，第 69 页。

之一，在于从哲学与伦理学意义上探寻仁义礼智诸善端的缘起与正当性。“尽其心者，知其性也。知其性，则知天矣。”[①] 此处之“心”不是认知之心，而是德性之心，“是价值意识的创发者”。[②] “心”有其具体内涵：“恻隐之心，人皆有之；羞恶之心，人皆有之；恭敬之心，人皆有之；是非之心，人皆有之。羞恶之心，人皆有之；恭敬之心，人皆有之；是非之心，人皆有之。恻隐之心，仁也；羞恶之心，义也；恭敬之心，礼也；是非之心，智也。仁义礼智，非由外铄我也，我固有之也，弗思耳矣。”[③] 仁义礼智作为心之具体内涵，是先验的存有，是生命的内在本然属性，所以孟子一再强调“仁义礼智根于心”。[④] 既然仁义礼智“根于心”，也就证明仁义礼智是“在我者”，而非“在外者”。沿着孟子人性论这一运思路向，我们可以真正读懂何谓“万物皆备于我”。[⑤] 《经籍纂诂》释“备”为“丰足”。[⑥] 《荀子·礼论》云：“故虽备家，必逾日然后能殡，三日成服。”“万物皆备于我”并不是知识论意义上的命题，而是境界论与形而上学意义上的命题。“万物皆备于我”之“我”，近似于庄子“吾丧我”之“吾”，“吾”是“以道观之”的“大我”，而非拘泥于主客体认识框架的“小我”。[⑦] 陆象山把“万物皆备于我”解释为万物皆备于“吾之本心”，[⑧] 是作心学向度的发挥；[⑨] 梁启超把“万物皆备于我”诠释为万物“备于我心”，[⑩] 则是以佛释

---

① 《孟子·尽心章句上》。

② 黄俊杰：《中国孟学诠释史论》，社会科学文献出版社2004年版，第109页。

③ 《孟子·告子章句上》。

④ 《孟子·尽心章句上》。

⑤ 《孟子·尽心章句上》。

⑥ 阮元等撰集：《经籍纂诂》卷六十三，中华书局1982年版，第1378页。

⑦ 参见何中华：《孟子“万物皆备于我”章臆解》，《孔子研究》2003年第5期。

⑧ 陆九渊著，钟哲点校：《陆九渊集》卷一《书》，中华书局1980年版，第5页。

⑨ 陆象山的注解在很大程度上影响了后代学者对“万物皆备于我”的理解，也有越来越多的学者开始认识到陆象山注疏的不足之处。徐梵澄指出，“‘万物皆备于我矣’之说，是纯粹唯心论，即万事备具于吾心”。（徐梵澄：《陆王学述：一系精神哲学》，上海远东出版社1994年版，第96页。）任继愈也主张“万物皆备于我是个主观唯心主义命题，反身而诚和强恕而行是主观唯心主义解决物我关系的原则”。（任继愈主编：《中国哲学发展史》，人民出版社1983年版，第318页。）张岱年指出，若将“万物皆备于我”理解为“万物皆备于我心”，“这个‘心’是论者强加于孟子的。这称之为‘增字解经’，乖离了孟子原意”。（张岱年主编：《中国唯物论史》，河南人民出版社1994年版，第112页。）

⑩ 梁启超：《梁启超论孟子遗稿》，王兴业编：《孟子研究论文集》，山东大学出版社1984年版，第489页。

孟。实际上，孟子“万物皆备于我”一段话旨在表明：君子“所性”源自心，“自我立法”,[①] 无需外假。尤其值得注意的是，性之善不仅仅是一道德精神，而且是人生之幸福与快乐，“反身而诚，乐莫大焉”。章太炎评论道：“反观身心，觉万物确然皆备于我，故为可乐。”[②] 善是乐，善是幸福。这一思想与康德哲学深相契合。康德实践理性中的“善”蕴涵幸福，善不仅仅是道德律，有幸福才是至善。

“心善是否可能?”这一疑问已通过上述“乍见孺子将入于井”等生命体验与逻辑论辩进行证明。接下来的问题在于：心善何以可能？孟子的回答为：“心之官则思，思则得之，不思则不得也。”[③] “思”即“省察”，“省察”之枢要在于“慎独”，“慎独”之义即陆象山所言“不自欺”。[④] 因此，孟子的观点可梳理为：心能思，“自明诚”，所以心善。天道为“诚”，既真且善；人道当为“诚”，但人需“思”，也就是“诚之”，才能臻至“诚”的理想生命境界，这一境界也就是真善美境界。“大人者，不失其赤子之心者也。”[⑤] 赤子之心“纯一无伪”,[⑥] 赤子之心即“诚”。因此，天人在“诚”这一境界维度上，有望通过“思”而臻于合一。东汉赵岐对心善何以可能的探究基本上延续了孟子的思路：“性有仁义礼智，心以制之，惟心为正，人能尽极其心，以思行善，则可谓知其性矣。知其性，则知天道之贵善者也。”[⑦] 心能“制”性，所以心“正”，心正所以心善。何谓“制”？焦循解释道：“制谓裁制人之心。能裁度得事之宜，所以性善。”[⑧] “制”就是“裁制人心”。这一训释虽有循环论证之嫌，但以“裁制”释“制”，并未乖离赵岐原意。追溯起来，赵岐的观点与董仲舒的观点又有所契合：“栣众恶于内，弗使得发于外者，心也。故心之为名栣也。”[⑨] 《说文解字》释“栣”：

---

① 黄俊杰：《中国孟学诠释史论》，社会科学文献出版社 2004 年版，第 109 页。
② 章太炎：《国学讲演录·诸子略说》，华东师范大学出版社 1995 年版，第 175 页。
③ 《孟子·告子章句上》。
④ 陆九渊著，钟哲点校：《陆九渊集》卷三十四《语录上》，中华书局 1980 年版，第 418 页。
⑤ 《孟子·离娄章句下》。
⑥ 朱熹：《孟子集注·离娄章句下》，《四书章句集注》，中华书局 1983 年版。
⑦ 焦循：《孟子正义·尽心章句上》。
⑧ 焦循：《孟子正义·尽心章句上》。
⑨ 《春秋繁露·深察名号》。

"弱兒，从木，任声。"卢文弨认为"栣"含义为"禁"，[1] 苏舆也认为"栣、禁对文，然则栣即禁也"。[2] 在《春秋繁露》的其他篇章中，也出现了"栣"字。譬如："栣众恶于内"，"天性不乘于教，终不能栣"，心即栣，"栣"为裁制、制约，心的基本含义就是裁制，也就是"思"与"正"。"人之受气苟无恶者，心何栣哉？吾以心之名，得人之诚。人之诚，有贪有仁。仁贪之气，两在于身。"[3] 孟子、董仲舒、赵岐与焦循，前后之间凸显出一以贯之的逻辑线索。

但是，如果断言孟子人性论只是"即心言性"，可能陷于偏曲之论。实际上，孟子并没有停留在"以心言性"思维阶段，而是百尺竿头更进一步，以"天"论性、"即天言性"，这恰恰正是孟子人性思想卓然高标之处。冯友兰指出："孟子因人皆有仁、义、礼、智之四端而言性善。人之所以有此四端，性之所以善，正因性乃'天之所与我者'，人之所得于天者。此性善说之形而上的根据也。"[4] 孟子以"天"论性的实质，在于从形上学高度为人性中仁义礼智诸善端存在正当性进行辩护。在"尽心—知性—知天"逻辑框架中，天无疑是位格最高的哲学本体。在孟子思想体系中，"天"范畴的含义比较繁复，既有自然之天的表述，也有主宰之天、运命之天和义理之天的成分，但分量最重的还是义理之天。[5] 牟宗三认为，荀

---

① 《春秋繁露·深察名号》。

② 苏舆撰，钟哲点校：《春秋繁露义证》卷第十《深察名号》，中华书局1992年版，第293页。

③ 《春秋繁露·深察名号》。

④ 冯友兰：《中国哲学史》，华东师范大学出版社2000年版，第101页。

⑤ 在孟子天论中，"天"至少有四层义项：其一，自然之天，"天之高也，星辰之远也，苟求其故，千岁之日至，可坐而致也"，"天时不如地利，地利不如人和"。其二，主宰之天，宇宙万物由天所生，天是社会制度的最终设计者、君王位置更迭的决定者。人是"天民"，应"畏天之威"，否则"必有天殃"。其三，运命之天，"行，或使之，止，或尼之，行止非人所能也。吾之不遇鲁侯，天也。臧氏之子，焉能使予不遇哉"。"舜、禹、益相去久远，其子之贤不肖，皆天也，非人之所能为也。""君子创业垂统，为可继也。若夫成功，则天也。"运命之天是一种神秘的外在力量，是"非人之所能为也"。其四，义理之天，天道既超越又内在。天道高高在上，天道超越；另一方面天道又是内在的，天道彰显于人心时，又内在于人而为人性。郭店楚墓竹简多篇文章涉及儒家伦理存在正当性这一话题："凡物由亡生。有生乎名。有命有度有名，而后有伦。有迖有形有尽，而后有厚。有生有知而后好恶生。有物有繇有绿，而后教生。其生也亡为乎其型。知礼然后知型。型非肕也。有天有命，有迖有形，有物有容，有家有名。有物有容，有尽有厚，有美有善。有仁有智，有义有礼有圣有善。亡物不物，皆至焉，而亡非己取之者。""伦"当为伦理道德，郭店楚墓竹简其他文章又称为"民伦"、"人伦"。孔颖达《中庸》疏："伦，道也，言人所行之行皆同道理。""人伦"降自于天，是天道或天命的人间化表现。

子之天“乃自然的，亦即科学中‘是其所是’之天”，而孔孟之天是“形而上的天，德化的天”。[①] 章太炎先生尝言“孟子不言天”，[②] 这或许不是一公允之论。“有天爵者，有人爵者。仁义忠信，乐善不倦，此天爵也；公卿大夫，此人爵也。”[③] 仁义忠信是“天爵”，源自天，“天爵以德，人爵以禄”。[④] 既然仁义忠信出乎天，孟子进而认为“人人有贵于己者”。[⑤] “贵”有“良贵”与“非良贵”之别，公卿大夫是“非良贵”，仁义忠信是“良贵”，“良者，本然之善也”。[⑥] 本然之善的仁义忠信，人人皆备，所以孟子说“饱乎仁义”。[⑦]

既然仁义忠信是“天爵”，性中先天具备，那么至少从逻辑意义上是否可推定禽兽昆虫之性也具备仁义忠信之德？从《孟子·告子》篇前后文分析，孟子所言“天爵”只限于人性，并不涵盖禽兽昆虫之性。从理学立场出发，朱熹自以为孟子思想体系存在缺陷，因此画蛇添足地从逻辑层面加以“缝合”。二程朱子皆主张“性即理”，“性者，浑然天理而已”。[⑧] 在朱熹哲学逻辑结构中，性有“天命之性”和“气质之性”之分，“天命之性”先验蕴涵“健顺五常之德”。既然“天下无性外之物”，[⑨] 既然天地万物都先在性地禀具仁义礼智信“五常”之德，至少在逻辑上承认禽兽也禀受了“五常”成为无法回避之推论。对于这一问题，朱熹作了如下回答：“问：‘性具仁义礼智？’曰：‘此犹是说“成之者性。”上面更有“一阴一阳”，“继之者善”。只一阴一阳之道，未知做人做物，已具是四者。虽寻常昆虫之类皆有之，只偏而不全，浊气间隔。’”[⑩] 既然“人物之性一源”，当然禽兽也具“五常”之德。人兽之别仅仅在于：人能禀受“五常”之全体，禽兽由

---

① 牟宗三：《历史哲学》，台湾学生书局1988年版，第113页。
② 章太炎：《国学讲演录·诸子略说》，华东师范大学出版社1995年版，第175页。
③ 《孟子·告子章句上》。
④ 焦循：《孟子正义·告子章句上》赵岐“注”。
⑤ 《孟子·告子章句上》。
⑥ 朱熹：《孟子集注·告子章句上》，《四书章句集注》，中华书局1983年版。
⑦ 《孟子·告子章句上》。
⑧ 黎靖德编：《朱子语类》卷九十五，中华书局1994年版，第2427页。
⑨ 黎靖德编：《朱子语类》卷四，中华书局1994年版，第56页。
⑩ 黎靖德编：《朱子语类》卷四，中华书局1994年版，第56页。

于气禀有别，只能得“五常”之偏：“气相近，如知寒暖，识饥饱，好生恶死，趋利避害，人与物都一般。理不同。如蜂蚁之君臣，只是他义上有一点子明。虎狼之父子，只是仁上有一点子明，其它更推不去。恰似镜子，其它处都暗了，中间只有一两点子光。”[①] 朱熹将“性”比喻为日光，人性得“性”之全和形气之“正”，受日光大；物性得“性”之偏，受日光小，因而只“有一点子明”。“性如日光，人物所受之不同，如隙窍之受光有大小也。”[②] 虎狼有“仁”，蜂蚁有“义”，尽管只“有一点子明”，但毕竟“有一两点子光”。程朱理学之性既涵摄人性，也涵盖物性。既然“人物之性一源”，而且“理无不善”，[③] 必然会得出人类和动物同样皆具“五常”之德的结论。遗憾的是，朱子误读了孟子思想的一个基本出发点：君子应当在人兽之别（几希）的立论层面谈论人性，不能体认仁义礼智为天之所命的人，只是“小人”，或者根本不能被称之为“人”。

因此，谈及天，自然涉及“命”，二者在孟子思想中密不可分。[④]“莫之为而为者，天也；莫之致而致者，命也。”[⑤] 徐复观认为，此“命”是“法则性质的天命”，有别于“人格神性质的天命”。[⑥] 儒家自孔子“为仁由己”开始，已将命与性相牵扯，“不知命，无以为君子也”。[⑦] 继而演进至楚简《性自命出》和《中庸》“天命之谓性”等哲学命题的出现，期间已经历几代人的哲学思考与努力，孟子性命观正处于孔子与《性自命出》、《中庸》之间的位置。如果仔细揣摩，我们发现《孟子·万章》之“命”表面上是“人格神性质的天命”，但孟子要阐释的一个核心思想为“天与之，人与之”。在“天视”、“天听”背后，隐藏的是人心。因此，孟子之“命”实际上是“法则性质的天命”。不仅如此，还需揭明的一点在于：徐复观的论断可能也不尽完善，如果把孟子之“命”单纯界定为“法则性质的天命”，

---

① 黎靖德编：《朱子语类》卷四，中华书局 1994 年版，第 57 页。

② 黎靖德编：《朱子语类》卷四，中华书局 1994 年版，第 58 页。

③ 黎靖德编：《朱子语类》卷四，中华书局 1994 年版，第 68 页。

④ 据陈梦家先生考证，“天命”是西周武王灭纣后才出现的概念，“商人称‘帝命’，无作天命者，天命乃周人的说法”。参见陈梦家《尚书通论》，中华书局 1985 年版，第 207 页。

⑤ 《孟子·万章章句上》。

⑥ 徐复观：《中国人性论史》，上海华东师范大学出版社 2005 年版，第 98—100 页。

⑦ 《论语·尧曰》。

那么与上述《左传》所载子产之言并无二致，性善只是外在的“命”。实际上，孟子的“命”与“心”相结合，哲学意涵已经出现了新气象。“存其心，养其性，所以事天也。夭寿不贰，修身以俟之，所以立命也。”[①]“事”之含义为“奉承而不违”，[②]“立命”指“全其天之所付，不以人为害之”。[③]存诸心之性是天之所命，当因循而不违。全性而生，顺命而行，方是“立命”。命已不能简单理解为“法则性质的天命”，命已内化为生命内在诉求。命是内在的生命本然，而非外在的强制规范。正因如此，在孟子思想中，有“行仁义”与“由仁义行”之区别。韩婴对孟子人性学说的理解，可谓入木三分：“子曰：‘不知命，无以为君子。’言天之所生，皆有仁义礼智顺善之心。不知天之所以命生，则无仁义礼智顺善之心。无仁义礼智顺善之心，谓之小人。”[④]这段话中出现了天、命、心、性四个概念，仁义礼智是天之所命，存诸心而显现为性。不知命则不识心，命与心相印证，恰恰正是孟子人性学说精髓之所在。领悟了命与心性的内在关系，才能理解孟子“人皆可以为尧舜”的命题。曹君之弟曹交，身高“九尺四寸以长”，与周文王、商汤和孔子身高相近，但只是饱食终日，无才无德。平庸如曹交之辈是否也可像尧舜一样成为圣人？孟子的回答非常肯定，关键在于愿不愿“为”。[⑤]何以人“为”则可以成为尧舜？赵岐作了很好的诠释：“言人皆有仁义之心，尧舜行仁义而已。”[⑥]“人皆可以为尧舜”的道德与逻辑基础在于人皆有此“心”，顺心而“为”，犹如“掘井”。半途而废，“犹为弃井”。[⑦]持之以恒，方可见涌泉。具体就孟子本人而言，“四十不动心”。[⑧]“不动心”方能“养浩然之气”，作为生命理想境界的“浩然之气”，“配义与道”于心，方能彰显这一生命气象。仁义内在于人心而成命，仁义不是外在的强制规范。郭店楚简《五行》有“义形于内谓之德之行，不形于内谓之行”，正与孟子“仁

① 《孟子·尽心章句上》。

② 朱熹：《孟子集注·尽心章句上》，《四书章句集注》，中华书局1983年版。

③ 朱熹：《孟子集注·尽心章句上》，《四书章句集注》，中华书局1983年版。

④ 韩婴撰，许维遹校释：《韩诗外传》，中华书局1980年版，第219页。

⑤ 《孟子·告子章句下》。

⑥ 焦循：《孟子正义·告子章句下》。

⑦ 《孟子·尽心章句上》。

⑧ 《孟子·公孙丑章句上》。

义内在”相印证。[①] 朱熹认为，“浩然之气”生命气象就是“诚”之理想境界，“中与诚与浩然之气，固是一事”。[②] 诚之境界，当然就是天人合一之境界。

综上所论，孟子人性学说中的“善”来源于天，落实于心，显现为“四端”。王夫之曾经评论说：“天是神化之总名，四时百物不相悖害之理，吾性亦在其中。”[③] 就“尽心—知性—知天”这一运思路向和思想架构而言，天是理论预设，而人性之善则是真理。需辨明的一点是：孟子人性学说中的“善”是与善恶相对之善？还是绝对之善？宋代程颢的论述值得我们深思：“‘生之谓性’，性即气，气即性，生之谓也。人生气禀，理有善恶，然不是性中元有此两物相对而生也。有自幼而善，有自幼而恶，是气禀有然也。善固性也，然恶亦不可不谓之性也。盖‘生之谓性’，‘人生而静’以上不容说，才说性时，便已不是性也。”[④] 对此段话应作两方面解读：其一，在“生之谓性”层面，“性即气，气即性”，由于气禀之差异，人有善有恶，善恶皆谓之性。善是道德之善，善是相对于恶而言之善，善是包涵具体内涵之善。其二，在“人生而静”层面，乃性之本体。性之本体没有善恶二物相对而生，“不是性中元有此两物相对而生”。天命之性为善，善已不蕴涵具体的内涵。不合气而言，更非与恶相对之善。此“善”是绝对之善，不可以善恶言之善。程颢认为，孟子所说的性是性之本体，告子所言性是气质之性。因此，孟子之“善”是绝对之善，是不可以善恶言之善。其后张九成进一步发挥道：“夫孟子之所论性善者，乃指性之本体而言，非与恶对立之善也。”[⑤] 宋代学者的这一观点，很容易使人联想起柏拉图的“善”。柏拉图所谓的“善”不只是一个伦理原则，善作为最普遍的本质是存在之源，因而高于存在，善既超越世间万物又内在于它们之中。二程和张九成等人论善之思想，从形而上高度大大深化了孟子性善说，在儒学史上是一大进步。但

① 刘钊：《郭店楚简校释·五行》，福建人民出版社2005年版，第69页。与此观点相左的记载，可参阅《管子·戒》“仁从中出，义从外作”。

② 黎靖德编：《朱子语类》卷六，中华书局1994年版，第104页。

③ 王夫之：《四书笺解》卷八，《船山全书》，岳麓书社1996年版，第359页。

④ 程颢、程颐：《河南程氏遗书》卷一，《二程集》，中华书局2004年版，第10页。

⑤ 张九成：《孟子传》卷二十六，文渊阁四库全书本，第484页下。

是，我们也需指出，二程和张九成等人采用“六经注我”方式得出的观点，反映的只是宋学的理论高度，并不意味着孟子哲学中的“善”已是绝对之善，已是不与恶相对之善。实际上，孟子人性学说中的“善”还只是一包含具体内容的伦理精神，善是与恶相对而言之善，善是道德之善。孟子之“善”不仅与二程和张九成等人思想相距甚远，与柏拉图的“善”差别也比较大。①

（二）“从其小体为小人”：孟子并未否定“人性”有恶端

综上所论，孟子反复阐明的一个观点为：“性”或“人性”有善端。仁义礼智“四端”源自天，存诸心。人性之善是与善恶相对而言之善，“善”是涵摄具体内涵之善，善不是绝对之善。行笔至此，我们需进一步探讨两个关键问题：其一，孟子是否认为人性也有恶端？其二，如果人性有恶端，恶源自何处？这是非常重要的两个问题，直接关系到对孟子人性学说的整体评价。学界因对《孟子》一些文句理解有分歧，导致在孟子人性评价上众说纷纭。因此，让我们先回到孟子的一个著名命题——“人所以异于禽兽者几希”。这一命题中两个概念的内涵有必要厘清：何谓“人”？侯外庐先生认为，此处“人”当指“君子”。② 何谓“几希”？朱熹训为“少”。③ 王夫之的训释基本上与朱子相似，“言几于无也”。④ 在“人所以异于禽兽者几希”这一命题中，实际上隐含着另外一个命题：“人同于禽兽者众多”。人若无“夜气”，“违禽兽不远矣”；⑤ 人如果逸居而无教，也“近于禽兽”。⑥ 恰如《汉书·匈奴传》所言：“元元万民，下及鱼鳖，上及飞鸟，跂行喙息蠕动之类，莫不就安利，辟危殆。”⑦ 趋利避害、食色安息，人与禽兽相同。“口之于味也，目之于色也，耳之于声也，鼻之于臭也，四肢之于安佚也，

---

① 孟子这一思维方式与古希腊罗马斯多亚学派有相近之处。斯多亚学派也将道德本源追溯至自然（神），认为人是自然的作品，是神的作品，人之本性出自自然神，善也是来源于自然神。

② 参见侯外庐等著：《中国思想通史》第一卷，人民出版社 1957 年版，第 385—386 页。

③ 朱熹：《孟子集注·离娄章句下》，《四书章句集注》，中华书局 1983 年版。

④ 王夫之：《四书笺解》卷八，《船山全书》，岳麓书社 1996 年版，第 323 页。

⑤ 《孟子·告子章句上》。

⑥ 《孟子·滕文公章句上》。

⑦ 《汉书·匈奴传》。

性也，有命焉，君子不谓性也。仁之于父子也，义之于君臣也，礼之于宾主也，智之于贤者也，圣人之于天道也，命也，有性焉，君子不谓命也。”“味”、“色”、“声”、“臭”与仁义礼智皆是“性”范畴中义项，只是君子不把“味”、“色”、“声”、“臭”称为性。“君子所性”是从超越之性的层面立论。因为在儒家人格学说中，“君子”已是实现了生命内在超越的理想人格境界。但是，芸芸众生之性，仍然蕴涵了“味”、“色”、“声”、“臭”等生命本能欲求，与动物之性别无二致。“形色，天性也；惟圣人然后可以践形。”[①]“形”指“体貌”，“色”指“妇人妖丽之容”。[②]合而言之，“形色”指谓人之生命体和自然欲求。“形色”也是“天性”，在这一基本观点上，孟子根本没有否定，反而言之凿凿申明“性也，有命焉”。冯友兰评论说，孟子所谓“性”，既有“逻辑和道德的意义”，“但也不完全排斥生物学的意义”。[③]孟子说“仁也者人也”，[④]“人”既涵摄圣人、君子，也包括普通大众。既然“人”范畴蕴涵普通众生，“人”之“天性”自然不能完全排斥生物学意义上的基本规定。普通大众与圣人、君子之别在于：前者不能“践形”，后者则能以“正道”规范其自然欲求，使言行举止以“正道履居”。[⑤]《孟子·告子》篇云：“故天将降大任于斯人也，必先苦其心志，劳其筋骨，饿其体肤，空乏其身，行拂乱其所为，所以动心忍性，曾益其所不能。”这段话中的“动心忍性”四字值得仔细品味。何谓“忍”？《广雅·释言》云：“忍，耐也。”[⑥]《荀子·非十二子》有“忍性情”，杨倞注：“忍，谓违矫其性也。”朱熹注云：“动心忍性，为竦动其心，坚忍其性也。然所谓性，亦指气禀食色而言耳。”[⑦]朱子以理气论性，故有“天命之性”与“气质之性”之分。朱子认为孟子“动心忍性”之性只指涉“气性”，“气性”有善有恶，故需“坚忍其性”。崔东壁对朱子所作的辩护有所不满，

① 《孟子·尽心章句上》。
② 焦循：《孟子正义·尽心章句上》赵岐“注”。
③ 冯友兰：《中国哲学史新编》第二册，人民出版社1964年版，第78页。
④ 《孟子·尽心章句下》。
⑤ 焦循：《孟子正义·尽心章句上》赵岐“注”。
⑥ 王念孙：《广雅疏证》，中华书局2004年版，第148页。
⑦ 朱熹：《孟子集注·告子章句下》，《四书章句集注》，中华书局1983年版。

因此进一步质疑道："性果纯乎理义，又何忍焉？孟子之于性，何尝不兼气质而言之乎？盖孟子所谓性善，特统言之。若析言之，则善之中，亦有深浅醇漓之分焉，非兼气质而言，遂不得为善也。"[①] 正因为性并非"纯乎理义"，所以需"忍"。"诐辞知其所蔽，淫辞知其所陷，邪辞知其所离，遁辞知其所穷。"[②] 人之言，皆"生于其心"，朱熹称之为"皆本于心"。[③] 人心正，则言语平正通达；人心不正，言语邪僻偏颇。孟子的"知言"，恰好证明崔东壁所论性与善有"深浅醇漓之分"。在孟子思想中，另外一对值得注意的概念为"大体"与"小体"："体有贵贱，有小大。无以小害大，无以贱害贵。养其小者为小人，养其大者为大人。"[④] "大体"指"心志"，小体指"口腹"等自然欲求。[⑤]"大体"与"小体"同存在于人之身心，犹如人兼具四肢与五脏六腑。在《万章篇》中，孟子对何谓"小体"有一非常具体之阐述："天下之士悦之，人之所欲也，而不足以解忧；好色，人之所欲，妻帝之二女，而不足以解忧；富，人之所欲，富有天下，而不足以解忧；贵，人之所欲，贵为天子，而不足以解忧。人悦之、好色、富贵，无足以解忧者，惟顺于父母，可以解忧。"[⑥] 富贵、利禄与食色，皆"人之所欲"。此"欲"具备普遍性，凡是"人"皆"悦之"。既然如此，君子与小人的区别何在？孟子回答说，两者区别在于"从"，"从其大体为大人，从其小体为小人"。[⑦]"从"与不"从"的精微之别在于"思"，"思"在《孟子》中出现27次，出现频率比较高。"思"有两层含义：其一，"思"是对自身天生禀赋之肯定，"心之官则思，思则得之，不思则不得也"。[⑧] "思"人心有"善端"，并扩而充之，"立乎其大者"，则为君子。其二，"思"意味着对自身天生禀赋之否定。王夫之评论说："故谌天命者，不畏天命者

① 崔述：《孟子事实录》卷下，《崔东壁先生遗书》（中），北京图书馆出版社2007年版，第30页。

② 《孟子·公孙丑章句上》。

③ 朱熹：《孟子集注·公孙丑章句上》，《四书章句集注》，中华书局1983年版。

④ 《孟子·告子章句上》。

⑤ 朱熹：《孟子集注·告子章句上》，《四书章句集注》，中华书局1983年版。

⑥ 《孟子·万章章句上》。

⑦ 《孟子·告子章句上》。

⑧ 《孟子·告子章句上》。

也。禽兽终其身以用天而自无功，人则有人之道矣。禽兽终其身以用其初命，人则有日新之命矣。"[①] 禽兽终其一生，只是一自在的存在，只能"用其初命"，无法实现自我否定；人则不同，人是"是其所不是"的自为存在，人有"日新之命"，可以实现内在之否定，这一否定也就是生命的内在超越。但是，如果人心"蔽于物"，"心为形役，乃兽乃禽"。[②] 缘此，需明确的一个观点为：人性兼具"大体"与"小体"。"大体"贵，"小体"贱；"大体"善，"小体"恶。明乎此，方能理解清代陈澧何以会说"孟子所谓性善者，谓人人之性皆有善也，非谓人人之性，皆纯乎善也"。[③] 人性皆有善端，并不意味着人性已"纯乎善"。人之性除了"皆有善"之外，实际上也有恶端。关键在于是"立乎其大"，还是立其"小者"。[④] 杨泽波教授认为，"在孟子，恶并没有独立的来源"，[⑤] 他认为恶的产生有两方面原因：一是环境影响，二是利欲的影响。"良心本心存得住，就没有恶；良心本心存不住，就产生恶。"[⑥] 对此我们不禁要问：如果人性"纯乎善"，如何能受环境与利欲的诱导？换言之，人性中正因为有恶之基质，才能与社会环境之恶、利欲之恶产生"共振"。既然孺子入井能触动人内在的恻隐之心善端，富贵名利何尝就不会诱发人心内在的恶端？孟子尝言"可欲之谓善"[⑦]，高诱注："善，好也。"[⑧] 焦循认为，"可欲即可好"，"好善"即"善善"。[⑨] "可欲"当与"可求"互训，"求则得之，舍则失之"。"求"强调"思"，"欲"注重人之情志。"可欲"实际上就是以人心之四端为善为好。"可欲"与"非可欲"相对而言，"善善"之"善"是真理，是一存在性事实，而非理论悬设。"非可欲"中隐含恶之基质，所以孟子一再倡言"寡欲"："养心莫善于寡欲。其为人也寡欲，虽有不存焉者，寡矣；其为人也多欲，虽有

① 王夫之：《诗广传》卷四，《船山全书》，岳麓书社 1996 年版，第 464 页。
② 朱熹：《孟子集注·告子章句上》引范浚《心箴》语，《四书章句集注》，中华书局 1983 年版。
③ 陈澧：《东塾读书记》卷三，《陈澧集》第二册，上海古籍出版社 2008 年版，第 43 页。
④ 《孟子·告子章句上》。
⑤ 杨泽波：《孟子评传》，南京大学出版社 1998 年版，第 315 页。
⑥ 杨泽波：《孟子评传》，南京大学出版社 1998 年版，第 314—315 页。
⑦ 《孟子·尽心章句下》。
⑧ 焦循：《孟子正义·尽心章句下》。
⑨ 焦循：《孟子正义·尽心章句下》。

存焉者，寡矣。”[①] “欲”生于心，欲与心同生死，有心自然有欲。欲有善有恶，所以赵岐、焦循皆认为“养心”实即“治心”。[②] “人之有道也，饱食、暖衣、逸居而无教，则近于禽兽。圣人有忧之，使契为司徒，教以人伦：父子有亲，君臣有义，夫妇有别，长幼有叙，朋友有信。”[③] 人若“无教”，则近于“禽兽”。人在后天人文教化缺位前提下，与禽兽存在着诸多类同之处。《孟子》经常出现“禽兽”一词，在很多场合指伦理学与社会文化意义上之“禽兽”，而非单纯指谓生物种类层面上之禽兽。犹如《荀子·非十二子》所言“禽兽行”，也专指文化意义上的恶言恶行。朱子指出，“圣人设官而教以人伦，亦因其固有者而道之耳”。[④] “教以人伦”建基于人性“固有者”基石之上，如果人性中没有仁义善端，人伦教化只能是对牛弹琴、鸡对鸭讲。与此同理，人性中若无恶之基质，“教以人伦”势必失去存在之逻辑前提，所以恶自然也是人性“固有者”。“鸡鸣而起，孳孳为善者，舜之徒也。鸡鸣而起，孳孳为利者，跖之徒也。欲知舜与跖之分，无他，利与善之间也。”[⑤] 舜与跖代表善与恶两种不同的人格形象，“尧舜，性之也”。[⑥] 尧舜天性浑全，生来就善；跖生来就恶。“利与善”之分，实际上就是恶与善之别。善是与恶相对之善，恶是与善相对之恶。善是人性中“固有者”，恶也是人性中“固有者”。跖只不过是扩充了人性中恶之端，舜扩充了人性中善之端。

综上所论，需梳理的一个观点为：孟子并未否定性有恶端，也未否定“恶”源自心性。恶是与善相对之恶，恶不是一抽象的、绝对的存有，也并非仅仅具有形式义。恶是心性中一客观存在之事实，人性有恶端是真理，恶具有实质义。在孟学史上，关于恶之起源，一直是一个争论不休的话题，其中汉学和宋学尤其值得重视。陆贾思想既受荀子熏陶，也深深打上了孟子思想烙印。陆贾主张“调心”，人之所以有恶言恶行，在于“情欲放溢，而人

① 《孟子·尽心章句下》。
② 焦循：《孟子正义·尽心章句下》。
③ 《孟子·滕文公章句上》。
④ 朱熹：《孟子集注·滕文公章句上》，《四书章句集注》，中华书局1983年版。
⑤ 《孟子·尽心章句上》。
⑥ 《孟子·尽心章句上》。

不能胜其志也”。[1] 陆贾将性与情分隔为二，性善而情恶。董仲舒将人性学说建立在阴阳理论基础上，天有阴阳，人有性情。阳中有阴，阴中有阳。“性情相与为一瞑，情亦性也，谓性已善，乃其情何?”[2] 阳善阴恶，性善情恶。“天两有阴阳之施，身亦两有贪仁之性。”[3] 在董仲舒思想体系中，性即情，因此可以说性兼具善恶之端。学者大多认为董仲舒开后世性三品说之先河，这不能不说是一误读误解。董仲舒明确指出，“圣人之性”和“斗筲之性”皆不可以“名性”，[4] 唯独“中人之性”方可“名性”，“中人之性”的特点就在于“仁贪之气，两在于身”。[5] 董仲舒虽然时常批评孟子，但在其人性学说本质上，与孟子思想基本上相同，皆主张人性兼具善恶之端。所不同之处在于：董仲舒批评孟子立“善”标准过低，“孟子下质于禽兽之所为，故曰性已善；吾上质于圣人之所为，故谓性未善”。[6] 董仲舒认为，善当指“圣人之善”，而不应过于降低标准，将善定位于与禽兽之行的比较上。东汉高诱在为《淮南子》作注时，反复以儒释道，以孟释道更是其注一大特色。《淮南子·俶真训》：“是故圣人之学也，欲以返性于初，而游心于虚也。”高诱注云：“人受天地之中以生，《孟子》曰‘性无不善’，而情欲害之。故圣人能返性于其初也。游心于虚，言无欲也。”[7] 道家之性指“静漠恬淡”之性，与孟子所言“性”在内涵与性质上出入较大。高诱显然忽略了这一区别，援孟入道，将“返性于其初”诠释为复归本初之善性，性善而情恶。《淮南子·本经训》：“神明定于天下，而心反其初。心反其初，而民性善”，高诱注云：“初者，始也，未有情也。未有情欲，故性善也。”[8] 性先天自足圆满，情欲害性，恶源出于情，恶与性无涉。唐代李翱自述撰写《复性书》目的在于“开诚明之源”，告诫世人儒家自《中庸》、《孟子》以降已有“穷性命之道”传统，性命之学并非源自佛教。但是，李

① 《新语·资质》。
② 《春秋繁露·深察名号》。
③ 《春秋繁露·深察名号》。
④ 《春秋繁露·深察名号》。
⑤ 《春秋繁露·深察名号》。
⑥ 《春秋繁露·深察名号》。
⑦ 《淮南子·俶真训》高诱注。
⑧ 《淮南子·俶真训》高诱注。

翱的心性之学已糅杂了佛道思想，尤其是禅宗“明心见性”和道教的“灭情反性”观念对其影响至深：“曰：‘为不善者非性邪?’曰：‘非也，乃情所为也。情有善有不善，而性无不善焉。孟子曰：‘人无有不善，水无有不下。夫水搏而跃之，可使过颡，激而行之，可使在山。是岂水之性哉？其所以导引之者然也。人之性皆善，其不善亦犹是也。’”[①] 李翱认为，人之所以能成尧舜，在于孟子所言人性本善。恶言恶行源自“情”，“人之所以为圣人者，性也；人之所以惑其性者，情也。”[②] 缘此，只要“复性”——返归人之本然善性，就能臻至圣人境界。无论是汉代学者，抑或唐代李翱，都自以为在“照着讲”。但是，除了董仲舒之外，大多数汉唐学者曲解了孟子思想中性与情的关系。性与情自然有区别，性是静，情是动。前者是潜能，后者是实现。“恻隐之心，仁也；羞恶之心，义也；恭敬之心，礼也；是非之心，智也。”从这一表述可看出，在孟子思想体系中，性是“未发”，情是性之“动”，性之“动”也就是“扩充”，两者在本质上有相同之处。[③] 孟子的性情论与楚简《性自命出》“喜怒哀悲之气，性也”[④] 有相吻合之处，但与《中庸》有所不同，“喜怒哀乐之未发，谓之中；发而皆中节，谓之和。中也者，天下之大本也；和也者，天下之达道也。致中和，天地位焉，万物育焉”。[⑤]《中庸》认为喜怒哀乐是“情”，情非性，“未发”喜怒哀乐之“中”才是性，性是天所命之性，性与情截然有别。

宋代学者超越汉唐学者“情—性”思维定势，另辟蹊径，在天理学说基础上，以“气禀”论证“恶”之来源，令人耳目一新：“凡人说性只是说‘继之者善’也，孟子言人性善是也。夫所谓‘继之者善’也者，犹水流而就下也。皆水也，有流而至海，终无所污，此何烦人力之为也？有流而未远，固已渐浊；有出而甚远，方有所浊。有浊之多者，有浊之少者。清浊虽不同，然不可以浊者不为水也。……水之清，则性善之谓。故不是善与恶在

---

① 李翱：《复性书中》，《李文公集》卷二，上海古籍出版社1993年版，第10页。

② 李翱：《复性书上》，《李文公集》卷二，上海古籍出版社1993年版，第6页。

③ 蒙培元认为，孟子“性与情在本质上是相同的，情就是性”。参见蒙培元《蒙培元讲孟子》，北京大学出版社2006年版，第146页。

④ 刘钊：《郭店楚简校释·性自命出》，福建人民出版社2005年版，第92页。

⑤ 朱熹：《四书章句集注·中庸章句》，《四书章句集注》，中华书局1983年版。

性中为两物相对，各自出来。此理，天命也。顺而循之，则道也。循此而修之，各得其分，则教也。自天命以至于教，我无加损焉。此舜有天下而不与焉者也。"[①] 性即理，天命之性纯然不杂，性之本体没有善恶"两物相对"。二程认为，孟子所言人性善，属于"继之者善"层面上立论。性之本体中没有与善相对之恶，性之本体全然为善。天命之性通过气质"安顿"于人心，"气禀"有厚有薄、有昏有明、有清有浊，气"蔽锢此理"，[②] 所以现实中人性有善有恶。人性如水，水之本源清澈透明，是乃水之本体，水在源泉上没有清浊之分。清浊只与水之流有关，清水被污染就产生了浊水，浊水已非"元初水"。以水喻性，就性之本体而言，性只是善，善是性之本然状态，"何烦人力之为?"天命之性如果能如其自身逻辑顺利而完全地展现，则为善；天命之性因受"气禀"及其他因素阻隔不能因循其本然趋势完全实现，则为恶。"善固性也，然恶亦不可不谓之性也。"[③] 善恶均谓之性是从这一意义上立论。气质之性意义上的善与恶，对性本体之善不加不损。犹如水源本来清澈，根本无需依赖外力。二程朱子旨在说明：善是先在性的，恶是后天性的。善与恶位格不同，不是同一层次的范畴。换言之，"善"有形而上之来源，"恶"没有形而上之来源。在宋代孟学史上，有一个人物容易被人忽略，此人就是胡宏。胡宏对孟子人性学说的思考，可谓奇峰突起，发人未发："宏闻之先君子曰：'孟子所以独出诸儒之表者，以其知性也。'宏请曰：'何谓也?'先君子曰：'孟子道性善云者，叹美之辞也，不与恶对。'"[④] 胡宏认为，孟子性善的含义并非指谓"人性善"或"性是善的"，"善"只是一形容词，赞叹"性无限美好"，"善"已不能对"性"作任何限定，也非与"恶"相对之"善"。"或问性，曰：'性也者，天地之所以立也。'曰：'然则孟轲氏、荀卿氏、扬雄氏之以善恶言性也，非欤?'曰：'性也者，天地鬼神之奥也，善不足以言之，况恶乎?'"[⑤] "性"作为形而上本体，善不足以概括、描述性之特质，恶更无从表征与形容。本体之性已

① 程颢、程颐：《二程集》，《河南程氏遗书》卷一，中华书局2004年版，第10—11页。
② 黎靖德编：《朱子语类》卷四，中华书局1994年版，第66页。
③ 程颢、程颐：《二程集》，《河南程氏遗书》卷一，中华书局2004年版，第10页。
④ 胡宏：《胡宏集》附录一《宋朱熹胡子知言疑义》，中华书局1987年版，第333页。
⑤ 胡宏：《胡宏集》附录一《宋朱熹胡子知言疑义》，中华书局1987年版，第333页。

超越善恶，因为善恶只能评判后天的“已发”，发而中节则为善，发而不中节则为恶。但本然之性属于“未发”层面，远远超出了善恶能够评判的畛域。无论是二程朱子的“气性”说，抑或胡宏的善恶“不足以言”性论，表面上是阐发孟子人性思想，但在“照着讲”的背后，却已是在“自己讲”，哲学思辨水平已远远超越孟子。

（三）余论

研究孟子人性学说，在方法论上应当遵循“以孟释孟”原则，在文本释读与思想诠释上，应当区别“君子所性”[①] 与“人之性”两个概念。在“君子所性”层面，孟子刻意强调君子与禽兽的“几希”之别，论证人性有“善端”，仁义礼智四端“根于心”。“四端”是“在我者”，而非“在外者”。因此，君子在应然意义上当以此“四端”为性。但是，在“人之性”层面，孟子并没有否定“性”或“人性”有恶端，“大体”与“小体”同在于人心。“味”、“色”、“声”、“臭”也是“天性”，尽管君子不将“味”、“色”、“声”、“臭”称为性，但芸芸众生之“天性”还是蕴涵了“形色”基质。犹如《墨经》“杀盗非杀人”命题一样，君子不从生物学意义上界定“人”，只从伦理学层面论证人之所以为人。在孟子看来，如果排除后天教化成分，人人近于“禽兽”。恶是与善相对之恶，恶并非仅具形式义，恶也具有实质义。善与恶皆有来源，善是人性中“固有者”，恶也是人性中“固有者”。秦汉以降，历代学人之所以对孟子人性学说理解不一、莫衷一是，大多在于未厘清“君子所性”与“人之性”两个概念的区别。如果我们从“君子所性”与“人之性”两个维度去理解与评论孟子的人性思想，我们发现，除了董仲舒和扬雄思想与孟子人性学说存在着相同相通处之外，西晋傅玄的思想也与孟子思想存在着逻辑上的演进关系：人有“五常之性”，又“怀好利之心”。[②] 人既“有善可因”，也“有恶可攻”。[③] 人若不知“因善教义”，“则善端没矣”。[④]

---

① 《孟子·尽心章句上》。

② 傅玄：《傅子·贵教》，上海古籍出版社 1990 年版，第 9—10 页。

③ 傅玄：《傅子·贵教》，上海古籍出版社 1990 年版，第 9 页。

④ 傅玄：《傅子·贵教》，上海古籍出版社 1990 年版，第 10 页。

通而论之，孟子“道性善”的哲学、伦理学与政治学之意义，或许可从三方面概括：

其一，孟子“道性善”，接续孔子“我欲仁，斯仁至矣”而发，人性有善端，“人能弘道”，因此人人有实现生命内在超越之可能。梁涛认为，孟子“道性善”之哲学意义在于揭明“人皆有善性；人应当以此善性为性”。[①]倡言生命存在内在超越之潜能，论证此在生命有限性与无限性的内在统一，恰恰正是儒家之所以为儒家的标识之一。诚如李明辉所言，“‘内在超越’——的特性是儒家思想乃至整个中国文化的一大特色”。[②]无论气学、理学，抑或心学，尽管在诸多观点上势若水火，但在强调生命内在超越这一核心问题上，却是异曲同工、殊途同归。孟子之功，莫大于此！

其二，孟子之所以“道性善”，蕴涵深切的现实人文关怀。对此，陆九渊一语揭明孟子性善说的社会诉求：“孟子曰：‘言人之不善，当如后患何？’今人多失其旨。盖孟子道性善，故言人无有不善。今若言人之不善，彼将甘为不善，而以不善向汝，汝将何以待之？”[③]孟子之意，在于宣明人人自有“善心”、“善端”，当向内“思”与“求”，以全其天命。“鼓舞激厉”[④]之社会教化意义远远超过纯粹的理论探讨，“《孟子》一书，只是要正人心”。[⑤]明乎此，方能体悟孟子“予岂好辩哉？予不得已也”用心良苦之所在。

其三，孟子“道性善”，除了现实的人文关怀之外，其文化史意义还表现为倡导人性平等。康有为评论道：“人人性善，文王亦不过性善，故文王与人平等相同。文王能自立为圣人，凡人亦可自立为圣人。”[⑥]人人皆有善端，此乃天之所赋，因为人性平等，所以“人皆可以为尧舜”。由人性平

① 梁涛：《郭店竹简与思孟学派》，中国人民大学出版社2008年版，第362页。

② 李明辉：《儒家视野下的政治思想》，北京大学出版社2005年版，第7页。

③ 陆九渊：《陆九渊集》卷三十四《语录上》，中华书局1980年版，第410页。

④ 康有为：《孟子微》，姜义华、张荣华编校：《康有为全集》第五集，中国人民大学出版社2007年版，第418页。

⑤ 朱熹：《孟子集注·序说》，《四书章句集注》，中华书局1983年版。

⑥ 康有为：《孟子微》，姜义华、张荣华编校：《康有为全集》第五集，中国人民大学出版社2007年版，第418页。

等，古今学者进而抉发出孟子社会政治学说隐含之平等、自由精神：人人皆“天民”,[①]“彼丈夫也，我丈夫也，吾何畏彼哉?”[②]“天视自我民视，天听自我民听”,[③]钱穆由此点明孟子性善说中蕴涵“自由”、“平等”思想精髓。梁启超也揭示孟子性善说彰显“自由意志”精神,[④]黄俊杰认为此乃梁任公思孟学中“最具创发性之见解”。[⑤]如果再加上政治思想上之“革命”论、教育思想上之君子“五教”、经济思想上之“恒产”论，孟子思想体系内蕴着深厚的正义性与公平性思想资源。这些正义、平等与公正思想，对于目前中国建构“现代国家”而言，将是十分重要的历史文化资源。1958 年 1 月由唐君毅、牟宗三、张君劢、徐复观四人联名发表的《为中国文化敬告世界人士宣言》认为，中国人不仅可由儒家“心性之学”成就一“道德实践的主体”，同时也可由“心性之学”成就民主“政治的主体”。李明辉指出，在这一宣言中实际上存在一种有别于西方人性恶文化基石上的民主理论——“即建立在性善说之基础上的民主理论”。[⑥]

二、圣人之性·中人之性·斗筲之性

（一）“生之自然之资谓之性”

春秋战国时期，人性学说犹如一夜春风，蔚为大观。在西周以前，对上帝的崇拜是人类信仰的核心，人只不过是上帝统治下的被动的存在。自然现象、社会现象和精神现象都可以从天（上帝）的本质与属性中找到终极的依据，人类的生命结构、精神现象和社会行为也只不过是天（上帝）神性功能的证明与外化。在西周之前，人类探讨的只是至上神的神性，而不是人性。周革殷命之后，开始萌生了“天命靡常”的观念。“天道远，人道迩”

---

① 《孟子·尽心章句上》。

② 《孟子·滕文公章句上》。

③ 《孟子·万章章句上》。

④ 梁启超：《梁启超论孟子遗稿》，王兴业编：《孟子研究论文集》，山东大学出版社 1984 年版，第 497 页。

⑤ 黄俊杰：《中国孟学诠释史论》，社会科学文献出版社 2004 年版，第 12 页。

⑥ 李明辉：《儒家视野下的政治思想》，北京大学出版社 2005 年版，第 29 页。

的天人相分思想开始深入人心。当至上神的光辉开始黯然失色的时候，人类自身的地位开始凸现与上升。有些思想家开始思索：人类是否有普遍的本性？人类生存的终极意义何在？当古代哲人开始探讨这类具有永恒价值的问题时，也就是所谓的“终极关怀”（Ultimate Concern）。

汉代大儒董仲舒的人性论思想应当如何定性？几十年来学人见仁见智，始终没有形成一个统一的观点。对《春秋繁露》人性论思想评价的歧异性，恰恰衬托出董仲舒思想的多义性与复杂性。《春秋繁露》一书中的《深察名号》和《实性》两篇文章专门谈论人性，有助于我们准确地理解董仲舒人性思想的底蕴。《深察名号》篇一开始就谈及名实关系：“治天下之端，在审辨大。辨大之端，在深察名号。名者，大理之首章也。”“名实之辨”作为一种社会思潮兴盛于春秋战国时代。春秋战国时代的社会大变革，带来了剧烈的社会震荡。“高岸为谷，深谷为陵”，原先的等级秩序、生产关系、观念形态、审美情趣等都在发生乾坤倒置的变化与错位。许许多多的新事物、新观念在冲击着既存的一切，名与实产生了极大的张力，“名实之相怨久矣”。[1] 有些旧有的观念与范畴已代表不了新生事物而要求进行新的置换；许多新生的观念、范畴也要求有与之相契合的新名称产生。社会的巨大变革引发了中国古代哲学由素朴、直观向缜密化、思辨化方向发展，“名实之辨”成为先秦诸子百家讨论的中心话题。迨至战国中晚期，“名实之辨”开始朝两个截然相左的方向分化：一是由于现实社会的迫切需求，名实之辨仍然停留在政治生活领域，名与实仍然作为与政治生活关系密切的概念而存在；二是衍化为形式逻辑学的认识对象。惠施、公孙龙等名家从名实之辨肇端，进而发展到对概念的分类、判断、界说、推理等逻辑学研究。与之相反，老子与黄老之学的“名实之辨”却仍然停留在社会政治学领域。从《深察名号》篇的主旨分析，董仲舒的名实之辨与老子、黄老学派属于同一类型。董仲舒对天子、王、君、诸侯、大夫、士、民、祭礼等概念一一界定之后，开始对“性”概念进行诠释：“今世闇于性，言之者不同，胡不试反性之名。性之名非生与？如其生之自然之资谓之性。”[2] 这是董仲舒对人性

① 《管子·宙合》。
② 《春秋繁露·深察名号》。

概念所作的最具权威性的训释：人性是指人生而具有的、先在性的自然性。很显然，董仲舒这种考察人性的方法论与庄子比较接近。庄子将人置放于大自然中，甚至置放于茫茫宇宙时空之中进行认识，四海在天地之间只是微不足道的一隅，而天地在宇宙中也只不过是稀米一粒，在这粒稀米之上有万物，人只不过是万物之一。基于此，庄子又将人类置放于天地万物演化的历史长河中进行考察，道生天地，天地生万物，“天地者，万物之父母也”。作为万物之一的人类，当然也是天育地化的结果。不仅如此，人类还是自然界中生物长期演化的结果，《至乐》篇中有一段具体的说明：从低级的水绵进化到虫、鸟、兽，最后进化到“程生马，马生人”。这种生命进化学说虽然粗陋，但他的认识方法论却有些特点：人是茫茫宇宙中天地万物的一物，而且是生物长期演化的结果。庄子既然认为人类是一自然物，那么在他看来人性就是指人的自然性，而自然性最大的特点就是原生性。《老子》曾经用原生性的“朴”来高度概括人之本性，庄子则进一步发展了性朴说：“性者，生之质也。性之动，谓之为；为之伪，谓之失。”① 据此，人类自然生就的、先在性的本质就是人性，对人类本性的改造与重塑，就是对人类自然本性的戕害。作为汉儒领袖的董仲舒，在人性论上受庄子的影响显而易见。

董仲舒对“人性”问题的阐述是通过对“心”概念的训释展开的。何为“心”？“栣众恶于内，弗使得发于外者，心也。故心之为名栣也。”②“栣”字比较费解，《说文解字》释“栣”：“弱皃，从木，任声。”卢文弨根据许慎的这一训诂，进而认为“盖恶强则肆见于外，故欲驯之使无暴。即下云‘损其欲，辍其情’者是也”。③ 卢文弨认为栣是“削弱”之意，刘师培认为“栣当作任，训当。犹言捍御众恶也”。苏舆《春秋繁露义证》注云：“‘天有阴阳禁，身有情欲栣’，栣、禁对文，然则栣即禁也。”在《春秋繁露》的其他篇章中，也出现了“栣”字。譬如：“栣众恶于内”，“天性不乘于教，终不能栣”。综合前贤今哲的研究成果，将栣字训释为“限制、控制、制约”比较恰当。因此，董仲舒的这句话就可以翻译为：心之

① 《庄子·庚桑楚》。

② 《春秋繁露·深察名号》。

③ 《春秋繁露·深察名号》卢文弨注。

功能在于将恶之欲念加以制约而不让它显现于外、转化为行为。

在对“心”概念予以界定的前提下，董仲舒进而全面阐述了他的人性观：

“人之受气苟无恶者，心何栣哉？吾以心之名，得人之诚。人之诚，有贪有仁。仁贪之气，两在于身。”①

“今善善恶恶，好荣憎辱，非人能自生，此天施之在人者也。君子以天施之在人者听之……”②

“人受命于天，有善善恶恶之性，可养而不可改，可豫而不可去，若形体之可肥臞，而不可得革也。”③

由此可知，董仲舒在思维方式上虽然与庄子接近，但其人性思想本质与旨趣和庄子相比却大异其趣。董仲舒的人性论既不同于庄子的“性者，生之质”，也有别于“性善说”和“性恶论”，实际上我们可以将其高度概括为“天赋善恶论”。董仲舒虽然认为人性就是指人的自然本性，但是，他将伦理观念也看成是人先验的、不学而有的自然属性。善恶、仁贪等伦理观念先验地包容于抽象的人性范畴之中，同时又完整地外现于每一个具体认知主体的人性之中。人性既不能单纯地评判为善，也不能片面地归纳为恶，而是善恶仁贪兼备。月亮只有一个，散而为江河湖泊之万月，无论是高山之月、大海之月还是湖泊之月，都全面地、完整地凸现着月亮之本质。世上之人有千千万，但每一个体的人性中都全息地兼容着善恶仁贪等伦理观念的“因子”。在董仲舒看来，善恶等伦理观念不是经验性的存在，而是先验性的实有。缘此，我们自然会联想起世硕，世硕的人性论与董仲舒之间似乎存在着某种因果关联：“周人世硕以为人性有善有恶，举人之善性，养而致之则善长；恶性，养而致之则恶长。如此，则情性各有阴阳，善恶在所养焉。故世子作《养性书》一篇。虙子贱、漆雕开、公孙尼子之徒，亦论情性，与世子相出入，皆言性有善有恶。”④ 世硕认为人性“有善有恶”，人性的善恶不是一种后天社会性范畴，它是先验性的存有，善与恶先验地蕴涵在人性之

① 《春秋繁露·深察名号》。
② 《春秋繁露·竹林》。
③ 《春秋繁露·玉杯》。
④ 《论衡·本性》。

中。如果后天的社会环境弘扬了他内在的“善端”，他就将成为君子、圣人；反之，如果后天的环境诱发、膨胀了他先天的“恶端”，他就将成为小人、罪犯。一个人的本质实际上由三个方面叠加而成：一是先天性的伦理“因子”，二是后天的社会环境，三是个人伦理价值观念的自觉体认与选择。

世硕是孔子再传弟子，生活年代可能和孟子相近。董仲舒的人性论明显有着世硕思想的影子，两人之间至少存在着逻辑上的关联。如果我们将董仲舒的“天赋善恶论”放在一个更高、更广阔的人文背景中去考察，我们发现他的人性论思想实际上与宇宙论紧密相联。在董仲舒思想体系中，气既是宇宙本原，同时也是价值本原。气不仅可以解释宇宙之起源、自然之生成，而且也可以说明生命的起源、意识的起源、伦理的起源。气是一个大而无当的、周备无遗的宇宙本根，自然和人类生命中诸多属性与特点都可以从气本中寻找到最高的、最后的根据。换言之，自然与生命的所有属性、特点、功能只不过是气本丰富而全息之属性的外化与证明。理解了这一点，我们就很容易理解为什么人性中先验性地包涵着善恶、仁贪的伦理观念。关于这一问题，董仲舒在《深察名号》篇中进行了深入的论证：“身之名，取诸天。天两有阴阳之施，身亦两有贪仁之性。天有阴阳禁，身有情欲栣，与天道一也。是以阴之行不得干春夏，而月之魄常厌于日光。乍全乍伤，天之禁阴如此，安得不损其欲而辍其情以应天。天所禁而身禁之，故曰身犹天也。”董仲舒认为，天有阴阳，所以人性兼有善恶；天扬阳而抑阴，所以人也应该扬善而禁恶。天之本质决定了人性之本质，天的运行规律决定着伦理价值观的取舍方向。

此外，董仲舒又用了四个十分直观的比喻来进一步论证他的人性学说，目的在于反复阐明一个观点：从普遍性的、形而上的意义上立论，人性是“天赋善恶”；但就每一个具体的个体分析，其本质是善还是恶，完全取决于后天伦理价值观的自觉体认与选择。

第一个比喻：禾与米。董仲舒将人性比喻为禾苗，将善比喻为米，米是禾苗的自然产物，是禾的自然发展趋向。但是，禾就是禾，米就是米，两者不可简单地等同。禾抽穗而为米，仅仅意味着有这种潜在性，潜在性与现实性是两个不同的范畴。并不是所有的禾苗最后都能结出米粒，从禾苗到米粒之间还存在着一个中间过程。人性也是如此，人的自然本质中先天地蕴涵了善与恶的“因子”，至于后来善端占了上风，还是恶端占上风，取决于社会教化和个人的社会化努力。“故性比于禾，善比于米。米出禾中，而禾未可全为米也。善出性中，而性未可全为善也。善与米，人之所继天而成于外，非在天所为之内也。天之所为，有所至而止。止之内谓之天性，止之外谓之人事。事在性外，而性不得不成德。”①“天性”是先在性的；“人事”指社会教化，属于后天社会行为。人的本质既有赖于天性，又与人事存在着直接的逻辑联系。两相比较，董仲舒更加重视后天的道德践履。

第二个比喻：民与瞑。“民之号，取之瞑也。使性而已善，则何故以瞑为号？以霣者言，弗扶将，则颠陷猖狂，安能善？性有似目，目卧幽而瞑，待觉而后见。当其未觉，可谓有见质，而不可谓见。今万民之性，有其质而未能觉，譬如瞑者待觉，教之然后善。当其未觉，可谓有善质，而不可谓善，与目之瞑而觉，一概之比也。”②普遍的、抽象的人性与具体的人之道德面貌，好比眼睛与睡眠的关系，眼睛有看的先天性功能，能够将视野之内的外在客体摄入眼内；但是，如果两眼闭上或者处于睡眠状态，外在客观的信息就不可能进入视野之内。眼睛有看的功能，但并不等同于看见。民者，瞑也。当一个人呱呱坠地的时候，他的人性正处于睡眠状态，在他的自然本能中既存在着善的可能性，也存在着恶的可能性，人要从睡眠状态中醒过来，才能看见外在客体，“见之质”才能转化为“见”。由此推论，“善质”并不等同于善，“恶质”也不等同于恶，人性也只有经过后天社会环境的熏染、浸润，才能打上一个性善或性恶的道德评价烙印。

第三个比喻，茧与卵。“性如茧如卵。卵待覆而成雏，茧待缫而为丝，性待教而为善。此之谓真天。”③茧蕴涵着成丝的潜质，可以转化为丝，但茧并不混同于丝；卵有转化为雏的自然趋向，但卵与雏是两个不能简单混同的概念。《淮南子·泰族训》也有类似的表述：“茧之性为丝，然非得工女煮以热汤，而抽其统纪，则不能成丝；卵之化为雏，非慈雌呕暖覆伏，累日积久，则不能为雏。人之性有仁义之资，非圣人为之法度而教导之，则不可

---

① 《春秋繁露·深察名号》。
② 《春秋繁露·深察名号》。
③ 《春秋繁露·深察名号》。

使乡方。”董仲舒和《淮南子·泰族训》的观点如同一辙。人性中虽然存在着先验性的善质，但善质不可混同于后天的社会伦理性体认与践履。善质与生命个体之善行是两个不同的范畴，只有经过后天的伦理教育，才能弘扬内在的善质，将善质转化为善行。缘此，董仲舒认为后天的社会伦理教化非常重要，而且这种伦理教化应着重于因顺人性之善端，积极地引导。“故倡而民和之，动而民随之，是知引其天性所好，而压其情之所憎者也。”[①] 根据人性的特点来进行伦理教化与引导，容易事半功倍。《淮南子·泰族训》也持同样的见解：“故先王之教也，因其所喜以劝善，因其所恶以禁奸。……故因其性则天下听从，拂其性则法县而不用。”

（二）圣人之性·中人之性·斗筲之性

《春秋繁露·实性》篇也是一篇阐述人性学说的文章。其中的一段话，古贤今哲争相引述，但一直聚讼纷纭、莫衷一是：“圣人之性不可以名性，斗筲之性又不可以名性，名性者，中民之性。”“中民”在先秦两汉文献中又称“中庸之民”或“中庸民”，譬如，《荀子·王制》“中庸民不待政而化”，《潜夫论·德化》“上智与下愚之民少，而中庸之民多”。有的学者根据《春秋繁露·实性》篇这段话，进而将董仲舒人性思想概括为“性三品说”，并将其人性论定性为“神学唯心主义的性三品说”：“董仲舒把人性分为三类：一类是情欲极少，生而有善，不待教而能为善的，叫做‘圣人之性’；一类是情欲极多，生而几无‘善端’，虽经教化也难为善的，叫做‘斗筲之性’；一类是虽有情欲，但通过圣人教化而后能为善的，这叫‘中民之性’。”[②] 在很长一段时间里，这种观点在学术界颇具代表性。但是，如果我们仔细揣摩《春秋繁露》全书，探究董仲舒的内心世界，我们认为这种观点有待商榷。“圣人之性、中人之性、斗筲之性”指的是抽象的、普遍性的人性在社会化过程中的外化和表现样式，指的是天下芸芸众生在社会化过程中，由于所处文化环境不同、个人道德自觉体认和努力不同，从而形成三种不同的人性面貌。这是对社会人性现象的客观描述与分

① 《春秋繁露·正贯》。

② 参见杨宪邦主编：《中国哲学通史》第二卷，中国人民大学出版社1988年版，第101—102页。

类，而且仅仅只是现象性的描述，而不是对人性学说的高度哲学概括。实际上，“天赋善恶”是因，“圣人之性、中人之性、斗筲之性”是果，两者之间表现的是普遍与特殊、一般与个体、因与果之间的关系。“性三品说”显然是忽略了彼此之间的因果关联，倒果为因，从而未发现隐藏在现象背后的本质。

此外，董仲舒将人性的社会化过程划分为“圣人之性、中人之性、斗筲之性”三种类型，其实还有另外一重社会目的。在阐释这一问题之前，我们有必要先界定一下三个概念的内涵：

斗筲之性。斗筲在古代是量器，郑玄注云：“筲，竹器，容斗二升者也。”《盐铁论·通有》篇说：“家无斗筲，鸣琴在室。”意谓家虽清贫，连盛满斗筲的粮食都没有，但仍然琴瑟和鸣，自得其乐。斗筲是容量很小的量器，引申到伦理学意义上主要用来比喻人品的浅陋、龌龊。孔子当年就说过：“斗筲之人，何足算也！”[①] 孔子思想中的“斗筲之人”，实际上就是指“小人”。董仲舒思想中的“斗筲之人”的含义，与孔子同出一炉，同样是指占人数比例很少、品行恶劣的小人。

圣人之性。圣人崇拜是中国传统文化的一大特点。无论儒家还是道家，都认为人类生命存在着内在超越的可能性，而“圣人”就是人人所追求的理想人格境界。《说文解字》释“聖”：“通也，从耳、呈声”，由此可知它的本义与听觉功能有关。但是，这仅仅只是“聖”字的初始涵义，几千年中国传统文化中所呈现出来的圣人观念显然不是这一原初含义所能涵盖得了的。换言之，能够充分呈现圣人观念及其对中华文化发生影响的，乃是在以后历史过程中对“聖”之原初含义所作的文化发生学意义的阐发。在中国传统文化中，圣人作为一种理想人格，有双重特点：其一，圣人是智慧的化身。孔子弟子与时人曾经讨论孔子何以被尊称为圣人：“太宰问于子贡曰：‘夫子圣者与？何其多能也？’”朱熹注：“太宰盖以多能为圣也。”又云：“圣无不通，多能乃其余事。”[②] 孔子被尊奉为圣人，这与他的“多能”有关。其二，圣人神妙无方、妙不可测。《尚书·大禹谟》说：“帝德广运，

① 《论语·子路》。
② 朱熹：《论语集注·子罕》。

乃圣乃神，乃武乃文。”《内经素问·天元纪大论》又言：“阴阳不测谓之神，神用无方谓之圣”①。在中国传统文化中，圣人被认为具有能够知往测来、料事必中的神秘能力：“故圣人者后天地而生，而知天地之始；先天地而亡，而知天地之终。力不若天地，而知天地之任。”② 圣与神相牵扯，圣即神，圣人无所不知、无所不能。不仅如此，圣人甚至具有与众不同的相貌。在历史上，孔子的相貌一直在变化，这种变化的曲线与孔子逐渐被神化的历程是一致的。根据《庄子·外物》记载，孔子“修上而趋下，末偻而后耳。”孔子上身长下身短，伸着脖子驼着背，两只耳朵往后紧贴着脑袋。《荀子·非相》载：“仲尼长，子弓短”，也指出孔子身材修长，《孔子家语·困誓》记载孔子“长九尺有六寸，河目隆颡，其头似尧，其颈似皋繇，其肩似子产，然自腰已下不及禹者三寸，累然如丧家之狗”。王肃注：“河目，上下匡平而长。”总而言之，先秦时期有关孔子相貌的材料非常有限。迨至汉代，史料有所增加。《史记·孔子世家》载：“孔子长九尺有六寸，人皆谓之‘长人’而异之。”司马迁认为，孔子在当时已有“长人”之绰号。《史记·孔子世家》又载：孔子“生而首上圩顶”，唐人司马贞在《史记·孔子世家》索隐中解释说：“圩顶言顶上窳也，故孔子顶如反宇。反宇者，若屋宇之反，中低而四傍高也。”孔子的头顶中间低四周高，司马贞这一解释极有可能源自纬书。汉代谶纬神学出现后，孔子逐渐被神化，圣人自有异相。有关孔子相貌的材料越来越多，相貌特点似乎越来越清晰：孔子身高九尺六寸，牛唇狮鼻、海口辅喉、虎掌龟脊。根据谶纬神学的表述，可将孔子相貌概括为“七露”：唇露齿、眼露睛、鼻露孔、耳露窿。明代学者张岱《夜航船》卷13《容貌部·形体·四十九表》记载，仲尼生而具四十九表：反首、洼面、月角、日准、河目、海口、牛唇、昌颜、均颐、辅喉、骈齿……张岱“四十九表”的说法明显受到佛教影响，因为佛有“三十二相，八十种好”，受到佛教理论刺激的中国本土学者迫切地将儒学宗教化，以此与佛教相抗衡。除孔子之外，其他诸如“黄帝龙颜”、“尧眉八彩”、“舜重瞳子”、“禹耳三漏”、“汤臂三肘”、

① 郭霭春主编：《黄帝内经素问·天元纪大论》，人民卫生出版社1992年版，第377页。

② 《鹖冠子·能天》，中华书局2004年版。

"文王四乳"等，表述的都是这一共同的文化现象，体现的是中华民族共同的深层意识与思维方式。董仲舒在《春秋繁露》一书中所讲的"圣人之性"，显然也是指一种理想的人格境界，这种理想的人格境界已经彻底超越了"本我"，背弃了"本我"，恶的属性已经彻底从人性中剔除。圣人已经获得了一个崭新的生命本质，这一生命本质就是善。很显然，这种理想的人格境界是为人类道德生命预设了有望超越自身的理想目标，并不仅仅具有形而上的哲学思辨意义。[①]

中人之性。中人之性介乎圣人之性与斗筲之性之间，这种人格同样包含善与恶两种先天本质，但后天社会可塑性比较强。如果社会环境引发了人性"种子"的善端，他就有可能成为君子；如果膨胀了人性"种子"的恶端，他就有可能成为小人。这诚如董仲舒所说："名性者，中民之性。中民之性如茧如卵。卵待覆二十日而后能为雏，茧待缲以涫汤而后能为丝，性待渐于教训后能为善。善，教训之所然也，非质朴之所能至也，故不谓性。"[②] 缘此，董仲舒对孟子的人性学说进行了批评：其一，孟子的性善说降低了善的标准。董仲舒批评孟子将爱父母这一举动称为善端，等于降低了善的标准，甚至是过于贬低了人格这一范畴。董仲舒对"善人"范畴作了重新界定，认为只有忠信博爱、敦厚好礼之人才是"善人"："性有善端，动之爱父母，善于禽兽，则谓之善，此孟子之善。循三纲五纪，通八端之理，忠信而博爱，敦厚而好礼，乃可谓善，此圣人之善也。是故孔子曰：'善人吾不得而见之，得见有常者斯可矣。'由是观之，圣人之所谓善，未易当也。"[③] "圣人之善"与"孟子之善"是对立的，"孟子之善"只是把人之性与禽兽之性相比较，从而得出"人性善"这一结论。但是，孟子没有把人之性与圣人之性相比较，因而降低了善之标准，实际上已混同于"禽兽之善"。"质于禽兽之性，则万民之性善矣；质于人道之善，则民性弗及也。万民之性善于禽兽者许之，圣人之所谓善者勿许。吾质之命性者异孟子。孟子下质于禽兽之所为，故曰性已善；吾上质于圣人之所为，故谓性未善。善过性，圣人过

① 参见王文亮：《中国圣人论》，中国社会科学出版社1993年版。

② 《春秋繁露·实性》。

③ 《春秋繁露·深察名号》

善。”[①] 孟子将人与动物相比较，说明人性已善；董仲舒却主张应当将芸芸众生与圣人相比较，所以断言“性未善”。庸常之人要臻于圣人之性还有一段十分漫长的路途，所以需要圣王后天的社会伦理教化。庸常之人即使经过后天的社会伦理践履，逐渐成为善人，仍然不能同圣人相比，因为“圣人过善”。其二，董仲舒认为孟子的“性已善”否定了圣王后天道德教化的必要性与正当性。“正朝夕者视北辰，正嫌疑者视圣人。圣人以为无王之世，不教之民，莫能当善。善之难当如此，而谓万民之性皆能当之，过矣！”[②] 董仲舒虽然主张“天赋善恶”，但又非常重视后天的社会伦理教化与道德践履。君子与小人是每一个认知主体在社会化过程中自觉选择的结果，君子与小人不是天生的，每一个人都先天地存在着成为君子或者小人的潜在可能性。以君王为首的统治阶层的主要任务就是推行社会伦理教化，敦促天下芸芸众生弃恶从善，扬弃先天恶端，弘扬内在善端。“今案其真质，而谓民性已善者，是失天意而去王任也。万民之性苟已善，则王者受命尚何任也？”[③] 如果天下芸芸众生人性本善，那么以君王为首的统治者还有存在的必要吗？因为统治阶层最主要的职能就是助民为善，假使万民之性已善，那么统治阶层就失去了它存在的合法性与正当性。其实，董仲舒对孟子人性论的认识是片面的。孟子虽然高倡人性有善端，但丝毫也不否认后天社会伦理教化的重要性，而且人性善与伦理教化两者之间并不构成逻辑矛盾。恰恰相反，孟子实际上极力倡导道德教化、道德践履，因为按照孟子思想的逻辑，“道性善”并不意味着后天社会中的每一个人都是善人，只有固守、弘扬了人性中仁义礼智“善端”才有可能成为君子；如果放失了人性中的善端，将可能沦落为小人。所以，孟子认为只有在社会化过程中，时时刻刻固守、培育内在先天“善端”者，才能“异于禽兽”。董仲舒与孟子两人之间相隔的岁月并不算太久远，但误解却如此之深，这倒是一个很值得探究的文化课题。

从世界范围上看，对人性的探索实际上是一个带有普遍性的人文现象。远在古希腊时期，阿波罗神庙前的石碑上就镌刻“认识你自己”的神谕，表达了人类追问本性的迫切诉求。公元前5世纪的哲学家普罗塔戈拉尝言

① 《春秋繁露·深察名号》。

② 《春秋繁露·深察名号》。

③ 《春秋繁露·深察名号》。

“人是万物之尺度”，将哲学的核心从天上转移到了人间，对人性进行了较为系统的论述。之后，柏拉图、亚里士多德、霍布斯、卢梭、爱尔维修、康德、黑格尔等人都先后论述了自己对人性的认识。在中国古代人性学说史上，首次提出善与恶构成人之先天本质的思想家是世硕。由于世硕的著述与事迹湮没无闻，所以影响不大。董仲舒起而踵之，系统地阐发了这种颇具特色的人性学说，影响绵延悠长。在中国历史上，受这种人性学说影响的人不绝如缕。西汉末年的扬雄在人性论方面，深受董仲舒“天赋善恶论”的熏陶。《法言·修身》篇说：“人之性也善恶混，修其善则为善人，修其恶则为恶人。气也者，所以适善恶之马也与?”扬雄的人性论可以概括为“人性善恶混”，“善恶混”的含义不是善恶不分，而是善恶相杂。任继愈先生认为“混”与“溷”相通，有双层涵义：一是混淆无别，二是异物相杂。“无别”与“相杂”常常分不开，所谓混然无别，是就不同的东西混杂不易分辨而言，若本来就相同，则不必强调无别，可见“异物相杂”是“混”字的基本含义。从语法上分析，“修其善则为善人，修其恶则为恶人”中的“其”指的是人性。扬雄认为“气”是走向善恶的枢纽，“修”其正气则为善人，“修”其邪气则为恶人。由此可见，“修”具有两种道德向度。[①] 根据扬雄“人性善恶混”的观点，善与恶在人性之初都只是一种潜在因子，人还不具有完全成熟的本质，人性的发展存在着成为善人或者恶人的两种可能性，人们只有不断地学习和修养，去恶扬善，才能成为善人。《法言·学行》篇说：“学者，所以修性也。视、听、言、貌、思，性所有也。学则正，否则邪。”学习和修身的过程就是善性完美的过程，这种善性须磨砺而成的观点，与董仲舒所列举的“禾米”、“茧丝”、“卵雏”几个譬喻的涵义一致。扬雄的人性论强调后天的个人伦理自觉体认与践履，发扬内在善性，修成君子与圣人，这些观点显然与《春秋繁露》的人性论思想相通。概而论之，扬雄的人性论有两大特点：一是认为人性有善有恶，善恶先天两存；其次，人性的社会可塑性很强，它自身具有向善与恶两种方向变化的内在根据，但后天的道德努力是人性本质最终形成的决定条件。扬雄的人性论在解释人性后天的差异上比孟、荀更

① 参见任继愈主编：《中国哲学发展史·秦汉卷》，人民出版社 1985 年版，第 364—409 页。

有说服力。

韩愈生活在唐朝中期，李唐王朝提倡儒、道、佛三教并立，“老先、次孔、末后释”[①]，儒家学说失去了在意识形态上的独尊地位。以儒家卫道士自居的韩愈力主排佛斥道，冀望恢复儒家学说的主流文化地位。韩愈之所以要排斥佛、道，其中一个重要的原因就是这两大宗教的学说与儒家的伦理学说相抵牾，甚至从根基上颠覆儒家的伦理价值观。譬如，禅宗六祖慧能在竺道生思想的基础上，认为佛性是众生的本性，众生的本心都有成佛的依据，这一依据就是人人都有“真如佛性”：“人即有南北，佛性即无南北。”[②]“菩提本无树，明镜亦非台；佛性常清净，何处有尘埃。”[③] 象征觉悟的菩提树、明镜台皆虚幻不实，真正存在的是恒常清净的佛性。无论贫与富，人人都存在先在性的“佛性”，这是人人都有的先验存在。“譬如其雨水，不从天有，元是龙王于江海中将身引此水，令一切众生、一切草木、一切有情无情，悉皆蒙润。诸水众流，却入大海，海纳众水，合为一体。众生本性般若之智，亦复如是。”[④] 佛性有如天降雨水，大地上一切存在都普遍得到滋润，佛性人人都有，人人也都存在着成佛的潜在可能性。既然如此，为什么大多数人成不了佛？慧能的回答是“见性成佛”。人的纯净本性常被妄念所遮蔽，只要去除妄念、自见本性，就可以大彻大悟，得道成佛；所以成佛不待外求，不靠念经拜佛，不用坐禅修行，甚至不必出家当和尚，皆可得道成佛。《坛经》说：“自性迷，佛即众生；自性悟，众生即佛。”自心觉悟就是佛，自心不觉悟就是芸芸众生。迷悟既然在自心，只要一念觉悟本心自在，就可成佛，即所谓“见性成佛”。所以，成佛在一念之间，“前念迷即凡，后念悟即佛”[⑤]，成佛不必长期修习，一旦发见本性，就可以顿悟成佛。这种“真如佛性”说从表面上看似乎与孟子的人性学说有相同之处，但两者之间的歧异是巨大的，而且这种差异恰恰又正是韩愈为什么要毕其一生心血，大力驳难与排斥佛教的缘由之所在：慧能“佛性”说强调自我救赎，

---

① 《续高僧传》卷二十五《慧乘传》，《佛藏要籍选刊》，上海古籍出版社 1994 年版。

② 慧能：《坛经》，中华书局 1983 年版，第 8 页。

③ 慧能：《坛经》，中华书局 1983 年版，第 16 页。

④ 慧能：《坛经》，中华书局 1983 年版，第 54 页。

⑤ 慧能：《坛经》，中华书局 1983 年版，第 51 页。

摒弃内在欲念，摆脱世俗烦恼。慧能认为，一个人由执迷不悟到大彻大悟在于一念之间，“一念愚则即般若绝，一念智即般若生”。[①] 传统儒家学说则认为圣人理想人格境界是一个漫长的人生修炼过程，只有经过几十年，甚至一生的磨炼，才有可能臻至理想人格境界，成德成圣不可能在一念之间实现。正因为如此，韩愈写了《原道》、《原性》多篇文章批评佛教的人性论：“今其法曰：必弃而君臣，去而父子，禁而相生养之道，以求其所谓清净寂灭者；呜呼！其亦幸而出于三代之后，不见黜于禹、汤、文、武、周公、孔子也。”[②] 值得指出的是，韩愈将董仲舒的人性学说归纳为“性三品说”，这显然是一误读：“性也者，与生俱生也。情也者，接于物而生也。性之品有三，而其所以为性者五；情之品有三，而其所以为情者七。”[③] 韩愈认为，人性是先天性的存在，情是经验性的展露；人性有上、中、下三等，性的具体内容是五德：仁、义、礼、智、信；人的情感也有上、中、下三等，情的具体内容是七情：喜、怒、哀、惧、爱、恶、欲。韩愈将人性分为三品，性之三品有何区别呢？《原性》说：“性之品有上中下三。上焉者，善焉而已矣；中焉者，可导而上下也；下焉者，恶焉而已矣。”上品之性的人生来就善，在仁、义、礼、智、信五德中，以一德为主，同时又通于其他四德，即“主于一而行于四”；中品之性的人通过后天社会环境的引导，可以为善，也可以为恶，在五德中，某一德不足，其他四德也杂而不纯；下品之性的人天生就恶，在五德中，对一德有违，与其他四德也相悖。这种对三品之性的训释，基本上是在误读董仲舒的学说的基础上展开的。与性的上中下三品相对应，韩愈认为情也有上中下三品：情上品之人的情之发动与善无隔阂；情中品的人情之发动有过、有不及，经过道德教化可以中规中矩；情下品的人情的产生完全不符合善之标准，任凭情欲而动。情的三品与性的三品一一相当，性善则情善，性恶则情恶。韩愈进而批评孟子的性善说、荀子的性恶论和扬雄的“人性善恶混”都只看到了中品之性，因而都有片面性。《原性》篇说：“孟子之言性曰：人之性善；荀子之言性曰：人之性恶；扬子之言性

---

① 慧能：《坛经》，中华书局 1983 年版，第 51 页。

② 韩愈：《原道》，《韩愈全集》文集卷一，上海古籍出版社 1997 年版。

③ 韩愈：《原性》，《韩愈全集》文集卷一，上海古籍出版社 1997 年版。

曰：人之性善恶混。夫始善而进恶，与始恶而进善，与始也混而今也善恶，皆举其中而遗其上下者也，得其一而失其二者也。”韩愈认为上品之性和下品之性的人在社会上毕竟是少数，占人口多数的是中品之性，中品之性后天可塑性很强，但上品之性与下品之性不可改变，后天的伦理教化的效果非常有限。“然则性之上下者，其终不可移乎？曰：上之性，就学而愈明；下之性，畏威而寡罪；是故上者可教，而下者可制也。其品则孔子谓不移也。”① 孔子当年说过“唯上智与下愚不移”，韩愈对此深信不疑，认为上品之性的人接受了伦理教化后，人生信仰越来越坚定；下品之性的人虽经后天伦理教化，也不可能成为善人，但在强大的法律威慑面前，犯罪之心会有所收敛。韩愈的性三品说与佛教的人性学说针锋相对，在当时佛教理论甚嚣尘上的社会背景下，对守护与弘扬儒家之道大有裨益。佛教认为既存的社会制度、伦理规范都是对人性的束缚，影响见性成佛，主张逃避父子、夫妇、君臣之礼，背弃传统的儒家伦理观念。韩愈大力抨击佛教灭情以见性的出世观点，主张情由性决定，情以见性，情的发动应该符合儒家伦理原则，从而与佛教出世的人性论划清界限。但是，人性何以有上品之性、中品之性和下品之性之分？性善如何可能？性恶又如何可能？韩愈对这些关键性的问题均未作形而上论证，他所反复征引的只是孔子的“唯上智与下愚不移”语录。在哲学思辨深度上，看不出韩愈在汉代董仲舒人性论基础上有更深层次的论证。在他对佛教人性论的批评上，也鲜见有深邃的理论分析。韩愈只不过是站在崇儒排佛文化立场上，在“安史之乱”之后以儒家道统“卫道士”自居，对儒家文化有可能退居边缘表达出深刻的焦虑，因而对佛教这一异质文化表达出空前的拒斥与反抗。尤其值得指出的是，在一些基本观点上，韩愈自己也是自相矛盾。譬如，韩愈认为上品之人是生而知之、生而性善，但在《师说》一文中又认为“人非生而知之者，孰能无惑？惑而不从师，其为惑也终不解矣”。② 究竟哪一种表述代表其真实思想？颇令人困惑。

① 韩愈：《原性》，《韩愈全集》文集卷一，上海古籍出版社1997年版。
② 韩愈：《师说》，《韩愈全集》文集卷一，上海古籍出版社1997年版。

三、从"理先气后"到"理气合一"

《明史·儒林传序》认为,"嘉、隆而后,笃信程朱,不迁异说者,无复几人矣"[①],"时天下言学者,不归王守仁则归湛若水,独守程朱不变者,惟柟与罗钦顺云"。[②] 在理学与心学双峰并峙、明辩暗诋之时,罗钦顺"笃信程朱",在与王阳明等人不断的论辩中,旗帜鲜明地阐发程朱思想。正因为如此,罗钦顺被后人誉为宋学"中坚"。但是,《明史》对罗钦顺思想的评论有些偏颇。实际上,罗钦顺对程朱理学并非亦步亦趋,而是"笃信"与"独守"中有所创新。时人批评罗钦顺对程朱思想多有"错看",罗钦顺对此评论愤愤不平。但从罗钦顺思想的核心观点和哲学立场分析,时人对他的批评颇有见地。恰恰因为"笃信"、"错看"和"发明",罗钦顺思想因而具备自身的特色,并得以在明代哲学史上独树一帜。

(一)"错看":从"理一分殊"到"气一分殊"

罗钦顺是"朱学后劲",在其思想体系中,"理"自然是一非常重要的范畴。"盖此理之在心目间,由本而之末,万象纷纭而不乱;自末而归本,一真湛寂而无余。惟其无余,是以至约,乃知圣经所谓'道心惟微'者,其本体诚如是也。"[③] 在宇宙论上,理是"至约","至约"与佛教大乘空宗的"空"不同,后者是绝对虚无,前者是指理无具体规定性,"'上天之载,无声无臭',又安有形体可觅邪?然自知道者观之,即事即物,此理便昭昭然在心目之间,非自外来,非由内出,自然一定而不可易"。[④] 理无方所,不是一具体存在,因此无"形体可觅"。朱熹曾经说"理只是泊在气上"[⑤],罗钦顺批评说:"理果是何形状,而可以堕,以泊言之乎?"[⑥] 以"泊"描述

① 《明史·儒林列传》。
② 《明史·儒林列传》。
③ 罗钦顺:《困知记·序》,巴蜀书社2000年版,第237页。
④ 《困知记》续卷上,巴蜀书社2000年版,第310页。
⑤ 罗钦顺:《困知记》附录《答林次崖第二书》,巴蜀书社2000年版,第397页。
⑥ 罗钦顺:《困知记》附录《答林次崖第二书》,巴蜀书社2000年版,第397页。

理之特性，意味着理具有空间和重量，理“堕”为一具体存在。罗钦顺认为，朱熹这一错误观点源于他“平日将理气作二物看，所以不觉说出此等话来”。[①]“盖内外只是一理，但有纤毫不合，便成窒碍，所见终未为的也。且吾心之理与人伦庶物之理，皆所谓‘无声无臭’者也。既曰穷理，孰非明其所难明者乎?”[②] 在世界统一性意义上，理是一具有本根特性的概念。朱熹曾经提出“格物致知”，在主、客二分前提下，心通过即物穷理的无限追求，一旦豁然贯通，便达到对天理的认知。罗钦顺别出心裁，提出“物格则无物”以别于朱子之说：“余所云‘物格则无物’者，诚以工深力到而豁然贯通，则凡屈伸消长之变、始终聚散之状、哀乐好恶之情，虽千绪万端，而卓然心目间者，无非此理。一切形器之粗迹，举不能碍吾廓然之本体，夫是之谓无物。孟子所谓‘尽心知性而知天’，即斯义也。天人物我，其理本一，不容私意安排。若有意于合物我而一之，即是牵合之私，非自然之谓矣。”“物格”日久，一旦豁然贯通便臻至“无物”境界，天地上下只有一理亘古长存。但是，如果认为理是位格最高的范畴，那就是差之毫厘，谬以千里了。在罗钦顺思想体系中，存在着一个比理位格还高的宇宙本原——气。“理果何物也哉?盖通天地，亘古今，无非一气而已。气本一也，而一动一静，一往一来，一阖一辟，一升一降，循环无已。积微而著，由著复微，为四时之温凉寒暑，为万物之生长收藏，为斯民之日用彝伦，为人事之成败得失。千条万绪，纷纭胶辖而卒不可乱，有莫知其所以然而然，是即所谓理也。初非别有一物，依于气而立，附于气以行也。或者因‘《易》有太极’一言，乃疑阴阳之变易，类有一物主宰乎其间者，是不然。夫《易》乃两仪、四象、八卦之总名，太极则众理之总名也。云‘《易》有太极’，明万殊之原于一本也，因而推其生生之序，明一本之散为万殊也。斯固自然之机，不宰之宰，夫岂可以形迹求哉?”[③] 这是一段贯通全局的表述，气是宇宙本原，天地万物之生，“无非二气之所为”[④]；理是气运动变化的条理，是“莫知其所以然而然”的内在法则、规律和属性。理与气有所

① 罗钦顺:《困知记》附录《答林次崖第二书》，巴蜀书社2000年版，第397页。
② 罗钦顺:《困知记》附录《答黄筠溪亚卿》，巴蜀书社2000年版，第355页。
③ 罗钦顺:《困知记》卷上，巴蜀书社2000年版，第242—243页。
④ 罗钦顺:《困知记》附录，巴蜀书社2000年版，第402页。

区别，但理不可脱离气而独立存在。“吾夫子赞《易》，千言万语只是发明此理，始终未尝及气字，非遗之也，理即气之理也。”[①] 气是实体范畴，理是属性范畴。在这一意义上，理气是一物，理与气合一。这是罗钦顺思想中最核心的、最具创新色彩的观点[②]，黄宗羲评价说：“盖先生之论理气，最为精确。”[③]“理气一物”思想在罗钦顺晚年的一系列书信中反复得到论证与补充：“仆从来认理气为一物，故欲以‘理一分殊’一言蔽之。……《易·大传》曰：‘《易》有太极，是生两仪，两仪生四象，四象生八卦’，夫太极，形而上者也；两仪、四象、八卦，形而下者也。圣人只是一直说下来，更不分别，可见理气之不容分矣。”[④] 值得一提的是，罗钦顺申明理气合一思想并非出自“臆决”，而是有所本，程颢的“器亦道，道亦器”就是“理气一物”的知识源头：“其认理气为一物，盖有得于明道先生之言，非臆决也。明道尝言：‘形而上为道，形而下为器，须著如此说。器亦道，道亦器。’又曰：‘阴阳亦形而下者，而曰道者，惟此语截得上下最分明。原来只此是道，要在人默而识之也。’窃详其意，盖以上天之载无声无臭，不说个形而上下，则此理无自而明，非溺于空虚，即胶于形器，故曰‘须着如此说’。名虽有道器之别，然实非二物，故曰‘器亦道，道亦器’也。至于‘原来只此是道’一语，则理气浑然，更无隙缝，虽欲二之，自不容于二之，正欲学者就形而下者之中，悟形而上者之妙，二之则不是也。”[⑤] 在罗钦顺所引程颢的两段话中，有两点必须辨明：其一，《系辞》中的“形而上”指气（精气），气是宇宙本根。但是，程颢将《系辞》观点加以更改，气是形而下，理（道）才是形而上。“气，形而下者。”[⑥]“有理则有气，有

① 罗钦顺：《困知记》附录《答林正郎贞孚》，巴蜀书社2000年版，第380页。

② 明代王廷相在继承张载、罗钦顺气学基础上，对“气”哲学性质作进一步概括。气无生无灭、无始无终。在王廷相哲学中，“太虚”、“太极”、“元气”三个概念经常交叉使用，实际上彼此内涵一致，属于逻辑意义上的同语反复。“太虚”旨在说明元气无形无象、无具体规定性；“太极”意在说明元气在时间上无始无终、无生无灭。

③ 黄宗羲：《明儒学案》卷四十七《文庄罗整庵先生钦顺》，中华书局2008年版，第1107页。

④ 罗钦顺：《困知记》附录，巴蜀书社2000年版，第389页。

⑤ 罗钦顺：《困知记》附录，巴蜀书社2000年版，第394页。

⑥ 程颢、程颐：《河南程氏遗书》卷三，《二程集》，中华书局2004年版，第64页。

气则有数。”[①] 阴阳之气是具体存在，是经验认识的对象；道、理是最高抽象，是理性认识之对象。正因为如此，道、理必须“默而识之”。其二，程颢之所以提“器亦道，道亦器”之说，有双重考虑：一是防止人们把道（理）错认为绝对虚无；二是担心人们将道（理）误解为具存。这一忧虑后来在朱熹思想中也有体现，有人问朱熹：“佛氏之空，与老子之无一般否?”朱熹回答说：“不同，佛氏只是空豁豁然，和有都无了，所谓‘终日吃饭，不曾咬破一粒米；终日着衣，不曾挂着一条丝。’若老氏犹骨（有）是有，只是清净无为，一向恁地深藏固守，自为玄妙，教人摸索不得，便是把有无做两截看了。”[②] 佛教大乘空宗之“空”是绝对虚无，老子之“无”是含“有”之无。在一封答友人的信件中，朱熹又特意用“无极”和“太极”两概念来界定“道”：“然殊不知不言无极，则太极同于一物，而不足为万化之根；不言太极，则无极沦于空寂，而不能为万化之根。”[③] 宇宙本原不可等同于具体的存在物，道是无，因此必须用“无极”来描述；但是，宇宙本原不可错认为绝对的空无，所以又必须用“太极”来界说。但是，程颢的“器亦道，道亦器”不可等同于“道即器”、“器即道”，更不可混同于“道即气”、“气即道”。道（理）存在于器之中，天地万物是道之显现与证明，道和器是本根与现象之间的关系，“离了阴阳更无道，所以阴阳者是道也。阴阳，气也。气是形而下者，道是形而上者”。[④] 理（道）与气不仅名有别，实也是“二物”。理是道，气是器；理是形而上，气是形而下。理与气之间的界限非常清晰，理与气确确实实是“二之”，罗钦顺所说的“理气浑然，更无隙缝”，显然是一种错误理解。因此，罗钦顺是在误读程颢观点基础上，形成了他的理气合一说。时人林次崖批评罗钦顺对程颢的“器亦道，道亦器”的体悟是“错看”，罗钦顺对此颇为不满，并且自负地预言：“窃谓明道复起，亦必有取于斯言。”[⑤]

为了深入论证“理气一物”这一思想，罗钦顺特意提出有两大命题必

① 程颢、程颐：《河南程氏经说》卷一，《二程集》，中华书局2004年版，第1030页。
② 黎靖德编：《朱子语类》卷一百二十六，中华书局1994年版，第3011—3012页。
③ 朱熹：《答陆子美》，《朱熹集》卷三十六，四川教育出版社1996年版，第1566—1567页。
④ 程颢、程颐：《河南程氏遗书》卷十五，《二程集》，中华书局2004年版，第162页。
⑤ 罗钦顺：《困知记》附录《答林次崖第二书》，巴蜀书社2000年版，第396页。

须辨明：一是“就气认理”；二是“认气为理”。“就气认理”意味着气是第一概念，有气方有理，理只是气之理；“认气为理”混淆了实体范畴与属性范畴的区别，甚至有可能陷入二本论之泥淖。“理须就气上认取，然认气为理便不是。此处间不容发，最为难言，要在人善观而默识之。‘只就气认理’与‘认气为理’，两言明有分别，若于此看不透，多说亦无用也。”[①] 此外，在“理气一物”的论证上，罗钦顺还多次借用薛瑄的“理气无缝隙”命题。但是，罗钦顺对薛瑄“理气无缝隙”之说的认同是有所选择的。因为在罗钦顺看来，薛瑄的思想存在着诸多矛盾之处。薛瑄一方面高倡“理气无缝隙”，另一方面又反复证明“气有聚散，理无聚散”，二者之间实际存在着“窒碍”。罗钦顺认为，气散有散之理，气聚有聚之理，宇宙间不存在无理之气，也不存在离气之理。罗钦顺这一表述既与程颐“有理则有气”有哲学性质上的差异，也与薛瑄“理气无缝隙”有别。薛瑄一有一无之说，实际上导致理气之间有缝隙，而导致这一“窒碍”产生的原因，就在于薛瑄客观上将理气看成“二物”：“夫一有一无，其为缝隙也大矣，安得谓之‘器亦道，道亦器’耶？盖文清之于理气，亦始终认为二物，故其言未免时有窒碍也。”[②] 在罗钦顺看来，历史上认理气为“二物”的并非薛瑄一人，周敦颐、朱熹和张载也是代表性人物。周敦颐把太极与阴阳之气一分为二，朱熹受其影响，继而提出“理先气后”。罗钦顺批评他们说：“凡物必两而后可言合，太极与阴阳果二物乎？其为物也果二，则方其未合之先各安在耶？”[③] 张载又言：“由太虚，有天之名；由气化，有道之名；合虚与气，有性之名；合性与知觉，有心之名。”[④] “太虚”是气之本然状态，有太虚才能彰显气的宇宙论地位；“气化”是宇宙生成论层面的概念，阴阳二气化生万物，万物各有其内在之条理（道）。作为宇宙本根的气与作为气化之道、之理，厘然有别，不可混同为一。但是，罗钦顺却认为张载这一表述

① 罗钦顺：《困知记》卷下，巴蜀书社2000年版，第271页。
② 罗钦顺：《困知记》卷下，巴蜀书社2000年版，第276页。
③ 罗钦顺：《困知记》卷下，巴蜀书社2000年版，第267页。
④ 张载：《正蒙·太和》，《张载集》，中华书局1978年版，第9页。

“语涉牵合，殆非性命自然之理也”。[①] 罗钦顺对张载气学之精髓大多未领悟[②]，却敢于大胆下论断，这未尝不是“错看”和“臆决”。

从“就气认理”出发，合乎逻辑的推演便是对二程和朱子“理一分殊”思想的重新阐发。“理一分殊”这一命题最早出现于程颐的《答杨时论西铭书》中，是程颐对张载《西铭》中关于道德起源论的一种概括。张载当年在《西铭》中从宇宙本原的高度推演出仁义等道德观念的正当性，程颐进而将其归纳为“理一分殊”。“理一分殊”在理论形式上借鉴了佛教华严宗的“一多相摄”学说，但程颐拒不承认这一点，而是将儒家经典《中庸》作为自己立论的根基。[③]“理一分殊”最初还只是一个伦理范畴，仅限于社会道德领域。但衍变到后来，“理一分殊”已超越了伦理道德畛域，其逻辑外延放大，升华而为具有普遍哲学意义的哲学范畴。“天下之理一也，途虽殊而其归则同，虑虽百而其致则一。虽物有万殊，事有万变，统之以一，则无能违也。”[④] 程颐认为，天下只有一个理，宇宙万物虽然千差万别，但都由同一个理作为它们的宇宙本原，都受这个最高之理的支配。“正其理则万

---

① 罗钦顺：《困知记》卷下，巴蜀书社 2000 年版，第 268 页。

② 罗钦顺对张载的批评与否定绝非仅此一例。在《困知记》卷下，他批评了张载的“不灭论”思想：“《正蒙》云：‘聚亦吾体，散亦吾体。知死之不亡者，可与言性矣。’又云：‘游气纷扰，合而成质者，生人物之万殊。其阴阳两端，循环不已者，立天地之大义。’夫人物则有生有死，天地则万古如一。气聚而生，形而为有，有此物即有此理。气散而死，终归于无，无此物即无此理，安得所谓‘死而不亡者’邪？若夫天地之运，万古如一，又何死生存亡之有？譬之一树，人物乃其花叶，天地其根干也。花谢叶枯，则脱落而飘零矣，其根干之生意固自若也，而飘零者复何交涉？谓之不亡，可乎？故朱子谓张子此言，‘其流乃是个大轮回’。由其迫切以求之，是以不觉其误如此。”程颐曾经认为气有生灭，理永恒存在。张载立足于气本论基础所阐发的气“死而不亡”论断，具有超越时代的前瞻性和合理性。罗钦顺在宇宙论上的认识远未达到张载的境界，却深受朱熹思想的影响，断定张载所论属于佛教之“大轮回”。

③ 尽管二程、朱子对佛教多有批评，但也客观承认佛学理论的高深。程颐尝言：“释氏之学，又不可道他不知，亦尽极乎高深。”（《河南程氏遗书》卷十五，《二程集》，中华书局 2004 年版，第 152 页。）二程在建立理本论哲学体系的过程中，将华严宗“一一事中，理皆全遍”的思想概括为“万理归于一理”，从而为理本论的建立提供了理论依据。与此相关，二程的“理一分殊”说也是对华严宗理事说的借鉴，与华严宗“一一纤尘，皆摄无边真理”的思想在理论形式上相通。此后，朱熹又借用佛教的“月印万川”的比喻来说明“理一分殊”的道理，朱熹提出的理本气末说也是对华严宗理事说的发挥。虽然程朱哲学吸取了佛教的哲学形式，但二者仍有本质上的区别。程朱的“天理”论具有儒家伦理的内涵，是哲学形上学与儒家伦理学的统一，而佛教的理本论和理事说为了说明法界缘起论而刻意排斥儒家伦理。基于此，程颐否认“理一分殊”在理论形式上借鉴了佛教华严宗的“一多相摄”学说，而是将《中庸》作为自己立论的根基，当有深层次意义上的考虑。

④ 程颐：《周易程氏传·咸》，《二程集》，中华书局 2004 年版，第 858 页。

事一，一以贯之也。”[①] 天理是天下万物中始终如一存在着的一贯之理。“理一分殊”后来演变成为理学中的一个重要命题，程门后学李侗甚至说：“吾儒之学所以异于异端者，理一分殊也。理不患其不一，所难者分殊耳。”[②] 既承认理一又主张分殊，是区分纯儒与异端的理论标志。[③] 与二程相比，罗钦顺的“理一分殊”可谓“旧瓶装新酒”。“理一分殊四字，本程子论《西铭》之言，其言至简，而推之天下之理，无所不尽。在天固然，在人亦然，在物亦然；在一身则然，在一家亦然，在天下亦然；在一岁则然；在一日亦然，在万古亦然。”[④] “理一分殊”是天下至理，具有超越时空、涵盖万物之永恒价值。“理一分殊”既然脱胎于程朱思想，在两个基本点上与前人基本雷同。其一，“理一分殊”蕴涵伦理学意义：“天地人物，止是一理。然而语天道则曰阴阳，语地道则曰刚柔，语人道则曰仁义，何也？盖其分既殊，其为道也自不容于无别。然则鸟兽草木之为物，亦云庶矣，欲名其道，夫岂可以一言尽乎？大抵性以命同，道以形异。必明乎异同之际，斯可以尽天地

---

① 程颢、程颐：《河南程氏外书》卷二，《二程集》，中华书局2004年版，第365页。

② 赵师夏：《延平答问》跋，《朱子全书》第十三册，上海古籍出版社、安徽教育出版社2002年版，第354页。

③ 如果细细品味，二程对此命题的观点并不是完全一致。在程颐哲学中，“理一分殊”的真实涵义是“抽象同一”：理是抽象的、绝对的同一，但万物的现象（气）又是各式各样的。他对理一分殊作了分解式的表述，把原本相互渗透、相互包容的二者一截为二。在程颐看来，理一分殊是有体用之分的。体为一理，用是万殊，体用之分彰现于自然和人类社会各个领域：在天人关系上，他认为天人“只是一理，而天人所为，各自有分”。天与人统一于抽象的一理，但天、人又是有分殊的。程颐之论，显然与程颢“天人本无二，不必言合”的天人一本论不同。程颢追求万物浑然一体的一本境界；程颐则认为万物的共同性在于理，万物在形气上是各各有别的。普遍一理散而为万物之理，千江有水千江月，但归根结底万理之是一理。所以程颐说：“天地之间，万物之理，无有不同。”又说：“一物之理即万物之理”，但天地之间的具存又是各异的。在人性论上，他提出了“性即是理”命题，性有天命之性与气禀之性之分。天命之性是相同的，气禀之性是相异的；在道体观上，程颐认为天、性、心、理、人和气都贯通一理，但天与心、理与心、理与气、性与心、天与人又是各不相同的。因此，程颐认为万物都统一于抽象一理，而万物又是各不相同，“理一分殊”思想贯穿于程颐哲学思想的方方面面。程颢则是站在一元论的立场上来看待一切，天地万物皆是天理之流行，“仁者，以天地万物为一体，莫非己也”。本根只有一个，当然这一本根流行而为一个生生不息的过程。因此，程颢既承认万物一本，又承认万物的殊异与变化。但是，程颢所言万物之殊异，是在同一宇宙实体的生生变易过程中产生的，同与异是浑然一体的，不可将同与异作截然的分离。所以，他反对抽象地对天理与万物、同与异作分离的二元的表述，反对如同程颐那样把异与同作为可分离的两事，同是纯粹的同，异是纯粹的异，天理是绝对的同一，只有气、物才有分殊。从这一意义上说，二程虽然都讲“理一分殊”，但内涵还是有所不一。

④ 罗钦顺：《困知记》卷上，巴蜀书社2000年版，第246—247页。

人物之理。”[①] 天道、地道和人道由于“其分既殊”，道也有别。具体就人道而言，“千圣相传，只是一理”。尧舜所言之“中”、孔子所言“不逾之矩”、颜子所言“卓尔”、子思所言“上下察”、孟子所谓“跃如”，皆是终极之理在伦理道德领域之显现，生命的内在超越植根于天理的外在神圣。“天人物我所以通贯为一，只是此理而已，如一线之贯万珠，提起便都在掌握。故尽己之性，便能尽人物之性，可以赞化育而参天地。”[②] 伦理学层面的“理一分殊”将在第二部分详述。其二，世界统一性意义上的“理一分殊”。“盈天地之间者惟万物，人固万物中一物尔。‘乾道变化，各正性命’，人犹物也，我犹人也，其理容有二哉？然形质既具，则其分不能不殊。分殊，故各私其身；理一，故皆备于我。”[③] 在宇宙论意义上，人是万物之一，天地人物在哲学本质上相同。在宇宙生成论上，由于形质不同，所以“分不能不殊”。“杨方震《复余子积书》有云：‘若论一，则不徒理一，而气亦一也。若论万，则不徒气万，而理亦万也。’此言甚当，但‘亦’字稍觉未安。”[④] 罗钦顺认为杨廉所论理气，基本妥当，只是“亦”字纯属画蛇添足之举。因为理气本一，所以气一则理一，气万则理万。添加一“亦”，有理气“二物”之嫌。缘此，理具有多重含义，切不可察其一而忽略其余。罗钦顺常常以“观山”来比喻理之特质：“穷理譬则观山，山体自定，观者移步，其形便不同。故自四方观之，便是四般面目，自四隅观之，又各是一般面目。面目虽种种各别，其实只是此一山。山之本体则理一之譬也，种种面目则分殊之譬也。在人所观之处，便是日用间应接之实地也。”[⑤]

罗钦顺和二程、朱子的“理一分殊”有同有异，异大于同。换言之，两者的“同”是貌合而神离。在二程、朱子的思想体系中，理无疑是位格最高的概念，气只是宇宙生成论意义上的质料而已。但是，在罗钦顺思想逻辑结构中，气才是位格最高的概念，理是气之理。虽然在很多场合只谈理，未谈气，但在哲学性质上气是实体范畴，理是属性范畴。二程、朱子的

① 罗钦顺：《困知记》续卷上，巴蜀书社 2000 年版，第 312 页。
② 罗钦顺：《困知记》续卷下，巴蜀书社 2000 年版，第 322 页。
③ 罗钦顺：《困知记》卷上，巴蜀书社 2000 年版，第 240 页。
④ 罗钦顺：《困知记》卷下，巴蜀书社 2000 年版，第 281 页。
⑤ 罗钦顺：《困知记》续卷上，巴蜀书社 2000 年版，第 307 页。

“理一分殊”实质上已被罗钦顺偷换为“气一分殊”，理学已被气学悄悄“兼并”和整合，这是宋明理学史上一个重大的哲学转向。正因为出现由“理一分殊”到“气一分殊”的转化，阴阳气论得以全方位和“理一分殊”汇流。“至理之源，不出乎动静两端而已。静则一，动则万殊，在天在人一也。”[①] 理是静、是一，阴阳是动、是两，阴阳变化化生天地万物。静与动是相对的，从“主宰处观之”，动即静；从“流行处观之”，静也是动。[②] 罗钦顺谈理与阴阳动静关系，实际上是在论证一个重大的理论问题：“理一分殊”何以可能？换言之，在宇宙生成论上，理（气）化生天地万物的动力何在？张载曾经说：“一物两体，气也；一故神（两在故不测）。两故化（推行于一）。”[③] “一”指宇宙本原，“两”指阴与阳。张载认为，“一物两体”是宇宙间的普遍规律，阴阳二气的聚散推移成为一切事物运动变化的内在根据。在运动变化中，万物得以化生。“天惟运动一气，鼓万物而生。”[④] 世界因“一”而得以同一，气有“两”（阴与阳）得以运动变化。在张载思想结构中，阴阳是推动宇宙万物运动变化的动力因。罗钦顺显然赞同张载这一核心思想，“理一也，必因感而后形。感则两也，不有两即无一。然天地间，无适而非感应，是故无适而非理”。[⑤] 这段话是对张载“一故神，两故化”思想之阐发，一、两、感等范畴完全脱胎于张载哲学，其思想内涵也完全一致。“神化者，天地之妙用也。天地间非阴阳不化，非太极不神，然遂以太极为神，以阴阳为化则不可。夫化乃阴阳之所为，而阴阳非化也。神乃太极之所为，而太极非神也。‘为’之为言，所谓‘莫之为而为’者也。张子云：‘一故神，两故化。’盖化言其运行者也，神言其存主者也。化虽两而其行也常一，神本一而两之中无弗在焉。合而言之则为神，分而言之则为化。故言化则神在其中矣，言神则化在其中矣，言阴阳则太极在其中矣，言太极则阴阳在其中矣。一而二，二而一者也。学者于此，须认

① 罗钦顺：《困知记》卷上，巴蜀书社 2000 年版，第 246 页。
② 罗钦顺：《困知记》续卷上，巴蜀书社 2000 年版，第 315 页。
③ 张载：《正蒙·参两》，《张载集》，中华书局 1978 年版，第 10 页
④ 张载：《横渠易说·系辞上》，《张载集》，中华书局 1978 年版，第 185 页。
⑤ 罗钦顺：《困知记》卷上，巴蜀书社 2000 年版，第 251 页。

教体用分明，其或差之毫厘，鲜不流于释氏之归矣。”① 一即太极，太极即气（理），神是从宇宙本根的主宰义上立言；化是指阴阳二气产生天地万物的作用、功效。本根不可混同于本根之功能，但气（理）与阴阳互涵互证。“理只是气之理，当于气之转折处观之。往而来，来而往，便是转折处也。夫往而不能不来，来而不能不往，有莫知其所以然而然，若有一物主宰乎其间而使之然者，此理之所以名也。‘易有太极’，此之谓也。若于转折处看得分明，自然头头皆合。”② 所谓“气之转折处”也就是阴阳二气的运动变化，正因为有阴阳二气的相摩相荡，天地万物的化生才得以可能，宇宙本根的存在才能得到证明。罗钦顺在动力因问题上的论证，无论是观点抑或所用之概念，皆源自张载哲学。唯一不同的在于，二程、朱子之理被偷换为气，“理一分殊”实质上已被替换为“气一分殊”。

概而论之，罗钦顺的“理气一物”、“气一分殊”思想从程朱哲学内部否定了“理本气化”、“理先气后”，而与张载关学遥相呼应。在理、气关系上，张载纳理入气，以气统理：“由气化，有道之名③。”“天地之气，虽聚散、攻取百涂，然其为理也顺而不妄④。”气之聚散变化多端，但“气化”中皆存在着“顺而不妄”之条理、规律。条理、规律即理，理不能脱离气而独立存在。张载的气本论哲学受到朱熹多次批评：“纵指理为虚，亦如何夹气作一处⑤？”朱熹认为，张载将气与理夹作一处，颠倒了质料与本根之间的关系，只看到了形而下，却未看到形而上，因此张载气本论的“源头有未是处⑥。”明代罗钦顺“理气一物”、“就气认理”、“理在气中”、“气一分殊”等命题的提出与论证，将程朱否定的张载气本论重新树立。中国哲学史上的这一否定之否定的哲学历程，显现的并不仅仅是理本论哲学与气本论哲学之间的诘难与抗辩。更重要的在于，在遭受佛教精深理论刺激之后，中国古代学术思想在思辨哲学领域已向前大大迈进了一步。

---

① 罗钦顺：《困知记》卷上，巴蜀书社2000年版，第251页。

② 罗钦顺：《困知记》续卷上，巴蜀书社2000年版，第306—307页。

③ 张载：《正蒙·太和》，《张载集》，中华书局1978年版，第9页。

④ 张载：《正蒙·太和》，《张载集》，中华书局1978年版，第7页。

⑤ 《张子语录·后录下》，《张载集》，中华书局1978年版，第343页。

⑥ 黎靖德编：《朱子语类》卷九十九，中华书局1994年版，第2532页。

（二）“发明”：从“性即理”到“性即气”

宇宙本根兼摄价值本源，是中国古代哲学一大特点，非唯“理”或“天理”如是。譬如，在《老子》哲学体系中，“道”不仅是宇宙本原，而且道有大德。换言之，道是价值本源与总根据。严灵峰认为老子之道有四重义项，其中之一就是道乃人生修身养性之应然法则。[①] 唐君毅也认为，老子之道蕴涵“同于德之义”：“道之义亦未尝不可同于德之义。盖谓物有得于道者为德，则此德之内容，亦只是其所得于道者；此其所得于道者，固亦只是道而已。”[②] 在中国古代哲学中，宇宙本根兼摄价值本源，在逻辑和义理上十分必要。因为道是价值总根据，仁、义等具体德目才能获得存在的正当性。与此同时，作为价值终极依据的道，其自身就闪耀着德性之光辉。《老子》文本中的“玄德”、“大德”、“广德”、“建德”、“常德”等概念，皆是对道崇高品行之描述。刘笑敢认为：“道既是宇宙起源之实然，又是人之价值之应然的根源。”[③]《老子》四十五章云：“大成若缺，其用不弊；大盈若冲，其用不穷。大直若曲，大巧若拙，大辩若讷。”正言若反、以反彰正是《老子》独特的方法论和表述方式，正因为蕴涵了“反”的某些特点，才成就其“大成”、“大盈”、“大直”、“大巧”和“大辩”，成、盈、直、巧、辩既是圣人之至德，也是道之玄德。

理作为价值本源，蕴涵两大层面的内容：

1. 理是仁、义、礼、智等德目存在合法性的总根据。二程尝言：“圣人本天，佛氏本心。”[④]。”天即天理，“本天”意指以天为总根据、总根源。伦

---

① 严灵峰：《老庄研究》，台北中华书局1966年版，第378页。

② 唐君毅：《中国哲学原论导论篇》，中国社会科学出版社2005年版，第230页。

③ 刘笑敢：《老子古今》，中国社会科学出版社2006年版，第294页。

④ 罗钦顺：《困知记》续卷下，巴蜀书社2000年版，第319页。二程这一论断多多少少有些片面。实际上，“心”是儒家一以贯之的核心范畴，孟子主张心性合一，“君子所性，仁义礼智根于心”（《孟子·尽心上》）；荀子提出以心主宰性，“心者道之工宰也”。（《荀子·正名》）佛教传入中土后，借用儒家“心性”概念，提出“明心见性”等思想，“心”第一次被提升到了哲学本体的高度，心成为超越的、普遍的、永恒的绝对存在。二程转而又借用佛教的“心体”学说来建构其理学思想体系，在宇宙论上，心即理，“心无限量”，心成为一超验的、绝对的道德原则。因此，“本心”又未尝不是儒家前后一贯的核心观点。

常之典源出于天，爵位之礼源出于天。“本天”与“本心”，是儒佛两家在宇宙论上的差异，“儒佛异同，实判于此”。[①] 天（天理）贯穿天地人物，天地人物在天理层面臻于同一。不仅如此，天（天理）还被赋予了某种伦理质量——至善。“斯理也，在天在人，在事在物，盖无往而不亭亭当当也，此其所以为至善也。”[②] 天理至善，至善之天理在天道上显现为阴阳，在地道上显现为柔刚，在人道上的落实就是仁与义，“自道体言之，浑沦无间之谓仁，截然有止之谓义。自体道者言之，心与理一之谓仁，事与理一之谓义。心与理一，则该贯动静，斯浑然矣。事与理一，则动中有静，斯截然矣。截然者，不出乎浑然之中。事之合理，即心与理一之形也。心与理初未尝不一也，有以间之则二矣。然则何修何为，而能复其本体之一耶？曰敬”。[③] “理善”何以可能？无论二程、朱熹，抑或张载、罗钦顺，都没有从形而上高度论证。其实中国哲学中的“理善”有点近似于康德实践理性中的“公设”。“自由”这一概念是康德哲学中最高理性概念，同时也是一最基本的“公设”，“所谓公设，我理解的是一种理论的、但在其本身不可证明的命题，它不可分离地附属于无条件有效的先天实践法则”。[④] “公设”就是无需证明或不能证明的哲学基本前提，这一基本前提是康德思想体系中的“拱心石”，其他概念因为这一“公设”的存在而获得存在的正当性。囿于时代的局限，二程、朱熹和张载虽然没有从思辨理性高度论证“理善何以可能”，但是用康德道德哲学中的“公设”理论加以诠释，其中的哲学意蕴还是可以揣摩出来的。上接二程和朱子，罗钦顺从道体和体道两个向度诠释仁、义、礼、智等德目，与孔、孟有所不同。从道体而言，天理在人道的实现即为仁，天理有所止为义；从体道而言，在道德体认与践履中，理与心为一，了无间隔，便是仁；人之行为合乎天理，便是义；灿然有条理次序，名之曰礼；有所判断取舍，名之曰智。罗钦顺认为，仁、义、礼、智等德目因为是天理之彰显，所以它们是先验的、绝对的实在：“人物之生，本同一气，恻隐之心，无所不通。故‘亲亲而仁民，仁民而爱物’，皆理之当然，

① 罗钦顺：《困知记》续卷下，巴蜀书社 2000 年版，第 319 页。

② 罗钦顺：《困知记》附录《答林次崖佥宪》，巴蜀书社 2000 年版，第 391 页。

③ 罗钦顺：《困知记》续卷下，巴蜀书社 2000 年版，第 324 页。

④ 康德：《实践理性批判》，商务印书馆 2000 年版，第 134 页。

自有不容已者，非人为之使然也。”[①] 天地万物源自一气（理），既然本源相同，山川河流皆有恻隐之心。泛心论、物活论色彩，在罗钦顺思想中时有展现。当年孔子将“仁”界定为“爱人”，孟子进而扩展为“亲亲”、“仁民”、“爱物”三境界。罗钦顺继而从哲学高度论证以“仁”为代表的儒家基本范畴的正当性，仁是“理之当然”，而非人类社会文明进化到一定阶段的产物。在人类文明产生之前，仁义礼智等德目就已经存在，“非人为之使然”，它自身是“如有所立卓尔”。[②] 因此，罗钦顺一再强调，不可“以觉言仁”，“以觉言仁固非，以觉言智亦非也。盖仁智皆吾心之定理，而觉乃其妙用。如以妙用为定理，则《大传》所谓‘一阴一阳之谓道’，‘阴阳不测之谓神’，果何别邪?”[③] “觉”是道德实践论意义上的概念，“觉”是用而非体，“以觉言仁”意味着“仁”是后天的、经验性的德目。但在罗钦顺看来，这显然是一认识论意义上的错误，也易与佛教以觉言性混为一谈。仁义礼智“皆吾心之定理”，“夫理之所在，神明生焉，理一定而不移，神万变而不测”。[④] 理超越时空而存在，亘古而不移。理是体而非用，作为理之属性的仁义礼智，自然也具有“一定而不移”的本体特性。

2. “性即理”。在中国古代人性论历史上，先秦时代的思想家们已经开始探究人之本质与宇宙普遍本质之间的关系。《论语·述而》之“天生德于予”，《孟子·告子上》之“仁义忠信，乐善不倦，此天爵也”，《中庸》之“天命之谓性”等，都在宇宙论高度论证人性之本源，以及普遍人性存在正当性。宋儒论人性，是对孔孟人性思想的绍承与发挥。张载从气本论立场将人性分为“天地之性”和“气质之性”，“性于人无不善，系其善反不善反而已”。[⑤] “天地之性”为善，人生的内在超越就在于“反”，“反”即孟子所说的“反身而诚”，使先验之善端在人心复归。二程立足于理本论基础上，将人性分为“天命之性”与“气质之性”，“性即理也，所谓理，性是

① 罗钦顺:《困知记》卷上，巴蜀书社 2000 年版，第 252 页。

② 罗钦顺:《困知记》续卷上，巴蜀书社 2000 年版，第 310 页。

③ 罗钦顺:《困知记》续卷上，巴蜀书社 2000 年版，第 310 页。

④ 罗钦顺:《困知记》三续，巴蜀书社 2000 年版，第 340 页。

⑤ 张载:《正蒙·诚明》，《张载集》，中华书局 1978 年版，第 22 页。

也。天下之理，原其所自，未有不善”。[①] 理善，所以性善，“天命之性”是“未发”，因而也是“未有不善”。朱熹继承了二程“性即理”思想，将人性分为“天地之性”和“气质之性”，“天地之性”专指理言，因而至善：“然其本然之理，则纯粹至善而已，所谓天地之性者也。孟子所谓性善，程子所谓性之本，所谓极本穷原之性，皆谓此也。”[②] 张载和二程、朱熹尽管在宇宙论上大相径庭，但是在解释恶之起源问题上却趋于一致。他们都认为人性之恶源自“气禀”：“人之刚柔、缓急、有才与不才，气之偏也。天本参和不偏，养其气，反之本而不偏，则尽性而天矣。”[③]“人生气禀，理有善恶，然不是性中元有此两物相对而生也。”[④]“人之所以有善有不善，只缘气质之禀，各有清浊。”[⑤]

心性论是罗钦顺一生用力最勤之所在，“拙《记》累千万言，紧要是发明心性二字，盖勤一生穷究之力，而成于晚年者也”。[⑥] 在心性论上，罗钦顺对二程、朱熹和张载有所继承，也有所批评：“孔子教人，莫非存心养性之事。然未尝明言之也。孟子则明言之矣。夫心者人之神明，性者人之生理，理之所在谓之心，心之所有谓之性，不可混而为一也。《虞书》曰：‘人心惟危，道心惟微。’《论语》曰：‘从心所欲，不踰矩。’又曰：‘其心三月不违仁。’《孟子》曰：‘君子所性，仁义礼智根于心。’此心性之辨也。二者初不相离，而实不容相混。精之又精，乃见其真。其或认心以为性，真所谓‘差毫厘而谬千里’者矣。”[⑦] 在对心、性、理几大范畴的界定上，尤其要辨明的是：心是具有思维功能的认识器官与绝对道德原则，心与性有别，心性不合一，“认心以为性”是心学和禅宗的观点，而非程朱理学所持哲学立场；“性即理”，性也是道心，“道心性也，人心情也”。[⑧] 因为理即道心，所以性即理即道心。但是，“性即理”这一命题必须建基于“理之所在

① 程颢、程颐：《河南程氏遗书〉卷二二上，《二程集》，中华书局 2004 年版，第 292 页。
② 《论语或问》卷十七，《朱子全书》，上海古籍出版社、安徽教育出版社 2002 年版，第 875 页。
③ 张载：《正蒙·诚明》，《张载集》，中华书局 1978 年版，第 23 页。
④ 程颢、程颐：《河南程氏遗书》卷一，《二程集》，中华书局 2004 年版，第 10 页。
⑤ 黎靖德编：《朱子语类》卷四，中华书局 1994 年版，第 68 页。
⑥ 罗钦顺：《困知记》附录《答萧一诚秀才书》，巴蜀书社 2000 年版，第 401 页。
⑦ 罗钦顺：《困知记》卷上，巴蜀书社 2000 年版，第 239 页。
⑧ 罗钦顺：《困知记》卷上，巴蜀书社 2000 年版，第 240 页。

谓之心，心之所有谓之性”这一基础上认识才是合理的，这意味着“性即理”的涵义并非“性是理”或“性等同于理”，而是说性是理之显现。“盖一卦有一卦之理，一爻有一爻之理，皆所当穷，穷到极处却止是一理。此理在人则谓之性，在天则谓之命。心也者，人之神明而理之存主处也。岂可谓心即理，而以穷理为穷此心哉?”[①] 从“此理在人则谓之性”出发，罗钦顺“性即理”与二程、朱子“性即理”思想的内在脉络也就比较容易梳理。“朱子尝言：‘伊川“性即理也”一语，便是千万世说性之根基。’愚初发愤时，常将此语体认，认来认去，有处通，有处不通。如此累年，竟不能归一，却疑伊川此语有所未尽，朱子亦恐说得太过，难为必信也。遂姑置之，乃将理气二字参互体认，认来认去，一般有处通，有处不通。如此又累年，亦竟不能归一，心中甚不快，以谓识见有限，终恐无能上达也。意欲已之，忽记起‘虽愚必明’之言，又不能已，乃复从事于伊川之语，反复不置。一旦于理一分殊四字有个悟处，反而验之身心，推而验之人人，又验之阴阳五行，又验之鸟兽草木，头头皆合。于是始涣然自信，而知二君子之言断乎不我欺也。愚言及此，非以自多，盖尝屡见吾党所著书，有以‘性即理’为不然者，只为理字难明，往往为气字之所妨碍，才见得不合，便以先儒言说为不足信，殊不知工夫到后，虽欲添一个字，自是添不得也。”[②] 罗钦顺多次表明其人性论思想源自程颐“性即理”，对程颐“性即理”的认同是多年“参互体认”之后，才知其为“千万世说性之根基”。在罗钦顺看来，程颐“性即理”不可等同于“性是理”、“理是性”，而是指性为理之呈现。罗钦顺的这一认识，符合程颐思想之原意。在程颐人性论中，“性”与“才”有别。性“出于天”，是天理之澄明，因而无不善；才“出于气”[③]，非“极本穷原之性”，因而有善有不善。尽管对程颐“性即理”褒奖有加，但是，罗钦顺的“性即理”与程颐“性即理”相比，其中的差异也比较显著。程颐“性即理”立足于理本论基础之上，理是气之主宰，气只是质料。而罗钦顺的“性即理”之理是理、气合一之理，气之哲学地位已有根本性

① 罗钦顺：《困知记》附录《答允恕弟》，巴蜀书社2000年版，第353页。

② 罗钦顺：《困知记》续卷上，巴蜀书社2000年版，第305—306页。

③ 程颢、程颐：《河南程氏遗书》卷十九，《二程集》，中华书局2004年版，第252页。

变化："若吾儒所见，则凡赋形于两间者，同一阴阳之气以成形，同一阴阳之理以为性，有知无知，无非出于一本。"[①] 换言之，罗钦顺的"性即理"实质上是"性即气"，性为气之彰显。"气与性一物，但有形而上下之分尔。"[②] 颇为吊诡的是，罗钦顺口口声声说明其人性论思想是多年"参互体认"程颐"性即理"之后悟出，并高度称赞其为"千万世说性之根基"，但是，程颐的"性即理"已被罗钦顺偷换为"性即气"，程颐"性即理"的内在核心已被颠覆。旧瓶装新酒，这未尝不是一种哲学创新与"发明"之方式。

认清了罗钦顺的"性即理"实质上是"性即气"，才能进一步看透罗钦顺伦理学层面上的"理一分殊"。罗钦顺的"理一分殊"虽然源自二程，但是必须从气本论角度认识才能辨清二者之间的差异。罗钦顺的"理一分殊"与二程、朱子一样，也涵括两大层面的含义：一是宇宙论和宇宙生成论意义上的理气合一、气生万物，前已详述；二是指心性论。罗钦顺探讨理、气关系，最终的落足点还是心性："窃以性命之妙，无出理一分殊四字，简而尽，约而无所不通，初不假于牵合安排，自确乎其不可易也。盖人物之生，受气之初，其理惟一，成形之后，其分则殊。其分之殊，莫非自然之理，其理之一，常在分殊之中。此所以为性命之妙也。语其一，故人皆可以为尧舜；语其殊，故上智与下愚不移。圣人复起，其必有取于吾言矣。"[③] "夫所谓道心者，果何自而有耶？盖人之生也，自其禀气之初，阳施阴受，而此理即具，主宰一定，生意日滋，缠绵周匝，遂成形质。此上智下愚之所同也。其名为道心，其实即天理。彼未尝学问者，虽不知天理为何物，天理曷尝有须臾之顷，不在其方寸中耶？"[④] "理一分殊"涵盖人与犬牛等天地万物之性，人与犬牛在"受气之初"皆有"理一"，"理一"是先验的、普遍的，这种人性论上的决定论在思维路向上与孟子并无二致，而且这种心性论意义上的平等论，也与孟子所论吻合。"盖受气之初，犬牛与人，其性未尝不

① 罗钦顺：《困知记》续卷上，巴蜀书社 2000 年版，第 294 页。
② 罗钦顺：《困知记》卷上，巴蜀书社 2000 年版，第 248 页。
③ 罗钦顺：《困知记》卷上，巴蜀书社 2000 年版，第 245 页。
④ 罗钦顺：《困知记》附录《再答林正郎贞孚》，巴蜀书社 2000 年版，第 392 页。

一，成形之后，犬牛与人，其性自是不同。”[①]“受气之初”是理一，“成形之后”是分殊。理一是“性善”，“‘性善’，理之一也，而其言未及乎分殊；‘有性善，有性不善’，分之殊也，而其言未及乎理一”。[②]善来自理，因而人与犬牛皆蕴涵善之因子。“未发之中，非惟人人有之，乃至物物有之。盖中为天下之大本，人与物不容有二。顾大本之立，非圣人不能。在学者，则不可不勉。若夫百姓，则日用而不知，孟子所谓‘异于禽兽者几希’，正指此尔。先儒或以为‘常人更无未发之中’，此言恐误。若有无不一，安得为‘物物各具一太极’乎？此义理至精微处，断不容二三其说也。”[③]缘此，需要论证的是，恶来自何处？“程伯子论‘生之谓性’一章，反复推明，无非理一分殊之义。朱子为学者条析，虽词有详略，而大旨不殊。然似乎小有未合，请试陈之。夫谓‘人生气禀，理有善恶’，以其分之殊者言也。‘然不是性中元有此两物相对而生’，以其理之一者言也。谓‘人生而静以上不容说’，盖人生而静，即未发之中，一性之真，湛然而已，更着言语形容不得，故曰‘不容说’。‘继之者善’，即所谓‘感于物而动’也，动则万殊，刚柔善恶于是乎始分矣。然其分虽殊，莫非自然之理，故曰‘恶亦不可不谓之性’。既以刚柔善恶名性，则非复其本体之精纯矣，故曰‘才说性时，便已不是性也。’”[④]罗钦顺从“未发”、“已发”理论诠释善恶起源，理是道心，是未发，因此理善；恶源自“感于物而动”的“已发”，恶虽然也是性之内涵之一，但恶之“性”与善之“性”并非源于同一个性。善之性源自理、天理、道心，即“本体之精纯”；恶之性实际上就是程颐所说的“才”，指受生之后的性，也就是“气质之性”，所以有“才说性时，便已不是性”之辨。性之善恶犹如水之清浊，清静是水之本体，有“感动之物欲”方有水之浊。李侗尝言：“动静真伪善恶皆对而言之，是世之所谓动静真伪善恶也，非性之所谓动静真伪善恶也。惟求静于未始有动之先，而性之静可见矣；求真于未始有伪之先，而性之真可见矣；求善于未始有恶之

① 罗钦顺：《困知记》卷上，巴蜀书社2000年版，第259页。
② 罗钦顺：《困知记》卷上，巴蜀书社2000年版，第245页。
③ 罗钦顺：《困知记》卷上，巴蜀书社2000年版，第251页。
④ 罗钦顺：《困知记》卷上，巴蜀书社2000年版，第258页。

先，而性之善可见矣。”① 性有本然之性和后天之性之分。本然之性因出自天理而呈现出静、真、善之属性，后天之性因“感于物而动”而善恶混。罗钦顺显然十分赞同李侗这一观点，因此特意点明“此等言语，是实下细密工夫体贴出来，不可草草看过”。②

值得深究的是，黄宗羲曾经尖锐地指出罗钦顺的理气论与心性论之间存在着矛盾：“第先生之论心性，颇与其论理气自相矛盾。夫在天为气者，在人为心，在天为理者，在人为性。理气如是，则心性亦如是，决无异也。人受天之气以生，只有一心而已，而一动一静，喜怒哀乐，循环无已。当恻隐处自恻隐，当羞恶处自羞恶，当恭敬处自恭敬，当是非处自是非，千头万绪，感应纷纭，历然不能昧者，是即所谓性也。初非别有一物，立于心之先，附于心之中也。先生以为天性正于受生之初，明觉发于既生之后，明觉是心而非性。信如斯言，则性体也，心用也；性是人生以上，静也，心是感物而动，动也；性是天地万物之理，公也，心是一己所有，私也。明明先立一性以为此心之主，与理能生气之说无异，于先生理气之论，无乃大悖乎？岂理气是理气，心性是心性，二者分，天人遂不可相通乎？虽然，心性之难明，不自先生始也。”③ 黄宗羲认为，既然罗钦顺主张理气合一，在逻辑上就应主张心性一元；换言之，如果承认理气“二物”，那么就应承认心性之辨。基于此，黄宗羲感叹“先生未尝见性，以其外之也”。④ 那么，黄宗羲的批评是不是中肯呢？众所周知，“心即性”是陆九渊、王阳明“心学”的基本观点，“性即理”是程朱“理学”标识性观点，两者泾渭分明，不容混淆。罗钦顺学术思想是对程朱理学的“接着讲”，尽管他对程朱哲学也有些批评，但这种批评也是建基于景仰与继承的前提之上，“求其克绍孔孟相传之学，粹然一出于正，其惟濂洛关闽”。⑤ 但是，陆九渊、王阳明“心学”则是罗钦顺一生痛诋之对象，如何与“心学”划清界限是其终生自觉之追

① 罗钦顺：《困知记》卷上，巴蜀书社 2000 年版，第 260 页。

② 罗钦顺：《困知记》卷上，巴蜀书社 2000 年版，第 260 页。

③ 黄宗羲：《明儒学案》卷四十七《文庄罗整庵先生钦顺》，中华书局 2008 年版，第 1107 页。

④ 黄宗羲：《明儒学案·师说》，中华书局 2008 年版，第 10 页。另外参见刘发贵：《罗钦顺评传》，南京大学出版社 2001 年版，第 166—208 页；阎韬：《困知记全译·罗钦顺的哲学思想》，巴蜀书社 2000 年版，第 1—18 页。

⑤ 罗钦顺：《整庵存稿》卷八，《四库全书》集部。

求："圣贤千言万语，无非发明此理。有志于学者，必须熟读精思，将一个身心入在圣贤言语中，翻来覆去体认穷究，方寻得道理出。从上诸儒先君子，皆是如此用工。其所得之浅深，则由其资禀有高下尔。自陆象山有'六经皆我注脚'之言，流及近世，士之好高欲速者，将圣贤经书都作没紧要看了。以为道理但当求之于心，书可不必读，读亦不必记，亦不必苦苦求解。看来若非要作应举用，相将坐禅入定去，无复以读书为矣。一言而贻后学无穷之祸，象山其罪首哉!"[①]"象山其罪首哉"既是对陆九渊的指责，也是对王阳明的批评。"自昔有志于道学者，罔不尊信程朱，近时以道学鸣者，则泰然自处于程朱之上矣。然考其所得，乃程朱早尝学焉而竟弃之者也。夫勤一生以求道，乃拾先贤所弃以自珍，反从而议其后，不亦误耶?"[②]"近时以道学鸣者"和"乃拾先贤所弃以自珍"既表达了对王阳明及其弟子的讥讽与指责，又洋溢着对程朱先贤的景仰之心，其基本哲学立场与价值指向不言自明。罗钦顺在宇宙论上主张"理气一物"，在心性论上主张"性即理"、"性即气"，理落实于人心为性，性为天理之彰显。"心也者，人之神明而理之存主处也。"心是有意识的思维器官，心与性有别。在罗钦顺理气合一的宇宙论与心性有辨的心性论之间，并不存在逻辑矛盾。黄宗羲"第先生之论心性，颇与其论理气自相矛盾"之说显然是一种误读和曲解。究其根源，或许是将王阳明"心之本体"之心等同于罗钦顺"人之神明而理之存主处"之"心"。王阳明之"心"与罗钦顺之"心"的哲学内涵与性质大相径庭，可惜黄宗羲未能洞察其中的差异，故有"先生未尝见性"之论。那么，罗钦顺的心性论是否真的一点矛盾也不存在呢？这显然也不对。程朱立足于理、气二分哲学立场论人性，而罗钦顺高倡理气合一。基于此，在人性论上，罗钦顺明确反对将性截然分为"天命之性"（天地之性）与"气质之性"，"所谓'约而无所不通'者，请以从古以来凡言性者明之。'若有恒性'，理之一也；'克绥厥猷'，则分之殊者隐然寓乎其间。'成之者性'，理之一也；'仁者'、'知者'、'百姓'也、'相近'也者，分之殊也。'天命之谓性'，理之一也；'率性之谓道'，分之殊也（此别有说，在后）。

① 罗钦顺：《困知记》续卷上，巴蜀书社2000年版，第310—311页。

② 罗钦顺：《困知记》卷上，巴蜀书社2000年版，第244页。

‘性善’，理之一也，而其言未及乎分殊；‘有性善，有性不善’，分之殊也，而其言未及乎理一。程张本思孟以言性，既专主乎理，复推气质之说，则分之殊者诚亦尽之。但曰‘天命之性’，固已就气质而言之矣；曰‘气质之性’，性非天命之谓乎？一性而两名，且以气质与天命对言，语终未莹。朱子尤恐人之视为二物也，乃曰：‘气质之性，即太极全体堕在气质之中。’夫既以堕言，理气不容无罅缝矣。惟以理一分殊蔽之，自无往而不通，而所谓‘天下无性外之物’，岂不亶其然乎！”① 罗钦顺认为，二程、朱熹和张载在人性论上都是接续思孟而发，但将性分为“天命之性”与“气质之性”，已偏离先圣思想轨道。在他看来，“天命之性”已涵括“气质之性”，“气质之性”出于“天命之性”，二元论是错误的，一元论才符合孟子思想原意。二程、朱熹和张载在人性论“语终未莹”的根由在于错认理、气为“二物”，理气之间已有“罅缝”，心性论因此闭塞不通。但是，在罗钦顺思想中，这一观点并非前后贯通、了无抵牾。“造化之妙，不出乎阴阳刚柔，人之所得以生者其中也。中之体也微，而为德也至，盖举之者恒莫能胜，自非圣贤，往往皆气质用事，是以或偏于刚，或偏于柔，或偏而为善，或偏而为恶。体随用化，而甚者遂几于亡。人极之不立，职此之由也。”② 从这一段论述可看出，他又承认恶源自“气禀”，这与二程、朱熹“人生气禀，理有善恶”观点吻合一致，与他通常所说的恶源自“感于物而动”的“已发”相冲突，甚至在文句上与张载“人之刚柔、缓急、有才与不才，气之偏也”③ 几近于雷同。罗钦顺从理气一元论出发，推导出性一元论。“受气之初”是“理一”，是性善；“成形之后”是“分殊”，有善有恶。这种人性论与二程、朱熹、张载思想存在着一个共同点：皆认为存在着一个普遍的、绝对的、先验的人性。无论是“天命之性”，还是“天地之性”、“受气之初”，都为人之内在超越提供了理论依据。与二程、朱熹、张载人性论最大不同在于：在理气一元论立场上，罗钦顺将恶论证为“成形之后”的产物，即后天社会化进程中因为知识、家庭等社会因素孳生了恶。二程、朱熹、张

① 罗钦顺：《困知记》卷上，巴蜀书社 2000 年版，第 245—246 页。

② 罗钦顺：《整庵存稿》卷一，《四库全书》集部。

③ 张载：《正蒙·诚明》，《张载集》，中华书局 1978 年版，第 23 页。

载却认为“气禀”有厚薄、清浊、贤愚之别，因此人在降生之初已有善恶之分。罗钦顺的心性论克绍程朱、张载之学，蔚然自成一家。但是，他的论述前后不一，语多抵牾，尤其与他立足于理气一元论基石上的天命之性即气质之性观点相矛盾。①

中国古代思想史上的“理、气之辩”，如果从11世纪的二程兄弟算起，延续到16世纪中叶的罗钦顺，其间经历了五百多年的漫长历程。从二程的“理本气化”、“理一分殊”，到朱熹的“理本气末”、“理先气后”，再到罗钦顺的“理气为一”、“理在气中”，显现出理气关系史的逻辑衍变轨迹，而贯穿于其中的，则是理本论与气本论哲学绵延数百年的争辩、诘难、冲突、融合与汇流。在中国古代思想史上，二程最早由理统气、由理训气，罗钦顺则对程朱派的理气论进行了大胆的哲学解构与重构，理本论嬗变为气本论，理学嬗变为气学。罗钦顺从程朱营垒内部颠覆了理学体系，进而与张载和王廷相气学前后呼应。对于罗钦顺在古代学术思想史上的贡献，黄宗羲曾给予高度的称赞：“呜呼，先生之功伟矣！”② 程朱理学是罗钦顺学术思想的母体，其知识背景与知识结构皆出于程朱理学。罗钦顺在中国思想史上地位的确立，在其理论方法层面，既源于“错看”，也来自多年参悟基础上“发先儒之所未发”。罗钦顺的“错看”，实际上就是一种误读、误解。譬如，罗钦顺将其“理气为一”思想源头溯自程颢理学，并将程颢理气关系归纳为理气交融，“理气浑然，更无隙缝”，这一认识就是一种误读意义上的“错看”，“错看”未尝不是哲学创新之路径。除了“错看”所得，其余应归结为罗钦顺多年“参互体认”基础上对前人思想之发挥与“发明”。“理一分殊”演变为“气一分殊”，“性即理”演变为“性即气”，“理先气后”演变为“就气认理”，都是在多年“参互体认”之后的“发明”。这些“发明”类似于法理学意义上的“主观故意”，而非“无心插柳柳成荫”式的误读、误解。因为罗钦顺为此曾经申明：“盖诚有见其所以然者，非故与朱子异

---

① 另参见刘发贵：《罗钦顺评传》，南京大学出版社2001年版，第203页。

② 黄宗羲：《明儒学案》卷四十七《文庄罗整庵先生钦顺》，中华书局2008年版，第1108页。目前有的学者评价罗钦顺为“明代理学中牵一发而动全身的角色”，这一评价比较确当。参见丁为祥：《罗钦顺的理气、心性与儒佛之辨》，《中国哲学史》2002年第3期。

也。”[①] 探求“所以然”是其终生追求之目标，“笃信”与“独守”是其追求真理之学术基础。罗钦顺虽被时人誉为“紫阳功臣”，但他对程朱思想（尤其是朱子）多有批评甚至否定。正是这种批评与否定，才得以推动理学向气学的大转向。黄宗羲曾经评论说：“尝谓有明文章事功，皆不及前代，独于理学，前代之所不及也。牛毛茧丝，无不辨晰，真能发先儒之所未发。”[②] 明代是理学、心学与气学三峰对峙时期，罗钦顺从中取长补短、和会兼综，对程朱理学、阳明心学和张载气学有继承与发展，也有抗辩、否定与转向。从这一意义上讲，罗钦顺确实是明代思想史上一位承前启后的关键性人物。

① 罗钦顺：《困知记》附录《答林正郎贞孚》，巴蜀书社 2000 年版，第 379 页。
② 黄宗羲：《明儒学案·发凡》，中华书局 2008 年版，第 14 页。

第六章　“孝为行仁之本”：儒家孝观念的发生与演变

在中国古代社会的伦理价值体系中，孝是最基本、最重要的德目之一。从某种意义上说，孝是整个古代社会伦理观念和社会政治的逻辑起始。在语源学意义上，孝的初始含义是敬老爱老、事亲善行。《说文》：“孝，善事父母者，从老省，从子，子承老也。”《尔雅·释训》：“善父母为孝。”但是，中国古代的许多思想家往往认为孝是人类先验的天性，类似于莱布尼茨哲学意义上的“预定和谐”。譬如，《孝经·圣治章》说：“父子之道，天性也。”《吕氏春秋·节丧》篇又云：“孝子之重其亲也，慈亲之爱其子也，痛于肌骨，性也。”朱熹也认为：“能事父孝，则事天之理自然明；能事母孝，则事地之理自然察。”[①] 其实，伦理道德观念作为一种社会意识形态，并不是“人猿相揖别”以来就已经存在，而是人类社会文明发展到一定阶段的产物。在儒家思想史上，以孔子儒家为代表的原始儒家探究了“孝应该如何行”，却未回答“孝是什么”这一更加关键性问题，也就是孝伦理存在的正当性问题。在《孝经》一书中，孝已取代仁上升而为哲学最高范畴。孝是“至德要道”，是“德之本也，教之所由生也”。[②] 在古代中国，有“五教”之说：教父以义，教母以慈，教兄以友，教弟以恭，教子以孝。在

① 黎靖德编：《朱子语类》卷八十二，中华书局1994年版，第2143页。

② 《孝经·开宗明义章》。

“五教”中，孝成为一切道德规范的根本、一切教育的出发点。《孝经》虽然已经开始对儒家孝论存在的正当性进行哲学论证，但这种哲学论证还是初步性的，最终完成这一哲学论证工作的是汉代大儒董仲舒。董仲舒认为，伦理道德观念的产生并非是人类社会发展到一定阶段的精神产物，伦理道德观念源出于天。以孝为代表的伦理观念是人之所以为人的根本所在，孝是“天生之”，孝是“天之道”的自我展现与自我运动。儒家孝论的思辨性增强了，逻辑性提高了，儒家孝论最终实现了“形式上的系统”。

一、孝观念源流考

从历史学与民族学的视野考察，在我们人类历史的漫长岁月中，存在着一个与“孝”伦理观念完全背离的“欺老”与“食人”历史阶段。恩格斯说：“像书籍中所描写的纯粹的打猎民族，即专靠打猎为生的民族，是从未有过的；靠猎物来维持生活，是极其靠不住的。由于食物来源经常没有保证，在这个阶段上大概发生了食人之风，这种风气，后来保持颇久。”[①] 摩尔根发现，在人类尚未掌握种植淀粉类食用植物技术的蒙昧时代，“食人”之风在全世界普遍存在。美洲的土著部落“平时吃被俘获的敌人，遇到饥荒的时候，就连自己的朋友和亲属也会被吃掉。在战争中，作战双方在战场上互吃对方的人，这种风气仍残存在美洲土著当中，不仅处于低级野蛮社会的部落如此，而且，那些处于中级野蛮社会的部落，如易洛魁人和阿兹特克人等，也是如此”。[②] 在澳大利亚，“至少某些部落是吃人的。证据是确凿的。怀德湾的部落不仅吃战场上杀死的敌人，而且还吃他们自己这边被杀死的伙伴，甚至连那些自然死亡者只要情况良好也在被吃之列。他们在吃人之前，先剥下死者的皮，将油脂混合木炭擦在皮上，把它保存起来。他们对这种人皮非常珍视，相信它具有很高的医药价值”。[③] 摩尔根发现，北美洲和澳大利亚的土著部落不仅吃战场上的敌人、“被杀死的同伴”，而且也吃本

① 恩格斯：《家庭、私有制和国家的起源》，《马克思恩格斯选集》第四卷，人民出版社 1972 年版，第 18 页。

② 摩尔根：《古代社会》，商务印书馆 1983 年版，第 22 页。

③ 摩尔根：《古代社会》，商务印书馆 1983 年版，第 369 页。

部落的老年人。[1] 达尔文访问火地岛原始部落时，亲眼看见在冬季食物严重匮乏时，当地土著人竟然杀食老年妇女，而且先食老妇，然后才吃猎狗。达尔文问他们为何这样做，他们振振有词地答道：“狗能捕捉水獭，可是老太婆就不会了。”[2] 此外，达尔文在其他地区也发现了这一现象：“北美印第安人从前是要把一些疲癃残疾的同伴遗弃在草原之上而死活不管的，……斐济人是要把年老或有病的父母活活埋掉的。”[3] 在中国历史的一些文献与口述材料中，也存在着类似的记载。《孟子·滕文公上》云：“盖上世尝有不葬其亲者，其亲死，则举而委之于壑。他日过之，狐狸食之，蝇蚋姑嘬之。”《汉书·匈奴传》又云：“苟利所在，不知礼仪。自君王以下咸食畜肉，衣其皮革，被旃裘。壮者食肥美，老者饮食其余。贵壮健，贱老弱。父死，妻其后母；兄弟死，皆取其妻妻之。”考古资料也充分证明中国历史上确实也存在着“食人”这一野蛮的风俗。对“北京猿人”有深入研究的美国学者魏敦瑞在1939—1940年发表过一篇《中国猿人是否残食同类》的讲演稿。他根据北京人化石产地发现的头骨多，而躯干骨和四肢骨却又特别少的现象，作出了北京人当时存在食人之风的推测。他的这一推测并非是空穴来风，而是良有以焉。从周口店北京猿人遗址中发现的北京人的头骨和其他部分骨骼相比，在数量上确实极不相称，头部骨骼在比例上大得多。在正常情况下，躯干骨和四肢骨应少于头骨，因为在块数上和体积上都比头骨多得多。相反，从这一遗址中发现的脊椎动物化石，无论是肉食类动物，抑或食草类动物，都是躯干骨和四肢骨远远多于头骨。根据他的观察，大部分北京人的头盖骨都有伤痕。1929年裴文中教授最初发现的那件完整的头盖骨的两顶骨的表面有多处伤痕。1936年从L地发现的第一个头盖骨的额骨左侧和顶骨有很深的切痕；L地的第二个头盖骨左顶骨的中部有一个约1.5厘米直径的浅而不平的圆凹痕，并从凹痕中心放射出三条裂纹，还有一处残损是在前囟的右侧，也从凹痕中心放射出三条裂纹。另外，在D地、J地和H地的残骨上也都可以看出伤痕。魏敦瑞由此得出一个结论：没有疑问，这些伤痕是带有皮肉时受打击所致，一些凹痕具有法医学常见的所谓压陷和碎骨伤

---

① 摩尔根：《古代社会》，商务印书馆1983年版，第369页。

② 参见贾兰坡：《远古的食人之风》，《化石》1979年第1期。

③ 达尔文：《人类的由来》，商务印书馆1983年版，第115页。

性质的外貌，是用带有尖状的器物重击的结果。长条形的切痕像是用利刃器物所伤，大而圆的损伤是用圆石或棍棒打击所致。因而可以肯定：远古的中国人确实存在着食人之风。①

《周易·序卦》云："有天地然后有万物，有万物然后有男女，有男女然后有夫妇，有夫妇然后有父子，有父子然后有君臣，有君臣然后有上下，有上下然后礼义有所错。"人类家庭血缘关系、社会政治关系和社会伦理关系都存在着一个历史的进程。孝观念是伴随着父系制家庭以及父子关系的明确而产生的。在以血缘关系为基础的母系氏族公社时期，妇女虽然是社会生产的主要劳动力和社会生活的组织者，由于物质生活资料相对匮乏，劳动产品只能由公社成员平均享用，以维持氏族成员最低生活需求。在这一天下为公的"大同社会"，还不允许生活必需品分配上出现"亲亲之私"，也不允许人们各"亲其亲，子其子"②，子女对母亲并没有承担赡养义务的责任，抚养老人仍然只是氏族成员的共同义务。进入父系氏族社会之后，男子成为社会生产的主要承担者和社会组织的主宰，产生了以男子为中心的一夫一妻制家庭，父子血缘关系明确，血缘亲属关系中从而萌生相互间的权利、责任与义务：父母有抚育子女的义务，也有要求子女奉养的权利；子女有受父母保护抚养的权利，又有孝养父母的义务。这种相互间的权利与义务，在道德观念上彰显为父母对子女的"慈"，子女对父母的"孝"。维系这一道德观念的纽带，就是血缘亲情。因此，随着以男子为中心的个体家庭的出现和私有制的产生，随着社会分工协作出现不平等的社会关系，孝观念终于"破土而出"。

蔡元培先生在其所著《中国伦理学史》一书中考证了"伦理学说之起源"，他提出了一个著名的论断——伦理现象先于伦理学说而存在。"伦理界之通例，非先有学说以为实行道德之标准，实伦理之现象，早流行于社会，而后有学者观察之、研究之、组织之，以成为学说也。在我国唐虞三代间，实践之道德，渐归纳为理想。……吾人得于《易》、《书》、《诗》三经求之。《书》为政事史，由意志方面，陈述道德之理想者也；《易》为宇宙

① 参见贾兰坡：《远古的食人之风》，《化石》1979 年第 1 期。

② 《礼记·礼运》。

论，由知识方面，本天道以定人事之范围；《诗》为抒情体，由感情方面，揭教训之趣旨者也。三者皆考察伦理之资也。”① 伦理道德作为一种社会文化现象，总是早于伦理学说而存在。不唯中国如是，实际上这是一种世界伦理文化之“通例”现象。具体就中国而言，伦理道德观念在“唐虞三代”时期就应该在全社会普遍存在。《周易》、《尚书》和《诗经》中所反映的伦理学说，实际上应该看成是对“唐虞三代”社会伦理现象的研究与提升。夏商时代肯定存在着社会伦理观念，只是囿于史料阙如，我们已很难从整体上对其作出一个完整的评价。但是，如果我们对“纸上之材料”和“地下之新材料”作一细心的钩沉与爬梳，仍然可以发现一些吉光片羽：殷王小乙去世，儿子武丁为他守丧三年，远离王位。《尚书·无逸篇》说：“其在高宗，时旧劳于外，爰暨小人。作其即位，乃或亮阴，三年不言，其惟不言，言乃雍。”高宗即武丁。“亮阴”，《论语·宪问》作“谅阴”，《尚书大传》作“梁暗”，《礼记·丧服四制》作“谅暗”。高宗“亮阴”是指高宗因父王去世，居倚庐，守制三年。孔子解释说：“君薨，百官总已以听于冢宰三年。”马融注云：“亮，信也；阴，默也。为听于冢宰，信默而不言。”郑玄注云：“谅暗转作梁暗，楣谓之梁，暗谓庐也；小乙崩，武丁立，忧丧三年之礼。居，倚庐柱楣，不言政事。”《战国策·秦策》记载：“孝己爱其亲，天下欲以为子。”孝己是武丁的儿子，对父母非常孝敬。孝己的生母早逝，武丁听信孝己后母的谗言，把孝己放逐在外，“忧苦而死”。《庄子·外物篇》云：“人亲莫不欲其子之孝，而孝未必爱，故孝己忧而曾参悲。”孝己孝顺父母的故事，在《荀子》的《性恶》、《大略》两篇，以及《汉书·古今人表》中皆有记载。《孔子家语·七十二弟子解》云：“高宗以后妻杀孝己，尹吉甫以后妻放伯奇。”值得一提的是，甲骨卜辞中有“兄己”、“父己”，王国维考证后认为就是孝己。“癸酉卜贞：王宾父丁，岦三牛，（眔）兄己一牛，兄庚□□，亡□。”② 王国维认为，孝己没有继承王位，所以《世本》和《史记》都没有记载其生平行事。“则此条乃祖甲时所卜，父丁即武丁，兄己兄庚即孝己及祖庚也。孝己未立，

① 蔡元培：《中国伦理学史》，商务印书馆2000年版，第4页。
② 罗振玉：《殷墟书契后编》上，一九，1916年影印本。

故不见于《世本》及《史记》，而其祀典乃与祖庚同。”[①] 综合文献与考古材料，孝己应该说确有其人。之所以被人称为“孝己”，很有可能与他孝顺父母有关。

在甲骨卜辞中，“孝”字还被用作地名，如“孝鄙”[②]。商代金文中也发现有“孝”字[③]。“孝”是作器的人名，身份是贵族。有的学者进而认为，“既有孝的事实和以孝作为地名、人名，商代统治者已经有了孝的思想，这是没有疑问的”。[④] 与此同时，从甲骨卜辞中还发现了“考”字与“老”字，“考”、“老”、“孝”三字相借相通，金文也是如此。朱芳圃《甲骨学文字编》注云：“古老、考、孝本通，金文同。”《说文解字》：“老，考也，七十曰老，从人毛匕，言须发变白也，凡老之属皆从老。”又“考，老也”。段注：“凡言寿考者，此字之本义也。”《说文解字》：“孝，善事父母者，从老省，从子，子承老也。”“孝”之基本含义是“奉先思孝”。[⑤] 商人对先祖充满了敬畏之心，“国之大事，唯祀与戎”。举凡战争、祭祀等国家大事，都要祷告先祖，祈求他们神灵的佑助。考古发现的一些材料，在《尚书》等文献中也有大量的反映。盘庚迁殷之时，为了动员大家积极合作，反复强调“迁殷”是祖先神的意愿：“古我先王，暨乃祖乃父，胥及逸勤，予敢动用非罚？世选尔劳，予不掩尔善。兹予大享于先王，尔祖其从与享之。作福作灾，予亦不敢动用非德。”“古我先后既劳乃祖乃父，汝共作我蓄民。汝有戕则在乃心，我先后绥乃祖乃父。乃祖乃父乃断弃汝，不救乃死。”[⑥] 这些材料中虽然没有出现“孝”字，但孝伦理观念初始意义上的“敬老尊老”特性，已完全具备。根据罗振玉《殷虚书契前编》的记载，甲骨卜辞中有“教”字。《说文解字》云：“上所施，下所效也。从（攴），从（孝），凡教之属皆从教。”宋戴侗在《六书故》中认为，（季）即“孝”字。在宗法

---

① 王国维：《殷卜辞中所见先公先王考》，《观堂集林》卷九，中华书局1959年版，第431页。

② 《金璋所藏甲骨卜辞》476，1939年影印本。

③ 参见王慎行：《试论西周孝道观的形成及其特点》，《社会科学战线》1989年第1期；李裕民：《殷周金文中的“孝”和孔丘“孝道”的反动本质》，《考古学报》1974年第2期。

④ 李裕民：《殷周金文中的“孝”和孔丘“孝道”的反动本质》，《考古学报》1974年第2期。

⑤ 《尚书·太甲中》。

⑥ 《尚书·盘庚》。

社会中，政与教合一，以孝为教，因而“教”字也就从“季”[①]。有的学者进而认为，殷人以孝为教，出于两重政治上的考虑：其一，有利于维护宗法血缘关系。“如果每下一代人都对他上一代的父母施行孝道，甚至追踪纪念，那么，人们脑子里对于祖先一概念不仅不致遗忘或模糊，反而因了这由‘孝’而起的情感的浓厚而使之深刻化。人们对于祖先的概念深刻化，也就是对于血统的概念深刻化，血统的概念深刻化，血统关系就可以维系于永远。从统治者殷族来说，殷族就可以从‘孝’而把这殷的宗族关系维系得紧紧的。”[②] 其二，宣扬以孝为核心的伦理道德观念，有利于社会政治的统治。“如果统治者殷族中人对祖先父母相率以‘孝’，那么，就不仅统治者殷族中人可以因‘孝’而趋于纯厚，无有作乱，就是其他被奴役的诸种族也可以被感动而走向纯厚，不致起而反抗。”[③]

商人的至上神是“帝”或“上帝”。“上帝”不仅是自然界万物的最高主宰，能支配自然界的运动变化，创造并化育万物，而且还是人类社会的主宰，能左右社会政治活动，决定人之吉凶祸福。既然如此，沟通天人之间的卜筮盛行于世。“卜以决疑”[④]，举凡祀神祭祖、出入征伐、田猎农作、立邑任官、婚姻嫁娶、生老病死，事无巨细，皆以卜筮进行预测，确定事情是否可行。商代卜筮活动的盛行，其思想实质在于加深人们对“上帝”的信仰，论证人间世俗王权的合法性，并借以神化地上王权的统治权威。周王朝建立后，以亡殷为鉴，开始对商人的“上帝”信仰进行反思与批判，这是哲学认识和社会政治文明意义上的一大进步。周公提出了“天不可信”、“天命靡常”[⑤] 等命题，并且认为殷商覆灭的原因在于失“德”。纣王不尊重“百姓”之“德”，陷民于水火之中；纣王也不尊重商族之德，不祀祖先，是“用乱败厥德”。[⑥] 有鉴于此，周公首次提出“敬德”思想：“王敬作所，不可不敬德”，“王其德之用，祈天永命”。[⑦] “敬德”或“明德”的实质在于

---

① 参见杨荣国：《中国古代思想史》，人民出版社 1973 年版，第 11—12 页。
② 杨荣国：《中国古代思想史》，人民出版社 1973 年版，第 12 页。
③ 杨荣国：《中国古代思想史》，人民出版社 1973 年版，第 12 页。
④ 《左传》桓公十一年。
⑤ 《尚书·君奭》。
⑥ 《尚书·微子》。
⑦ 《尚书·召诰》。

得人心，其中包涵三个层面的含义：首先是以德治民，惠民保民；其次是明德慎罚；最后是在全社会宣传与弘扬以“孝”为核心的伦理道德观念，“制礼作乐”，以“礼”治国。“经礼三百，曲礼三千”，自天子以至平民百姓，一举手一投足皆有“礼”之规定。天子祭祖有祭礼，诸侯朝见天子有觐礼，外交上有聘礼与飨礼，军事演习有大搜礼，农村中有乡饮酒礼和乡射礼，“礼以纪政，国之常也”。[①] 在“敬天明德”思想指导下，孝上升为西周社会意识形态，并且成为占主导地位的伦理价值观念，成为“民彝”之准则。《尚书·洛诰》说：“朕教汝于棐民彝”。“彝”古训法、训常，意谓法规、规范，“民彝”就是指全社会普遍遵循的法规。譬如，《尚书·康诰》云：“封，元恶大憝，矧惟不孝不友。子弗祗服厥父事，大伤厥考心。于父不能字厥子，乃疾厥子。于弟弗念天显，乃弗克恭厥兄。兄亦不念鞠子哀，大不友于弟。惟吊兹，不于我政人得罪，天惟与我民彝大泯乱。曰：乃其速由文王作罚，刑兹无赦。”根据有的学者考证，西周时代孝范畴的内涵丰富，涵盖八个方面：敬养父母、祭享祖先、继承先祖遗志、孝于宗室、孝于婚媾、孝于夫君、孝友合一、勤于政事。[②] 概而论之，西周时代的孝观念具有三大特点：其一，孝范畴的内涵驳杂，孝的对象广泛。西周时代的孝道不仅涵盖健在的父母尊长，也涵摄已去世的父、母、祖、妣；孝的对象不仅指涉直系亲属，也指涉宗室、宗庙、宗老、大宗、兄弟、婚姻、朋友等。其二，孝范畴的名称多种多样。有“用孝”、“享孝”、“追孝”、“显孝”、“卿孝”、“孝友”，也有“用追享孝”、“日夜享孝”、“夙夜享孝”，此外，还有超越时空、永志不忘的“永孝”、“世享孝”。其三，孝不仅是家庭伦理，也是政治伦理。《诗经·大雅·卷阿》：“有孝有德，以引以翼。岂弟君子，四方为则。”有孝德之人才能成为天下楷模。孝并非仅仅适用于家庭与亲属关系，实际上它的适用范围非常广阔。在“忠”概念尚未产生之前，孝范畴实际上涵融了后世“忠”范畴的基本义项。

---

① 《国语·晋语四》。

② 参见李裕民：《殷周金文中的“孝”和孔丘“孝道”的反动本质》，《考古学报》1974 年第 2 期；王慎行：《试论西周孝道观的形成及其特点》，《社会科学战线》1989 年第 1 期。

二、“爱而敬”：孔子、曾子孝论发微

（一）“君子笃于亲，则民兴于仁”：孝是孔子仁学逻辑起始

孔子的仁学思想体系存在着一个内在的逻辑方法论：其一，家国并举。家庭伦理放大为政治伦理。“临之以庄，则敬；孝慈，则忠；举善而教不能，则劝。”① “君子笃于亲，则民兴于仁；故旧不遗，则民不偷。”② “迩之事父，远之事君；多识于鸟兽草木之名。”③ “出则事公卿，入则事父兄，丧事不敢不勉，不为酒困，何有于我哉？”④ “孝乎惟孝，友于兄弟；施于有政，是亦为政。”⑤ 郭店楚简《六德》亦云：“男女不别，父子不亲；父子不亲，君臣无义。”⑥ 其二，推己及人。孔子仁学强调尊重他人、爱护他人，爱他人就是爱自己。“己所不欲，勿施于人。”⑦ “己欲立而立人，己欲达而达人。”⑧ 郭店楚简《六德》也有类似的记载：“孝，本也。下修其本，可以断讪。”⑨ 从这一逻辑思维模式出发，家庭伦理自然放大成为社会伦理，对父母的孝心自然就扩充为对全社会的博爱之心。换言之，一个人如果连自己的父母都不爱，那么这个人不可能爱社会、爱他人。因此，在孔子仁学的逻辑框架中，孝是逻辑出发点与前提条件。既然如此，孝也可以说是孔子仁学的内在规定之一。

因此，要了解孔子之孝，需先读懂孔子之仁；理解孔子之仁，贵在辨析孔子“仁爱”与墨家“兼爱”。“兼爱”说是墨子思想之核心，是墨家学派区别于先秦其他学说之标识。学界普遍认为，墨家之“兼爱”是超越宗法

① 《论语·为政》。
② 《论语·泰伯》。
③ 《论语·阳货》。
④ 《论语·子罕》。
⑤ 《论语·为政》。
⑥ 刘钊：《郭店楚简校释》，福建人民出版社2005年版，第119页。
⑦ 《论语·颜渊》。
⑧ 《论语·雍也》。
⑨ 刘钊：《郭店楚简校释》，福建人民出版社2005年版，第119页。

等级制度的“无等差”之爱。恰如《荀子·非十二子》所论：“上功用，大俭约，而僈差等，曾不足以容辨异。”但是，一提及孔子的“仁爱”，则众说纷纭、莫衷一是。“仁”是孔子哲学体系中的核心范畴，但“仁”范畴并非源于孔子。甲骨文中是否已出现“仁”字，学界意见不一。① 但是，金文中已发现“仁”字，却是毋庸置疑之事实。20世纪70年代于河北省平山县出土的战国“中山王鼎”（下葬时间约在公元前310年），其中一段铭文为：“天降休命于朕邦，有阙忠臣，克顺克卑，亡不率仁，敬顺天德，以左右寡人，使知社稷之任。”② 如果再加上近年郭店楚墓发现的“仁”字，郭沫若先生当年的断言已显然有误。③ 从《左传》的多处记载来看，在孔子之前，“仁”已经演变为一道德范畴④，晋国韩穆子还将“仁”定义为：“恤民为德，正直为正，正曲为直，参合为仁。”⑤ 兼备德、正、直三种品格方可称为“仁”。但是，把“仁”提升为哲学最高概念，却是孔子的发明。《论语》全书512段话，缺乏“形式上的系统”（冯友兰语）。但是，在不同时间、面对不同的提问者，孔子一再申明，他的知识与思想存在着一个“一以贯之”的根本原则，“吾道一以贯之”⑥，“予一以贯之”⑦。我们不难发现，孔子思想中“一以贯之”的真髓就是“仁”。孔子的所有思想，都是围绕着这一思想核心而阐发。孔子当年虽然没有自觉地对“仁”范畴作出统一的逻辑定义，但是我们从孔子答复学生的众多答案中，完全有把握归纳出

---

① 参见刘文英：《“仁”之观念的历史探源》，《天府新论》1990年第6期；[韩]赵骏河：《对中国传统伦理的现代理解》，《国际儒学研究》第2辑，中国社会科学出版社1996年版；孟世凯：《甲骨文中“礼”、“德”、“仁”字的问题》，《齐鲁学刊》1987年第1期；白奚：《“仁”字古文考辨》，《中国哲学史》2000年第3期。

② 河北省文物管理处：《河北省平山县战国时期中山国墓葬发掘简报》，《文物》1979年第1期。

③ 郭沫若在撰于20世纪40年代的《十批判书》中认为：“‘仁’字是春秋时代的新名词，我们在春秋以前的真正古书里面找不出这个字，在金文和甲骨文里也找不出这个字。”见《郭沫若全集》历史编第二卷，人民出版社1982年版，第87页。

④ 《左传》僖公三十三年，晋大夫臼季向晋文公说：“敬，德之聚也，能敬必有德……臣闻之：出门如宾，承事如祭，仁之则也。”臼季早于孔子70余年，而且称“臣闻之”，可见“仁之则”由来已久。又，《左传》定公四年，郧辛云：“《诗》曰：柔亦不茹，刚亦不吐，不侮矜寡，不畏强御，唯仁者能之。违强凌弱，非勇也；乘人之约，非仁也；灭宗废祀，非孝也；动无令名，非知也。”

⑤ 《左传》襄公七年。

⑥ 《论语·里仁》。

⑦ 《论语·卫灵公》。

仁论的根本精神——“爱人”。孔子弟子三千，才质各异。面对学生提出的同一个问题：“仁是什么?”孔子的回答尽管千姿百态，但实际上都是对“爱人”这一根本精神作不同层次、不同语境意义上的阐述：“己所不欲，勿施于人。”[①]“夫仁者，己欲立而立人，己欲达而达人。”[②]“居处恭，执事敬，与人忠。”[③]“志士仁人，无求生以害人，有杀身以成仁。”[④]“君子无终食之间违仁，造次必于是，颠沛必于是[⑤]。”“能行五者于天下，为仁矣。”这五个方面分别指“恭、宽、信、敏、惠”[⑥]，这五点无一不贯穿着真诚爱人的精神。在哲学性质上，孔子的“仁爱”是一种超越宗法关系与社会等级的人类普泛之爱。用先秦时代固有的范畴来表述，可表述为“爱无差等”。关于这一问题，历代有不少哲人作过阐发：孟子说“仁者爱人”[⑦]，称“仁”为先在性的人类“恻隐之心”，一种悲天悯人的终极关怀。《墨子·兼爱下》云：“兼即仁矣，义矣。”《墨子·经上》又云：“仁，体爱也。”荀子说“仁，爱也”[⑧]，“凡生乎天地之间者，有血气之属必有知，有知之属，莫不爱其类”。[⑨] 可谓直指要害，言简意赅。《吕氏春秋·开春论·爱类》云：“仁于他物，不仁于人，不得为仁。不仁于他物，独仁于人，犹若为仁。仁也者，仁乎其类者也。”仁者所爱的范围是普天下之万物，而非仅“仁于”人“类”，或者仅仅“仁于”“他物”。董仲舒《春秋繁露·必仁且智》云：“故仁者爱人类也，智者所以除其害也。”“人类”相对于“物类”而言，仁者应当超越宗法血缘关系，泛爱天下之人，“仁之法在爱人，不在爱我；义之法在正我，不在正人。……人不被其爱，虽厚自爱，不予为仁”。[⑩]《淮南子·主术训》云：“遍爱群生而不爱人类，不可谓仁。仁者爱

---

① 《论语·颜渊》。
② 《论语·雍也》。
③ 《论语·子路》。
④ 《论语·卫灵公》。
⑤ 《论语·里仁》。
⑥ 《论语·阳货》。
⑦ 《孟子·离娄下》。
⑧ 《荀子·子道》。
⑨ 《荀子·礼论》。
⑩ 《春秋繁露·仁义法》。

其类也，智者不可惑也。”韩愈在《原道》一文中也说：“博爱之谓仁。”程颐云：“仁之道，要之只消道一公字。公只是仁之理，不可将公便唤做仁。公而以人体之，故为仁。只为公，则物我兼照，故仁，所以能恕，所以能爱，恕则仁之施，爱则仁之用也。”① 朱熹进而将“仁”界定为“心之德，爱之理”。他将伦理道德情感论证为绝对理性，并且内化为“自然如此”的自觉性的意识活动，“‘以仁为爱体，爱为仁用’，则于其血脉之所系，未尝不使之相为流通也”。② 在《训蒙绝句》中又进一步阐发：“心无私滓与天同，物我乾坤一本中。随分而施无不爱，方知仁体盖言公。”③ 朱熹之“公”是对程颐之“公”的阐发，“公”之义为“公平”，泛爱人物，无所偏心。王夫之在诠释张载“仁通极其性，故能致养而静以安”时言：“仁者，生理之函于心者也；感于物而发，而不待感而始有，性之藏也。人能心依于仁，则不为物欲所迁以致养于性，静存不失。”④ 仁乃人性中先验之固有，是“性之藏”。不仅如此，仁也是天地万物普遍存在之“生理”，“仁者，己与万物所同得之生理”。⑤ 孔子儒家的“仁爱”思想与18世纪西方人文主义思潮中诞生的“博爱”思想在根本精神上有相通之处，都蕴涵对生命的尊重和关怀之意旨。广而论之，中华文明中的“仁爱”思想、佛教文明中的“慈悲”情怀和西方文明中的“博爱”思想，是不同民族、不同文化在不同地域、不同历史背景下产生的具有共同人文内涵与价值指向的文化资源，而且这也将是“普世伦理”的最终产生何以可能的人类道德基础与历史文化资源。

但是，必须辨明的一点是，学术界有人并不同意在哲学性质上将孔子儒家的“仁爱”思想定位为“爱无差等”，而是将其界定为维护宗法血缘关系、重视社会等级的“亲亲之爱”、“爱有差等”。譬如，胡适认为：“孔门说仁虽是爱人，却和后来墨家说的‘兼爱’不相同。墨家的爱，是‘无差

① 程颢、程颐：《河南程氏遗书》卷十五，《二程集》，中华书局2004年版，第153页。

② 朱熹：《论语或问》卷四，《朱子全书》，上海古籍出版社、安徽教育出版社2002年版，第683页。

③ 朱熹：《朱熹外集》卷一，《朱熹集》，四川教育出版社1996年版，第5733页。

④ 王夫之：《张子正蒙注·至当篇》，古籍出版社1956年版。

⑤ 王夫之：《张子正蒙注·至当篇》，古籍出版社1956年版。

等’的爱，孔门的爱，是‘有差等’的爱。故说：‘亲亲之杀’。看儒家丧服的制度，从三年之丧，一级一级的降到亲尽无服，这便是‘亲亲之杀’。这都由于两家的根本观念不同。墨家重在‘兼而爱之’的兼字，儒家重在‘推恩足以保四海’的推字，故同说爱人，而性质截然不同。”① 有的学者也认为：“孔子的‘爱人’与墨子的‘兼爱’不同。墨子的‘兼爱’反映小生产者的平均主义理想，所谓‘爱无差等’。孔子所谓‘爱人’，则是以严格维护宗法血缘关系为内容的，所谓‘亲亲而仁民’。”② 实际上，这种观点在20世纪的学术界占据主导地位，扮演着权力话语的角色。这种观点的形成，其实并非胡适等人的发明，如果顺藤摸瓜追根溯源，我们发现墨家学派才是始作俑者。《墨子·非儒下》载：“儒者曰：‘亲亲有术，尊贤有等。’言亲疏尊卑之异也。其礼曰：丧，父母三年；妻、后子三年；伯父、叔父、弟兄、庶子其；戚族人五月。若以亲疏为岁月之数，则亲者多而疏者少矣，是妻、后子与父同也。若以尊卑为岁月数，则是尊其妻、子与父母同，而亲伯父、宗兄而卑子也，逆孰大焉?”“亲亲有术”即“亲亲之杀”，“术”与“杀”声近而字通。值得注意的是：其一，墨家于此只不过是说“儒者曰”，并没有说“孔子曰”；其二，《非儒下》中所载的诸多讽刺与非难儒家的事例，早已被学界证明为虚妄不实之词。譬如，该篇认为孔子参与了“白公之乱”。白公胜在楚作乱发生于公元前479年，但孔子在这年的夏四月死于鲁国，根本不可能南去楚国助白公胜作乱。晏子死于公元前500年，齐景公死于公元前490年，更不可能见“白公之乱”。令人费解的是，《非儒下》认为孔子“仁爱”属于“爱有差等”的论断竟然在两千多年的历史长河中代代相续、香火不断。研究与分析孔子思想，应以《论语》文本为立论基础。与此同时，需区分哲学性质意义上的“爱无差等”与实践伦理层面上的“爱有差等”。在实践伦理意义上，孔孟强调“亲亲”，孝自爱亲始。正因如此，儒家之“爱”不离日常伦理，切实可行。但是，在哲学本质上，将孔子之“爱”理解为“爱有差等”，是陷于一曲之论。翻遍《论语》，无法找到支持“爱有差等”论点的材料。与此相反，却可以翻检出许多证明

① 胡适：《中国哲学史大纲》，东方出版社1996年版，第98页。

② 任继愈主编：《中国哲学发展史》（先秦卷），人民出版社1983年版，第184页。

孔子“仁爱”为人类普泛之爱的证据：“道千乘之国，敬事而信，节用而爱人，使民以时。”[①] 以德治国，博爱大众，不违农时。“弟子入则孝，出则悌，谨而信，泛爱众，而亲仁。”[②]“出则悌，谨而信”是对全社会作出的道德许诺，“泛爱众”已超出了狭隘的爱亲范围。“厩焚，子退朝。曰‘伤人乎？’不问马。”[③] 孔子所关心的马夫，显然不会是他的亲族。

在《宪问》篇中，子路与子贡向孔子提出了同一个问题：齐桓公杀公子纠，召忽为公子纠而自杀，管仲不仅不以身殉难，反而辅相齐桓公，管仲是不是“仁人”？孔子回答说：“桓公九合诸侯，不以兵车，管仲之力也。如其仁，如其仁。”这里牵涉到一个“大仁”与“小仁”的区别。在子路与子贡看来，管仲不忠，所以不仁。但是，从公共道义的高度评价，孔子认为子路与子贡所说的仅仅是“小仁”，而非“大仁”。真正的仁者能顺应时代潮流，泛爱民众，造福全社会，这才是“仁人”的根本精神。像召忽那样为公子纠殉死，是小忠小仁；管仲辅佐齐桓公九合诸侯，一匡天下，抵御了夷狄的侵犯，保障了华夏文明的延续与发展。华夷之辨，其实质并不在于地缘政治，而在于先进文化与落后文化之别。管仲之“仁”是“大仁”，因为他在文化史上的意义远远大于社会政治。于此，我们看到孔子的“仁爱”思想存在着一种辩证精神[④]，而这种辩证精神的出现，又与其立足于公共道义的立场直接相关。

孔子儒家“仁爱”思想的出现，与当时风起云涌的人文主义思潮存在着密不可分的关系。在西方，人文主义思潮的诞生是作为对以基督教神学为

---

① 《论语·学而》。

② 《论语·学而》。

③ 《论语·乡党》。

④ 孔子的“仁爱”与墨子的“兼爱”在哲学性质上同大于异，彰显的都是共时性文化背景下天下一同、泛爱万物的终极关怀。实际上，孔子“仁爱”与墨子“兼爱”的共通性，《韩非子·五蠹》篇早就一语点破：“今儒墨皆称先王，兼爱天下，则视民如父母。”《庄子·天道》篇又云：“老聃曰：‘请问何谓仁义？’孔子曰：‘中心物恺，兼爱无私，此仁义之情也。’”当然，“仁爱”与“兼爱”还是有些区分的。后期墨家的著作《大取》说：“圣人有爱而无利，儒者之言也；天下无爱不利，子墨子之言也。”孔子“仁爱”建立在人性论基础上，后来孟子进而将“不忍人之心”论证为“仁爱”思想的哲学根基；墨子“兼爱”以“利”为爱之基础，“兼相爱”就是“交相利”。利与义是一致的，利天下就是最大的义。此外，孔子之“仁爱”在实践伦理层面，追求爱自亲始，爱有差等，“亲亲”而后“仁民”，“仁民”而后“爱物”。

中心的中世纪神学文化的否定而出现的。文艺复兴时代的人文主义肯定人与人性，强调个性解放与自由平等，反对蒙昧主义，推崇人的经验与理性。古代中国没有产生过西方意义上的中世纪神学时代，但是，在西周中期以前，存在着一个以信仰祖先神、至上神为中心的原始宗教时代。西周中晚期人们开始对传统的“天命”观进行反思、批判与否定，人文主义思潮应运而生。民本思想是在人文主义思潮中诞生的哲学成果，孔子思想在哲学性质上就是一种民本思想。方其如此，才能够真正理解其“仁爱”思想的底蕴，才能够把《论语》看似散乱的512段话融会贯通。

（二）“敬其所尊，爱其所亲”：孔子孝论的基本内涵

孔子孝论存在四重内涵，前后之间呈现出层层递进的逻辑关系：

其一，孝养。从物质生活层面赡养双亲、照料双亲，是孔子“孝”论最低层面的规定。孔子曾把“士”细分为三个档次：“行己有耻，使于四方，不辱使命”是最高层次的士，“宗族称孝焉，乡党称弟焉”属于次一等级的士，“言必信，行必果”是最低档次的士。因此，尽心尽力供养双亲，应该是人之所以为人的基本道德义务。“事父母，能竭其力；事君，能致其身；与朋友交，言而有信。”[①]“出则事公卿，入则事父兄，丧事不敢不勉，不为酒困，何有于我哉?”[②]“迩则事父，远则事君。”[③]“何有于我哉”意即“这些事对我有何困难?”只要竭尽全力去做，没有办不成的。父母为抚育子女成长，含辛茹苦，呕心沥血。待到双亲年老体弱，子女应该把父母亲的身体健康放在心上。“父母之年，不可不知也。一则以喜，一则以惧。”[④]喜的是父母亲健康长寿，青山不老；惧的是父母年事已高，在世之日有减无增。因此，父母一旦患病，子女应该尽责尽力伺候床前。“父母唯其疾之忧”[⑤]，《淮南子·说林训》云：“忧父之疾者子，治之者医，进献者祝，治祭者庖。”高诱《注》云：“父母唯其疾之忧，故曰忧

① 《论语·学而》。
② 《论语·子罕》。
③ 《论语·阳货》。
④ 《论语·里仁》。
⑤ 《论语·为政》。

之者子。”

其二，敬亲。孔子孝论并不单纯是指赡养行为，更重要的，它是一种内在情感，一种根源于血缘关系的自然亲情。《为政》篇载子游问孝，孔子回答：“今之孝者，是谓能养。至于犬马，皆能有养；不敬，何以别乎?”“敬亲”是区别人之孝与犬马之孝的分水岭，同时也是区分君子与小人的道德判断：“小人皆能养其亲，君子不敬，何以辨?”① “父子不同位，以厚敬也。”② 郭店楚简又云：“亲父子，和大臣，寝四邻之殃祸，非仁义者莫之能也。”③ 所谓“敬”、所谓“亲”，皆是指出于自然亲情基础上的衷心敬爱之情。这是“人猿相揖别”之始，同时又意味着后天知识学习与道德践履的正当性。“孔子曰：‘啜菽饮水，尽其欢，斯之为孝。’”④ 尽孝其实很容易，哪怕每天喝豆浆、饮清水，只要能使父母亲心情舒畅，这就是孝。但是，要几十年如一日做到这一点，也并非一件易事。《论语·为政》篇载子夏问孝，孔子说：“色难。有事，弟子服其老；有酒食，先生馔，曾是以为孝乎?”关于“色难”二字，古往今来历代学者的训释不尽相同。概而论之，主要有两种观点：其一，《礼记·祭义》解释说：“孝子之有深爱者必有和气，有和气者必有愉色，有愉色者必有婉容。”东汉郑玄《论语注》云：“和颜悦色，是为难也。”《礼记·祭义》和郑玄皆释“色”为“和颜悦色”。《说文解字·色部》：“色，颜色也。”段玉裁注：“颜者，两眉之间也。心达于气，气达于眉间，是之谓色。”许慎和段玉裁都认为“色”是一个中性词，本身并无蕴含情感判断和道德判断。许慎和段玉裁的观点与郑注“和颜悦色”差别较大。其二，东汉包咸《论语章句》云：“色难，谓承顺父母颜色乃为难也。”“色”为“承顺颜色”。但是，这些学者无一例外都把“难”解释为“困难”。最近有学者认为，“‘色’即是面色、神情之意，‘难’则是一个假借字，具体地说，是‘戁’字的假借”。⑤ 这一观点颇具启发意义。《说文解字》：“戁，敬也。从心，难声。”《字汇·心部》释：

① 《礼记·坊记》。

② 《礼记·坊记》。

③ 刘钊：《郭店楚简校释·六德》，福建人民出版社2005年版，第111页。

④ 《礼记·檀弓下》。

⑤ 裴传永：《〈论语〉“色难”新解》，《孔子研究》2000年第4期。

“戁，恭也。”“色难”即“色戁”，意为发乎内心的敬爱之神情。心中有爱，才会产生愉悦之“婉容”。有发自内心的自然亲情，才有外在态度上的恭敬。任何矫饰只能扮演一时，而不可能存在长久，所以孔子称为“色难”。“戁”与“难”相通借，在古代典籍中不乏其例。譬如，《礼记·儒行》篇云：“儒有居处齐难，其坐起恭敬。”王引之《经义述闻》释：“难，读为戁。……难、戁声相近，故字相通。”《荀子·君道》篇：“故，君子恭而不难，敬而不巩。”王引之注：“戁，读《诗》‘不戁不竦’之‘戁’。”

此外，孔子把是否听从父母教诲、遵循父母遗志也看成是“敬亲”内涵之一：“父在，观其志；父没，观其行；三年无改于父之道，可谓孝矣。”① “孟庄子之孝也，其他可能也；其不改父之臣与父之政，是难能也。”② 在《论语·阳货》篇中，宰我向孔子提出一个问题：为什么要为父母守孝三年？这是一个带有一定理论深度的道德诉求，实际上已涉及孝敬父母正当性的形而上学论证。宰我对孔子说：“三年之丧，期已久矣。君子三年不为礼，礼必坏；三年不为乐，乐必崩。旧谷既没，新谷既升，钻燧改火，期可已矣。”孔子质问宰我：“食夫稻，衣夫锦，于女安乎？”当孔子听到宰我回答“心安”后，颇为气愤地指责：“予之不仁也！子生三年，然后免于父母之怀。夫三年之丧，天下之通丧也。予也有三年之爱于其父母乎？”因为在孔子看来，对父母的孝敬，不仅仅是自然亲情，而且也是一种必须回报的社会义务。在伦理学与心理学意义上，孝敬双亲源于“感恩”意识，这是一种人与动物皆有的初始道德意识。现代英国直觉主义伦理学大师威廉·大卫·罗斯教授认为，人的自明道德义务有忠诚、公正、赔偿等，其中重要的一项则是感恩。感恩是一种善良的道德意识与情感，是支配人实现道德行为的思想基础。值得注意的是，在孔子之后，仍然有不少人讨论这一问题。《仪礼·丧服》载：“父，传曰：为父何以斩衰也？父至尊也。诸侯为天子，传曰：天子至尊也。君，传曰：君至尊也。父为长子，传曰：何以三年也？正体于上，又乃将所传重也。庶子不得为长子三年，不继祖也。”子为父、诸侯为天子、臣为君必须守孝三年，其根据在于父、天子和

① 《论语·学而》。

② 《论语·子张》。

君“至尊”。父亲为长子也必须服斩衰三年，其根据是长子是要作为父亲的正体而列宗庙之中，而且又是主持祢庙之祭的人。由此可见，《仪礼》是从宗法制度的角度阐释这一问题。孟子也曾经与人探讨过这一问题，齐宣王想缩短丧礼规定的守孝时间，于是通过公孙丑请教孟子：“‘为期之丧，犹愈於已乎?’孟子曰：‘是犹或紾其兄之臂，子谓之姑徐徐云尔，亦教之孝悌而已矣’。”① 孟子认为守孝三年的文化意义在于道德教化，而非单纯地强调时间的长短。对此，楚简《六德》也有类似的观点：“是故先王之教民也，始于孝弟。”② 相比之下，孔子、孟子从伦理学与社会教化意义上作出的回答，要比《仪礼》作者更具有理论深度。对此，李泽厚先生的评论颇为深刻：“在这里重要的是，孔子没有把人的情感心理引导向外在的崇拜对象或神秘境界，而是把它消融满足在以亲子关系为核心的人与人的世间关系之中，使构成宗教三要素的观念、情感和仪式统统环绕和沉浸在这一世俗伦理和日常心理的综合统一体中，而不必去建立另外的神学信仰大厦。这一点与其他几个要素的有机结合，使儒学既不是宗教，又能替代宗教的功能，扮演准宗教的角色，这在世界文化史上是较为罕见的。不是去建立某种外在的玄想信仰体系，而是去建立这样一种现实的伦理——心理模式，正是仁学思想和儒学文化的关键所在。”③ 将礼仪由外在的伦理规范论证为人心内在的诉求，把原来强制性的规定内化为生活自觉的欲求，既远离了宗教又产生了宗教的某种功能。正因为如此，李泽厚认为，“‘礼’由于取得这种心理学的内在依据而人性化，因为上述心理原则正是具体化了的人性意识。由‘神’的准绳命令变而为人的内在欲求和自觉意识，由服从于神变而为服从于人、服从于自己，这一转变在中国古代思想史上具有划时代的意义”。④

其三，“丧致乎哀而止”。鲁国原是周公的封地，是保存周礼最完备的国家，孔子就是出生在这一具有浓郁文化氛围之地。根据史料记载，孔子生性好礼，“子入太庙，每事问。或曰：‘孰谓鄹人之子知礼乎？入太庙，每

① 《孟子·尽心上》。

② 刘钊：《郭店楚简校释·六德》，福建人民出版社 2005 年版，第 119 页。

③ 李泽厚：《孔子再评价》，《中国古代思想史论》，人民出版社 1985 年版，第 21 页。

④ 李泽厚：《孔子再评价》，《中国古代思想史论》，人民出版社 1985 年版，第 20—21 页。

事问。’子闻之，曰：‘是礼也。’”[①] 由于孔子勤奋好学，十六七岁就以知礼而闻名于鲁国。孔子认为有四件事情非常重要：民、食、丧、祭。前两项表明他是一位民本主义者，后两项则与孔子的孝论有关。“告朔饩羊”是西周时代宗法制度内涵之一，每年秋冬之际，周天子把次年的历书颁发给诸侯。历书中包含有无闰月，每月初一是哪一天，因此叫“颁告朔”。诸侯将历书藏于祖庙，每逢初一，在祖庙举行祭礼，并杀一头羊作为祭品，仪式完毕后回到朝廷听政。这种祭庙叫做“告朔”，听政叫做“视朔”。到春秋中晚期的时候，诸侯国君大多对这一制度知之甚少，国君不亲临祖庙，也不听政，只是宰杀一头羊走走形式。所以，子贡向孔子提议，干脆连羊也别宰杀了。孔子说：“尔爱其羊，我爱其礼。”[②] 在春秋这种“礼崩乐坏”的社会，护守与弘扬周礼比颠覆与终结周礼更具有积极的社会意义。孟懿子问孝，孔子回答说：“无违。”“无违”是指“无违礼节”，孔子对此有一个具体的诠释：“生，事之以礼；死，葬之以礼，祭之以礼。”[③] 以周礼善待亡亲，也是孔子孝论基本规定之一。在孔子心目中，周武王和周公就是这方面的典范。他们懂得孝的内在精髓，因为孝不仅体现在生前如何孝敬父母，也表现于父母死后如何继承他们的遗志，完成他们未竟之事业。“敬其所尊，爱其所亲，事死如事生，事亡如事存，孝之至也。”[④] 实际上，孔子之所以非常重视丧祭之礼，原因并不仅仅在于其间渗透着“事死如事生，事亡如事存”的孝道精神，更重要的在于这种丧祭之礼可以起到“教民追孝”的社会伦理教化的作用。“子云：‘祭祀之有尸也，宗庙之有主也，示民之有事也。修宗庙，敬祀事，教民追孝也。以此坊民，民犹忘其亲。’”[⑤] 值得注意的是，出土文献也有与孔子思想相吻合的材料。譬如，郭店楚简《六德》云：“孝，本也。下修其本，可以断讪。生民斯必有夫妇、父子、君臣，君子明乎此六者，可以断讪。”[⑥] 睡虎地秦墓竹简《为吏之道》亦云：“君鬼（怀）臣忠，

---

① 《论语·八佾》。

② 《论语·八佾》。

③ 《论语·为政》。

④ 《礼记·中庸》。

⑤ 《礼记·坊记》。

⑥ 刘钊：《郭店楚简校释》，福建人民出版社2005年版，第119页。另参阅荆门市博物馆编：《郭店楚墓竹简》，文物出版社1998年版。

父兹（慈）子孝，政之本也。”[①] 孝不仅是伦理道德之“本”，也是社会政治之“本”。

孔子虽然非常重视丧祭之礼，但他追求的是在这种礼仪中孝子所产生的内在的自然亲情，而不是片面追求与重视丧敬之礼外在形式的周密与繁缛。在这一点上，最容易引起后人的误解（实际上这一误解已经产生）。孔子说：“丧致乎哀而止”[②]，“士见危致命，见得思义，祭思敬，丧思哀，其可已矣，”[③] “孝子之丧亲也，哭不偯，礼无容，言不文，服美不安，闻乐不乐，食旨不甘，此哀戚之情也”。[④] 每个人在社会上扮演某种“自然角色”的同时，也在扮演着某种“社会角色”。每一种社会角色都有其相应的法律义务、行为规范和言行禁忌，人的真情实感往往隐匿于各种厚重的社会角色的“盔甲”背后。孔子认为，往往在至亲亡故之时，一个人的真实情感才会淋漓尽致地袒露在众人面前。“人未有自致者也，必也亲丧乎！”[⑤] 因此，在丧祭之礼中，孔子强调的是内在自然的悲痛与哀思之情。“哀”与“敬”二字代表着孔子孝论在丧祭之礼上的基本观点，由此而来，只要是出自内在的真情实意，一切过激的言行也是可以理解的。“孔子曰：‘君薨，听于冢宰，歠粥，面深墨，即位而哭。百官有司莫敢不哀，先之也。’”[⑥] 必须辨明的一点是，孔子反对“厚葬”。《礼记·檀弓》篇载：“子游问丧具。夫子曰：‘称家之有亡。’子游曰：‘有亡恶乎齐？’夫子曰：‘有，毋过礼。苟亡矣，敛首足形，还葬，县棺而封，人岂有非之者哉？’”“称家之有亡”之“亡”通“无”，孔子主张应根据各家的经济实力办理丧事，切不可片面追求丧礼之隆盛，关键在于对父母是否有一颗至真至切的孝敬之心。颜回去世时，71 岁的孔子“哭之恸”，别人劝他不要哭得这么伤心，孔子说：“有恸乎？非夫人之为恸而谁为？”但是，当学生们提出要厚葬颜回时，孔子却明确表示反对。颜回的父亲颜路请求孔子卖掉车子来替颜回置办椁，孔子回答

① 睡虎地秦墓竹简整理小组编：《睡虎地秦墓竹简》，文物出版社 1990 年版，第 169—170 页。

② 《论语·子张》。

③ 《论语·子张》。

④ 《孝经·丧亲》。

⑤ 《论语·子张》。

⑥ 《孟子·滕文公上》。

说：我的儿子孔鲤死时，也只有内棺，没有外椁。“吾不徒行以为之椁，以吾从大夫之后，不可徒行也。”① 当孔子听说颜回最后还是被学生们厚葬之后，还一再申明：“回也视予犹父也，予不得视犹子也。非我也，夫二三子也。”②《仪礼·丧服》篇记载，孝子居丧期间必须住在草棚里，头枕土块，日夜哭泣。《墨子·节葬》篇批评儒家的厚葬主张时也说：“处丧之法，将奈何哉？曰：哭泣不秩，声翁，缞绖垂涕，处倚庐，寝苫枕块；又相率强不食而为饥，薄衣而为寒。使面目陷陬，颜色黧黑，耳目不聪明，手足不劲强，不可用也。又曰：上士之操丧也，必扶而能起，杖而能行，以此共三年。”值得注意的是，墨家所批判的恰恰正是孔子所否定的，墨家所倡导的恰好正是孔子所拥护与赞同的。墨家认为，正确的葬埋之法应该是：“棺三寸，足以朽骨；衣三领，足以朽肉。掘地之深，下无菹漏，气无发泄于上，垄足以期其所，则止矣。哭往哭来，反，从事乎衣食之财，佴乎祭祀，以致孝于亲。”③ 墨家的节葬观点与孔子“苟亡矣，敛首足形”的主张是一致的，墨家所批评的那种孝子在守孝期间不思饮食、“必扶而能起，杖而能行”的极端自虐社会风气，也是孔子所坚决反对的。“孔子曰：‘身有疡则浴，首有创则沐，病则饮酒食肉。毁瘠为病，君子弗为也。毁而死，君子谓之无子。’”④ 守丧期间身上长了脓疮就该洗澡，头顶长疖子就该洗头，身体虚弱就该吃肉补养。不节制哀伤而使身体极度虚弱甚至于丧失性命，恰恰正是使父母绝后的不孝之举。儒家与墨家在相互攻讦的表象背后，隐藏着的却是在同一文化语境下彰显出来的哲学认识的趋同性。

此外，需辨清的一个问题是，孔子反复强调的“三年之丧”是否真的属于殷周丧礼中之最高礼仪？这已经成为学界近几年讨论的一个热门话题。人们普遍认为，有关三年之丧的最早记载见之于《尚书·无逸》：“其在高宗，时旧劳于外，爰暨小人。作其即位，乃或亮阴，三年不言，其惟不言，言乃雍。”相关表述又散见于《左传》、《论语》、《孟子》、《史记》、《礼记》等典籍中，譬如：《左传》昭公十一年载：“九月，葬齐归，公不慼。晋士

---

① 《论语·先进》。
② 《论语·先进》。
③ 《墨子·节葬》。
④ 《礼记·杂记》。

之送葬者，归以语史赵。史赵曰：'必为鲁郊。'侍者曰：'何故？'曰：'归，姓也。不思亲，祖不归也。'叔向曰：'鲁公室其卑乎？君有大丧，国不废蒐。有三年之丧，而无一日之慼。国不恤丧，不忌君也。君无慼容，不顾亲也。国不忌君，君不顾亲，能无卑乎？殆其失国。'"叔向认为，夫人去世，鲁昭公应该实行三年之丧，在此期间不应举行大阅兵。这是文献中有关"三年之丧"的第一次明确记载。《左传》昭公十五年载："六月乙丑，王大子寿卒。秋八月戊寅，王穆后崩。……既葬除丧，……叔向曰：'王其不终乎。吾闻之，所乐必卒焉。今王乐忧，若卒以忧，不可谓终。王一岁而有三年之丧二焉，于是乎以丧宾宴，又求彝器，乐忧甚矣，且非礼也。彝器之来，嘉功之由，非由丧也。三年之丧，虽贵遂服，礼也。王虽弗遂，宴乐以早，亦非礼也。礼，王之大经也。一动而失二礼，无大经矣。言以考典，典以志经，忘经而多言举典，将焉用之？'"叔向以"三年之丧"礼制来要求周天子，批评周天子没有实行"三年之丧"是"非礼"。《史记·孔子世家》载："孔子葬鲁城北泗上，弟子皆服三年。三年心丧毕，相诀而去，则哭，各复尽哀，或复留。唯子赣庐于冢上，凡六年，然后去。"焦循认为，"三年之丧"是殷代旧制。《孟子·滕文公上》焦循疏云："始悟孟子所定三年之丧，引'三年不言'为训，而滕文奉行。即又曰五月居庐，未有命戒。是皆商以前之制，并非周制。周公所制礼，并未有此。"傅斯年在《周东封与殷遗民》一文中说："惟一可以解释此困难者，即三年之丧，在东国，在民间，有相当之通行性，盖殷之遗礼，而非周之制度。"[①] 胡适在《说儒》一文中也认为："三年之丧是'儒'的丧礼，但不是他们的创制，只是殷民族的丧礼。"[②] 他们根据《尚书·无逸》和《论语·宪问》中的材料进而认为，先秦文献中所载与"三年之丧"有关的传说人物，如太甲、高宗、孝己等，皆是殷人；与"三年之丧"有关的齐鲁地区又是殷遗民比较集中的地区，孔子就是殷人的后裔，孔子所称许的"三年之丧"其实就是殷代的丧礼。冯友兰对他们的观点有所修正，认为"三年之丧"既是周礼，也

---

① 傅斯年：《民族与古代中国史》，河北教育出版社2002年版，第75页。

② 胡适：《说儒》，《胡适学术文集》，中华书局1991年版。

"并不否认他也是殷制"。[①] 也有人既不赞同傅斯年、胡适之论，也不同意冯友兰的观点。郭沫若在《驳〈说儒〉》一文中指出，"三年之丧并非殷制"。他对《论语·宪问》中的"高宗谅阴，三年不言"作了新的诠释，认为"阴"即"瘖"，"谅"为"真正"，殷高宗患了"不言症"，所以三年不言。"殷高宗的'谅阴'既是不言症而非倚庐守制，那么三年之丧乃殷制的唯一根据便失掉了"。[②] 郭沫若进而列举了四片甲骨卜辞作证，并且断言："三年之丧……断然是孔子的创制"。[③] 或许受郭沫若论点影响，有的学者进一步认为，"春秋虽未都行三年之丧制，但有些士人力主行三年丧制，主要代表是晋国的叔向和鲁国的孔子"。[④] 近几年来，有的学者在前人研究基础上进而认为："'三年之丧'的记载最早见于春秋时期，但是当时并未真正实行过。春秋战国时代各国普遍实行的是一种'既葬除丧'的短丧。殷代和西周同样也未实行过什么'三年之丧'。《尚书·无逸》云：'高宗谅阴，三年不言。''谅阴'是指诚信地进行衣祀，阴即衣祀。'三年'是指殷代周祭的一个衣祀年（36—37 旬），三是虚数。殷人从武丁到帝乙、帝辛时代一直在举行衣（殷）祀，即系统的周祭，遍祀先王先妣。春秋时期，叔向、孔子等人结合殷代的周祭（衣祀），将当时通行的'既葬除丧'的社会习俗加以规范、理想化的改造，在殷人的一个实足的衣祀年的基础上，首尾添加了一点虚数，就演变成了后世儒家尊奉的所谓'三年之丧'这种丧服制度中的最高礼仪。"[⑤] 综合前贤今哲的观点，有两点值得注意：其一，对《尚书·无逸》篇的理解至今仍然是众说纷纭，学界尚未达成共识。其二，就现有文献资料与考古资料而言，要全面否定"三年之丧"不是殷周丧礼尚嫌理由不够充分。

---

① 冯友兰：《原儒墨》，《中国现代学术经典·冯友兰卷》，河北教育出版社 1996 年版，第 948 页。

② 郭沫若：《驳〈说儒〉》，《郭沫若全集》第一卷，人民出版社 1982 年版，第 436—440 页。徐中舒不同意郭沫若的观点，认为"这是孔子出生之前的事，可见当为传统旧制而不是出于孔子的杜撰"。参见徐中舒《先秦史论稿》，巴蜀书社 1992 年版，第 306—307 页。

③ 郭沫若：《长安县张家坡铜器群铭文汇释》，《考古学报》1962 年第 1 期。

④ 顾德融、朱顺龙：《春秋史》，上海人民出版社 2001 年版，第 488 页。

⑤ 方述鑫：《"三年之丧"起源新论》，《四川大学学报》2002 年第 2 期。

（三）“爱而敬”：曾子对孔子孝论的继承与发展

根据钱穆先生的考证，曾参的生卒年为公元前505年—前436年[①]。曾参父子同为孔子弟子，但曾子入孔门的时间比较晚，可能是在孔子结束周游列国回到鲁国之后。曾子比孔子小46岁，在孔门弟子中年龄最小。在孔子最得意的学生颜回去世之后，曾参成为在道统上继承与传播孔子学说的主要代表人物。孔子对曾参也寄予了殷切希望，在先秦典籍中可以发现许许多多师徒之间的对话。譬如，《大戴礼记·主言》篇记录的全是孔子、曾子问答之语。在“孔子闲居，曾子侍”之时，曾子问：“敢问何谓主言?”“敢问不费不劳可以为明乎?”“敢问何谓七教?”“敢问何谓三至?”此外，在《礼记》、《孝经》中也可见到大量的师徒之间的问答。曾子在多年的学生生涯中，逐渐也摸索出了如何有针对性地向老师提问的诀窍：“君子学必由其业，问必以其序。问而不决，承间观色而复之，虽不说亦不强争也。”[②] 公元前476年，曾子为孔子守丧结束后，开始在故乡设帐，讲学授徒、著书立说，广泛传播孔子学说。在儒学发展史上，正因为曾子肩负传道者的重任，在先秦典籍中存在着大量的孔子、曾子言词非常近似的材料：

孔子说：“父在观其志，父没观其行。三年无改于父之道，可谓孝矣。”[③]

曾子说：“吾闻诸夫子：孟庄子之孝也，其他可能也，其不改父之臣与父之政，是难能也。”[④]

孔子说：“后生可畏，焉知来者之不如今也？四十、五十而无闻焉，斯亦不足畏也已。”[⑤]

曾子说：“三十、四十之间而无艺，则无艺矣；五十而不以善闻矣。”[⑥]

孔子说：“生，事之以礼；死，葬之以礼，祭之以礼。”[⑦]

---

① 钱穆：《先秦诸子系年》，商务印书馆2002年版，第694页。

② 王聘珍：《大戴礼记解诂》卷四《曾子立事》，中华书局1983年版。

③ 《论语·学而》。

④ 《论语·子张》。

⑤ 《论语·子罕》。

⑥ 王聘珍：《大戴礼记解诂》卷四《曾子立事》，中华书局1983年版。

⑦ 《论语·为政》。

曾子说：“生，事之以礼；死，葬之以礼，祭之以礼，可谓孝矣。”[①]

语言文字上的相似与雷同，恰恰间接证明曾子在儒家文化薪变流传过程中的重要地位。这正如元朝文宗所赞：“朕惟孔子之道，曾氏独得其宗，盖本于诚身而已也。观其始于‘三省’之功，卒闻‘一贯’之妙，是以友于颜渊而无愧，授之思、孟而不湮者与!”[②]

值得注意的是，近些年发现的郭店楚墓竹简的内容与《大戴礼记》中的《曾子》十篇多有相似之处：

例一，郭店楚简《缁衣》简文：“子曰：王言如丝，其出如纶；王言如索，其出如绋。故大人不倡流。《诗》云：‘慎尔出话，敬尔威仪。’”[③]“故大人不倡流”一句，在《曾子立事》篇记为：“君子不唱流言”，《礼记·缁衣》篇记为：“故大人不倡游言”。流言即“游言”，即无根据的言论。

例二，郭店楚简《缁衣》简文：“子曰：可言不可行，君子弗言；可行不可言，君子弗行。”[④]《曾子立事》谓：“人信其言，从之以行，人信其行，从之以复……”楚简《缁衣》和《曾子立事》都强调言行应一致。

例三，郭店楚简《六德》篇：“是故先王之教民也，始于孝弟。君子于此一偏者无所废……。孝，本也。下修其本，可以断讪。”[⑤]《曾子大孝》篇谓：“民之本教曰孝，其行之曰养。”《孝经·开宗明义》又言：“夫孝，德之本也，教之所由生也。”孝是伦理教化之本，三种文本的论点基本一致。

学界普遍认为，郭店楚墓的下葬年代约在公元前300年，竹简写成的时代应当更早。保存在《大戴礼记》中的《曾子》十篇，曾被其他先秦文献所征引。譬如，《荀子》和《吕氏春秋》皆引用《曾子》文句。据此推断，《大戴礼记》中的《曾子》十篇当是先秦文献，其写作时代早于郭店楚墓竹简，两者的思想内涵呈现出前后相续的逻辑关系。

曾子以孝论著称于世，其孝论源于孔子，泽披孟、荀。总括其要，曾子孝论包含以下几层义旨：

---

① 《孟子·滕文公上》。

② 《山东省志》编纂委员会编：《山东省志·曾子志》，山东人民出版社2001年版，第215页。

③ 刘钊：《郭店楚简校释》，福建人民出版社2005年版，第61页。

④ 刘钊：《郭店楚简校释》，福建人民出版社2005年版，第62页。

⑤ 刘钊：《郭店楚简校释》，福建人民出版社2005年版，第119页。

（1）养亲

《诗经·小雅·蓼莪》云："哀哀父母，生我劬劳。"父母为抚育子女成人，含辛茹苦，历尽艰辛。子女成人后当思鸟兽反哺之情，尽其所有供养双亲，使父母在物质生活上尽可能得到满足，这是曾子孝论最低限度的要求："曾子孝于父母，昏定晨省，调寒温，适轻重，勉之于糜粥之间，行之于衽席之上，而德美重于后世。"[①]"曾子养曾晰，必有酒肉；将彻，必请所与；问有余，必曰'有'。曾晰死，曾元养曾子，必有酒肉；将彻，不请所与；问有余，曰'亡矣'。——将以复进也。此所谓养口体者也。若曾子，则可谓养志也。事亲若曾子者，可也。"[②]昏定晨省、嘘寒问暖，是子女每日应行之礼节。为双亲提供良好的物质生活条件，是须臾不可忘怀之养亲之道。"往而不可还者亲也，至而不可加者年也。是故孝子欲养，而亲不待也。"[③]青山不老，韶光易逝。俟至子女成人，父母年寿已高，在世之日有减无增。子女养亲应有紧迫感，安身处世应以如何才能奉养好双亲作为基本价值尺度。"亲戚既殁，虽欲孝，谁为孝？年既耆艾，虽欲弟，谁为弟？故孝有不及，弟有不时，其此之谓与！"[④]基于此，曾子提出了一个入仕原则：父母在时，子女应"不择官而仕"。"故吾尝仕为吏，禄不过钟釜，尚犹欣欣而喜者，非以为多也，乐其逮亲也。既没之后，吾尝南游于楚，得尊官焉，堂高九仞，榱题三围，转毂百乘，犹北向而泣涕者，非为贱也，悲不逮吾亲也。故家贫亲老，不择官而仕。若夫信其志，约其亲者，非孝也。"[⑤]他在莒国任低级官吏，俸禄只不过是三秉小米，却没有嫌弃，而是"欣欣而喜"，因为双亲可以享用，人生价值已得到实现；父母去世后，齐国、晋国、楚国竞相聘他为官，俸禄优渥，但曾子却"北向而泣涕"，原因在于父母已辞世。如果一定要等到高官厚禄、荣华富贵之时才想起奉养双亲，那是一种不孝行为。

（2）敬亲

孟子认为人之异于禽兽者"几希"，"几希"之别就在于人类有伦理道

---

① 王利器撰：《新语校注·慎微》，中华书局1986年版。
② 《孟子·离娄上》。
③ 韩婴撰、许维通校释：《韩诗外传集释》卷七，中华书局1980年版。
④ 王聘珍：《大戴礼记解诂》卷五《曾子疾病》，中华书局1983年版。
⑤ 韩婴撰、许维通校释：《韩诗外传集释》卷七，中华书局1980年版。

德观念。孔子尝云：“今之孝者，是谓能养。至于犬马，皆能有养；不敬，何以别乎？”[①] 从物质生活上供养双亲仅仅只是人伦之孝的初始要求，只有建立在忠心敬爱血缘情感之上的孝亲，才是孝道深层底蕴，否则与禽兽生理本能并无性质上的区别。曾子把孝分为三大层次：“孝有三：大孝尊亲，其次不辱，其下能养。”[②] 这三大层次实际上也就是孝之三境界。“尊亲”即敬亲，何谓“敬”？曾子自释：“君子之孝也，忠爱以敬，反是乱也。”[③] “敬”的基本含义为忠心之爱，敬亲是指建立在自然情感基础上的敬爱之心。学生单居离问曾子：“事父母有道乎？”曾子答：“有，爱而敬。”[④]。”敬亲是养亲的伦理尺度，敬亲前提下的养亲才合乎人伦之孝。《盐铁论·孝养》篇载：“周襄王之母非无酒肉也，衣食非不如曾晰也，然而被不孝之名，以其不能事其父母也。君子重其礼，小人贪其养。夫嗟来而招之，投而与之，乞者由不取也。君子苟无其礼，虽美不食焉。”周襄王位居九五之尊，天下为家，应有尽有，但仍然蒙受“不孝”之恶名，其原因就在于周襄王之孝只不过是一种“养口体”之孝，而不是“养志”之孝。这恰如《庄子·外物》篇所论：“人亲莫不欲其子之孝，而孝未必爱，故孝己忧而曾参悲。”《孟子·尽心》篇记载了这样一则故事：“曾晰嗜羊枣，而曾子不忍食羊枣。公孙丑问曰：‘脍炙与羊枣孰美？’孟子曰：‘脍炙哉！’公孙丑曰：‘然则曾子何为食脍炙而不食羊枣？’曰：‘脍炙所同也，羊枣所独也。讳名不讳姓，姓所同也，名所异也。’”曾晰喜食羊枣，曾子因而忌食羊枣，以示对父敬慕。这种做法虽然已趋极端，但恰恰说明曾子所追求的是一种基于血缘之爱、内心之情的精神境界，而不是与禽兽略无差异的“养口体”之孝。学生公明仪问曾子：“夫子可谓孝乎？”曾子回答说：“是何言与！是何言与！君子之所谓孝者，先意承志，谕父母以道。参直养者也，安能为孝乎！身者，亲之遗体也。行亲之遗体，敢不敬乎！”[⑤] 孝是一种生命境界，曾子认为自己只是一个“直养者”，属于最低层次，算不上是一个“孝者”；真正

① 《论语·为政》。
② 王聘珍：《大戴礼记解诂》卷四《曾子大孝》，中华书局1983年版。
③ 王聘珍：《大戴礼记解诂》卷四《曾子立孝》，中华书局1983年版。
④ 王聘珍：《大戴礼记解诂》卷四《曾子事父母》，中华书局1983年版。
⑤ 王聘珍：《大戴礼记解诂》卷四《曾子大孝》，中华书局1983年版。

的“孝者”是“先意承志，谕父母以道”。曾子自我评价为“直养者”，这当然是曾子的谦逊之词。但由此可以看出，曾子所说的“敬亲”不是三五天就可以实现的，它指的是一种经过几十年如一日的道德修养而达到的人伦境界。

（3）谏亲

曾子主张应将孝亲建立在敬亲爱亲的自然情感上，但因此也引发出一个问题：如果父母尊长言行不当，子女应当如何做才符合孝道？曾子曾经就此问题请教于孔子，“曾子曰：‘敢问子从父之令，可谓孝乎？’子曰：‘是何言与？是何言与？昔者天子有争臣七人，虽无道，不失其天下；诸侯有争臣五人，虽无道，不失其国；大夫有争臣三人，虽无道，不失其家；士有争友，则身不离于令名。父有争子，则身不陷于不义。故当不义，则子不可以不争于父；臣不可以不争于君；故当不义则争之。从父之令，又焉得为孝乎？’”[①] 天子有谏诤之臣，虽遭乱世能保天下，诸侯能保国，卿大夫能保家，士能保全名声。由此推论，父母有讽诤之子，可以帮助双亲避免蒙受不仁不义之恶名。因此，父母有过，向其讽谏非但合乎孝道，而且是孝子应尽之义务。《荀子·子道》也载有类似的材料：“鲁哀公问于孔子曰：‘子从父命，孝乎？臣从君命，贞乎？’三问，孔子不对。孔子趋出，以语子贡。曰：‘乡者，君问丘也曰“子从父命，孝乎？臣从君命，贞乎？”三问，而丘不对。赐以为何如？’子贡曰：‘子从父命，孝矣；臣从君命，贞矣。夫子有奚对焉？’孔子曰：‘小人哉！赐不识也！昔，万乘之国，有争臣四人，则封疆不削；千乘之国，有争臣三人，则社稷不危；百乘之家，有争臣二人，则宗庙不毁；父有争子，不行无礼；士有争友，不为不义。故，子从父，奚子孝？臣从君，奚臣贞？审其所以从之之谓孝、之谓贞也。’”孔子在这一问题上的态度十分明确：父义则从，父不义则谏。基于此，曾子进而提炼出了以义辅亲、“以正致谏”、“微谏不倦”[②] 等谏亲原则。“君子之孝也，以正致谏；士之孝也，以德从命；庶人之孝也，以力恶食。任善，不敢臣三德。故孝之于亲也，生则有义以辅之，死则哀以莅焉，祭祀则莅之，以

① 《孝经》卷十五，胡平生译注：《孝经译注》，中华书局1996年版。

② 王聘珍：《大戴礼记解诂》卷四《曾子大孝》，中华书局1983年版。

敬如此，而成于孝子也。”① 不仅如此，曾子还将此从情感上加以消化、认可，升华为“君子三乐”之一，将本来是外在伦理之规范内化为心理之愉悦。“曾子曰：‘君子有三乐，钟磬琴瑟不在其中。’子夏曰：‘敢问三乐。’曾子曰：‘有亲可畏，有君可事，有子可遗，此一乐也；有亲可谏，有君可去，有子可怒，此二乐也；有亲可喻，有友可助，此三乐也。’”② 值得一提的是，郭店楚简的谏诤思想与孔子、曾子一脉相承。简文《鲁穆公问子思》云：“鲁穆公问于子思曰：‘何如而可谓忠臣？’子思曰：‘恒称其君之恶者，可谓忠臣矣。’公不（悦），揖而退之。”③ 虽然简文只涉及“谏君”，但是，在先秦儒家思想逻辑思维中，“谏亲”在先，“谏君”在后，先亲后君，“谏君”是“谏亲”必然的逻辑走向。

但是，曾子之问实际上只触及问题的一个方面。问题的另一面是：父母有过失，但拒绝听从子女劝阻，子女如何做才符合孝道？孔子的态度为：“事父母几谏，见志不从，又敬不违，劳而不怨。”④ 子女应该反复婉言相劝，如果父母仍然一意孤行、刚愎自用，子女不应滋生怨恨之心，应当一如从前孝敬双亲。但是，子女也不应该丧失原则立场，盲目顺从父母。孔子的这一观点对曾子影响至深，后来曾子弟子单居离也就这一敏感性问题请教过曾子，曾子的回答与孔子大抵相似：“父母之行，若中道则从，若不中道则谏，谏而不用，行之如由己。从而不谏，非孝也；谏而不从，亦非孝也。孝子之谏，达善而不敢争辩。争辩者，作乱之所由兴也。”⑤ 曾子为谏亲设立了一个界限：“谏而不逆”⑥。如果父母不思悔过，子女不应拂逆父志，不可由婉言讽谏上升而为争斗。曾子主张在这一问题上应“巧变”，临事变通，其实质在于如何在“从”与“谏”的矛盾对立中寻求一个合情合理的平衡点。

孔子与曾子的“谏亲”思想，后来在荀子思想中得到了进一步发扬光

① 王聘珍：《大戴礼记解诂》卷四《曾子大孝》，中华书局 1983 年版。

② 韩婴撰、许维遹校释：《韩诗外传集释》卷九，中华书局 1980 年版。

③ 刘钊：《郭店楚简校释》，福建人民出版社 2005 年版，第 177 页。另参阅荆门市博物馆编：《郭店楚墓竹简》，文物出版社 1998 年版。

④ 《论语·里仁》。

⑤ 王聘珍：《大戴礼记解诂》卷四《曾子事父母》，中华书局 1983 年版。

⑥ 王聘珍：《大戴礼记解诂》卷四《曾子大孝》，中华书局 1983 年版。

大。荀子将其提升为“从道不从君，从义不从父”。[①] 子女在三种情况下可以“不从命”：“从命，则亲危；不从命，则亲安；孝子不从命，乃衷。从命，则亲辱；不从命，则亲荣；孝子不从命，乃义。从命，则禽兽；不从命，则修饰；孝子不从命，乃敬。”[②] 道义是荀子思想中的最高价值理性，人们不可牺牲价值理性去无原则地迎合父母意志。一个人只有明白了从与不从的理性尺度，才可称得上“大孝”。“故可以从而不从，是不子也；未可以从而从，是不衷也。明于从不从之义，而能致恭敬、忠信、端悫，以慎行之，则可谓大孝矣。”[③]

（4）“慎终追远”

“慎终”是指按照丧礼慎重办理父母丧事，“追远”指春秋祭祀，以示孝子终生怀念之情。“慎终追远”是孝道社会化仪式的两大原则。“生，事之以礼；死，葬之以礼，祭之以礼，可谓孝矣。”[④]《礼记·曾子问》篇详细录载曾子向孔子问“丧礼”经过：“三年之丧，吊乎？”“宗子为士，庶子为大夫，其祭也如之何？”“君之丧既引，闻父母之丧，如之何？”“除丧则不复昏礼乎？”所问丧礼44条之多，巨细靡遗，详赡入微。尊重丧礼，依照礼节慎重操办丧事，是曾子“慎终追远”的基本要求。《礼记·檀弓》篇记载的诸多故事，足以表明曾子对丧礼的重视：

例一，曾子卧病在床，病情垂危。乐正子春和曾元、曾申在床边侍候，一个童子端着蜡烛坐在角落。童子说：多么漂亮光滑的席子啊！是大夫用的席子吧？曾子说：“然，斯季孙之赐也，我未之能易也。”然后叫曾元、曾申赶紧撤换席子。曾元说：您重病在身，起卧不方便，等到天亮再换吧。曾子批评他说：“尔之爱我也不如彼。君子之爱人也以德，细人之爱人也以姑息。吾何求哉？吾得正而毙焉，斯已矣。”曾元等人只好抬起曾子，更换这床大夫身份才能用的席子。当他们再把曾子抬到床上时，曾子已经溘然长逝。

例二，曾子和子游到负夏参加葬礼。丧主将设好的祖奠撤去，并将柩车转回原位，等曾子等人吊唁后才让妇女们下堂行遣奠之礼。随行者问曾子：

① 《荀子·子道》。
② 《荀子·子道》。
③ 《荀子·子道》。
④ 《孟子·滕文公上》。

“礼与?”曾子说：“祖，是暂且的意思。既是暂且移动柩车，为什么不可以再恢复原位呢?”随行者再问子游：“礼与?”子游说：“在室窗下含饭，在室门内小敛，在阼阶上大敛，在客位上殡棺柩，在庭中设祖奠，在墓坑中安葬，这样来体现由近及远的意思。因此，丧事按照礼节只能进不能退。”曾子听到后评论说：“多矣乎！予出祖者。”

例三，有一次，曾子掩好里面的皮袄前去吊唁，同行的子游却袒露出皮袄。曾子说：“袒露皮袄参加吊唁不合礼仪。”过了一会儿，丧主为死者小殓之后，袒露左臂，用麻束发。子游快步而出，掩好里面的皮袄，腰系葛带再进去。曾子于是说：“我过矣！我过矣！夫夫是也。”

此外，曾子非常重视丧亲之情，情重于礼。《尸子》卷下云：“曾子每读《丧礼》，泣下沾襟。”之所以如此，并非因为《丧礼》宏博精深，而是念及双亲哺育之恩，慨叹不能一如从前孝敬尊长。“丧致乎哀而止”，丧礼虽然周全，如果缺乏真心诚意，那只不过是一种虚伪的矫饰：“大辱加于身，支体毁伤，即君不臣，士不交，祭不得为昭穆之尸，食不得□昭穆之牲，死不得葬昭穆之域也。弟子为师服者，弟子有君臣、父子、朋友之道也。故生则尊敬而亲之，死则哀痛之。恩深义重，故为之隆服。入则绖，出则否也。”[①] 不思饮食、不思梳洗，言不文饰，形容憔悴，是孝子丧亲之情的自然流露。“生事爱敬，死事哀戚”[②]，“慎终”固然重要，但不是终极目的，“以时思之”的“追远”才是孝子应追求之目标。曾子父亲去世的时候，他十分悲伤，攀着丧车哭泣不辍，“水浆不入于口者七日”。[③] 曾子也很尊敬母亲，听说有个地名叫“胜母”，坚决不肯前往该地。有一次他吃生鱼片，味道鲜美，他忽然停下了筷子。别人问其中的原因，曾子说：母亲健在时，从未吃过生鱼片。从此以后，他再也不吃生鱼片。

（5）全体、贵生

曾子认为，“身者，父母之遗体也。行父母之遗体，敢不敬乎?”“父母生之，子弗敢杀；父母置之，子弗敢废；父母全之，子弗敢阙。”[④]《孝经》

---

① 陈立撰、吴则虞点校：《白虎通疏证》卷十一《丧服》，中华书局1994年版。

② 《孝经》卷十八。

③ 《礼记·檀弓上》。

④ 许维遹校释：《吕氏春秋·孝行》，中国书店1985年版。

进而将这些表述提炼为“身体发肤，受之父母”。子女躯体是父母“遗体”在另外一种形式上的延续，子女对自己的生命体只有使用权，没有所有权。基于这一生命理论，“残伤身体”也就是残伤父母之身体，自然也是一种不孝行为。父母“全而生之”，子女“全而归之”，成为孝子孝行之一。《大戴礼记·曾子大孝》载：曾子弟子乐正子春不慎扭伤了脚，伤瘳之后，仍然连续几个月闭门不出。学生问其中缘故，乐正子春回答说：“善如尔之问也！吾闻之曾子，曾子闻诸夫子曰：‘天之所生，地之所养，人为大矣。父母全而生之，子全而归之，可谓孝矣；不亏其体，可谓全矣。’故君子顷步之不敢忘也。今予忘夫孝之道矣，予是以有忧色。故君子一举足不敢忘父母，一出言不敢忘父母。”乐正子春脚伤虽已痊愈，仍数月闭户不出，面壁思过。因为按照“父母全而生之，子全而归之”孝道，子女对自己的生命体就不再拥有所有权，人的一生是代行父母“遗体”的生命运动过程。基于此，“全体”、“贵生”也就成为了人伦之孝的一项特殊要求，并且由此而来产生了众多繁琐的行为禁忌：“孝子不登高，不履危，庳也弗凭。”[①]“故道而不径，舟而不游。”[②]“不苟笑，不苟訾，隐不命，临不指，故不在尤之中也。”[③]“孝子游之，暴人违之。出门而使不以，或为父母忧也。”[④]曾子的这一表述，与《论语·里仁》“父母在，不远游，游必有方”同出一辙。

曾子病危之际，将弟子召集到床前，对他们说：“启予足，启予手！《诗》云：‘战战兢兢，如临深渊，如履薄冰。’而今而后，吾知免夫！小子！”[⑤]曾子之所以一生“战战兢兢”，是因为他活着的时候总担心自己的躯体受到损害而不能完好无损地归还父母，临终之际终于做到了。曾子希望弟子们仿效自己，为了能实现这一孝道，由此而来衍生出了一系列的“养生”之道：整修房屋，节制饮食，是“养体之道”；立五色，设五彩，色彩缤纷，是“养目之道”；六律准确，五声和谐，八音协调，是“养耳之道”；脍不厌细，食不厌精，是“养口之道”；面色和善，言语动听，举止有礼，

① 王聘珍：《大戴礼记解诂》卷四《曾子本孝》，中华书局1983年版。
② 王聘珍：《大戴礼记解诂》卷四《曾子大孝》，中华书局1983年版。
③ 王聘珍：《大戴礼记解诂》卷四《曾子本孝》，中华书局1983年版。
④ 王聘珍：《大戴礼记解诂》卷四《曾子本孝》，中华书局1983年版。
⑤ 《论语·泰伯》。

是“养志之道”。“此五者代进而厚用之，可谓善养矣。”[①] 由此我们很自然地联想起杨朱“贵生”哲学。“阳生贵己”[②]，“杨子取为我，拔一毛而利天下，不为也”。[③] 这种轻物重生的生命哲学否定了上帝，否定了祖先神，打碎了笼罩在人类头上的一切神灵光环，从人自身来认识人、说明人，将人视为宇宙中独立的生命存在，视为具备高度智慧的感觉体。一切伦理道德价值观念的善与恶，社会制度的对与错，裁决于唯一的价值尺度——是否对人之“性”有利。“利于性则取之，害于性则舍之，此全性之道也。”[④] 圣人重生轻物，“以物养性”，故能“全天”、“全生”。富贵之人重物轻生，“以性养物”，因而“害生”。杨朱贵己生命哲学虽然与曾子孝论的具体内涵和哲学旨趣上有所不一，但在弘扬生命价值、重视人类主体在宇宙中的中心地位方面，两人的观点有异曲同工之妙。[⑤]

养亲、敬亲、谏亲、慎终追远、全体贵生，构成曾子人伦之孝的基本框架。以出自内心的忠爱之心孝敬双亲，并奉为子女不易之圭臬，这是源于孔子继而在曾子孝论中发扬光大的精华之所在。但是，曾子孝论也存在着不足之处。《淮南子·齐俗训》云：“公西华之养亲也，若与朋友处；曾参之养亲也，若事严主烈君。”公西华在父子人格平等基础上孝敬双亲，曾子恰好相反，将父子关系建立在“有亲可畏”的前提下。虽然曾子强调“坐如尸，立如齐，弗讯不言，言必齐色”[⑥] 是“成人之善者”，而非“为人子之道”。但是养亲“若事严主烈君”这一观点并非源于孔子，也与孔子思想不合。这极有可能是曾子年轻时有关孝亲的认识，这一不成熟的孝亲观在经过孔子点拨之后，发生了极大变化。《韩诗外传》卷八载：“曾子有过，曾晰引杖击之。仆地，有间乃苏。起曰：‘先生得无病乎？’鲁人贤曾子，以告夫子。夫子告门人：‘参来勿内也。’曾子自以为无罪，使人谢夫子。夫子曰：‘汝

① 《吕氏春秋·孝行》。

② 《吕氏春秋·不二》。

③ 《孟子·尽心上》。

④ 《吕氏春秋·本生》。

⑤ 古希腊诡辩学派创始人普罗塔哥拉提出“人是万物之尺度”，这一命题适用于一切存在与非存在。人的意志是决定人类对世界认识的准绳，知识就是感觉，一切真理都是相对的。在敬畏生命、弘扬人的主体性方面，普罗塔哥拉与杨朱哲学似有异曲同工之处。

⑥ 王聘珍：《大戴礼记解诂》卷四《曾子事父母》，中华书局 1983 年版。

不闻昔者舜为人子乎？小箠则侍，大仗则逃，索而使之，未尝不在侧。索而杀之，未尝可得。今汝委身以待暴怒，拱立不去，汝非王者之民邪？杀王者之民，其罪何如？'”“王者之民”是一伦理范畴，旨在说明人格平等。这一案例或许过于典型，因而《说苑·建本》和《孔子家语·六本》等典籍并录此事。曾子遭其父虐待，苏醒后不反思其父行为是否已背离“父慈”之道，反而奏瑟为其父消怒，即使是传授孝道的孔子对曾子这种过犹不及的愚孝行为也非常生气。毫无原则立场的逆来顺受，似乎是大孝之行，但实际上是陷父于不义，恰恰是一种不孝之举。人伦之孝，应以父子人格平等为前提，这恰恰正是孔子孝论的精华之所在。在经过孔子的教诲之后，中年以后的曾子一改过去战战兢兢的拘谨心态，显得非常洒脱、自由：“曾子布衣缊袍未得完，糟糠之食、藜藿之羹未得饱，义不合则辞上卿。不恬贫穷，安能行此？”[①]“曾子居卫，缊袍无表，颜色肿哙，手足胼胝。三日不举火，十年不制衣，正冠而缨绝，捉衿而肘见，纳履而踵决，曳纵而歌《商颂》，声满天地，若出金石。天子不得臣，诸侯不得友。”[②] 两汉以后的士人甚至将曾子尊奉为豹隐山林的隐士，尽管衣衫褴褛，生活困顿，仍以人格独立为人生处世之标准，视名利为束缚自由心志的人生牢笼。“天子不得臣，诸侯不得友。”曾子之志向，已与超然物外、不为尘俗欲望所累的道家庄子并无二致。这两段史料的确凿性虽尚有待细考，但认为曾子以孝义处世、特立独行，却是精当之论，这从曾子独具一格的君子人格追求中也可得到证实：“曾子曰：‘辱若可避，避之而已。及其不可避，君子视死如归。’”[③]“曾子曰：‘士不可以不弘毅，任重而道远。仁以为己任，不亦重乎？死而后已，不亦远乎？’”[④] 重视生命价值，力求生命不受世俗欲望的污染。但是，一旦社稷倾圮、生民倒悬，则又临难不辱、视死如归。道德生命价值远远重于生理生命，曾子的“君子人格”后来又深刻地影响了孟子，孟子的“大丈夫”人格当是对孔子、曾子君子人格之升华。

① 刘向撰、赵善诒疏证：《说苑疏证》卷四《立节》，华东师范大学出版社1985年版。

② 《庄子·让王》。

③ 《春秋繁露·竹林》。

④ 《论语·泰伯》。

三、从“相责以善”到“父子不责善”

在家庭伦理层面上，孔子孝论注重父子自然亲情，倡导子女人格平等，父义则从，父不义则谏。孔子、曾子“以正致谏”原则后来被孟子完全地移植到社会政治伦理中，泛伦理化的倾向有增无减。孟子“君臣相责以善”的“善”之内涵当为仁义，即以仁义这一最高价值理性衡评君臣之间关系。“君臣相责以善’施行的前提是将君臣关系重新论证为以德相交的“友”，而非传统意义上的以势利相交，“返祖”化现象背后隐伏的是其民本主义政治立场。孔子、曾子与子思在家庭伦理语境中提倡的父子“相责以善”，衍变为社会政治伦理领域中“君臣相责以善”。从“相责以善”到“父子不责善”，这是儒家孝论在春秋战国时代出现的逻辑变化。

先秦儒家普遍认为，道德观念源出于天，天是伦理道德存在正当性之终极依据。从孔子的“天生德于予”，到《中庸》的“天命之谓性”，再到孟子的“良知”、“良能”，其间的逻辑性线索非常清晰。“人之所不学而能者，其良能也；所不虑而知者，其良知也。孩提之童，无不知爱其亲者，及其长也，无不知敬其兄也。亲亲，仁也；敬长，义也。无他，达之天下也。”①“爱其亲”是先验性之“定在”，“亲亲”自然扩充而为“仁”。因此，人的一生是向内用功的生命体验，是不断护守、弘扬先在性伦理观念的道德化过程。孔子、曾子儒家孝论演变至孟子，发生了一些转折。这主要表现在两个方面：其一，“父子之间不责善”，其二，君臣之间“相责以善”。我们在此分别加以评述。

（一）“父子之间不责善”

在《孟子》文本中，经常出现“事亲”一词②，这是孔子与曾子所未曾

---

① 《孟子·尽心上》。

② 《唐律疏议》界定说：“善事父母曰孝。既有违犯，是名‘不孝’。”侍奉父母、遵从其意志为孝；违反父母意志、侵犯父母之尊严则为不孝。隋唐时代“孝”范畴的所指与能指与孔子儒家相比，已发生了重大变化。此间的孝范畴已实现忠孝合一、家庭伦理与政治伦理合流，孝与不孝的标准主要显现为是否在意志与行动上绝对无条件地顺从父母尊长的意志。

提及的一个新概念。“仁之实，事亲是也；义之实，从兄是也；智之实，知斯二者弗去是也。”[①]“事孰为大？事亲为大；守孰为大？守身为大。”[②]在孟子看来，事亲的原则就是“顺亲”：“不得乎亲，不可以为人；不顺乎亲，不可以为子。”[③]“人悦之，好色、富贵，无足以解忧者，惟顺于父母可以解忧。”[④]孟子曾经比较了曾子事亲与曾元事亲之区别：“曾子养曾晰，必有酒肉；将彻，必请所与；问有余，必曰：‘有’。曾晰死，曾元养曾子，必有酒肉；将彻，不请所与；问有余，曰：‘亡矣。’将以复进也。此所谓养口体者也，若曾子，则可谓养志也。事亲若曾子者，可也。”[⑤]曾子事亲是承顺其心意，曾元事亲是以饮食奉养其口欲。前者是“养志”之孝，后者是“养口体”之孝。《孟子·万章上》又载，弟子万章问孟子：舜为何对天哭诉？难道他抱怨父母吗？孟子说：“我竭力耕田，共为子职而已矣。父母之不爱我，于我何哉？帝使其子九男二女，百官牛羊仓廪备，以事舜于畎亩之中，天下之士多就之者，帝将胥天下而迁之焉。为不顺于父母，如穷人无所归。天下之士悦之，人之所欲也，而不足以解忧；好色，人之所欲，妻帝之二女，而不足以解忧；富，人之所欲，富有天下，而不足以解忧；贵，人之所欲，贵为天子，而不足以解忧。人悦之，好色、富贵，无足以解忧者，惟顺于父母可以解忧。人少，则慕父母；知好色，则慕少艾；有妻子，则慕妻子；仕则慕君，不得于君则热中。大孝终身慕父母。五十而慕者，予于大舜见之矣。”这段话包含两层内涵：其一，子女对父母的爱是单向度的，而非双向度；其二，人生最高价值之实现不在于富有天下、贵为天子，而在于“顺于父母”。朱熹曾经对“得乎亲”与“顺乎亲”进行过梳理。关于“得乎亲”，朱熹诠释说：“不问事之是非，但能曲为承顺，则可以得其亲之悦。苟父母有做得不是处，我且从之，苟有孝心者皆可然也。”[⑥]何谓“顺乎亲”？朱熹回答说：“‘顺乎亲’，则和那道理也顺了，非特得亲之悦，又使

---

① 《孟子·离娄上》。
② 《孟子·离娄上》。
③ 《孟子·离娄上》。
④ 《孟子·万章上》。
⑤ 《孟子·离娄上》。
⑥ 黎靖德编：《朱子语类》卷五十六，中华书局1994年版。

之不陷于非义，此所以为尤难也。”[1]“不得乎亲”，是立足于“心”（自然本性）这一层面上立论，“不顺乎亲”是基于“道”（社会理性）而言。显而易见，朱熹是倾向于“顺乎亲”而否定“得乎亲”的：“不得乎亲之心，固有人承亲顺色，看父母做甚么事，不问是非，一向不逆其志。这也是得亲之心，然犹是浅事。惟顺乎亲，则亲之心皆顺乎理，必如此而后可以为子。所以又说‘烝烝乂，不格奸’；‘瞽瞍底豫而天下化；瞽瞍底豫而天下之为父子者定。’”[2]“得乎亲”是不问是非曲直，无条件地服从父母意志。朱熹认为，“得乎亲”是低层次的孝，是“浅事”。而“顺乎亲”是“父子责善”，喻父母于“道”与“理”，是高层次的孝。由此可以看出，朱熹的孝论与孟子已有所不同，但与孔子、曾子思想比较趋近。

正因为孟子过于强调“顺”，所以才会提出“父子之间不责善”这一伦理命题。《孟子·离娄上》载，公孙丑问孟子：“君子之不教子，何也?”孟子回答：“势不行也。教者必以正，以正不行，继之以怒。继之以怒，则反夷矣。‘夫子教我以正，夫子未出于正也。’则是父子相夷也。父子相夷，则恶矣。古者易子而教之，父子之间不责善。责善则离，离则不祥莫大焉。”朱熹评论说：“教子者，本为爱其子也，继之以怒，则反伤其子矣。父既伤其子，子之心又责其父曰：‘夫子教我以正道，而夫子之身未必自行正道。’则是子又伤其父也。”[3]“父子之间不责善”是孟子标新立异的命题，其逻辑为：一旦父子相互责善，就会伤害人伦亲情；伤害人伦亲情，则是天地间最大的“不祥”。匡章是“通国皆称不孝”的人物，但是，孟子不仅“与之游”，而且还“从而礼貌之”。孟子为匡章辩护说：“世俗所谓不孝者五：惰其四支，不顾父母之养，一不孝也；博弈好饮酒，不顾父母之养，二不孝也；好货财，私妻子，不顾父母之养，三不孝也；从耳目之欲，以为父母戮，四不孝也；好勇斗很，以危父母，五不孝也。章子有一于是乎？夫章子，子父责善而不相遇也。”[4]《战国策·齐策一》对此事也有注录：“章子之母启得罪其父，其父杀之而埋马栈之下。”匡章可能为此事向其父抗争，

① 黎靖德编：《朱子语类》卷五十六，中华书局1994年版。

② 黎靖德编：《朱子语类》卷五十六，中华书局1994年版。

③ 朱熹：《孟子集注·离娄章句上》，《四书章句集注》，中华书局1983年版。

④ 《孟子·离娄下》。

结果被其父逐出家门，父子从此成为陌路。匡章一生为抗争之事懊悔不已，并且通过“出妻屏子，终身不养”来惩罚自己。孟子其实是出于同情才与匡章交游，因为在孟子看来，“责善，朋友之道；父子责善，贼恩之大者”。[①] 父子人伦亲情高于一切，当社会法律与父子人伦亲情发生矛盾冲突时，孟子偏向于首先维护父子人伦亲情。

此外，《孟子》中还有两则事例涉及“父子之间不责善”：例一，象是不仁不义之人，但是，舜不仅不以法典惩处他，反而“封之有庳”。弟子万章对此提出疑义：“有庳之人奚罪焉？仁人固如是乎：在他人则诛之，在弟则封之？”孟子对舜的行为表示支持：“仁人之于其弟也，不藏怒焉，不宿怨焉，亲爱之而已矣。亲之，欲其贵也；爱之，欲其富也。封之有庳，富贵之也。身为天子，弟为匹夫，可谓亲爱之乎？”[②] 舜贵为天子，其弟就应该富贵，否则就有违于人伦原则，至于这种富之贵之是否有违于社会法律与公平正义原则，那是无须顾及的小事。例二，“桃应问曰：‘舜为天子，皋陶为士，瞽瞍杀人，则如之何？’孟子曰：‘执之而已矣。’‘然则舜不禁与？’曰：‘夫舜恶得而禁之？夫有所受之也。’‘然则舜如之何？’曰：‘舜视弃天下犹弃敝蹝也。窃负而逃，遵海滨而处，终身䜣然，乐而忘天下。’”[③] 作为天子，舜应当将其父“执之”，但作为人之子，舜正确的做法应当是“窃负而逃”。在人伦亲情与社会法律之间，前者是至高无上的行为准则，后者则是“敝屣”。

孟子“父子之间不责善”的思想与郭店楚简《六德》已有一些区别：“人有六德，三亲不断。门内之治恩掩义，门外之治义斩恩。”[④]《六德》主张在家庭伦理中，恩情重于道义；但在社会政治与法律关系中，应当用道义切断恩情。孔子尝言“父为子隐，子为父隐，直在其中矣”，[⑤] 朱熹进而诠释说：“父子相隐，天理人情之至也。故不求为直，而直在其中。”[⑥] 但是，

---

① 《孟子·离娄下》。

② 《孟子·万章上》。

③ 《孟子·尽心上》。

④ 刘钊：《郭店楚简校释》，福建人民出版社 2005 年版，第 117 页。

⑤ 《论语·子路》，《四书章句集注》，中华书局 1983 年版。

⑥ 朱熹：《论语集注·子路》。

“亲亲相隐”是从法律文化层面阐发的，“亲亲相隐”或“亲属容隐”是古代东西方法律制度中普遍存在的法律原则，中国古代远在秦律就已出现容隐原则：“子告父母，臣妾告主，非公室告，勿听。而行告，告者罪。”[①] 在唐律中，关于“亲亲相隐”或“亲属容隐”形成了一个完备的规范系统。[②] 但是，在家庭伦理层面，孔子极力强调在人格平等前提下孝敬双亲，父母如果有过错，子女应奋起劝谏。后来曾子进而提出了以义辅亲、“以正致谏”、“谏而不逆”、“微谏不倦”等“谏亲”原则，毫无原则地顺从父母，不仅不合乎孝道，反而是陷父于不义。但是，孔子、曾子的这些孝论精华，在孟子思想中已很难发现，代之而起的是诸如“父子责善，贼恩之大”之类表述。

（二）君臣之间“相责以善”

在儒家孝论的演变历程中，一个值得注意的倾向是：孔子、曾子当年在家庭伦理语境中论证的“以正致谏”等“谏亲”原则，却被孟子完全移植到了社会政治伦理领域。孟子在反对父子之间“相责以善”的同时，却大张旗鼓地强调君臣之间“相责以善”：“责善，朋友之道也；父子责善，贼恩之大者。”朱熹注云：“朋友当相责以善。父子行之，则害天性之恩也。”[③] “相责以善”之“善”，内涵当为“仁义”，以仁义这一最高价值理性处理朋友之间、君臣之间关系。君臣之间“相责以善”思想并非孟子的发明，孔子当年就说过“勿欺也，而犯之”。[④] 孔子这一思想在子思哲学中得到发扬光大：“鲁穆公问于子思曰：‘何如而可谓忠臣？’子思曰：‘恒称其君之恶者，可谓忠臣矣。’”[⑤] 由此可以看出，君臣“相责以善”可谓儒家之所以为儒家之标识性观点之一。孟子继而认为，“相责以善”是臣子应尽之职责。齐宣王曾向孟子请教过“贵戚之卿”与“异姓之卿”的区别，孟子答：

---

① 《睡虎地云梦秦简·法律答问》，文物出版社1978年版，第196页。

② 从法律文化角度剖析“亲亲相隐”，可参阅范忠信《中西法律传统中的“亲亲相隐”》，《中国社会科学》1997年第3期。

③ 朱熹：《孟子集注·离娄章句下》，《四书章句集注》，中华书局1983年版。

④ 《论语·宪问》。

⑤ 刘钊：《郭店楚简校释》，福建人民出版社2005年版，第177页。

贵戚之卿的职责是“君有大过则谏；反复之而不听，则易位”；异姓之卿的职责为“君有过则谏，反复之而不听，则去”。[①] 彼此之间的区别仅在于变异君位或弃官而去，相同点则是“君有过则谏”，决不能为了名利而牺牲“善”之最高信仰。与此相关，能否做到谏行言听、从善如流，是判断君王是否贤明的客观标准。“子路，人告之以有过则喜；禹闻善言则拜。大舜有大焉，善与人同，舍己从人，乐取于人以为善。自耕稼、陶、渔以至为帝，无非取于人者。取诸人以为善，是与人为善者也。故君子莫大乎与人为善。”[②] 舜、禹等历史上的圣人之所以为圣人，其中一个原因在于能闻过则喜、与人为善。即使颠沛流离、艰难困顿，“及其闻一善言，见一善行，若决江河，沛然莫之能御也”。[③] 齐宣王曾经与孟子讨论臣下在何种情况下应该为旧日的君王穿丧服之礼仪，孟子说：“谏行言听，膏泽下于民；有故而去，则君使人导之出疆，又先于其所往；去三年不返，然后收其田里。此之谓三有礼焉。如此，则为之服矣。今也为臣，谏则不行，言则不听；膏泽不下于民；有故而去，则君搏执之，又极之于其所往；去之日，遂收其田里，此之谓寇仇。寇仇，何服之有？”[④] 在“三有礼”中，“谏行言听，膏泽下于民”最重要。在孟子看来，“谏行言听”是君王应行之职责。如果“膏泽下于民”，则为其服孝；如果“谏则不行，言则不听”，“膏泽不下于民”，君臣之间已成“寇仇”。由此可见，问题的关键在于君王是否“谏行言听”。

此外，社会政治领域“相责以善”的另一层内涵是禅让。禅让学说本是墨家的主张，却在口口声声骂墨家是“禽兽”的孟子哲学中得到了发扬光大。先秦诸子在相互攻讦的背后，又隐伏着历时性哲学与文化的相通与相融。在社会政治制度层面上，禅让是一种与宗法制度相对立的政权转移制度。要想冲破宗法制度与宗法关系之牢笼，在现存的政治制度之外构建新的政治体制，就必须对这种新的制度的正当性与合法性做辩护。冯友兰先生对孟子思想中的“禅让”概念作过归纳：“一个在天子职位的‘圣人’，在他年老的时候，选一个年少的‘圣人’，先叫他担任宰相的职务，作为学习和

① 《孟子·万章下》。
② 《孟子·公孙丑上》。
③ 《孟子·尽心上》。
④ 《孟子·离娄下》。

考验。如果成绩很好，就把他推荐给‘天’，使他替代自己的职务。但是‘天’不能直接表示是否接受这个推荐；这就要看是不是拥护他，归顺他。如果老百姓拥护他，这就意味着‘天’接受了这个推荐。‘天与’是以‘人归’决定的。这实际上就是以‘人归’代替了‘天与’，以民意代替了天意。”[①]《孟子·梁惠王下》云：“《书》曰：‘天降下民，作之君，作之师，惟曰其助上帝宠之。四方有罪无罪惟我在，天下曷敢有越厥志？’一人衡行于天下，武王耻之。”这种有别于汉代“君权神授”的理论认为：“天”是社会的最高立法者与最高主宰，地上王权的合法性源于上天之意志。冯友兰先生认为，“‘天子’并不是‘天下’的政治上、经济上的最高所有者，而只是社会中的一个职位。‘天’选一个人作‘天子’，并不是给他对于‘天下’的政治上、经济上的所有权，而只是给他一个职位。”[②] 孟子认为，禅让制度不仅存在着理论上的合法性，而且有深厚的历史文化资源作为其存在合理性的历史根据。譬如，尧舜禅让就是一颇具代表性的事件。《孟子·万章上》载弟子万章问：尧将天下予舜，是否信史？孟子答：天子无权把天下给予他人。万章问：舜得天下，谁予之？孟子答：“天与之。”万章接着问：天是通过何种方式将天下给予舜呢？孟子答：天不言，天借助于行为与事实表达其意志。“天子能荐人于天，不能使天与之天下；诸侯能荐人于天子，不能使天子与之诸侯；大夫能荐人于诸侯，不能使诸侯与之大夫。昔者，尧荐舜于天，而天受之；暴之于民，而民受之；故曰，天不言，以行与事示之而已矣。”万章问：何以验证呢？孟子说：“使之主祭，而百神享之，是天受之；使之主事，而事治，百姓安之，是民受之也。天与之，人与之，故曰，天子不能以天下与人。舜相尧二十有八载，非人之所能为也，天也。尧崩，三年之丧毕，舜避尧之子于南河之南，天下诸侯朝觐者，不之尧之子而之舜；讼狱者，不之尧之子而之舜；讴歌者，不讴歌尧之子而讴歌舜，故曰，天也。夫然后之中国，践天子位焉。”师生之间的这段对话包涵了四层含义：其一，天是最高立法者，地上王权是天上神权的投射。其二，天子应当是道德高尚、万民敬慕的圣人。“孟轲认为‘天’所选的‘天子’必定都

① 冯友兰：《中国哲学史新编》第二册，人民出版社 1984 年版，第 65 页。
② 冯友兰：《中国哲学史新编》第二册，人民出版社 1984 年版，第 65 页。

是最有‘德’的人，即所谓‘圣人’。”[①] 其三，天意即民意，天心即民心，“天视自我民视，天听自我民听”。[②] 孟子在论证天是最高立法者的背后，实际上是在隐证人民才是真正最高立法者。禅让的本质是人民认可最高统治者，而非其他。其四，从上述逻辑思维路向出发，自然又可推导出以下结论：既然“得乎丘民为天子”，那么，失乎丘民自然可以被废黜。“公孙丑曰：‘伊尹曰：“予不狎于不顺”。放太甲于桐，民大悦。太甲贤，又反之，民大悦。贤者之为人臣也，其君不贤，则固可放与?’孟子曰：‘有伊尹之志，则可；无伊尹之志，则篡也’。”[③] 对于商汤放桀、伊尹放太甲和武王伐纣等义举，孟子都是大力肯定与宣扬。即使是“继世以有天下”之君，只要已失去民心，也应该坚定不移地废黜。

在社会政治伦理关系中推行“相责以善”，有赖于一个前提性条件的成立——重新论证君臣之间的政治关系，将君臣之间的关系定位为“友”。在西周时代，“友”和“朋友”的含义基本一致。童书业先生考证说：“‘朋’字在古书中有比也、类也、党也等义，‘善兄弟为友’，则‘朋友’古义为族人也。庄二十二年传：陈公子完奔齐，桓公使为卿，辞曰：‘诗云，翘翘车乘，招我以弓。岂不欲往，畏我友朋。’此‘友朋’亦族人之义，指陈国之同族而言。《毛公鼎铭》‘以乃族干吾王身’，《师（訇）（毁）铭》作‘以乃友干吾王身’，二器同时，可证‘朋友’古义为族人。”[④] “友”范畴在西周时代包涵两层涵义：其一，指谓亲缘关系；其二，表明对同族所承担的责任与义务。后一层涵义已经表明，“友”范畴实际上还是一个伦理学意义上的德目。《尔雅·释诂》：“友，亲也。”“友”作为一种伦理观念，是兄弟之间的一种道德观念，其原初意义上的适用范围仅限于同族兄弟之间。《仪礼·士冠礼》：“始加元服，兄弟具来。孝友时格，永乃保之。”郑玄注：“善父母为孝，善兄弟为友。”贾谊也说：“兄敬爱弟谓之友，反友为虐。”[⑤] 需注意的一点是，在西周时代，“孝”和“友”两个概念往往是连称、甚至

---

① 冯友兰：《中国哲学史新编》第二册，人民出版社 1984 年版，第 65 页。

② 《孟子·万章上》。

③ 《孟子·尽心上》。

④ 童书业：《春秋左传研究》，上海人民出版社 1980 年版，第 122 页。

⑤ 《新书·道术》。

于合二为一。[①] 孝是属概念，友是种概念，孝统摄友概念。友于朋友，也就是孝于朋友。《周礼·春官·大司乐》云：“以乐德教国子：中、和、祗、庸、孝、友。”此外，在西周时代，臣下效忠于君长，恪守其职，勤勉于政事，也可称为孝。邢侯簋：“……拜稽首，鲁天子‘(寽)(酬)厥濒福，克奔走上下，帝无终命于有周。’追考（孝），对不敢坠，邵朕福盟，朕臣天子。用册王命，作周公彝。”[②] 邢侯作器铸铭以称赞天子美德，表示要对天子“追考（孝）”，孝的具体内涵就是“克奔走上下”。关于这一点，文献资料也足资旁证。《尚书·酒诰》是周公对康叔的告诫之词，“奔走事厥考厥长”与“用孝养厥父母”性质相同。“长”应该是指君长或上级，“奔走事厥考厥长”就是指臣下尽心尽力、恪守其职，“兹乃允惟王正事之臣，兹亦惟天若元德，永不忘在王家”。办理具体事务的各级僚属应该各司其职，竭诚服务，这既是孝，也是友。正因为如此，《尚书·康诰》将“不孝不友”视为“元恶大憝”。从这一逻辑出发，西周初期发生的管蔡叛乱就是典型的“不孝不友”事件。“不友”就是“不孝”，“不友不孝”就是“不族”（叛族），因此对“三监”当然要“刑兹无赦”，对未卷入其中的人，可以“父子兄弟，罪不相及”[③]。此外，也有金文可作证明：

杜伯（盨）：“用享孝于皇申（神）、祖、考，于好朋友。”[④]

历鼎：“历肇对元德，考（孝）友隹井（型）。”[⑤]

由此可见，“友”范畴存在着一个在内涵与外延上由小到大、向外膨胀的逻辑演变过程。《大戴礼记·曾子制言》：“父母之仇，不与同生；兄弟之仇，不与聚国；朋友之仇，不与聚乡；族人之仇，不与聚邻。”朋友这一概念至迟在春秋中晚期已经从“族人”中分化、独立出来，王聘珍注：“同门曰朋，同志曰友”。由此可见，凡志同道合者皆为友。孟子社会政治思想中的“友”应当是“同志”之友，而非“友，亲也”之友，煞费苦心地将君臣关系论证为以德相交的“友”，表面上看似乎与西周时代的“孝友合一”

---

① 参见王慎行：《试论西周孝道观的形成及其特点》，《社会科学战线》1989 年第 1 期。

② 《三代吉金文存》6·54·2，中华书局 1983 年版。

③ 《尚书·大诰》。

④ 《三代吉金文存》10·40·3，中华书局 1983 年版。

⑤ 《三代吉金文存》3·45·1，中华书局 1983 年版。

趋近，因而出现了“返祖”现象。但是，孟子的真实目的是为其民本主义政治学说立论。胡适认为，“因为他把个人的人格，看得如此之重，因为他以为人性都是善的，所以他有一种平等主义”，并且评论说“孟子的政治学说很带有民权的意味”。[①] 梁启超也将孟子定位为民权主义者，主张统治者应以民意为进退，以顺从民心为标准。[②] 缘此，我们不妨将孟子思想置于民本主义语境中作一评估。中国古代社会存在着一种源远流长的社会思潮——民本主义。这种颇具人民性的社会思潮胎息于《尚书》、《左传》，发生于孔子，集成于孟子，中经董仲舒、阮籍、鲍敬言等人赓续，而后又在黄宗羲、顾炎武、康有为等人思想中发扬光大，并成为“近代中国人接受西方近代民主思想的基础和衔接点”。[③] 何谓民本主义或民本思想？梁启超将历史上的重民思想界定为“民本思想”[④]，韦政通认为古代民本思想包含六个层面的涵义：民为邦本；民意即天意；安民爱民；重视民意；民贵君轻；革命思想[⑤]。实际上，民本思想就是近代民主思想在古代社会的表现形式，随着近代以自由贸易、工业生产为代表的生产方式的出现，民本思想自然而然将过渡到民主思想。金耀基认为：“盖中国之政治，自秦汉以降，虽是一个君主专制的局面，但总因有浓厚的民本思想之影响，遂使君主专制的政治弊害得以减轻和纾解。”[⑥] 冯天瑜评价说：“到了近代……一些以施行民主政治为己任的先进中国人站在近代民主主义的高度，重新审度传统的民本学说，将其批判专制君王的言论阐扬为反君权思想；将其重视民力、民心、同情民众疾苦的言论阐扬为民权思想。……在这一意义上，民本学说可以看作中国传统文化与民主主义的结合点。”[⑦]

综上所述，孟子关于君臣“相责以善”的观念实际上是孔子、子思“谏君”思想合乎逻辑的推进，所不同的仅在于：孔子、子思将君臣关系定

① 胡适：《中国哲学史大纲》，东方出版社1996年版，第262—263页。
② 梁启超：《先秦政治思想史》，东方出版社1996年版，第26页。
③ 陈胜粦：《林则徐与鸦片战争论稿》，中山大学出版社1990年版，第594页。
④ 梁启超：《先秦政治思想史》，东方出版社1996年版，第2页。
⑤ 韦政通：《中国的智慧》，中国和平出版社1988年版，第31—32页。
⑥ 金耀基：《中国民本思想史》，台湾商务印书馆1993年版，第7页。
⑦ 冯天瑜：《中华元典精神》，上海人民出版社1994年版，第499页。

位于“道义”，孟子则将君臣关系论证为以德相交的“友”，泛伦理化的倾向有增无减。尤其值得一提的是，在家庭伦理层面上，儒家孝论演变至孟子出现了一些新的变化。孔子在法律文化层面上虽然也评议过“亲亲相隐”，但在家庭伦理层面上，孔子、曾子注重父子自然亲情，倡导子女人格平等，父义则从，父不义则谏，主张以义辅亲、“以正致谏”、“微谏不倦”，反对毫无原则地顺从父母尊长意志。荀子继而提出“从道不从君，从义不从父”，子女不可牺牲道义去无原则地迎合父母意志。虽然孟子一再申明：“乃所愿，则学孔子也”，但是，“父子之间不责善”这一命题由于转向于社会政治伦理原则，孟子孝论与孔子、曾子相比，显然已经有了一些新的变化。

第七章　天经地义：儒家孝论正当性的哲学论证

《孝经》在古代中国可谓家诵户弦、妇孺皆知，在塑造国民精神方面居功至伟。在中国古代孝论逻辑发展史上，《孝经》的意义体现在两个方面：其一，实现了家庭伦理与政治伦理的汇成；其二，以孔子、曾子为代表的原始儒家回答了“孝应该如何行”这一伦理学问题，弥足遗憾的是，孔子未能进一步从哲学高度探讨“孝何以可能?”值得注意的是，在儒家哲学史上，《孝经》开始自觉地从形而上高度回答“孝何以可能”这一关键问题，力图弥补儒家孝论思辨性不足的内在逻辑性缺欠。换言之，即从哲学与逻辑学意义上寻求儒家孝论存在的正当性。但是，《孝经》的这一哲学论证还是初步性的，基本完成这一哲学论证工作的是汉代董仲舒。董仲舒认为，人与物相比较，具有两大特点：一是偶天地，二是有伦理道德观念。伦理道德观念的产生并非是人类社会发展到一定阶段的精神产物，伦理道德观念源出于天。孝伦理观念是人之所以为人的根本所在，孝是“天生之”，是莱布尼茨意义上的“预定和谐”。孝是“天之道”的自我展现与自我运动，是“天”这一宇宙绝对法则在人类社会的外现。至此儒家孝论的思辨性增强了，逻辑性提高了，孝由一普通的伦理范畴上升为哲学范畴，儒家孝论基本实现了“形式上的系统”。朱熹在继承二程“天理”思想基础上，进一步从形而上高度为孝存在之正当性辩护。“理便是性”①，理是性存在的哲学依

① 黎靖德编：《朱子语类》卷二十，中华书局1994年版，第469页。

据，性是理的表现形式。孝与仁、义、礼、智等伦理道德观念作为一种“预定和谐”，先验性地包容于理本体之中，并因为理之先验存在而获得形而上证明。朱熹孝论思辨性比较强，系统性比较严密。在中国古典孝论的逻辑发展史上，朱熹孝论的出现标志着中国古代孝之哲学论证得到了进一步的深化。

一、“天之经、地之义”：《孝经》与儒家孝道正当性的初步论证

以孔子为代表的早期儒家孝论，全方位揭示了孝道的基本内涵，回答了“孝应当如何行?”但是，早期儒家的孝论也存在着一大理论缺陷：孔子没有回答孝存在正当性这一哲学问题。也就是说，他并未自觉地意识到应当从哲学高度论证孝何以可能？令人欣慰的是，《孝经》开始涉及这一问题，并且作了初步的哲学论证。《孝经·三才章》云：“曾子曰：‘甚哉，孝之大也!’子曰：‘夫孝，天之经也，地之义也，民之行也。天地之经，而民是则之。则天之明，因地之利，以顺天下。是以其教不肃而成，其政不严而治。先王见教之可以化民也，是故先之以博爱，而民莫遗其亲；陈之以德义，而民兴行。先之以敬让，而民不争；道之以礼乐，而民和睦；示之以好恶，而民知禁。’《诗》云：‘赫赫师尹，民具尔瞻’。”“夫孝，天之经也，地之义也”，是一结论性表述，中间的论证过程却付诸阙如。可喜的是，关于孝何以是“民之行”，《孝经·圣治章》作了初步探讨：“曾子曰：‘敢问圣人之德，无以加于孝乎?’子曰：‘天地之性，人为贵。人之行，莫大于孝。孝莫大于严父，严父莫大于配天，则周公其人也。昔者，周公郊祀后稷以配天，宗祀文王于明堂，以配上帝。是以四海之内，各以其职来祭。夫圣人之德，又何以加于孝乎？故亲生之膝下，以养父母日严。圣人因严以教敬，因亲以教爱。圣人之教，不肃而成，其政不严而治，其所因者本也。父子之道，天性也，君臣之义也。父母生之，续莫大焉。君亲临之，厚莫重焉。故不爱其亲而爱他人者，谓之悖德；不敬其亲而敬他人者，谓之悖礼。以顺则逆，民无则焉。不在于善，而皆在于凶德，虽得之，君子不贵也。君子则不然，言思可道，行思可乐，德义可尊，作事可法，容止可观，进退可

度，以临其民。是以其民畏而爱之，则而象之。故能成其德教，而行其政令。’”这段话有两点值得注意：其一，孝已取代仁概念上升为哲学最高概念和伦理学意义上总德目。在孔子儒家哲学逻辑性结构中，仁是哲学第一概念，孝是仁论思想体系的内涵之一，是仁这一总德目下的小德目。《圣治章》显然已不代表孔子思想，可能是战国时代儒家的作品。其二，孝是人之本性，以孝治天下是循人之天性而行的社会化体现。先秦时代的大多数哲学家都把自己的思想体系“大厦”建立在人性论基石之上。譬如，孟子的“不忍人之政”建基于“不忍人之心”之上，“道性善”是“仁政”的哲学根据。在思维方式上，《孝经》显然也沿袭了这一做法。在“孝是人之本性”命题前提下，进而可以推导出两点：一是孝为价值理性，价值理性是“某一价值体系之内各种行动信条的合理状态，以及行动者依从某一价值体系的所作所为的合理状态”。[①] 二是以孝治天下获得了形而上的证明。“昔者明王之以孝治天下也，不敢遗小国之臣，而况于公、侯、伯、子、男乎？故得万国之欢心，以事其先王。治国者，不敢侮于鳏寡，而况于士民乎？故得百姓之欢心，以事其先君。治家者，不敢失于臣妾，而况于妻子乎？故得人之欢心，以事其亲。夫然，故生则亲安之，祭则鬼享之，是以天下和平，灾害不生，祸乱不作。故明王之以孝治天下也如此。”[②] 孝既然是宇宙间根本大法，自然也就是人类社会的根本法则。遵循了这一价值理性，就可导致“天下和平，灾害不生，祸乱不作”。在这种论证过程中，已经显露出了一丝天人感应的端倪。

如果说“人之行”是从人性论角度论证孝道存在的正当性，那么，《孝经·五行章》则是从社会法律制度层面论证其正当性：“子曰：‘五刑之属三千，而罪莫大于不孝。要君者无上，非圣者无法，非孝者无亲。此大乱之道也。’”“五刑之属三千”源出于《尚书·吕刑》：“墨罚之属千，劓罚之属千，腓罚之属五百，宫罚之属三百，大辟之罚二百，五刑之属三千。”在应当处以五种刑法的3000条罪行中，最严重的罪行是不孝。在现代人看来

① 参见张德胜等：《论中庸理性：工具理性、价值理性和沟通理性之外》，《社会学研究》2001年第2期。

② 《孝经·孝治章》。

仅仅涉及刑法与民法的不孝罪，在古代中国却被视为“大乱之道”。既然如此，孝存在之合法性与正当性也就成立了。

二、以天论孝：董仲舒与儒家孝道正当性哲学论证的基本完成

《孝经》虽然已经开始对儒家孝道存在正当性进行论证，但这种哲学论证还是初步性的，基本完成这一哲学论证工作的是汉代董仲舒。董仲舒认为，人与物相比较，具有两大特点：一是偶天地，二是具有道德观念。在他看来，伦理道德观念的产生并非是人类社会发展到一定阶段的精神产物，伦理道德观念源出于天：“何谓本？曰：天地人，万物之本也。天生之，地养之，人成之。天生之以孝悌，地养之以衣食，人成之以礼乐，三者相为手足，合以成体，不可一无也。无孝悌则亡其所以生，无衣食则亡其所以养，无礼乐，则亡其所以成也。”[①] 孝等伦理观念是人之所以为人的根本所在，孝是“天生之”，是莱布尼茨哲学意义上的“预定和谐”。董仲舒在《立元神》一文中从正反两方面论述“崇本”的重要性：“举显孝悌，表异孝行，所以奉天本也。秉耒躬耕，採桑亲蚕，垦草殖谷，开辟以足衣食，所以奉地本也。立辟雍庠序，修孝悌敬让，明以教化，感以礼乐，所以奉人本也。”天本之孝与人本之孝似乎有重复雷同之处，其实不然。天本之孝旨在彰显孝的形而上根据，人本之孝在于说明人类社会应该将这种先在性的孝发扬光大。不仅如此，人的喜怒哀乐性情也是源于天：“为生不能为人，为人者天也。人之人本于天，天亦人之曾祖父也。此人之所以乃上类天也。人之形体，化天数而成；人之血气，化天志而仁；人之德行，化天理而义；人之好恶，化天之暖清；人之喜怒，化天之寒暑；人之受命，化天之四时。人生有喜怒哀乐之答，春秋冬夏之类也。喜，春之答也；怒，秋之答也；乐，夏之答也；哀，冬之答也。天之副在于人。人之情性有由天者矣。”[②] 如果说“人之德行”源自“天理”，由此而来衍生的一个问题是：孝由“天生”如

① 《春秋繁露·立元神》。

② 《春秋繁露·为人者天》。

何可能？董仲舒从阴阳与五行理论两个方面进行了论证：

1. 阴阳理论。阴，《说文解字》云："暗也，水之南山之北也。"徐锴《说文解字系传》云："山北水南，日所不及。"阳，《说文解字》云："高明也"，刘熙《释名·释山》："山东曰朝阳，山西曰夕阳，随日所照而名之也。"由此可知，阴与阳本意是指日之向背，并无任何哲学意蕴。梁启超先生撰有《阴阳五行说之来历》一文，考证了《诗》、《书》、《仪礼》、《易》四经中有阴、阳二字的文字及其含义。他发现《仪礼》中未出现"阴"、"阳"二字；《诗》中言"阴"者八处，言"阳"者14处，言"阴阳"者一处；《书》中言"阴"、言"阳"者各三处；而《易》中仅"中孚"卦九二爻辞中有一"阴"字。他认为这些典籍中"所谓阴阳者，不过自然界中一种粗浅微末之现象，绝不含何等深邃之意义"。[①] 迨至西周，阴阳开始作为对偶概念出现于典籍中。周太史伯阳父论地震"阳伏而不能出，阴迫而不能蒸"，此处之阴阳已非"自然界中一种粗浅微末之现象"，而是一解释自然和社会现象的哲学范畴。人们把宇宙间一切对立的现象，如天地、昼夜、炎凉、男女、上下、胜负等抽绎为阴与阳，是从个别的、具体的物体中抽象出来的一般性质，是理性认识的对象。除此之外，《国语》、《左传》中还有不少与"阴阳"观念有关的记载。譬如：

"于是乎气无滞阴，亦无散阳。阴阳序次，风雨时至；嘉生繁祉，人民和利；物备乐成，上下不罢，故曰'乐正'。"[②]

"故天无伏阴，地无散阳，水无沈气，火无灾燀；神无闲行，民无淫心；时无逆数，物无害生。"[③]

"天道皇皇，日月以为常。明者以为法，微者则是行。阳至而阴，阴至而阳；日困而还，月盈而匡。"[④]

"因阴阳之恒，顺天地之常。"[⑤]

---

① 梁启超：《阴阳五行说之来历》，《古史辨》第五册，上海古籍出版社1982年版。

② 《国语·周语下》。

③ 《国语·周语下》。

④ 《国语·越语下》。

⑤ 《国语·越语下》。

“古之善用兵者，因天地之常，与之俱行。后则用阴，先则用阳。”①

《国语》、《左传》中出现的“阴阳”，已是比较成熟的阴阳思想。我们借此可以推断，带有哲学含义的阴阳观念至迟在西周末年已经萌生。在阴阳理论的逻辑演变过程中，《易传》起着一个比较特殊的作用。《易传》以阴阳气论解读《周易》，进而探讨宇宙生成及其运动变化内在规律，进而提出“一阴一阳之谓道”命题。援阴阳入易学，《周易》由此在体系上圆通而具理性。《庄子·天下》篇在论述六家要旨时说：“易以道阴阳。”司马迁在《史记》中又说：“易以道论。”《易传》则说：“生生之谓易”，“观变于阴阳而立卦”。几位先哲都强调《周易》是以阴阳之道，解释宇宙世界的规律和本质。董仲舒进而用阴阳学说来阐释伦理道德观念的正当性与合法性。“王道之三纲，可求于天。”②“三纲”概念由来已久，有的学者认为“三纲”思想可上溯至《韩非子》。《韩非子·忠孝》云：“臣之所闻曰：‘臣事君，子事父，妻事夫，三者顺则天下治，三者逆则天下乱，此天下之常道也。’”这一观点可能是一误读，董仲舒的“三纲”思想的源头应当是孔子所言“君君、臣臣、父父、子子”，君臣、父子皆应循“道”，此处之道也就是天道。《白虎通·纲纪》篇从阴阳学说角度对董仲舒的“三纲”作了解释，这一诠释与孔子和董仲舒思想在逻辑上是贯通无碍的，“君臣、父子、夫妇，六人也，所以称三纲何？一阴一阳谓之道，阳得阴而成，阴得阳而序，刚柔相配，故六人为三纲”。董仲舒认为，阴阳之道包含两个方面的内涵：

其一，阴阳相合。“凡物必有合。合，必有上，必有下，必有左，必有右，必有前，必有后，必有表，必有里。有美必有恶，有顺必有逆，有喜必有怒，有寒必有暑，有昼必有夜，此皆其合也。阴者阳之合，妻者夫之合，子者父之合，臣者君之合，物莫无合，而合各有阴阳。”③“合”即对偶，《春秋繁露·楚庄王》云：“百物必有合偶”。父子之合源自阴阳之合，“合”意味着亘古不移和互为前提，父子关系由此获得了存在神圣性。

其二，阴阳相兼。“阳兼于阴，阴兼于阳，夫兼于妻，妻兼于夫，父兼

① 《国语·越语下》。

② 《春秋繁露·基义》。

③ 《春秋繁露·基义》。

于子，子兼于父，君兼于臣，臣兼于君。君臣、父子、夫妇之义，皆取诸阴阳之道。”[①] 阴阳之气无所不在，阴阳之道无所不摄。父子之义出自阴阳之道，阴阳不可易，父子之义也不可易。既然如此，以表征父子伦理关系为代表的孝等伦理道德体系，从而也就获得了形而上的证明。

2. 五行理论。五行生克理论可能早在春秋时代就已经出现。值得注意的是，董仲舒思想体系中的五行学说与众不同。首先，五行的排列次序不同。《尚书·洪范》篇为一水、二火、三木、四金、五土，《素问》、《淮南子》五行排序与《尚书》雷同。但是，董仲舒将五行排列为：一木、二火、三土、四金、五水。其次，董仲舒别出心裁地构建了“五行相生”和“五行相受”理论。五行相生为：“木，五行之始也；水，五行之终也；土，五行之中也。此其天次之序也。木生火，火生土，土生金，金生水，水生木，此其父子也。”[②] 五行相受为：“木居左，金居右，火居前，水居后，土居中央，此其父子之序，相受而布。是故木受水，而火受木，土受火，金受土，水受金也。诸授之者，皆其父也；受之者，皆其子也。常因其父以使其子，天之道也。”[③] 五行并不单纯地指谓宇宙生成论意义上的五种元素，实际上它还蕴涵更多的人文象征。五行就是五种德行，而且这些德行是先在性的。“故五行者，乃孝子忠臣之行也。五行之为言也，犹五行与?”[④] 具体就父子关系而言，孝存在的合法性何在呢?《孝经》曾经说“夫孝，天之经，地之义”，但是《孝经》并未具体论证孝何以是“天之经，地之义”。董仲舒对这一问题作了形而上阐述，这是儒家孝论逻辑进程上的一大跃进：“河间献王问温城董君曰：‘《孝经》曰：“夫孝，天之经，地之义”，何谓也?’对曰：‘天有五行，木火土金水是也。木生火，火生土，土生金，金生水。水为冬，金为秋，土为季夏，火为夏，木为春。春主生，夏主长，季夏主养，秋主收，冬主藏。藏，冬之所成也。是故父之所生，其子长之；父之所长，其子养之；父之所养，其子成之。诸父所为，其子皆奉承而续行之，不敢不致如父之意，尽为人之道也。故五行者，五行也。由此观之，父授之，子受

① 《春秋繁露·基义》。
② 《春秋繁露·五行之义》。
③ 《春秋繁露·五行之义》。
④ 《春秋繁露·五行之义》。

之，乃天之道也。故曰：夫孝者，天之经也。此之谓也。'"[①] 董仲舒从阴阳五行、天人感应哲学出发，认为五行理论中蕴涵父子之道。换言之，父子之道出自五行相生理论。所以五行又可称为“五行”，即五种德行。何谓“地之义”？董仲舒解释说：“地出云为雨，起气为风。风雨者，地之所为。地不敢有其功名，必上之于天。命若从天气者，故曰天风天雨也，莫曰地风地雨也。勤劳在地，名一归于天。非至有义，其孰能行此？故下事上，如地事天也，可谓大忠矣。土者，火之子也。五行莫贵于土。土之于四时无所命者，不与火分功名。……忠臣之义，孝子之行，取之土。……此谓孝者地之义也。”[②] 土是火之子，土生万物而不争功，将功名归之于天。土有忠孝之德，所以“孝子之行”源自土德。从这些论述中，我们不难看出董仲舒的证明多少有点倒果为因、循环论证，但是，力图从形而上高度论证孝存在之正当性，却是董仲舒非常明确的奋斗目标。而且因循董仲舒这一思维模式，父子之间的诸多伦理规范可以得到圆融无碍的诠释：

子女为何要孝敬父母？“法夏养长木，此火养母也。”[③]

父子之间为何要相隐？“法木之藏火也。”[④]

子女为何应谏亲？“子之谏父，法火以揉木也。”[⑤]

子为何应顺于父？“法地顺天也。”[⑥]

主幼臣摄政，何法？“法土用事于季孟之间也。”[⑦]

汉以孝治天下，何法？“臣闻之于师曰：‘汉为火德，火生于木，木盛于火，故其德为孝，其象在《周易》之《离》’。夫在地为火，在天为日。在天者用其精，在地者用其形。夏则火王，其精在天，温暖之气，养生百木，是其孝也。冬时则废，其形在地，酷热之气，焚烧山林，是其不孝也。故汉制使天下诵《孝经》，选吏举孝廉。”[⑧]

---

① 《春秋繁露·五行对》。
② 《春秋繁露·五行对》。
③ 《白虎通·五行》。
④ 《白虎通·五行》。
⑤ 《白虎通·谏诤》。
⑥ 《白虎通·五行》。
⑦ 《白虎通·五行》。
⑧ 《后汉书·荀爽传》。

既然以孝为代表的伦理道德观念起源于天，是“天之道”在人类社会的外现。那么，如何协调天人之道，人之道如何遵循天之道而行，就成为人类自身必须正确认识与处理的现实问题。董仲舒在《治水五行》与《五行变救》中探索了这些问题，他认为，在“土用事”的72天中，人事应该循土德而行，“土用事，则养长老，存幼孤，矜寡独，赐孝弟，施恩泽，无兴土功”。[①] 实际上，在伦理道德层面，“法天而行”已不再是一个“是否可能”的哲学认识论问题，而是一个形而下的、势在必行的社会现实问题。按照董仲舒天人感应的宇宙模式理论，地震、水雹之灾，日月之食从来就不是一个单纯的自然现象，而是赋予了众多的人文意义。譬如，假若狂风暴雨不止，五谷不收，原因在于“不信仁贤，不敬父兄，淫泆无度，宫室荣”。[②] 诸如此类的自然灾害是天之“谴告”，是“天”以它独具一格的形式警告人类。因此，如何改弦更张，使人之道完整无损地循天之道而行，成为人们自我救赎的唯一出路：“救之者，省宫室，去雕文，举孝悌，恤黎元。”[③]

通过反反复复的“找”（冯友兰语），我们终于发现了深藏于儒家孝论背后的逻辑线索，也就是冯友兰所说的“恢复一条龙出来”[④]：以孔子儒家为代表的原始儒家探究了“孝应如何行”，却未回答“孝何以可能”这一更加深刻性问题，也就是孝论存在正当性问题。《孝经》与《春秋繁露》先后从天人关系的层面上，将“孝”论证为“天之道”的自我展现与自我运动，是“天”这一宇宙绝对法则在人类社会的外现。儒家孝论的思辨性增强了，逻辑性提高了，孝由一普通的伦理范畴上升为哲学范畴，儒家孝论基本上实现了“实质上的系统”。当然，这种哲学论证与西方哲学的本体论有所区别。其间的原因与中国哲学特殊的形态与思想方法有直接的关联：其一，在西方哲学形态中，经验世界与逻辑世界出现两离性特点。中国哲学中的经验世界和逻辑世界往往是纠缠在一起的，从来没有完全剥离。其二，从寻求本原的Cosmology（宇宙论）发展到直接思考“是”的Ontology（本体论），古希腊哲学在探究世界本原的方法论上发生了一个巨大的转折，即从对可感世

① 《春秋繁露·治水五行》。
② 《春秋繁露·五行变救》。
③ 《春秋繁露·五行变救》。
④ 参见冯友兰：《中国哲学史新编》第一册“全书绪论”，人民出版社1982年版。

界的经验归纳中寻求世界本质上"是"什么，发展到从思维的逻辑规则中去寻找世界本质上"是"什么。中国传统哲学始终未发生这种哲学大转折，也始终未培育出注重逻辑论证的哲学传统。尽管先秦时代存在着些许注重逻辑论证的"火花"，但是到秦汉之后就湮灭无闻。[①]

此外，我们也应清醒地看到，汉代儒家孝论在实现体系化与哲学化的同时，也与孔子原始儒家孝论产生了深刻的矛盾。孔子原始儒家的孝论有三大特点：其一，注重自然亲情，反对"养口体之孝"；其二，在家庭伦理层面上，主张以义辅亲、以正致谏，反对毫无原则立场地顺从父母尊长；其三，父子之间人格平等。从秦汉开始，儒家孝论发生了重大变化。为配合国家建构意识形态的政治需要，忠孝合一、"移孝作忠"。原始儒家所坚持的"以义辅亲"原则萎缩了，父子人格平等与独立的终极关怀夭亡了。代之而起的是子女对父母尊长绝对无条件的顺从，顺从即孝。伦理政治化，"古人谓忠孝不两全，恩义有相夺，非至论也。忠孝，恩义，一理也。不忠则非孝，无恩则无义，并行而不相悖"。[②] 在一定意义上，儒家在秦汉时代已经被"集体谋杀"。真儒家销声匿迹，假儒家横行于世。在清末的反传统社会思潮中，梁启超曾经提出过"三不足"之说，其中一项"不足"就是"文化根本上感觉不足"，五四新文化运动应运而生。在五四新文化运动中产生的"孔丘革命"、"三纲革命"、"打倒孔家店"、"打破礼教"等诉求与行动，实际上颠覆的是代表意识形态的假儒家、假儒学。在当下全球普遍伦理的实现是否可能的语境中，如何辨别真儒家与假儒家，如何"抽象继承"儒家

---

① 从《孝经》与《春秋繁露》对孝论所作的全方位论证中，我们似乎感觉到儒家孝论与西方文化中的"自然法"思想有些相映成趣之处。"自然法"理论是西方自古希腊以来一直探讨的法律文化现象。尽管亚里士多德、阿奎那、格老秀斯、斯宾诺莎、洛克与孟德斯鸠等人对自然法的界说不尽相同，但自然法总的说来有四大特征：其一，自然法是人类所共有的权利或正义体系。其二，自然法是具有最高效力的法。自然法有别于人定法、实在法，自然法是不成文的，人定法、实在法是一个国家或组织制定的法。其三，自然法是永恒的、普遍适用的法。自然法是基于人性的道德法，是从人性或人的本质中产生的有关人类的合适而正当行为的规则或理想秩序。其四，自然法是至上性的法。自然法超越历史、超越人类。儒家的孝论至少在表面上与西方的自然法哲学思想存在着颇多的相近之处。譬如，西塞罗把自然法的内涵概括为：孝敬父母、恭敬尊长、尽忠报国、知恩图报，概言之，就是"忠诚"二字。但是，我们应清醒地意识到儒家孝论与西方自然法的相近是表面现象，其间隐藏着巨大的文化性差异，这种文化差异又集中体现为两种哲学与文化形态在本质上和叙事模式上的区别。

② 程颢、程颐：《河南程氏文集》卷八，《二程集》，中华书局2004年版，第585页。

哲学，并期于在实现全球普遍伦理的视域融合中追求中国本土文化的“充分世界化”，已是摆在当今国人面前的一个现实课题。

三、以理论孝：朱熹孝论的哲学意义

朱熹所创建的“朱子学”，既是对先秦儒学的继承，又是对禅学思想的发挥。朱子学在元明清时代一直具有蓬勃的生命活力，并且对日本、朝鲜哲学产生了深远的影响。如前所述，以孔子儒家为代表的原始儒家探讨了“孝应该如何行”，却未回答“孝何以可能”这一更加关键性难题，也就是孝存在的正当性问题。《孝经》与《春秋繁露》先后从天人关系的层面上，将“孝”论证为“天之道”的自我展现与自我运动，是“天”这一宇宙绝对法则在人类社会的显现。朱熹起而踵之，在“理”形而上高度为孝存在之正当性继续辩护。在朱熹哲学体系中，“理便是性”，“盖仁，性也，性只是理而已”。[①] 理是性存在的哲学依据，性是理的表现形式。孝、仁、义、礼、智等伦理道德观念作为“预定和谐”，先验性地包容于理本体之中，并因为理之先验存在而获得形而上证明。朱熹孝论思辨性比较强，系统性比较严密。在中国古典孝论的逻辑发展史上，朱熹孝论的出现标志着中国古代孝之哲学论证得到了进一步的深化。

（一）“宇宙之间一理而已”

朱熹理学的源头是二程的天理哲学。在二程思想体系中，理、天和天理是同一概念。“万物皆只是一个天理。”[②] “天者，理也，神者妙万物而为言者也。”[③] “天为万物之祖”，“天道始万物，物资始于天也”[④]。天是宇宙万物之始基，以天为理，理因而具有宇宙本体之意义。“上天之载，无声无臭之可闻，其体则谓之易，其理则谓之道，其命在人则谓之性，其用无穷则谓

① 黎靖德编：《朱子语类》卷二十，中华书局 1994 年版，第 464 页。

② 程颢、程颐：《河南程氏遗书》卷二上，《二程集》，中华书局 2004 年版，第 30 页。

③ 程颢、程颐：《河南程氏遗书》卷十一，《二程集》，中华书局 2004 年版，第 132 页。

④ 程颐：《周易程氏传》卷一，《二程集》，中华书局 2004 年版，第 697 页。

之神，一而已矣。"[①] 道、天与理并称，天理是独立于人的非经验性实有，是万物存在之依据。"天理云者，这一个道理，更有甚穷已？不为尧存，不为桀亡。人得之者，故大行不加，穷居不损。这上头来，更怎生说得存亡加减？是它元无少欠，百理具备。"[②] 天理自身自在自为，圆满自足，了无亏欠，不加不损，"所以谓万物一体者，皆有此理，只为从那里来。"[③] 在宇宙论意义上，先有理后有物，有理方有物，"实有是理，乃有是物"。[④] 二程将天理独立于经验世界之上，成为万物之本体。二程天理思想虽受到佛教和禅宗影响，"天理"二字也非由二程最早提出[⑤]，但把"天理"提升至哲学最高概念和宇宙本体高度，却是二程的发明。这正如程颢所言："吾学虽有所受，天理二字却是自家体贴出来。"[⑥] "自家体贴出来"的"天理"是哲学本体意义上的概念，而非伦理学意义上的概念。陈淳对"天理"的诠释非常深刻："理无形状，如何见得？只是事物上一个当然之则便是理。'则'是准则、法则，有个确定不易底意。只是事物上正当合做处便是'当然'，即这恰好，无过些，亦无不及些，便是'则'。……理与性字对说，理乃是在物之理，性乃是在我之理。在物底便是天地人物公共底道理，在我底乃是此理已具，得为我所有者。"[⑦] 理是合物、人而言，性是专就天理在人而言。"天理"是天地万物的"当然之则"，这一"当然之则"具有"确定不易"之特性。

在朱熹哲学逻辑结构中，理同样是最高范畴。朱子以理为核心，建构起了中国哲学史上系统而周密的理本论哲学。他认为，理是哲学"第一概念"，是宇宙本根，是天、地、物存在之哲学依据。"宇宙之间，一理而已。天得之而为天，地得之而为地。而凡生于天地之间者，又各得之以为性。其张之为三纲，其纪之为五常，盖皆此理之流行，无所适而不在。"[⑧] "天地之

① 程颢、程颐：《河南程氏粹言》卷二，《二程集》，中华书局2004年版。
② 程颢、程颐：《河南程氏遗书》卷二上，《二程集》，中华书局2004年版，第31页。
③ 程颢、程颐：《河南程氏遗书》卷二上，《二程集》，中华书局2004年版，第33页。
④ 《中庸解》，《河南程氏经说》卷八，《二程集》，中华书局2004年版。
⑤ "天理"一词最早出现于《礼记·乐记》，但汉唐诸儒对之均不甚重视。
⑥ 程颢、程颐：《河南程氏外书》卷十二，《二程集》，中华书局2004年版，第424页。
⑦ 陈淳：《北溪字义》卷下《理》，中华书局1983年版，第42页。
⑧ 朱熹：《读大纪》，《朱熹集》卷七十，四川教育出版社1996年版。

间，有理有气。理也者，形而上之道也，生物之本也。气也者，形而下之器也，生物之具也。是以人物之生，必禀此理然后有性，必禀此气然后有形。”[①] 理是“形而上之道”，是世界统一性意义上超越时空之“生物之本”。在朱熹哲学思想中，理、天理、天、太极在宇宙论层面是同一概念：“天固是理，然苍苍者亦是天，在上而有主宰者亦是天，各随他所说。今既曰视听，理又如何会视听？虽说不同，又却只是一个。知其同，不妨其为异；知其异，不害其为同。”[②] “太极只是一个‘理’字”，“若无太极，便不翻了天地！”[③] 天范畴有两种义项：苍苍之天是自然之天，主宰之天是义理之天，义理之天主宰苍苍之天，因此天与天理、理、太极范畴同义。“天理自然，各有定体。”[④] 天理自然，是指天理具有客观性和先在性，“非人所能为”。天地万象是天理本质之澄现，从这一意义上讲，天理具有“诚”之属性。“诚是实理，自然不假修为者也。”“诚是天理之实然，更无纤毫作为。”[⑤] “修为”、“作为”皆指人之意志和行为，天理自然，因而真实无妄。

除了“诚”之外，“天理”的另一个特点是“无形”。程颐尝言：“理无形也，故因象以明理。理见乎辞矣，则可由辞以观象。”[⑥] 在逻辑上，无形之理存在于有形有象的事物之先；在经验世界中，无形之理隐伏于有形事物之中。朱熹“理无形”思想是对二程哲学的继承与发挥。朱熹“理无形”存在四个认识向度：

其一，“理无形体”。理无形无象，不是经验认识之对象，不具有物的具体规定性。陈淳问：“昨谓未有天地之先，毕竟是先有理，如何？”朱熹答：“未有天地之先，毕竟也只是理。有此理，便有此天地；若无此理，便亦无天地，无人无物，都无该载了！有理，便有气流行，发育万物。”陈淳又问：“发育是理发育之否？”朱熹答：“有此理，便有此气流行发育。理无形体。”“理未尝离乎气。然理形而上者，气形而下者。自形而上下言，岂

---

① 朱熹：《答黄道夫》，《朱熹集》卷五十八，四川教育出版社 1996 年版，第 2947 页。
② 黎靖德编：《朱子语类》卷七十九，中华书局 1994 年版，第 2039 页。
③ 黎靖德编：《朱子语类》卷一，中华书局 1994 年版，第 2 页。
④ 朱熹：《答柯国材》，《朱熹集》卷三十九，四川教育出版社 1996 年版，第 1763 页。
⑤ 黎靖德编：《朱子语类》卷六十四，中华书局 1994 年版，第 1563 页。
⑥ 程颢、程颐：《河南程氏遗书》卷二十一，《二程集》，中华书局 2004 年版，第 271 页。

无先后！理无形，气便粗，有渣滓。”[①] 陈淳“发育是理发育之否”是画龙点睛之问，既然只是“气流行发育”，说明理无“流行发育”过程。如果承认理有“流行发育”过程，意味着理与气合一，理也具有质料之特性。因此，朱熹明确指出只是“气流行发育”，理是“形而上”，理不仅是逻辑在先，也是时间在先。

其二，理“是个净洁空阔底世界”，无形之理通过有形之物得以彰显，二者体用一源，显微无间。程颢尝言：“道之外无物，物之外无道，是天地之间无适而非道也。”[②] 朱熹对此有所阐发：“然以意度之，则疑此气是依傍这理行。及此气之聚，则理亦在焉。盖气则能凝结造作，理却无情意，无计度，无造作。只此气凝聚处，理便在其中。且如天地间人物草木禽兽，其生也，莫不有种，定不会无种子白地生出一个物事，这个都是气。若理，则只是个净洁空阔底世界，无形迹，他却不会造作；气则能酝酿凝聚生物也。但有此气，则理便在其中。”[③] “‘至微者，理也；至著者，象也。体用一原，显微无间’。盖自理而言，则即体而用在其中，所谓一原也。自象而言，则即显而微不能外，所谓无间也。”[④] 理与气虽有体用之分，但显微同体，体用一原，互不相外。形上之理不能孤立地存在，理“挂搭”于形器之中，通过有形之物来证明自身的先在性。

其三，理为物之理，即事事物物的道理、法则、规律。二程尝言：“物理最好玩。”[⑤] 在朱熹哲学逻辑结构中，理蕴涵道理、规律之义，自有其哲学考虑。“‘理如一把线相似，有条理，如这竹篮子相似。’指其上行篾曰：‘一条子恁地去。’又别指一条曰：‘一条恁地去。又如竹木之文理相似，直是一般理，横是一般理。有心，便存得许多理。’”“理是有条瓣，逐一路子，以各有条，谓之理；人所共由，谓之道。”理的原义是纹理，后引申为事物之条理。“只是这个理，分做四段，又分做八段，又细碎分将去。”[⑥] 认

① 黎靖德：《朱子语类》卷一，中华书局 1994 年版，第 3 页。

② 朱熹：《近思录》卷十三，《朱子全书》第十三册，上海古籍出版社、安徽教育出版社 2003 年版，第 277 页。

③ 黎靖德：《朱子语类》卷一，中华书局 1994 年版，第 3 页。

④ 朱熹：《答汪尚书》，《朱熹集》卷三十，四川教育出版社 1996 年版，第 1280 页。

⑤ 程颢、程颐：《河南程氏遗书》卷二上，《二程集》，中华书局 2004 年版，第 39 页。

⑥ 黎靖德编：《朱子语类》卷六，中华书局 1994 年版，第 100 页。

识一草一木，贵在识其道理："上而无极、太极，下而至于一草、一木、一昆虫之微，亦各有理。一书不读，则阙了一书道理；一事不穷，则阙了一事道理；一物不格则阙了一物道理。须著逐一件与他理会过。"[①] 程颐说："天下更无性外之物"[②]，朱熹继而说："天下无性外之物"[③]，程颐、朱熹都主张理在万事万物中，"阶砖便有砖之理"，"竹椅便有竹椅之理"。[④] "且如这个扇子，此物也，便有个扇子底道理。扇子是如此做，合当如此用，此便是形而上之理。天地中间，上是天，下是地，中间有许多日月星辰，山川草木，人物禽兽，此皆形而下之器也。然这形而下之器之中，便各自有个道理，此便是形而上之道。"[⑤] 朱熹进而认为，事物之理只可顺应不可背离。"花瓶便有花瓶底道理，书灯便有书灯底道理。水之润下，火之炎上，金之从革，木之曲直，土之稼穑，一一都有性，都有理。人若用之，又著顺它理，始得。若把金来削做木用，把木来镕做金用，便无此理。"[⑥] 物物皆有理，理是具体的、特殊的。缘此，需厘清的一点是：宇宙论意义上的"理"与事物规律之"理"是一种什么逻辑关系？两者是否形成逻辑上的矛盾关系？在朱熹看来，本体之理与规律之理的区别在于：本体之理只有一个，规律之理则随物而异；本体之理是有理才有物，规律之理是有物则有理。"先生答黄商伯书有云：'论万物之一原，则理同而气异；观万物之异体，则气犹相近，而理绝不同。'问：'理同而气异'，此一句是说方付与万物之初，以其天命流行，只是一般，故理同；以其二五之气有清浊纯驳，故气异。下句是就万物已得之后说，以其虽有清浊之不同，而同此二五之气，故气相近；以其昏明开塞之甚远，故理绝不同。"[⑦] "理同而气异"之理是宇宙论层面之理，山川河流、人类动植，物类虽殊，都以理为存在之终极根据，此理圆满自足，无有"空阙不满之处"[⑧]；后一个"理"是"万物已得之肝"之

① 黎靖德编：《朱子语类》卷十五，中华书局 1994 年版，第 295 页。
② 程颢、程颐：《河南程氏遗书》卷十八，《二程集》，中华书局 1994 年版，第 204 页。
③ 黎靖德编：《朱子语类》卷四，中华书局 1994 年版，第 61 页。
④ 黎靖德编：《朱子语类》卷四，中华书局 1994 年版，第 61 页。
⑤ 黎靖德编：《朱子语类》卷六十二，中华书局 1994 年版，第 1496 页。
⑥ 黎靖德编：《朱子语类》卷九十七，中华书局 1994 年版，第 2484 页。
⑦ 黎靖德编：《朱子语类》卷四，中华书局 1994 年版，第 57 页。
⑧ 朱熹：《答余方叔》，《朱熹集》卷五十九，四川教育出版社 1996 年版，第 3067 页。

理，是“规律”、“法则”之理，理存在于特殊的、具体的事物之中，物不同所以理有异。“人物之生，天赋之以此理，未尝不同，但人物之禀受自有异耳。如一江水，你将杓去取，只得一杓；将碗去取，只得一碗；至于一桶一缸，各自随器量不同，故理亦随以异。”[①]“天赋之以理”之“理”为本体之理，“故理亦随以异”之理为条理之理。人与万物由理而化生，此理为一、为本、为体；人物之生因气禀不同而有异，具体事物之理随物不同而有异，此理是规律之理。本体之理与规律之理的关系，如同本体之理与伦理之理的关系，彼此之间是全体与局部的关系，是属概念与种概念之间的关系，是圆满自足的“一”与异彩纷呈的“分”之间的关系。“夫格物者，穷理之谓也。盖有是物，必有是理，然理无形而难知，物有迹而易睹，故因是物以求之，使是理瞭然心目之间而无毫发之差，则应乎事者自无毫发之缪。”[②]理无形迹，超越时空而自在自为；物有形迹，通过物之理就能认识完满的本体之理。

其四，在知识论视域，人类认识世界的目的在于“格物致知”。“格物致知”本出自《礼记·大学》：“致知在格物，物格而后知至。”何谓“格物致知”？程颐诠释说：“格犹穷也，物犹理也，犹曰穷其理而已也。穷其理，然后足以致之，不穷则不能致也。”[③]朱熹又云：“格物者，格，尽也，须是穷尽事物之理。若是穷得三两分，便未是格物。须是穷尽得到十分，方是格物。”[④]由此可见，朱熹“格物致知”思想源自二程，二程主张格物而致理。“穷物理者，穷其所以然也。”“无物无理，惟格物可以尽理。”[⑤]二程“格物致知”与王阳明心学有所区别，王阳明心学认为理不在外，理在心中，向内格物才能“致良知”；二程认为理客观存在于外在事物中，人类通过主体认识有可能把握理之本质，格物就能穷理。“观物理以察己，既能烛理，则无往而不识。天下物皆可以理照，有物必有则，一物须有一理。”[⑥]

---

① 黎靖德编：《朱子语类》卷四，中华书局 1994 年版，第 58 页。
② 朱熹：《癸未垂拱奏劄一》，《朱熹集》卷十三，四川教育出版社 1996 年版第 505 页。
③ 程颢、程颐：《河南程氏遗书》卷二十五，《二程集》，中华书局 2004 年版，第 316 页。
④ 黎靖德编：《朱子语类》卷十五，中华书局 1994 年版，第 283 页。
⑤ 程颢、程颐：《人物篇》，《河南程氏粹言》卷二，《二程集》，中华书局 2004 年版，第 1267 页。
⑥ 程颢、程颐：《河南程氏遗书》卷十八，《二程集》，中华书局 2004 年版，第 193 页。

朱熹继而认为，“格物”方能认识内在之理，不能只见物不见理。“‘形而上者’指理而言；‘形而下者’指事物而言。事事物物，皆有其理；事物可见，而其理难知。即事即物，便要见得此理，只是如此看。但要真实于事物上见得这个道理，然后于己有益。”[①]“理有未明，则见物而不见理；理无不尽，则见理而不见物。不见理，故心为物蔽而知有不极，不见物故知无所蔽而心得其全。”[②]“心”不见理，则心与理相“蔽隔”，理为“心外之理”；只有见物见理，方晓“理在吾心”[③]。人类的认识活动，贵在透过物象探究背后隐匿着的本质与规律。“‘天生烝民，有物有则’。物者，形也；则者，理也。形者所谓形而下者也；理者所谓形而上者也。人之生也固不能无是物矣，而不明其物之理，则无以顺性命之正而处事物之当，故必即是物以求之。”[④]格物“至其极而后已”，方能“物理皆尽”，一旦“物理皆尽”，则心与理“廓然贯通”[⑤]。这种“廓然贯通”是认识论意义上的自由境界，何尝又不是天人合一意义上的生命境界？二程朱子的“格物致知”思想与黑格尔哲学似有几分相通之处。黑格尔认为，自由就是对必然的认识，“必然性的真理就是自由”。[⑥]黑格尔对由必然性转化为自由的认识的精神过程作了一个描述：“无疑地，必然作为必然还不是自由；但是自由以必然为前提，包含必然性在自身内，作为被扬弃了的东西。一个有德行的人自己意识着他的行为内容的必然性和自在自为的义务性。由于这样，他不但不感到他的自由受到了妨害，甚至可以说，正由于有了这种必然性与义务性的意识，他才首先达到真正内容充实的自由，有别于刚愎任性而来的空无内容的和单纯可能性的自由。”[⑦]黑格尔的这种理性自由论强调，自由就是人的理性的

---

① 黎靖德编：《朱子语类》卷七十五，中华书局1994年版，第1935页。

② 朱熹：《答李孝述继善问目》，《朱熹续集》卷十，《朱熹集》，四川教育出版社1996年版，第5315页。

③ 朱熹：《答李孝述继善问目》，《朱熹续集》卷十，《朱熹集》，四川教育出版社1996年版，第5315页。

④ 朱熹：《答江德功》，晦庵先生《朱文公文集》卷四十四，国家图书馆出版社2006年版，第2115页。

⑤ 朱熹：《答江德功》，晦庵先生《朱文公文集》卷四十四，国家图书馆出版社2006年版，第2115页。

⑥ 黑格尔：《小逻辑》，商务印书馆1986年版，第322页。

⑦ 黑格尔：《小逻辑》，商务印书馆1986年版，第323页。

自觉，这与程朱所论心与理“廓然贯通”相融通。理在物之先如何可能？如果从形而上学层面追问下去，我们发现朱熹哲学之“理”近似于康德哲学中的“自由”概念，都是其哲学逻辑结构中的“公设”。自由概念是康德“思辨的理性体系整个建筑的拱心石”[①]，在朱熹哲学逻辑结构中，理同样是一个起到“拱心石”作用的哲学概念。这一概念无需证明，也无法被证明。它是先验的“确系存在”，而其他一些概念，如气、阴阳、五行、万物等概念则是在“理”先验存在的逻辑基础上而获得存在的证明[②]。

---

① 康德：《实践理性批判》，商务印书馆1960年版，第1—2页。

② 论及朱熹“理无形”思想，不能不涉及“太极”这一哲学范畴。“太极”范畴源于《易传》，但“太极”范畴在《易传》中涵义是比较含混的。两汉以后的哲学家们大多数站在气本论立场上谈论“太极”，把太极诠解为元气未分的本初状态。譬如，《汉书·律历志》云：“太极元气，函三为一。极，中也。元，始也。”周敦颐也是从气一元论角度来论述“太极”，五行统一于阴阳二气，阴阳二气又源于太极。朱熹弟子陈淳认为，秦汉以后的学者对于“太极”的理解都误入歧途，只有周敦颐“方始说得明白”。需点明的是，朱熹虽然对周敦颐的“太极”说进行了翔尽的解读，但朱熹对“太极”的界定却与周敦颐大相径庭。周敦颐以气论“太极”，朱熹却是以理论“太极”：“太极只是一个‘理’字。”（《朱子语类》卷一）太极无形、无象、无方所。“太极无方所，无形体，无地位可顿放。”（《朱子语类》卷九十四）太极不是直观体认的对象，它只存在于人类理性思维中。但是，不可直观认识并不等于说“太极”是虚无，超越人类经验认识的“太极”仍然是一客观实在，只不过是它不依赖于我们的感官而先验性地存在。至于太极“无方所”，朱熹旨在阐明天地万物具有空间特性，但作为哲学最高存在的“太极”（理）不同于天地间的具体存在。太极（理）超越时空而存在，不具有空间特性。因此，在朱熹哲学逻辑结构中，太极即理，太极与理是同一概念。朱子哲学中太极与理的关系，犹如张载哲学中太虚与气的关系。如果要细辨太极与理两个范畴的差别所在，那么这一细微的差别体现于：在哲学层面上，太极是理之极至。“太极之义，正谓理之极至耳。”（《答程可久》，《朱文公文集》卷三十七）太极是极至，理还有未尽。按照这一逻辑思维方式推断下去，太极势必上升而为哲学最高范畴，而理范畴必将丧失其哲学本体地位。针对这一问题，陈淳为了避免使人产生认识上的误差，专门作了解释：“太极只是以理言也。理缘何又谓之极？极，至也。以其在中，有枢纽之义。如皇极、北极等，皆有在中之义。不可便训极为中。盖极之为物，常在物之中，四面到此都极至，都去不得。如屋脊梁谓之屋极者，亦只是屋之众材，四面凑合到此处皆极其中；就此处分出去，布为众材，四面又皆停匀，无偏剩偏欠之处。如塔之尖处便是极。如北极，四面星宿皆运转，惟此处不动，所以为天之枢。若太极云者，又是就理论。天所以万古常运，地所以万古常存，人物所以万古生生不息，不是各各自恁地，都是此理在中为之主宰，便自然如此。就其为天地主宰处论，恁地浑沦极至，故以太极名之。”（《太极》，《北溪字义》卷下）陈淳认为，理之所以又被称为“太极”，出于双重考虑：一是枢纽。它处于宇宙中心，自身不动，宇宙万物都围绕它而运转。二是主宰，天地万物的生存何以可能？人类生命起源如何可能？这些问题都可以从“太极”中寻求终极性的说明。所以，从理范畴之“主宰”与“枢纽”双重意义上分析，理就是太极，而不是意味着太极是比理位格更高一级的哲学范畴。太极与理不是一对相矛盾的概念，而是相互统一、相互证明的概念。在哲学逻辑结构上悬设“太极”概念，目的在于论证理范畴的抽象性与先在性。

（二）“仁义礼智便是天理之件数”

以张载为代表的气本论哲学和以二程、朱熹为代表的理本论哲学，二者营垒分明，观点多有抵牾。张载哲学经常受到朱熹的批评，“《正蒙》之言，恐不能无偏”。[①] 但是，观点的对立并不等同于思维路向的迥异。张载从哲学本体的高度论证伦理道德之起源，为人伦道德的合法性寻求终极性哲学说明；二程和朱熹的理本论哲学也是将人伦道德与哲学本体相“挂搭”，为人伦道德寻觅哲学依据。二者虽然哲学立场不同，但都否认人伦道德是历史发展到一定阶段而产生的社会意识形态，而是将其看成是哲学本体先验性内在属性的澄明与凸现。

二程认为，“人伦者，天理也”。[②] 人伦道德源于天理，是天理的社会化外现。何谓人伦？孟子曾经有一界定：“人之有道也，饱食暖衣，逸居而无教，则近于禽兽。圣人有忧之，使契为司徒，教以人伦：父子有亲，君臣有义，夫妇有别，长幼有序，朋友有信。”“人伦明于上，小民亲于下。”[③] 仁义礼智是天理内在的属性，外显于社会关系准则上则具体体现而为人伦道德观念。在理学发展史上，正是由于二程将伦理范畴、伦理观念与哲学本体相统一，才标志着宋代理学的最终确立。基于此，二程详尽论述了儒家伦理与天理的内在关系。“视听言动，非理不为，即是礼，礼即是理也。不是天理，便是私欲。人虽有意于为善，亦是非礼。无人欲即皆天理。”[④] 人的视听言动，离不开礼之规范，这个礼就是天理。仁义礼智是礼之具体规定，合礼之言行就是天理之流行，凡“非礼”即是“私欲”。“父子君臣，天下之定理，无所逃于天地之间。”[⑤] 父慈子孝，兄友弟悌，君尊臣卑，既然都是“天下之定理”，自然有其当而不可易之理，依循“天下之定理”而行，也就成了人类顺应天理之表现。“礼者，理也，文也。理者，实也，本也。文

① 朱熹：《答潘子善》，《朱熹集》卷六十，四川教育出版社 1996 年版，第 3126 页。
② 程颢、程颐：《河南程氏外书》卷七，《二程集》，中华书局 2004 年版，第 394 页。
③ 《孟子·滕文公上》。
④ 程颢、程颐：《河南程氏遗书》卷十五，《二程集》，中华书局 2004 年版，第 144 页。
⑤ 程颢、程颐：《河南程氏遗书》卷五，《二程集》，中华书局 2004 年版，第 77 页。

者，华也，末也。”[①] 礼是文，理是本；礼是理之社会化表达。基于此，程颐进而提出应注重后天道德化践履，不断自我超越，实现理想人格境界——圣人。“圣人，人伦之至。伦，理也。既通人理之极，更不可以有加。”[②]“人理”出于天理，通人理也就是通天理。圣人是儒家设计出来的理想人格境界，要臻于这一生命境界，就必须循“仁”而行：“仁，理也。人，物也。以仁合在人身言之，乃是人之道也。”[③] 仁是天理之体现，以仁合人，就是将天理与人道相结合，这正是二程倡导“人伦者，天理也”思想之目的。

随之而来的问题是，天理与人道在何种意义上方能合二为一？关键之处在于“存天理，灭人欲”。天理与人欲范畴最早出现于《礼记·乐记》：“人生而静，天之性也；感于物而动，性之欲也。物至知知，然后好恶形焉。好恶无节于内，知诱于外，不能反躬，天理灭矣。夫物之感人无穷，而人之好恶无节，则是物至而人化物也。人化物也者，灭天理而穷人欲者也。”在二程哲学中，“人欲”并非指人之所有欲望，而是指与天理相背离的人之欲念，因此这种人欲又叫私欲；与此相对，天理是公欲，是符合理性精神的、至善至纯的伦理原则。“公则一，私则万殊。至当归一，精义无二。人心不同如面，只是私心。”“仁之道，要之只消道一公字。”[④]“公”是仁内含之天理，仁是“公”之具体实现。朱熹对此诠释说：“人之所以为人，其理则天地之理，其气则天地之气。理无迹，不可见，故于气观之。要识仁之意思，是一个浑然温和之气，其气则天地阳春之气，其理则天地生物之心。……这不是待人旋安排，自是合下都有这个浑全流行物事。此意思才无私意间隔，便自见得人与己一，物与己一，公道自流行。”[⑤] 天地之理是“公道”，“公道”在人心彰显为仁。朱子所言之“公道”，也就是王夫之所言“公欲”：“天下之公欲，即理也；人人之独得，即公也。”[⑥] 正当的、合

① 程颢、程颐：《河南程氏粹言》卷一，《二程集》，中华书局 2004 年版，第 1177 页。
② 程颢、程颐：《河南程氏遗书》卷十八，《二程集》，中华书局 2004 年版，第 182 页。
③ 程颢、程颐：《河南程氏外书》卷六，《二程集》，中华书局 2004 年版，第 391 页。
④ 程颢、程颐：《河南程氏遗书》卷十五，《二程集》，中华书局 2004 年版，第 153 页。
⑤ 黎靖德编：《朱子语类》卷六，中华书局 1994 年版，第 111 页。
⑥ 王夫之：《张子正蒙注·中正》，中华书局 1975 年版，第 165 页。

乎理性法则的情感欲望是天理之显现，那些不合乎“公欲”精神的、损害他人正当权益的欲望就是“人欲”。天理与人欲水火不容、势不两立，程颐认为，“不是天理，便是私欲。人虽有意于为善，亦是非礼。无人欲即皆天理”。[①] 朱熹继而认为：“人之一心，天理存，则人欲亡；人欲胜，则天理灭，未有天理人欲夹杂者。”[②] 二程、朱熹把天理称为道心、公心，把人欲称为人心、私心。“克己则私心去，自然能复礼，虽不学文，而礼意已得。”[③] 只要克服私心杂念，自然就符合礼之要求，“虽不学文”，但礼之精神已得于心。“推此义，则一心可以丧邦，一心可以兴邦，只在公私之间耳。”[④] 程颢认为公心与私心区别意义重大，兴邦与丧邦只在公心与私心之间；程颐则认为，公心是同，私心是殊，人心各不相同的缘由在于私心存在。“合而听之则圣，公则自同。若有私心便不同，同即是天心。”[⑤] 公心又被称为“天心”，天心是共相，而且是一种先在性的人类本质上的道德共相。私心是殊相，私心是天理被私欲遮蔽造成的社会道德现象，因此私心又被称为“利心”。

缘此，二程都主张克服私心与人欲，以护守天理。程颢说：“‘克’者，胜也。难胜莫如‘己’，胜己之私则能有诸己，是反身而诚者也。凡言仁者，能有诸己也。必诚之在己，然后为‘克己’。‘礼’亦理也，有诸己则无不中于理。”[⑥] 每个人最陌生的对象就是自己，最难战胜的对象也是自己。如果能克服私心妄念，护守先在性的天理本心，就可反身而诚，升华为仁者。“人于天理昏者，是只为嗜欲乱着他。庄子言‘其嗜欲深者，其天机浅’，此言却最是”[⑦]，“克己最难”。[⑧] 又说：“大抵人有身，便有自私之理，宜其与道难一。”[⑨] 人在社会行为中，自然会滋生名利欲求。名利欲求一旦

---

① 程颢、程颐：《河南程氏遗书》卷十五，《二程集》，中华书局2004年版，第144页。
② 黎靖德编：《朱子语类》卷十三，中华书局1986年版，第224页。
③ 程颢、程颐：《河南程氏遗书》卷二上，《二程集》，中华书局2004年版，第18页。
④ 程颢、程颐：《河南程氏遗书》卷十一，《二程集》，中华书局2004年版，第134页。
⑤ 程颢、程颐：《河南程氏遗书》卷十五，《二程集》，中华书局2004年版，第145页。
⑥ 《河南程氏外书》卷三，《二程集》，中华书局2004年版，第367页。
⑦ 程颢、程颐：《河南程氏遗书》卷二上，《二程集》，中华书局2004年版，第42页。
⑧ 程颢、程颐：《河南程氏遗书》卷十一，《二程集》，中华书局2004年版，第128页。
⑨ 程颢、程颐：《河南程氏遗书》卷三，《二程集》，中华书局2004年版，第66页。

孳生，就走向了与天理本心相乖离的道路。“理与心一，而人不能会为一者，有己则喜自私，私则万殊，宜其难一也。”① 因此，程颐强调“克己则私心去，自然能复礼，虽不学文，而礼意已得”。② “敬即便是礼，无己可克”。③ 以天理本心来制约欲念，以敬来战胜私欲。“天理无私”④，二程认为圣人最高道德境界是无私无为，心与天理合而为一，言行不睽离于天理中庸。“圣人无私无我，故功高天下，而无一介累其心。盖有一介存焉，未免乎私己也。”⑤

从形而上学高度为人伦道德的存在正当性进行论证，二程哲学的这一思维方式和观点，无疑深刻地影响了朱熹思想的发展走向。朱熹同样认为，宇宙本根先验性地呈现出某种道德特性，人类社会伦理道德观念及其价值体系存在之合法性可从哲学高度得到论证。换言之，在朱熹思想体系中，理既是宇宙起源之实然，又是人伦道德应然之本源。⑥ 细而论之，在朱熹思想体系

① 程颢、程颐：《河南程氏粹言》卷二，《二程集》，中华书局 2004 年版，第 1254 页。

② 程颢、程颐：《河南程氏遗书》卷二上，《二程集》，中华书局 2004 年版，第 18 页。

③ 程颢、程颐：《河南程氏遗书》卷十五，《二程集》，中华书局 2004 年版，第 143 页。

④ 《河南程氏粹言》卷二，《二程集》，中华书局 2004 年版，第 1271 页。

⑤ 《河南程氏粹言》卷二，《二程集》，中华书局 2004 年版，第 1271 页。

⑥ 值得注意的是，朱熹天理哲学对远在万里之遥的德国哲学家莱布尼茨产生了一定的影响，这是朱熹生前绝不可能料想到的中西文化交流之趣事。李约瑟先生认为，“中国的世界图式经过朱熹和理学家们加以系统化之后，它的有机论性质就通过莱布尼茨（1646—1716 年）的媒介传入西方的哲学思潮”。（李约瑟：《中国科学技术史》第二卷《科学思想史》，科学出版社、上海古籍出版社 1990 年版，第 528 页。）在 17 世纪欧洲哲学家中，莱布尼茨是对中国哲学最感兴趣的人物。当他刚满 20 岁时，就阅览了施皮策尔的《中国文学评注》，后来又阅读了基歇尔神父的《中国纪念物图说》。1666 年，莱布尼茨发表了《论组合的艺术》，这使他成了符号逻辑学或数理逻辑学之父，但这本书的观点公认是受到了汉字会意特征的启迪。莱布尼茨在 1687 年读过《中国哲学家孔子》一书，两年后他访问罗马时，遇见了正从中国回去休假的耶稣会士闵明我，莱布尼茨向他询问了一系列有关中国文化的问题。莱布尼茨一生与耶稣会士保持密切联系，有很多往来的手迹资料，有些耶稣会士的文章在莱布尼茨于 1697 年编印的《中国现状》上也可以见到。“现在可以说，莱布尼茨在哲学史上起了一个桥梁建筑师的作用。以神学唯心主义为一方和以原子唯物主义为另一方的两种对抗的观点，是欧洲思想从来未能成功解决的二律背反。莱布尼茨本人的发展就是欧洲这种‘人格分裂’的一个例子。”（李约瑟：《中国科学技术史》第二卷《科学思想史》，科学出版社、上海古籍出版社 1990 年版，第 529—530 页。）受到以朱熹为代表的“有机论世界观”影响的莱布尼茨，力图超越不是神学活力论就是机械唯物主义世界观的思维定势，他致力于建构一种实在论，但不是一种机械实在论。与笛卡儿把世界看成一个庞大的活的机器相反，莱布尼茨把世界看成一个庞大的活的有机体，它的每一部分也是一个有机体。这一思想完整地体现于他晚年的《单子论》中。作为宇宙本原的单子，是不可分解的活泼泼的有机体，是类似于朱熹之太极（理）的“种子”。“几乎可以说，单子是有机主义在西方哲学舞台上的第一次露面，单子的等级制及其‘前定和谐’

中，作为人伦道德应然之本源的理，可从两方面解读：

其一，“理便是仁义礼智”。

朱熹认为，天理是一“谷种”，是一百无欠缺的自在之物，人伦道德自然也是这一宇宙大“种子”的内在属性之一。“所论‘仁’字，殊未亲切，而语意丛杂，尤觉有病。须知所谓心之德者，即程先生谷种之说。所谓爱之理者，则正所谓仁是未发之爱，爱是已发之仁耳。只以此意推之，更不须外边添入道理，反混杂得无分晓处。若于此处认得仁字，即不妨与天地万物同体。若不会得，而便将天地万物同体为仁，却转见无交涉矣。仁、义、礼、智，便是性之大目，皆是形而上者，不可分为两事。”① “理者物之体，仁者事之体。事事物物，皆具天理，皆是仁做得出来。仁者，事之体。体物，犹

有似于理学家的理在每一种模式和有机体中的无数个别的表现。”（李约瑟：《中国科学技术史》第二卷《科学思想史》，科学出版社、上海古籍出版社 1990 年版，第 531 页。）每个单子都反映着宇宙，就像“因陀罗网”中的结一样。莱布尼茨希冀借助于这种宇宙论来克服以神学活力论为一方和以机械唯物论为另一方之间的二律背反。“人们不难在他的哲学中找到中国思想的反响。当他说：‘物质的每一部分都可设想为一个充满植物的花园或一个充满鱼类的池塘；但植物的每一茎梗，动物的每一肢体，每滴树液或血液，也都是这样的一个花园或池塘。’这时，我们就会感到这里是透过理学的镜子所看到的佛教思辨，而且（说也奇怪）这还与列文虎克（Leeuwenhoek）和斯瓦默丹（Swammerdam）通过显微镜所看到的实验证明相符合，这些实验证明是莱布尼茨所深知而且赞赏地引用过的。”（李约瑟：《中国科学技术史》第二卷《科学思想史》，科学出版社、上海古籍出版社 1990 年版，第 531 页。）耶稣会士龙华民曾经对中国文化中没有上帝、没有天使、没有理性的灵魂之现象大惑不解，但是，莱布尼茨却独具匠心地从中国文化中发现了一种“并不排除一个内在的上帝的自然主义”。物质成分与精神成分的普遍结合与普遍存在是可以证明的。“龙华民反对中国人把宇宙的‘物质原理’在某种方式上等同于人类德行的‘道德原理’和其他‘精神’事物（即这样从非人类、甚至无生命的世界的根源中得出的人类的和社会的最高价值）的办法，但莱布尼茨却很受它的吸引。龙华民（也许是错误地）在把太虚一词解释为指空间之后，莱布尼茨说：‘人们一定不要把空间设想成是有着许多部分的实体，而要设想成是事物的秩序，即认为它们共存（于一个模式之中），要设想是从广阔无垠的上帝出发，即认为一切事物无时不刻不是依赖于它。’后来，莱布尼茨谈到理学家的自然主义时又说：‘因此中国人在这个问题上非但远不应受责备，而是应受赞扬，因为他们相信事物是由于自然的预先安排按前定的秩序而产生的。机遇与它毫无关系，谈论机遇似乎就引进了在中国典籍中所找不到的某种东西。’这里莱布尼茨就触及了一个最基本的论点。龙华民一再说，按照中国的世界观，宇宙是由于机遇而产生的。他这样说，是因为他不能想象，除了比其原子碰撞的机遇论而成为欧洲思想两极对立之一的卢克莱修—笛卡儿式的机械唯物主义以外，还有任何其他的唯物主义或自然主义。但是，莱布尼茨开始看到，可能有一种自然主义并不是机械的，而是（正如后人会要说的）有机的或辩证的。”（李约瑟：《中国科学技术史》第二卷《科学思想史》，科学出版社、上海古籍出版社 1990 年版，第 534—535 页。）莱布尼茨的有机的自然主义哲学很显然受到了以朱熹为代表的中国哲学的影响。

① 朱熹：《答周舜弼》，《朱熹集》卷五十，四川教育出版社 1996 年版，第 2464 页。

言干事，事之干也。”[①] 理是本体，仁是理在人伦关系中的具体落实；天下万物都完美无缺地凸现天理之本质，天下万事都以仁为准则。从这一逻辑思路出发，理成为人伦道德之终极根据，而仁义礼智信“五常”则是天理之分名。“天理既浑然，然既谓之理，则便是个有条理底名字。故其中所谓仁、义、礼、智四者，合下便各有一个道理不相混杂。以其未发，莫见端绪，不可以一理名，是以谓之浑然。非是浑然里面都无分别，而仁、义、礼、智却是后来旋次生出四件有形有状之物也。须知天理只是仁、义、礼、智之总名，仁、义、礼、智便是天理之件数。”[②] 天理浑然不可分，天理与仁义礼智信“五常”的关系不是本原与派生物之间的关系，而是本原与属性之间的关系。仁义礼智并非由理“旋次生出”，理是人伦道德的“总名”，仁义礼智信则是天理之“件数”。二程曾指明“人伦者，天理也”，这已从哲学高度将人伦定性为天理内在之属性，朱熹只是在二程思考基础上继续深入论证。“问：‘既是一理，又谓五常，何也？’曰：‘谓之一理亦可，五理亦可。以一包之则一，分之则五。’问分为五之序，曰：‘浑然不可分。’”“一理”是人伦道德之总名，“全无欠阙”，故可“包之”；“五常”是天理之澄现，“理，只是一个理。……且如言着仁，则都在仁上；言着诚，则都在诚上；言着忠恕，则都在忠恕上；言着忠信，则都在忠信上”。[③] 仁义礼智是天理落实在每一人伦关系上的“一个道理”，如果豁然贯通，“便都是一理”。[④]“五常”作为天理内在属性，本身无形无象，须借助于事亲、从兄等具体道德行为才能表露出来：“理便是仁义礼智，曷常有形象来？凡无形者谓之理，若气，则谓之生也”。[⑤]“仁义只是理，事亲从兄乃其事之实也。”理是体，事亲从兄是用，仁义道德通过具体的道德化行为表现出来。“洒扫应对是事，所以洒扫应对是理。”[⑥] 二程尝言洒扫应对是“形而上”，朱熹进一步解释说洒扫应对蕴涵着“所以洒扫应对”之理，因此理具有客观实在

---

① 黎靖德编：《朱子语类》卷九十八，中华书局1994年版，第2510页。
② 朱熹：《答何叔京》，《朱熹集》卷四十，四川教育出版社1996年版，第1885页。
③ 黎靖德编：《朱子语类》卷六，中华书局1994年版，第100页。
④ 黎靖德编：《朱子语类》卷九十八，中华书局1994年版，第2519页。
⑤ 黎靖德编：《朱子语类》卷八十三，中华书局1994年版，第2168页。
⑥ 朱熹：《答石子重》，《朱熹集》卷四十二，四川教育出版社1996年版，第1989页。

性。仁义礼智信之体是实，其发见为用也是实。他把道德原则归结为实有，而以此来规范人们的思想言行，这是其天理自然思想在人伦道德领域里的贯彻。“理一也，以其实有，故谓之诚；以其体言，则有仁、义、礼、智之实；以其用言，则有恻隐、羞恶、恭敬、是非之实。故曰五常百行非诚，非也。盖无其实矣，又安得有是名乎？”① 朱熹以“诚”训“理”，意在说明理是一“实有”。有其实，故有其名。朱熹把以仁义礼智信为内涵的理实有化，目的在于为儒家伦理的合法性寻求哲学依据。

二程尝言：“天子之理，原其所自，未有不善。”② 理是善的！后来王夫之又说过“气是善的”类似的话，哲学立场不同，但思维方式却一致。既然理先验性地彰显出“善”这一道德特性，社会伦理道德规范中的孝、仁、义等价值观念又是天理内在属性之澄明。那么，沿着这一致思路向推导下去，有生命的和无生命的宇宙万物都应先在性地禀受道德属性。“天地以生物为心者也。而人物之生，又各得夫天地之心以为心者也。故语心之德，虽其总摄贯通，无所不备，然一言以蔽之，则曰仁而已矣。请试详之，盖天地之心，其德有四，曰元、亨、利、贞，而元无不统。其运行焉，则为春、夏、秋、冬之序。而春生之气，无所不通。故人之为心，其德亦有四，曰仁、义、礼、智，而仁无不包。其发用焉，则为爱恭宜别之情，而恻隐之心，无所不贯。故论天地之心者，则曰乾元、坤元，则四德之体用，不待悉数而足。论人心之妙者，则曰仁，人心也。则四德之体用，亦不待遍举而该。盖仁之为道，乃天地生物之心，即物而在。情之未发，而此体已具；情之既发，而其用不穷。诚能体而存之，则众善之源、百行之本，莫不在是。”③ 张载之气与朱熹之理，究其本质，其实两者在哲学性质上有相通之处。理与气都是活泼泼的、充满“生气”的世界本体，理与气都是“天地之心”存在之哲学依据。正因为理具有此哲学“基因”，才能证明“天地之心”的客观实有性，有了“天地之心”，便有了天地之德“元亨利贞”。与此相对应，人伦之德显现为仁义礼智。人伦之德是天地之心在人心中的外

① 朱熹：《答郑子上》，《朱熹集》卷五十六，四川教育出版社1996年版，第2876页。
② 黎靖德编：《朱子语类》卷八十三，中华书局1994年版，第2159页。
③ 朱熹：《仁说》，《朱熹集》卷六十七，四川教育出版社1996年版，第3542页。

现，因此人在本质上都完好无损地先在性禀受了仁义礼智四德。“且以仁言之：只天地生这物时便有个仁，它只知生而已。从他原头下来，自然有个春夏秋冬，金木水火土。故赋于人物，便有仁义礼智之性。”[①] 朱熹将五行、四时和五常相配搭，揭示这三者只不过是天理在不同界域的存在证明。“缘他本原处有个仁爱温和之理如此，所以发之于用，自然慈祥恻隐。”[②] 春华秋实、父慈子孝，其间道理都一样，皆蕴涵一“仁爱温和之理”。杨时曾就孟子思想与人论辩，杨时问对方：见到孩童跌落井中，心中为何会滋生恻隐之情？对方答：“自然如此。”杨时不满意对方这一答复，他认为应当一直追问下去。譬如，人有恻隐之心是否可能？何以可能？穷根究底到尽头，就会发现源头活水乃是天理。“盖自本原而已然，非旋安排教如此也。”[③] 既然“天下无性外之物”，既然天地万物都先在性禀具仁义礼智信“五常”之德，至少在逻辑上承认禽兽也禀受了“五常”成为无法回避之问题。对于这一问题，朱熹作了如下回答：“问：‘性具仁义礼智？’曰：‘此犹是说“成之者性。”上面更有“一阴一阳”，“继之者善”。只一阴一阳之道，未知做人做物，已具是四者。虽寻常昆虫之类皆有之，只偏而不全，浊气间隔。’”“问：‘虎狼之父子，蜂蚁之君臣，豺獭之报本，雎鸠之有别，物虽得其一偏，然彻头彻尾得义理之正。人合下具此天命之全体，乃为物欲、气禀所昏，反不能如物之能通其一处而全尽，何也？’曰：‘物只有这一处通，便却专。人却事事理会得些，便却泛泛，所以易昏。’”[④] 既然“人物之性一源”，当然禽兽也具“五常”之德。人兽之别仅仅在于：人能禀受“五常”之全体，禽兽由于气禀有别，只能得“五常”之偏：“气相近，如知寒暖，识饥饱，好生恶死，趋利避害，人与物都一般。理不同。如蜂蚁之君臣，只是他义上有一点子明。虎狼之父子，只是仁上有一点子明，其他更推不去。恰似镜子，其他处都暗了，中间只有一两点子光。”朱熹将“性”比喻为日光，人性得“性”之全和形气之“正”，受日光大；物性得“性”之偏，受日光小，因而只“有一点子明”。“性如日光，人物所受之不同，如隙窍之

① 黎靖德编：《朱子语类》卷十七，中华书局1994年版，第383页。
② 黎靖德编：《朱子语类》卷十七，中华书局1994年版，第383页。
③ 黎靖德编：《朱子语类》卷十七，中华书局1994年版，第383页。
④ 黎靖德编：《朱子语类》卷四，中华书局1994年版，第60页。

受光有大小也。”[①] 虎狼有“仁”，蜂蚁有“义”，尽管只“有一点子明”，但毕竟“有一两点子光”。在逻辑学意义上，有什么样的大前提，就将推导出什么样的结论。“理无不善”，既然设定天理先在性地彰显出道德特性，就必然会得出人类和动物同样皆具有道德属性的结论来。而假定要否定这一结论，首当其冲的是必须否定导致这一结论的逻辑前提。

其二，“性即理”。

“性”字最迟在《尚书·召诰》篇已出现：“王先服殷御事，比介于我有周御事，节性，惟日其迈。王敬作所，不可不敬德。”性即性情[②]，孔子尝言：“天生德于予”。孟子继而提出“尽心—知性—知天”逻辑结构，《中庸》开宗明义，提出“天命之谓性”，即性为天之所命或天所赋予。“天”既含有主宰之意，也蕴涵伦理道德意义。郭店楚简《性自命出》之“性自命出，命从天降。道始于情，情生于性”[③] 思想与《中庸》基本相同。思孟学派与孔子思想不同之处就在于：思孟学派有意识地增强儒家思想的哲学思辨色彩。孔子当年只是在道德实践范围内探讨人性问题，《中庸》则将其提升到哲学本体高度。他们所说的“性”不单纯指人性，也指物性，是一个外延比较大的哲学概念。朱熹释“天命之为性，率性之为道，修道之为教”：“性，即理也。天以阴阳五行化生万物，气以成形，而理亦赋焉，犹命令也。于是人物之生，因各得其所赋之理，以为健顺五常之德，所谓性也。”[④] 在理与性关系上，朱熹认为性源于理，“性者，浑然天理而已”。[⑤] 在朱熹哲学逻辑结构中，无极是指理的本然状态，无极即理，因而理被解释为性之源泉。在朱子哲学中，有“理之性”和“气质之性”之分，“理之性”先验蕴涵“健顺五常之德”，这一观点显然是对思孟学派思想之深化。“五常”一词虽然在《中庸》中始终没有出现，但为人伦之德寻求形而上学支援却是自思孟学派以来儒家一以贯之之传统。“性即理”命题并不是朱熹

① 黎靖德编：《朱子语类》卷四，中华书局1994年版，第58页。

② “节性”一说在郭店竹简《性自命出》中也有记载：“凡性，或动之，或逆之，或节之，或厉之，或出之，或养之，或长之。凡动性者，物也；逆性者，悦也；节性者，故也；厉性者，义也；出性者，势也；养性者，习也；长性者，道也。”

③ 刘钊：《郭店楚简校释》，福建人民出版社2005年版，第88页。

④ 朱熹：《四书章句集注·中庸章句》，中华书局1983年版，第17页。

⑤ 黎靖德编：《朱子语类》卷九十五，中华书局1994年版，第2427页。

的发明，第一次提出这一命题的人是程颐。“性即理也，所谓理，性是也。天下之理，原其所自，未有不善。”[①]“伊川先生言，性即理也。此一句自古无人敢如此道。心则知觉之在人而具此理者也。横渠先生又言，由太虚有天之名，由气化有道之名，合虚与气有性之名，合性与知觉有心之名，其名义亦甚密，皆不易之至论也。”[②]朱熹对二程的这一哲学命题给予了高度评价：“伊川‘性即理也’四字，颠扑不破，实自己上见得出来。”“伊川‘性即理也’，自孔孟后，无人见得到此。”[③]在另一哲学层面上，二程“性即理”命题实际上也是对《中庸》“天命之谓性”思想的继承与发挥。思孟学派“天命”的内涵为“诚”，二程只不过是将“诚”偷换成了“理”而已。朱熹对“性”的来源问题非常重视，“‘论性不论气，不备；论气不论性，不明。’盖本然之性，只是至善。然不以气质而论之，则莫知其有昏明开塞，刚柔强弱，故有所不备。徒论气质之性，而不自本原言之，则虽知有昏明开塞、刚柔强弱之不同，而不知至善之源未尝有异，故其论有所不明。须是合性与气观之，然后尽。盖性即气，气即性也。若孟子专于性善，则有些是‘论性不论气’；韩愈三品之说，则是‘论气不论性’。”[④]如果不了解“性”源于何处，当然也不可能了解理之源头；不了解性之来源，也就无法参悟性之本质。因此，孟子、荀子和韩愈对性的理解都有偏差，“今乃以其习熟见闻者为余事，而不复精察其理之所自来，顾欲置心草木器用之间，以伺其忽然而一悟，此其所以始终本末判为两途而不自知其非也”。[⑤]朱熹认为，只有程颐“性即理”命题，真正说透了性之本质。

但是，朱熹除了讲“性即理”之外，也常讲“性是太极”、“性是道”、“性是天命”，那么这些概念与概念之间、命题与命题之间，究竟是什么逻辑关系？关于“性是太极”，“因问：‘《太极图》所谓太极，莫便是性否？’曰：‘然，此是理也。’”“某许多说话，是太极中说已尽。太极便是性，动

---

① 程颢、程颐：《河南程氏遗书》卷二十二上，《二程集》，中华书局2004年版，第292页。

② 朱熹：《答徐子融》，《朱熹集》卷五十八，四川教育出版社1996年版，第2962页。

③ 黎靖德编：《朱子语类》卷五十九，中华书局1994年版，第1387页。

④ 黎靖德编：《朱子语类》卷五十九，中华书局1994年版，第1387—1388页。

⑤ 朱熹：《杂学辨·吕氏大学解》，《朱熹集》卷七十二，四川教育出版社1996年版，第3792页。

静阴阳是心，金木水火土是仁义礼智信，化生万物是万事。”[①] 太极既是理之无形本然状态，又是纯粹至善之性。关于性与道，朱熹认为“道即性，性即道，固只是一物。然须看因甚唤做性，因甚唤做道”。[②] 至于天命与性，朱熹认为“天所赋为命，物所受为性”，“且如‘天命之谓性’，要须天命个心了，方是性”。[③]“出于天”、“得之于天”和“元受命于天”，旨在说明性源出于天。在朱熹哲学逻辑结构中，“理”、“太极”、“天命”、“道”属于逻辑学意义上的同一概念。既然承认“性即理”，自然可以推断出性即太极，性即天命，性即道。二程尝言：“心也、性也、天也，一理也。”[④] 朱熹进而发挥说：“心固是主宰底意，然所谓主宰者，即是理也，不是心外别有个理，理外别有个心。”[⑤]“程子之意，盖以理也性也命也，初非二物而有是言耳。”[⑥] 又言：“盖天道运行，赋与万物，莫非至善无妄之理而不已焉，是则所谓天命者也。物之所得，是之谓性，性之所具，是之谓理，其名虽殊，其实则一而已。”[⑦] 天、理、性、命、道和太极在朱熹哲学体系中，是环环相扣、相互说明的概念群，既具有哲学性质上的同一性，当然也应看清其中的差别：“问：‘天与命，性与理，四者之别：天则就其自然者言之，命则就其流行而赋于物者言之，性则就其全体而万物所得以为生者言之，理则就其事事物物各有其则者言之。到得合而言之，则天即理也，命即性也，性即理也，是如此否？’曰：‘然。’”[⑧] 分而言之，各各不同，“盖理以事别，性以人殊，命则天道之全”。[⑨] 在天为命，理落实于人心为性，已发为情。

朱熹认为，性先验蕴涵仁、义、礼、智、信“五常”。“穷理，如性中

---

① 黎靖德编：《朱子语类》卷九十四，中华书局1994年版，第2397页。

② 黎靖德编：《朱子语类》卷五，中华书局1994年版，第82页。

③ 黎靖德编：《朱子语类》卷五，中华书局1994年版，第91页。

④ 朱熹：《孟子集注·尽心章句上》，《四书章句集注》，中华书局1983年版。

⑤ 黎靖德编：《朱子语类》卷一，中华书局1994年版，第4页。

⑥ 朱熹：《朱子四书或问》，《论语或问》卷三，晦庵先生《朱子全书》，上海古籍出版社、安徽教育出版社2003年版，第641页。

⑦ 朱熹：《朱子四书或问》，《论语或问》卷三，晦庵先生《朱子全书》，上海古籍出版社、安徽教育出版社2003年版，第641页。

⑧ 黎靖德编：《朱子语类》卷五，中华书局1994年版，第82页。

⑨ 朱熹：《朱子四书或问》，《论语或问》卷三，晦庵先生《朱子全书》，上海古籍出版社、安徽教育出版社2003年版，第641页。

有个仁义礼智，其发则为恻隐、羞恶、辞逊、是非。”① “然尝闻之，人之有是生也，天固与之以仁、义、礼、智之性”。② “臣又尝窃谓自天之生此民，而莫不赋之以仁、义、礼、智之性，叙之以君臣、父子、兄弟、夫妇、朋友之伦，则天下之理，固已无不具于一人之身矣。”③ 从“天固与之”、“莫不赋之”等表述可以看出，仁、义、礼、智之性是确定不移的客观实在，这客观实在不是通过哲学或逻辑论证获得其存在合理性，而是通过人人具有的“良心”、“良能”获得心理上的印证。此外，朱熹对性范畴所作的界定，过于注重其伦理性而忽略其中的自然性。因此，从性与“五常”逻辑关系分析，性应是属概念，仁、义、礼、智、信是种概念。“性是实理，仁义礼智皆具。”“性是理之总名，仁、义、礼、智皆性中一理之名。恻隐、羞恶、辞逊、是非是情之所发之名，此情之出于性而善者也。”④ 既然性范畴之内涵是仁、义、礼、智，那么将朱熹之人性论归纳为“性善说”并不为过：“性无不善。”“性不可言。所以言性善者，只看他恻隐、辞逊四端之善则可以见其性之善，如见水流之清，则知源头必清矣。四端，情也，则理也。发者，情也，其本则性也，如见影知形之意。”“人之性皆善。然而有生下来善底，有生下来便恶底，此是气禀不同。”⑤ 性出自天理，是天理在人心之彰显。因此从天理层面评价，性纯粹是善。性恶源自气禀，是气之偏。气禀之恶恰恰从反面证明性即理、性在本质上是善。

通而论之，朱熹思想体系中的“性”，其哲学特点可归纳为三点：

其一，性形而上、无形、不可见、不可言说。“性不是卓然一物可见者。”⑥ 理是形而上的哲学最高概念，作为天理之流行的性同样也具有形而上之特征。“性者，人之所得于天之理也；生者，人之所得于天之气也。性，形而上者也；气，形而下者也。人物之生，莫不有是性，亦莫不有是气。”⑦ 性源于理，性与理一样具有先在性和永恒性特点。生命个体消亡，

① 黎靖德编：《朱子语类》卷九，中华书局1994年版，第155页。
② 朱熹：《甲寅行宫便殿奏劄二》，《朱熹集》卷十四，四川教育出版社1996年版，第546页。
③ 朱熹：《经筵讲义》，《朱熹集》卷十五，第572页。
④ 黎靖德编：《朱子语类》卷五，中华书局1994年版，第92页。
⑤ 黎靖德编：《朱子语类》卷四，中华书局1994年版，第69页。
⑥ 黎靖德编：《朱子语类》卷五，中华书局1994年版，第83页。
⑦ 朱熹：《孟子集注·告子章句上》，《四书章句集注》，中华书局1983年版。

性仍然永恒存在。“道即性，性即道，固只是一物。”“性犹太极也，心犹阴阳也。太极只在阴阳之中，非能离阴阳也。然至论太极，自是太极；阴阳自是阴阳。惟性与心亦然。所谓一而二，二而一也。韩子以仁义礼智信言性，以喜怒哀乐言情，盖逾于诸子之言性。然至分三品，却只说得气，不曾说得性。”“性是形而上者，气是形而下者。形而上者全是天理，形而下者只是那查滓。至于形，又是查滓至浊者也。”[①] 道与太极皆是天理之别名，以道、太极比喻性，旨在说明性也具有形而上特性。此外，朱熹一再申明：性是天理，气是渣滓，形是渣滓中之渣滓。基于此，实际上又可以推导出：理不可见、无形迹、不可直观把握。性同样也是无形迹、不可直观体领：“只是穷理、格物，性自在其中，不须求，故圣人罕言性[②]。”“论性，要须先识得性是个甚么样物事。程子‘性即理也，’此说最好。今且以理言之，毕竟却无形影，只是这一个道理。在人，仁义礼智，性也。然四者有何形状，亦只是有如此道理。”[③] 性无形影，也不可言说。“性不可说，情却可说。所以告子问性，孟子却答他情。盖谓情可为善，则性无有不善。”[④] 性是未发，情是已发。性不是一具有空间特性的存在，所以“性不可说”。性只存在于仁义礼智四德中，只能通过后天社会化道德践履，才能感悟“性”的形而上特质。性与理一样，是“无”，但不是绝对的虚无。

其二，性具有普遍性。性是理在人心之彰显，理是先验性的，超越时空，性也具备这一哲学特点：“因看《语录》‘心小性大，心不弘于性，滞于知思’说，及上蔡云‘心有止’说，遂云：‘心有何穷尽？只得此本然之体，推而应事接物，皆是。故于此知性之无所不有，知天亦以此。”[⑤] 在朱熹理本论哲学中，理是先验性的宇宙本体，气是质料。性因为属于理之内在“基因”，因而也获得了与理同样的先验性特质。性先于气而存在，气有消亡之时，性却永恒固存。“须知未有此气，已有此性。气有不存，性却常在。虽其方在气中，然气自气，性自性，亦自不相夹杂。至论其遍体于物，

① 黎靖德编：《朱子语类》卷五，中华书局1994年版，第97页。

② 黎靖德编：《朱子语类》卷五，中华书局1994年版，第83页。

③ 黎靖德编：《朱子语类》卷四，中华书局1994年版，第63—64页。

④ 黎靖德编：《朱子语类》卷五十九，中华书局1994年版，第1380页。

⑤ 黎靖德编：《朱子语类》卷九十九，中华书局1994年版，第2540页。

无处不在，则又不论气之精粗而莫不有是理焉。”① 不可“指气为性”，气是有方所的实存，“指气为生”将导致性“下坠”为一具体的存在。在朱熹看来，性与理一样，是普遍性的，无处不在。不论有生命的人类、动物，还是无生命的山川河流，都有“性”。“天下无性外之物，而性无不在”。② 二气五行，因气禀之不同，天下万物性质殊异，人所禀气较明，动物所禀气较暗。“人物性本同，只气禀异。”③ 但是，“性”作为一圆满之“全体”，先在性地存在于万物之中是不言自明之事实。因此，“天下无无性之物。盖有此物，则有此性；无此物，则无此性”。④ 由此可以看出，朱熹哲学中的“性”，既指人之性，也指物之性。性分而为人性、物性，合则为一。人性、物性相同点在于：性缘起于理，理同而性同。“人物之生，同得天地之理以为性，同得天地之气以为形；其不同者，独人于其间得形气之正，而能有以全其性，为少异耳。虽曰少异，然人物之所以分，实在于此。”“性者，人物所得以生之理也。故者，其已然之迹，若所谓天下之故者也。”“问：‘枯槁之物亦有性，是如何？’曰：‘是他合下有此理，故云天下无性外之物，”⑤ 天下人与物之所以“性本同”，是因为人与物皆是天理之派生物。理、性是普遍性的，无所不在，所以枯槁之物也有性，性是天下万物共同本性。此外，朱熹进一步点明，在宇宙论意义上，人与物的相同性除了同得本根之“理”以为“性”之外，还体现于人和物都有生命，都具有知觉意识。“然以气言之，则知觉运动，人与物若不异也。”⑥ 人与物都具有“知觉运动”如何可能？何以可能？其哲学依据就在于：理是一充满生机与活力的宇宙本根，气是理统摄之下的质料。人与物皆禀气而生，所以皆具有“知觉运动”。朱子宇宙论的这一独创性的文化表述，“预定和谐”地注定了宇宙万物的泛生命特质。在点明人与物都具有“知觉运动”基础上，朱熹进而指出人性与物性也存在着许多相异之处：“人物之生，其赋形偏正，固自合下

① 朱熹：《答刘叔文》，《朱熹集》卷四十六，四川教育出版社 1996 年版，第 2243—2244 页。

② 朱熹：《太极图说解》，《周子全书》卷一，中华书局 1990 年版，第 5 页。

③ 黎靖德编：《朱子语类》卷四，中华书局 1994 年版，第 58 页。

④ 黎靖德编：《朱子语类》卷四，中华书局 1994 年版，第 56 页。实际上，二程和张载都主张“天下无性外之物”，但哲学立场有所不同。

⑤ 朱熹：《孟子集注·离娄章句下》，《四书章句集注》，中华书局 1983 年版。

⑥ 朱熹：《孟子集注·告子章句上》，《四书章句集注》，中华书局 1983 年版。

不同。然随其偏正之中，又自有清浊分明之异。”“人物性本同，只气禀异。如水无有不清，倾放白碗中是一般色，及放黑碗中又是一般色，放青碗中又是一般色。”[①] 人性与物性不同处在于：人性能得形、气之“正”，因而能“全其性”；物不能得形、气之正，因此无法“全其性”。朱熹以正与不正、全与不全来作为区别人与物的根本标识。实际上，这只不过是量上的差异，而并非是本质上的不同。朱熹曾经打比方说，理与气如同一江水，你若用勺去舀，“只得一杓”，用碗去取，“只得一碗”，“至于一桶一缸，各自随器量不同，故理也随以异”。[②] 量具不同，导致气禀量上的差异。而所谓“全其性”和得形、气之“正”，具体地说就是指仁义礼智四德：“性者，人之所得于天之理也；生者，人之所得于天之气也。性，形而上者也；气，形而下者也。人物之生，莫不有是性，亦莫不有是气。然以气言之，则知觉运动，人与物若不异也；以理言之，则仁义礼智之禀，岂物之所得而全哉？此人之性所以无不善，而为万物之灵也。”[③] “问：‘性具仁义礼智？’曰：‘此犹是说“成之者性”。上面更有“一阴一阳”，“继之者善”。只一阴一阳之道，未知做人做物，已具是四者。虽寻常昆虫之类皆有之，只偏而不全，浊气间隔。’”[④] 既然肯定“人物之生，莫不有是性”，既然还肯定“性具仁义礼智”，那么肯定动物与人一样皆先在性禀有仁义礼智四德就是一合乎逻辑之推论。朱熹对此并不否定，只是指出动物因气禀不全，所以性中之“仁义礼智”也“偏而不全”。但是，为何物就气禀不全？为何物之性就不能“全其性”呢？令人费解的是，朱熹对此并没有作十分透彻圆融的哲学论证。

其三，性是未发、未动。从“性即理”命题出发，包涵仁义礼智四德的性实质上又是绝对的伦理范畴，它不依赖于时空条件而先在性地存在。“理者，天之体；命者，理之用。性是人之所受，情是性之用。”[⑤] “情之未发者，性也，是乃所谓中也，天下之大本也。性之已发者，情也，其皆中

① 黎靖德编：《朱子语类》卷四，中华书局 1994 年版，第 58 页。
② 黎靖德编：《朱子语类》卷四，中华书局 1994 年版，第 58 页。
③ 朱熹：《孟子集注·告子章句下》，《四书章句集注》，中华书局 1983 年版。
④ 黎靖德编：《朱子语类》卷四，中华书局 1994 年版，第 56 页。
⑤ 黎靖德编：《朱子语类》卷五，中华书局 1994 年版，第 82 页。

节，则所谓和也，天下之达道也。皆天理之自然也。”[①] 性与命同，皆是指天理“流行而赋于物者言之”[②]，性是人与物之所以存在之根据，性具有“虚”、“静”、“中”之特点。尽管朱熹说性如同“一个根苗”，能生出君臣之义、父子之仁，但性是“虚”[③]。因此，性是未发、未动，情是已发、已动，情之发皆合礼则为和。“性对情言，心对性情言。合如此是性，动处是情。”[④] 性是体，情是用；性深微不发，通过现象的意识活动来彰显。情则是一意识现象的范畴，情是性的外现，性是情的终极性根源。“心如水，性犹水之静，情则水之流，欲则水之波澜，但波澜有好底，有不好底。”[⑤] 朱熹仿效程颐以水喻性，性如同“水之静”，情如同“水之流”，人欲则如同“水之波澜”，就其“寂然不动”而言，性是先验性的、超越时空的，但其内涵又是具体的：“孟子说：‘恻隐之心，仁之端也’一段，极分晓。恻隐、羞恶、是非、辞逊是情之发，仁义礼智是性之体。性中只有仁义礼智，发之为恻隐、辞逊、是非，乃性之情也。”[⑥] 又说：“以人之生言之，固是先得这道理。然才生这许多道理，却都具在心里。且如仁义自是性，孟子则曰‘仁义之心’；恻隐、羞恶自是情，孟子则曰‘恻隐之心，羞恶之心’。盖性即心之理，情即性之用。今先说一个心，便教人识得个情性底总脑，教人知得个道理存着处。若先说性，却似性中别有一个心。横渠‘心统性情’语极好。”[⑦] 仁义礼智之性作为一绝对的伦理观念，不可言述，在天地之先而永恒长存，它通过人之情得以外显。现实生活中的生命个体因气禀不同，禀受之理之性不一，或全或偏，因而外现之情自然也有所不同。理作为一自本自根的宇宙本原，无处“安顿”与“挂搭”，只能借气而“安顿”。与此同时，作为形而上的性也具有与理同样的性质，也必须借气而“安顿”：“盖天下无性外之物，本皆善而流于恶耳。如此，则恶专是气禀，不干性事，如何说恶亦不可不谓之性？曰：‘既是气禀恶，便也牵引得那性不好。盖性只

① 朱熹：《太极说》，《朱熹集》卷六十七，四川教育出版社1996年版，第3536页。

② 黎靖德编：《朱子语类》卷五，中华书局1994年版，第82页。

③ 黎靖德编：《朱子语类》卷五，中华书局1994年版，第88页。

④ 黎靖德编：《朱子语类》卷五，中华书局1994年版，第89页。

⑤ 黎靖德编：《朱子语类》卷五，中华书局1994年版，第93—94页。

⑥ 黎靖德编：《朱子语类》卷五，中华书局1994年版，第92页。

⑦ 黎靖德编：《朱子语类》卷五，中华书局1994年版，第92页。

是搭附在气禀上，既是气禀不好，便和那性坏了'。""'才说性时，便已不是性'者，言才谓之性，便是人生以后，此理已堕在形气之中，不全是性之本体矣，故曰'便已不是性也'，此所谓'在人曰性'也。大抵人有此形气，则是此理始具于形气之中，而谓之性。才是说性，便已涉乎有生而兼乎气质，不得为性之本体也。然性之本体，亦未尝杂。要人就此上面见得其本体元未尝离，亦未尝杂耳。'凡人说性，只是说继之者善也'者，言性不可形容，而善言性者，不过即其发见之端而言之，而性之理固可默识矣，如孟子言'性善'与'四端'是也。"① 气是理之质料，人、物因气而生，性也是通过气而寻求"安顿"与"搭附"。但是，这一表述并不意味着性不离气，也不可等同于佛教所说的"别有一件物事在那里"②。实际上，在朱熹哲学体系中，"性只是此理"并非等同于"性是理"，而是意味着性源于理，性是理在人心之展现。因为性与理这一逻辑关系，因此性与理一样，无形、抽象、静止，性是没有方所的绝对存在。

（三）孝是"行仁之本"

首先，"孝弟是仁里面发出来的"。

在孔子仁学体系中，孝是逻辑性出发点。既然如此，孝也可以说是仁论的内在规定之一。孔子弟子有若尝言："其为人也孝弟，而好犯上者，鲜矣！不好犯上，而好作乱者，未之有也。君子务本，本立而道生。孝弟也者，其为仁之本与!"③ 究竟是"仁之本"，还是"人之本"？孟子的理解是"仁也者，人也。"④ 因循这一思路，秦汉之后众多学者认为"仁"应训为"人"。叶德辉《日本天文本论语校勘记》认为："足利本、唐本、津藩本、正平本均无'为'字。"此外，"其为仁之本与!"之"仁"应训为"人"。陈善《扪蝨新语》说："古人多用假借字。《论语》中如'孝弟也者，其为仁之本与'，又曰'观过，斯知仁矣'，又曰'井有仁焉'，窃谓此'仁'字皆当作'人'。"王恕《石渠意见》也说："'为仁'之'仁'当作

① 黎靖德编：《朱子语类》卷九十五，中华书局1994年版，第2430页。

② 黎靖德编：《朱子语类》卷五，中华书局1994年版，第92页。

③ 《论语·学而》。

④ 《孟子·尽心下》。

‘人’，盖承上文‘其为人也孝弟’而言。孝弟乃是为人之本。”江声《论语竢质》又云：“‘仁’当读为‘人’，古字‘仁’、‘人’通。‘其为人之本’，正应章首‘其为人也孝弟’句。不知六书假借之法，徒泥仁为仁义字，纷纷辨说无当也。”[①] 敦煌《论语》写本为“孝悌也者，其为人之本与！”[②] 足证历代学者之质疑与考证持之有据。基于此，有若这段话应当理解为：孝悌是人之为人的根基。只有这样理解，才能与孔子仁论逻辑体系相协调。因为如果认为孝是“仁之本”，等于承认孝是比仁位格更高一级的范畴。汉人重训诂，宋儒重微言大义。二程虽然没有从训诂学角度阐发“仁”与“人”之关系，但他自作主张地将“孝弟也者，其为仁之本与”“篡改”为“孝弟也者，其为行仁之本”，不能不说是一大发明创造。这一“增字解经”超越汉代经今古文之争而与孔子思想遥相呼应，充分体现出二程学术水平之高深。“‘孝弟也者，其为仁之本与！’言为仁之本，非仁之本也。”[③] 程颐从实践伦理的角度，刻意指出孝是“为仁之本”，而非“仁之本”。“问：‘孝弟为仁之本’，此是由孝弟可以至仁否？曰：非也。谓行仁自孝弟始。盖孝弟是仁之一事，谓之行仁之本则可，谓之是仁之本则不可。盖仁是性也，孝弟是用也。性中只有仁义礼智四者，几曾有孝弟来？仁主于爱，爱莫大于爱亲。故曰：‘孝弟也者，其为仁之本与！’”[④] 仁出自性，“性即是理”。性涵摄仁义礼智四德，却未出现孝德目。其中道理在于仁之用为爱，爱自爱亲始，所以孝之义已隐含在仁之中。“格物穷理，非是要尽穷天下之物，但于一事上穷尽，其他可以类推。至如言孝，其所以为孝者如何，穷理。”[⑤] 孝存在之合法性，须从天理层面寻求。既然承认性即理，穷理也就是穷性。性中有仁，孝存在之正当性也就因仁存在之合法而获得合法性。那么，孝何以是“行仁之本”？添加一“行”字，其哲学与伦理学意义何在？程颐对此也有一个详细的论证：“先生教某思孝弟为仁之本。某窃谓：人之初生，受天地之中，禀五行之秀，方其禀受之初，仁固已存乎其中。及其既

---

① 参见程树德：《论语集释·学而》，中华书局1990年版，第13页。

② 李方录校：《敦煌〈论语集解〉校证》，江苏古籍出版社1998年版，第14页。

③ 程颢、程颐：《河南程氏遗书》卷十一，《二程集》，中华书局2004年版，第125页。

④ 程颢、程颐：《河南程氏遗书》卷十八，《二程集》，中华书局2004年版，第183页。

⑤ 程颢、程颐：《河南程氏遗书》卷十五，《二程集》，中华书局2004年版，第157页。

生也，幼而无不知爱其亲，长而无不知敬其兄，而仁之用于是见乎外。当是时，唯知爱敬而已，固未始有事物之累。及夫情欲窦于中，事物诱于外，事物之心日厚，爱敬之心日薄，本心失而仁随丧矣。故圣人教之曰：'君子务本，本立而道生。孝弟也者，其为仁之本矣！'盖谓修为其仁者，必本于孝弟故也。先生曰：'能如此寻究，甚好。夫子曰："敬亲者不敢慢于人，爱亲者不敢恶于人。"不敢慢于人，不敢恶于仁，便是孝弟。尽得仁，斯尽得孝弟；尽得孝弟，便是仁。'又问：'为仁先从爱物上推来，如何？'曰：'不敬其亲而敬他人者，谓之悖礼，不爱其亲而爱他人者，谓之悖德，故君子"亲亲而仁民，仁民而爱物"。能亲亲，岂不仁民？能仁民，岂不爱物？若以爱物之心推而亲亲，却是墨子也。'"① 儒家思想的最大特点是实践伦理，重视道德践履与心证是儒家思想得以薪火相传的前提。仁义礼智等伦理观念是先验性的存在，但在后天社会化进程中，由于受到情欲名利的诱惑，先在性的仁心逐渐丧失。因此，人的一生就是"求其放心"的一生。仁在社会化进程中的初始表现形式是孝，因此，"求其放心"首先应当从孝做起。亲亲—仁民—爱物，在儒家仁学逻辑结构中，孝是逻辑性起点。

在仁与孝的关系上，朱熹继承了程颐的观点。针对程颐所言"谓行仁自孝弟始。盖孝弟是仁之一事，谓之行仁之本则可，谓之是仁之本则不可"，朱熹评论说："此语亦要体会得是，若差了，即不成道理。"② 添加一"行"字，贯通孔子仁学体系全部，使人豁然开朗、上下澄明。"爱是仁之发，谓爱是仁，却不得。论性，则仁是孝弟之本。惟其有这仁，所以能孝弟。仁是根，孝弟是发出来底；仁是体，孝弟是用；仁是性，孝弟是仁里面事。"③ "仁是性，孝弟是用。用便是情，情是发出来底。论性，则以仁为孝弟之本；论行仁，则孝弟为仁之本。如亲亲，仁民，爱物，皆是行仁底事，但须先从孝弟做起，舍此便不是本。"④ "本只是一个仁，爱念动出来便是孝。程子谓：'为仁以孝弟为本，论性则以仁为孝弟之本。仁是性，孝弟是用。性中只有个仁义礼智，曷尝有孝弟来。'譬如一粒粟，生出为苗。仁是

---

① 程颢、程颐：《河南程氏遗书》卷二十三，《二程集》，中华书局 2004 年版，第 310 页。

② 朱熹：《答范伯崇》，《朱熹集》卷三十九，四川教育出版社 1996 年版，第 1808 页。

③ 黎靖德编：《朱子语类》卷一百一十九，中华书局 1994 年版，第 2867 页。

④ 黎靖德编：《朱子语类》卷二十，中华书局 1994 年版，第 471—472 页。

粟，孝弟是苗，便是仁为孝弟之本。又如木有根，有干，有枝叶，亲亲是根，仁民是干，爱物是枝叶，便是行仁以孝弟为本。”[①] 仁是体，孝是用，两者有体用之别。在《孟子》一书中，“心”字凡121见，而《论语》中“心”字共6见，由此可见“心”范畴在孟子思想体系中之地位。孟子之“心”有着特定的涵义，主要指“良心”、“本心”，孟子道德之心思想在朱子伦理思想中得到进一步阐发。“仁是理之在心，孝弟是心之见于事。”[②] 理落实于人心为仁，仁心与人与物相接为孝悌，“孝弟是良心之发见”。[③] 仁与孝是未发和已发、本根与枝叶的关系。换言之，是母与子的关系。“仁是孝弟之母子，有仁方发得出孝弟出来，无仁则何处得孝弟！”[④]

基于此，朱熹进一步阐发二程“孝为行仁之本”命题的哲学意义。“仁便是本，仁更无本了。若说孝弟是仁之本，则是头上安头，以脚为头，伊川所以将‘为’字属‘行’字读。盖孝弟是仁里面发出来的。‘性中只有个仁义礼智，何尝有个孝弟来?’它所以恁地说时，缘是这四者是本，发出来却有许多事；千条万绪，皆只是从这四个物事里面发出来。如爱，便是仁之发，才发出这爱来时，便事事有；第一是爱亲，其次爱兄弟，其次爱亲戚，爱故旧，推而至于仁民，皆是从这物事发出来。人生只是个阴阳，那阴中又自有个阴阳，阳中又自有个阴阳，物物皆不离这四个。而今且看：如天地，便有个四方；以一岁言之，便有个四时；以一日言之，便有个昼夜昏旦；以十二时言之，便是四个三；若在人，则只是这仁义礼智这四者。如这火炉有四个角样，更不曾折了一个。方未发时，便只是仁义礼智；及其既发，则便有许多事。但孝弟至亲切，所以行仁以此为本。如这水流来下面，做几个塘子，须先从那第一个塘子过。那上面便是水源头，上面更无水了。仁便是本。行仁须是从孝弟里面过，方始到那第二个第三个塘子。”[⑤] 理是仁之终极根据，仁是孝之本源，孝是水流经的第一个“塘子”，“仁民爱物”是第二个“塘子”。如果认为孝是仁之本，那就是本末倒置，“头上安头，以脚

---

① 黎靖德编：《朱子语类》卷二十，中华书局1994年版，第472页。
② 黎靖德编：《朱子语类》卷二十，中华书局1994年版，第474页。
③ 黎靖德编：《朱子语类》卷二十，中华书局1994年版，第461页。
④ 黎靖德编：《朱子语类》卷二十，中华书局1994年版，第474页。
⑤ 黎靖德编：《朱子语类》卷一百一十九，中华书局1994年版，第2870页。

为头”。值得注意的是，朱熹在阴阳理论的基础上论证“仁作为孝之本源何以可能”的过程中，彰显出中国文化中颇具特色的“数字崇拜”现象。在中国传统文化中，数字被赋予了广博而深厚的文化意蕴，宇宙间的一切存在实际上都是数的存在，是数的陈列与表现方式，宇宙间的一切人和事都逃不出数的规定。“天之数，人之形，官之制，相参相得也。人之与天，多此类者，而皆微忽，不可不察也。”“备天数以参事，治谨于道之意也。”[①] 与董仲舒特别推崇“三”和“五”不同，朱熹非常强调“四”这一数字的文化意蕴，认为天地万物之理都以“四”的形式呈现出来：天地有四方、一岁有四时、一日有昼夜昏旦、人有仁义礼智、火炉有四角……缘此，朱熹进而认为，孝是仁之先发，“孝弟固具于仁。以其先发，故是行仁之本”。[②] 与此同时，孝也是义礼智三德之先发。“孝弟不特是行仁之本，那三者皆然。如亲亲长长，须知亲亲当如何？长长当如何？‘年长以倍，则父事之；十年以长，则兄事之；五年以长，则肩随之。’这便是长长之道。事君时是一般，与上大夫言是一般，与下大夫言是一般，这便是贵贵之道。如此便是义。事亲有事亲之礼，事兄有事兄之礼。如今若见父不揖后，谓之孝弟，可不可？便是行礼也由此过。孟子说：‘孩提之童，无不知爱其亲；及其长也，无不知敬其兄。’若是知得亲之当爱，兄之当敬，而不违其事之之道，这便是智。只是这一个物事，推于爱，则为仁；宜之，则为义；行之以逊，则为礼；知之，则为智。”[③] 因此，孝摇身一变又成为仁义礼智等所有伦理观念的逻辑起点。如果缺乏了孝这一逻辑性环节，整个伦理体系将中断与坍塌。“人若不孝弟，便是这道理中间断了，下面更生不去，承接不来，所以说孝弟仁之本。”[④] 孝是仁之“先发”，符合二程的观点。但是，将孝提升为仁义礼智四德之“先发”，却是朱熹的发明。孝不仅是“行仁之本”，也是“行义之本”、“行礼之本”和“行智之本”。

其次，“父子责善”。

以孔子、曾子为代表的先秦儒家强调父子人格独立与平等。如果父母尊

---

① 《春秋繁露·官制象天》。

② 黎靖德编：《朱子语类》卷二十，中华书局 1994 年版，第 460 页。

③ 黎靖德编：《朱子语类》卷一百一十九，中华书局 1994 年版，第 2870—2871 页。

④ 黎靖德编：《朱子语类》卷二十，中华书局 1994 年版，第 459 页。

长有过失，子女应当“以正致谏”、“微谏不倦”、“以义辅亲”，而不可不辨是非曲直、盲目顺从父志。与孔子、曾子孝论相比较，孟子的观点已发生了一些变化。孟子主张君臣之间“相责以善”，反对父子之间“相责以善”，家庭伦理已被移植到政治伦理之中。思孟学派是朱熹思想源头活水，那么在“相责以善”上，朱熹的观点是否完全与思孟学派一致呢？《孟子·离娄章句上》说：“天下大悦而将归己，视天下悦而归己，犹草芥也，惟舜为然。不得乎亲，不可以为人；不顺乎亲，不可以为子。舜尽事亲之道而瞽瞍厎豫，瞽瞍厎豫而天下化；瞽瞍厎豫而天下之为父子者定，此之谓大孝。”何谓“得乎亲”？朱熹诠释说：“不问事之是非，但能曲为承顺，则可以得其亲之悦。苟父母有做得不是处，我且从之，苟有孝心者皆可然也。”何谓“顺乎亲”？朱熹回答说：“‘顺乎亲’，则和那道理也顺了，非特得亲之悦，又使之不陷于非义，此所以为尤难也。”[①]“不得乎亲”，是立足于“心”（自然本性）这一层面上立论，“不顺乎亲”是基于“道”（社会理性）而言。显而易见，朱熹是倾向于“顺乎亲”而否定“得乎亲”的：“不得乎亲之心，固有人承亲顺色，看父母做甚么事，不问是非，一向不逆其志。这也是得亲之心，然犹是浅事。惟顺乎亲，则亲之心皆顺乎理，必如此而后可以为子。所以又说‘烝烝乂，不格奸’；‘瞽瞍厎豫而天下化；瞽瞍厎豫而天下之为父子者定’。”[②]“得乎亲”是不问是非曲直，“不逆其志”，无条件地服从父母意志。朱熹认为，“得乎亲”是低层次的孝，是“浅事”；而“顺乎亲”是“父子责善”，喻父母于“道”与“理”，是高层次的孝。由此可以看出，朱熹的孝论与孟子已有所不同。《孟子·离娄章句下》载：匡章之父盛怒之下欲杀其母，匡章苦苦劝谏其父，其父一意孤行竟杀其母，父子关系因此而不和。于情于法，其父罪大恶极。但是，匡章认为父子不和之责在自身，于是“出妻屏子，终身不养”，以极端自虐方式来惩罚自己。朱熹认为，匡章之举虽然不可列入孟子所谓“五不孝”范围，但仍然可称为“不孝”。孟子之所以未与匡章绝交，是因为同情他，而非“取其孝”。“后世因孟子不绝之，则又欲尽雪匡子之不孝而以为孝，此皆不公不正，倚于一偏也。必若孟子之所处，然后

① 黎靖德编：《朱子语类》卷五十六，中华书局1994年版，第1336页。

② 黎靖德编：《朱子语类》卷五十六，中华书局1994年版，第1336—1337页。

可以见圣贤至公至仁之心矣。"[①] 在朱熹看来，匡章"父子责善"之举值得肯定，但"出妻屏子，终身不养"属不孝之列。需指出的是，朱熹的"父子责善"是有边界范围的，在社会伦理道德畛域，父子应"责善"；在法律文化层面，"父子相隐"有其合理性。《论语·子路》云："叶公语孔子曰：'吾党有直躬者，其父攘羊，而子证之。'孔子曰：'吾党之直者异于是。父为子隐，子为父隐，直在其中矣。'"朱熹诠释说："父子相隐，天理人情之至也。故不求为直，而直在其中。"[②] "父子相隐"与"以义辅亲"正相抵牾，朱熹却从"天理"高度论证"父子相隐"的正当性，并且引用谢良佐的话说："顺理为直。父不为子隐，子不为父隐，于理顺邪？瞽瞍杀人，舜窃负而逃，遵海滨而处。当是时，爱亲之心胜，其于直不直，何暇计哉？"[③] 法律文化层面上的"父子相隐"与伦理道德层面上的"以义辅亲"、"以正致谏"并无冲突，因为"父子相隐"与"以义辅亲"分属于法律文化与家庭伦理两大不同的话语系统，具有不同的适用领域。

孔子尝言"君子之德风"，强调君子、圣人在社会伦理道德践履上的引领作用。在儒家思想史上，舜是一反复被论证的人物，个人形象也在不断地发生变化。在孔子时代，舜是圣君；到孟子时代，舜已演变为孝子。顾颉刚先生评论说：舜"在孔子时只是一个'无为而治'的圣君，到《尧典》就成为一个'家齐而后国治'的圣人，到孟子时就成了一个孝子的模范了"。[④] 经孔子点评而不断"层累地"放大其影响力的舜，逐渐演变为合圣君与孝子于一身的历史人物。朱熹立足于理学高度，反复多次论证舜之所以为圣人与孝子的内在根据，舜再一次被赋予了深厚的文化意蕴："圣人一身浑然天理，故极天下之致乐，不足以动其事亲之心；极天下之至苦，不足以害其事亲之心。一心所慕，惟知有亲。看是甚么物事，皆是至轻。施于兄弟亦然。但知我是兄，合当友爱其弟，更不问如何。且如父母使之完廪，待上去，又捐阶焚廪，到得免死下来，当如何？父母教他去浚井，待他入井，又从而掩之，到得免死出来，又当如何？若是以下等人处此，定是吃不过。非独以下

① 黎靖德编：《朱子语类》卷五十七，中华书局 1994 年版，第 1356 页。

② 朱熹：《论语集注·子路》，《四书章句集注》，中华书局 1983 年版。

③ 朱熹：《论语集注·子路》，《四书章句集注》，中华书局 1983 年版。

④ 顾颉刚：《与钱玄同先生论古史书》，《古史辨》第 1 册，上海古籍出版社 1988 年版，第 60 页。

人，虽平日极知当孝其亲者，到父母以此施于己，此心亦吃不过，定是动了。象为弟，'日以杀舜为事'。若是别人，如何也须与他理会，也须吃不过。舜只知我是兄，惟知友爱其弟，那许多不好景象都自不见了。这道理，非独舜有之，人皆有之；非独舜能为，人人皆可为。所以《大学》只要穷理。舜'明于庶物，察于人伦'，唯是于许多道理见得极尽，无有些子未尽。但舜是生知，不待穷索。如今须著穷索教尽。莫说道只消做六七分，那两三分不消做尽，也得。"[①] 舜不仅是圣人，而且是"天理"之化身，圣人一言一行"纯是道理"。圣人不计较他人对自己应该如何，而是本于忠恕之道，单向度地强调"推己及人"、"尽己为人"，对父母应当孝敬，对兄弟应当友爱。不仅如此，朱熹于此实际上力图彰显出另外一层文化意涵：圣人因为"全然都是天理，略无一毫人欲之私"，所以可以通过自己的嘉言懿行，感化不孝不悌不慈不友之人，这才是真正的大孝。缘此，我们不难看出朱熹的孝论与孔子、曾子的观点有遥相呼应之处。不同之处仅在于：孔子、曾子主张子女"和而不同"，通过外在劝阻来迫使父母尊长弃恶从善；朱熹比较强调圣人自身道德感化作用，圣人通过自己的榜样作用，循循善诱，使不慈不孝之人体悟自身内在道德之"欠阙"，知耻近勇，从而改邪归正。"圣人做出，纯是道理，更无些子隔碍。是他合下浑全，都无欠阙。众人却是已亏损了，须加修治之功。"[②] 在圣人"一身浑然天理"面前，芸芸众生有"亏损"之耻，然后方有"修治之功"。朱熹孝论与孔子、曾子相比，相同相通处远多于相异之处。不论是孔子、曾子，还是朱子，都主张子女应该坚守人伦原则，"以义辅亲"，不可盲从父志。

最后，"为吾民者，父义、兄友、弟敬、子孝"。

朱熹利用自己的社会地位与影响，毕其一生呼吁全社会倡行"孝道"，号召全民"早晚思惟，常切遵守"[③]。孝无分尊卑贵贱，是人之为人之根本。所以他一再主张行孝应从自我做起，由己及人，由家而国。"此老老、长长、恤孤方是就自家身上切近处说，所谓家齐也。民兴孝、兴弟，不倍此方

---

① 黎靖德编：《朱子语类》卷五十八，中华书局1994年版，第1357—1358页。

② 黎靖德编：《朱子语类》卷五十八，中华书局1994年版，第1358页。

③ 朱熹：《示俗》，《朱熹集》卷九十九，四川教育出版社1996年版，第5058页。

是就民之感发兴起处，说治国而国治之事也。缘为上行下效，捷于影响，可以见人心之所同者如此。……所谓絜矩者，矩者，心也，我心之所欲，即他人之所欲也。我欲孝弟而慈，必欲他人皆如我之孝弟而慈。'不使一夫之不获'者，无一夫不得此理也。只我能如此，而他人不能如此，则是不平矣。"孝是一种普泛性的、全民化的伦理道德规范，人同此心，心同此理，所谓"见人心之所同"。[①] 曾经有一位学生问朱熹："《孝经》一书，文字不多，先生何故不为理会过?"朱熹回答说："此亦难说。据此书，只是前面一段是当时曾子闻于孔子者，后面皆是后人缀缉而成。"[②] 朱熹在《孝经刊误》等著作中，不仅指出整部《孝经》并非孔子、曾子作品，即便属于孔子与曾子所谓"经"的部分，也不是孔子、曾子的原话："窃尝考之，传文固多傅会，而经文亦不免有离析、增加之失。顾自汉以来，诸儒传诵，莫觉其非，至或以为孔子之所自著，则又可笑之尤者。"[③] 实际上，朱熹不愿意给学生们讲解《孝经》的真实原因并非仅仅在于《孝经》是"后人缀缉而成"，更深层次的原因在于：《孝经》一书中的许多观点使朱熹极为反感与厌恶。譬如，"如下面说'孝莫大于严父，严父莫大于配天'，则岂不害理！傥如此，则须是如武王周公方能尽孝道，寻常人都无分尽孝道也，岂不启人僭乱之心！"[④] 按照《孝经》的"配天"理论，孝就衍变而为贵族化、政治化的伦理规范，普通老百姓就将丧失奉行"孝道"的权利，而这恰恰正是孔子所反对的。"如'配天'等说，亦不是圣人说孝来历，岂有人人皆可以配天！岂有必配天斯可以为孝！"[⑤] 孝是"人心之所同"，朱熹称赞《论语》论孝"皆亲切有味"[⑥]，个中原因在于孔子一再强调孝是"事父母，能竭其力"，孝是人猿相揖别的标识。孔子养亲、敬亲之孝在朱子思想中发展为人人"絜矩之道"，人人都有可能由孝至仁、至圣，实现内在超越。因此，朱熹在仕宦的生涯中，不断以发布《榜文》的形式在全社会提倡"孝道"。在

① 黎靖德编：《朱子语类》卷十六，中华书局1994年版，第360页。
② 黎靖德编：《朱子语类》卷八十二，中华书局1994年版，第2141页。
③ 朱熹：《孝经刊误》，《朱熹集》卷六十六，四川教育出版社1996年版，第3459页。
④ 黎靖德编：《朱子语类》卷八十二，中华书局1994年版，第2141页。
⑤ 黎靖德编：《朱子语类》卷八十二，中华书局1994年版，第2143页。
⑥ 黎靖德编：《朱子语类》卷八十二，中华书局1994年版，第2142页。

《揭示古灵先生劝谕文》中写道："为吾民者，父义，兄友，弟敬，子孝，夫妇有恩，男女有别，子弟有学，乡闾有礼，贫穷患难，亲戚相救，婚姻死丧，邻保相助，无堕农桑，无作盗贼，无学赌博，无好争讼，无以恶凌善，无以富吞贫，行者逊路，耕者逊畔，班白者不负戴于道路，则为礼义之俗矣。以上同保之人今仰互相劝戒，孝顺父母，恭敬长上，和睦宗姻，周恤邻里，各依本分……保内如有孝子顺孙、义夫节妇，事迹显著，即仰具申，当依条旌赏。其不率教者，亦仰申举，依法究治。"① 在《晓谕兄弟争财产事》中专门针对父母健在、子孙"别籍异财"不良社会现象进行了批判："对照《礼经》，凡为人子，不蓄私财，而律文亦有别籍异财之禁。盖父母在上，人子一身尚非自己所能专有，岂敢私蓄财货，擅居田园，以为己物？此乃天性人心自然之理，先王制礼，后王立法，所以顺之而不敢违也。"当他听说建昌县刘珫兄弟、都昌县陈由仁兄弟不奉养母亲，"擅将家产私下指拨分并"时，一方面依法勒令刘、陈兄弟"依旧同居共财，上奉母亲，下率弟侄，协力家务，公共出纳"；另一方面又在县城张贴榜文，"晓示人户知委"，以儆效尤。②"慎终追远"是儒家孝论基本内涵之一，以"承流宣化"为职的朱熹在《晓谕居丧持服遵神礼律事》榜文中说："是以昔者先王制为丧礼，因人之情而节文之，其居处、衣服、饮食之间皆有定制。"③ 因此，父母尊长去世，子女应该服丧三年，"服粗布黪衫、粗布黪巾，系麻绖、著布鞋，不饮酒，不食肉，不入房室。如是三年，庶几少报劬劳，勉遵礼律，仰承圣化"。如果三年丧期未终，子女就"释服从吉若忘哀作乐"，判徒刑三年；"杂戏徒一年"；"即遇乐而听及参预吉席者，各杖一百。"④

① 朱熹：《揭示古灵先生劝谕文》，《朱熹集》卷一百，四川教育出版社1996年版，第5098—5099页。

② 朱熹：《晓谕兄弟争财产事》，《朱熹集》卷九十九，四川教育出版社1996年版，第5059—5060页。

③ 朱熹：《晓谕居丧持服遵神礼律事》，《朱熹集》卷一百，四川教育出版社1996年版，第5095页。

④ 朱熹：《晓谕居丧持服遵神礼律事》，《朱熹集》卷一百，四川教育出版社1996年版，第5096页。

第八章 法与德

“法”与“德”孰重孰轻，儒法两家观点为异。儒家力倡先德后刑、先教后杀，仁是法之内在文化精神。荀子援礼入法、以礼论法，有礼之法才是良法，无礼之法是恶法。与儒家思想相对，法家认为德来源于刑，仁义诚信是“有法之常”，无法则无德。儒家的理论缺陷在于空谈“老老、幼幼”社会大同理想，缺乏对实现社会大同理想途径的理论与制度设计。

汉代高标“以孝治天下”，并非空穴来风。儒家在先秦时代仅仅作为一种学派、一种思想学说而存在。但是，到西汉之后，情况发生了翻天覆地的变化。儒家思想上升为国家意识形态，并深刻而全方位地影响了汉代法律制度，行政法、民法、刑法和诉讼法都受到了儒家思想之浸润。值得注意的是，有些深刻影响汉代法律制度的儒家思想其实不是孔子原始儒家的思想，而是孔子七十子之徒或者汉代儒家之思想。有学者认为，《唐律》是集中国古代法律之大成者，承前启后，影响深远。一方面，《唐律》总结了历朝历代的立法精神与司法实践，使之系统化与完善化，成为有效调节各方面社会关系的法律规范；另一方面，《唐律》成为宋、元、明、清编纂法律与诠释律例的准则，历代“承用不废”。《唐律》的出现意味着中国传统法律制度儒家化进程的最终完成①，瞿同祖先生说：“古代法律可说全为儒家的伦理

---

① 参见俞荣根：《儒家法思想通论》，广西人民出版社 1998 年版。

思想和礼教所支配。”①

在“五四”与新文化运动中，以儒家孝道为核心的儒家思想受到了普遍的怀疑与批判。在这场以传播“民主”与“科学”、反对封建主义为宗旨的思想启蒙运动中，任何对传统文化的批判至少在社会政治层面上具有历史进步意义。它对于冲决思想网罗、清算旧有价值观念，功不可没。但是，在纯粹学术的层面上，我们也应当清醒地看到，在对以孔子为代表的儒家思想的批判上存在诸多片面与极端之处。所谓“片面之深刻”：一是未厘清孔子原始儒家与后世儒家之区别，简单化地将孔子等同于儒家，“符号化的孔子”大行于世，“历史的孔子”销声匿迹；二是未全面认识与把握孔子与儒家思想的内在精髓，“过度诠释”的现象时有发生。

一、“以刑去刑”：商鞅思想中的“法”与“德”

商鞅在历史上是一位备受争议的人物。贾谊认为“商君遗礼仪、弃仁恩，并心于进取”②。司马迁称其为“天资刻薄人也”。司马贞《史记索隐》：“刻谓用刑深刻，薄谓弃仁义，不悃诚也。”③ 纪昀的评价与司马迁如出一辙：“观于商鞅、韩非诸家，可以知刻薄寡恩之非。”④《淮南子·泰族训》也认为商鞅偏重刑法而弃绝道德，“今重法而弃义，是贵其冠履而忘其头足也”⑤。与此同时，数千年来对商鞅同情、理解甚至赞赏的衡评也不绝如缕。韩非将商鞅在历史上的贡献高度评价为“此亦功之至厚者也”。在韩非心目中，商鞅就是“圣人”⑥。韩非是历史上第一位、同时也是唯一一位称颂商鞅为“圣人”者，这与历代儒家对商鞅的评价可谓有云泥之别。章太炎先生撰有《商鞅》一文，为商鞅申二千多年来不白之冤：“商鞅之中于谗诽也二千年，而今世为尤甚。其说以为自汉以降，抑夺民权，使人君纵恣

① 瞿同祖：《中国法律与中国社会》，中华书局1981年版，第326页。

② 《汉书·贾谊传》。

③ 《史记·商君列传》。

④ 纪昀总纂：《四库全书总目提要》卷一百一“法家类”，河北人民出版社2000年版，第2565页。

⑤ 刘安著，高诱注：《淮南子·泰族训》，中华书局2006年版，《诸子集成》第7册，第364页。

⑥ 陈奇猷校注：《韩非子·奸劫弑臣》，上海古籍出版社2000年版，第287页。

者，皆商鞅法家之说为之倡。呜呼！是惑于淫说也甚矣。”[①]《商鞅》一文是章太炎为商鞅翻案的巨篇宏文，笔底波涛起伏，泄胸中之块垒，发前人之未发，对于还商鞅以历史本来面目大有裨助。其后牟宗三先生又立场鲜明地指出：商鞅“不坏”，“这样的法家是不坏的。商鞅是法家的典型”。法家是从申不害、韩非开始变坏的，其中缘由在于申不害的“术”与道家相结合，“法家也变坏了”[②]。孰是孰非？或谠论，或诽语，其间必有当而不可易者。商鞅思想与行事是一面多棱镜，立场与视角的不同，必然导致商鞅这一历史人物影像重叠杂乱。

（一）“德主刑辅”、“刑称罪”和“行刑重轻”

法家是伴随成文法的颁布和法的发展而产生的一个学派。现实之法是其研究对象，论证“法治”的合理性和努力使法理“法制”化，是其矻矻以求之目标。从现存文献分析，最早具有法学理论萌芽的作品是周初的《康诰》、《酒诰》和西周后期的《吕刑》。这些文献中关于法的理论，大抵还只限于施刑原则。春秋中晚期，随着社会变革运动的萌芽，社会变法实践和法之理论也逐渐发生与发展。司马子罕、子产、邓析等法家先驱者从不同角度阐释了对法与法制的认识，为法家思想体系的形成提供了极其宝贵的思想资料。但是，此时法家思想还没有真正形成一个完整的思想体系。迄至战国，随着社会改革的深入和立法运动的发展，李悝、商鞅、吴起、慎到、韩非等人在法学理论和司法实践方面的探索，奠定了法家思想的理论基础。

概而论之，在立法精神上，先秦时期存在着三种颇具代表性的观点：

首先是以孔子为代表的“德主刑辅”立法精神。“道之以政，齐之以刑，民免而无耻；道之以德，齐之以礼，有耻且格。”[③] 孔子推崇社会伦理教化的作用，认为经过人伦道德的感化，人人可以成为“恭、宽、信、敏、惠”伦理价值观的载体。换言之，伦理教化是可以改造人性的。当然，孔子并不是片面地强调伦理道德力量，而是主张以伦理教化为主，刑法威慑为

① 汤志钧编：《章太炎政论选集》上册，中华书局 1977 年版，第 68 页。

② 牟宗三：《中国哲学十九讲》，吉林出版集团有限责任公司 2010 年版，第 56—59 页。

③ 《论语 · 为政》。

辅，即所谓“德主刑辅”。因为“齐之以刑”只能格身，而“道之以德，齐之以礼”却可以“格心”，使人滋生出耻感，耻意味着对当下自我的否定与批判，意味着道德觉醒和对自我超越的渴求。所以《礼记·缁衣》云：“夫民，教之以德，齐之以礼，则民有格心；教之以政，齐之以刑，则民有遯心。”[①] 但是，商鞅对儒家这一观点提出了质疑：“仁者能仁于人，而不能使人仁；义者能爱于人，而不能使人爱。是以知仁义之不足以治天下也。”[②]仁者只能使自己成为仁者，无法使他人成为仁者。伦理教化的适用范围是有限的，法律的归法律，伦理的也归法律。韩非也批评儒家这种“德主刑辅”的理念主观上哀怜百姓，客观上伤害平民百姓。因为平民百姓往往“不蹶于山，而蹶于垤”[③]。因为山险，人们往往谨言慎行；孔子倡导“轻刑”，就像小石砾一样不引人注意，结果反而容易使人绊倒，陷入犯罪之深渊。所以韩非评论说：“是故轻罪者，民之垤也。是以轻罪之为民道也，非乱国也，则设民陷也，此则可谓伤民矣。”[④]

第二种立法精神是以荀子为代表的“刑称罪”思想。刑罚应当是对犯罪者所造成社会危害的同量报应，犯罪行为所造成的社会危害程度的大小决定着应给予犯罪者本人刑罚的轻与重，即刑与罪相当。“杀人者死，伤人者刑，是百王之所同也，未有知其所由来者也。刑称罪则治，不称罪则乱。”[⑤]班固评论说，如果杀人者不死，伤人者不刑，这是“惠暴而宽恶”[⑥]。法一旦丧失公平、正义道德依托，只会沦落为为虎作伥的工具。“以罪量刑”理论虽然把刑罚的目的也集中于犯罪者本身，但在客观上也具有预防犯罪的社会意义和作用——既具有使犯罪者本人不再犯罪的特殊预防作用，又具有警戒一切有犯罪动机者不轻易走向犯罪的社会功效，即具有一般预防性作用，

---

① 孙希旦：《礼记集解·缁衣》，中华书局1989年版，第1323页。郭店楚简《缁衣》的记载可与传世文献互证：“子曰：长民者教之以德，齐之以礼，则民有劝心。教之以政，齐之以刑，则民有免心。”上海博物馆藏楚简《缁衣》简十三同，只是个别文字有所不同。

② 《商君书·画策》，高亨：《商君书注译》，清华大学出版社2004年版，下同。

③ 陈奇猷：《韩非子新校注·六反》，上海古籍出版社2000年版，第1012页。

④ 陈奇猷：《韩非子新校注·六反》，上海古籍出版社2000年版，第1012页。

⑤ 《荀子·正论》，王先谦：《荀子集解》，诸子集成本，中华书局2006年版，下同。

⑥ 《汉书·刑法志》。

同时也可以在全社会成员中起到法制教育的效果[①]。基于此，班固对荀子的立法思想给予了高度评价："善乎！孙卿之论刑也。"[②]"以罪量刑"思想在法律文化史上比较先进，先秦时期的荀子思想就已蕴涵着些许类似近现代西方法学理论的基本理念，彰显出春秋战国时代百家争鸣所达到的法律文化高度。

第三种立法精神是以商鞅、韩非为代表的"行刑重轻"理论。"故行刑重其轻者，轻者不生，则重者无从至矣。"[③]"行刑重轻，刑去事成，国强；重重而轻轻，刑至事生，国削。"[④]"重刑明民，大制使人，则上利。行刑，重其轻者，轻者不至，重者不来，此谓以刑去刑。"[⑤]刑与罪切不可相当，如果刑罚是对犯罪者所造成社会危害的同量报应，这种同量报应既对犯罪者本人起不到惩罚作用，对社会大众也起不到教育功效。因此，只有在量刑之时，使所施加的刑罚重于所犯的罪过，"轻罪重刑"，才能达到教育与感化的社会目的。韩非进一步辩解说："公孙鞅之法也重轻罪。重罪者，人之所难犯也；而小过者，人之所易去也。使人去其所易，无离其所难，此治之道。夫小过不生，大罪不至，是人无罪而乱不生也。"[⑥]刑与罪相当只对君子有效，对芸芸众生适得其反。"轻罪重罚"既适用于君子，也适用于小人。对"弃灰于公道者"断其手，才能达到"轻者不至，重者不来"[⑦]的社会目的。不仅如此，在商鞅、韩非看来，"治世之道"是一种历史的必然性。换言之，是历史决定了"治世之道"，而非人凭空杜撰"治世之道"。在历史规律面前，人应当顺应、遵循，而非盲目"法古"或"循今"。神农

① 荀子并不反对重刑，关键在于刑与罪是否相称。《荀子·正论》云："以为人或触罪矣，而直轻其刑，然则是杀人者不死，伤人者不刑也。罪至重而刑至轻，庸人不知恶矣，乱莫大焉。凡刑人之本，禁暴恶恶，且惩其未也。杀人者不死，而伤人者不刑，是谓惠暴而宽贼也，非恶恶也。故象刑殆非生于治古，并起于乱今也。……夫德不称位，能不称官，赏不当功，罚不当罪，不祥莫大焉。昔者武王伐有商，诛纣，断其首，县之赤旆。夫征暴诛悍，治之盛也。杀人者死，伤人者刑，是百王之所同也，未有知其所由来者也。刑称罪，则治；不称罪，则乱。故治则刑重，乱则刑轻，犯治之罪固重，犯乱之罪固轻也。"

② 《汉书·刑法志》。

③ 《商君书·说民》。

④ 《商君书·去疆》。

⑤ 陈奇猷：《韩非子新校注·饬令》，上海古籍出版社2000年版，第1174页。

⑥ 陈奇猷：《韩非子新校注·内储说上》，上海古籍出版社2000年版，第587页。

⑦ 陈奇猷：《韩非子新校注·内储说上》，上海古籍出版社2000年版，第587页。

之世，男耕女织，“刑政不用而治，甲兵不起而王”[①]。制度、法律和伦理皆未创设，人类处于茫昧无知、“民知其母而不知其父”的时代；黄帝之世，人类已进入恃强凌弱的争斗时代，于是黄帝“作为君臣上下之义，父子兄弟之礼，夫妇妃匹之合”[②]。伦理道德、政治制度和法律制度顺时而生。神农和黄帝所处时代不一，然而皆“王天下”，其中的原因在于“宜其时”。商鞅反复多次提及“时”，所使用的语词有“时诡”、“时异”、“时变”、“后于时”、“当时”、“当此之时”、“宜其时”等。商鞅之“时”与庄子思想中的“时”，多有相通之处[③]，都是指称人无法逃避的当下社会大环境，是“足以逞其能”[④]的一种外在必然性。缘此，在当今“争于气力”之世推行“轻罪重刑”，也是“当时而立法，度务而制事”[⑤]的历史必然。

先秦诸子大多将其思想体系之“大厦”建基于人性论基石之上，商鞅也是如此。除了从“时”与治国之道关系角度论证“轻罪重刑”存在正当性之外，力图从人性论层面论证其立法思想合理性，也是商鞅思想体系内在逻辑之表现。商鞅认为，治国贵在“察治民之情”[⑥]，韩非也说“凡治天下，必因人情”[⑦]。“情”、“生”、“性”含义相同，相互通假。缘此，人性基本内涵与特点何在？“民之生，度而取长，称而取重，权而索利。”[⑧]商鞅的人性论可称为“人性好利”，与荀子“人性本恶”不同，与韩非也有一些区别。“名利之所凑，则民道之。”[⑨]“民之性，饥而求食，劳而求佚，苦则索乐，辱则求荣，此民之情也。民之求利，失礼之法；求名，失性之常。”[⑩]“利”的基本内涵为钱财、爵位和声名。对利之追求，是人与生俱来的渴

① 《商君书·画策》。

② 《商君书·画策》。

③ 《庄子·秋水》云：“我讳穷久矣而不免，命也；求通久矣而不得，时也。当尧舜而天下无穷人，非知得也；当桀纣而天下无通人，非知失也；时势适然。”时同命一样，是制约人的本性得以充分展现的一种客观力量，或者说是一个包括政治、法律、道德各方面的全部社会大环境。

④ 《庄子·山木》。

⑤ 《商君书·六法》。

⑥ 《商君书·壹言》。

⑦ 陈奇猷：《韩非子新校注·八经》，上海古籍出版社2000年版，第1045页。

⑧ 《商君书·算地》。于鬯《香草续校书》释“生”：“生读为性”。

⑨ 《商君书·算地》。

⑩ 《商君书·算地》。

求，“民生则计利，死则虑名”[①]。在商鞅思想体系中，“利”基本上是一中性词。利之具体内涵无所谓善恶，但求取“利”之途径、方式和手段则有善恶、对错、是非之分，“名利之所出，不可不审也”[②]。既然如此，政府应当对人性基本欲求进行操控、引导和支配，“主操名利之柄”[③]。把人性对名利的渴求与国家大政方针紧密结合，商鞅为此专门提出一个概念——“利出一孔”[④]。“一孔”指耕战，全国大众实现毕生理想的唯一途径就是战功与农耕，舍此之外，别无他途。“故民，可令农战，可令游宦，可令学问，在上所与。上以功劳与，则民战；上以《诗》、《书》与，则民学问。民之于利也，若水之于下也，四旁无择也。”[⑤] 战争与农耕，人皆畏惧与厌恶，都想避而远之，但实现人生理想的唯一途径恰恰就在于此。政府要达到既要“御民之志”[⑥] 又要国家富强之奋斗目标，在价值导向、奋斗目标与法律法规层面，就必须奉行“轻罪重罚”政策。“夫民之从事死制也，以上之设荣名、置赏罚之明也，不用辩说私门，而功立矣。”[⑦] 在理论层面，商鞅为其“轻罪重罚”思想所作的辩护并未到此结束。商鞅进一步推论：如果法的推行能始终如一贯彻公平、公正原则，“不别亲疏，不殊贵贱，一断于法”[⑧]，秦国就可臻至相对公平、公正的理想社会环境，“上下之称平”[⑨]。平民大众因法之公平、公正，在心理上也就可以获得“乐”之愉悦：“以刑治，民则乐用；以赏战，民则轻死。”[⑩] 重刑、战争本来是人所畏惧之事，但人人“喜农而乐战也”[⑪]。之所以如此，这和政府弘扬的价值观紧密相关：“见上之尊农战之士，而下辩说技艺之民，而贱游学之人也。”[⑫] 归心于农战，可

---

① 《商君书·算地》。
② 《商君书·算地》。
③ 《商君书·算地》。
④ 《商君书·弱民》。
⑤ 《商君书·君臣》。
⑥ 《商君书·错法》。
⑦ 《商君书·壹言》。
⑧ 《史记·太史公自序》。
⑨ 《商君书·算地》。
⑩ 《商君书·弱民》。
⑪ 《商君书·壹言》。
⑫ 《商君书·壹言》。

以获得人生的尊严，实现富贵荣华之世俗生活目标；从事于工商、游说与学问，只能处于贫且贱的社会地位。既然如此，平民大众在“刑治”与“赏战”面前，将恐惧之心理转化为顺应、认同，实现富且贵的人生目标，进而享受人生之乐。程颢、程颐兄弟当初投师于周敦颐门下时，周敦颐劈头问道：孔颜乐处，所乐何事?[①] 二程兄弟（当时程颢15岁、程颐14岁）对此百思不得其解。其实青年时代的周敦颐对这一接引学人的话语也是懵懂无识，求解于佛印元禅师，禅师仅以偈语作答：“满目青山一任看。”[②] 周子和二程皆至中年方体悟“诚”、“静”乃是此公案之谜底。只有“尽人之性”、“尽物之性”，方能臻于“参赞天地之化育”、“天地合参”的生命境界，才能体悟生命之乐。法家和儒家都谈生命之乐，但所“乐”之内涵、目标与境界大异其趣。

（二）“前刑而法”：商鞅“重刑主义”的基本内涵

“夫先王之禁，刺杀、断人之足、黥人之面，非求伤民也，以禁奸止过也。”[③] 用死刑、刖刑、黥刑等重刑处罚罪犯，其目的并不仅仅在于惩罚犯罪者本人，更重要的是希望借助重刑对全社会民众起到预防犯罪的功效。商鞅“轻罪重刑”法律思想并非单纯停留于形而上哲思层面。商鞅治秦二十余年，其思想早已影响并大多转化为法律法规。商鞅虽死，“秦法未败”[④]。商鞅思想不仅在其佐秦时期产生了重大社会影响，而且一直影响着商鞅死后秦国、秦朝乃至中国古代的法律思想与法律制度。总括其成，商鞅“重刑主义”法律思想由三个层面的内涵构成：

1. “轻罪重刑”

例一：“五人盗，臧（赃）一钱以上，斩左止，有（又）黥以为城旦；不盈五人，盗过六百六十钱，黥（劓）以为城旦；不盈六百六十到二百廿钱，黥为城旦；不盈二百廿以下到一钱，（迁）之。求盗比此。”[⑤] 五人合伙

---

① 程颢、程颐：《河南程氏遗书卷第二》，《二程集》，中华书局2004年版，第16页。

② 忽滑谷快天等：《中国禅学思想史》，上海古籍出版社1994年版，第552页。

③ 《商君书·赏刑》。

④ 陈奇猷：《韩非子新校注·定法》，上海古籍出版社2000年版，第959页。

⑤ 睡虎地秦墓竹简整理小组：《睡虎地秦墓竹简·法律答问》，文物出版社1978年版，第150页。

行窃，赃物在一钱以上，断去左足，并黥为城旦；不满五人，所盗超过六百六十钱，劓为城旦；不满六百六十钱而在二百二十钱以上，黥为城旦；不满二百二十钱而在一钱以上，加以流放。秦律这一条款，后来在汉初法律中也有所体现："盗臧（赃）直（值）过六百六十钱，黥为城旦舂。六百六十到二百廿钱，完为城旦舂。不盈二百廿以到百一十钱，耐为隶臣妾。不盈百一十钱到廿二钱，罚金四两。不盈廿二钱到一钱罚金一两。"① 与秦律相比照，汉代《盗律》不仅所适用的刑罚基本雷同，而且文句也基本相似。

例二："或盗采人桑叶，臧（赃）不盈一钱，可（何）论？赀繇（徭）三旬。"② 偷摘桑叶者，即使赃值不足一钱，也要罚服徭役三十天。类似轻罪重罚的司法案例在汉律中也有反映："异时鲁法，盗一钱到廿，罚金一两；过廿到百，罚金二两。过百到二百，为白徒；过二百到千，完为倡。有（又）曰：诸以县官事訑其上者，以白徒罪论之；有白徒罪二者，驾（加）其罪一等。白徒者，当今隶臣妾；倡，当城旦。今佐丁盗粟一斗，直（值）三钱，柳下季为鲁君治之，论完丁为倡，奏鲁君。君曰：盗一钱到廿钱罚金一两，今佐丁盗一斗粟，直（值）三钱，完为倡，不已重虖（乎）？柳下季曰：吏初捕丁来，冠鉥（鹬）冠，臣案其上功牒，署能治礼。濡（儒）服。夫濡（儒）者君子之节也，礼者君子学也，盗者小人之心也。今丁有宵（小）人之心，盗君子节，有（又）盗君子学，以上功再訑其上，有白徒罪二，此以完为倡。君曰：当哉！"③ 汉简记载了春秋时期鲁国发生的一次盗窃案的审判情况。依照鲁国法律，盗一钱至廿钱的，罚金一两。柳下惠却判犯罪的"佐丁"为"倡"，即依照盗二百至一千钱的标准处罚偷盗者。理由在于此人以儒者君子自居，却无儒者君子之德，对这种盗名欺上之"乡愿"应予以重罚，罪加一等。汉简虽然记载的是鲁国柳下惠的一个司法案例，但作为"谳"已成为汉代案例法的一部分。

---

① 张家山二四七号汉墓竹简整理小组：《张家山汉墓竹简（二四七号墓）》，文物出版社 2001 年版，第 141—142 页。

② 睡虎地秦墓竹简整理小组：《睡虎地秦墓竹简·法律答问》，文物出版社 1978 年版，第 154 页。

③ 张家山二四七号汉墓竹简整理小组：《张家山汉墓竹简（二四七号墓）〈奏谳书〉释文注释》，文物出版社 2001 年版，第 226—227 页。

2. “相坐之法”

“罪人不孥”[①] 是儒家一以贯之的法律精神，儒家这一法律思想的源头活水出自《尚书·康诰》周公告诫之辞，后来在孔子、孟子、荀子、朱熹思想中得到发扬光大。朱熹《集注》云：“孥，妻子也。恶恶止其身，不及妻子也。”[②] 法家“相坐之法”与儒家“罪人不帑，不诛无罪”相比，显然有天壤之别。《史记·商君列传》云：“令民为什伍，而相牧司连坐，不告奸者腰斩。”[③] 商鞅变法期间，在秦国普遍推行连坐制。连坐制是一非常重要的政治与法律制度，关系到“法胜民”抑或“民胜法”。“用善则民亲其亲，任奸则民亲其制。”[④] 将全国平民大众定性为“奸民”，鼓励相互告发，“必治至疆”[⑤]。反之，将人民定性为“良民”，彰显善德懿行，亲亲相隐，“必乱至削”[⑥]。韩非对商鞅的“相坐之法”给予高度评价：“是故夫至治之国，善以止奸为务。”[⑦] 值得注意的是，在商鞅看来，连坐不仅是一治国之道，而且足可以改造人性、重塑人性：“重刑而连其罪，则褊急之民不斗，很刚之民不讼，怠惰之民不游，费资之民不作，巧谀、恶心之民无变也。”[⑧] 褊急、很刚、怠惰、费资和巧谀、恶心之民在重刑连坐之下，有望变易其性、改恶从善、祛除“奸心”。普天之下既然“无奸”，人人皆成“良民”、善民，不仅“草必垦”，“民亲其制”[⑨] 也遥遥可期。

商鞅倡导的“相坐之法”在出土文献中一再得到证实：

例一，《史记·商君列传》司马贞《索隐》云：“牧司谓相纠发也。一家有罪而九家连举发，若不纠举，则十家连坐，恐变令不行，故设重禁。”[⑩] 司马贞这一注解有疏误，商鞅变法推行的地方基层居民组织不是以十家为一行政单位，而是以五家为一单位，所以秦简一般称呼居民为“士伍”。一家

---

① 《孟子·梁惠王章句下》，焦循：《孟子正义》，中华书局 2006 年版，第 79 页。

② 朱熹：《孟子集注·梁惠王下》，《四书章句集注》，中华书局 1983 年版。

③ 《史记·商君列传》

④ 《商君书·说民》。

⑤ 《商君书·说民》。

⑥ 《商君书·说民》。

⑦ 陈奇猷：《韩非子新校注·制分》，上海古籍出版社 2000 年版，第 1124 页。

⑧ 《商君书·垦令》。

⑨ 《商君书·说民》。

⑩ 《史记·商君列传》。

有罪，同伍的其他四家有告发之义务，否则将受株连。秦简《法律答问》云："可（何）谓'四邻'？'四邻'即伍人谓殹（也）。"① "伍邻"有犯罪者，不仅居民有纠发之责任，而且地方基层行政首脑也有告发之义务，否则将受株连。秦简《傅律》规定："匿敖童，及占癃不审，典、老赎耐。"② 按照秦国法律，十七岁傅籍。如果敖童已到傅籍的年龄，乡典、伍老隐匿不报，将受到"赎耐"责罚；秦制无爵男子六十岁免老，乡典、伍老申报需免除徭役的残疾人不符合实情，也将受到"赎耐"责罚。

例二，《商君书·境内》云："其战也，五人束簿为伍，一人羽而轻其四人，能人得一首则复。"什伍制既是地方基层行政组织，也是军队基层组织。一人逃亡，同伍的其他四位士兵将受株连。如果军官战死沙场，士兵也要受到责罚。"战及死吏，而轻短兵，能一首则优。"③ 商鞅这一法令在出土文献中也多有反映，《秦律杂抄》载："战死事不出，论其后。有（又）后察不死，夺后爵，除五人；不死者归，以为隶臣。"④ 在战场上宁死不屈，可将爵位传授给烈士之子。如果后来发觉该人未死，事迹是凭空杜撰的，不仅要将其处以"隶臣"刑罚，褫夺其子的爵位，而且同伍的四人也将受到惩治。

例三，"相坐之法"的实质是无罪也罚，这一点在家属连坐中体现得尤其明显。《史记·商君列传》云："事末利及怠而贫者，举以为收孥。"司马贞《索隐》云："以言懈怠不事事之人而贫者，则纠举而收录其妻子，没为官奴婢，盖其法特重于古也。"⑤ 凡因从事工商业者和因懒惰不肯致力耕战而家贫者，政府可将其全家收录为官奴婢。商鞅把连坐法适用范围扩大到非刑事犯罪领域，对并未犯法的行为视同犯法，对无罪者予以刑罚惩治。家属连坐作为"相坐之法"一种，在出土文献中一再得到证实。在秦简中，家属连坐以户为限。一人有罪，同居、同室、同户之人皆连坐。秦简《法律答问》云："可（何）谓'室人'？可（何）谓'同居'？'同居'，独户母

---

① 睡虎地秦墓竹简整理小组：《睡虎地秦墓竹简·法律答问》，文物出版社 1978 年版，第 194 页。

② 睡虎地秦墓竹简整理小组：《睡虎地秦墓竹简·法律答问》，文物出版社 1978 年版，第 194 页。

③ 《商君书·境内》。

④ 睡虎地秦墓竹简整理小组：《睡虎地秦墓竹简·秦律杂抄》，文物出版社 1978 年版，第 146 页。

⑤ 《史记·商君列传》。

之谓殴（也）。‘室人’，一室，尽当坐罪人之谓殴（也）。”[①]“独户母”指一户中同母之人，“室人”指全家老幼。一人犯罪，全家“坐罪”。“削（宵）盗，臧（赃）直（值）百十一，其妻、子智（知），与食肉，当同罪。”[②]“削（宵）盗，臧（赃）直（值）百五十，告甲，甲与其妻、子智（知），共食肉，甲妻、子与甲同罪。”[③]这两件案例基本相似，一人犯盗窃罪，家属中其他人虽未参与盗窃，但知情并且“共食肉”，家属被视同盗窃共犯，绳之以家属连坐法。如果一人犯罪，其他家属没有参与犯罪而且不知情，是否也适用于家属连坐？“夫盗千钱，妻所匿三百，可（何）以论妻？妻智（知）夫盗而匿之，当以三百论为盗；不智（知），为收。”[④]“夫盗三百钱，告妻，妻与共饮食之，可（何）以论妻？非前谋殴（也），当为收；其前谋，同罪。夫盗二百钱，妻所匿百一十，何以论妻？妻智（知）夫盗，以百十一为盗；弗智（知），为守臧（赃）。”[⑤]从这两条史料可以得知，丈夫行窃，妻子虽未参与，但知情且帮助藏匿赃款或花费赃款，视同盗窃共犯；如果妻子既未参与盗窃，又不知情，将被“收”为官奴婢。此处之“收”与“举以为收孥”之“收”含义相同，《盐铁论》“秦有收帑之法”[⑥]记载，足以作为佐证。汉代儒生尝言：“今以子诛父，以弟诛兄，亲戚相坐，什伍相连，若引根本之及华叶，伤小指之累四体也。如此，则以有罪反诛无罪，无罪者寡矣。”[⑦]家属连坐法的本质就是无罪也罚，伤及无辜。汉代学者“以有罪反诛无罪”的评论非常深刻，在这一法律条文背后，隐伏着一大逻辑预设：人人皆是“奸民”。“国以奸民治善民者，必治至疆。”[⑧]从这一逻辑预设出发，在社会后果上造成“无罪者寡”悲惨局面已是大势所趋。

① 睡虎地秦墓竹简整理小组：《睡虎地秦墓竹简·法律答问》，文物出版社1978年版，第238页。
② 睡虎地秦墓竹简整理小组：《睡虎地秦墓竹简·法律答问》，文物出版社1978年版，第158页。
③ 睡虎地秦墓竹简整理小组：《睡虎地秦墓竹简·法律答问》，文物出版社1978年版，第158页。
④ 睡虎地秦墓竹简整理小组：《睡虎地秦墓竹简·法律答问》，文物出版社1978年版，第157页。
⑤ 睡虎地秦墓竹简整理小组：《睡虎地秦墓竹简·法律答问》，文物出版社1978年版，第157页。
⑥ 桓宽：《盐铁论·周秦》，王利器校注：《盐铁论校注》，天津古籍出版社1983年版，第600页。
⑦ 桓宽：《盐铁论·周秦》，王利器校注：《盐铁论校注》，天津古籍出版社1983年版，第599页。
⑧ 《商君书·去强》。

3. “刑用于将过”

从现代法理分析，犯罪行为本身存在着一个由始至终的发生、发展过程。就每一具体犯罪行为而言，从产生犯罪动机到预备犯罪，再从实施犯罪到犯罪完成，前后存在着四个不同性质的演进阶段，对于不同阶段的犯罪应有严格的区分和不同的法律裁评。但是，商鞅的法理逻辑与众不同，他将已遂犯和预备犯、未遂犯等同看待并处以同样的刑罚：“刑加于罪所终，则奸不去。赏施于民所义，则过不止。刑不能去奸，而赏不能止过者，必乱。故王者刑用于将过，则大邪不生；赏施于告奸，则细过不失。”① 深谙治国之道的国家，刑罚与赏赐的标准、目标与众不同。依照儒家礼法，犯了重罪才施用刑罚，结果奸民如雨后春笋，防不胜防；赏赐只用于仁义诚信之行，犯罪现象层出不穷。刑罚不能消弭犯罪现象，赏赐不能根除犯罪行为，国家终将大乱。圣明之君善于把刑罚用在民众图谋犯罪、但还没有付诸行动之际。缘此，商鞅主张在预备犯罪阶段，即在犯罪行为完成前的各个发展阶段，制止犯罪行为的发展，并将“犯人”交付审判，处以与已遂犯同等的刑罚，杀一儆百，收到预防犯罪的社会功效。从现代法学理论的高度分析，预备犯罪是犯罪行为的组成部分，应负相应的刑事责任。如果犯罪行为在预备犯罪阶段就被阻止了，或者自动中止了，就不会产生或不会完全产生危害社会的后果。因此在量刑上，就应该从轻处罚，或者免除其刑罚，即处罚预备犯罪应该轻于已遂犯罪。但是，商鞅为了达到“大邪不生”、“细过不失”的社会终极目标，在量刑原则和施刑标准上，将未遂犯和已遂犯等同为一，施予同样性质的刑罚。这种“刑用于将过”的法学思想，实质上开创了“思想犯罪”的先例，对秦和秦以后古代社会的法律文化产生了极其深远的影响：

例一，“甲谋遣乙盗，一日，乙且往盗，未到，得，皆赎黥。”② “赎黥”是秦律对普通盗窃犯罪施予的常刑。但是，这是一件合谋盗窃案，甲乙共同策划预谋，甲派乙去行窃，未到达盗窃地点就被擒获，甲乙本应属于盗窃未遂犯。但结果甲乙两人均受到与盗窃已遂犯同样的“赎黥”刑罚。这一司法案例的法理依据，就是本于商鞅关于未遂犯与已遂犯同罪的理论。秦简

① 《商君书·开塞》。

② 睡虎地秦墓竹简整理小组：《睡虎地秦墓竹简·法律答问》，文物出版社1978年版，第152页。

《法律答问》记载的另一件案例，也颇具典型意义：“‘抉钥（钥），赎黥’。可（何）谓‘抉钥（钥）’？抉钥（钥）者已抉启之乃为抉，且未启亦为抉？抉之弗能启即去，一日而得，论皆可（何）殹（也）？抉之且欲有盗，弗能启即去，若未启而得，当赎黥。抉之非欲盗殹（也），已启乃为抉，未启当赀二甲。”[①] 如何对“抉钥”者行为裁评并量刑？关键在于“抉钥”者的主观动机。如果“抉钥”的动机在于盗窃，“欲有盗”，即使未撬开门锁，或虽撬开门锁但在偷盗之前被擒获，皆被视同犯罪，应判处“赎黥”。犯罪动机决定犯罪与否，预想的事实等同于实际的必然。犯罪未遂被视同犯罪之律文，在汉简中也出现：“相国上内史书言，请诸（诈）袭人符传出入塞之津关，未出入而得，皆赎城旦舂；将吏智（知）其情，与同罪。”[②] “越邑里、官市院垣，若故坏决道出入，及盗启门户，皆赎黥。”[③] 私自翻越邑里、官市墙垣与关塞未遂，仍然被判处“赎城旦舂”或“赎黥”之刑。赎刑在西汉是对轻微罪行所施加刑罚，但对主观犯罪施刑，不可不谓酷烈。

例二，“实官户扇不致，禾稼能出，廷行事赀一甲。”[④] 又，“实官户关不致，容指若抉，廷行事赀一甲”[⑤]。这是有关防止仓库粮食损耗的法律条文，它的前提是把损耗粮食看成是犯罪行为，然而它又规定如果仓库门扇不紧严，以至于有可能漏失粮食，当事人就要被处以“赀一甲”的刑罚。这实际上是把损失粮食的可能性和损失粮食的事实完全等同为一，都一律看成是犯罪行为，这同商鞅“刑用于将过”的理念完全吻合。张家山汉简《二年律令·盗律》也有这样一条法规：“劫人、谋劫人求钱财，虽未得若未劫，皆磔之；罪其妻子，以为城旦舂。其妻子当坐者偏（徧）捕，若告吏，吏捕得之，皆除坐者罪。”[⑥] 犯“劫人”罪者，包括只是有此图谋而尚未实

---

① 睡虎地秦墓竹简整理小组：《睡虎地秦墓竹简·法律答问》，文物出版社1978年版，第164页。

② 张家山二四七号汉墓竹简整理小组：《张家山汉墓竹简（二四七号墓）〈二年律令〉释文注释》，文物出版社2001年版，第207页。

③ 张家山二四七号汉墓竹简整理小组：《张家山汉墓竹简（二四七号墓）〈二年律令〉释文注释》，文物出版社2001年版，第157页。

④ 睡虎地秦墓竹简整理小组：《睡虎地秦墓竹简·法律答问》，文物出版社1978年版，第215页。

⑤ 睡虎地秦墓竹简整理小组：《睡虎地秦墓竹简·法律答问》，文物出版社1978年版，第215页。

⑥ 张家山二四七号汉墓竹简整理小组：《张家山汉墓竹简（二四七号墓）〈二年律令〉释文注释》，文物出版社2001年版，第144页。

施犯罪者，都要处以磔刑。磔刑与弃市、腰斩皆属死罪，但磔刑比弃市、腰斩更为酷烈。而且案犯的妻子也要被株连，罚为刑徒。犯“劫人”罪者被处以死刑在古代社会无可厚非，但“谋劫人”仅仅只有犯罪动机或预谋，尚未具体实施犯罪，在量刑原则与施刑标准上居然与“劫人”罪犯一致。这一律令存在的合法性，来源于商鞅“刑用于将过”立法精神。

把本属于伦理道德范畴的问题与属于法律范畴的问题合二为一，用刑法强制手段来解决伦理道德纠纷，这是商鞅“刑用于将过”法律文化的另一重涵义。商鞅认为，“治民能使大邪不生，细过不失，则国治”[①]。他不相信刑罚以外的一切教育、规劝手段的社会功效，认为只有对那些仅有“细过”之类的不道德行为施用刑罚手段，才能遏制住这些有“细过”者沦落为严重危害社会的“大奸”、“大邪”和惯犯。对这些实际上只属于伦理道德范畴的行为，施加比较轻微的“小诛”，实际上也是“重刑主义”法律文化的表现之一，何况在现实生活中他们所得到的并不仅仅是“小诛”。商鞅这种用刑罚手段来解决伦理道德纠纷的思想，在秦律中已得到证实。秦简《封诊式》有一份“爰书”记载：“某里士伍甲告曰：‘甲亲子同里士五（伍）丙不孝，谒杀，敢告。’”[②] 这是一自诉案件，官府闻讯后立即派令史前去捉拿与审讯，审讯结果为“甲亲子，诚不孝甲所，毋（无）它坐罪”[③]。商鞅变法时颁布过《分户令》，父子不同居，“民有二男以上不分异者，倍其赋”[④]。“爰书”说甲与丙同里，然而不同户，各自独立生活。尽管如此，父亲控告儿子不孝，并要求司法官吏“谒杀”，将不孝之子处以死刑，司法机关依法受理了此自诉案件，并派人逮捕丙。由此可知，秦自商鞅变法后一直存在“不孝处死”的法律规定。用司法强制手段来解决伦理道德纠纷，在汉简中也有所反映：“□母妻子者，弃市。其悍主而谒杀之，亦弃市；谒斩若刑，为斩、刑之。其□诟詈主、主父母妻□□□者，以贼论之。”[⑤] “妇贼

① 《商君书·开塞》。

② 睡虎地秦墓竹简整理小组：《睡虎地秦墓竹简·封诊式》，文物出版社1978年版，第263页。

③ 睡虎地秦墓竹简整理小组：《睡虎地秦墓竹简·封诊式》，文物出版社1978年版，第263页。

④ 《史记·商君列传》。

⑤ 张家山二四七号汉墓竹简整理小组：《张家山汉墓竹简（二四七号墓）〈二年律令〉释文注释》，文物出版社2001年版，第140页。

伤、殴詈夫之泰父母、父母、主母、后母，皆弃市。”[①]“殴兄、姊及亲父母之同产，耐为隶臣妾。其□诟詈之，赎黥。”[②]先秦的刑罚体系由“刑”与“罚”组成，《尚书·吕刑》云：“两造具备，师听五辞；五辞简孚，正于五刑。五刑不简，正于五罚。”[③]“刑”专指死刑和肉刑等重罪，“罚”针对“罪之小者”。根据五服关系远近，“诟詈”他人者或弃市、或赎黥。礼、法合一，“改法为律”，是商鞅“刑用于将过”思想的起源。瞿同祖先生在论述中国法律的儒家化进程时，对秦、汉法律性质的探讨可谓一言中鹄：“秦、汉之法律为法家所拟定，纯本于法家精神。”[④]至少在汉武帝之前，法律文化的内在文化精神是法家，而非儒家。

（三）“以刑去刑”、“至德复立”

行笔至此，使人容易得出这样一个结论：商鞅思想在本质上废灭文化、遗弃道德。换言之，商鞅思想反道德文化。在学术史上，确实也有人如此批评过商鞅。譬如，贾谊就指责商鞅“遗礼仪、弃仁恩，并心于进取，行之二岁，秦俗日败”[⑤]。平心而论，贾谊的针砭并非纯粹空穴来风，因为在《商君书》中可以发现大量的批判、抹煞甚至灭绝道德与文化的言辞：

“六虱：曰礼、乐；曰《诗》、《书》；曰修善、曰孝弟；曰诚信、曰贞廉；曰仁、义；曰非兵、曰羞战。国有十二者，上无使农战，必贫至削。十二者成群，此谓君之治不胜其臣，官之治不胜其民，此谓六虱胜其政也。”[⑥]

“辩慧，乱之赞也；礼乐，淫佚之徵也；慈仁，过之母也；任举，奸之鼠也。乱有赞则行，淫佚有徵则用，过有母则生，奸有鼠则不止。八者有群，民胜其政；国无八者，政胜其民。民胜其政，国弱；政胜其民，

① 张家山二四七号汉墓竹简整理小组：《张家山汉墓竹简（二四七号墓）〈二年律令〉释文注释》，文物出版社2001年版，第140页。

② 张家山二四七号汉墓竹简整理小组：《张家山汉墓竹简（二四七号墓）〈二年律令〉释文注释》，文物出版社2001年版，第140页。

③ 《尚书·吕刑》，黄怀信：《尚书注训》，齐鲁书社2002年版，第396页。

④ 瞿同祖：《中国法律与中国社会》，中华书局2003年版，第357页。

⑤ 《汉书·贾谊传》。

⑥ 《商君书·靳令》。

兵强。"[①]

商鞅把仁义诚信孝悌等称为"六虱"，这与韩非"五蠹"提法有异曲同工之处。但是，两者之间也有区别。韩非明确点明"儒者"是"五蠹"之一，是必须"灭"的。但是，在整部《商君书》中，从未提及"孔子"、"孔丘"，也没有"儒"或"儒者"概念。这说明商鞅及其后学所批评的对象并非单纯针对孔子学说，而是针对当时社会上普遍流行的、占主导地位的价值观与主流文化。《靳令》篇所说的"非兵"、"羞战"，也很难说专门针对儒家学派，因为墨家和公孙龙也有类似的思想。至于《靳令》篇的"贞廉"、《说民》篇的"任举"，儒家和墨家都有类似共同的主张。商鞅之所以猛烈抨击礼、乐、仁、义、诚、信、孝、悌主流文化与价值观，有其深刻的社会历史背景。细而论之，盛行于世的礼乐文化和价值观与秦国力行的治国方略相抵牾，甚至水火不容。当年商鞅四见秦孝公，先以"帝王之道"游说，结果"未中旨"，然后以"强国之术说君"，孝公才"大说之"[②]。孝公追求的是"各及其身显名天下"，既然如此，不用极端手段就无法达到这一社会目标。所谓"极端手段"，就是将秦国变成一座军营，用什伍军事组织方式把全国人民组织起来，只用一种文化（"壹教"）来教育平民百姓，"壹教"的具体内容就是"以法为教"、"以吏为师"。顾颉刚先生认为，秦始皇借助刑罚的裁制，不允许人民读书；汉武帝通过利禄的诱引，只允许人民读一种书。结果"始皇失败了，武帝成功了"[③]。其实秦国与秦王朝并非不允许人民读书，而是只允许人民读一种书，即"以法为教"的"壹教"。凡是符合"利出一孔"治国大略的价值观与文化都是合法的；反之，都是非法的，都是"淫道"。"淫道必塞"[④]，否则"学者成俗，则民舍农"[⑤]。

但是，必须点明的是，将道德文化斥为"六虱"、"淫道"，只是秦国特殊时期的特殊文化政策。在"当今争于气力"的时代，要想彻底扭转"诸

---

① 《商君书·说民》。《韩非子·二柄》称"任贤，则臣将乘于贤以劫其君"，与《商君书·说民》"任举"近似。

② 《史记·商君列传》。

③ 顾颉刚：《秦汉的方士与儒生》，上海世纪出版集团2005年版，第36页。

④ 《商君书·外内》。

⑤ 《商君书·农战》。

侯卑秦，丑莫大焉”[1] 落后局面，将礼乐文明打入冷宫，是一时权宜之策。“故以王天下者并刑，力征诸侯者退德。”[2] 瞿同祖先生指出，法家“行刑重其轻”，只是“止奸息暴的手段，不得已才用之”[3]。因此，对礼乐仁义诚信道德文化的批判并不是商鞅思想的全部内涵，更不是其思想本质：

首先，商鞅在内心深处从来就没有否认或弃绝道德文化。从商鞅知识背景与师承关系考察，他在入秦之前实际上是一个杂家。他的老师尸子思想的特点就是兼儒墨、合名法，无所不窥。尸子思想这一特点影响了青年时代商鞅的知识结构。入秦之初，商鞅之所以能分别以“帝道”、“王道”和“霸道”游说秦孝公，得益于他广博的知识来源。因此，我们不能断言商鞅弃绝道德文化，只是在何谓“德”的问题上，他与其他学派存在着较大分歧。“天下行之，至德复立。此吾以杀刑之反于德，而义合于暴也。”[4] 在商鞅看来，依法治国、社会安定、无邪恶之行，“大邪不生，细过不失”，就是最高的“德”。高亨先生指出：“法家反对儒家所谓仁义，但并不弃绝仁义，认为实行法治，社会安定，就是做到仁义了。”[5]

其次，法家之仁义观与儒家思想存在着相通相容之处。“所谓义者，为人臣忠，为人子孝，少长有礼，男女有别。非其义也，饿不苟食，死不苟生。”[6]“义”概念内涵比较广博，实际上是指道德自觉与道德践行。在这一层面上，商鞅对“义”范畴的界定，与儒家有相近之处。孟子云：“大人者，言不必信，行不必果，惟义所在。”[7] 义是最高价值原则，所以程颐认为“人皆知趋利而避害，圣人则更不论利害，惟看义当为不当为，便是命在其中也”[8]。所谓“命在其中”，实际上是指义不是一种外在的行为规范，

① 《史记·秦本纪》。

② 《商君书·画策》。

③ 瞿同祖：《中国法律与中国社会》，中华书局 2003 年版，第 328 页。

④ 《商君书·开塞》。

⑤ 《商君书·靳令》。

⑥ 《商君书·画策》。

⑦ 《孟子·离娄章句下》，焦循：《孟子正义》，中华书局 2006 年版，第 327 页。

⑧ 朱熹：《近思录》卷七，《朱子全书》第 13 册，上海古籍出版社、安徽教育出版社 2002 年版，第 238 页。

更重要的还在于，“义”内在于人心，是德性之心的外在显现①。义出于心，具有绝对性，所以称为“命”。正因为如此，义又是人生之乐。冯友兰评论说：“对儒家来说，人为什么要行仁义，是不需要提出的问题，因为这是人的本性。”② 人既是人，就应该扩充其本性。扩充其本性就是实现人之所以为人，这与外在利益毫无关系。可以说，这一阐释与孟子思想合若符契。也恰恰在这一文化意义上，儒家与法家显现出根本的分歧。在商鞅思想中，义是外在的行为规范（墨家其实也是如此），义属于“有以为”，而非“无以为”；在儒家思想中，义却是内在于人心之“命”，仁与义皆属于“无以为”。换言之，用孟子与告子的争辩术语来概括，“仁义内在”，而非“仁内义外”③。

其三，法家与儒家对仁义忠孝等伦理价值观的性质与适用范围评价不一。“仁者能仁于仁，而不能使人仁。义者能爱于人，而不能使人爱。是以知仁义之不足以治天下也。”④ 商鞅认为，仁义忠孝等伦理道德价值观只对君子有效，对小人无法产生规范效应。仁义忠孝的适用范围是有限的，君子之德只能是单株的小草，无法形成草上之大风。换言之，仁义忠孝并非是超越时空的绝对真理，并不具备普适性。但是，儒家的伦理观显然与法家截然不同。朱熹认为，天理是一“谷种”，是百无欠缺的自在之物，人伦道德自然也是天理内在属性之一。“理者物之体，仁者事之体。事事物物，皆具天理，皆是仁做得出来。仁者，事之体。”⑤ 理是本体，仁是理在人心之落实；理是人伦道德存在正当性之根据，仁义礼智信“五常”是天理之分名。“天理既浑然，然既谓之理，则便是个有条理底名字。……须知天理只是仁、义、礼、智之总名，仁、义、礼、智便是天理之件数。”⑥ 天理浑然不可分，

---

① 郭店楚简《五行》有“义形于内谓之德之行，不形于内谓之行”记载，正与孟子“仁义内在”说相印证。

② 冯友兰：《中国哲学简史》，新世界出版社 2004 年版，第 65 页。

③ 韩非主张“仁内义外”，与告子思想接近，与商鞅思想分歧较大。《韩非子·解老》云：“义者，君臣上下之事，父子贵贱之差也，知交朋友之接也，亲疏内外之分也。臣事君宜，下怀上、子事父宜，众敬贵宜，知交友朋之相助也宜，义者，谓其宜也。宜而为之。故曰：‘上义为之而有以为也’。”义是“有以为”，与仁不同，仁是“无以为”。

④ 《商君书·画策》。

⑤ 黎靖德编：《朱子语类》卷九十八，中华书局 1994 年版，第 2510 页。

⑥ 朱熹：《答何叔京》，《朱熹集》卷四十，四川教育出版社 1996 年版，第 1885 页。

天理与仁义礼智信“五常”的关系不是本原与派生物之间的关系，而是本原与属性之间的关系。仁义礼智并非由理“旋次生出”，理是人伦道德的“总名”，仁义礼智信则是天理之“件数”。二程曾指明“人伦者，天理也”，已从哲学高度将仁义定性为天理固有之性，朱熹在二程思想基础上继续论证仁义礼智是天理落实在每一人伦关系上的“一个道理”，如果豁然贯通，“便都是一理”①。朱熹把以仁义礼智信为内涵的理实有化，目的在于论证儒家伦理的普适性与永恒性。②

其四，在法与德关系上，儒法两家的分歧十分明显。孔子主张先德后刑、先教后杀，父子相隐，“直”在其中。直是仁之表现，仁是价值体系之核心。在法与德关系上，仁是法之内在文化精神，这一观点在孔子思想中已有所显露，但还没有进行深入论证。在儒家思想史上，真正阐发孔子法律思想的人物是荀子。在荀子思想中，“礼”规范了社会各阶层的权利和义务。礼不仅“正身”，而且是国之“大分”，礼既有西方自然法的色彩，也被赋予了根本法的性质。“故人之命在天，国之命在礼。”③ 礼的根本作用是“正国”④，所以礼是“国之命”。基于此，荀子进而提出了“礼法”新概念：“礼法之大分也。”⑤“礼法之枢要也。”⑥“礼法”新概念的提出，具有划时代的文化意义。援礼入法、以礼论法，既是对法之性质重新界定，更是对法背后隐伏之伦理精神进行论证。有礼之法才是良法，无礼之法是恶法，“故非礼，是无法也”⑦。出于礼、入于刑，隆礼重法，礼法合一，其实质意在表明：法已不再是刑罚的汇合，而是建基于礼文化基石之上的新法，法被赋予了焕然一新的文化内核。因此，“礼法”思想的提出，为儒家王道政治文化根基的培植起到了关键作用。与儒家思想相对，

---

① 黎靖德编：《朱子语类》卷九十八，中华书局1994年版，第2519页。

② 又，譬如“孝”思想，“夫孝，德之本也，教之所由生也”。孝是众德之先，仁出于孝。在这一认识基础上，《孝经》进而推论出孝超越时空、横披四海，甚至可通于神明。“孝悌之至，通于神明，光于四海，无所不通。”泛道德化之倾向，普遍存在于儒家伦理观中。

③ 《荀子·强国》。

④ 《荀子·王霸》。

⑤ 《荀子·王霸》。

⑥ 《荀子·王霸》。

⑦ 《荀子·修身》。

法家探讨法与德关系的角度和观点都大不相同。“刑生力，力生强，强生威，威生德。德生于刑。”[①] 类似文句反复出现于《靳令》、《去强》等篇章中，“威生德”在有些篇章中表述为“威生惠”。蒋礼鸿认为，“惠生于力，犹惠生于刑矣”[②]。德来源于刑，有刑罚才有道德文明。“非其义也，饿不苟食，死不苟生。此乃有法之常也。”[③] “常”之含义为内在条理、特性、本质，《说苑·修文》有“常者，质也”记载，含义基本一致。仁义诚信是“有法之常”，无法则无德。社会通过轻罪重罚达到“以刑去刑”社会理想境界之日，就是仁义诚信大行于世之时。“圣君独有之，故能述仁义于天下。”[④] 认清了法与德关系，才能真正把握仁义的内在真谛。儒家的理论缺陷在于空谈“老老、幼幼”社会大同理想，缺乏对实现社会大同理想途径的理论与制度设计。“背法而治，此任重道远而无马牛，济大川而无舡楫也。”[⑤] 法是实现社会道德理想之必由途径，犹如船之桨、车之马。在商鞅看来，儒家因为没有厘清法与德内在关系，因果颠倒，所以其学说善而无徵、空而无果。

在梳理德与法内在关系基础上，商鞅大张旗鼓地施行“行刑重轻”。“轻罪重罚”的目的并不仅仅在于惩罚犯罪者本人，而在于通过几十年甚至上百年的“刑不善”，最终达到“以刑去刑”的社会理想境界，这恰恰是商鞅矻矻以求的终生奋斗目标。明乎此，才真正读懂了商鞅的内心世界。概而论之，商鞅所追求的“至德复立”的理想社会，至少有两大愿景：

其一，“比德于殷周”[⑥]，“移风易俗”，男女有别。商鞅相秦十年，已处于各种社会矛盾的交汇点上，“宗室贵戚多怨望者”[⑦]。隐士赵良力劝商鞅急流勇退、明哲保身。商鞅对自己十年改革进行辩护：“始秦戎翟之教，父子

---

① 《商君书·说民》。

② 蒋礼鸿：《商君书锥指》卷一，中华书局1986年版，第32页。

③ 《商君书·画策》。

④ 《商君书·靳令》。

⑤ 《商君书·弱民》。

⑥ 《史记·商君列传》。

⑦ 《史记·商君列传》。

无别，同室而居。今我更制其教，而为其男女之别。大筑冀阙，营如鲁、卫矣。”[①] 值得注意的是，商鞅的辩护词中首先提到的并非政治制度、徭役制度与军事制度上的改革，而是社会伦理道德建设方面的成就。鲁、卫代表周文，以商周文明建设秦国道德文化，“比德于殷周”，是商鞅一生自我期许之奋斗目标。“营如鲁、卫矣”一句，掷地有声！其中蕴含着诸多感慨与慰藉。李斯对此评论说：“孝公用商鞅之法，移风易俗，民以殷盛，国以富强，百姓乐用，诸侯亲服，获楚、魏之师，举地千里，至今治强。”[②] 我们必须将商鞅“移风易俗”改革置放于中国历史大背景中综合考察，才能认识清楚其间的文化巨变。在周代文明中，“男女有别”是社会伦理道德程度高的一项标杆。《礼记·内则》云：“道路，男子由右，女子由左。”[③] “女子出门，必拥蔽其面，夜行以烛，无烛则止。”[④] 宋伯姬之所以死于一场大火，就是一直在等待傅姆的到来。“妇人之义，傅姆不在，宵不下堂。”[⑤] 傅姆晚至，结果宋伯姬葬身于火海。在家庭伦理中，“男女授受不亲”也有详细规定。《礼记·曲礼》云：“男女不杂坐，不同椸、枷，不同巾、栉，不亲授。嫂叔不通问，诸母不漱裳。外言不入于梱，内言不出于梱。”[⑥] 叔、嫂相接，在中原文明国家是被禁止的。齐人淳于髡曾以“嫂溺，则援之以手乎”向孟子发难，孟子则以知“礼”通“权”应答[⑦]。但是，中原国家的文明之风丝毫没有传播至边陲之外的秦国，这与秦国历史密切相关。秦人原为东夷，生活在山东沿海一带，夏末向西迁徙。周武王灭商后，秦人迁至陕、甘一带与戎狄杂处。西周孝王时期，秦人首领非子因养马有功，被封于秦（今甘肃陇西一带）。秦人立国时间远远晚于中原各国，社会文明化程度也远逊于鲁、宋诸国。以至于到秦孝公时代，中原各国盟会，仍不邀请秦国。因为在中原各国眼中，秦国“与戎翟同俗，有虎狼之心，贪戾好利而

---

① 《史记·商君列传》。
② 《史记·李斯列传》。
③ 孙希旦：《礼记集解·内则》，中华书局 1989 年版，第 736 页。
④ 孙希旦：《礼记集解·内则》，中华书局 1989 年版，第 736 页。
⑤ 《穀梁传》襄公三十年，傅隶朴：《春秋三传比义》，中国友谊出版公司 1984 年版，第 200 页。
⑥ 孙希旦：《礼记集解·曲礼》，中华书局 1989 年版，第 43 页。
⑦ 《孟子·离娄章句上》。

无信，不识礼义德行”[①]。秦人不知礼义德行，寡廉鲜耻，“若禽兽”[②]。有鉴于此，商鞅治秦，依照鲁、卫风俗，雷厉风行在秦国推行道德文明建设。秦孝公三年（公元前359年），商鞅变法颁布《分户令》：“民有二男以上不分异者，倍其赋。”[③] 兄弟必须分家，各立门户，否则“一人出两课”[④]。秦孝公十二年，又重申《分户令》精神，“令民父子兄弟同室内息者为禁”[⑤]。在兄弟分居基础上，又规定父子也必须分户。“同室”即同户，睡虎地秦简《法律答问》云：“可（何）谓‘同居’？户为‘同居’，坐隶，隶不坐户谓殹（也）。”[⑥] 商鞅两次“分户令”，既有经济与政治管理上的考量，也有“移风易俗”、摒弃“戎翟之教”的社会教化目的。杨宽教授指出，商鞅变法禁止父子兄弟同室居住，目的在于“革除残留的戎狄风俗”[⑦]。商鞅以中原礼教文化革除秦国恶风陋俗的措施，在出土文献中多有体现。“某里士五（伍）甲诣男子乙、女子丙，告曰：‘乙、丙相与奸，自昼见某所，捕校上来诣之。’”[⑧] 秦律强调“男女洁诚”，对通奸之罪，绳之以法。如果发生家庭乱伦之行，更是严惩不贷。“同母异父相与奸，可（何）论？”[⑨] 兄妹通奸，论为“弃市”。汉承秦制，强调男女有别，对家庭乱伦之行惩罚更趋酷烈。汉衡山王之子刘孝先自告谋反，朝廷“除其罪”，但最终却以“坐与王御婢奸，弃市”[⑩]。通奸罪竟然重于谋反罪，汉朝整齐风俗之礼法，与秦律相比有过之而无不及。

其二，从“壹刑”到“去刑”。商鞅思想中的“壹刑”蕴涵三层含义：

首先，法之公正性。“民本，法也。”[⑪] 法是体现国家意志的外在强制性

---

① 刘向：《战国策·魏策三》，张清常、王延栋：《战国策笺注》，南开大学出版社1993年版，第625页。

② 刘向：《战国策·魏策三》，张清常、王延栋：《战国策笺注》，南开大学出版社1993年版，第625页。

③ 《史记·商君列传》。

④ 《史记·商君列传》。

⑤ 《史记·商君列传》。

⑥ 睡虎地秦墓竹简整理小组：《睡虎地秦墓竹简·法律答问》，文物出版社1978年版，第160页。

⑦ 杨宽：《战国史》，上海人民出版社1980年版，第193页。

⑧ 睡虎地秦墓竹简整理小组：《睡虎地秦墓竹简·封诊式》，文物出版社1978年版，第278页。

⑨ 睡虎地秦墓竹简整理小组：《睡虎地秦墓竹简·法律答问》，文物出版社1978年版，第225页。

⑩ 《史记·淮南衡山列传》。

⑪ 《商君书·画策》。

约束力量，法应该具有普遍的约束力，上自君王，下自庶民，人人必须遵循。商鞅一再把法比作规矩、准绳与度量衡。“故法者，国之权衡也。”[①] 因为只有这样论证法之性质，才可以说“法令者，民之命”。法既然是衡评是非功过的客观准绳，当然蕴涵公正之特点。法之公正性源自何处？换言之，法律公正性的依据何在？商鞅和其他法家一样，皆从“天道”寻求法之公正性存在之合理性。天之运行有其内在的规律和法则，其中一条最根本的法则为“天道无私”。天对万物无远无近，无偏无私。得天之道为“德”，天之道显现于人之道、落实于法是为“公”。“公私之分明，则小人不疾贤，而不肖者不妒功。”[②] 天下人的普遍权益为“公”，个人利益为“私”。代表天下整体利益的法就是“公法”，体现君王个人利益之法就是“私法”。因此，统治者当“立法为公”，“故尧舜之位天下也，非私天下之利也，为天下位天下也。论贤举能而传焉，非疏父子亲越人也，明于治乱之道也。故三王以义亲天下，五伯以法正诸侯，皆非私天下之利也，为天下治天下”[③]。商鞅于此提出了两个著名的论断：“为天下位天下”和“为天下治天下”。天下不是君王一姓之天下，而是天下人之天下，如果君王把天下当成自己私有之物，必将身亡国危。只有像尧舜那样，以天下为公，立法为公，“论贤举能”，实行禅让制，才真正通晓治国之道。“公私之故，存亡之本也。”[④] 商鞅这些表述，与墨家禅让思想存在相通相近之处。“为天下位天下”社会政治思想既是对宗法社会“家天下”传统的否定，又是对西周早期以来民本主义思潮的继承与发展。

其次，法之公平性。法既然代表国家和社会整体利益，就应该具有普遍适用的平等性特点。刑罚应该不分贵贱等级，不因人而异。司马迁虽然对法家多有微词，但对法家“不别亲疏，不殊贵贱，一断于法”[⑤] 普遍适用的平等性原则仍给予高度评价。“所谓壹刑者，刑无等级，自卿相将军以至大夫庶人，有不从王令、犯国禁、乱上制者，罪死不赦。有功于前，有败于后，

---

① 《商君书·修权》。
② 《商君书·修权》。
③ 《商君书·修权》。
④ 《商君书·修权》。
⑤ 《史记·太史公自序》。

不为损刑。有善于前，有过于后，不为亏法。”① “刑无等级”意味着不分贵贱亲疏，一断于法。在“刑无等级”理论中，商鞅还适度地提出了君王应守法的思想。尽管君王拥有立法、司法和行政诸大权，但法律一旦颁行，君王也有恪守法令的义务。《商君书·君臣》篇云：“故明主慎法制。言不中法者，不听也；行不中法者，不高也；事不中法者，不为也。言中法，则辩之；行中法，则高之；事中法，则为之。”② 商鞅从言、行、事三方面论述君王与法的关系，“不为”、“不听”和“不高”是君王自身对待法律应持之态度。不合法律原则的“不为”，合乎法律原则的积极“为之”，此乃“治之至”③。商鞅关于法律面前贵贱平等、“一断于法”的立法思想，并未仅仅停留于思辨领域。在司法实践上，商鞅也力图维护法的平等性原则。在推行新法过程中，太子驷在公子虔、公孙贾等宗法贵族势力唆使下，公然诋毁与阻挠新法推行。对于太子驷的违法行为，商鞅主张依法惩处，后来可能孝公出面求情，又考虑到太子驷是君位继承人不便施加肉刑，只好让太子师傅代其受刑，黥其师、劓其傅。太子犯法，刑及师、傅，这一案例实际上等于处罚了太子，况且太子师、傅又都是宗室贵族。由此可以看出，商鞅不仅在理论上倡导“刑无等级”，在司法实践中也力求贯彻法的平等性原则。

复次，法之公开性。商周时代存在着“刑不可知，则威不可测”的神秘法传统，依恃不成文的习惯法和君主的命、诰来调整各种社会关系。迨至春秋晚期郑国子产铸刑书，开创公布成文法先例。此事甫出，立即遭到叔向等人极力反对，其理由为“昔先王议事以制，不为刑辟，惧民之有争心也”④。“议事以制”是指“临事制刑，不豫设法”⑤。商周时代的法制特点是“以罪统例”，而非“以罪量刑”。对于子产在法制方面开时代风气之举，叔向不仅抨击，而且诅咒：“民知争端矣，将弃礼而征于书。锥刀之末，将尽争之。乱狱滋丰，贿赂并行，终子之世，郑其败乎!”⑥ 商鞅继承了法家

① 《商君书·赏刑》。

② 《商君书·君臣》。

③ 囿于时代的局限，商鞅尚不可能提出“刑君王”思想，更不可能在司法上真正做到君王犯法与庶民同罪。对此，我们必须站在历史主义高度，对商鞅思想进行客观的评价。

④ 《左传》昭公六年。

⑤ 《左传》昭公六年。

⑥ 《左传》昭公六年。

先驱子产等人公布成文法的传统，主张“宣明法制”：“故圣人为法，必使之明白易知，名正，愚知遍能知之。”[①] 商鞅认为，成文法颁布有两大优点：其一，“万民皆知所避就”[②]。成文法意味着法是刚性的行为规范，人们知道合法与非法的界限，了解自己的权利与义务。其二，“故吏不敢以非法遇民，民又不敢犯法”[③]。法令公开、透明，意味着法的可预见性。平民大众都通晓法律所赋予法吏的权力界限，法吏就不敢徇私枉法、任意断罪，罪犯也不敢法外求情或刁难法吏。韩非子评论说：“故法莫如显，而术不欲见。是以明主言法，则境内卑贱莫不闻之也。”[④] 法必须“布之于百姓”，才能达到“刑罚必于民心”的社会效果。商鞅治秦二十余载，在思想与舆论上高倡法律公开性，同时在制度层面上也采取了诸多措施保障法律的公开、透明。譬如，“为法令置官吏”[⑤]。全国建立统一的司法官吏队伍，在中央设立三名司法官吏，其中天子殿中置一名法官，御史置一名法官，丞相置一名法官。诸侯郡县皆分别设置一名法官，配备法吏若干名。由法官与法吏组成的司法机构具有两大职能：一是定期向天下吏民颁布法令条文[⑥]。出土秦简《尉杂》律有“岁雠辟律于御史”[⑦] 的记载，“掌刑辟”的廷尉每年要到御史处核对法律条款，以免传抄讹误，这与《定分》篇中关于司法官吏每年定期核对并颁布法令条文的内容正相吻合。从秦简分析，地方官吏有定期公布法律条文之义务，《语书》实际上就是南郡郡守“腾”颁发给本郡各县、道的法律文告，“发书，移书曹，曹莫受，以告府，府令曹画之。其画最多者，当居曹奏令、丞，令、丞以为不直，志千里使有籍书之，以为恶吏”[⑧]。

---

① 《商君书·定分》。

② 《商君书·定分》。

③ 《商君书·定分》。

④ 陈奇猷：《韩非子新校注·难三》，上海古籍出版社 2000 年版，第 923 页。

⑤ 《商君书·定分》。

⑥ 根据《商君书·定分》记载，法令制订后，法律文书置有两副本。一副本存于国君殿中，在殿中专门设置保存法令的禁室，用锁锁上，贴上封条。另一副本藏在另外的禁室中，用盖有禁印的封条封上。如有人擅自揭开禁室封条，闯入室内偷看禁令，甚或私自删改禁令一字以上者，杀无赦。君王委托司法官吏每年都按照禁室收藏的法令条文向天下吏民颁布一次，力求使法令条文妇孺皆知。

⑦ 睡虎地秦墓竹简整理小组：《睡虎地秦墓竹简·秦律十八种》，文物出版社 1978 年版，第 109 页。

⑧ 睡虎地秦墓竹简整理小组：《睡虎地秦墓竹简·语书》，文物出版社 1978 年版，第 20 页。

法律文书传达到县、乡、里时，各级政府须及时公之于众，“明法律令，事无不能”者为“良吏”；“不智（知）事，不廉絜（洁）”[1]，阻滞延宕法令施行者，将被视为“恶吏”。此外，《内史杂律》的“县各告都官在其县者，写其官之用律”[2] 的记载表明，各县都官必须抄写法律条文，这也是官府公布法律条文的一种形式。其二，司法官吏有向吏民解释法令条文的义务。“吏民知法令者，皆问法官。”[3]《定分》篇这些阐述司法理论与制度的记载，已转化为秦国与秦朝的司法制度。秦简《法律答问》实际上就是司法官吏与吏民之间关于法令条文的答问录，如“甲盗牛，盗牛时高六尺，系一岁，复丈，高六尺七寸，问甲可（何）论？当完城旦”[4]。秦朝成年男子平均身高是六尺五寸，尚未成年的孩子偷了别人一头牛，吏民问司法官吏应如何处罚，司法官吏回答说：先囚禁一年，一年后再量身高，如果身高已达6．7尺（约合今1．54米），就收录为城旦隶。这种答问录同样具有法律效力，在审理案件中经常被援引，以资判决时参考。在商鞅之前，尚无思想家如此全面深入地论述司法原则、司法机构性质与职能。在这一意义上，商鞅学说代表先秦时期司法理论所达到的最高水平。

法之公正、公平与公开，构成商鞅学说“壹刑”的基本架构。从法之公正、公平与公开，才有可能臻于“以刑去刑”、“至德复立”的理想社会境界。换言之，“壹刑”合乎逻辑的发展趋向就是“去刑”。“重刑，连其罪，则民不敢试。民不敢试，故无刑也。夫先王之禁，刺杀，断人之足，黥人之面，非求伤民也，以禁奸止过也。故禁奸止过，莫若重刑。刑重而必

① 睡虎地秦墓竹简整理小组：《睡虎地秦墓竹简·语书》，文物出版社1978年版，第19页。

② 睡虎地秦墓竹简整理小组：《睡虎地秦墓竹简·秦律十八种》，文物出版社1978年版，第104页。

③ 《商君书·定分》。根据《商君书·定分》所载，法律颁布后，吏民如向司法官吏询问法令条文，司法官吏应分别按照他们所问的法令内容，准确给予解答，并且要在一块长一尺六寸的木符上明确写上年、月、日、时和吏民所问的法律条款。司法官吏将符一剖为二，将符的左券交给来问法令的吏民，把符的右券藏放于一特制的木匣中，并用司法长官的印封上。司法官吏离职或去世，要将符券移交给下任司法官吏。如果司法官吏玩忽职守，对前来询问法令的吏民不认真接待，等到询问法令的吏民后来触犯法律，并且恰巧犯了他们原本要询问的那一条款时，就要依照吏民原本要问的法令条文所规定的罪名惩治主管法令的官吏。

④ 睡虎地秦墓竹简整理小组：《睡虎地秦墓竹简·法律答问》，文物出版社1978年版，第153页。

得，则民不敢试，故国无刑民。国无刑民，故曰：明刑不戮。”[①] 商鞅所言“去刑”，并非“无刑”，或完全消弭犯罪现象，而是指通过公正、公平与公开的“壹刑”训导，全社会有望进入“明刑”的理想境界，“明刑之犹至于无刑也”[②]。所以，商鞅“去刑”的涵义为“明刑”，韩非称之为“明法”[③]。其思想实质一方面旨在表明法律的公正、公平与公开；另一方面意在说明，经过长期的“以壹辅仁”社会治理之后，法之性质已悄悄改变：“国治，断家王，断官强，断君弱。……故王者刑赏断于民心，器用断于家。治明则同，治暗则异。同则行，异则止。行则治，上则乱。治则家断，乱则君断。治国者贵下断，故以十里断者弱，以五里断者强。家断则有余，故曰：日治者王。官断则不足，故曰：夜治者强。君断则乱，故曰：宿治者削。故有道之国，治不听君，民不从官。”[④] 在“有道之国”理想社会中，是非对错，已能“断于民心”，平民大众既不“听君”，也不“从官”，他们唯一“从”的是“心”。此“心”既是德性之心，也是法性之心。法已不再是外在强制性的制约力量，法已内化为人内在的生命本然欲求，法与德交融为一“心”[⑤]。通晓治国之要的统治者，商鞅称之为“王君”、“圣君”，“圣君”知道“以壹辅仁”的治国之道：社会高度法治化之日，就是社会道德文明大行于世之时。“耆老得遂，幼孤得长，边境不侵，君臣相亲，父子相保。”[⑥]“杀刑”与“圣德”相反相成、相生相依。“德礼为政教之本，刑罚为政教之用，犹昏晓阳秋相须而相成者也。”[⑦] 至大至刚的法之精神与至善至美的伦理境界水乳交融，犹如气之阴阳相辅相成。圣君深谙德与法相须而相成之“道”，所以真正“能述仁义于天下”[⑧]。商鞅明乎此“道”，所以韩

---

① 《商君书·赏刑》。

② 《商君书·赏刑》。

③ 商鞅所言“明刑”，韩非称之为“明法”。韩非对商鞅“以刑去刑”思想大加赞颂：“故其治国也，正明法，陈严刑，将以救群生之乱，去天下之祸，使强不凌弱，众不暴寡。……此亦功之至厚者也。”（《韩非子·奸劫弑臣》，陈奇猷校注：《韩非子新校注》，上海古籍出版社2000年版，第287页）由“明法”、“明刑”，进入“去刑”社会理想境界。

④ 《商君书·说民》。

⑤ 参见曾振宇：《由法返德：商鞅社会理想之分析》，《中国史研究》，1997年第1期。

⑥ 《韩非子·奸劫弑臣》。

⑦ 《唐律疏议》卷一《名例》。

⑧ 《商君书·靳令》。

非称赞他是“功之至厚者”。

综上所述，研究商鞅思想及其行事，有三点有待于我们深入探讨：

其一，对商鞅知识背景、知识结构和价值取向应全面深入研究。从商鞅青年时代治学与游学经历分析，将青年时代商鞅定位为杂家比较符合历史事实。根据司马迁、班固和刘向等人记载，商鞅年轻时拜杂家尸子为师，杂家的特点在于“兼儒墨，合名法”。商鞅四见孝公，分别以“帝道”、“王道”和“霸道”试探孝公所好，足以证明商鞅的知识背景与知识结构。商鞅的核心思想与价值取向不可单纯以“刻薄寡恩”、“轻罪重罚”、“利出一孔”来综括，“比德于殷周”也是商鞅梦寐以求的社会理想。在历史舞台上，存在着两个商鞅，一个是师事尸子的杂家公孙鞅，另一个是被封于商、於之地的秦相商鞅。历史最终选择了商鞅以法家面目出现于世，而非商鞅自己愿意以法家面目显现于世。点明此区别，不无必要。

其二，商鞅并未全盘否定和废灭仁义道德文化，只是在仁义范畴的界定、法与德的内在关系等方面，与儒家存在一些分歧。在商鞅看来，法之内在文化精神是“爱民”、“利民”①，这一观点与儒家可谓殊途而同归、一致而百虑。也正是在这一层面上，商鞅与韩非不可混为一谈。商鞅思想深处有人文关怀成分，“法者所以爱民”、“以刑去刑”、“至德复立”、“为天下位天下”、“为天下治天下”、“比德于殷周”等论述，足以证明商鞅思想性质与儒家相比有相通相容之处。《韩非子》一书是帝王权谋之术，功利主义价值观贯穿全书始终。②

其三，中国古代法律的指导思想既有儒家成分，也有商鞅法家思想色彩。秦律、汉律的蓝本可追溯到战国李悝《法经》，秦、汉时代法律文化精神（或言灵魂）“纯本于法家精神”自是不易之论。陈寅恪先生也尝言：“汉家法律，实本嬴秦之旧。”③ 但是，如果认为汉之后的中国古代法律文化之灵魂完全由儒家思想垄断，可能有待商榷。首先，商鞅思想就不否定与排

---

① 《商君书·更法》。

② 根据容肇祖先生考证，《韩非子》中的《喻老》、《解老》两篇文章确定非韩非所著。如果将《喻老》、《解老》两篇文章排除在外，韩非思想中的人文关怀成分微乎其微。

③ 陈寅恪：《崔浩与寇谦之》，《陈寅恪集·金明馆丛稿初编》，生活·读书·新知三联书店2009年版，第145页。

斥仁义道德文化，正文中已详论，此不赘述；其次，与其说儒家思想支配了一切古代法律，“一准乎礼”，不如说儒家与法家思想联袂支配了一切古代法典，这恰恰正是古代中国法系一大特色。长孙无忌在《唐律疏议》中开门见山的一段话值得我们细细品味：“夫三才肇位，万象斯分。禀气含灵，人为称首。莫不凭黎元而树司宰，因政教而施刑法。其有情恣庸愚，识沈愆戾，大则乱其区宇，小则睽其品式，不立制度，则未之前闻。故曰：‘以刑止刑，以杀止杀。’刑罚不可弛于国，笞棰不得废于家。时遇浇淳，用有众寡。”① 这是一段具有总纲性意义的言论，其思想贯穿于《唐律疏议》始终，事实上也渗透于宋元明清法律文本之中。“德礼”固然是法律文化之灵魂，“崇法”何尝又不是古代法律一以贯之的指导思想？长孙无忌所引“以刑止刑，以杀止杀”一语，出自商鞅思想，这已经说明古代法律文化的内在精神是“王”“霸”兼用、“隆礼重法”、“礼法并举”。“汉家自有制度，本以霸王道杂之，奈何纯（住）【任】德教，用周政乎？”② 汉宣帝一语，道破数千年古代法律文化的内在玄机。

二、“一准乎礼”：儒家孝道对汉唐法律制度之影响

（一）儒家孝道对汉代法律文化之影响

一种学说与观念能在一个民族两千多年的历史长河中牢牢占据着主流意识形态的地位，并且对该民族两千多年的法律文化产生深远之影响，这一权力话语现象值得深思。两汉的行政法、诉讼法、民法和刑法等部门法都深受儒家孝论之浸润③，其中行政法、民法与刑法尤其具有代表性。

1. 行政法

（1）察举孝廉。察举是汉代选拔官员的一项重要政治制度，产生于汉

---

① 《唐律疏议》卷一《名例》。

② 《汉书·元帝纪》。

③ 中国古代法律与现代法律无论在法理上，抑或在实际内容上都存在着诸多差异。现代法理意义上的行政法、诉讼法、民法等部门法并未完整地存在于古代法律体系中。笔者于此是根据冯友兰先生“选”的方法，偏重于两者之间的相近相通，并借用了现代法理意义上的概念、术语。

文帝时期，成熟于汉武帝时期。[①] 文帝二年诏曰："朕闻之，天生民，为之置君以养治之。人主不德，布政不均，则天示之灾以戒不治。乃十一月晦，日有食之，适见于天，灾孰大焉！朕获保宗庙，以微眇之身託于士民君王之上，天下治乱，在予一人，唯二三执政犹吾股肱也。朕下不能治育群生，上以累三光之明，其不德大矣。令至，其悉思朕之过失，及知见之所不及，匄以启告朕。及举贤良方正能直言极谏者，以匡朕之不逮。"[②] 文帝十五年又诏曰："诸侯王、公卿、郡守举贤良能直言极谏者，上亲策之，傅纳以言。"[③] 由此可见，先秦时期的乡举里选荐举制演变至汉文帝时，已形成了一种选拔官员的新制度。[④] 其步骤一般为皇帝下达诏令，指定举荐科目；然后丞相、列侯、公卿及地方郡国向上推荐人材；皇帝亲自策问被荐举者；根据对策的高第下第之不同，授予官职。晁错就是在汉文帝十五年那次诏举贤良能直言极谏者的选拔中，一举中鹄。皇帝提出的策问题目为："朕之不德，吏之不平，政之不宣，民之不宁，四者之阙，悉陈其志，毋有所隐。"[⑤] 当时对策者一百多人，"唯错为高第，由是迁中大夫"。[⑥] 因此，学界普遍认为，汉文帝时已有正式的察举制度。[⑦] 但是，汉文帝时代的察举科目中并不包括孝廉一科。汉武帝元光元年（前134年），"初令郡国举孝廉各一人"。[⑧] 从这条材料可知，汉武帝时代除了已有的"贤良"科目外，又增设了"孝廉"、"秀才"等新科目。何谓"孝廉"？颜师古注云："孝谓善事父母者，

① 如果把汉代"察举"定义为一种由下向上推选人才为官的制度，那么这种制度在西汉以前就已出现。秦朝已广泛实行由下而上的推举制度，《史记·范雎传》载："秦之法，任人而所任不善者，各以其罪罪之。"这里的"任"，意为"荐举"、"保举"。

② 《汉书·文帝纪》。

③ 《汉书·文帝纪》。

④ 参见安作璋：《汉代的选官制度》，《山东师范学院学报》1981年第1、2期；崔瑞德、鲁惟一：《剑桥中国秦汉史》，中国社会科学出版社1992年版；翦伯赞：《秦汉史》，北京大学出版社1983年版；吕思勉：《秦汉史》，中国友谊出版公司2009年版；林剑鸣：《秦汉史》第7章，上海人民出版社2003年版；黄留珠：《秦汉仕进制度》，西北大学出版社1985年版。

⑤ 《汉书·晁错传》。

⑥ 《汉书·晁错传》。

⑦ 参见安作璋：《汉代的选官制度》，《山东师范学院学报》1981年第1、2期；黄留珠：《秦汉仕进制度》，西北大学出版社1985年版；吕思勉：《秦汉史》，中国友谊出版公司2009年版。

⑧ 《汉书·武帝纪》。

廉谓清洁有廉隅者。”[①] 汉代察举科目分为常科与特科两大类，常科是指每年都要举行的常设科目，特科是指特别指定之科目。从公元前134年开始，孝廉成为了岁举的常科。不仅如此，事实上孝廉在汉代是一项范围极其广泛、地位非常重要的察举科目。应劭《汉官仪》说：“丞相故事，四科取士。一曰德行高妙，志节清白；二曰学通行修，经中博士；三曰明达法令，足以决疑，能案章覆问，文中御史；四曰刚毅多略，遭事不惑，明足以决，才任三辅令。皆有孝悌、廉公之行。”[②] 所谓“四科取士”，实际上就是汉代察举的四项基本标准。但是，在这四项标准之上，还存在着一条更加重要的根本性的原则：“孝悌、廉正之行”。因此，尽管汉代察举制度的科目繁多，名称各异，但都必须遵循孝悌这一最高标准。宋代徐天麟说：“虽然，汉世诸科，虽以贤良方正为至重，而得人之盛，则莫如孝廉，斯以后世之所不能及。”[③] 安作璋先生说：“孝廉一科，在汉代实乃清流之目，为官吏进身的正途。”[④] 正因为孝廉常科在汉代选举制度中地位重要，所以后世甚至以孝廉来称代整个汉代选举制度。从汉武帝元光元年初令郡国举孝廉，一直到汉献帝刘协禅位，约350余年间，共举孝廉7000余人，举孝廉的人数远远多于其他科目。

证诸史实，从汉武帝开始，一直到东汉末年，有不少大臣是孝廉出身：

例一，路温舒“又受《春秋》，通大义。举孝廉，为山邑丞”。[⑤]

例二，王吉“少（时）【好】学明经，以郡吏举孝廉为郎，补若庐右丞，迁云阳令”。[⑥]

例三，韦彪“孝行纯至，父母卒，哀毁三年，不出庐寝。服竟，羸瘠骨立异形，医疗数年乃起。好学洽闻，雅称儒宗。建武末，举孝廉，除郎中，以病免，复归教授”。[⑦]

例四，冯豹“长好儒学，以《诗》、《春秋》教丽山下。乡里为之语曰：

---

① 《汉书·武帝纪》。

② 《后汉书·百官志》。

③ 徐天麟：《东汉会要》卷26《孝廉》按语，上海古籍出版社1978年版，第390页。

④ 安作璋：《汉代的选官制度》，《山东师范学院学报》1981年第1、2期。

⑤ 《汉书·路温舒传》。

⑥ 《汉书·王吉传》。

⑦ 《后汉书·韦彪传》。

‘道德彬彬冯仲文’。举孝廉，拜尚书郎，忠勤不懈”。[①]

例五，周章“初仕郡为功曹。时大将军窦宪免，封冠军侯就国。……举孝廉，六迁为五官中郎将。延平元年，为光禄勋”。[②]

例六，张禹“性笃厚节俭。父卒，汲吏人赙送前后数百万，悉无所受。又以田宅推与伯父，身自寄止。永平八年，举孝廉”。[③]

例七，徐防“祖父宣为讲学大夫，以《易》教授王莽。父宪，亦传宣业。防少习父祖学，永平中，举孝廉，除为郎”。[④]

例八，桥玄“少为县功曹……举孝廉，补洛阳左尉”。[⑤]

例九，李膺“祖父修，安帝时为太尉。父益，赵国相。膺性简亢，无所交接，唯以同郡荀淑、陈寔为师友。初举孝廉，为司徒胡广所辟，举高第，再迁青州刺史”。[⑥]

从《汉书》、《后汉书》中可考见的关于察举孝廉的史例分析，从资历上看，大多数为州郡属吏或通晓经书的儒生。从任用的情况看，既有中央属官，也有地方官员。中央属官分别属于光禄勋、少府、太仆、将作大匠和城门都尉，地方官主要是郡国长官的高级助手。孝廉拜授官职的绝大多数人属于秩六百石以下的低级官吏，最高者为千石。察举孝廉是常科岁举，地方郡国每年都要向中央推荐人才，并且有人数上的限制。但是，这项工作在开始时遇到了一些阻拦，原因是汉承秦法，举人不当者坐之，所以地方官员对察举孝廉心存疑惧，工作不积极主动，“今或至阖郡而不荐一人”。[⑦] 为了改变这一局面，汉武帝在元朔元年（公元前128年）下达一道地方郡国有义务举人的诏令，令中二千石、礼官、博士议不举者罪。此后又规定：“‘今诏书昭先帝圣绪，令二千石举孝廉，所以化元元，移风易俗也。不举孝，不奉诏，当以不敬论；不察廉，不胜任也，当免。’奏可。”[⑧] 从此以后，岁举孝

---

① 《后汉书·冯衍传》。
② 《后汉书·周章传》。
③ 《后汉书·张禹传》。
④ 《后汉书·徐防传》。
⑤ 《后汉书·桥玄传》。
⑥ 《后汉书·党锢列传》。
⑦ 《汉书·武帝纪》。
⑧ 《汉书·武帝纪》。

廉制度才得以贯彻执行。汉武帝之后，孝廉一科成为入仕的正途，但由此而来也出现了一个问题：各郡国人口多少不等，大郡人口多至百万，小郡人口仅数万人，各地所举孝廉名额相同，都是每年举孝廉两人，这实际上存在着一个不公平、不合理的问题。“时大郡口五六十万举孝廉二人，小郡口二十万并有蛮夷者亦举二人。”① 这一社会问题一直到东汉和帝时代才得以解决。“帝以为不均，下公卿会议。”② 司徒丁鸿与司空刘方上奏说：“凡口率之科，宜有阶品，蛮夷错杂，不得为数。自今郡国率二十万口岁举孝廉一人，四十万二人，六十万三人，八十万四人，百万五人，百二十万六人；不满二十万，二岁一人；不满十万，三岁一人。”③ 结果，丁鸿与刘方的奏议被批准了。永元十三年（101 年），汉和帝再一次就郡国举孝廉人数问题下达诏令：“幽、并、凉州户口率少，边役众剧，束修方吏，进仕路狭。抚接夷狄，以人为本。其令缘边郡口十万以上岁举孝廉一人，不满十万二岁举一人，五万以下三岁举一人。”④ 从此以后，改为以人口数为标准，大体上每 20 万人口年举孝廉一人。自从西汉武帝元光元年举孝廉以来，如果按照当时每郡每年荐举两人的政策统计，西汉每年举孝廉的人数约为 206 人，西汉时代（包括王莽新朝）举孝廉的总人数约为 32000 人。在汉和帝永元六年与永元十三年作出新规定之前，以地方郡国每年荐举二人来统计，全国每年举孝廉的人数约为 189 人。在永元年间作出了按人口比例荐举人才的新规定之后，东汉每年举孝廉的人数为 228 人。两项相加，整个东汉时期举孝廉的总人数约为 4200 人。⑤

两汉政府在鼓励年轻人以孝廉入仕的同时，又从法律上明确指明不孝者不得入仕。“故汉制使天下皆诵《孝经》，选吏举孝廉。”⑥ 在古代社会，赘婿一直被视为“贱民”。《汉书·贾谊传》：“故秦人家富子壮则出分，家贫

① 《后汉书·丁鸿传》。

② 《后汉书·丁鸿传》。

③ 《后汉书·丁鸿传》。

④ 《后汉书·和帝纪》。

⑤ 参见劳干：《汉代察举制度考》，（台北）“中央研究院”《历史语言研究集刊》第十七本，1948 年；黄留珠：《秦汉仕进制度》，西北大学出版社 1985 年版；崔瑞德、鲁惟一：《剑桥中国秦汉史》，中国社会科学出版社 1992 年版；林剑鸣：《秦汉史》，上海人民出版社 2003 年版。

⑥ 《后汉书·荀爽传》。

子壮则出赘。”应劭曰：“出作赘婿也。”颜师古注曰：“谓之赘婿者，言其不当出在妻家，亦犹人身体之有疣赘，非应所有也。一说，赘，质也，家贫无有聘财，以身为质也。”赘婿既不是奴婢或刑徒，也不是从事“末业”之人，而是因贫穷，无资娶妻，而就其妇家为婿或以自身为抵押出卖劳力以充聘财的平民。汉代法律明文规定赘婿不得为官，“孝文皇帝时，贵廉洁，贱贪汙，贾人、赘婿及吏坐赃者皆禁锢不得为吏”。[①] 孝养父母、繁衍子孙，是男子应尽之道德义务。赘婿更名易姓、断子绝孙、不承宗祧，与儒家伦理相悖，因而为社会所不容。此外，汉代法律又规定，在职官吏违反孝行者须受免职处罚。《汉书·薛宣传》载，汉哀帝初即位，博士申咸上疏言薛宣不孝：“毁宣不供养行孝服，薄于骨肉，前以不忠孝免，不宜复列封侯在朝省。”结果，薛宣“坐免为庶人，归故郡，卒于家”。[②] 官吏任职期间，如遇父母逝世，必须请假回家服丧，称为“告宁”，否则将受到行政处罚。汉代“告宁”的期限前后不一，早期为36天，后改为三年。“夫失礼之源，自上而始。古者大丧三年不呼其门，所以崇国厚俗笃化之道也。”[③] 西汉公孙弘为人圆滑善变、诡计多端，但在孝顺后母一事上却广受社会称赞[④]。又据《汉书·翟方进传》载，翟方进为丞相时，“身既富贵，而后母尚在，方进内行修饰，供养甚笃。及后母终，既葬三十六日，除服起视事，以为身备汉相，不敢踰国家之制”。颜师古注：“汉制自文帝遗诏之后，国家遵以为常。大功十五日，小功十四日，缌麻七日。方进自以大臣，故云不敢踰制。”[⑤]

（2）儒家孝观念对汉代养老制度的影响。社会养老是家庭孝养的放大与延伸，两汉时代的法律规定，56岁以上的人为老人。但是，汉代养老的对象一般说来是70岁以上的老者，此外还包括鳏、寡、独三种人。60以上无儿子的男子为“鳏”，60以上无儿子的女子为“寡”，年满60以上虽有配

① 《汉书·贡禹传》。
② 《汉书·薛宣传》。
③ 《后汉书·荀爽传》。
④ 《汉书·公孙弘传》。
⑤ 《后汉书·翟方进传》。

偶但无儿子的老者为“独”。[①] 汉代养老制度比较规范，其赡养措施主要有以下几项：

首先，赐酒肉粟米絮帛。公元前205年，汉高祖刘邦初入关中，就下达一项旨令：“举民年五十以上，有修行，能帅众为善，置以为三老，乡一人。择乡三老一人为县三老，与县令丞尉以事相教，复无徭戍。以十月赐酒肉。”时隔不久，又在栎阳“存问父老，置酒”。[②] 公元前179年，汉文帝下诏：“方春和时，草木群生之物皆有以自乐，而吾百姓鳏寡孤独穷困之人或阽于死亡，而莫之省忧。为民父母将何如？其议所以振贷之。”又曰：“老者非帛不煖，非肉不饱。今岁首，不时使人存问长老，又无布帛酒肉之赐，将何以佐天下子孙孝养其亲？”根据这一旨令，最后制订出了具体的优遇条款：“有司请令县道，年八十已上，赐米人月一石，肉二十斤，酒五斗。其九十已上，又赐帛人二匹，絮三斤。赐物及当禀鬻米者，长吏阅视，丞若尉致。不满九十，啬夫、令史致。二千石遣都吏循行，不称者督之。刑者及有罪耐以上，不用此令。”[③] 汉代成年人的饭量，根据有关材料可以大致推测出来。《汉书·匈奴传》云：“一人三百日食用三百斛。”西汉末年，壮男300天内平均要吃18石大米，一天只吃6升大米（约一斤）。《盐铁论·散不足》云：“十五斗粟，当丁男半月之食。”[④] 另据居延汉简所载，西汉时期边疆士兵每月口粮是“三石三斗三升粟”[⑤]，平均一天11升未脱壳的小米，此处之“升”是指汉朝小升，折合今天120毫升，11升约1.32公升。1.32公升未脱壳的小米，大约能出一斤五两小米。《氾胜之书》说：“丁男长女治十亩，十亩收千石，岁收三十六石，支二十六年。”由此可以推算出，汉代成年人每月食用大米数量约一石五斗至二石，每月食用粟数量约三石。[⑥]

---

① 参见武威县博物馆：《武威新出王杖诏令册》，载《汉简研究文集》，甘肃人民出版社1984年版，第34—61页。

② 《汉书·高帝纪》。

③ 《汉书·文帝纪》。

④ 王利器校注：《盐铁论校注·散不足》，天津古籍出版社1983年版，第353页。

⑤ 参见谢桂华、李均明、朱国炤：《居延汉简释文合校》，文物出版社1987年版。

⑥ 参见刘德增：《汉代养老述论》，《山东师范大学学报》1988年第6期。关于汉代米谷价格，从江陵张家山汉简《奏谳书》“醴阳令恢盗县官米”条可推知一二。左庶长恢所盗卖的米，一共是263石8斗，计得金6斤3两、钱15050钱。汉代黄金一斤值钱一万，黄金6斤3两值61876钱，加上15050钱，合计76926钱。除以263石8斗，每石米价大约是290钱。

汉代肉价十分昂贵，《盐铁论·散不足》云："夫一家之肉，得中年之收。"中国古代是农业社会，为减少粮食耗费，一直对酒控制很严，屡次下达禁酒令。《史记·孝文本纪》文颖注："汉律三人已上无故群饮，罚金四两。"因此，汉代政府为年80以上老人每月提供米一石、肉80斤、酒五斗，应该说是比较优厚的待遇。

其次，宽刑。在立法理论上，儒、法两家观点不一，甚或针锋相对。法家倡导"重刑主义"，轻罪重罚。"夫严刑重罚者，民之所恶也，而国之所以治也。哀怜百姓、轻刑罚者，民之所喜，而国之所以危也。"[①] "故行刑，重其轻者，轻者不生，则重者无从至矣。"[②] 孔子则主张"先德后刑"，"道之以政，齐之以刑，民免而无耻；道之以德，齐之以礼，有耻且格"。[③] 儒家推崇伦理教化的作用，认为经过后天伦理教化的熏染，人人皆有望成为"温、良、恭、俭、让"伦理道德之载体，实现内在超越。但是，孔子、孟子并不是单一地强调道德教化的作用，排斥法的外在强制性力量，而是主张以伦理教化为主，以法律刑罚为辅，所谓"德主刑辅"。"德主刑辅"命题至少包涵两重含义：其一，法是外在强制性的"他律"机制，伦理道德是内在自发性的"自律"机制，在"人人皆可为尧舜"的向善维度上，伦理自律比法律他律更具功效性；其二，在量刑原则上，尽可能使所施加的刑罚轻于所犯的罪过，"重罪轻罚"，以冀达到教育与感化的社会目的。具体就对老年人之宽刑而言，《礼记·曲礼》云："人生十年曰幼，学；二十曰弱，冠；三十曰壮，有室；四十曰强，而仕；五十曰艾，服官政；六十曰耆，指使；七十曰老，而传；八十、九十曰耄；七年曰悼，悼与耄，虽有罪，不加刑焉。"《汉书·刑法志》有"三赦"原则："三赦：一曰幼弱，二曰老眊，三曰蠢愚。"颜师古注："老眊，谓八十以上。"《汉书·刑法志》的"三赦"原则，直接源自《周礼·秋官·司刺》所载"壹赦曰幼弱，再赦曰老耄，三赦曰蠢愚"。汉朝对老年人实行宽刑政策，大约始于汉惠帝元年（公元前194年）。"民年七十以上若不满十岁有罪当刑者，皆完之。"孟康注：

① 王先慎集解：《韩非子集解·奸劫弑臣》，诸子集成本，上海书店1986年版，第72页。

② 张觉校注：《商君书校注·说民》，岳麓书社2006年版，第50页。

③ 《论语·为政》。

“不加肉刑髡鬀也。”[①] 公元前141年，汉景帝下诏曰：“高年老长，人所尊敬也；鳏寡不属逮者，人所哀怜也。其著令：年八十以上，八岁以下，及孕者未乳，师、朱儒当鞠系者，颂系之。”颜师古注：“颂读曰容。容，宽容之，不桎梏。”[②] 老年罪犯可享受不带刑具的优待。公元前62年，汉宣帝下达诏令：“朕念夫耆老之人，发齿堕落，血气既衰，亦无暴逆之心，今或罗于文法，执于囹圄，不得终其年命，朕甚怜之。自今以来，诸年八十非诬告杀伤人，它皆勿坐。”[③] 汉宣帝规定，老年人除诬告与杀伤罪之外，其他罪过都免而不论。甘肃武威磨咀子出土汉简中有一条材料说：“制诏御史：年七十以上，人所尊敬也，非首、杀伤人，毋告劾，它毋所坐。年八十以上，生日久乎？”[④] “首”指首恶、首谋，汉朝法律对首恶、首谋惩处极其严酷。“毋告劾”，意为不起诉。“它毋所坐”，指如有其他罪则不再论报。尤其值得注意的是，这条材料把恤刑的年龄放宽到了70岁。“年八十以上，生日久乎？”80岁以上老者在世之日屈指可数，所以将年龄上限放宽至70岁。汉平帝虽然把恤刑的年龄又恢复到80岁，但在量刑上有所松动：“及眊悼之人刑罚所不加，圣王之所制也。惟苛暴吏多拘系犯法者亲属，妇女老弱，构怨伤化，百姓苦之。其明敕百寮，妇女非身犯法，及男子年八十以上七岁以下，家非坐不道，诏所名捕，它皆无得系。其当验者，即验问。定著令。”颜师古注：“八十曰眊，七年曰悼。”张晏注：“名捕，谓下诏特所捕也。”[⑤] 这一诏令规定，除了“不道”与“诏所名捕”两项罪名之外，不得拘禁80岁以上的老人。当验问者立即验问，不得拖延与推诿。汉平帝时代的这一宽刑法规，在甘肃武威磨咀子出土汉简中也有所反映：“孤、独、盲、珠孺，不属人，吏毋得擅征召，狱讼毋得系。布告天下，使明知朕意。”[⑥]《礼记·王制》云：“老而无子者谓之独”，老人有“无得系”之特权。公元27年，

---

① 《汉书·惠帝纪》。

② 《汉书·刑法志》。

③ 《汉书·刑法志》。

④ 参见武威县博物馆：《武威新出王杖诏令册》，载《汉简研究文集》，甘肃人民出版社1984年版，第35页。

⑤ 《汉书·平帝纪》。

⑥ 参见武威县博物馆：《武威新出王杖诏令册》，载《汉简研究文集》，甘肃人民出版社1984年版，第35页。

东汉光武帝再次下诏，重申此令："男子八十以上，十岁以下，及妇人从坐者，自非不道、诏所名捕，皆不得系。当验问者即就验。女徒雇山归家[①]。"公元99年，汉和帝诏曰："诏郡国中都官徒及笃癃老小女徒各除半刑，其未竟三月者，皆免归田里"。[②] 对老人减半刑优待，服刑不满三月者提前释放。汉代对老年人的宽刑政策，自始至终未曾中断过，总的发展趋向是对老年人的恤刑越来越重视，宽刑程度不断增强。汉代法律对老年人的宽刑政策，对唐代法律有所影响。"诸应议、请、减，若年七十以上，十五以下及废疾者，并不合拷讯，皆据众证定罪，违者以故失论。若证不足，告者不反坐"。[③]《唐律疏议》对此加以解释："'若年七十以上、十五以下及废疾者'，依令'一支废，腰脊折，痴痖，侏儒'等：并不合拷讯，皆据众证定罪"。[④] 除了对老人不允许施以刑讯之规定，《唐律疏议》关于老年人犯罪从宽处罚的规定比汉朝更加完善。《唐律疏议》根据犯罪人的行为能力把负担刑事责任的年龄分为四个时期：一，凡90岁以上老人犯罪，一律不负刑事责任。"九十以上，七岁以下，虽有死罪，不加刑"。[⑤] 二，80岁以上老人犯罪，相对不负刑事责任。"八十以上，十岁以下及笃疾，犯反、逆、杀人应死者，上请，盗及伤人者，亦收赎，余皆勿论"。[⑥] 三，70岁以上老人犯罪，可减轻刑事责任。四，70岁以下，15岁以上的人犯罪，完全负担刑事责任，按律论处。

复次，赐王杖。赐王杖制度由来已久，根据《周礼·夏官·罗氏》记载："中春，罗春鸟，献鸠以养国老"。[⑦] 此外，《礼记·月令》、《吕氏春秋·仲秋纪》皆有类似记载。从甘肃武威磨咀子出土汉简分析，汉代针对老年人的赐王杖制度，最迟不应晚于汉宣帝本始二年（公元前72年）。[⑧] 汉

① 《后汉书·光武帝纪》，第35页。

② 《后汉书·孝和孝殇帝纪》。

③ 长孙无忌等撰、刘俊文点校：《唐律疏议·断狱律》，法律出版社1999年版，下同。

④ 《唐律疏议·断狱律》。

⑤ 《唐律疏议·名例律》。

⑥ 《唐律疏议·名例律》。

⑦ 孙诒让：《周礼正义》，中华书局1987年版，第2450页。

⑧ 参见武威县博物馆：《武威新出王杖诏令册》，载《汉简研究文集》，甘肃人民出版社1984年版，第34—61页。

代拥有王杖的人数比较多。尹湾汉简《集簿》记录了东海郡授予王杖的统计数字，简文云：“年九十以上万一千六百七十人，年七十以上受杖二千八百廿三人，凡万四千四百九十三，多前七百一十八”。[①] 东海一郡拥有王杖的人数多达1万多人，高敏教授认为：“其中七十以上授杖者仅2823人，表明七十以上到九十以下的两个年龄段的老人只有部分享受授杖优待；而年九十以上的老人，则全部享受授杖优待”。[②] 高敏教授认为2823人为70—90岁之间的授杖人数，90岁以上老人全部可以授杖。甘肃武威磨咀子汉墓出土的王杖显示，王杖是一根长1.94米、直径为0.04米的木杆，杆端有一鸠形饰物。王杖即鸠杖，为何以鸠鸟为装饰物？《后汉书·礼仪志》解释说：“仲秋之月，县道皆案户比民。年始七十者，授之以王杖，铺之糜粥。八十九十，礼有加赐。王杖长（九）尺，端以鸠鸟为饰。鸠者，不噎之鸟也。欲老人不噎”。[③] 授王杖的时间，一般在八月。近年发现的郭店一号楚墓有鸠杖陪葬，说明墓主人的年龄已超过70岁。

王杖主享有以下几项特权：

其一，待遇“比六百石”[④]。“比六百石”是汉代官秩之一种，其俸禄为月五十斛。西汉中等县的县长官秩为四百石，小县县长秩仅三百石。东汉诸郡各置丞一人，位次太守，秩六百石。因此，王杖主享受的“比六百石”的待遇比西汉一些县长略高、相当于东汉时代的郡丞。

其二，“得出入官府节第”，“入官府不趋”。[⑤] 汉代大臣觐见皇帝时要低首疾步行走，赞事要直称自己全名，不可佩戴武器上殿。开国贤相萧何和权臣曹操、梁冀曾享受过“入朝不趋，剑履上殿，谒赞不名”的特殊待遇。王杖主可以自由出入官府，入官府不趋俯，赞事不名，说明汉代对老者的尊崇非同小可。

---

① 连云港市博物馆等编：《尹湾汉墓简牍》，中华书局1997年版，第78页。

② 参见高敏：《〈集簿〉的释读、质疑与意义探讨——读尹湾汉简札记之二》，《史学月刊》1997年第5期。

③ 《后汉书·礼仪志》。

④ 参见武威县博物馆：《武威新出王杖诏令册》，载《汉简研究文集》，甘肃人民出版社1984年版，第37页。

⑤ 参见武威县博物馆：《武威新出王杖诏令册》，载《汉简研究文集》，甘肃人民出版社1984年版，第36—37页。

其三，“行驰道旁道”[①]。驰道是皇帝专用车道，王杖主享有在驰道旁道行走之特权。《汉书·贾山传》载：“为驰道于天下，东穷燕齐，南极吴楚，江湖之上，滨海之观毕至。道广五十步，三丈而树，厚筑其外，隐以金椎，树以青松。”《汉书·鲍宣传》注引如淳曰：“令诸使有制得行驰道中者，行旁道，无得行中央三丈也。”只有皇帝才有权在驰道上行走，其他文武大臣只能行走于驰道旁道。如果一般平民百姓在驰道旁道行走，属犯法之举。《汉书·鲍宣传》载：“丞相孔光四时行园陵，官属以令行驰道中”。司隶鲍宣得知此事后，“使吏钩止丞相掾史，没入其车马，摧辱宰相。”另据《汉书·江充传》载：“充出，逢馆陶长公主行驰道中。充呵问之，公主曰：‘有太后诏，’充曰：‘独公主得行，车骑皆不得。’尽劾没入官。”

其四，“贾市、毋租”，“田毋租，市毋赋，与归义同”。[②] 种地免租，市卖免税，免除赋役负担。此外，王杖主还允许“沽酒醪列肆”，[③] 老人享受在市场上卖酒之特权。天汉三年（公元前98年），汉武帝接受桑弘羊提议，开始实行酒榷制，“故少府丞令请建酒榷，以赡边，给战士，拯救民于难也”。[④] 官府垄断酿酒、卖酒行业，郡国设榷酤官代办具体事务，酒利上缴中央，私人违禁者将受到法律惩处。《汉书·赵广汉传》载：“广汉客私沽酒长安市，丞相（史）【吏】逐去（客）。”因此，汉代允许王杖主与60岁以上的独寡老人在市场上卖酒，应该说是一项比较重要的经济上的优待措施。

其五，“吏毋得擅征召，狱讼毋得系。”“吏民有敢殴辱者，逆不道。”[⑤]“犯（非）罪耐以上，毋二尺告劾；有敢征召、侵辱者，比大逆不道[⑥]。”在《王杖诏令册》和《王杖十简》中，有几起欺凌、殴打王杖主的案件：如云

---

① 参见武威县博物馆：《武威新出王杖诏令册》，《汉简研究文集》，甘肃人民出版社1984年版。

② 参见武威县博物馆：《武威新出王杖诏令册》，《汉简研究文集》，甘肃人民出版社1984年版，第35页。

③ 参见武威县博物馆：《武威新出王杖诏令册》，《汉简研究文集》，甘肃人民出版社1984年版，第35页。

④ 《盐铁论·忧边》。

⑤ 参见武威县博物馆：《武威新出王杖诏令册》，《汉简研究文集》，甘肃人民出版社1984年版，第37页。

⑥ 参见武威县博物馆：《武威新出王杖诏令册》，载《汉简研究文集》，甘肃人民出版社1984年版，第61页。

阳白水亭长张熬、汝南郡男子王安世、南郡亭长司马护、长安东乡啬夫田宣、男子张汤等。在犯罪的14人中，有亭长四人、游徼一人、乡啬夫三人、乡吏一人、平民五人，结果都被弃市。由此也可看出几个特点：一，王杖主基本上都是平民百姓；二，欺凌、殴打王杖主实际上是对皇权的不敬，所以从册令所列举的案件分析，对殴辱王杖者的判决都非常重。

汉代政府在实行“王杖”制度的同时，又从政策上激励天下大众孝敬老人，培育敬老爱老的社会道德风尚。甘肃武威磨咀子汉墓出土的《王杖诏令册》有一条简文说：“复人有养谨者扶持，明著令。”[①] 此处之“人”，指他人、旁人，凡能扶养老人者，享受“复”之待遇，即免除赋役。在传世文献中，最早记载以“复其身”为条件奖励孝事老人的材料，大概出自汉惠帝四年（前191年）：“春正月，举民孝弟力田者复其身。”[②] 颜师古注曰：“弟者，言能以顺道事其兄也。”商鞅变法时规定：“僇力本业，耕织致粟帛多者复其身。”[③] 汉承秦制，但孝事老人也能“复其身”，却是汉朝自己的发明创造。汉文帝时“礼高年，九十者一子不事，八十者二算不事。”颜师古注曰：“一子不事，蠲其赋役。二算不事，免二口之算赋也。”[④] 公元前348年（秦孝公十四年），秦国“初为赋”[⑤]，第一次按户按人口征收军赋，也就是云梦出土《秦律》所说的“户赋”，也称“口赋”，为汉代“算赋”之起源。算赋是向成年人征收的人头税，从15岁至56岁，每人每年向国家交纳120钱，称为一算。商鞅变法实行的“复其身”，目的在于奖励耕战；西汉时期的蠲赋役、免算赋，是对老人的尊重和对孝子的褒奖，两者性质与目的不同。汉武帝时也采取一些专项措施来保证这一政策顺利实行，建元元年（公元前140年），汉武帝下诏：“古之立教，乡里以齿，朝廷以爵，扶世导民，莫善于德。然则于乡里先耆艾，奉高年，古之道也。今天下孝子顺孙愿自竭尽以承其亲，外迫公事，内乏资财，是以孝心阙焉。朕甚哀之。民

① 参见武威县博物馆：《武威新出王杖诏令册》，《汉简研究文集》，甘肃人民出版社1984年版，第35页。

② 《汉书·惠帝纪》。

③ 《史记·商君列传》。

④ 《汉书·贾山传》，第2335页。

⑤ 《史记·秦本纪》。

年九十以上，已有受鬻法，为复子若孙，令得身帅妻妾遂其供养之事。”颜师古注：“有子即复子，无子即复孙也。”[①] 年龄90以上老者，不仅可以根据《受鬻法》享受政府发给的财物，而且可以免除其子孙部分徭役。汉昭帝元凤元年（公元前80年）三月，“赐郡国所选有行义者涿郡韩福等五人帛，人五十匹，遣归。”并且下诏曰：“朕闵劳以官职之事，其务修孝弟以教乡里。令郡县常以正月赐羊酒。有不幸者赐衣被一袭，祠以中牢。”[②] “行义者”指在乡村“修孝弟”之人，通过对“其务修孝弟以教乡里”者的奖励举措，培育邻里之间以修孝行义为荣的社会风尚。汉宣帝地节三年（公元前67年）十一月又下诏曰：“朕既不逮，导民不明，反侧晨兴，念虑万方，不忘元元。唯恐羞先帝圣德，故并举贤良方正以亲万姓，历载臻兹，然而俗化阙焉。传曰：‘孝弟也者，其为仁之本与。’其令郡国举孝弟、有行义闻于乡里者各一人。”[③] 让各郡国举荐“孝弟、有行义”者，是为了在乡里树立行孝的楷模，以孝行感化乡里，移风易俗。为了在全社会培育敬老爱老的社会风尚，两汉政府经常发布赏赐孝子钱帛爵的诏令，从西汉惠帝到东汉顺帝，全国性对孝悌褒奖、赐爵多达32次[④]。对一些事迹比较突出的孝子，汉代政府有意广为宣传。《后汉书·江革传》载：“建武末年，与母归乡里。每至岁时，县当案比，革以母老，不欲摇动，自在辕中輓车，不用牛马，由是乡里称之曰‘江巨孝。’”江革告归乡里后，朝廷仍然念念不忘“江巨孝”。“元和中，天子思革至行，制诏齐相曰：‘谏议大夫江革，前以病归，今起居何如？’夫孝，百行之冠，众善之始也。国家每惟志士，未尝不及革。是以见谷千斛赐‘巨孝’，常以八月长吏存问，致羊酒，以终厥身。如有不幸，祠以中牢。”既赏赐“谷千斛”，又赐“巨孝”称号，名利双行。从此以后，“江巨孝”之名，妇孺皆知，“行于天下”。此外，汉朝政府对以孝治乡里、政绩卓著的官吏，也大加奖赏。西汉黄霸治颍川，以孝教化百姓，民风淳朴，政绩显著。天子下诏称扬曰：“颍川太守霸，宣布诏令，百姓乡化，孝子弟弟贞妇顺孙日以众多。田者让畔，道不拾遗，养视鳏

---

① 《汉书·武帝纪》。

② 《汉书·昭帝纪》。

③ 《汉书·宣帝纪》。

④ 参见孙筱：《孝的观念与汉代新的社会统治秩序》，《中国史研究》1990年第3期。

寡，赡助贫穷，狱或八年亡无重罪囚，吏民乡于教化，兴于行谊，可谓贤人君子矣，《书》不云乎？'股肱良哉！'""孝子弟弟贞妇顺孙日以众多"，是地方治理卓有成效的一大表现。黄霸因此被"赐爵关内侯，黄金百斤，秩中二千石"。[①]

2. 民法

现代意义上的民法主要是指调整平等主体之间的财产关系与人身关系的法律规范。民法就其任务而言，是规定权利主体有无权利、义务的法律；就其效力而言，是全国范围内主体间一般通用的法律。严格说来，中国古代并不存在现代意义上的民法。我们于此仍然使用"民法"这一概念，是从浩如烟海的史实中"选"（冯友兰语）出与西方民法相类似的内涵，建构中国古代法律体系中的民法部分，目的在于从现代法学理论的高度观照与评价中国古代的法律制度与法律行为。

（1）父母依法对子女拥有人身支配权。

其一，父母具有卖子权。《孝经·开宗明义章》说："身体发肤，受之父母。"父母"全而生之"，子女有义务"全而归之"。基于这一理论，父母对子女生命拥有所有权与支配权。汉代法律规定，父母在某些特殊情况下可以卖子。《汉书·食货志》载："汉兴，接秦之敝，诸侯并起，民失作业，而大饥馑。凡米石五千，人相食，死者过半。高祖乃令民得卖子，就食蜀汉。"虽然因饥荒而有此规定，但从法律意义上肯定了卖子的合法性。贾谊的奏疏也论及汉初卖子现象："汉之为汉几四十年矣，公私之积犹可哀痛。失时不雨，民且狼顾；岁恶不入，请卖爵、子。既闻耳矣，安有为天下阽危者若是而上不惊者！"如淳注："卖爵级又卖子也。"[②] 汉武帝时，淮南王刘安上书言："间者，数年岁比不登，民待卖爵赘子以接衣食，赖陛下德泽振救之，得毋转死沟壑。"如淳注："淮南俗卖子与人作奴婢，名为赘子，三年不能赎，遂为奴婢。"颜师古注曰："赘，质也。一说，云赘子者，谓令子出就妇家为赘婿耳。"[③] 东汉初期，汉光武帝在13年中连续九次颁布关于

① 《汉书·黄霸传》。
② 《汉书·食货志》。
③ 《汉书·严助传》。

释放奴婢的诏令。例如，建武二年（26 年）的诏令说："民有嫁妻卖子欲归父母者，恣听之。敢拘执，论如律。"[①] 由此可见，两汉时期卖子现象比较普遍。

其二，父母对子女有管教权。许慎《说文解字》释"父"："父，矩也，家长率教者，从又举杖。"[②]《白虎通·三纲六纪》云："父子者，何谓也？父者，矩也，以法度教子也。子者，孳也，孳孳无已也。"[③] 父是"纲纪"，"纲纪"意味着准绳与枢纽，其间也隐含对为父者的责任要求；与此同时，父又是"矩"与"法度"，《尔雅·释诂上》："矩，常也"，又"矩，法也"。[④] 扑责子女是父家长天经地义、不容置疑的权力与义务，这一父权既合乎伦理又不悖离法律。《汉书·刑法志》云："鞭扑不可弛于家，刑罚不可废于国，征伐不可偃于天下。"西汉匡衡说："又以孝莫大于严父，故父之所尊子不敢不承，父之所异子不敢同。"[⑤]《后汉书·崔骃列传》载，汉灵帝时代公开卖官鬻爵，官场乌烟瘴气，"其富者则先入钱，贫者到官而后倍输，或因常侍、阿保别自通达"。崔烈"因傅母入钱五百万，得为司徒"。崔烈因为入仕途径不正，社会"声誉衰减"。崔烈在家询问其子崔钧："吾居三公，于议者何如？"崔钧讥讽道："论者嫌其铜臭。"崔烈恼羞成怒，"举杖击之"。身为虎贲中郎将的崔钧吓得"狼狈而走"，其父在背后大骂："死卒，父挝而走，孝乎？"家长除了有权扑责子女之外，在法律上还享有送惩权。王尊兼任美阳令时，有一妇女上官府控告其"假子不孝"，"儿常以我为妻，妒笞我"。王尊立即派吏收捕验问，审讯后发现事情属实，"尊于是出坐廷上，取不孝子县磔著树，使骑吏五人张弓射杀之，吏民惊骇"。[⑥] 汉代法律上之送惩权源自秦律。睡虎地云梦秦简《封诊式》收录了几例父母尊长告发子女的案例，其中一例为："某里士五（伍）"到官府告发其子不孝，"谒杀，敢告"。令史前往捉拿归案。县丞审讯不孝子丙，供辞称：

① 《后汉书·光武帝纪》。
② 许慎：《说文解字》，中华书局 1963 年版，第 64 页。
③ 《白虎通疏证·三纲六纪》，中华书局 1994 年版，第 376 页。
④ 郭璞注、邢昺疏：《尔雅注疏》卷一，十三经注疏本，中华书局 1980 年版，第 2569 页。
⑤ 《汉书·韦贤传》。
⑥ 《汉书·王尊传》。

"甲亲子，诚不孝甲所，毋（无）它坐罪。"[①]

其三，父母对子女有生杀大权。《宋书·何承天传》载议民不孝案："法云，谓违犯教令，敬恭有亏，父母欲杀，皆许之。其所告惟取信于所求而许之。"子女不听从教令，父母有权杀子。程树德认为："此条所谓法云违反教令，敬恭有亏，父母欲杀皆许之，当即晋律本文。"[②]晋律源于汉律，父母杀子权在法律上得到了承认。秦末，赵高、李斯与胡亥篡改诏书，另立太子，派遣使者北上，威逼扶苏自杀。"使者至，发书，扶苏泣，入内舍，欲自杀。蒙恬止扶苏曰：'陛下居外，未立太子，使臣将三十万众守边，公子为监，此天下重任也。今一使者来，即自杀，安知其非诈？请复请，复请而后死，未暮也。'使者数趣之。扶苏为人仁，谓蒙恬曰：'父而赐子死，尚安复请！'即自杀。"[③]父命同于法令，违犯父命就是违背法律。汉武帝时，金日磾原是匈奴休屠王太子，其子弄儿见宠于汉武帝。"弄儿或自后拥上项，日磾在前，见而目之。弄儿走且啼曰：'翁怒。'上谓日磾'何怒吾儿为？'其后弄儿壮大，不谨，自殿下与宫人戏，日磾适见之，恶其淫乱，遂杀弄儿。弄儿即日磾长子也。上闻之大怒，日磾顿首谢，具言所以杀弄儿状。上甚哀，为之泣，已而心敬日磾。"[④]金日磾这种杀子行为不仅未受到法律制裁，反而得到汉武帝的敬重。汉哀帝时，王莽的儿子王获杀死家中一位奴婢，王莽斥责其儿行径不当，并且"令自杀"。值得注意的是，王莽的杀子行为反而为他的社会地位与社会声誉的提升造成了良好的社会效果，"吏上书冤讼莽者以百数"。[⑤]两汉时期贫困人家杀子现象由来已久，逐渐形成一种社会风气。贾彪上任后对这一陋习进行了大力整饬，"初仕州郡，举孝廉，补新息长。小民困贫，多不养子，彪严为其制，与杀人同罪。城南有盗劫杀人者，北有妇人杀子者，彪出案发，而掾吏欲引南。彪怒曰：'贼寇害人，此则常理，母子相残，逆天违道。'遂驱车北行，案验其罪。……数

① 睡虎地秦墓竹简整理小组：《睡虎地秦墓竹简》，文物出版社1978年版，第263页。

② 程树德：《九朝律考·晋律考中》，中华书局2003年版，第252页。

③ 《史记·李斯列传》。

④ 《汉书·金日磾传》。

⑤ 《汉书·王莽传》。

年间，人养子者千数，佥曰：‘贾父所长’，生男名为‘贾子’，生女名为‘贾女’”。①

其四，父母对子女婚姻大事具有支配权。汉代婚姻的缔结大都由父母操持，婚姻当事人处在一个相对被动的地位，对自己的婚姻大事没有自决权。《诗经·齐风·南山》云：“娶妻如之何，必告父母。”《礼记·曲礼上》云：“男女非有行媒，不相知名。”《管子·形势解》又云：“妇人之求夫家也，必用媒，而后家事成。”②《白虎通·嫁娶》云：“男不自专娶，女不自专嫁，必由父母，须媒妁何？远耻防淫佚也。”③《诗经·卫风·氓》曾经描述了由于未能请到一位好媒人，结果一对恋人未能及时完婚的悲剧：“氓之蚩蚩，抱布贸丝。匪来贸丝，来即我谋。送子涉淇，至于顿丘。匪我愆期，子无良媒。将子无怒，秋以为期。”《白虎通·嫁娶》还从阴阳理论高度，为“男不自专娶，女不自专嫁”进行论证：女属阴，男属阳；阴卑阳尊，所以阴需通过阳“成之”：“礼男娶女嫁何？阴卑，不得自尊，就阳而成之。”④ 媒妁之言与父母之命往往相提并论，其间彰显的实际上是父母尊长的绝对权威。如果婚娶不用媒，一方面有违于社会风俗，另一方面也意味着这种婚姻在法律层面与伦理道德层面均属无效。《孟子·滕文公下》云：“丈夫生而愿为之有室，女子生而愿为之有家，父母之心，人皆有之。不待父母之命，媒妁之言，钻穴隙相窥，踰墙相从，则父母国人皆贱之。”婚娶不用媒，孟子斥之为“贱”，《管子·形势解》讥之为“丑耻”。缘此，齐国专设了“掌媒”的官员，履行“合独”之职。根据《礼记·昏义》的记载，当时已出现了比较完整规范的婚姻礼仪——“六礼”。“六礼”即纳采、问名、纳吉、纳征、请期、亲迎，这实际上是婚姻礼仪的六个阶段。纳采，指男家请媒人提亲，女家同意议婚，然后男家再备礼向女家正式求婚。纳采的主要贽品是雁，也称为“委禽”，“贽用雁者，取其随时而南北，不失其节，明不夺女子之时也。又是随阳之鸟，妻从夫之义也。又取飞成行，止成

① 《后汉书·贾彪列传》。
② 赵守正：《管子注译·形势解》，广西人民出版社 1987 年版，第 189 页。
③ 陈立：《白虎通疏证·嫁娶》，中华书局 1994 年版，第 452 页。
④ 陈立：《白虎通疏证·嫁娶》，中华书局 1994 年版，第 452 页。

列也。明嫁娶之礼，长幼有序，不相踰越也”。[①] 贽用雁取义于鸿雁候时而动，顺乎阴阳往来之理。问名，是女家接受男家的求婚意向后，男家之父乃具书，遣媒人问女之名，女氏出具其女所出及出生年月日以告。纳吉，指男家归卜告于家庙，祷问双方结合是否吉利，求取祖先神灵的认可和保佑。若卜得吉兆，再请媒人通知女方，表示已经订婚。纳征，也叫纳币，在决定婚约之后，男家向女家纳聘礼，《周礼·地官·媒氏》说：“凡嫁子娶妻，入币纯帛，无过五两。”[②] 请期，男家卜取迎亲吉日，三请于女家，表示礼敬而不敢自专。亲迎，指正式成婚礼仪，通常要男方逆迎而女方有送。在成婚吉日，新郎受父命，于黄昏时到达女家迎新妇，“主人筵几于庙，而拜迎于门外。婿执雁入，揖让升堂，再拜奠雁，盖亲受之于父母也”。[③]《礼记·哀公问》专门讨论了亲迎的必要性，鲁哀公问：亲迎之礼，是不是过于隆重？孔子回答说：“合二姓之好，以继先圣之后，以为天地、宗庙、社稷之主，君何谓已重乎？”[④] 孔子认为上应天地阴阳二气，下合二姓之好、延续后嗣，当属参天地化育之大事。之后荀子进一步发挥说：“亲迎之礼：父南乡而立，子北面而跪，醮而命之：‘往迎而相，成我宗事，隆率以敬，先妣之嗣，若则有常。’子曰：‘诺，唯恐不能，敢忘命矣？’”[⑤]《诗经·大雅·韩奕》描绘了韩国君王的亲迎之礼，于此可见亲迎之隆盛：“韩侯取妻，汾王之甥，蹶父之子。韩侯迎止，于蹶之里。百两彭彭，八鸾锵锵，不显其光。诸娣从之，祁祁如云。韩侯顾之，烂其盈门。”但是，在婚姻的六个阶段，我们始终看不到婚姻当事人的选择权和内在情感，显现的都是父母单方面的主宰权。《太平御览》中记载的一则事例正好可以证明这一点：“甲夫乙将船，会海盛风，船没溺流死亡，不得葬。四月，甲母丙即嫁甲，欲皆何论？或曰：甲夫死未葬，法无许嫁，以私为人妻，当弃市。议曰：臣愚以为《春秋》之义，言夫人归于齐，言夫死无男，有更嫁之道也。妇人无专制擅恣之行，听从为顺，嫁之者归也。甲又尊者所嫁，无淫衍之心，非私为人妻

① 陈立：《白虎通疏证》卷十《嫁娶》，中华书局1994年版，第457页。
② 孙诒让：《周礼正义·地官·媒氏》，中华书局1987年版，第1047页。
③ 孙希旦：《礼记集解·昏义》，中华书局1989年版，第1417页。
④ 孙希旦：《礼记集解·哀公问》，中华书局1989年版，第1261页。
⑤ 杨柳桥注：《荀子诂译·大略》，齐鲁书社1985年版，第735页。

也。明于决事，皆无罪名，不当坐。”[①] 董仲舒以《春秋》大义为价值依据，认为甲无罪，理由是甲由父母主婚，非“私为人妻”。既然子女婚姻完全由父母一手操办，子女婚姻的延续与解除也由父母单方面决定。《礼记·内则》说：“子甚宜其妻，父母不说，出。子不宜其妻，父母曰：‘是善事我’，子行夫妇之礼焉，没身不衰。”[②] 婚姻关系是否解除，与婚姻当事人的意愿无关，主要取决于是否“善事我”，此处之“我”并非婚姻当事人，而是父母尊长。《大戴礼记·本命》列举了强行与妻子离婚的七种理由——“七出”：不顺父母、无子、淫、妒、恶疾、多言、窃盗。在“七出”之条中，是否孝顺父母尊长最为重要。东汉鲍永是有名的大孝子，“事后母至孝，妻尝于母前叱狗，而永即去之”。[③]《后汉书·列女传》载广汉姜诗“事母至孝，妻奉顺尤笃。母好饮江水，水去舍六七里，妻常溯流而汲。后值风，不时得返，母渴，诗责而遣之”。这两条史料涉及的皆是家庭琐碎小事，但因与孝相牵连，事情的性质就发生了根本性的变化。在汉代众多的材料中，最能反映因父母意愿而导致子女婚姻关系被迫解除的例子，莫过于汉代乐府诗《焦仲卿妻》中的焦仲卿与刘兰芝的爱情悲剧。“孔雀东南飞，五里一徘徊。十三能织素，十四学裁衣。十五弹箜篌，十六诵诗书。十七为君妇，心中常苦悲。君既为府吏，守节情不移。”夫妻两人恩恩爱爱，如胶似漆。但是，焦母不喜欢儿媳，焦仲卿不得不休妻。刘兰芝回到娘家后不久，母兄强迫其改嫁他人。万念俱灰的刘兰芝只好“揽裙脱丝履，举身赴清池。府吏闻此事，心知长别离。徘徊庭树下，自挂东南枝”。[④]

（2）父母对家庭财产拥有所有权与处置权。

家庭财产，包括动产与不动产，在法律意义上都属父母尊长所有，子女不拥有家庭财产所有权。“父母在，不敢有其身，不敢私其财，示民有上下也。……父母在，馈献不及车马，示民不敢专也。”[⑤] “父母存，不许友以

① 李昉等：《太平御览》卷六百四十《刑法部六》，中华书局1960年版，第2868页。

② 孙希旦：《礼记集解·内则》，中华书局1989年版，第738页。

③《后汉书·鲍永列传》。

④ 王运熙、王国安评注：《汉魏六朝乐府诗评注》，齐鲁书社2000年版，第204—207页。

⑤ 孙希旦：《礼记集解·坊记》，中华书局1989年版，第1292页。

死，不有私财。”[①]“子妇无私货，无私畜，无私器，不敢私假，不敢私与。”郑玄注曰：“家事统于尊也。”[②] 父母健在，子女不得拥有个人财产，所有收入必须上交父母。江陵张家山汉简《奏谳书》中有一条有关法定继承财产顺序的律文：“故律曰：死夫（?）以男为后。毋男以父母，毋父母以妻，毋妻以子女为后。”[③] 从中可以看出四个继承顺序依次是子、父母、妻、女。儿子虽然排在家庭财产继承顺序第一位，但在父母健在情况下，财产的唯一所有者是父母尊长。非经家长同意，子女无权动用家庭财产，更不允许私自将家庭财产借出或赠与他人。汉昭帝始元六年诏：“罢榷酤官，令民得以律占租，卖酒升四钱。”如淳注：“律，诸当占租者家长身各以其物占，占不以实，家长不身自书，皆罚金二斤，没入所不自占物及贾钱县官也[④]。”每个家长必须如实向国家申报家庭财产数额，并按法令缴纳赋税，否则将受到法律制裁，这也从一个侧面证明了家长对家庭财产具有完全支配权。不仅如此，父母对家庭财产具有经营权和处置权，子女不得干涉。《后汉书·樊宏传》载，樊宏“父重，字君云，世善农稼，好货殖。重性温厚，有法度，三世共财，子孙朝夕礼敬，常若公家。其营理产业，物无所弃，课役童隶，各得其宜，故能上下勠力，财利岁倍，至乃开广田土三百余顷。其所起庐舍，皆有重堂高阁，陂渠灌注。又池鱼牧畜，有求必给”。樊重治家有方，子女三代勤劳致富，“赀至巨万，而赈赡宗族，恩加乡闾”。[⑤] 樊重富而好仁，饮誉一方。另一个相反的例子是，西汉疏广辞去太子太傅官职回归乡里，汉宣帝“加赐黄金二十斤”，皇太子又“赠以五十斤”。疏广衣锦还乡后，天天在家大宴宾客，觥筹交错，夜以继日，无暇他顾。家中财产挥霍殆尽，疏广子女忧心如焚，劝其买些田地房屋，为子女添置产业。疏广却说：“吾岂老诗不念子女哉？顾自有旧田庐，令子女勤力其中，足以共衣食，与凡人齐。今复增益之以为赢余，但教子女怠惰耳。贤而多财，则损其志；愚

① 孙希旦：《礼记集解·曲礼上》，中华书局1989年版，第22页。
② 孙希旦：《礼记集解·内则》，中华书局1989年版，第740页。
③ 江陵张家山汉简整理小组：《江陵张家山汉简〈奏谳书〉释文》，《文物》1995年第3期。
④ 《汉书·昭帝纪》。
⑤ 《后汉书·樊宏传》。

而多财，则益其过。且夫富贵，众人之怨也；吾既亡以教化子孙，不欲益其过而生怨。”① 疏广天天饮酒作乐、挥金如土，原来有其深层次的考虑，无论“贤而多财”，抑或“愚而多财”，都会使子孙“怠惰”。疏广所作所为，恰恰从一个侧面说明了家长对家庭财产具有绝对的经营权和处置权。

3. 刑法

刑法是关于犯罪与刑罚的法律规范的总称。刑法以规定什么行为是犯罪并适用于何种刑罚为内容。与其他部门法相比，刑法拥有最严厉的惩罚手段，可以剥夺犯罪者的财产、权利、人身自由甚至生命。在中国古代社会，“不孝”是一项触犯刑法的犯罪行为。传世文献中最早提及“不孝”罪的是《吕氏春秋·孝行览》引述《商书》佚文：“刑三百，罪莫重于不孝。”高诱注曰：“商汤所制法也。”② 其后《尚书·康诰》也有对不孝罪进行严惩之记载：“封，元恶大憝，矧惟不孝不友。子弗祗服厥父事，大伤厥考心；於父不能字厥子，乃疾厥子。于弟弗念天显，乃弗克恭厥兄。兄亦不念鞠子哀，大不友于弟。惟吊兹，不于我政人得罪，天惟与我民彝大泯乱。曰：乃其速由文王作罚，刑兹无赦。”③ 不孝属“元恶大憝”，所以要用文王制定的刑罚来严惩。稍后的文献如《周礼·地官·大司徒》也提到不孝罪：“以乡八刑纠万民：一曰不孝之刑，二曰不睦之刑，三曰不姻之刑，四曰不弟之刑，五曰不任之刑，六曰不恤之刑，七曰造言之刑，八曰乱民之刑。”公元前651年，齐桓公与众诸侯会盟于葵丘，盟约中的一项条款为：“诛不孝。”④ 秦国也有不孝处重刑的法律条文。“免老告人以为不孝，谒杀，当三环之不？不当环，亟执勿失。”⑤ 根据《周礼·司刺》记载，古代判处死刑有“三宥”法律程序，但如果属于“不孝”罪，则可以直接逮捕嫌疑人。《睡虎地秦墓竹简·封诊式》还有一条类似的材料：“某里士五（伍）甲告曰：‘甲亲子同里士五（伍）丙不孝，谒杀，敢告。’即令令史己往执。令史己爰书：与牢隶臣某执丙，得某室。丞某讯丙，辞曰：‘甲亲子，诚不孝

① 《汉书·疏广传》。

② 高诱注：《吕氏春秋·孝行览》，诸子集成本，上海书店1988年版，第138页。

③ 王世舜：《尚书译注·康诰》，四川人民出版社1982年版，第157页。

④ 《孟子·告子下》。

⑤ 睡虎地秦墓竹简整理小组：《睡虎地秦墓竹简·法律答问》，文物出版社1978年版，第195页。

甲所，毋（无）它坐罪。’”[①] 对于这类自诉案件，官府往往是有案必究，从不懈怠。汉朝“依律，杀母以大逆论。”[②] 不孝入罪在湖北江陵张家山汉简《奏谳书》中得到了证实：“律曰：不孝弃市。”[③] 《太平御览》卷六百四十《刑法部》引《宋书·顾凯之传》：“子不孝父母，弃市。”[④] 《后魏律》处“不孝”者以髡刑，《北齐律》将不孝与恶逆同列为十大重罪，《隋律》列不孝为“十恶”之一，《唐律》继而将不孝列为“十恶”之一，并将“不孝”界定为“善事父母曰孝。既有违犯，是名‘不孝’。”[⑤]

概而论之，汉代“不孝”入罪涵盖以下几方面：

其一，不供养父母。孔子认为，从物质层面上孝养父母是人之所以为人的最基本的义务，甚至某些动物也能做到这一点。《孝经·庶人章》说：“谨身节用，以养父母。”《盐铁论·孝养》也认为：“善养者不必刍豢也，善供服者不必锦绣也。以己之所有尽事其亲，孝之至也。故匹夫勤劳，犹足以顺礼；啜菽饮水，足以致其敬。”孝养父母首先在于是否有感恩之心，其次才是是否竭尽“己之所有”。如果能做到这两点，匹夫匹妇“啜菽饮水”也是孝子。中国古代社会是农耕社会，小农经济是国民经济之基础。以父系家长为核心的大家庭是否稳定与和睦，关系到整个社会秩序是否稳固与协调。基于此，汉代统治者大力倡导儒家孝伦理，良有以焉。孝子虞诩“年十二，能通《尚书》。早孤，孝养祖母。县举顺孙，国相奇之，欲以为吏。诩辞曰：‘祖母九十，非诩不养。’相乃止。”[⑥] 又据《后汉书·江革列传》载，江革“少失父，独与母居。遭天下乱，盗贼并起，革负母逃难，备经阻险，常采拾以为养。数遇贼，或劫欲将去，革辄涕泣求哀，言有老母，辞气愿款，有足感动人者。贼以是不忍犯之，或乃指避兵之方，遂得俱全于难。革转客下邳，穷贫裸跣，行佣以供母，便身之物，莫不必给”。[⑦] 虞诩与江革因为称孝于乡里，结果都被荐举为官。换言之，如果未能做到尽心竭

① 睡虎地秦墓竹简整理小组：《睡虎地秦墓竹简·封诊式》，文物出版社1978年版，第263页。
② 杜佑：《通典》卷一六六，中华书局1984年版，第878页。
③ 江陵张家山汉简整理小组：《江陵张家山汉简〈奏谳书〉释文》，《文物》1995年第3期。
④ 李昉等：《太平御览》卷六百四十，中华书局1960年版，第2867页。
⑤ 《唐律疏议·名例律》。
⑥ 《后汉书·虞诩列传》。
⑦ 《后汉书·江革列传》。

力供养父母，有可能负法律责任。前引西汉薛宣就是被人控告“不供养，行丧服，薄于骨肉”，结果断送了自己的政治前途。汉平帝时司直陈崇告发大司农孙宝不孝，“会宝遣吏迎母，母道病，留弟家，独遣妻子”。经三公讯问后，“坐免，终于家”。[①] 江陵张家山汉简有一条简文说：“有生父而弗食三日，吏且何以论子？”廷尉回答说：“当弃市。”[②] 由于汉代社会“以孝治天下”，大力宣传儒家孝伦理，结果也出现了一些怪诞社会现象。《风俗通义·愆礼》载：东汉九江太守陈之威自幼失母，“常自悲感”。后来“游学京师，还于陵谷中，见一老母，年六十余，因就问：‘母姓为何？’曰：‘陈家女李氏，’‘何故独行？’曰：‘我孤独，欲依亲家。’子威再拜长跪自白曰：‘子威少失慈母，姓陈，舅氏亦李，又母与亡亲同年，会遇于此，乃天意也。’因载归家，供养以为母。”[③]

其二，服丧违法。《礼记》中有《丧服小记》、《丧大记》、《祭法》、《祭义》、《祭统》、《奔丧》、《问丧》、《三年问》、《丧服四制》等篇对服丧期间子女的行为规范，如奔丧、哭丧、入殓、丧服、饮食等各个方面作了详细说明。如果有违，在法律上就被视为不孝。《礼记·祭义》云：“父母既没，慎行其身，不遗父母恶名，可谓能终矣。”[④] 父母死后，子女应慎行其身，不留恶名，不辱父母。“慎行其身”具体包括居丧期间要着丧服、不居寝、不视乐、不婚嫁、不饮食酒肉、不过性生活等，否则将受到法律制裁。江陵张家山汉简载：“妻之为后次夫、父母，夫、父母死，未葬，奸丧旁者，当不孝，不孝弃市。”[⑤] 该女子在居丧期间与人通奸，结果被判为“不孝弃市”。《汉书·霍光传》载：汉昭帝死后，霍光率众大臣选昌邑王贺继位。但其在未正式登位典丧期间，无悲哀之心，“行淫乱”，“服斩缞，亡悲哀之心，废礼谊，居道上不素食，使从官略女子载衣车，内所居传舍”，结果被废帝位，这也是汉代唯一一位因服丧期间“不孝”而被褫夺皇位者。汉成帝时，常山宪王太子勃在其父重病与病亡服丧期间，“私奸，饮酒，博

① 《汉书·孙宝传》。
② 江陵张家山汉简整理小组：《江陵张家山汉简〈奏谳书〉释文》，《文物》1995年第3期。
③ 应劭：《风俗通义校注·愆礼》，中华书局2010年版，第138页。
④ 孙希旦：《礼记集解·祭义》，中华书局1989年版，第1226页。
⑤ 江陵张家山汉简整理小组：《江陵张家山汉简〈奏谳书〉释文》，《文物》1995年第3期。

戏，击筑，与女子载驰，环城过市，入狱视囚”。有司请诛之，因皇帝不忍，结果“徙王勃以家属处房陵”。[①] 汉安帝元初五年（118 年），赵相告发赵惠王乾“居父丧私娉小妻，又白衣出司马门”，赵惠王乾因此“坐削中丘县”。[②] 东汉赵宣葬亲时不闭墓道，身穿孝服在墓道中守孝 20 多年。“乡邑称孝，州郡数礼请之”。青州刺史陈蕃闻知赵宣孝行后大为感动，于是接见赵宣。在交谈中察觉赵宣在 20 多年的时间中竟然生了五个孩子，陈蕃大怒：“圣人制礼，贤者俯就，不肖企及。且祭不欲数，以其易黩故也。况乃寝宿冢藏，而孕育其中，诳时惑众，诬汙鬼神乎？”结果赵宣被逮捕治罪。[③]《后汉书·李固传》载：“先是颍川甄邵谀附梁冀，为邺令。有同岁生得罪于冀，亡奔邵，邵伪纳而阴以告冀，冀即捕杀之。邵当迁为郡守，会母亡，邵且埋尸于马屋，先受封，然后发丧。邵还至洛阳，燮行涂遇之，使卒投车于沟中，笞捶乱下，大署帛于其背曰：‘谀贵卖友，贪官埋母’。乃具表其状，邵遂废锢终身。”甄邵的罪名有二：一是匿母丧；二是谄附梁冀，卖友求荣。由于孝观念的强化，原始儒家“葬之以礼，祭之以礼”的原则在汉代已趋于极端化，自残、自虐的社会现象层出不穷。有的孝子“父没哀恸，焦毁过礼，草庐土席，衰杖在身，头不枇沐，体生疮肿”。[④] 有的孝子“行丧陵次，毁胔过礼”。[⑤] 有的守坟“野无烟火，而独在冢侧”。[⑥] 有的孝子“昼夜号泣，终三年不食盐菜。憔悴毁容，亲人不识之”。[⑦] 甚至有的孝子“遭母丧过毁，伤父魂灵不返，因哀恸绝命”。[⑧]

其三，举告父母。孔子儒家认为，如果父母犯有过失，子女不可丧失独立人格，不可盲目听从，而应坚持原则，劝诫父母。“以正致谏”、“微谏不绝”、“谏而不逆”，就是基于原始儒家的思想而产生的劝谏理论。但是，迨至战国时代，儒家这一基本观点在法律层面已发生了变化：子女不得控告父

① 《汉书·景十三王传》。
② 《后汉书·宗室四王三侯传》。
③ 《后汉书·陈蕃列传》。
④ 《后汉书·章帝八王传》。
⑤ 《后汉书·彭城靖王恭传》。
⑥ 《后汉书·祭遵列传》。
⑦ 《后汉书·和熹邓皇后纪》。
⑧ 《后汉书·独行列传》。

母，否则将被视为犯罪。《睡虎地秦墓竹简》载：“‘子告父母，臣妾告主，非公室告，勿听。’可（何）谓‘非公室告’？主擅杀、刑、髡其子、臣妾，是谓‘非公室告’，勿听。而行告，告者罪。告【者】罪已行，它人有（又）袭其告之，亦不当听。”[1] 如果父母擅自杀死、刑伤子女，子女进而向官府控告，这在法律上属于“非公室告”，官府一般不予受理。假如子女坚持不懈地上诉，控告者有罪。但是，如果“父子同居，杀伤父臣妾、畜产及盗之，”则属于“家罪”，“其罪当刑城旦”。[2] 张家山汉简《二年律令·告律》有类似记载，从而为秦律提供了佐证：“子告父母，妇告威公，奴婢告主、主父母妻子，勿听而弃告者市。”[3] 除了出土文献之外，正史中有关禁止“子告父母”的材料也比较多。汉景帝三年，襄平侯嘉之子恢说欲谋反，事发觉，恢说因“有私怨于其父”，诬告其父知情不报。此案被定性为“不孝”和“大逆不道”，“论恢说及妻子如法，”即恢说及妻子被处以“弃市”刑罚。[4] 汉武帝元朔六年，衡山王刘赐想废太子刘爽，另立刘孝为太子。刘爽听说后，上书汉武帝，控告其父与淮南王刘安相互勾结，图谋叛逆。事发后，刘赐畏罪自杀。刘爽虽然如实向官府控告其父谋反，却未享受到因检举他人有功而免刑的特权，结果“太子爽坐告王父不孝，皆弃市”。[5]《后汉书·贾复传》载，东汉章帝建初元年，贾复之子贾敏“坐诬告母杀人，国除”。东汉初年，刘晃与刘刚“与母太姬宗更相诬告”，汉章帝下诏说：“朕闻人君正屏，有所不听。宗尊为小君，宫卫周备，出有辎軿之饰，入有牖户之固，殆不至如谮者之言。晃、刚愆乎至行，浊乎大伦，《甫刑》三千，莫大不孝。”由于下告上有违于孝道，刘晃由王贬为芜湖侯，刘刚削户三千。[6] 以上所举案例均为王或侯，所受处分为国除、贬爵，并未入于刑律。如果身份是平民百姓，其行为已触犯刑律。《二年律令·告律》云：

① 睡虎地秦墓竹简整理小组：《睡虎地秦墓竹简·法律答问》，文物出版社1978年版，第196页。

② 睡虎地秦墓竹简整理小组：《睡虎地秦墓竹简·法律答问》，文物出版社1978年版，第197—198页。

③ 张家山247号汉墓竹简整理小组：《张家山汉墓竹简（247号墓）》，文物出版社2001年版，第151页。

④ 《汉书·景帝纪》。

⑤ 《汉书·衡山王刘赐传》。

⑥ 《后汉书·宗室四王三侯传》。

“诬告人以死罪，黥为城旦舂；它各反其罪。告不审及有罪先自告，各减其罪一等。”[①] 如果控告人不实，就用所控告的罪名处罚告发人，这即是法制史上“诬告反坐”原则。“诬告反坐”原则既适用于诬告他人，也适用于诬告尊亲，而且诬告尊亲将受到比诬告他人更严厉的惩处。

其四，辱骂、殴杀父母。儒家孝道注重“敬”，“爱亲者，不敢恶于人。敬亲者，不敢慢于人”。[②] 敬与慢对举，《礼记·曲礼上》：“礼不踰节，不侵侮，不好狎。”郑玄注：“不好狎，为伤敬也。”[③] “侵侮”和“好狎”的具体表现就是辱骂、殴打父母尊长。汉代法律不允许辱骂、殴打父母，《二年律令·贼律》云：“子牧杀父母，殴詈泰父母、父母叚（假）大母、主母、后母，及父母告子不孝，皆弃市。”[④] 西汉这一律文当是源自秦国法律条文，《睡虎地秦墓竹简》载：“‘殴大父母，黥为城旦舂。’今殴高大父母，可（何）论？比大父母[⑤]。”殴打祖父母与曾祖父母者，将被处以黥刑，并罚为城旦舂。依照秦律，城旦舂是一种刑期为四年的劳役型刑罚。汉代法律规定：“殴父也，当枭首。”[⑥] 由此可见，汉代法律对于殴打父母尊长的惩罚比秦国法律更加严酷。在董仲舒依据儒家经义决狱平讼的诸多案件中，有两例案子值得讨论：

例一，“甲有子乙以乞丙，乙后长大，而丙所成育。甲因酒色谓乙曰：汝是吾子，乙怒杖甲二十。甲以乙本是其子，不胜其忿，自告县官。仲舒断之曰：甲能生乙，不能长育，以乞丙，于义以绝矣。虽杖甲，不应坐。”[⑦]

例二，“甲父乙与丙争言相斗，丙以佩刀刺乙，甲即以杖击丙，误伤乙，甲当何论？或曰：殴父也，当枭首。论曰：臣愚以父子至亲也，闻其斗，莫不有怵怅之心。扶伏而救之，非所以欲诟父也。《春秋》之义，许止

---

① 张家山247号汉墓竹简整理小组：《张家山汉墓竹简（247号墓）》，文物出版社2001年版，第151页。

② 胡平生译注：《孝经译注·天子章第二》，中华书局1996年版，第4页。

③ 孙希旦：《礼记集解·曲礼上》，中华书局1989年版，第7页。

④ 张家山247号汉墓竹简整理小组：《张家山汉墓竹简（247号墓）》，文物出版社2001年版，第139页。

⑤ 睡虎地秦墓竹简整理小组：《睡虎地秦墓竹简·法律答问》，文物出版社1978年版，第184页。

⑥ 李昉等：《太平御览》卷六百四十，中华书局1960年版，第2868页。

⑦ 杜佑：《通典》卷六十九，中华书局1984年版，第382页。

父病，进药于其父而卒，君子原心，赦而不诛。甲非律所谓殴父也，不当坐。”①

董仲舒从《春秋》经义中引申出了一项新的法律原则——“原心论罪”。“《春秋》之听狱也，必本其事而原其志。”苏舆注曰：“事之委曲未悉，则志不可得而见。故《春秋》贵志，必先本事。”② 在以法律行为和案件事实为依据前提下，注重分析与判断行为人的主观动机，然后判定案件的性质，予以裁决。“《春秋》之义，意恶功遂，不免于诛。”③ 在案例一中，乙以杖击甲是客观事实，甲是乙之父也是客观事实。但是，董仲舒认为，甲作为生父从未承担过养育乙的社会责任与义务，在法律与伦理的双重层面上主动放弃了作为乙之父亲的社会权利，父子之义已绝。所以，虽然乙杖击生父，但不存在殴打父亲的主观故意，因而不应承担法律责任。在案例二中，基于子杖击父这一客观事实，法官认为“殴父也，当枭首”。对于这种源出于秦王朝的“客观归罪”司法准则，董仲舒予以了否定。“君子原心”，“举意不善，虽有成功犹加诛”。④ 如果主观动机为“善”，性质就发生变化了。甲虽有杖击乙之客观事实，但并非出于主观故意，因此董仲舒得出了无罪的结论。当然，我们也应该明白，这两例案件实际上属于非常特殊的现象。在一般情况下，对于殴打甚至杀害父母尊长的行为人的法律制裁是极其严厉的。汉景帝时，“廷尉上囚防年，继母陈论杀防年父，防年杀陈。依律，杀母以大逆论。帝疑之，武帝时年十二，为太子在旁，帝遂问之。太子答曰：‘夫继母如母，明不及母，缘父之故，比之于母。今继母无状，手杀其父，则下手之日母恩绝矣。宜与杀人者同，不宜与大逆论。’从之”。⑤ 汉律，“杀母以大逆论”。陈防年继母犯故意杀人罪在先，并且母子恩情已绝，因此，幼年武帝认为陈防年案应定性为一般杀人罪，而非罪不容诛的“大逆”。当然，这一判决结果是基于案件的特殊性而发，如果是普通的杀继母、后母、主母，仍将比照“继母如母”法律精神判为“大逆”。由于杀亲

① 李昉等：《太平御览》卷六百四十，中华书局1960年版，第2868页。

② 《春秋繁露义证·精华》。

③ 《汉书·薛宣传》。

④ 《汉书·薛宣传》颜师古注。

⑤ 杜佑：《通典》卷一百六十六，中华书局1984年版，第878页。

是罪大恶极之犯罪行为，先秦两汉时期有将杀亲者处以焚刑之传统，“凡杀其亲者，焚之”。[①] 此处所说的“亲”，指“缌服以内”的亲人。西汉武帝时，有男子毕康杀其母，武帝下诏“燔烧其子尸，暴其罪于天下”[②]，以示对不孝之子的严惩。由于杀伤父母是罪不容赦之重罪，过犹不及之案例也随之出现。《后汉书·循吏列传》载：“上虞有寡妇至孝养姑。姑年老寿终，夫女弟先怀嫌忌，乃诬妇厌苦供养，加鸩其母，列讼县庭。郡不加寻察，遂结竟其罪。”郡吏在缺乏证据的情况下，竟然将其判处死刑。后来在孟尝的一再呼吁下，才“刑讼女而祭妇墓”。

4. 诉讼法

诉讼法是关于诉讼程序法律的总称，是诉讼活动的法律准则和操作规程，其任务是从诉讼程序方面保证实体法的正确实现。根据诉讼性质，可分为民事诉讼法、刑事诉讼法与行政诉讼法。在中国古代社会，中华法系的特点是“诸法合体，民刑不分”，因此也不存在独立的诉讼法。一直到清末沈家本参照西方法律制度起草民事诉讼法与刑事诉讼法，中国法律史上才有了自己真正意义上的诉讼法。基于此，我们在这里讨论儒家孝论对中国古代诉讼法的影响，旨在表明中国古代虽然没有西方法律文化意义上那种系统性的、独立的诉讼法，但“类似”于西方诉讼法的一些法律条款与司法行为还是客观存在的。

（1）“亲亲得相首匿”。

“亲亲得相首匿”是指在一定法律范围内，亲属之间有权相互隐庇犯罪行为，并且不被追究法律责任。[③] 作为古代社会一项重要法律准则，有的学者认为“亲亲得相首匿”的理论依据出于《论语·子路》：“叶公语孔子曰：‘吾党有直躬者，其父攘羊，而子证之。’孔子曰：‘吾党之直者异于是：父为子隐，子为父隐。——直在其中矣’。”或许《论语》这一表述颇具代表意义，先秦两汉时代的众多学者都评述过此事。《庄子·盗跖》篇云：“直躬证父，尾生溺死，信之患也。”《韩非子·五蠹篇》云：“故行仁义者非所

① 孙诒让：《周礼正义·秋官·掌戮》，中华书局1987年版，第2877页。

② 严可均辑：《全上古三代秦汉三国六朝文》，《全后汉文》卷十四《桓谭》，中华书局1958年版，第543页。

③ 参见范忠信：《中西法律传统中的“亲亲相隐”》，《中国社会科学》1997年第3期。

誉，誉之则害功；文学者非所用，用之则乱法。楚之有直躬，其父窃羊，而谒之吏。令尹曰：‘杀之。’以为直于君而曲于父，报而罪之。以是观之，夫君之直臣，父之暴子也[①]。”《吕氏春秋·当务》篇载：“楚有直躬者，其父窃羊而谒之上。上执而将诛之。直躬者请代之。将诛矣，告吏曰：‘父窃羊而谒之，不亦信乎？父诛而代之，不亦孝乎？信且孝而诛之，国将有不诛者乎？’荆王闻之，乃不诛也。孔子闻之曰：‘异哉！直躬之为信也。一父而载取名焉。’故直躬之信不若无信。”《新序·节士》篇载：“子为父隐，父为子隐，直在其中矣。”[②]《盐铁论·周秦》篇载：“父母之于子，虽有罪犹匿之，其不欲服罪尔。闻子为父隐，父为子隐，未闻父子之相坐也。”[③]《白虎通·谏诤》篇解释说：“君不为臣隐，父独为子隐何？以为父子一体，荣耻相及。故《论语》曰：‘父为子隐，子为父隐，直在其中矣。’”[④] 历代学者对孔子在“父子相隐”价值取向上的理解似乎存在着一些偏差。《周礼·地官·大司徒》云：“五族为党。”郑玄注：“党，五百家。”[⑤] 关于这一问题，有两点必须辨明：其一，《睡虎地秦墓竹简》已发现有“子告父母，臣妾告主，非公室告，勿听”等法律条文，这一法律条文的缘起至少可上推数百年。秦简的出土可以证明在中国古代法律制度中长达二千多年的“同居相容隐”或“亲亲得相首匿”的诉讼法条款并非源出于孔子儒家，在孔子儒家诞生之前早已存在，儒家思想对古代法律制度真正产生影响最早也应在西汉时代。其二，由于史料阙如，仅就《论语·子路》这一条孤证而言，孔子实际上是立足于传统法律文化的角度而非家庭伦理的立场来评论这一古代法律制度中早已存在的“同居相容隐”或“亲亲得相首匿”的诉讼法原则。法律文化立场与家庭伦理立场有别，为了辨清这一问题，我们不妨将考察问题的视野拓宽一些。在以孔子为代表的原始儒家孝论中，孔子倡导父子人格平等，明确提出“谏亲”原则，反对子女无原则立场盲目服从父亲尊长意志，“以正致谏”、“微谏不倦”等孝亲原则就是在孔子观点的基础

① 陈奇猷校注：《韩非子新校注·五蠹》篇，上海古籍出版社2000年版，第1104页。
② 刘向：《新序详注·节士篇》，中华书局1997年版，第217页。
③ 王利器校注：《盐铁论校注·周秦篇》，天津古籍出版社1983年版，第599页。
④ 吴则虞点校：《白虎通疏证·谏诤篇》，中华书局1994年版，第240—241页。
⑤ 孙诒让：《周礼正义·地官·大司徒》，中华书局1987年版，第752页。

上提炼而成。[①] 在孔子思想体系中，孝是人伦逻辑性起点，成仁是德行最终归宿。至少在家庭伦理层面上，“父子相隐”恰恰与“仁者爱人”人文关怀相契合。《春秋》文公十五年：“十有二月，齐人来归子叔姬。”《春秋公羊传》释：“父母之于子，虽有罪，犹若其不欲服罪然。”《春秋穀梁传》的解释大抵相近：“父母之于子，虽有罪，犹欲其免也。”[②] 有的学者进而认为，这是在阐发孔子“父子相隐”的观点，这种看法有待于商榷。实际上，《公羊传》与《穀梁传》对《春秋》这条经文的训释是一致的，其含义为：子女虽有罪，父母仍然希望他们能够得到赦免。实际上，在中国学术史上首次将“父子相隐”观念阐发为“《春秋》大义”并进而将其论证为孔子本有之价值观的人物应是汉代董仲舒。“时有疑狱曰：‘甲无子，拾道旁弃儿乙养之，以为子。及乙长，有罪杀人，以状语甲。甲藏匿乙，甲当何论?’仲舒断曰：‘甲无子，振活养乙，虽非所生，谁与易之。《诗》云：“螟蛉有子，蜾蠃负之。”《春秋》之义，父为子隐，甲宜匿乙，诏不当坐。’”[③] 养子乙犯有杀人罪，养父甲将其藏匿。首先引用《诗经》中的“螟蛉有子，蜾蠃负之”一语，确认养父与养子关系等同于亲父子；董仲舒进而根据“《春秋》之义，父为子隐”原则，为养父的首匿行为开脱罪责。但是，董仲舒所论述的这一司法原则并没有普遍推行于当时的司法实践中。在汉武帝时代，主要还是推行首匿相坐之法，父子、夫妇也不例外。一直到汉宣帝地节四年（公元前 66 年），“亲亲得相首匿”之法才开始颁布实施：“父子之亲，夫妇之道，天性也。虽有患祸，犹蒙死而存之。诚爱结于心，仁厚之至也，岂能违之哉！自今子首匿父母，妻匿夫，孙匿大父母，皆勿坐。其父母匿子，夫匿妻，大父母匿孙，罪殊死，皆上请廷尉以闻。”[④] 但是，这种“亲亲得相首匿”之法也是有一些限制性条款的。其一，相容隐范围仅仅局限于上面提到的几种亲属关系；其二，并非任何犯罪行为皆可以隐匿。假若亲属犯有谋反、谋逆等重罪，其亲人不但不可隐庇，反而有向政府告发的义务，否则将受到法律制裁。“亲亲得相首匿”之法的颁布实施，对中国法制

① 参见曾振宇：《儒家孝论的发生及其变异》，《文史哲》2002 年第 6 期。

② 傅隶朴：《春秋三传比义》，中国友谊出版公司，1984 年版，第 113 页。

③ 杜佑：《通典》卷六十九，中华书局 1984 年版，第 382 页。

④ 《汉书·宣帝纪》。

史的影响是深远的。以后历代法律除了因危及统治政权的谋反、谋大逆外，均有亲属相容隐的法律条款，否则就是“干犯名义”，触犯法律。《晋书·刑法志》云：“相隐之道离，则君臣之义废，则犯上之奸著矣。”真可谓一言中鹄、鞭辟入理！“亲亲得相首匿”之法实际上蕴含双重社会功效：在家庭伦理层面援儒入法，借儒家人伦信仰维持家庭稳定，进而维护社会稳定；在社会政治层面则是为了证明君臣政治伦理的合法性和历代政权存在之正当性。在高扬充满人文关怀的儒家大纛的背后，隐藏着极其功利性的社会政治诉求。南朝梁武帝时，建康女子任提女之案颇具代表性：“三年八月，建康女子任提女，坐诱口当死。其子景慈对鞫辞云，母实行此。是时法官虞僧虬启称：‘案子之事亲，有隐无犯，直躬证父，仲尼为非。景慈素无防闲之道，死有明目之据，陷亲极刑，伤和损俗。凡乞鞫不审，降罪一等，岂得避五岁之刑，忽死命之母！景慈宜加罪辟。’诏流于交州，至是复有流徒之罪。”[①] 建康女子任提女犯有死罪，其子景慈在法庭上证实其母确实犯有此罪，结果法官认为景慈“陷亲极刑，伤和损俗”，判处景慈“流于交州”。《唐律》开始按照人们的身份、地位、长幼、亲疏之别，制定了不同的诉讼行为，详详细细规定了“同居相为隐”的法规，甚至连奴婢、部曲也在容隐之列。“诸同居，若大功以上亲及外祖父母、外孙，若孙之妇、夫之兄弟及兄弟妻，有罪相为隐；部曲、奴婢为主隐，皆勿论，即漏露其事及擿语消息亦不坐。”[②]《唐律》卷二十三《斗讼》说：“诸告祖父母、父母者，绞。”《疏议》说：“父为子天，有隐无犯。如有违失，理须谏诤，起敬起孝，无令陷罪。若有忘情弃礼而故告者，绞。注云‘谓非缘坐之罪’，缘坐谓谋反、大逆及谋叛以上，皆为不臣，故子孙告亦无罪，缘坐同首法，故虽父祖听捕告。若故告余罪者，父祖得同首例，子孙处以绞刑。下条准此者，谓告期亲尊长，情在于恶，欲令入罪而故告之，故云‘准此’。”[③] 但是，并非所有的犯罪行为皆可以隐匿。《唐律》规定：“若犯谋叛以上者，不用此律。”《疏议》：“谓谋反、谋大逆、谋叛，此等三事，并不得相隐，故不用相隐之

① 《隋书·刑法志》。
② 《唐律疏议》卷六《名例》。
③ 《唐律》卷二十三《斗讼》。

律，各从本条科断。”[1] 所以，“同居相为隐”法律条款的宗旨并非单纯为了维护温情脉脉的儒家伦理道德，其深层次的目的还在于论证社会政治伦理的正当性和政权存在的神圣性。但是，历史上有些人偏偏看不透其间的奥秘，陷入左右为难、举棋不定之窘境，《魏书·窦瑗传》中的议论就颇具代表意义。“臣伏读至三公曹第六十六条，母杀其父，子不得告，告者死。再三返覆之，未得其门。何者？案律，子孙告父母、祖父母者死。又汉宣云：子匿父母，孙匿大父母，皆勿论。盖谓父母、祖父母，小者攘羊，甚者杀害之类，恩须相隐，律抑不言。法理如是，足见其直。未必指母杀父止子不言也。若父杀母，乃是夫杀妻，母卑于父，此子不告是也。而母杀父，不听子告，臣诚下愚，辄以为惑。昔楚康王欲杀令尹子南，其子弃疾为王御士而上告焉。对曰：‘泄命重刑，臣不为也。’王遂杀子南。其徒曰：‘行乎？’‘吾与杀吾父，行将焉入！’曰：‘臣乎？’曰：‘杀父事仇，吾不忍。’乃缢而死。注云：弃疾自谓不告父为与杀，谓王为仇，皆非礼，《春秋》讥焉。斯盖门外之治，以义断恩，知君杀父而子不告，是也。母之于父，同在门内，恩无可掩，义无断割。知母将杀，理应告父；如其已杀，宜听告官。今母杀父而子不告，便是知母而不知父。识比野人，义近禽兽。且母之于父，作合移天，既杀己之天，复杀子之天，二天顿毁，岂容顿默！此母之罪，义不在赦。下手之日，母恩即离，仍以母道不告，鄙臣所以致惑。”母杀其父，子若不告，就是间接参与杀父；如果子告官，母被依法处死，儿子又是间接杀母。窦瑗似乎陷入了一个二难困境之中，窦瑗的困惑就在于：他始终未意识到“同居相为隐”的法规在社会伦理层面上有维护家庭伦理之“直”的功能，在社会政治层面上更有弘扬与维护政治伦理之“忠”的作用。如果单纯从法理高度探究其逻辑上之严整性与内涵上的系统性，难免陷入“未得其门”之惑。司法部门的三公郎答复他说：“身体发肤，受之父母，生我劳悴，续莫大焉。子于父母，同气异息，终天靡报，在情一也。今欲忽论其尊卑，辨其优劣，推心未忍，访古无据。母杀其父，子复告母，母由告死，便是子杀。天下未有无母之国，不知此子将欲何之！……且圣人设法，所以防淫禁暴，极言善恶，使知而避之。若临事议刑，则陷罪多矣。恶之甚者，杀

---

① 《唐律疏议》卷六《名例》。

父害君，著之律令，百王罔革。此制何嫌，独求削去。既于法无违，于事非害，宣布有年，谓不宜改。”[①] 三公郎表面上是从家庭伦理角度阐述子告母与告父皆有违于儒家伦理，实质上是由家及国，落脚点在于社会政治伦理上的“防淫禁暴”，双方辩论的重心不一，价值指向有异，这一辩论的结果，自然是“事遂停寝”，不了了之。

（2）宽宥复仇。

血亲复仇在远古时代是一种非常普遍的社会习俗，几乎在每一个地区、每一个民族中都存在。摩尔根在谈及北美易洛魁人的血亲复仇之风时说：“为血亲报仇这种古老的习俗在人类各部落中流行得非常广，其渊源即出自氏族制度。氏族的一个成员被杀害，就要由氏族去为他报仇。审问罪犯的法庭和规定刑罚的法律，在氏族社会中出现得很晚；但是在政治社会建立以前便已出现。另一方面，自从有人类社会，就有谋杀这种罪行；自从有谋杀这种罪行，就有亲属报仇来对这种罪行进行惩罚。在易洛魁人以及其他一般的印地安部落当中，为一个被杀害的亲属报仇是一项公认的义务。”[②] 恩格斯后来又对摩尔根的研究作过述评：“同氏族人必须相互援助、保护，特别是在受到外族人伤害时，要帮助报仇。个人依靠氏族来保护自己的安全，而且也能作到这一点；凡伤害个人的，便是伤害了整个氏族。因而，从氏族的血族关系中便产生了那为易洛魁人所绝对承认的血族复仇的义务。假使一个氏族成员被外族人杀害了，那么被害者的全氏族必须实行血族复仇。起初是试行调解；行凶者的氏族议事会开会，大抵用道歉与赠送厚礼的方式，向被害者的氏族议事会提议和平了结事件。如果提议被接受，事情就算解决了。否则，受害的氏族就指定一个或几个复仇者，他们的义务就是去寻出行凶者，把他杀死。如果这样做了，行凶者的氏族也没有诉怨的权利，事情就算了结了。”[③] 为本氏族的人复仇，是每一位氏族成员的神圣义务，甚至被涂抹上了些许宗教的色彩。从现有文献材料来推断，商部族首领上甲微诛杀有易氏之君绵臣，可能是中国历史上最早的血亲复仇的事例。上甲微之父王亥是商部族著名的首

① 《魏书·窦瑗传》。

② 摩尔根：《古代社会》上，商务印书馆 1983 年版，第 75 页。

③ 恩格斯：《家庭、私有制和国家的起源》，《马克思恩格斯选集》第 4 卷，人民出版社 1972 年版，第 83 页。

领，他驯服了牛马，用于交通与生产。王亥率领商部族越过黄河，向北发展，结果被贪财的有易氏酋长绵臣所杀，运载物质的牛群遭抢夺。之后上甲微借助于河伯的力量，战胜有易氏，诛杀绵臣，振兴了商部族，“上甲微能帅契者也，商人报焉”。[①] 此外，还有诸如魏信陵君替如姬报杀父之仇、赵氏孤儿报仇雪恨等故事，但实际上先秦时代血亲复仇的事例是比较少的。与之适成一种鲜明对照的是，两汉时代盛极一时的血亲复仇之风是中国五千年文明史上发人深省的一种文化现象，其蔓延之广、流布之深，几至于独步古今之地步。

汉代甚嚣尘上的血亲复仇之风产生的原因比较复杂，通而论之，两方面的原由值得注意：

其一，儒家孝论为汉代血亲复仇存在之正当性与合法性提供了客观理论依据。但是，需要特别指明的是，这里所说的“儒家孝论”仅限于战国之后的儒家。换言之，孔子、孟子坚决反对不分是非曲直、枉法徇私的血亲复仇行为。在孔子仁论思想体系中，“恕”是仁内涵之一，“己所不欲，勿施于人”。[②] 恕是对待他人的一种最低限度的道德品质要求，恕强调推己及人，设身处地去体谅他人、宽容他人。《论语》一书中讲“恕”之处很多：“以直报怨，以德报德。”[③]“恶称人之恶者，恶居下流而讪上者。”[④]“躬自厚而薄责于人。”[⑤]“伯夷、叔齐不念旧恶，怨是用希。”[⑥]“成事不说，遂事不谏，既往不咎。”[⑦] 孔子之“恕”，蕴涵以直报怨、以诚相待之义，恕伦理体现的是孔子“仁者爱人”的基本精神。正因为如此，曾子深有体会地说：“夫子之道，忠恕而已矣。”[⑧]《中庸》载子路问“强”，孔子先列举“南方之强”与“北方之强”，然后对“南方之强”大加称赞，原因在于“宽柔

① 薛安勤、王连生注译：《国语译注·鲁语》，吉林文史出版社1991年版，第174页。又见于《山海经·大荒东经》注引《竹书纪年》。

② 《论语·卫灵公》。

③ 《论语·宪问》。

④ 《论语·阳货》。

⑤ 《论语·卫灵公》。

⑥ 《论语·公冶长》。

⑦ 《论语·八佾》。

⑧ 《论语·里仁》。

以政，不报无道”。[①] 以宽容温和对待他人，即使对方粗暴无理，也不轻率报复。因此，“南方之强”属君子德行。战国时代的孟子也坚决反对怨怨相报的血亲复仇社会恶俗。《孟子·尽心下》载：“吾今而后知杀人亲之重也：杀人之父，人亦杀其父；杀人之兄，人亦杀其兄。然则非自杀之也，一间耳。”这段话的原始语境虽已无从得知，但孟子认为杀害他人之父兄等于间接杀害自己之父兄的观点十分明确。基于此，有一点非常确定：孔子、孟子立场鲜明地反对血亲复仇。迨至战国秦汉儒家，对血亲复仇的态度与立场开始发生大逆转。《春秋公羊传》隐公十一年：“君弑，臣不讨贼，非臣也；不复仇，非子也[②]。”《春秋》庄公四年：“夏，齐侯陈侯郑伯遇于垂。纪侯大去其国。”《公羊传》阐发说：“大去者何？灭也。孰灭之？齐灭之。曷为不言齐灭之？为襄公讳也。春秋为贤者讳，何贤乎襄公？复仇也。何仇尔？远祖也。哀公享乎周，纪侯谮之，以襄公之为于此焉者，事祖祢之心尽矣。尽者何？襄公将复仇乎纪，卜之曰：师丧分焉，寡人死之，不为不吉也。远祖者，几世乎？九世矣。九世犹可以复仇乎？虽百世可也。”[③]《公羊传》认为，齐襄公为九世祖齐哀公复仇之举是正当的，为祖辈复仇不存在时间障碍，“虽百世可也”。因此，《公羊传》庄公四年何休《解诂》说：“礼：父母之仇，不同戴天；兄弟之仇，不同国；九族之仇，不同乡党，朋友之仇，不同市朝。”[④]《公羊传》的复仇观与《礼记》、《大戴礼记》的观点几乎是如出一辙：“父母之仇，不与同生；兄弟之仇，不与聚国；朋友之仇，不与聚乡；族人之仇，不与聚邻。”[⑤] “子夏问于孔子曰：‘居父母之仇，如之何？’夫子曰：‘寝苫枕干，不仕，弗与共天下也。遇诸市朝，不反兵而斗。’曰：‘请问居昆弟之仇如之何？’曰：‘仕弗与共国，衔君命而使，虽遇之不斗。’曰：‘请问居从父、昆弟之仇如之何？’曰：‘不为魁，主人能，则执兵而陪其后。’”[⑥] 此处的孔子，已非历史上真实的孔子，而是被战国秦

---

① 朱熹：《四书章句集注·中庸章句》，中华书局1983年版，第21页。
② 傅隶朴：《春秋三传比义》，中国友谊出版公司1984年版，第95—96页。
③ 傅隶朴：《春秋三传比义》，中国友谊出版公司1984年版，第215—216页。
④ 《春秋公羊传注疏》卷六，十三经注疏本，中华书局1980年版，第2227页。
⑤ 王聘珍：《大戴礼记解诂·曾子制言》，中华书局1983年版，第91页。
⑥ 《礼记·檀弓上》。

汉儒家改造、利用之孔子，一个符号化的孔子。孔子的亡灵之所以一再被人请出，无非是后世之儒为了论证他们复仇观的合法性，以便于在“托古改制”的幌子下演出“世界历史的新场面”。[①]

其二，两汉政府对复仇者同情、宽容与奖掖，客观上助长了复仇之风的蔓延。两汉时期赦令频繁，世罕其匹。据有的学者统计，“武帝在位55年，凡18赦。元帝时翻了一番，在位15年，凡10赦，不足二年即有一赦。哀、平在位日浅，几乎无年不赦。东汉自光武帝始，屡颁赦令。桓、灵之时，达到高峰。桓帝在位21年，凡13赦。灵帝在位22年，赦达20次之多。二代赦令之频繁，可谓空前绝后”。[②] 大赦是复仇者的福音，因为大部分的被赦免者都是复仇者。《华阳国志·汉中士女》载：陈纲“少与同郡张宗受学南阳，以母丧归。宗为安众刘元所杀。纲免丧，往复之。值元醉卧，还，须醒，乃煞之。自拘有司。会赦，免。”[③] 陈纲因“报友”义举，成为社会讴歌之英杰，不久“三府并辟，举茂才。拜弘农太守”。《后汉书·酷吏列传》载：阳球“性严厉，好申、韩之学。郡吏有辱其母者，球结少年数十人，杀吏，灭其家，由是知名。”这种杀人犯不仅未受到任何法律制裁，反而“初举孝廉，补尚书侍郎”，此后又“拜九江太守”、“迁为司隶校尉”。《后汉书·张禹传》注引《东观记》：“（张）歆守皋长，有报父仇贼自出，歆召囚诣阁，曰：‘欲自受其辞。’既入，解械饮食，便发遣，遂弃官亡命，逢赦出，由是乡里服其高义。”张歆为了复仇不惜以身试法，甚至弃官而去，可谓世称其奇。实际上，比张歆之事更为神奇的事，在两汉史实中可谓汗牛充栋。东汉桥玄任齐国相时，有一孝子为父报仇，囚禁于临淄狱中。桥玄“愍其至孝”，准备上书请求减刑。县令路芝抢先一步，将孝子杀害。桥玄觉得“深负孝子，”于是“捕得芝，束缚籍械以还，笞杀以谢孝子冤魂”。[④] 在桥玄看来，孝子为父报仇虽违于法，但合于孝道；路芝依法杀孝子虽合于法，但有违于人伦。在今天看来是非颠倒、法理不分之举，在两汉

① 《马克思恩格斯选集》第一卷，人民出版社1972年版，第604页。

② 周天游：《两汉复仇盛行的原因》，《历史研究》1991年第1期；蒋庆：《公羊学引论》，辽宁教育出版社1995年版。

③ 任乃强校注：《华阳国志校补图注》，上海古籍出版社1987年版，第600页。

④ 李昉等：《太平御览》卷四八一，中华书局1960年版，第2204页。

却成为称颂与赞美的对象。

两汉时代血亲复仇的类型大体上可划分为三种：

其一，为父复仇。汉武帝时，“睢阳人犴反，人辱其父，而与睢阳太守客俱出同车。犴反杀其仇车上，亡去”。[①]《后汉书·苏不韦传》载：苏不韦，扶风平陵人。其父被司隶校尉李暠杀害，“不韦时年十八，征诣公车，会谦见杀，不韦载丧归乡里，瘗而不葬，仰天叹曰：‘伍子胥独何人也！’乃藏母于武都山中”。然后改名易姓，散尽家财，招募剑客。苏不韦率众人日以继夜，挖掘地道，直通仇人家中。苏不韦杀死李暠的小妾与小儿，李暠因不在家而侥幸逃生。李暠惊恐万分，“乃布棘于室，以板籍地，一夕九徙，虽家人莫知其处。每出，辄剑戟随身，壮士自卫。不韦知暠有备，乃日夜飞驰，径到魏郡，掘其父阜冢，断取阜头，以祭父坟，又标之于市曰：‘李君迁父头’。暠匿不敢言，而自上退位，归乡里，私掩塞冢椁。捕求不韦，历岁不能得，愤恚感伤，发病欧血死”。时人赞之曰：“力唯匹夫，功隆千乘，比之于员，不以优乎?”《后汉书·列女传》载：酒泉女子庞淯母，“赵氏之女也，字娥”。其父被同县人所杀，庞淯母的三个兄弟皆因病亡故。仇人于是暗中欣喜，以为赵家无人能复仇。“娥阴怀感愤，乃潜备刀兵，常帷车以候仇家。十余年不能得，后遇于都亭，刺杀之。”庞淯母自首后不久，“遇赦得免”。太常张奂赞叹她的义举，“以束帛礼之”。《华阳国志》记载了一例13岁的小孩为养父复仇的故事：“左乔云，绵竹人也。少为左通所养，为子。通坐任徒徒逃。吏欲破通膑。通无壮子，故为吏所侵。乔云时年十三，喟然愤怒，以锐刀杀吏，解通将走。【将】令出追；初闻，以为壮士；及知是小儿，为之流涕。”[②]《后汉书·钟离意传》载：钟离意为堂邑县令时，平民防广为父复仇，“系狱，其母病死，广哭泣不食。意怜伤之，乃听广归家，使得殡敛。丞掾皆争，意曰：‘罪自我归，义不累下。’遂遣之。广敛母讫，果还入狱。意密以状闻，广竟得以减死论”。《后汉书·党锢列传》记载了一个为朋友报杀父之仇的事迹：何颙“少游学洛阳。颙虽后进，而郭林宗、贾伟节等与之相好，显名太学。友人虞伟高有父仇未报，而笃病

① 《汉书·文三王传》。

② 《华阳国志校补图注》，上海古籍出版社1987年版，第566页。

将终，颙往候之，伟高泣而诉。颙感其义，为复仇，以头醊其墓”。《后汉书·申屠蟠传》载：同郡女子缑玉为父报仇，“杀夫氏之党，吏执玉以告外黄令梁配，配欲论杀玉。蟠时年十五，为诸生，进谏曰：‘玉之节义，足以感无耻之孙，激忍辱之子。不遭明时，尚当表旌庐墓，况在清听，而不加哀矜！’”外黄令梁配大为感动，并积极为缑玉申诉，“乡里称美之”。

其二，为母复仇。《后汉书·吴祐传》载：安丘男子毋丘长“与母俱行市，道遇醉客辱其母，长杀之而亡，安丘追踪于胶东得之。祐呼长谓曰：‘子母见辱，人情所耻。然孝子忿必虑难，动不累亲。今若背亲逞犯怒，白日杀人，赦若非义，刑若不忍，将如之何？’长以械自系，曰：‘国家制法，囚身犯之。明府虽加哀矜，恩无所施。’祐问长有妻子乎？对曰：‘有妻未有子也。’即移安丘逮长妻，妻到，解其桎梏，使同宿狱中，妻遂怀孕。至冬尽行刑，长泣谓母曰：‘负母应死，当何以报吴君乎？’乃啮指而吞之，含血言曰：‘妻若生子，名之‘吴生’，言我临死吞指为誓，属儿以报吴君。’因投缳而死”。《后汉书·酷吏列传》载：渔阳泉州人阳球，少习弓剑骑射，家世大姓冠盖。“郡吏有辱其母者”，阳球纠合数十人，杀死郡吏及其全家，阳球从此声名大振，“初举孝廉，补尚书侍郎”，后来又升迁为九江太守。既然有子为母复仇的，也就有母为子血恨的。《后汉书·刘盆子传》载：吕母，琅邪海曲人，其子因犯小罪被县宰所杀。吕母为了给儿子报仇雪恨，用百万家产酿美酒，置刀剑。“少年来酤者，皆赊与之，视其乏者，辄假衣裳，不问多少。数年，财用稍尽，少年欲相与偿之。吕母垂泣曰：‘所以厚诸君者，非欲求利，徒以县宰不道，枉杀吾子，欲为报怨耳。诸君宁肯哀之乎！’少年壮其意，又素受恩，皆许诺。其中勇士自号猛虎，遂相聚得数十百人，因与吕母入海中，招合亡命，众至数千。”吕母自称将军，率众攻破海曲县城，擒获县宰。“诸吏叩头为宰请。母曰：‘吾子犯小罪，不当死，而为宰所杀。杀人当死，又何请乎？’遂斩之。以其首祭子冢，复还海中。”

其三，为兄弟报仇。魏朗，会稽上虞人。其兄被同乡人杀害，魏朗于是“白日操刃报仇于县中，遂亡命到陈国”。魏朗并未受到法律制裁，几年之后“初辟司徒府，再迁彭城令”。后来官至河内太守。[①]《后汉书·崔骃列

① 《后汉书·魏朗传》。

传》载：崔瑗“年十八，至京师，从侍中贾逵质正大义，逵善待之，瑗因留游学，遂明天官、历数、《京房易传》、六日七分。诸儒宗之。与扶风马融、南阳张衡特相友好。初，瑗兄章为州人所杀，瑗手刃报仇，因亡命。会赦，归家。家贫，兄弟同居数十年，乡邑化之”。赵熹，南阳宛人。从兄被人所害，15 岁的赵熹看到从兄膝下无子，于是决心为其复仇。赵熹挟兵结客前去报仇，却发现仇人全家皆患病卧床不起，没有能相抗衡者。赵熹觉得此刻下手，“非仁者心”，于是对仇人说：“尔曹若健，远相避也。”仇人一家病愈之后，皆自绑前往赵熹家请罪，赵熹竟然残酷地将他们杀死。赵熹不仅未受法律制裁，反而“进为太傅，录尚书事”。①

对复仇者宽容、赦免与奖掖，客观上形成了道德高于法律、法伦理化的社会局面，人们崇尚复仇，甚至于恃法专杀。面对这种法律与道德关系的内在紧张，历代有不少有识之士进行了反思，力求缓解法律与道德二者内在的紧张状态。《周礼》云：“凡和难：父之仇辟诸海外，兄弟之仇辟诸千里之外，从父兄弟之仇不同国，君之仇视父，师长之仇视兄弟，主友之仇视从父兄弟。弗辟，则与之瑞节而以执之。凡杀人有反杀者，使邦国交仇之。凡杀人而义者，不同国，令勿仇，仇之则死。凡有斗怒者，成之；不可成者，则书之，先动者诛之。”② 《周礼》提出的调解原则可以用两个字来概括：逃避。正如郑玄所论：“和之使辟于此，不得就而仇之。”③ 复仇者只要逃避，则既合乎法令也顺乎伦理。从表面上看，“逃避”原则似乎化解了法律与道德二者的二难困境，其实不然。这种做法的结果是单方面高扬了伦理诉求，抑制甚至于废弃了法律精神。汉末的荀悦曾经与人探讨过这一问题，有人问：“纵复仇可乎？”荀悦回答说：“不可。”然后进一步解释说：“有纵有禁，有生有杀。制之以义，断之以法，是谓义法并立。……依古复仇之科，使父仇避诸异州千里。兄弟之仇，避诸异郡五百里。从父从兄弟之仇，避诸异县百里。弗避而报者无罪，避而报之杀。犯王禁者罪也，复仇者义也。以义报罪，从王制顺也，犯制逆也。以逆顺生，杀之。凡以公命行之者，不为

① 《后汉书·赵熹传》。

② 孙诒让：《周礼正义·地官·调人》，中华书局 1987 年版，第 1025—1031 页。

③ 孙诒让：《周礼正义·地官·调人》，中华书局 1987 年版，第 1026 页。

弗避。”[①] 荀悦提出了“义法并立”的原则，伦理诉求与法律诉求可以兼顾，两全其美。但是，“义法并立”原则的具体内容却又和《周礼》惊人的一致，仍旧是老调重弹，还是企图通过“逃避”来化解二者的矛盾冲突。迨至唐代，对这一二难困境的看法似乎有了一些新的迹象。武则天时代发生的徐元庆案是一则非常具有代表意义的案例。徐元庆之父被县尉冤杀，徐元庆为父报仇，将该县尉杀死，然后自首。武则天怜其为孝子，想赦免他，但陈子昂认为不妥。他的理由是：在复仇问题上自古以来存在着二元标准，依据伦理标准，复仇是仁、是义、是德，是烈士之举；依照法律标准，复仇则是犯罪行为，犯罪者不得游离于法律准绳之外。“无义不可以训人，乱纲不可以明法，圣人修礼理内，饬法防外，使夫守法者不以礼废刑，居礼者不以法伤义。然后能暴乱不作，廉耻以兴，天下所以直道而行也。”如何在礼与法之间寻找一个平衡点，使义法并立，不相偏废，这是令人深思的一大难题。“且夫以私义而害公法，仁法不为；以公法而徇私节，王道不设。”有鉴于此，陈子昂主张对徐元庆首先“宜正国之法”，然后“旌其闾墓”、“嘉其徽烈”。[②] 既不乖离伦理道德，又不偏废法律，义法两立，在一个肯定的道德评价的基础上再加上一个否定的法律裁评。不仅如此，陈子昂认为此案颇具价值导向意义，因此主张“编之于令，永为国典”。[③] 柳宗元不同意陈子昂“诛之而旌其闾”的观点，认为混淆了“旌”与“诛”的界限。“旌”与“诛”相对立，不可并立，“旌与诛莫得而并焉”。诛其可旌，则滥；旌其可诛，则僭，使“趋义者不知所向，违害者不知所立”。[④] 他主张徐父如果并未触犯国家法律，官吏徇私枉法，则应肯定徐元庆的复仇之举。“元庆能以戴天为大耻，枕戈为得礼。处心积虑，以冲仇人之胸，介然自克，即死无憾，是守礼而行义也。”假若徐父确实犯罪，官又不愆于法，则不能复仇。因为“是非死于吏也，是死于法也”。[⑤] 方其如此，才能达到礼刑一统的社会理想境界。从表面上看，似乎两人的观点针锋相对，势若水火，其实不

① 荀悦：《申鉴·时事》，上海古籍出版社1990年版，第14—15页。

② 徐鹏校点：《陈子昂集》卷七《复仇议状》，中华书局1960版，第152—153页。

③ 柳宗元：《柳河东集·驳复仇议》，上海古籍出版社2008年版，第64页。

④ 柳宗元：《柳河东集·驳复仇议》，上海古籍出版社2008年版，第64页。

⑤ 柳宗元：《柳河东集·驳复仇议》，上海古籍出版社2008年版，第64页。

然。两人的区别仅在于：陈子昂对复仇作了无限的肯定，柳宗元则对复仇作了有限的肯定。值得一提的是，柳宗元的观点后来又得到了韩愈的附和。唐宪宗元和六年（811 年），发生了梁悦“为父杀仇人”案，案情与徐元庆案雷同。韩愈认为，“复仇，据礼经则义不同天，征法令则杀人者死。礼法二事，皆王教之端，有此异同，必资论辩，宜令都省集议闻奏者。伏以子复父仇，见于《春秋》，见于《礼记》，又见于《周官》，又见于诸子史，不可胜数，未有非而罪之者也。最宜详于律，而律无其条，非阙文也。盖以为不许复仇，则伤孝子之心，而乖先王之训；许复仇，则人将倚法专杀，无以禁止其端矣。夫律虽本于圣人，然执而行之者，有司也。经之所明者，制有司也。丁宁其意于经，而深没其文于律者，其意将使法吏一断于法，而经术之士，得引经而议也。《周官》曰：‘凡杀人而义者，令勿仇；仇之则死。’义，宜也，明杀人而不得其宜者，子得复仇也。此百姓之相仇者也。《公羊传》曰：‘父不受诛，子复仇可也。’不受诛者，罪不当诛也。又《周官》曰：‘凡报仇雠者，书于士，杀之无罪。’言将复仇，必先言于官，则无罪也。今陛下垂意典章，思立定制。惜有司之守，怜孝子之心，示不自专，访议群下。臣愚以为复仇之名虽同，而其事各异。或百姓相仇，如《周官》所称，可议于今者；或为官吏所诛，如《公羊》所称，不可行于今者。又《周官》所称，将复仇，先告于士则无罪者，若孤稚羸弱，抱征志而伺敌人之便，恐不能自言于官，未可以为断于今也。然则杀之与赦，不可一例。宜定其制曰：凡有复父仇者，事发，具其事由，下尚书省集议奏闻。酌其宜而处之，则经律无失其指矣。”① 韩愈的观点是：先斩后奏，先复仇，后裁定。韩愈认为这种做法既成全了“先王之训”，又不违背法令，义法并立，两全其美。但是，韩愈的观点实质上仍然是扬德而抑法。概而论之，历代哲人对复仇问题的思考始终陷于道德与法律二元对立的思维定势中而不能自拔，始终未能认识到法律精神与伦理精神在正常情况下往往是相互协调，甚至是合二为一的。因为伦理精神是法律制度内在的支撑，法律条款是伦理精神的国家强制性形式。立足于“罪刑法定主义”现代法理高度反思与衡评古代复仇问题，我们不难发现，困扰了人们数千年的伦理与法律如何兼顾的问题，

① 《旧唐书·刑法志》。

实际上是一个伪命题。在现代法治社会中，这种问题早已失去了其合法存在的前提。

（二）儒家孝道对《唐律》之影响

《唐律》是集中国古代法律之大成者，承前启后，影响深远。一方面，《唐律》总结了以往各朝各代的立法精神与司法实践，使之系统化与完善化，成为有效调节社会关系的法律规范；另一方面，《唐律》成为宋、元、明、清编纂法律与诠释律例之准则，历代“承用不废”。正如清代纪昀所论：“论者谓唐律一准乎礼，以为出入得古今之平，故宋世多采用之。元时断狱，亦每引为据。明洪武初，命儒臣同刑官进讲《唐律》，后命刘惟谦等详定《明律》，其篇目一准于唐。……盖斟酌画一，权衡允当，迨今日而集其大成。而上稽历代之制，其节目备具，足以沿波而讨源者，要惟《唐律》为最善。故著之于录，以见监古立法之所自焉。”[①] 一直到清末沈家本按照西方法律思想与体例特点来重新编撰《刑事、民事诉讼法》，这种历朝历代奉《唐律》为最高圭臬的格局才被打破。有的学者认为，《唐律》的出现意味着中国传统法律制度儒家化进程的最终完成，“所谓中国封建法律的儒家化亦就是其宗法伦理化，就是儒家伦理法思想全面指导立法和法律注释，并积淀、衍化为律疏的原则和规则，《唐律疏义》正是这样一部儒家伦理化的法典”。[②] 唐律最大的特征是“一准乎礼”，而礼之内在精神为“别贵贱”、“异尊卑”。礼是唐律的灵魂，唐律是礼的法律表现。“礼”、“法”贯通，表里如一。唐代法律无论在立法精神，抑或在体式内容、量刑轻重上，都受到了儒家文化的浸润。

1. “不孝”罪

“十恶”是古代法律中“常赦所不原”的十宗大罪。唐代法律中的“十恶”为：谋反、谋大逆、谋叛、恶逆、不道、大不敬、不孝、不睦、不义和内乱。《唐律疏议》云：“五刑之中，十恶尤切，亏损名教，毁裂冠冕，特标篇首，以为明诫。其数甚恶者，事类有十，故称‘十恶’。然汉制《九

---

① 纪昀总纂：《四库全书总目提要》卷八十二，河北人民出版社 2000 年版，第 2161—2162 页。

② 参见俞荣根：《儒家法思想通论》，广西人民出版社 1998 年版，第 584 页。

章》，虽并湮没，其‘不道’、‘不敬’之目见存，原夫厥初，盖起诸汉。案梁陈已往，略有其条。周齐虽具十条之名，而无‘十恶’之目。开皇创制，始备此科，酌于旧章，数存于十。大业有造，复更刊除，十条之内，唯存其八。自武德以来，仍遵开皇，无所捐益。”[①] 根据长孙无忌的考证，“十恶”之罪源于西汉。《汉书·高帝纪》载：楚汉相争之时，汉王刘邦为义帝发丧，遣使告诸侯说：“天下共立义帝，北面事之。今项羽放杀义帝江南，大逆无道。”下犯上、臣弑君，均为“大逆无道”，人人可诛之。西汉初期，诸侯王封地几乎占据全国三分之二的土地。汉景帝即位，诸侯王欺其年少，更加骄横无礼。御史大夫晁错于是上削藩之议，结果引发吴、楚七国之乱。丞相严青翟等人乘机怂恿景帝杀晁错以谢七国，“错不称陛下德信，欲疏群臣百姓，又欲以城邑予吴，亡臣子礼，大逆无道。错当要斩，父母妻子同产无少长皆弃市”。在汉景帝许可下，“论如法”，晁错“衣朝服斩东市”。[②] 由此可见，“大逆无道”在汉代法律中是最严重的犯罪行为。魏晋时代，大逆不道与大不敬仍然是法律中重要之条款。《晋书·刑法志》云：“又改《贼律》，但以言语及犯宗庙园陵，谓之大逆无道，要斩，家属从坐，不及祖父母、孙。至于谋反大逆，临时捕之，或汙潴，或枭菹，夷其三族，不在律令，所以严绝恶迹也。”“其知而犯之谓之故，意以为然谓之失，违忠欺上谓之谩，背信藏巧谓之诈，亏礼废节谓之不敬，两讼相趣谓之斗，两和相害谓之戏，无变斩击谓之贼，不意误犯谓之过失，逆节绝理谓之不道，陵上僭贵谓之恶逆，将害未发谓之戕，唱首先言谓之造意，二人对议谓之谋，制众建计谓之率，不和谓之强，攻恶谓之略，三人谓之群，取非其物谓之盗，货财之利谓之赃：凡二十者，律义之较名也。”在20条重罪中，已出现后来《唐律》“十恶”中的不敬、不道、恶逆等名称。南朝梁律规定：“其谋反、降叛、大逆已上者斩。父子同产男，无少长，皆弃市。”[③] 陈律沿袭梁律，并且一再重申：“若缙绅之族，犯亏名教，不孝及内乱者，发诏弃之，终身不齿。”[④] 迨至北齐法律，“重罪十条”名称正式成立。北齐河清三年（564

① 《唐律疏议》卷一《名例》。

② 《汉书·爰盎晁错传》。

③ 《隋书·刑法志》。

④ 《隋书·刑法志》。

年），尚书令、赵郡王叡等人奏上《齐律》12 篇，“又列重罪十条：一曰反逆，二曰大逆，三曰叛，四曰降，五曰恶逆，六曰不道，七曰不敬，八曰不孝，九曰不义，十曰内乱。共犯此十者，不在八议论赎之限”。[①] 隋代开皇元年（581 年），隋文帝下诏更定新律，“又置十恶之条，多采后齐之制，而颇有损益。一曰谋反，二曰谋大逆，三曰谋叛，四曰恶逆，五曰不道，六曰大不敬，七曰不孝，八曰不睦，九曰不义，十曰内乱。犯十恶及故杀人狱成者，虽会赦，犹除名”。[②] 隋代法律总结了汉魏以来历代法律的立法精神，“十恶”大罪至此无论在内涵上，抑或在概念上皆已趋完备。[③]

何谓“不孝”？《唐律疏议》界定说：“善事父母曰孝。既有违犯，是名‘不孝’。”[④] 侍奉父母尊长、遵从长辈意志为孝；违反父母尊长意志、侵犯父母尊长之尊严则为不孝。隋唐时代“孝”范畴的所指与能指与孔子儒家相比，已发生了重大变化。此间的孝范畴已实现忠孝合一、家庭伦理与政治伦理合流，孝与不孝的标准主要显现为是否在意志与行动上绝对无条件地顺从父母尊长的意志。通而论之，唐律中的“不孝”之罪主要涵摄五个方面：

其一，“告言、诅詈祖父母父母”。《唐律疏议》解释说：“本条直云：‘告祖父母父母’，此注兼云‘告言’者，文虽不同，其义一也。诅犹呪也，詈犹骂也。依本条‘诅欲令死及疾苦者，皆以谋杀论’，自当‘恶逆’。唯诅求爱媚，始入此条。”[⑤] 子孙不得控告、谩骂、诅咒祖父母、父母，违者即为不孝，“皆以谋杀论”。《宋史·舒亶传》载：“舒亶字信道，明州慈溪人。试礼部第一，调临海尉。民使酒詈逐后母，至亶前，命执之，不服，即自起斩之，投劾去。王安石当国，闻而异之，御史张商英亦称其材，用为审

---

① 《隋书·刑法志》。

② 《隋书·刑法志》。

③ “十恶”一词或与佛教有着密切关联。在佛教大乘、小乘诸多经典中，“十恶”、“十善”概念频频出现。所谓“十恶”，指可导致坠入“三恶道”（地狱道、饿鬼道和畜生道）苦报的十种恶业，概称“十恶业道”。据《佛说未曾有经》载：“起罪之由，为身、口、意。身业不善：杀、盗、邪淫；口业不善：妄言、两舌、恶口、绮语；意业不善：嫉妒、嗔恚、憍慢邪见。是为十恶，受恶罪报。今当一心忏悔。”佛教大乘、小乘诸多经典早在隋朝以前就已在民间广泛流传。隋朝开皇初年，隋文帝将佛教之中的“十恶”之名引入律法，在《开皇律》中确立了“十恶”之罪，取代了《齐律》中的“重罪十条”。

④ 《唐律疏议》卷一《名例》。

⑤ 《唐律疏议》卷一《名例》。

官院主簿。”在疑犯“不服”情况下，舒亶竟然亲自斩杀疑犯。舒亶的行为，受到社会称赞，最后官至御史中丞。关于诅咒，《贼盗律》还有更为详细的规定：“诸有所憎恶，而造厌魅及造符书咒诅，欲以杀人者，各以谋杀论减二等。”[①]《唐律疏议》说：“若于期亲尊长及外祖父母、夫、夫之祖父母、父母，各不减，依上条皆合斩罪。”诅咒有罪，甚至“欲以杀人”与杀人同等裁定，这种立法思想在中国法律文化中决非空穴来风，实际上存在着源远流长的法律文化渊源。在商鞅法哲学中，“刑用于将过”是颇具特色的立法理论之一。“刑加于罪所终，则奸不去；赏施于民所义，则过不止；刑不能去奸，而赏不能止过者，必乱。故王者刑用于将过，则大邪不生；赏施于告奸，则细过不失。”[②] 商鞅为了发挥刑罚的社会威慑功效，竟然将未遂犯和已遂犯、思想犯罪与行为犯罪完全混而为一，施以同样性质的刑罚。商鞅这种“刑用于将过”的立法理论实际上开创了“思想有罪”的先例，且对中国古代法律文化产生了深远的影响。

其二，“及祖父母父母在，别籍、异财”。《唐律疏议》解释说：“祖父母、父母在，子孙就养无方，出告反面，无自专之道。而有异财、别籍，情无至孝之心，名义以之俱沦，情节于兹并弃，稽之典礼，罪恶难容。二事既不相须，违者并当十恶。”[③] 祖父母、父母健在，子孙无权分居独立，也无权占有与支配家庭财产，违者即为不孝。在《户婚律》中，对此作了更为详尽的规定：“诸祖父母、父母在，而子孙别籍、异财者，徒三年。”“诸居父母丧，生子及别籍、异财者，徒一年。”[④] 据此，子孙别籍异财存在着三种情况，分别承担着不同的法律责任：

①祖父母、父母健在而子孙另立户籍、分割财产，子孙将被“徒三年”。注云：“别籍、异财不相须。”[⑤] 别籍与异财两种情况不必同时具备，或别籍而财同，或户同而异财，只要具备其中一项，子孙就将受到法律制裁。此外，关于子孙后代擅自占有、挪借家财的问题，《户婚律》还有进一

① 《唐律疏议》卷十八《贼盗》。
② 《商君书·开塞》。
③ 《唐律疏议》卷一《名例》。
④ 《唐律疏议》卷十二《户婚》。
⑤ 《唐律疏议》卷十二《户婚》。

步的说明："诸同居卑幼私辄用财者，十匹笞十，十匹加一等，罪止杖一百。即同居应分，不均平者，计所侵，坐赃论减三等。"[①] 父母健在，"子孙无所自专"，子女无权占有与私自占用家庭财产。根据律令，家庭成员在分土地及财物时，兄弟之间应该平均分配。兄弟亡者，子承父份。如果分配不公，按侵占他人财物论处，"坐赃论减三等"。[②]

②"若祖父母、父母令别籍及以子孙妄继人后者，徒二年；子孙不坐。"[③] 祖父母、父母主动提出并决定让子孙别籍，以及将子孙随意过继他人为后，判徒刑二年，子孙无罪。同时律文规定，如果祖父母、父母提出与子孙异财，不算违法。

③"诸居父母丧，生子及兄弟别籍、异财者，徒一年。"[④] 在父母 27 个月的丧期内，兄弟之间别籍异财，"徒一年"。但是，在祖父母、父母丧期之外别籍异财，无罪。

《旧唐书·于公异传》载：于公异少时为后母所不容，仕宦成名后，不再返归乡里。于公异素与宰相陆贽不和，陆贽于是"奏公异无素行，黜之"。唐德宗下诏曰："祠部员外郎于公异，顷以才名，升于省闼。其少也，为父母之所不容，宜其引慝在躬，孝行不匮，匿名迹于畎亩，候安否于门闾，俾其亲之过不彰，庶其诚之至必感。安于弃斥，游学远方，忘其温凊之恋，竟至存亡之隔，为人子者，忍至是乎！宜放归田里，俾自循省。其举公异官尚书左丞卢迈，宜夺俸两月。"于公异遭贬斥的罪名是"安于弃斥，游学远方"，其实质含义是不孝养父母。这一罪名也同时意味着儿女即使遭父母尊长虐待或遗弃，也不得心怀怨恨，弃置父母而不养。否则，即为不孝。从唐朝司法案例分析，对子孙别籍异财的判罚往往比律令严厉，除了于公异案之外，唐玄宗天宝三年制曰："其有父母见在，别籍异居，亏损名教，莫斯为甚。亲殁之后，亦不得分析。自今已后，如有不孝不恭伤财破产者，宜配隶碛西，用清风教。"[⑤] 这是用流代徒，远重于"徒三年"。唐肃宗乾元元

① 《唐律疏议》卷十二《户婚》。
② 《唐律疏议》卷十二《户婚》。
③ 《唐律疏议》卷十二《户婚》。
④ 《唐律疏议》卷十二《户婚》。
⑤ 王钦若等编：《册府元龟》卷五九《帝王部·兴教化》，中华书局 1960 年版，第 662 页。

年进一步规定："百姓中有事亲不孝，别籍异财，玷污风俗，亏败名教，先决六十，配隶碛西，有官品者，禁身奏闻。"① 流刑附杖刑，进一步加重了刑罚。这一司法现象对宋代也有影响。《宋刑统》颁布于宋太祖建隆四年（963年），律令中有关对子孙别籍异财的定罪量刑与唐律一致。但是，在宋朝初期的司法实践中，往往偏离这一既定的量刑标准。譬如，开宝二年（969年），宋太祖"诏川、峡诸州察民有父母在而别籍异财者，论死"。② 对别籍异财者不是"徒三年"，而是"论死"。这一与律令原则相背离的司法量刑标准在宋初实行了十余年，一直到宋太宗太平兴国八年（983年），才专门下诏宣布废除这一酷刑："诏川峡民祖父母、父母在，别籍异财者，前诏并弃市，自今除之，论如律。"③ "论如律"意味着重新按照《宋刑统》的既定刑律标准论罪，对别籍异财者不再论死弃市。沈家本在《历代刑法考·律令六》中就别籍之罪定为死刑评论说："此法太重，当为一时一地而设，故太宗除之。"④

其三，"若供养有缺"。《唐律疏议》云："《礼》云：'孝子之养亲也，乐其心，不违其志，以其饮食而忠养之。'其有堪供而阙者，祖父母、父母告乃坐。"⑤ "若供养有缺"属自诉案件，不告不受理。在儒家思想中，养亲是整个孝论思想体系中最低档次的伦理要求，孔子称之为"养口体"之孝，有别于精神层面的"养志"之孝。"今之孝者，是谓能养。至于犬马，皆能有养；不敬，何以别乎？"⑥ 甚至有些动物也能做到从物质层面上反哺双亲，人类假若不能将孝亲提升到精神层面的敬亲、爱亲，人之孝论就将沦落为禽兽之孝。美国学者博登海默将人类道德划分为两类：第一类涵摄社会有序化的基本要求，如避免暴力与伤害、忠实履行义务，这对于维持与组织一个正常而健康的社会而言必不可少；第二类指谓那些仅仅有助于提高生活质量、

① 王钦若等编：《册府元龟》卷六一二《刑法部·定律令四》，中华书局1960年版，第7348—7349页。

② 《宋史·太祖本纪》。

③ 李焘：《续资治通鉴长编》卷二十四，中华书局2004年版，第556页。

④ 沈家本：《历代刑法考》，中华书局1985年版，第971页。

⑤ 《唐律疏议》卷一《名例》。

⑥ 《论语·为政》。

提升精神境界的伦理原则，如博爱、仁慈与慷慨等。前者是底线伦理，后者是精英伦理。“一个人，作为社会的一个成员，不管在自己的一生中怀抱什么样的个人和社会的理想，追求什么样的价值目标，有一些基本的行为准则和规范是无论如何必须共同遵循的。否则社会就可能崩溃。”① 底线伦理是一种应然的要求，需要已然的具有权威性、普遍适用性与事后惩戒性的法律制度保障其实现。但是，作为高要求的精英伦理不具备普遍性，也不可能使之法律化，因为法律无法强迫某人做到他力所不能及的优良程度。基于此，作为道德诉求的外在表现样式的法律制度，它只能对底线伦理负有责任。在一个家庭中，子女有能力从物质生活上供养父母却未能尽心尽力，导致“堪供而阙者”，是为不孝。《斗讼律》进一步规定说：“诸子孙违犯教令及供养有阙者，徒二年。”② 但是，如果子孙确实家境贫寒，无力供养双亲，不合有罪。此外，律文同时又规定，该条文属于自诉案件，“皆须祖父母、父母告，乃坐”。如果父母尊长不起诉，则不立案追究。在《户婚律》中，对养父母的赡养责任也作了详尽的规定：“诸养子，所养父母无子而舍去者，徒二年。若自生子及本生无子，欲还者，听之。”《唐律疏议》曰：“依《户令》：‘无子者，听养同宗于昭穆相当者。’既蒙收养，而辄舍去，徒二年。若所养父母自生子及本生父母无子，欲还本生者，并听。即两家并皆无子，去住亦任其情。若养处自生子及虽无子，不愿留养，欲遣还本生者，任其所养父母。”③ 依律，如果无子，可以收养同宗同姓之子侄为子。收养责任成立之后，被收养者无权擅自舍弃养父母，违者“徒二年”。如果养父母收养之后又生下亲生儿子，或者说亲生父母膝下无子，欲回归亲生父母者合法。如果两家都无子，去留由养子自主决定。如果后来养父母自生子，或者说养父母虽无子但不愿继续收养，可由养父母自主决断。从《户婚律》规定可看出，法律所保护的对象为收养者。收养关系一旦确立，被收养者个人的法律权利比较微弱。

其四，“居父母丧，身自嫁娶，若作乐，释服从吉。”④《唐律疏议》云：

① 何怀宏：《底线伦理》，辽宁人民出版社 1998 年版，第 8—9 页。
② 《唐律疏议》卷二十四《斗讼》。
③ 《唐律疏议》卷十二《户婚》。
④ 《唐律疏议》卷一《名例》。

"'居父母丧，身自嫁娶'，皆谓首从得罪者。若其独坐主婚，男女即非'不孝'。所以称'身自嫁娶'，以明主婚不同十恶故也。其男夫居丧娶妾，合免所居之一官，女子居丧为妾，得减妻罪三等：并不入'不孝'。若作乐者，自作、遣人等。乐，谓击钟、鼓，奏丝、竹、匏、磬、埙、篪，歌舞，散乐之类。'释服从吉'，谓丧制未终，而在二十七月之内，释去衰裳而著吉服者。"[①] 父母丧期为 27 个月。在此期限内，子女不得擅自嫁娶、作乐与释服从吉，违者即为不孝。"身自嫁娶"是指子女自己做主而产生的嫁娶行为；如果嫁娶是由父母尊长做主，则不入十恶大罪。在古代社会，妻与妾的法律权利与地位有如云泥之别。《户婚律》规定："诸以妻为妾，以婢为妾者，徒二年。以妾及客女为妻，以婢为妾者，徒一年半。"[②] 《唐律疏议》说："妻者，齐也，秦晋为匹。妾通卖买，等数相悬。婢乃贱流，本非俦类。若以妻为妾，以婢为妻，违别议约，便亏夫妇之正道，黩人伦之彝则，颠倒冠履，紊乱礼经，犯此之人，即合二年徒罪。"[③] 婢与妾属贱人，是可以买卖的商品。妻与妾的社会身份如同"冠履"，上下不可颠倒。因此，男子在居丧期间娶妾，女子在居丧期间为妾，只承担一定的刑事责任，但不视为"不孝"之罪。

其五，"闻祖父母父母丧，匿不举哀及诈称祖父母父母死。"[④] 《唐律疏议》曰："依《礼》：'闻亲丧，以哭答使者，尽哀而问故。'父母之丧，创巨尤切，闻即崩殒，擗踊号天。今乃匿不举哀，或拣择时日者，并是。其诈称祖父母、父母死，谓祖父母、父母见在，而诈称死者。若先死而诈称始死者，非。"[⑤] 《疏议》所提及的《礼》，当指《礼记》。其中的《问丧》与《奔丧》等篇详细记述了居丧之礼。《问丧》篇载："亲始死"，孝子立即去冠、光脚、把上衣掖进腰带，痛哭三天，水米不进。"恻怛之心，痛疾之意，伤肾、干肝、焦肺，水浆不入口，三日不举火，故邻里为之糜粥以饮食

① 《唐律疏议》卷一《名例》。
② 《唐律疏议》卷十三《户婚》。
③ 《唐律疏议》卷十三《户婚》。
④ 《唐律疏议》卷一《名例》。
⑤ 《唐律疏议》卷一《名例》。

之。夫悲哀在中，故形变于外也。痛疾在心，故口不甘味，身不安美也。”[①]《奔丧》篇陈述了身居异国他乡的子女听到父母去世的消息回家奔丧的礼节：“始闻亲丧，以哭答使者，尽哀；问故，又哭尽哀。遂行，日行百里，不以夜行；唯父母之丧见星而行，见星而舍；若未得行，则成服而后行。过国至竟，哭，尽哀而止。哭辟市朝，望其国竟哭。至于家，入门左，升自西阶，殡东，西面坐，哭尽哀，括发、袒，降，堂东即位，西向哭，成踊，袭、绖于序东，绞带，反位，拜宾，成踊，送宾，反位。”[②]《奔丧》所载“见星而舍”与《祭统》所载“不避昼夜”相矛盾，总之仕宦者若遭父母大丧，必须离职归家奔丧，否则将被视为大逆不道，为社会所不容。战国军事家吴起少有大志，执意入仕从政，治国平天下。为此不惜散尽家财，结交权贵，以求跻身于上层社会。但事与愿违，吴起不仅未打开仕途之门，反而招来邻里乡党的嘲讽。吴起一怒之下，“杀其谤己者三十余人”。这一举动虽然让那些嘲笑者付出了生命代价，但也使他自己失去了在故乡立足的可能性。吴起在离别故国时，对老母咬臂发誓：“起不为卿相，不复入卫。”吴起离卫至鲁，投师于名儒曾申门下。不久，母亲亡故，吴起坚守诺言，终不归家奔丧。曾申不能容忍吴起这种不孝之举，“曾子薄之，而与起绝”。吴起后来虽位至卿相，但因母死不归的劣迹而屡屡遭时人贬责。[③]《汉书·陈汤传》载：西汉元帝时，陈汤“少好书，博达善属文”，富平侯张勃“高其能”，适逢朝廷诏令列侯举荐茂才，张勃于是将陈汤荐于朝廷。陈汤在等待升官赴任之际，恰逢其父亡故。他担心回家奔丧会错失仕宦的机会，于是留居京城，秘不发丧。后来事发，司隶以大逆之罪上告陈汤，并告张勃推举不实。朝廷闻奏，将陈汤下狱治罪，削减张勃食邑二百户，以示惩恶。

2. 婚姻法

在中国古代社会，由于文献记载不同，何为合法的成婚年龄一直是一聚讼未决的问题。第一种说法是“令男子三十而娶，女子二十而嫁”，郑玄注：“二三者，天地相承覆之数也”。[④]《礼记·内则》也说男子“二十而

① 孙希旦：《礼记集解·问丧》，中华书局1989年版，第1349—1350页。
② 孙希旦：《礼记集解·奔丧》，中华书局1989年版，第1335—1336页。
③ 《史记·吴起传》。
④ 孙诒让：《周礼正义·地官·媒氏》，中华书局1987年版，第1034页。

冠”，“三十而有室”。女子“十有五年而笄，二十而嫁”。[①]《穀梁传》也持此说。第二种观点认为，男子二十而娶，女子十五而嫁。《墨子·节用上》载：“故孰为难倍，唯人为难倍，然人有可倍也。昔者圣王为法曰：丈夫年二十，毋敢不处家；女子年十五，毋敢不事人，此圣王之法也。”《韩非子·外储说右下》亦云：“丈夫二十而室，妇人十五而嫁。”第三种观点则认为，男子十六而娶，女子十四而嫁。《黄帝内经素问·上古天真论》说：“女子七岁，肾气盛，齿更发长。二七而天癸至，任脉通，太冲脉盛，月事以时下，故有子。……丈夫八岁，肾气实，发长齿更。二八，（肾气盛），天癸至，精气溢（泻），阴阳和，故能有子。”[②]《大戴礼记》与《白虎通》也持这种观点。《孔子家语·本命解》则试图对上述三种观点进行调解：鲁哀公问孔子：“男子十六精通，女子十四而化，是则可以生民矣。而礼，男子三十而有室，女子二十而有夫，岂不晚哉?”孔子答：“夫礼言其极，不是过也。男子二十而冠，有为人父之端；女子十五许嫁，有适人之道。于此而往，则自婚矣。”[③] 男子30、女子20是最高婚龄，男子20、女子15是指最低婚龄，并且与冠笄的时间相一致。这一解释，可以说是对上述三种观点的调和。迨至唐朝，法定适婚年龄为男20、女15。唐太宗贞观元年二月下诏：“诏民男二十、女十五以上无夫家者，州县以礼聘娶；贫不能自行者，乡里富人及亲戚资送之。”[④] 唐玄宗开元二十二年对法定婚姻年龄又作出了新的规定：以男15、女13为嫁娶年龄。[⑤]

概而论之，儒家孝论对唐代婚姻法的影响主要体现在以下几方面：

（1）父母尊长的主婚权。

《户婚律》规定：“诸卑幼在外，尊长后为定婚，而卑幼自娶妻，已成者，婚如法；未成者，从尊长。违者，杖一百。”《唐律疏议》解释说：“‘卑幼’，谓子、孙、弟、侄等。‘在外’，谓公私行诣之处。因自娶妻，其尊长后为定婚，若卑幼所娶妻已成者，婚如法；未成者，从尊长所定。违

---

① 孙希旦：《礼记集解·内则》，中华书局1989年版，第772—773页。

② 郭霭春主编：《黄帝内经素问语译·上古天真论》，人民卫生出版社1992年版，第4—5页。

③ 杨朝明、宋立林：《孔子家语通解·本命解》，齐鲁书社2009年版，第310页。

④ 《新唐书·太宗纪》。

⑤ 参见王溥：《唐会要》卷八十三，上海古籍出版社2006年版。

者，杖一百。‘尊长’，谓祖父母、父母及伯叔父母、姑、兄姊。”① 依照唐律，法定主婚权在父母尊长，婚姻当事人无权决定自己的婚姻大事。具体而论，又分为两种情况：其一，子孙在外工作，自行定婚，父母尊长定婚在后，如果此时子孙已经成婚，婚姻关系合法有效；其二，如果子孙虽已定婚，但尚未成婚，则子孙自行订定的婚姻不合法，父母尊长所定的婚姻有效，违者“杖一百”。既然婚姻大事是父母之命、媒妁之言，父母尊长与子孙所应承担的法律责任也就有所不同。《户婚律》规定：“诸嫁娶违律，祖父母、父母主婚者，独坐主婚。若期亲尊长主婚者，主婚为首，男女为从。余亲主婚者，事由主婚，主婚为首，男女为从；事由男女，男女为首，主婚为从。其男女被逼，若男年十八以下及在室之女，亦主婚独坐。未成者，各减已成五等。媒人，各减首罪二等。”②

其一，《户婚律》、《贼盗篇》对“嫁娶违律”条例作了详细规定。譬如，“诸同姓为婚”、“尊卑共为婚姻”、“诸娶逃亡妇女为妻妾”、“娶所监临之女”、“诸杂户不得与良人为婚”、“略人为妻妾者”等。《户婚律》、《贼盗篇》的这些规定其来有自，或许受到了《大戴礼记》的影响：“女有五不取：逆家子不取，乱家子不取，世有刑人不取，世有恶疾不取，丧妇长子不取。逆家子者，为其逆德也；乱家子者，为其乱人伦也；世有刑人者，为其弃于人也；世有恶疾者，为其弃于天也；丧妇长子者，为其无所受命也。”③《唐律疏议》对“嫁娶违律”解释说：“‘嫁娶违律’，谓于此篇内不许为婚，祖父母、父母主婚者，为奉尊者教命，故独坐主婚，嫁娶者无罪。假令祖父母、父母主婚，为子孙娶舅甥妻，合徒一年，唯祖父母、父母得罪，子孙不坐。”④ 如果婚姻违律，须分清谁是“主婚者”、谁是听从者。如果青年男女为顺从父母尊长意志不得不成婚，“奉尊者教命”无罪，主婚之父母尊长有罪。

其二，“期亲”是指服丧一年的亲属，《魏书·广川王略传》云：“欲令诸王有期亲者为之三临，大功之亲者为之再临，小功缌麻为之一临。”《唐

① 《唐律疏议》卷十四《户婚》。
② 《唐律疏议》卷十四《户婚》。
③ 王聘珍：《大戴礼记解诂·本命》，中华书局1983年版，第255页。
④ 《唐律疏议》卷十四《户婚》。

律疏议》释“期亲”：“期亲尊长，次于父母，故主婚为首，男女为从。‘余亲主婚者’，余亲，谓期亲卑幼及大功以下主婚，即各以所由为首：事由主婚，主婚为首，男女为从；事由男女，男女为首，主婚为从。虽以首从科之，称‘以奸论’者，男女各从奸法，应除名者亦除名。”①

其三，关于“男女被逼”，《唐律疏议》解释说：“谓主婚以威若力，男女理不自由，虽是长男及寡女，亦不合得罪。若男年十八以下及在室之女，亦主婚独坐，男女勿论。”② 主婚人以威力逼迫婚姻当事人成婚，婚姻当事人无罪。由此可以看出，婚姻当事人的意愿已成为唐律量罪定刑的参考依据。唐朝成丁年龄凡三变，唐高祖时规定 21 岁为成丁，唐玄宗改为 23 岁，唐代宗又改为 25 岁。但是，唐朝法律所规定的成丁年龄却是 18 岁，这与均田制和赋役层面所规定的成丁年龄有所区别。

其四，“未成者”是指虽然嫁娶违律，但尚处于订婚而未成婚阶段。《疏议》解释说：“‘未成者’，谓违律为婚，当条合得罪，定而未成者，减已成五等。假有同姓为婚，合徒二年，未成，即杖八十，此是名减五等。其媒人犹徒一年，未成者杖六十，是名‘各减首罪二等’。各准当条轻重，依律减之。略举同姓为例，余皆仿此。凡违律为婚，称‘强’者，皆加本罪二等；称‘以奸论’有强者，止加一等。媒人，各减奸罪一等。”③

（2）婚姻关系的解除。

根据《唐律·户婚》记载，唐代离婚有三种方式：其一，“出妻”，指由夫方提出的强制离婚。其二，强制离婚，凡发现有“义绝”和“违律结婚”者必须强制离婚，“义绝”包括夫对妻族、妻对夫族的殴杀罪、奸杀罪和谋害罪。经官府判断，认为一方犯了义绝，法律即强制离婚，并处罚不肯离异者。其三，“和离”。

①“出妻”。在先秦时代，男女离婚称为“出”、“归”、“大归”。《春秋穀梁传·成公五年》云：“妇人之义，嫁曰归，反曰来归。”《春秋左传·文公十八年》载：“夫人姜氏归于齐，大归也。将行，哭而过市曰：‘天乎！

① 《唐律疏议》卷十四《户婚》。
② 《唐律疏议》卷十四《户婚》。
③ 《唐律疏议》卷十四《户婚》。

仲为不道，杀适立庶。’市人皆哭，鲁人谓之哀姜。”这种遍及史册的“来归”、“大归”，显现的皆是男性的绝对权力。西汉陈平少时家贫，“有田三十亩，独与兄伯居。伯常耕田，纵平使游学”。陈平高大肥胖，虽家贫也不务农。陈伯之妻忿忿不平：“有叔如此，不如无有。”陈伯听说后，“逐其妇而弃之”。[①]《史记·循吏列传》载：鲁相公仪休见其妻子织布技巧高超，竟然将她赶出家门，燔烧织布机，理由是不与民争利：“见其家织布好，而疾出其家妇，燔其机，云‘欲令农士工女安所雠其货乎？’”[②] 在貌似清廉、鲠直的背后，显扬的是对女性权利的忽视。《礼记·内则》则公开宣称婚姻关系维系与否的最终权力在于父母：“子有二妾，父母爱一人焉，子爱一人焉，由衣服饮食，由执事，毋敢视父母所爱，虽父母没不衰。子甚宜其妻，父母不说，出。子不宜其妻，父母曰：是善事我。子行夫妇之礼焉，没身不衰。”[③]“离婚”一词大概最早出现于《晋书·刑法志》：“毋丘俭之诛，其子甸妻荀氏应坐死，其族兄顗与景帝姻，通表魏帝，以匄其命。诏听离婚。”其后《世说新语》也有“离婚”一词：“贾充前妇，是李丰女。丰被诛，离婚徙边。”[④] 从此以后，普遍用“离婚”、“离之”、“两愿离”或“离”等词语来表示婚姻关系的解除。从存世文献分析，可能从商鞅变法之后婚姻关系已纳入法律调整的范围。《法律答问》云：“女子甲为人妻，去亡，得及自出，小未盈六尺，当论不当？已官，当论；未官，不当论。”在秦国与秦王朝，妻子无权擅自离开丈夫出走，丈夫却具有单方面休弃妻子的法定权力。“未盈六尺”即不满 15 岁，秦律对未满 15 岁的逃婚妇女按两种情况处理：如果这一婚姻已经官府认可，官府可对逃妻依法查处；否则，官府不予受理。“女子甲去夫亡，男子乙亦阑亡，相夫妻，甲弗告请（情），居二岁，生子，乃告请（情），乙即弗弃，而得，论可（何）也？当黥为城旦舂。”女子甲离夫私逃，男子乙知情不报，结果女子甲黥为舂，男子乙黥为城旦。“‘弃妻不书，赀二甲。’其弃妻亦当论不当？赀二甲。”[⑤] 休妻而不

① 《史记·陈丞相世家》。

② 《史记·循吏列传》。

③ 孙希旦：《礼记集解·内则》，中华书局 1989 年版，第 738 页。

④ 徐震堮：《世说新语校笺·贤媛》，中华书局 1984 年版，第 370 页。

⑤ 睡虎地秦墓竹简整理小组：《睡虎地秦墓竹简·法律答问》，文物出版社 1978 年版。

在官府登记者，罚二甲。这一法则虽说是为了维护程序法的权威性，其间也彰显出男子在法律上休妻权力的正当性。汉承秦制，汉律对逃婚妇女的惩处比秦律更加严酷。张家山汉简《奏谳书》记载了一个因娶逃亡者为妻而遭受处罚的案例，通过它我们对这条禁令有更深入的认识：女子符逃亡，诈称未曾傅籍，并"自占书名数"，为大夫明的依附人口。大夫明将符嫁为隐官解妻，解对于符的逃亡情况并不知晓。后来符逃亡的事情暴露，符、解二人双双被拘执，依汉律："取（娶）亡人为妻，黥为城旦，弗智（知），非有减也。"虽有吏为解辩护："符有数明所，明嫁为解妻，解不智（知）其亡，不当论。"但廷报却答复曰：有关禁娶逃亡的法律已经相当明确，无须再议，解虽不知实情，"当以取（娶）亡人为妻论，斩左止为城旦。"[①] 受秦、汉法律的影响，唐律也有禁娶逃亡妇女的法律规定："诸娶逃亡妇女为妻妾，知情者与同罪，至死者减一等。离之。即无夫，会恩免罪者，不离。"《唐律疏议》云："妇女犯罪逃亡，有人娶为妻妾，若知其逃亡而娶，流罪以下，并与同科；唯妇人本犯死罪而娶者，流三千里。仍离之。即逃亡妇女无夫，又会恩赦得免罪者，不合从离。其不知情而娶，准律无罪，若无夫，即听不离。"[②] 唐律对娶逃亡妇女为妻妾者的惩处区别对待，"知情者与同罪"，"不知情而娶，准律无罪"，由此可见，唐律这一法令与秦律比较近似，与汉律反而相距较远，这或许与汉初吏民脱籍流亡现象非常严重有关。

"七出"是"出妻"重要内容之一。"七出"概念始见于《大戴礼记》、《春秋公羊传》等典籍。《大戴礼记·本命》载："妇有七去：不顺父母去，无子去，淫去，妒去，有恶疾去，多言去，窃盗去。不顺父母去，为其逆德也；无子，为其绝世也；淫，为其乱族也；妒，为其乱家也；有恶疾，为其不可与共粢盛也；口多言，为其离亲也；盗窃，为其反义也。"[③]《春秋公羊传·庄公二十七年》何休注："妇人有七弃五不娶三不去。……无子弃，绝世也；淫佚去，乱类也；不事舅姑弃，悖德也；口舌弃，离亲也；盗窃弃，反义也；嫉妒弃，乱家也；恶疾弃，不可奉宗庙也。"[④] 西汉刘向编撰的

---

① 江陵张家山汉简整理小组：《江陵张家山汉简〈奏谳书〉释文》，《文物》1993 年第 8 期。

② 《唐律疏议》卷十四《户婚》。

③ 王聘珍：《大戴礼记解诂·本命》，中华书局 1983 年版，第 255 页。

④ 《春秋公羊传注疏》卷八，十三经注疏本，中华书局 1980 年版，第 2239 页。

《列女传》也有类似的记载："且妇人有七见去，夫无一去义。七去之道，妒正为首，淫僻、窃盗、长舌、骄侮、无子、恶病皆在其后。"① 《孔子家语·本命解》则曰："七出者，不顺父母者，无子者，淫僻者，嫉妒者，恶疾者，多口舌者，窃盗者。"②《大戴礼记》和《孔子家语》把"不顺父母"放在首位，何休则把"无子"放在第一位。因时代变迁，价值观已有所变化。尽管史籍对"七出"内涵与顺序的记载不尽相同，但其基本思想趋同，都是对女性权利单方面限制和对男性权利片面张扬，此所谓"妇人有七见去，夫无一去义"。"七出"思想后来被唐朝法律所肯定与采纳，《户婚律》云："诸妻无七出及义绝之状，而出之者，徒一年半。"《唐律疏议》说："伉俪之道，义期同穴，一与之齐，终身不改。故妻无七出及义绝之状，不合出之。七出者，依令：'一无子，二淫泆，三不事舅姑，四口舌，五盗窃，六妬忌，七恶疾。'"③ 唐律之"七出"范畴与何休之表述最为贴近，由此可以看出"七出"概念的生成与流转过程。唐德宗时，中军鼓角使、左神武军大将军令狐建之妻，乃成德节度使李宝臣之女，"建将弃之，诬与门下客郭士伦通，榜杀士伦而逐其妻，士伦母痛愤卒"。④ 令狐建诬妻与门下客私通，以"淫泆"弃之。唐中宗时，兵部尚书李迥秀之母少贱，"妻尝詈媵婢，母闻不乐，迥秀即出其妻。或问之，答曰：'娶妇要欲事姑，苟违颜色，何可留？'"⑤ 这是以"不事舅姑"出妻的典型案例。除了以"七出"条例休妻，诸多家庭琐事也成为出妻原因。据《旧唐书·源休传》载：源休娶吏部侍郎王翊之女为妻，唐德宗时，"因小忿而离"，妻族认为源休休妻之举有悖于律令，因而上诉，下御史台验理，"休迟留不答款状，除名，配流溱州"。唐宪宗元和年间，户部尚书李元素也因出妻违律而被停官。"初，元素再娶妻王氏，石泉公方庆之孙，性柔弱，元素为郎官时娶之，甚礼重。及贵，溺情仆妾，遂薄之。且又无子，而前妻之子已长。无良，元素寝疾昏惑，听谮遂出之，给与非厚。妻族上诉，乃诏曰：'李元素病中上

① 张涛：《列女传译注》，山东大学出版社1990年版，第67页。

② 张涛：《孔子家语注译》，三秦出版社1998年版，第294页。

③ 《唐律疏议》卷十四《户婚》。

④ 《新唐书·令狐建传》。

⑤ 《新唐书·李迥秀传》。

表，肯切披陈，云妻王氏，礼义殊乖，愿与离绝。初谓素有丑行，不能显言，以其大官之家，所以令自处置。访闻不曾告报妻族，亦无明过可书，盖是中情不和，遂至于此。胁以王命，当日遣归，给送之间，又至单薄。不唯王氏受辱，实亦朝情悉惊。如此理家，合当惩责。宜停官，仍令与王氏钱物，通所奏数满五千贯。'"① 李元素休妻的理由是王氏"礼义殊乖"，这一理由不符合"七出"条例。李元素虽然被朝廷斥责，但未否定其出妻之行。由此可见，在"七出"范围之外，男性的出妻权受法律保护。《大元通制条格》卷四载："东昌路王钦因家私不和，画到手模，将妾孙玉儿休弃归宗，伊父母主婚将本妇改嫁殷林为正妻，王钦却行争悔。本部议得：王钦虽画手模将妾休弃，别无明白休书，于理未应。缘本妇改嫁殷林为妻，与前夫已是义绝，再难同处，合准已婚为定。今后凡出妻妾，须用明立休书，即听归宗，似此手模，拟合禁治。都省准拟。"王钦的过错仅在于只"画手模"，没有写"明白休书"。换言之，只要出具"明白休书"，法律给予男性离婚的自由裁量权相当大。

如果说"七出"是男性离婚权的过度张扬，"三不去"则是对男性离婚权利的适度限制。《大戴礼记·本命》说："妇有三不去：有所取，无所归，不去；与更三年丧，不去；前贫贱，后富贵，不去。"② 妻子被离弃但无家可归者，可以不去；妻子与丈夫共同服过三年之丧，对父母孝顺的，可以不去；娶时夫家贫贱，婚后富贵发达的，妻子可以不去。《春秋公羊传·庄公二十七年》何休注云："尝更三年丧不去，不忘恩也；贱取贵不去，不背德也；有所受无所归不去，不穷穷也。"③ 何休于此把"三不去"提炼为三种美德："不忘恩"、"不背德"、"不穷穷"。唐律进而将"三不去"作了明确规定："'虽犯七出，有三不去'，三不去者，谓：一，经持舅姑之丧；二，娶时贱后贵；三，有所受无所归。而出之者，杖一百。并追还合。"④ 但是，

① 《旧唐书·李元素传》。

② 王聘珍：《大戴礼记解诂·本命》，中华书局 1983 年版，第 255 页。关于"三不去"，《孔子家语·本命解》的记载与《大戴礼记》基本相同："三不去者，谓有所取无所归，与共更三年之丧，先贫贱后富贵。"

③ 《春秋公羊传注疏》卷八，十三经注疏本，中华书局 1980 年版，第 2239 页。

④ 《唐律疏议》卷十四《户婚》。

《户婚律》同时又规定：如果有恶疾与奸，虽有“三不去”法律条款的存在，男子仍然可以休妻。缘此，在“七出”条款中，实际上只有五种情况适用于“三不去”。元朝法律稍稍有所更动，仅规定“其犯奸者，不用此律”。[①]

②义绝。汉代儒家认为，夫妇以义相合，义绝则离。“昏礼者，将合二姓之好，上以事宗庙，而下以继后世也。故君子重之。……敬慎重正，而后亲之，礼之大体，而所以成男女之别，而立夫妇之义也。男女有别，而后夫妇有义；夫妇有义，而后父子有亲；父子有亲，而后君臣有正。故曰：‘昏礼者，礼之本也。’”[②] 在中国古代社会，子女成婚是体“道”、遵“天命”的大事，以至于父母要向即将成婚的儿子敬酒，以表达“敬慎重正”之意。缘此，夫妇之间如何以义相处，也就提升到了“礼之本”的高度。在唐朝法律中，“义绝”属于强制性离婚方式之一。《户婚律》罗列了“义绝”的五种具体情况：一是丈夫殴打妻子的祖父母、父母和杀害妻子的外祖父母、伯叔父母、兄弟、姑母、姊妹；二是夫妻双方的祖父母、父母、外祖父母、伯叔父母、兄弟、姑母、姊妹相互残杀；三是妻子打骂丈夫的祖父母、父母和杀伤丈夫的外祖父母、伯叔父母、兄弟、姑母、姊妹；四是妻子同丈夫五服之内的亲戚或丈夫同岳母有奸情；五是妻子图谋害死丈夫。凡犯其中一条，“虽会赦，皆为义绝”。《户婚律》说：“诸犯义绝者离之，违者，徒一年。”《唐律疏议》解释说：“夫妻义合，义绝则离。违而不离，合得一年徒罪。离者，既无‘各’字，得罪止在一人，皆坐不肯离者；若两不愿离，即以造意为首，随从者为从。皆谓官司判为义绝者，方得此坐，若未经官司处断，不合此科。”犯有义绝者，由官府强制性判离。不离者，“徒一年”。但是，如果未经官府判决，不离者无罪。《全唐文》有一“义绝”案例：“臣刘氏堂外甥，左补阙某第三女，是臣亡叔庶子绛州刺史勋外孙。父身早亡，臣妹多病，及臣总戎，来相依止。臣见其长成，须有从归。晋阳县主簿姜钛，诚非匹敌，误与婚姻。其人如兽之心，同人之面，纵横凶悖，举止颠狂。旬月之间，豪横备极，恶言丑语，所不忍闻。臣以为夫妇之道，无义则

① 郭成伟点校：《大元通制条格》，法律出版社2000年版，第53页。

② 孙希旦：《礼记集解·昏义》，中华书局1989年版，第1417—1418页。

离，因遣作书，遂令告绝。”[①] “义绝”的理由为男方“纵横凶悖，举止颠狂”，根据“无义则离”法律原则离婚。从中可以看出，“义绝”必须出具文书，也须有中人出面作证。

③和离。和离是指在双方自愿基础上达成的协议离婚，这是一种法律和社会风俗皆承认的离婚方式。唐朝社会风气比较开放，女子再嫁不为失节，也不以屡嫁为耻。唐代公主再嫁、三嫁者甚多，仅以唐肃宗以前诸帝公主计，再嫁者23人，三嫁者4人。实际上，这种离婚方式早已出现。《周礼·地官·媒氏》：“媒氏掌万民之判。凡男女自成名以上，皆书年月日名焉。令男三十而娶，女二十而嫁。凡娶判妻入子者，皆书之。”宋郑锷注云：“民有夫妻反目，至于仳离，已判而去，书之于版，记其离合之由也。”[②] 江永也认为“书之者，防其争讼也”。[③] 这种离婚方式一是基于自由意志，男女双方都是行为主体；二是法律手续齐备。《史记·管晏列传》载：春秋时齐相晏婴的车夫胸无大志、“意气扬扬，甚自得也”，其妻于是提出离婚：“晏子身不满六尺，身相齐国，名显诸侯。今者妾观其出，志念深矣，常有以自下者。今子长八尺，乃为人仆御，然子之意自以为足，妾是以求去也。”汉代朱买臣家庭贫寒，每天靠砍柴为生。其妻嫌其贫苦，主动提出离婚。朱买臣劝慰她：“我年五十当富贵，今已四十余矣。女苦日久，待我富贵报女功。”其妻讥讽他说：“如公等，终饿死沟中耳，何能富贵?”其妻决绝而去。[④] 《唐律·户婚律》规定：“若夫妻不相安谐而和离者，不坐。”《唐律疏议》曰：“‘若夫妻不相安谐’，谓彼此情不相得，两愿离者，不坐。”[⑤]《宋刑统·户婚律》云：“若夫妻不相安谐而和离者，不坐。”[⑥] 无论文字抑或内涵，宋律与唐律基本一致。夫妇感情不洽，双方自愿离婚，法律予以支持。但是，如果法律程序不完备，或者离婚并非出于双方自由意志，法律会加以禁止。譬如，《唐律·户婚律》规定：“即妻妾擅去者，徒二年；

① 董诰等：《全唐文》卷542，中华书局1983年版，第5505页。
② 孙诒让：《周礼正义·地官·媒氏》，中华书局1987年版，第1033—1038页。
③ 孙诒让：《周礼正义·地官·媒氏》，中华书局1987年版，第1038页。
④ 《汉书·朱买臣传》。
⑤ 《唐律疏议》卷十四《户婚》。
⑥ 薛梅卿点校：《宋刑统》卷十四《户婚》，法律出版社1999年版，第252页。

因而改嫁者，加二等。”《唐律疏议》解释说：“妇人从夫，无自专之道，虽见兄弟，送迎尚不踰阈。若有心乖唱和，意在分离，背夫擅行，有怀他志，妻妾合徒二年。因擅去而即改嫁者，徒三年，故云‘加二等’。”① 敦煌文书中有一类汉文离婚契约，年代上属唐代至北宋初期，可统称作“放妻书”或“放妻手书”，从中可窥见唐代离婚现象的大致情况：

例一，“（前缺）从结契，要尽百年，如水如鱼，同欢□□。生男满十，并受公卿，生女柔容，温和内外。六亲叹美，远近似父子之情，九族悒（邕）怡，四时而不曾更改。奉上有谦恭之道，恤下无儻（党）无②。家饶不尽之财，妯妇称延长之庆。何乃结为夫妻，六亲聚而成怨，九族见而含恨。酥乳之合，上（尚）恐异流，猫鼠同窠，安能见久。今对六亲，各自取意，更不许言夫说妇。今妇一别，更选重官双职之夫，随情窈窕（窕），美耷（齐）音乐，琴瑟合韵。伏愿郎娘子千秋万岁，布施欢喜。三年衣粮，便献药仪。宰报云。”③

例二，“放妻书一道　盖闻夫天妇地，结因于三世之中。男阴（阳）女阳（阴），纳婚于六礼之下。理贵恩义深极，贪爱因浓性。生前相守抱白头，死后要同于黄土。何期二情称怨，互角憎多，无秦晋之同欢，有参辰之别恨。偿了赤索，非系树阴，莫同宿世怨家，今相遇会，只是二要互敌，不肯藂遂。家资须却少多，家活渐渐存活不得。今亲姻村老等与妻阿孟对众平论，判分离别遣夫主留盈讫。自后夫则任娶贤失，同牢延不死之龙。妻则再嫁良媒，合卺契长生之奉。虑却后忘有搅扰，贤圣证之，促于万劫千生，常处□□之趣。恐后无信，勒此文凭，略述尔由，用为验约。”④

从这两份离婚文书中可看出，凡和离有三个必要条件：其一，须有中人主持离婚仪式，中人应是与双方当事人无关的第三者。其二，和离须出具书

---

① 《唐律疏议》卷十四《户婚》。

② 原书校记：“‘无’下漏字，据斯 6537 背放妻书当补‘偏’。”沙知录校：《敦煌契约文书辑校》，江苏古籍出版社 1998 年版，第 472 页。

③ 沙知录校：《敦煌契约文书辑校》，江苏古籍出版社 1998 年版，第 470—471 页。相关论文有刘文锁：《敦煌“放妻书”研究》，《中山大学学报》2005 年第 1 期；杨际平：《敦煌出土的放妻书琐议》，《厦门大学学报》1999 年第 4 期。

④ 沙知录校：《敦煌契约文书辑校》，江苏古籍出版社 1998 年版，第 473 页。另见黄永武主编《敦煌宝藏》第 133 册，新文丰出版公司 1986 年版，第 414 页。

面契约，这是离婚程序的具结形式。敦煌契约文书中保存了数份“放妻书样文”，格式和语言大致相同，说明和离已成为被全社会普遍认可的离婚方式。其三，在离婚程序中，夫妇双方亲属必须到场，“聚会二亲”[①]，“今对六亲，各自取意”、“今亲姻村老等与妻阿孟对众平论”，双方议定离婚事宜，这其中不仅包括离婚之原由，也包含夫妻财产的分割。从《唐律》与敦煌离婚文书分析，妇女的有些基本权利能得到保障，妇女的社会地位较之以往有所提高。

（3）“同居相为隐”。

中国古代法律中“容隐制”的实质是授予亲属一定范围内的不举告和不举证权利。如前所述，由于在《睡虎地秦墓竹简》中已发现有“子告父母，臣妾告主，非公室告，勿听”等法律条文[②]，学术界有些学者所坚持的影响中国古代法律制度长达二千多年的“同居相为隐”的诉讼法条款源出于孔子儒家的观点实际上已不攻自破[③]，儒家理论对古代法律制度真正产生影响最早也应在西汉时代。在唐宋元明清法律制度中普遍存在的“同居相为隐”或“同居相容隐”的诉讼法条款，实际上是对先秦时代就已出现的成文法传统的继承。当然，在唐宋元明清法律制度中，儒家理论的影响无处不在。

通而论之，唐代法律中的“同居相为隐”的诉讼法条款包涵五项内容：

①告祖父母、父母等亲属。

《斗讼律》云：“诸告祖父母、父母者，绞。即嫡、继、慈母杀其父，及所养者杀其本生，并听告。”《名例律》又言：“诸同居，若大功以上亲及外祖父母、外孙，若孙之妇、夫之兄弟及兄弟妻，有罪相为隐；部曲、奴婢为主隐，皆勿论。即漏露其事及擿语消息亦不坐。其小功以下相隐，减凡人三等。若犯谋叛以上者，不用此律。”依律，子孙告祖父母、父母有罪。《唐律疏议》解释说：“父为子天，有隐无犯。”父母尊长若有违失，儿孙理

---

① 沙知录校：《敦煌契约文书辑校》，江苏古籍出版社1998年版，第479页。

② 张家山汉简《二年律令·告律》有类似记载，从而又为秦律提供了佐证：“子告父母，妇告威公，奴婢告主、主父母妻子，勿听而弃告者市。”

③ 参见杨鸿烈：《中国法律思想史》，中国政法大学出版社2004年版，第187页；钱大群：《唐律研究》，法律出版社2000年版。

应谏诤，“起敬起孝，无令陷罪”。如果子孙“忘情弃礼”，控告祖父母、父母，就处以死刑。但是，子孙不允许控告父母、祖父母也不是绝对的，在两种情况下，可以控告父母尊长：其一，“注云‘谓非缘坐之罪’，缘坐谓谋反、大逆及谋叛以上，皆为不臣，故子孙告亦无罪，缘坐同首法，故虽父祖听捕告。”① 如果父祖犯有谋反、谋叛与大逆等“十恶”之罪，子孙控告父祖的行为是合法、正当的。其二，假若嫡母、继母、慈母杀害其父亲，以及养父母杀害其亲生父母，准许子女控告。

②告期亲尊长。

《斗讼律》云：“诸告期亲尊长、外祖父母、夫、夫之祖父母，虽得实，徒二年；其告事重者，减所告罪一等；即诬告重者，加所诬罪三等。告大功尊长，各减一等；小功、缌麻，减二等；诬告重者，各加所诬罪一等。即非相容隐，被告者论如律。若告谋反、逆、叛者，各不坐。其相侵犯，自理诉者，听。”宋朝法律相关记载基本照抄唐律：“诸告周亲尊长、外祖父母、夫、夫之祖父母，虽得实，徒二年；其告事重者，减所告罪一等；即诬告重者，加所诬罪三等。告大功尊长，各减一等；小功、缌麻，减二等；诬告重者，各加所诬罪一等。即非相容隐，被告者论如律。若告谋反、逆、叛者，各不坐。其相侵犯，自理诉者，听。”② 唐宋律在司法量刑原则上，往往以血亲的等级作为确定犯罪行为轻重的依据。其基本原则为：如果卑犯尊，越亲近，刑罚越重。越疏远，刑罚越轻。如果尊犯卑，越亲近，刑罚越轻。越疏远，刑罚越重。依照这一规律，血缘亲疏与刑罚轻重的关系可表述为：

血亲关系	祖免	缌麻	小功	大功	齐衰	斩衰
刑罚轻重	徒一年	徒一年半	徒二年	徒二年半	徒三年	流二千里

依据唐律《名例律》与《斗讼律》，期亲尊长、外祖父母、夫、夫之祖父母，属于“有罪相为隐”适用范围，控告者“徒二年”，即使所告案情属实也有罪。被控告者，以自首论处。假定所控告事件重于“徒二年”的，

① 《唐律疏议》卷二十三《斗讼》。

② 薛梅卿点校：《宋刑统》卷二十四《讼律》，法律出版社1999年版，第418页。

减所告之罪一等。譬如，控告期亲尊长“盗上绢二十五匹”，合徒三年，尊长依照自首法免罪，卑幼减所告罪一等，合徒二年半。注云：“‘所犯虽不合论’，……依法犹坐。”① 意指期亲以下，或者说年 80 以上、十岁以下，或是笃疾者，犯罪虽不合论，但卑幼告之，仍然有罪。诬告期亲尊长，“得罪重于二年徒者”，加所诬罪三等。“假有诬告期亲尊长一年半徒罪，加所诬罪三等，合徒三年。”“告大功尊长，各减一等。”意指子孙卑幼即使控告属实，仍然要“徒一年半”。重于徒一年半的，也减期亲一等。假定有子孙卑幼控告大功尊长三年徒，减期亲一等，只“徒二年”。“告小功、缌麻尊长，虽得实，同减期亲二等”，只“徒一年”。所控告之事比较严重，也减期亲尊长二等。假定有人告三年徒，虽然控告属实，“徒一年半之类”。“诬告重者”，意指诬告大功、小功、缌麻情节严重者，“各加所诬罪一等”。假如有人诬告大功尊长“一年半徒”，加所诬罪一等，“徒二年”。诬告小功、缌麻“徒一年罪”，也加所诬罪一等，“徒一年半之类”。小功、缌麻不属于“相容隐”行列，因此，如果被卑幼控告并且情况属实，“各依律科断”，不得按自首论处。与此相对应，按照“亲属相为隐”的法律原则，尊长告卑幼也有罪。同时，刑律还规定，法司断狱不得令相容隐亲属和奴婢为证，官吏违犯者，以“违律遣证”罪名惩处。对这类犯罪，唐律处杖刑 80。②

③告缌麻以上卑幼。

《斗讼律》“告缌麻卑幼”条云：“诸告缌麻、小功卑幼，虽得实，杖八十；大功以上，递减一等。诬告重者，期亲，减所诬罪二等；大功，减一等；小功以下，以凡人论。”此条律文涉及尊长控告子孙卑幼，在量刑上，明显轻于子孙卑幼告尊长。《疏议》解释说：缌麻、小功相互容隐，有罪也不应告，“其相隐既得减罪，有过不合告言”。③ 假若尊长控告缌麻、小功卑幼，“故虽得实，合杖八十”。告大功卑幼，减小功一等；告期亲卑幼，又减一等。“诬告重者”，意指诬告期亲卑幼重于杖 60 的，减所诬罪二等。譬如，诬告弟侄 90 杖罪，“合减所诬二等”，只杖 70。若告大功卑幼，“减一

① 《唐律疏议》卷二十四《斗讼》。
② 《唐律疏议》卷二十九《断狱》。
③ 《唐律疏议》卷二十四《斗讼》。

等”，只杖80。“若告小功以下”，以凡人论，杖90。如果诬告子孙、外孙、子孙之妇妾及己之妾，不算有罪，“各勿论”。

④部曲、奴婢告主。

从古代法律条文分析，两汉奴婢身份地位比唐代略高。汉哀帝时，王莽“中子获杀奴，莽切责获，令自杀”。[①] 缪王元“前以刃贼杀奴婢”，继而又“令能为乐奴婢从死”，结果受到“不宜立嗣”的处罚。[②] 汉光武帝十一年诏规定：“天地之性人为贵。其杀奴婢，不得减罪。”[③] 凡此种种，说明汉代对杀奴案件处罚颇严。根据唐律《斗讼律》“其有愆犯，决罚致死及过失杀者，各勿论”律文规定，主人杀奴婢可以减罪四等，故意杀奴婢仅处徒刑一年，过失杀奴婢无罪。而奴婢殴伤主人，即使是过失伤主，也要被处以绞刑。就汉唐法律规定而言，唐朝奴婢的地位显然比两汉时要低。《斗讼律》规定：“诸部曲、奴婢告主，非谋反、逆、叛者，皆绞；告主之期亲及外祖父母者，流；大功以下亲，徒一年。诬告重者，缌麻，加凡人一等；小功、大功，递加一等。即奴婢诉良，妄称主压者，徒三年；部曲，减一等。”《名例律》也规定：“部曲、奴婢为主隐，皆勿论。”《唐律疏议》解释说：“部曲、奴婢，主不为隐，听为主隐。非‘谋叛’以上，并不坐。”《斗讼律》与《名例律》实际上是针对同一问题作出正反两方面的规定。部曲、奴婢告主，根据所告对象与主人血缘关系亲疏远近，分别处以绞、流和徒等刑罚；部曲、奴婢隐而不告，反而无罪。当然，这种“为主隐”是有限定条件的。《唐律疏议》解释说：“日月所照，莫非王臣。”部曲、奴婢虽然在人身关系上隶属于主人，但是，假定主人犯有谋反、大逆、谋叛等大罪，仍然有权控告。除此之外，部曲、奴婢所检举告发之事即使属实，主人免刑，部曲、奴婢获罪。《旧唐书·张镒传》载：太仆卿赵纵被其家奴当千告发，下御史台治罪，“贬循州司马”。张镒上疏说：“伏见赵纵为奴所告下狱，人皆震惧，未测圣情。贞观二年，太宗谓侍臣曰：‘比有奴告其主谋逆，此极弊法，特须禁断。假令有谋反者，必不独成，自有他人论之，岂藉其奴告

① 《汉书·王莽传》。
② 《汉书·景十三王传》。
③ 《后汉书·光武帝纪》。

也。自今已后，奴告主者皆不受，尽令斩决。’由是贱不得干贵，下不得陵上，教化之本既正，悖乱之渐不生。为国之经，百代难改，欲全其事体，实在防微。顷者长安令李济得罪因奴，万年令霍晏得罪因婢，愚贱之辈，悖慢成风，主反畏之，动遭诬告，充溢府县，莫能断决。建中元年五月二十八日，诏曰：‘准斗竞律，诸奴婢告主，非谋叛已上者，同自首法，并准律处分。’自此奴婢复顺，狱诉稍息。今赵纵非叛逆，奴实奸凶，奴在禁中，纵独下狱，考之于法，或恐未正。将帅之功，莫大于子仪；人臣之位，莫大于尚父。殁身未几，坟土仅干，两婿先已当辜，赵纵今又下狱。设令纵实抵法，所告非奴，才经数月，连罪三婿。录勋念旧，犹或可容，况在章程，本宜宥免。陛下方诛群贼，大用武臣，虽见宠于当时，恐息望于他日。太宗之令典尚在，陛下之明诏始行，一朝偕违，不与众守，于教化恐失，于刑法恐烦，所益悉无，所伤至广。臣非私赵纵，非恶此奴，叨居股肱，职在匡弼，斯是大体，敢不极言。”唐德宗斟酌之后，“左贬”赵纵，杖杀当千。张镒命令郭子仪家奴数百人前往观看，“以死奴示之”，以儆效尤。唐代初期，唐太宗为了稳定局势，曾经规定：即使主人犯有谋反、谋叛、大逆之罪，奴婢也无权控告，违者“斩决”。但是，这一法令并未长期存续。《旧唐书·王锷传》载：王锷的儿子王稷“历官鸿胪少卿。锷在藩镇，稷尝留京师，以家财奉权要，视官高下以进赂，不待白其父而行之。广治第宅，尝奏请藉坊以益之，作复垣洞穴，实金钱于其中。贵官清品，溺其赏宴而游，不惮清议。及父卒，为奴所告稷换锷遗表，隐没所进钱物。上令鞠其奴于内仗，又发中使就东都验其家财。宰臣裴度苦谏，于是罢其使而杀奴”。王稷大肆贿赂官员，贪污进奉物，两位家奴于是向官府告发其罪行。裴度为其申辩道：“王锷身殁之后，其家进奉已多。今因其奴告检责其家事，臣恐天下将帅闻之，必有以家为计者。”[①] 裴度以家奴应“听为主隐”为理由，积极为王稷申辩。唐宪宗于是免除了对王稷的处罚，两位家奴虽告属实仍被“决杀”。

⑤禁止子孙在法庭陈述祖父母、父母罪行或作证词。

唐代法律禁止对直系亲属起诉，同时又不允许子孙在法庭陈述祖父母、

① 《旧唐书·裴度传》。

父母罪行或作证词。《晋书·刑法志》载，东晋卫展上书云：“今施行诏书，有考子正父死刑，或鞭父母问子所在。”卫展认为这种借助严刑逼供手段断案的方式，将会导致十分严重的社会道德危机。“相隐之道离，则君臣之义废；君臣之义废，则犯上之奸生矣。”晋元帝采纳了他的意见，下诏说：“礼乐不兴，则刑罚不中，是以明刑敕法，先王所慎。自元康已来，事故存臻，法禁滋漫。大理所上，宜朝堂会议，蠲除诏书不可用者，此孤所虚心者也。”南朝刘宋侍中蔡廓也提出了类似的建议：“鞠狱不应令子孙下辞明言父祖之罪，亏教伤情，莫此为大。自今但令家人与囚相见，无乞鞠之诉，便足以明伏罪，不须责家人下辞。”在司法审讯过程中，禁止逼迫子孙在法庭上陈述父祖罪行，或作证人。蔡廓的这一奏议，最后也被接受。“朝议咸以为允，从之。”[①] 唐朝法律起而踵之，对此作了进一步的规定：“诸应议、请、减，若年七十以上，十五以下及废疾者，并不合拷讯，皆据众证定罪，违者以故失论。若证不足，告者不反坐。其于律得相容隐，即年八十以上，十岁以下及笃疾，皆不得令其为证，违者减罪人罪三等。”[②] 何谓“其于律得相容隐”?《唐律疏议》解释说：“谓同居，若大功以上亲及外祖父母、外孙，若孙之妇、夫之兄弟及兄弟妻，及部曲、奴婢得为主隐；其八十以上，十岁以下及笃疾，以其不堪加刑，故并不许为证。”所谓“违者减罪人罪三等”，是指如果有强迫子孙后代为父祖尊长作证词者，“遣证徒一年，所司合杖八十之类”。[③]

《唐律疏议·名例》尝言：“德礼为政教之本，刑罚为政教之用，犹昏晓阳秋相须而成者也”。礼为本，刑为用，这是荀子“隆礼重法”、以礼入法思想在社会法律制度上的具体实践。瞿同祖先生在论述中国法律的儒家化进程时指出：“法律之儒家化汉代已开其端。汉律虽为法家系统，为儒家所不喜，但自汉武标榜儒术以后，法家逐渐失势，而儒家抬头，此辈于是重整旗鼓，想使儒家的精华成为国家制度，使儒家主张借政治、法律的力量永垂不朽。汉律虽已颁布，不能一旦改弦更张，但儒家确有许多机会可以左右当

---

① 《宋书·蔡廓传》。

② 《唐律疏议·断狱》。

③ 《唐律疏议·断狱》。

时的法律。”[①] 又言：“历代的法典都出于儒者的手笔，并不出于法家之手，这些人虽然不再坚持反对法治，但究是奉儒家为正统的，所以儒家的思想支配了一切古代法典，这是中国法系的一大特色，不可不注意。”[②] 证诸汉唐法典，瞿同祖先生所论，诚有以焉。

三、儒家孝道在“五四”与新文化运动中的命运

20 世纪初的五四新文化运动已渐行渐远，但其真实貌相与底蕴却渐行渐近，或许这恰恰正是历史学的魅力之所在。在这场以传播“民主”与“科学”、反对封建主义为宗旨的思想启蒙运动中，任何对传统文化的批判至少在社会政治层面上具有历史进步意义。它对于冲决思想网罗、清算旧有价值观念、全方位“响应西方”（严复语），功不可没。但是，在纯粹学术的层面上，我们也应当清醒地看到，在对以孔子为代表的儒家思想的批判上存在诸多片面与错漏之处，此所谓“片面之深刻”：一是未厘清孔子原始儒家与后世儒家之区别，简单化地将孔子等同于儒家，“妖魔化的孔子”甚嚣尘上，“历史的孔子”销声匿迹；二是未全面认识与把握孔子与儒家思想的内在精髓，“诠释暴力”的现象时有发生。细而论之，吴虞就是当时颇具代表性的人物之一。

吴虞（1871—1949）是“五四”与新文化运动中名噪一时、声震南北的人物，被誉为与陈独秀齐名的“攻击孔教最有力的两位健将”。陈独秀称其为“蜀中名宿”。曾为《吴虞文录》作序的胡适，盛赞年长他 19 岁的吴虞为“中国思想界的一个清道夫”、“四川省只手打倒孔家店的老英雄”。在 1917 年之前，吴虞主要在四川省的一些报刊杂志发表反孔非儒文章。从 1917 年初起，吴虞接二连三在陈独秀主编的《新青年》上发表《家族制度为专制主义之根据论》、《经疑》、《礼论》、《儒家大同主义本于老子说》、《儒家主张阶级制度之害》等讨孔檄文，猛烈抨击孔子及其儒家学说，认为两千余年封建专制主义的理论根据就是以孔子为代表的儒家思想。1919 年，

① 瞿同祖：《中国法律与中国社会》，中华书局 2003 年版，第 357—358 页。
② 瞿同祖：《中国法律与中国社会》，中华书局 2003 年版，第 346—347 页。

吴虞读了鲁迅先生的《狂人日记》后，有感而发写了《吃人与礼教》一文，刊载于《新青年》第6卷6号上，打倒“吃人的礼教”一时成为全社会反对封建旧道德的战斗口号，其社会之影响可谓振聋发聩、妇孺皆知。1915年，陈独秀在上海创办《新青年》，标志着中国近代新文化运动开始。“提倡新道德，反对旧道德；提倡新文化，反对旧文化。”至1919年五四运动爆发，这场以传播“民主”与“科学”、反对封建主义为宗旨的思想启蒙运动达到了顶峰阶段。值得注意的是，这几年恰恰正是吴虞著书立说的黄金时代。从1900年到1936年的37年间，吴虞发表了57篇文章，而仅1915年至1919年，就达30篇之多，已超过半数，《说孝》、《吃人与礼教》、《儒家主张阶级制度之害》等最具代表性的论著皆出自这一阶段。关于吴虞在五四新文化运动中的表现及其影响，日本学者青木正儿的评论颇具代表性：“次于中华民国底政治上底革命，有文化上底革命；最有意思的，就是道德思想底改革。那是想要破坏那几千年立了深远的根柢的儒教道德，和要从欧洲文化上输入可以代这个的新道德，那首先来立在这个破坏矢面上去振舞者，是吴虞与陈独秀。一个是由四川成都，一个是由上海，相呼应而奋起的。两氏底论调底立脚点，都由政治学上出发，而归着于孔子之道不合于现代的结论。但是，陈氏底议论，由政治学的见解之上，加以根据西洋底伦理及宗教之说；吴氏是征于中国古来底文献，而由法制上去论儒教底不适用于新社会。”① 青木正儿将吴虞与陈独秀相提并论，认为两人在新文化运动中“相呼应而奋起”，同时也点出了两人的理论与视角差异：陈独秀用西方政治理论来批判孔子儒家思想，以“民主”与“科学”为标准裁评传统文化之是非功过；吴虞则从中国古代文献学的角度出发批判儒家思想，破多于立，但理论深度远不及陈独秀。

（一）吴虞对孔子之批判

吴虞一生都坚守反孔批儒之立场，始终未曾更改。不仅如此，吴虞自己往往以此自矜。吴虞在1912年5月14日的日记中写道：“反对孔丘，实获

① 青木正儿：《吴虞底儒教破坏论》，赵清、郑城编：《吴虞集》，四川人民出版社1985年版，第477—478页。

我心。四川反对孔子，殆自余倡之也。”① 洋洋自得之心，溢于言表。证诸史实，确乎不谬！早在1895年至1897年留学日本时，受新兴社会思潮的影响，吴虞就萌生了零散的“非儒”思想，那时他多以诗文形式来质疑儒家学说。1910年9月，吴虞撰文说：“天下有二大患焉：曰君主专制，曰教主之专制。君主之专制，钤束人之言论；教主之专制，禁锢人之思想。君主之专制，极于秦始皇之焚书坑儒，汉武帝之罢黜百家；教主之专制，极于孔子之诛少正卯，孟子之距扬、墨。”② 1911年11月17日，吴虞在日记中写道：“天冷如冬，一人枯坐，真不知生人之趣，然后知老庄、杨、墨所以不并立之故，而中国之天下所以仅成一治一乱之局者，皆儒教之为害也。如廖平者乃支那社会进化之罪人，其学不足取也。耶、孔二教之消长于明年决矣。”③ 由质疑、痛恨孔子到认为1912年将是耶、孔二教对决之年，坚信耶教胜出，此时吴虞对孔子与儒教真可谓痛恨至极。随后在1915年所著《书某氏〈社会恶劣状况论〉后》一文中，吴虞断言“故所谓道德，不过专制之道德；所谓风纪，不过儒教之风纪”。④ 在风起云涌、波澜壮阔的“五四”与新文化运动中，吴虞反孔批儒之言辞有增无减、锋芒毕露：“故余谓盗跖之为害在一时，盗丘之遗祸及万世；乡愿之误事仅一隅，国愿之流毒遍天下。”⑤ “夫孔氏对于尊卑贵贱之态度，于《乡党》篇记之特详。其种种面目，变幻不测，虽今日著名之丑角，亦殆难形容维肖，诚可为专制时代官僚派之万世师表者也！”⑥ “孔二先生的礼教讲到极点，就非杀人吃人不成功，真是惨酷极了！一部历史里面，讲道德说仁义的人，时机一到，他就直接间接的都会吃起人肉来了。”⑦ 孔子在吴虞心目中已成为“盗丘”、“著名之丑角”、“杀人吃人”者，辱骂与诅咒代替了学术层面意义上的讨论，“武器的批判”中

① 吴虞：《吴虞日记》，邓星盈、黄开国、唐永进、李知恕：《吴虞思想研究》，四川教育出版社1996年版，第321页。

② 吴虞：《辨孟子辟杨墨之非》，《吴虞集》，四川人民出版社1985年版，第13页。

③ 吴虞：《吴虞日记》，邓星盈、黄开国、唐永进、李知恕：《吴虞思想研究》，四川教育出版社1996年版，第318页。

④ 吴虞：《书某氏〈社会恶劣状况论〉后》，《吴虞集》四川人民出版社1985年版，第56页。

⑤ 吴虞：《家族制度为专制主义之根据论》，《吴虞集》四川人民出版社1985年版，第65页。

⑥ 吴虞：《儒家主张阶级制度之害》，《吴虞集》，四川人民出版社1985年版，第97页。

⑦ 吴虞：《吃人与礼教》，《吴虞集》，四川人民出版社1985年版，第171页。

挟带着过多的个人情感宣泄。[①]

值得注意的是，年逾花甲后的吴虞仍然没有改变他反孔批儒的一贯立场。“四十非儒恨已迟（予非儒之说，年四十始成立），公虽怜我众人嗤（袁世凯尊孔时，公与予步行少城东城根，劝予言论宜稍和平，恐触忌）。门庭自辟心疑古，胆识冲天智过师。垂老名山游兴在（临逝前数周，游乌尤寺），横流沧海叹谁知（近汉奸赵欣伯创立孔学会，则孔学之宜于帝制可知）。益州耆旧凋零尽，下马陵高望转悲。”[②] 1962 年，范朴斋在《吴又陵先生事略》中，对吴虞反孔批儒的一生有一个评价：“自尊孔黜百家而后，后汉王充始著文问孔，历二千年而有明李贽之诽孔，后贽三百年，先生再起而斥孔。其斥之也，至呼孔子为盗丘，谓其罪浮于跖。噫，是何恶之深也！盖先生之所以斥孔，已不止于是非之论间，举伦理、政教诸说，尽斥之，并托古改制之说，亦斥之。以其阻进化、弱国家、害人群，大不合于时宜也。”[③] 范氏之论，可谓盖棺而论定。前有王充、李贽发难，后有吴虞继起斥孔，吴虞俨然已成为中国历史上反孔批儒思潮“道统”之承续人物。其功在批孔，其罪亦在批孔！千秋功罪，后人有待评说。

通而论之，吴虞对孔子的批判主要集中在四个方面：

1. 孔子鼓吹文化专制，禁锢人之思想

吴虞认为，“孔子诛少正卯”事件成为二千多年中国封建社会推行文化专制的历史渊源与理论依据。“孔子诛少正卯”之事首见于《荀子·宥坐》：“孔子为鲁摄相，朝七日而诛少正卯。门人进问曰：‘夫少正卯，鲁之闻人焉。夫子为政，而始诛之，得无失乎?’孔子曰：‘居，吾语女其故。人有恶者五，而盗窃不与焉：一曰心达而险，二曰行辟而坚，三曰言伪而辩，四曰记丑而博，五曰顺非而泽。此五者有一于人，则不得免于君子之诛，而少正卯兼有之。故居处足以聚徒成群，言谈足以饰邪营众，强足以反是独立。

---

① 历史学家唐振常先生说，吴虞“侧身新文化运动，功在反儒，他反儒的核心，在于非孝”（《为〈吴虞集〉的出版说几句话》）。吴虞批孔非孝思想和他的家庭生活有直接关系。他与父亲感情早已不睦。1911 年，父子大打出手，涉讼法庭，经年不休。吴虞为替自己辩白，竟写了《家庭苦趣》一篇长文，在其中历数其父过失，如为讨寡妇李氏欢心，不惜卖尽家产，去庙宇诅咒吴虞夫妇等。官司虽赢，但吴虞不为亲者讳的不孝不义之举，受到社会各界的批评，以至于成为“名教罪人”，被逐出四川教育界。

② 吴虞：《哭廖季平前辈》，《吴虞集》，四川人民出版社 1985 年版，第 378 页。

③ 范朴斋：《吴又陵先生事略》，《吴虞集》附录，四川人民出版社 1985 年版，第 488 页。

此小人之桀雄也，不可不诛也。是以汤诛尹谐，文王诛潘止，周公诛管叔，太公诛华仕，管仲诛付里乙，子产诛邓析、史付。此七子者，皆异世同心，不可不诛也。'"① 《史记》、《淮南子》、《尹文子》、《孔子家语》、《汉书》、《论衡》、《刘子新论》、《说苑》与《通志·氏族略》并录此事。《宥坐》为《荀子》第28篇，前贤今哲大多认为自此篇以后，皆为荀子后学所著。南宋朱熹首先提出质疑："若少正卯之事，则予尝窃疑之。盖《论语》所不载，子思、孟子所不言，虽以左氏《春秋内、外传》之诬且驳，而犹不道也。乃独荀况言之。是必齐鲁诸儒愤圣人之失职，故为此说，以夸其权耳。吾又安敢轻信其言而遽稽以为决乎?"② 叶适继而认为孔子诛少正卯之说"殆书生之寓言，非圣贤之实录也"。③ 清人崔述在《洙泗考信录》也云："此盖申、韩之徒言刑名者诬圣人以自饰，必非孔子之事。且其所谓'言辨行坚、荧众成党'云者，正与庄、韩书中訾儒者之语酷相类，其为异端所托无疑。而世人皆信之，是助异端以自攻也。故余不得不辨"④。钱穆对崔述所论深表赞同："其《宥坐篇》所载汤诛尹谐以下七事，周公诛管叔为不类，子产诛邓析为误传，此外则为虚造。盖犹非荀卿之言，而出于其徒韩非李斯辈之手。《韩非书》（《外储说右上》）亦载太公诛华士狂矞，其所举罪状，为'不臣天子，不友诸侯，畊食掘饮，无求于人'，是即赵威后之所欲诛于仲子者也。《宥坐》之言少正卯曰：'心达而险，行僻而坚，信伪而辨，记丑而博，顺非而泽'，而《非十二子篇》亦云：'行僻而坚，饰非而好，玩奸而泽，言辩而逆，古之大禁'，则知少正卯即十二子之化身矣。（荀卿先倡非十二子之论于前，共徒乃造为孔子诛少正卯之事于后，战国事如此例者甚多。）至于李斯得志，乃有焚坑之祸。崔、梁辨此事甚尽，顾未及于此，故为引伸之。（《家语》亦载此事，继以子贡进曰云云：余考子贡从游尚在后，[参读《考辨》第二十九] 则《家语》言复误。）又荀子称'少正

① 王先谦：《荀子集解·宥坐》，诸子集成本，上海书店1986年版，第341—342页。

② 朱熹：《舜典象刑说》，《朱熹集》卷六十七，四川教育出版社1996年版，第3520—3521页；黎靖德编：《朱子语类》卷九十三有类似记载。

③ 叶适：《习学记言序目》卷十七，中华书局1977年版，第233页。

④ 崔述：《洙泗考信录》卷二，《崔东壁先生遗书十九种》中册，北京图书馆出版社2007年版，第156—157页。

卯鲁之闻人，聚徒成群，小人之杰雄'，殆犹仅为一在野之学士。（然观其氏少正，则又非在野之士也。）至《史记》始以为大夫乱政者。崔述曰：'春秋之时，诛一大夫非易事，况以大夫而诛大夫乎？孔子得君不及子产远甚，子产犹不能诛公孙黑，况孔子耶？'专据《史记》为辨，亦未是。(《尹文子·圣人篇》亦载孔子诛少正卯事，宋钘尹文接万物以别宥为始，当无取于诛杀。盖尹文在荀卿前，而书语出荀卿后矣。至首辨其事者，当为朱子。其言曰：'少正卯之事，《论语》所不载，子思孟子所不言，虽以《左氏》亦不道也。独荀况言之，是必齐鲁诸儒，慎圣人失职，故为此说，以夸其权耳。'稍次叶适《习学记言》亦辨之，亦以为出荀氏之传)"[①] 综观钱穆所言，其论点有二：一是从夏商到春秋，历代君王都不能随便杀士；二是荀子列出的五大罪状，在时间上应是战国时期。荀子所列罪状和其《非十二子》篇很相似，少正卯实即当时荀子在战国时攻击的十二子之化身。但是，吴虞对前贤今哲考证成果多未加辨析，坚信"孔子诛少正卯"之事属实，并对少正卯表达了深切的同情："而就管叔、华仕、邓析之事迹推之，则据近世文明法律，固无可诛之道；然七子者皆不获免，此则以尊贵治卑贱，竟无学说异同、政治犯之可言，何公理之得伸耶？"吴虞认为孔子诛杀少正卯的原因是出于私憾，借权势以泄一己之愤。"盖孔氏之七日而诛少正卯，实以门人三盈三虚之私憾，所以一朝权在手，便把令来行；梁任公亦谓此实孔氏之极大污点矣。自孔氏演此丑剧，于是后世虽无孔氏，而所诛之'少正卯'遍天下。至明思宗，亦以'少正卯'斥黄道周，几不免于死。作俑之祸，吁可悲也！"[②] 吴虞进而认为，二千多年中国封建文化专制政策的实行与"孔子诛少正卯"事件存在着内在之关联，孔子就是钤束人之言论、禁锢人之思想的始作俑者。在中国历史上，凡倡言思想自由，不守经传者，皆被视为少正卯之流，人人得而诛之。"非圣无法之禁，少正卯之诛，实儒家诛锄异己最严厉之手段，中国学术之不发达，即由于此。"[③] 因此，儒家对于中国文化的停滞不前与学术事业的萎缩凋零，负有不可推卸的责任。

① 钱穆：《孔子行摄相事诛鲁大夫乱政者少正卯辨》，《先秦诸子系年》，商务印书馆 2002 年版，第 30 页。

② 吴虞：《儒家主张阶级制度之害》，《吴虞集》，四川人民出版社 1985 年版，第 96 页。

③ 吴虞：《对于祀孔问题之我见》，《吴虞集》，四川人民出版社 1985 年版，第 240 页。

"夫孔子之诛少正卯也，孟轲之辟杨、墨也，董仲舒之罢黜百家也，韩愈之辟佛也，建儒教之'金城汤池'而树之标准。对于异说，虔刘芟薙，摧陷压抑，务使销亡澌灭，不得萌芽。束天下后世之聪明才力胥出于儒之一途，而其他则无独立并行之余地。吾国学术人才之萎靡衰颓，江河日下，岂无执其咎者乎？"① 吴虞由此假定中国如果没有儒学的钳制与束缚，中国文化发展至近代，或许可以媲美于欧美，颉颃于俄日。"向使无儒教之束缚拘挛，则国内之学分歧发展，骎骎演进，未必无欧美炜晔灿烂之观。于域外文学，博采兼收，虚襟研究，则艾儒略《西学凡》，已述有欧西建学育才之法，文科、理科、法科、医科，莫不粲然具著；使当日不挟儒家之成见，目以变幻支离，辟斥钳制，以'正学''真儒'之道脉心传自封，妄矜深意，而弃短取长，互相师法，则三百年来文化之增进昌明，虽不敢与欧美颉颃，其与俄之彼得，日之明治，或堪匹敌；而何至丧权辱国，败绩蹙地，一蹶不振，如此之甚哉？由此观之，儒教之影响于亡国亡种实大矣。"② 不仅近三百年文化之衰颓，儒教难辞其咎；就是近三百年国势之破败，也是由儒教实行专制造成的恶果。基于此，在吴虞看来，民族要振兴，国家要进步，文化要繁荣，其关键在于"儒教革命"："呜呼！太西有马丁·路德创新教，而数百年来宗教界遂辟一新国土；有培根、狄卡儿创新学说，而数百年学界遂开一新天地。儒教不革命、儒学不转轮，吾国遂无新思想、新学说，何以造新国民？悠悠万事，惟此为大已吁！"③

2. 倡导贵贱尊卑、为阶级制度作论证是孔子儒家的基本精神

在《儒家主张阶级制度之害》一文中，吴虞对孔子儒家与封建专制主义制度之间的关系进行了论证："盖耶教所主，乃平等自由博爱之义，传布浸久，风俗人心皆受其影响，故能一演而为君民共主，再进而为民主平等自由之真理，竟著之于宪法而罔敢或渝矣。孔氏主尊卑贵贱之阶级制度，由天尊地卑演而为君尊臣卑，父尊子卑，夫尊妇卑，官尊民卑。尊卑既严，贵贱遂别；所谓'礼不下庶人，刑不上大夫'；所谓'王臣公，公臣大夫，大夫

① 吴虞：《明李卓吾别传》，《吴虞集》，四川人民出版社 1985 年版，第 81 页。
② 吴虞：《明李卓吾别传》，《吴虞集》，四川人民出版社 1985 年版，第 86 页。
③ 吴虞：《儒家主张阶级制度之害》，《吴虞集》，四川人民出版社 1985 年版，第 98 页。

臣士，士臣皁，皁臣舆，舆臣隶，隶臣僚，僚臣仆，仆臣台’，几无一事不含有阶级之精神意味。故二千年来，不能铲除阶级制度，至于有良贱为婚之律，斯可谓至酷已！守孔教之义，故专制之威愈演愈烈。苟非五洲大通，耶教之义输入，恐再二千余年，吾人尚不克享宪法上平等自由之幸福，可断言也。”[①] 吴虞于此论证中所体现的逻辑推理为：一种社会政治体制必然有一种文化作为其存在之本源。西方民主制度源于基督教文明，中国数千年的封建专制制度来源于孔子儒家学说。基督教文明的基本精神是平等自由博爱，孔子儒家学说的基本精神是贵贱尊卑有序。为了论证这一观点，吴虞又从《论语》、《韩非子》与《孔子家语》中罗列一些材料。譬如，《孔子家语·子路初见》载：“孔子侍坐于哀公。赐之桃与黍焉，哀公曰：‘请食。’孔子先食黍而后食桃。左右皆掩口而笑。公曰：‘黍者所以雪桃，非所为食之也。’孔子对曰：‘丘知之矣。然夫黍者，五谷之长，郊礼宗庙以为盛。果属有六，而桃为下，祭祀不用，不登郊庙。丘闻之，君子以贱雪贵，不闻以贵雪贱。今以五谷之长雪果之下者，是从上雪下，臣以为妨于教，害于义，故不敢。’公曰：‘善哉!’”孔子一方面“公然面谀”，另一方面以贵贱上下之义“自饰其陋”，“虽今日著名之丑角，亦殆难形容维肖，诚可为专制时代官僚派之万世师表者也!”因此，孔子所倡导的所谓道德，“不过专制之道德”；孔子所提倡的所谓“风纪”，“不过儒教之风纪”；所谓经典，不过是“唯彰复辟之谬”。[②] 孔子儒家学说之所以能在二千多年的历史长河中一直为封建帝王所服膺，良有以焉。“儒家则严等差、贵秩序，上天下泽之瞽说，扶阳抑阴之谬谈，束缚之，驰骤之，于霸者驭民之术最合。故霸者皆利用之，以宰制天下，愚弄黔首”。[③] 不仅如此，吴虞进而言之，孔子思想大多已转化为法律条文，利用国家的外在强制力在全社会普遍推行。“法制：当就《汉律考》、《唐律》、《宋刑统》、《唐明律合编》、满清律例，正史中议狱之文考之。然后再以世界各国通行之宪法、民法、刑法所规定者，比较对勘，于是本孔学而成之制度，其为偏利于尊贵、长上、男子之阶级制

---

① 吴虞：《儒家主张阶级制度之害》，《吴虞集》，四川人民出版社 1985 年版，第 95 页。

② 吴虞：《书某氏〈社会恶劣状况论〉后》，《吴虞集》，四川人民出版社 1985 年版，第 55—57 页。

③ 吴虞：《辨孟子辟杨墨之非》，《吴虞集》，四川人民出版社 1985 年版，第 16 页。

度耶？其为普及于卑贱、幼下、女子之平等制度耶?”譬如，“十恶”中的“谋反”、“大不敬”、“不孝”等条款，“八议”中的“议亲”、“议贵”等请免条令，“其保护尊贵长上，可谓无微不至也”。[①]

但是，吴虞在论证过程中所暴露的逻辑漏洞也比比皆是：其一，儒学自身有着一个发生、发展的演变历程，孔子原始儒家的诸多观点在秦汉之后已发生了变化，甚至衍变为孔子儒家的对立面。遗憾的是，吴虞并未弄清楚儒学史源流，更未认清历史上的孔子与符号化的孔子之区别，简单化地将秦汉以后儒家所有思想与观点都堆积到孔子身上，儒家即孔子，孔子即儒家。基于这一逻辑思维模式，吴虞竟然认为孔子主张多妻制：“孔子既以女子与小人并称，故视妇女为奴隶、为玩物，主张多妻制。”[②] 其论据为《礼记》、《白虎通》、《韩诗外传》等典籍都录有相关史料。譬如，《礼记·昏义》载：“古者天子后立六宫、三夫人、九嫔、二十七世妇、八十一御妻，以听天下之治，以明章妇顺，故天下内和而家理。”[③] 此外，在《吃人与礼教》一文中，吴虞又耸人听闻地说孔子教人去“杀人吃人”，“孔二先生的礼教讲到极点，就非杀人吃人不成功，真是惨酷极了！一部历史里面，讲道德说仁义的人，时机一到，他就直接间接的都会吃起人肉来了。……吃人的就是讲礼教的，讲礼教的就是吃人的呀！”[④] 这种论证方法实际上已超出了学术研究之范畴，真可谓是“诠释暴力”之典型例子。其二，如果说儒家基本精神是尊卑贵贱阶级学说，那么如何解释“诛一夫”、“天听自我民听，天视自我民视”、“民为贵，社稷次之，君为轻”、“顺民之情，遂民之欲”等儒家基本命题？吴虞的观点实际上是将孔孟儒家归属于“君本论”行列，这显然与学界将孔孟儒家定位为“民本论”的基本共识大相径庭。袁保新认为：“大体而言，我们不能说两千多年前孟子的王道仁政的思想，就已经发展了近代西方的民主理论，但是，孟子从人性论出发所主张的‘民本’思想，的确涵有‘主权在民’的成分，却也是不容否认的事实。遗憾的是，孟子在揭举民本思想的同时，未能进一步从法制的层面来规划，而秦汉之后

① 吴虞：《对于祀孔问题之我见》，《吴虞集》，四川人民出版社1985年版，第245页。
② 吴虞：《对于祀孔问题之我见》，《吴虞集》，四川人民出版社1985年版，第244页。
③ 孙希旦：《礼记集解·昏义》，中华书局1989年版，第1422页。
④ 吴虞：《吃人与礼教》，《吴虞集》，四川人民出版社1985年版，第171页。

的儒者，又后继乏人，结果只有在西风东渐之后，我们才能真正接续上孟子的思想，为孟子的民本理念注入法制架构的思考。”① 民本论不可等同于民主论，但两者之间并非是绝缘体。民本论与民主论是相通的，或者说后者是前者逻辑性发展趋向。实际上，吴虞自己也意识到在对儒家评价上存在着诸多矛盾之处，他以儒家所论皆“空谈”来搪塞。这种辩驳在逻辑思维上是苍白无力的，不仅如此，他所说的“空谈”实质上也隐含着至少在思想层面上儒家基本精神是民本主义这一重义蕴。

3. 孔子曲学阿世、利欲熏心、人品卑劣

在鲁迅心目中，孔子的形象是“伪”、“巧”、“滑”。在历史小说《出关》中，孔子被描绘为一个虚伪奸诈之徒。问道于老子时，孔子“极恭敬的行着礼”。听完老子的讲课，然后“很客气的致谢”。但是，当孔子了解了老子的学问之后，就不再称老子为先生，而是叫“老头子”，“背地里还要玩花样”。逼得老子只好西出函谷关，保全性命。表面上的正人君子，背地里的穷凶极恶。一方面大骂“唯女子与小人为难养也”，另一方面又恬不知耻地拜倒在南子的裙带之下。鲁迅在《十四年的“读经”》中说：“‘瞰亡往拜’‘出疆载质’的最巧玩艺儿，经上都有，我熟读过的。”“瞰亡往拜”见于《论语》，阳货送礼于孔子，孔子理应回访，但孔子不喜欢此人，于是等到阳货外出时前往他家回拜。“出疆载质”载于《孟子》，是说孔子如果三个月谋不到官职，就惶惶不安，一定要带着礼物去求见国君。从这两件事，足可见孔子“钻营，取巧，献媚的手段”。“古书实在太多，倘不是笨牛，读一点就可以知道，怎样敷衍，偷生，献媚，弄权，自私，然而能够假借大义，窃取美名。”② 与此相呼应，吴虞认为，孔子执政才七天，就诛杀异己，公报私仇，充分体现其卑鄙龌龊之品格。不仅如此，孔子还是一位曲学阿世、湛心利禄之徒。“老聃博古达今，通礼乐之原，明道德之归，何以孔氏背其本师，舍道德、崇仁义，主张家天下之小康，而偏重于礼？殆由其以干禄为心，汲汲于从政，三月无君，栖栖皇皇，自比匏瓜，贻讥丧家之

① 袁保新：《孟子三辨之学的历史省察与现代诠释》，台湾文津出版社1992年版，第117页。

② 鲁迅：《十四年的“读经”》，《鲁迅全集》第3卷，人民文学出版社1998年版，第127—129页。

狗，下拜南子，思赴佛肸，所干至七十二君之多，急于求沽。以礼为霸者时君所须，可以使贵贱有等，长幼有差，贫富轻重皆有称，意在趋时阿世。”① 在《儒家主张阶级制度之害》一文中，吴虞又说：“盖孔氏之徒，湛心利禄，故不得不主张尊王，使君王神圣威严，不可侵犯，以求亲媚。而当时之人格高洁如沮、溺之流，皆鄙夷不屑，观微生亩‘丘，何为是栖栖者欤？毋乃为佞’之言，及孔氏‘事君尽礼，人以为谄’之语，则孔氏之谄佞，当时固暴著于社会矣。夫孔氏对于尊卑贵贱之态度，于《乡党》篇记之特详。其种种面目，变幻不测，虽今日著名之丑角，亦殆难形容维肖，诚可为专制时代官僚派之万世师表者也！”② 孔子55岁时率领弟子们周游列国，奔波于卫、宋、陈、蔡、楚等国，颠沛流离，历尽艰险，“累累若丧家之犬”，一直到68岁高龄才回到家乡。吴虞认为孔子周游列国的目的是“以干禄为心”、“湛心利禄”，应该说是诬妄不实之词。以孔子之本意，是想寻找一片适宜的国土，来实施自己的“仁政”理想，并以此为起点，实现天下一统、四海归心之终极社会理想。此外，吴虞认为，《论语·乡党》篇淋漓尽致地显现出孔子奴颜婢膝、曲奉尊贵之“丑角”面目。《乡党》篇共有27段文字，皆涉及孔子懂礼知礼之史料。譬如：“孔子于乡党，恂恂如也，似不能言者。其在宗庙朝廷，便便言，唯谨尔。”“食不语，寝不言。”“席不正，不坐。”“入太庙，每事问。”孔子15岁左右便以知礼闻名于鲁国，在“礼崩乐坏”的动荡社会，追求与实现社会的有序化与大一统，未尝不具有社会进步意义。何况孔子所孜孜以求的“礼”，已是有所“损益”的“礼”，孔子以仁注入礼中，以仁释礼，以仁作为礼存在之文化根基。因此，孔子之礼，实际上彰显的是孔子仁爱天下的社会政治理想。

4. 孔子与儒家思想成为阻碍中国社会进步与发展的最大障碍

1918年5月，鲁迅《狂人日记》发表于《新青年》第4卷第5号，他把旧道德的实质归结为“吃人”的观点，在全社会产生了振聋发聩之影响：“凡事总须研究，才会明白。古来时常吃人，我也还记得，可是不甚清楚。我翻开历史一查，这历史没有年代，歪歪斜斜的每叶上都写着‘仁义道德’几个

① 吴虞：《礼论》，《吴虞集》，四川人民出版社1985年版，第137页。

② 吴虞：《儒家主张阶级制度之害》，《吴虞集》，四川人民出版社1985年版，第97页。

字。我横竖睡不着，仔细看了半夜，才从字缝里看出字来，满本都写着两个字是‘吃人’！”[①] 吴虞继而于1919年11月1日《新青年》6卷6号上发表了《吃人与礼教》一文，进一步阐发鲁迅的观点：“我读《新青年》里鲁迅君的《狂人日记》，不觉得发了许多感想。我们中国人，最妙是一面会吃人，一面又能够讲礼教。吃人与礼教，本来是极相矛盾的事，然而他们在当时历史上，却认为并行不悖的，这真正是奇怪了！”[②] 吴虞从《狂人日记》中已经明白了一个观点：礼教即吃人。作为二千多年中国传统社会主流文化与意识形态的儒家，在吴虞看来，其本质就是摧残人性、戕害生命、扼杀新思想。“到了如今，我们应该觉悟：我们不是为君主而生的！不是为圣贤而生的！也不是为纲常礼教而生的！什么‘文节公’呀、‘忠烈公’呀，都是那些吃人的人设的圈套来诳骗我们的！我们如今应该明白了！吃人的就是讲礼教的，讲礼教的就是吃人的呀！”[③] 所以，儒家思想“祸国殃民，为祸之烈，百倍于洪水猛兽也”。[④] 中国要想跟随西方文明之步伐，首当其冲的就是应彻底打倒“孔家店”，彻底清除儒家思想的毒害。“呜呼！太西有马丁·路德创新教，而数百年来宗教界遂辟一新国土；有培根、狄卡儿创新学说，而数百年学界遂开一新天地。儒教不革命、儒学不转轮，吾国遂无新思想、新学说，何以造新国民？悠悠万事，惟此为大已吁！”[⑤] “新思想”、“新学说”、“新国民”、“新国土”等等一切新局面的开掘，无一不取决于最为关键所在——儒教革命。[⑥]

（二）吴虞对儒家孝文化之批判

1. 儒家之孝“大悖人道”

“反对旧道德，提倡新道德”是五四新文化运动两大旗帜之一。伦理道德问题在20世纪初的中国何以被提到如此高之地位？掩卷而思，良有以焉。

---

① 鲁迅：《狂人日记》，《鲁迅全集》第1卷，人民文学出版社1998年版，第424—425页。

② 吴虞：《吃人与礼教》，《吴虞集》，四川人民出版社1985年版，第167页。

③ 吴虞：《吃人与礼教》，《吴虞集》，四川人民出版社1985年版，第171页。

④ 吴虞：《明李卓吾别传》，《吴虞集》，四川人民出版社1985年版，第86页。

⑤ 吴虞：《儒家主张阶级制度之害》，《吴虞集》，四川人民出版社1985年版，第98页。

⑥ 参阅邓星盈、黄开国、唐永进、李知恕：《吴虞思想研究》，四川教育出版社1996年版；冉云飞：《吴虞和他生活的民国时代》，山东人民出版社2009年版。

当时辛亥革命之失败、袁世凯复辟帝制之丑剧、康有为呼吁成立“孔教”之活动，凡此种种，无一不与旧道德存在千丝万缕之关联。因此，以陈独秀、李大钊、鲁迅为代表的一批先进的中国人皆认识到，政治民主与旧道德势不两立。“盖伦理问题不解决，则政治学术，皆枝叶问题。纵一时舍旧谋新，而根本思想，未尝变更，不旋踵而仍复旧观者，此自然必然之事也。”[①] 因此，“吾敢断言曰：伦理的觉悟，为吾人最后觉悟之最后觉悟”。[②] 陈独秀之论，在20世纪初的中国可谓“人同此心”。吴虞在《书某氏〈社会恶劣状况论〉后》一文中，对陈独秀之论大加阐发：中国传统之道德风纪实质上是儒教之道德风纪，“故所谓道德，不过专制之道德；所谓风纪，不过儒教之风纪”。[③] 儒家学说的核心是伦理学说，儒家伦理学说的核心是孝观念，因此，吴虞对儒家孝论进行了猛烈批判。在《说孝》一文中，吴虞认为，“孝字最初的意义，是属于感恩”。孝观念起源于子孙后代的感恩意识，这一观点颇有见地，并且与现代英国直觉主义伦理学大师威廉·大卫·罗斯教授认为的感恩是一种自明道德义务的观点遥相契合。吴虞引用《论语·阳货》篇的材料进行论证：宰我问孔子：“三年之丧，期已久矣。”孔子回答说：“予之不仁也！子生三年，然后免于父母之怀。夫三年之丧，天下之通丧也。予也有三年之爱于其父母乎！”孔子认为，对父母的孝敬之情，不仅仅发自自然亲情，而且也是一种理应回报的社会道德义务。在伦理学与心理学意义上，孝敬双亲源于“感恩”意识，这是一种人与动物皆有的初始道德情怀。但是，吴虞转而又将这种感恩意识指认为世俗的商业交易行为，则令人难于苟同：“从这个意思说来，是因为当儿子的非三年不得免于父母的怀抱，所以父母的丧也必以三年去报他，如买卖之有交易一样。”孔子于此讨论“三年之丧”，实际上是从伦理学高度论证儒家孝论存在的正当性与合法性，后出的《孝经》与《春秋繁露》就是在孔子论证的基础上最终完成了这一哲学论证任务。所以，孔子在这里所说的孝与市场交易毫不相干，可谓风马牛不相及。吴虞将这种“感恩”意识定性为“买卖之有交易”，实属

① 陈独秀：《宪法与礼教》，《独秀文存》卷一，安徽人民出版社1987年版，第73页。

② 陈独秀：《吾人最后之觉悟》，《独秀文存》卷一，安徽人民出版社1987年版，第41页。

③ 吴虞：《书某氏〈社会恶劣状况论〉后》，《吴虞集》，四川人民出版社1985年版，第56页。

哗众取宠之论。如果父母子女之间果真是一种交易关系，那么，一方与另外一方是不可能存在所谓“感恩”意识。“感恩”与“买卖之有交易”之论观点对立，不可混淆。

“孝之意义，既出于报恩，于是由‘养儿防老，积谷防饥’的理由，必自孝而推及于养。”从孝源于感恩之义出发，吴虞进而指出，儒家孝道的基本内涵为养亲。他罗列了《论语》、《孟子》与《礼记》中的材料进行论证：“今之孝者，是谓能养。”[①] “世俗所谓不孝者五，惰其四支，不顾父母之养，一不孝也；博弈好饮酒，不顾父母之养，二不孝也；好货财，私妻子，不顾父母之养，三不孝也；从耳目之欲，以为父母戮，四不孝也；好勇斗很，以危父母，五不孝也。”[②] “孝者畜也，畜者养也。”值得注意的是，吴虞在此列举的三条材料中，存在着一些史实与逻辑问题：其一，吴虞借用《礼记》的记载，意在从语源学角度论证儒家孝论就是养亲。但是，吴虞在史料的征引上却采取了私自裁剪、强加于人的方法。《祭统》篇中这一段的全文应该是：“孝者，畜也。顺于道，不逆于伦，是之谓畜。是故孝子之事亲也，有三道焉：生则养，没则丧，丧毕则祭。养则观其顺也，丧则观其哀也，祭则观其敬而时也。尽此三道者，孝子之行也。”[③] 由此可以看出，吴虞不仅篡改了史料，对《祭统》篇中事亲有“顺”、“哀”、“敬”三层含义也只领略了其中一义。其二，在《论语·为政》篇材料的引用上采取了断章取义的手段，“今之孝者，是谓能养。至于犬马，皆能有养。不敬，何以别乎?”养亲是孔子孝论最低层面的规定。从物质生活方面尽心竭力供养双亲，是子女应尽之基本义务：“事父母，能竭其力；事君，能致其身；与朋友交，言而有信。”[④] 但是，如果单纯地将儒家孝论概括为“养亲”，则是以偏赅全、一叶障目；根据自己立论之需要，任意掐头去尾、断章取义，反映出吴虞学问之粗疏。如前所论，孔子认为，“养亲”是人与动物共有的本能，只有“敬亲”才使人最终与动物相区别、君子与小人相区分：“小人皆

① 杨伯峻：《论语译注·为政》，中华书局2009年版，第14页。
② 杨伯峻：《孟子译注·离娄章句下》，中华书局1960年版，第200页。
③ 孙希旦：《礼记集解·祭统》，中华书局1989年版，第1237—1238页。
④ 《论语·学而》。

能养其亲，君子不敬，何以辨！”[①] 养亲、敬亲、谏亲与慎终追远，构成孔子孝论全部内涵，并且形成层次分明、分级推进的逻辑关系。方其如此，才能正确认识与评价孔子儒家孝论。

吴虞认为，“由孝养之意义，推倒极点，于是不但做出活埋其子、大悖人道的事，又有自割其身，以奉父母为孝的”。吴虞列举古代广为传诵的“二十四孝”故事，旨在说明孔孟儒家孝道导致全社会愚孝之风愈来愈多、愈演愈烈。“二十四孝”的编撰者可能是元代郭居敬，在中国古代社会，它作为形象而生动的蒙学教材风行于世。其实在郭居敬之前，有关孝行的故事早已在社会上广为流传。譬如，托名陶渊明所撰而事实上是北齐人所著的《五孝传》，其中有虞舜、黄香、江革等人的故事；晋人徐广撰有《孝子传》一书，收在元末明初陶宗仪所编丛书《说郛》中，此种“士林罕见”之书对老莱子、郭巨、闵子骞、吴猛等人的孝行皆有记载；宋代林同撰有《孝诗》一卷，以四言诗的形式，加上诗前小序的说明，对上古至于隋唐历代倡导和实践孝行孝德的人物加以表彰和颂扬。《孝经》一书刊行于南宋，《孝诗》对郭居敬编撰“二十四孝”故事当有直接影响。迨至清代，学者茅泮林又从《艺文类聚》、《初学记》、《太平御览》等类书中，辑录十种当时已散失的隋唐以前私家撰写的《孝子传》，合称《古孝子传》。“二十四孝”在中国古代社会既然是以儿童启蒙教材的形式刊行于世，那么，它所彰扬的自然是属于主流地位的社会伦理价值指向：首先，“二十四孝”提倡与鼓励子女在孝行中应具有自我牺牲精神。细而论之，这种自我牺牲包括：自虐身体与人格（“戏彩娱亲”、“卧冰求鲤”、“恣蚊饱血”、“尝粪忧心”），舍弃既得的社会地位与利益（“弃官寻母”、“卖身葬父”），勇于献出自己生命、甚至不惜戕害他人生命（“扼虎救亲”、“为母埋儿”、“刻木事亲”）。在二十四孝中，这种倡导子女不惜在顺亲事亲中牺牲自己生命的事例，多达11例，几乎占据总数的二分之一。其次，在父母尊长与子女伦理关系的调节上，单向度地强调子女的伦理责任，忽略了父母尊长在父子关系中应尽之伦理义务。在先秦时代，“父慈”与“子孝”是并列的，其间蕴涵着各自应有的权利与责任。譬如，《论语·为政》云：“临之以庄，则敬；孝慈，则忠；

① 孙希旦：《礼记集解·坊记》，中华书局1989年版，第1288页。

举善而教不能，则劝。”《大学》云：“为人君，止于仁；为人臣，止于敬；为人子，止于孝；为人父，止于慈；与国人交，止于信。”《左传·隐公三年》云：“君义臣行，父慈子孝，兄爱弟敬，所谓六顺也。”① 《左传·昭公二十六年》又云：“礼之可以为国也久矣，与天地并。君令臣共，父慈子孝，兄爱弟敬，夫和妻柔，姑慈妇听，礼也。……父慈而教，子孝而箴，……礼之善物也。”② 何谓“慈”？贾谊《新书》解释说：“亲爱利子谓之慈。”③ “亲爱利子”包含双重内涵，父母尊长对子女有爱之心谓之“亲爱”，有抚养子女之行谓之“利子”。但是，在二十四孝中，“慈”伦理观念已荡然无存，代之而起的是片面强调子女无条件服从父母尊长意志，即使父辈是残暴不仁之徒，子女也应该逆来顺受，不可奋起论辩与抗争。复次，宣扬天人感应思想，借助于超自然的神奇力量论证孝伦理的神圣性及其存在之不容置疑性。在儒家孝论的产生与衍变历史进程中，从“天人感应”角度出发论证孝伦理观念的正当性与合法性这一哲学任务，已由汉代董仲舒所完成。因此，“二十四孝”故事在形而上学层面上并无任何创新之处，只不过是在道德教化层面反复强调与图解这一观念而已。譬如，渲染母子之间存在着神秘的心灵感应（“啮指心痛”），人间孝行感动上天神仙下凡相助（“卖身葬父”）。此外，诸如“刻木事亲”、“卧冰求鲤”、“哭竹生笋”等荒诞不经的故事，都意在表明人间的孝伦理观念是上天意志的外现，世俗的伦理道德闪烁着天上神灵的光辉。鲁迅先生在童年看了《二十四孝图》后，那些所谓的孝行引起他极大的憎恶与反感，使他痛切地认识到了孝道的虚伪与残酷：“然而我已经不但自己不敢再想做孝子，并且怕我父亲去做孝子了。家景正在坏下去，常听到父母愁柴米；祖母又老了，倘使我的父亲竟学了郭居，那么，该埋的不正是我么？”④ “历来都竭力表彰‘五世同堂’，便足见实际上同居的为难；拼命的劝孝，也足见事实上孝子的缺少。而其原因，便全在一意提倡虚伪道德，蔑视了真的人情。”⑤ 鲁迅和吴虞于此都混淆了一

① 杜预：《春秋经传集解·隐公三年》，上海古籍出版社1988年版，第23页。

② 杜预：《春秋经传集解·昭公六年》，上海古籍出版社1988年版，第1547页。

③ 阎振益、钟夏校注：《新书校注·道术》，中华书局2000年版，第303页。

④ 鲁迅：《二十四孝图》，《鲁迅全集》第2卷，人民文学出版社1981年版，第256页。

⑤ 鲁迅：《我们现在怎样做父亲》，《鲁迅全集》第1卷，人民文学出版社1981年版，第138页。

个基本的历史事实：将“二十四孝”故事彰显的孝观念等同于孔子儒家孝思想，甚至以“二十四孝”求证孔子思想之“蔑视了真的人情”、“大悖人道”。其间的逻辑与史实错漏，比比皆是。

2. 儒家孝道的社会危害性

吴虞经过考证后认为，孔子所创立的儒教“既认孝为百行之本，故其立教，莫不以孝为起点，所以‘教’字从孝”。① 儒教的根本精神是孝，孝是儒家文化之魂。因此，揭露儒家孝道的本质，等于从根基上颠覆儒家文化存在之合理性。

其一，吴虞认为，儒家孝道成为二千多年封建专制主义理论依据。《孝经·广扬名章》云：“君子之事亲孝，故忠可移于君；事兄悌，故顺可移于长；居家理，故治可移于官。”《大戴礼记·曾子大孝》也云：“故居处不庄，非孝也；事君不忠，非孝也；莅官不敬，非孝也；朋友不信，非孝也；战陈无勇，非孝也。五者不遂，灾及乎身，敢不敬乎！”② 按照这一枚举推理思维模式，孝已成为无所不摄的属概念，忠、信、敬、勇皆是孝之下的种概念。不仅如此，孝伦理又是其他一切伦理范畴存在与实践之逻辑性起点。“这个孝字的范围越发推广，不但是以孝行而言，简直是人生百行的动机了。”③ 正因为如此，历代统治者乐此不疲地大力倡导孝道。这其间的奥秘，唐玄宗体会得尤其深刻：“朕闻上古，其风朴略。虽因心之孝已萌，而资敬之礼犹简。及乎仁义既有，亲誉益著，圣人知孝之可以教人也，故因严以教敬，因亲以教爱。于是以顺移忠之道昭矣，立身扬名之义彰矣。子曰：‘吾志在《春秋》，行在《孝经》。’是知孝者，德之本与！”④ “教人”自孝始，倡导孝，就是倡导忠；孝风行天下之日，就是忠实现于天下之时。至于《春秋》与《孝经》在儒教中分别所扮演的角色，清代学者潘维城在《论语古注集笺》中作过解答：“孔子道在《孝经》，《孝经》取天子、诸侯、卿、大夫、士、庶人最重之事，顺其道而布之天下，封建以固，君臣以严，守其发肤，保其祭祀，无奔亡弑夺之祸，即有子所云孝弟之人不犯上不作乱也。

① 吴虞：《家族制度为专制主义之根据论》，《吴虞集》，四川人民出版社 1985 年版，第 62 页。
② 王聘珍：《大戴礼记解诂·曾子大孝》，中华书局 1983 年版，第 83 页。
③ 吴虞：《说孝》，《吴虞集》，四川人民出版社 1985 年版，第 173 页。
④ 李隆基：《孝经序》，载胡平生《孝经译注》附录，中华书局 1996 年版，第 54—55 页。

使人人不犯上作乱，则天下永治矣。惟不孝不弟，不能如《孝经》之顺道而逆行之，是以子弑父，臣弑君，亡绝奔走，不保宗庙社稷。是以孔子作《春秋》，明王道，制叛乱，明褒贬。《春秋》论之于已事之后，《孝经》明之于未事之先。其间相通之故，则有子此章实通彻本原之论。"[①] 所谓"论之于已事之后"，是指《春秋》对已发生的历史事实予以裁评褒贬，儆戒后来人；"明之于未事之先"，是指《孝经》以孝立教，使人绝灭犯上作乱念头，将不忠不孝之行扼杀于萌芽之中。"他们教孝，所以教忠，也就是教一般人恭恭顺顺的听他们一干在上的人愚弄，不要犯上作乱，把中国弄成一个'制造顺民的大工厂'。孝字的大作用，便是如此！"[②]

其二，儒家孝道与现代文明社会伦理精神相冲突。吴虞认为，儒家孝伦理片面强调子女应绝对无条件地服从父母尊长意志，只有父母尊长之权利，而无子女应享之权利。在这种伦理价值观的影响下，愚孝之风愈演愈烈，自虐、自残、杀人之事层出不穷。"由孝养之意义，推倒极点，于是不但做出活埋其子、大悖人道的事，又有自割其身，以奉父母为孝的。赵士麟的《汪氏孝友传》说：汪灏父患血病，灏刲股和药进，血止而霍然加健。父足患疮，其弟晨为父割左股，炼末敷之，愈。其后父疾大作，灏再割右臂以进，弗瘳，欲割肝，母夺刀泣守之，父遂卒。这类事实，历史及现代社会尚不为少，政府且从而褒扬，文士亦为之歌诵。孝养的方法，也算得淋漓尽致，——却由今日看来，真是糊涂荒谬极了。"[③] 吴虞所说的"大悖人道"的愚孝社会现象，在历史上确实存在，而且越往后，这种愚昧荒诞、令人发指的事例越多：

例一，《宋史·孝义列传》载："刘孝忠，并州太原人。母病经三年，孝忠割股肉、断左乳以食母；母病心痛剧，孝忠燃火掌中，代母受痛。母寻愈。后数岁母死，孝忠佣为富家奴，得钱以葬。富家知其孝行，养为己子。后养父两目失明，孝忠为舐之，经七日复能视。以亲故，事佛谨，尝于像前割双股肉，注油创中，然灯一昼夜。刘钧闻而召见，给以衣服、钱帛、银鞍

① 潘维城：《论语古注集笺》卷一，续修四库全书，经部四书类，第5页。

② 吴虞：《说孝》，《吴虞集》，四川人民出版社1985年版，第173页。

③ 吴虞：《说孝》，《吴虞集》，四川人民出版社1985年版，第175—176页。

勒马，署宣陵副使。开宝二年，太祖亲征太原，召见慰谕。”

例二，《宋史·孝义列传》载：“吕升，莱州人。父权失明，剖腹探肝以救父疾，父复能视而升不死。冀州南宫人王翰，母丧明，翰自抉右目睛补之，母目明如故。淳化中，并下诏赐粟帛。”

例三，《宋史·孝义列传》载：“董道明，蔡州褒信人。母死出葬，道明潜匿墓中，人瘗之，经三日，家人发冢取之，道明无恙，终身庐于墓侧。”

例四，《元史·孝友列传》载：“田改住，汶上人。父病不能愈，祷于天，去衣卧冰上一月。同县王住儿，母病，卧冰上半月。”

例五，《元史·孝友列传》载：“宁猪狗，山丹州人。母年七十余，患风疾，药饵不效，猪狗割股肉进啖，遂愈。岁余复作，不能行，猪狗手涤溷秽，护视甚周，造板舆载母，夫妇共舁，行园田以娱之。后卒，居丧有礼，乡闾称焉。”

例六，《元史·孝友列传》载：“潭州万户移剌琼子李家奴，九岁，母病，医言不可治，李家奴刲股肉，煮糜以进，病乃痊。抚州路总管管如林、浑州民朱天祥，并以母疾刲股，旌其家。”

例七，《明史·孝义列传》载：“沈德四，直隶华亭人。祖母疾，刲股疗之愈。已而祖父疾，又刲肝作汤进之，亦愈。洪武二十六年被旌。寻授太常赞礼郎。上元姚金玉、昌平王德儿亦以刲肝愈母疾，与德四同旌。”

例八，《清史稿·孝义列传》载：“周士晋，江苏嘉定人。母病久，医言惟饮人乳可生，士晋子生方九月，谋于妻李，弃道旁，以乳乳母。母病已，问儿，以殇对，后李不复妊，亦无怨。越十二年，有僧为殷氏子推命，年月日与士晋儿同，诘之，则得诸道旁者也，父子得复合。”

例九，《清史稿·孝义列传》载：“康熙间，以割臂疗亲旌者，有翁杜、佟良，与色尔岱同时有克什布。翁杜，满洲镶白旗人；佟良，蒙古镶黄旗人，官防御。克什布，满洲镶红旗人，官三等侍卫。”

例十，《清史稿·孝义列传》载：“刘宗洙，字长源；弟恩广，字锡三，湖北襄城人。父汉臣，明季从军。襄城破，被数创，几殆。恩广两耳断，号泣负以归。宗洙方走避寇，闻父难，往赴，贼截其耳鼻。居数年，父病，尝粪，时称襄城‘尝粪孝子’。父殁，与季弟宗泗同居，俄与恩广皆得官，以母老不出。母殁，恩广呕血至笃疾。或慰解，曰：‘勿复言，五内裂矣！’遂卒。宗洙积哀兼痛弟，亦呕血卒。”

值得注意的是，明清有些统治者也认识到了“割肝”、“杀子”之类愚孝社会风气的危害性，并力图加以制止。明洪武二十七年，山东日照人江伯儿“割胁肉以疗”母病，继而又“杀子以祀”。事发后，地方官员照例奏请明太祖旌表。“帝大怒曰：‘父子天伦至重。《礼》父服长子三年。今小民无知，灭伦害理，亟宜治罪。’遂逮伯儿，杖之百，遣戍海南。”不仅如此，明太祖还勒令礼部重新议定旌表例则。“礼臣议曰：‘人子事亲，居则致其敬，养则致其乐，有疾则医药吁祷，迫切之情，人子所得为也。至卧冰割股，上古未闻。倘父母止有一子，或割肝而丧生，或卧冰而致死，使父母无依，宗祀永绝，反为不孝之大。皆由愚昧之徒，尚诡异，骇愚俗，希旌表，规避里徭。割股不已，至于割肝，割肝不已，至于杀子。违道伤生，莫此为甚。自今父母有疾，疗治罔功，不得已而卧冰割股，亦听其所为，不在旌表例。’制曰：‘可’。”[①] 令人深思的是，政府虽然出台有关规定对愚孝之风进行批评甚至惩罚，并决定不再加以旌表。但是，一方面民间“割肝不已，至于杀子”的事例时有发生，另一方面，政府仍然对这种愚孝之举加以旌表：“永乐间，江阴卫卒徐佛保等复以割股被旌。而掖县张信、金吾右卫总旗张法保援李德成故事，俱擢尚宝丞。”[②] 类似明代这种情况，在清代也时有发生。“李盛山，福建罗源人。母病，割肝以救，伤重，卒。”巡抚上疏“请旌”，礼部认为此事“轻生愚孝，无旌表之例”。世宗进而下诏说：“朕惟世祖、圣祖临御万方，立教明伦，与人为善。而于例慎予旌表者，诚天地好生之盛心，圣人觉世之至道，视人命为至重，不可以愚昧误戕，念孝道为至弘，不可以毁伤为正。但有司未尝以圣贤经常之道，与国家爱养之心，明白宣示，是以愚夫愚妇救亲而捐躯，殉夫而殒命，往往有之。既有其事，若不予以旌表，无以彰其苦志。故数十年来虽未定例，仍许奏闻，且有邀恩于常格之外者。圣祖哀矜下民之盛心，如是其周详而委曲也。父母爱子，无所不至，若因己病而致其子割肝刲股以充饮馔、和汤药，纵其子无恙，父母未

① 《明史·孝义列传》。
② 《明史·孝义列传》。

有不惊忧恻怛惨惕而不安者，况因此而伤生，岂父母所忍闻乎？父母有疾，固人子尽心竭力之时，傥能至诚纯孝，必且感天地、动鬼神，不必以惊世骇俗之为，著奇于日用伦常之外。妇人从一之义，醮而不改，乃天下之正道，然烈妇难，节妇尤难。夫亡之后，妇职之当尽者更多，上有翁姑，则当代为奉养。他如修治蘋蘩，经理家业，其事难以悉数，安得以一死毕其责乎？朕今特颁训谕，有司广为宣示，俾知孝子节妇，自有常经，伦常之地，皆合中庸，以毋负国家教养矜全之德。倘训谕之后，仍有不爱躯命，蹈于危亡者，朕也不概加旌表，以成激烈轻生之习也。”[①] 清世宗在批评社会上蔚然成风的自残、自虐现象的同时，又迫不及待地“旌表”李盛山。清政府于此似乎陷入两难境地，如果不“旌表”，“无以彰其苦志”；如果大肆“旌表”，恐助长“轻生愚孝”之风。实际上，有清一代对“割肝不已，至于杀子”的“孝子”予以旌表与擢拔的事例，始终未曾中断。譬如，“吕教孚，湖南永定人。……母病将殆，思肉食，教孚方七岁，贷诸屠，屠不可，泣而归。闻母呻吟，益痛，内念股肉可啗母，取厨刀砺使利，割右股四寸许，授其女弟，方五岁，令就炉火炙以进。……乡人皆嗟异称孝童。长为诸生，学政温忠翰疏闻，寻除华容训导”。[②] 究其原因，“割肝不已，至于杀子”的行为早已成为社会风气，为人所称颂与追效，恰如雍正所言，“以成激烈轻生之习也”。此外，在历代统治阶层看来，这种自残自虐的愚孝之风对于社会教化与社会安定利大于弊。因此，历代政府虽然对此偶有批评与训斥，但更多的是默许与怂恿。

其三，儒家孝道造成纳妾、溺女等社会陋俗的盛行。“《孝经》既说：‘无念尔祖，聿修厥德。’又说：‘为之宗庙，以鬼享之。’因为要承先祖、共祭祀，必须子女绵延，是为人生最大之义务，所以孟子说：‘不孝有三，无后为大。’孝非有后不可，所以生子不待成年，已有家有室。因有后之必要，妻苟无子，即犯‘七出’之条，而纳妾的制度，又因之而起。”[③] “不孝有三，无后为大”出自《孟子·离娄上》，有的学者认为，“孟子此说，原

---

① 《清史稿·孝义列传》。

② 《清史稿·孝义列传》。

③ 吴虞：《说孝》，《吴虞集》，四川人民出版社 1985 年版，第 176 页。

本是为舜不告父母而娶二妃作辨解，这从其后的‘舜不告而娶，为无后也，君子以为犹告也’，可以清楚的看出来”。[①] 这一观点合乎史实。但是，自从孟子此言一出，“不孝有三，无后为大”俨然演变为儒家孝论重要内涵之一。因为无后为最大之不孝，所以男子可以娶三妻六妾。由此出发，一生沉溺于狎妓、纳妾之陋习而不能自拔的吴虞，却对古代的纳妾制度进行了猛烈抨击。吴虞认为，中国古代的纳妾制度就是源于儒家的“不孝有三，无后为大”。证诸史实，吴虞此论可谓混淆黑白。远在儒家产生之前，纳妾制度就已经存在。《说文》：“妾，有辠女子给事之得，接于君者。”《释名·释亲属》亦云：“妾，接也，以贱见接幸也。”王国维《殷周制度论》说：“由传子之制而嫡庶之制生焉。夫舍弟而传子者，所以息争也。兄弟之亲本不如父子，而兄之尊又不如父，故兄弟间常不免有争位之事。特如传弟既尽之后，则嗣立者当为兄之子欤？弟之子欤？以理论言之，自当立兄之子；以事实言之，则所立者往往为弟之子。此商人所以有中丁以后九世之乱，而周人传子之制正为救此弊而设也。然使于诸子之中可以任择一人而立之，而此子又可任立其欲立者，则其争益甚，反不如商之兄弟以长幼相及者犹有次第矣。故有传子之法，而嫡庶之法亦与之俱生。”[②] 商代后期出现的“嫡庶之制”、“嫡庶之法”是适应王位继承制度而产生的，即嫡妻所生长子才有权继承王位，庶子没有继承王位的资格。有“嫡庶之制”，方有宗法制度。周代宗法制度更趋严密，《左传·昭公二十六年》周王子朝引先王之命说：“王后无嫡，则择立长，年均以德，德均以卜。”从周代开始，嫡长子继承制正式成为宗法制度之核心，并进而影响了整个中国古代社会政治制度和社会结构，随之而来的是，嫡妾制度也盛行不衰。

关于溺女恶习之起源，吴虞认为，历史上一直存在的溺女恶习与儒家“不孝有三，无后为大”有着内在之关联。“生男则寝床弄璋，生女则寝地弄瓦。男女的贵贱轻重，都由于能为后不能为后的关系，而溺女之风气又因之而起。男女的人格，初生便有不同，于是又置为妻的女子于最劣弱的地

---

① 吴虞：《吴虞思想研究》，四川教育出版社1996年版，第185页。

② 王国维：《殷周制度论》，《王国维集》第四册，中国社会科学出版社2008年版，第126页。

位。”① 由纳妾、溺女恶习，进而又衍生出婚姻的不自由。“所以《礼记》说：‘子宜于妻，父母不悦，则出之。子不宜于妻，父母苟曰：‘是善事我。’则子当礼之终身。’因为男子娶妻，乃是求有后，有后所以免不孝的罪名；然而一方面妻如不宜于父母，男若容纳他，这不孝的罪名，还是不能免。这样看来，男子娶妻是一方面为父母娶的，一方面为子孙娶的，自己全不能作主，那自由恋爱的婚姻，更说不上了。”② 婚姻当事人对自己的婚姻大事没有决定权，决定权在父母尊长。婚姻只是为了繁衍后代，而无其他意义。概而论之，吴虞认为儒家“不孝有三，无后为大”思想，造成了四种社会“大病”：“（一），以有后为孝，凡无子的人，无论他有养育子女的智识能力与否，都必不可不养子。（二），以有后为孝，凡无有养妻子的财力，早已娶妻，使数千万男女常陷于贫困，辛辛苦苦，苟全性命，以度无聊的生活。（三），以有后为孝，即必行一夫多妻和蓄妾的制度。（四），因崇拜祖先而以有后为孝，遂流于保守，使四万万人作亿兆死人之奴隶，不能自拔。”③

其四，儒家孝道阻碍了中国社会的进步与发展。陈独秀在《宪法与孔教》一文中指出：“欲建设西洋式之新国家，组织西洋式之新社会，以求适今世之生存，则根本问题，不可不首先输入西洋式社会国家之基础，所谓平等人权之新信仰，对于与此新社会新国家新信仰不可相容之孔教，不可不有彻底之觉悟，猛勇之决心；否则不塞不流，不止不行！”④ 要唤醒国人冲破封建主义之羁绊，争取人格独立、人权自由与个性解放，就必须反对旧道德。要从根本上反对旧道德，就必须对孔教有“彻底之觉悟”。“讲片面的孝，‘父母在不远游’，美洲就没人发现了。‘身体发肤，受之父母，不敢毁伤’，朝鲜就没人闹独立了。‘不登高，不临深’，南北极就没人探险，潜艇飞机也就没人去试行了。”⑤ 吴虞通过中西文化之比较，指出西方文明重科学、重独立、重平等、重自由，而这些恰巧又是中国传统文化所缺欠的，造

---

① 吴虞：《说孝》，《吴虞集》，四川人民出版社 1985 年版，第 176 页。
② 吴虞：《说孝》，《吴虞集》，四川人民出版社 1985 年版，第 176 页。
③ 吴虞：《说孝》，《吴虞集》，四川人民出版社 1985 年版，第 176 页。
④ 陈独秀：《宪法与孔教》，《独秀文存》卷一，安徽人民出版社 1987 年版，第 79 页。
⑤ 吴虞：《说孝》，《吴虞集》，四川人民出版社 1985 年版，第 176 页。

成这种国民性集体缺欠的根本原因则是儒家文化的长期熏染。但是，吴虞在此犯了一个以偏赅全的逻辑性错误，片面性地将《孝经》思想当做儒家思想全部，未厘清儒家思想发生、发展的内在脉络。儒学史上的“当仁不让”、“视死如归”、“格物致知”、“寓通幾于质测”、“民为贵”、“天下为主，君为客”等命题，足以证明吴虞所言无论在逻辑上，抑或在史实上，都存在着诸多偏颇之处。

第一次鸦片战争结束之后，中国人仿佛从一场大梦中惊醒。“天朝帝国”为什么战胜不了“蛮荒小夷”？一部分先进的中国人痛定思痛之后，提出“以夷为师”，“师夷之长技以制夷”等口号。换言之，就是要打破天朝虚骄心态，虚心向西方学习。但是，西方的“长技”究竟是什么？人们的看法大相径庭。这恰如冯友兰先生所言：“首先有人认为，要学习西方的兵器；其次有人认为，要学习西方的宗教（太平天国）；再有人认为，要学习西方的工业（洋务派）；也有人认为，要学习西方的政治（戊戌维新派）。旧民主主义革命家提出要进行更全面的革命，更全面地向西方学习，但没有成功。”[①]“五四”前后的新文化运动提出西方的“长技”就是文化，中国社会要在世界上生存下去，就必须彻底废除传统的旧文化，全方位学习与吸纳西方新文化。新文化运动的这一观点极其深刻，因为它真正把握了问题的要害之处。缘此，须回答的一个问题是何谓“文化”？当时有人认为西方文化是物质文明，东方文化是精神文明，梁漱溟则认为“所谓‘文化’就是一个民族的人生态度和生活方式，其范围是极广泛的”。[②]新文化运动对“新文化”的界定令人耳目一新：“新文化运动把新文化的要点归结为两件事：民主与科学。民主，并不是专指一种社会制度，而是一种人生态度和人与人的关系；科学，并不是指一种学问，而是一种思想方法。新文化运动讲到这里，可以说是把西方的长处认识透了，把向西方学习说到家了。它所要求的实际上是一种比较彻底的思想改造，要求人们把封建主义世界观和人生观改变为资产阶级的世界观和人生观，这就是所谓‘攻心’与‘革心’的

① 冯友兰：《中国现代哲学史》，广东人民出版社1999年版，第44—45页。

② 冯友兰：《中国现代哲学史》，广东人民出版社1999年版，第86页。

真实意义。”[①] 基于此，在新文化运动过程中，任何对传统旧文化的批评、批判与否定的言词，至少在社会政治层面上具有历史进步意义。它对于冲决思想网罗、涤除旧的价值观念、全方位汲取西方先进文化功不可没。与此同时，在学术的层面上，我们也应当清醒地看到，陈独秀、胡适、钱玄同、吴虞等人对以孔子为代表的儒家思想的批判存在着诸多片面与极端之处，即所谓“深刻之片面”。具体就吴虞对孔子及其儒家的批判而言，存在着两大方面的失误：其一，未分清孔子儒家与后世儒家之差别，简单化地在孔子与儒家之间画等号，将秦汉之后儒家的思想与观点当做孔子本人的思想与观点，“关公战秦琼”的现象普遍存在；其二，未全面认识与把握孔子思想的内在精髓，“过度诠释”的现象时有发生。譬如，在对孔子与儒家孝论进行了狂风暴雨式的批判与否定之后，有人问吴虞：“子既不主张孔氏孝弟之义，当以何说代之?”吴虞回答说：“老子有言：‘六亲不和有孝慈’。然则六亲苟和，孝慈无用，余将以‘和’字代之。既无分别之见，尤合平等之规，虽蒙‘离经叛道’之讥，所不恤矣!”[②]《家族制度为专制主义之根据论》一文写于1915年，时隔四年之后，吴虞在《说孝》一文中再一次谈起他所期盼的、合乎理性的、科学的孝伦理：“讲到父子的关系，我也不敢像孔融说‘父之于子，当有何亲? 论其本意，实为情欲发耳。子之于母，亦复奚为? 譬如寄物瓶中，出则离矣’的话，却也不认儒家所主张种种的孝道。我的意思，以为父子母子不必有尊卑的观念，却当有互相扶助的责任。同为人类，同做人事，没有什么恩，也没有什么德。要承认子女自有人格，大家都向‘人’的路上走。从前讲孝的说法，应该改正。新刑律四百一十条，不见一个‘孝’字。我今天却说了一大篇，是与不是，且请大家下一个批评罢了。”[③] 吴虞在这两篇文章中反复谈到的理想化的孝伦理，无非是父子平等、人格独立、“互相扶助”。具有讽刺意味的是，吴虞所期盼的孝道恰巧正是孔子原始儒家所一再阐述的孝伦理思想。吴虞自以为颇具新意的孝论，实际上在《论语》等先秦文本中早已存在。如果说在“硝烟弥漫”的五四新文化运动前后吴虞未将先秦儒家与秦汉以后儒家分辨情有可原，那么，在

---

① 冯友兰：《中国现代哲学史》，广东人民出版社1999年版，第45页。

② 吴虞：《家族制度为专制主义之根据论》，《吴虞集》，四川人民出版社1985年版，第66页。

③ 吴虞：《说孝》，《吴虞集》，四川人民出版社1985年版，第176—177页。

尘埃落定的五四新文化运动之后，吴虞仍然将原始儒家与秦汉以后儒家混同为一、不加区别，则反映出他学术研究功力上的缺欠。值得一提的是，鲁迅在1919年11月《新青年》第6卷第6号上发表了《我们现在怎样做父亲》一文，文中所阐述新型的父子关系的立场与视角颇有新意。鲁迅一方面认为，“便是‘孝’‘烈’这类道德，也都是旁人毫不负责，一味收拾幼者弱者的方法”。另一方面则立足于西方近代文明，从“救救孩子”、“解放子女”的高度，倡导“用无我的爱”建立新的父子伦理关系：其一，“开宗第一，便是理解。”“……孩子的世界，与成人截然不同；倘不先行理解，一味蛮做，便大碍于孩子的发达。所以一切设施，都应该以孩子为本位，日本近来，觉悟的也很不少。”其二，指导。“长者须是指导者协商者，却不该是命令者。不但不该责幼者供奉自己；而且还须用全副精神，专为他们自己，养成他们有耐劳作的体力，纯洁高尚的道德，广博自由能容纳新潮流的精神，也就是能在世界新潮流中游泳，不被淹没的力量。”其三，解放。“子女是即我非我的人，但既已分立，也便是人类中的人。因为即我，所以更应该尽教育的义务，交给他们自立的能力；因为非我，所以也应同时解放，全部为他们自己所有，成一个独立的人。”总而言之，“觉醒的父母”应当具有“义务的、利他的、牺牲的”精神，解放自己的孩子，“自己背着因袭的重担，肩住了黑暗的闸门，放他们到宽阔光明的地方去；此后幸福的度日，合理的做人”。[①] 相对而言，鲁迅所阐述的新式父子伦理，渗透着浓郁的西方文明气息。其中心是“个性解放”，譬如希望成为“独立的人”，宣扬“人格的平等”，提倡“个人的自大”。对于新道德建立的途径，鲁迅主张“拿来主义”，全方位输入西方的民主与科学思想，从根本上改造中国的国民性，推动国人思想上、道德上的觉醒。

谈及近代的批孔非儒社会思潮，有一个人物不应被忽略，此人就是国学大师章太炎先生。章太炎早年也曾激愤地批孔非儒，在1902年撰写的《订孔》一文中，借日本人远藤隆吉之口驳难孔子：“孔子之出于支那，实支那之祸本也。夫差第韶、武，制为邦者四代，非守旧也。处于人表，至岩高，

① 鲁迅：《我们现在怎样做父亲》，《鲁迅全集》第一卷，人民文学出版社1981年版，第129—140页。

后生自以瞻望弗及，神葆其言，革一义，若有刑戮，则守旧自此始。故更八十世而无进取者，咎亡于孔氏。祸本成，其胙尽矣。”[①] 在1906年撰写的《诸子学略说》等文中又讥讽孔子为“湛心利禄”的“国愿”：“所谓中庸，实无异于乡愿。彼以乡愿为贼而讥之。夫一乡皆称愿人，此犹没身里巷，不求仕宦者也。若夫逢衣浅带，矫言伪行，以迷惑天下之主，则一国皆称愿人。所谓中庸者，是国愿也，有甚于乡愿者也。孔子讥乡愿，而不讥国愿，其湛心利禄又可知也。”[②] 孔子以“富贵利禄为心”，是“儒家之病”。孔子“湛心荣利”，有甚于乡愿，是“国愿”。孔子思想与近代民主革命所追求的“民权”、“民主”精神相拮抗，“我们今日要想实行革命，提倡民权，若夹杂一点富贵利禄的心，就像微虫霉菌，可以残害全身，所以孔教是断不可用的”。[③] 迨至晚年，章太炎的立场与观点大变。以上述《订孔》一文为例，1914年章太炎对《订孔》作了修订，把“孔氏”都改称为“孔子”，称赞孔子“圣人之道，罩笼群有”，孔子的“洋洋美德乎，诚非孟、荀之所逮闻也”。[④] 1933年，章太炎在苏州成立“国学会”，此后又创设“章氏国学讲习会”，同时出版《制言》杂志，自任主编。讲习会开设经学、史学、诸子学、文学等课程，由章太炎主讲。章太炎在这一时期讲学的目的，在于弘扬民族文化、呼吁尊孔读经、激励爱国热情。在1935年《答张季鸾问政书》中，断言：“中国文化本无宜舍弃者。”章太炎站在爱国主义与民族主义立场上，将读史与爱国相联系。“中国今后应永远保存之国粹，即是史书，以民族主义所托在是。”[⑤] “吾人读二十五史（《史记》至《清史稿》），法其可法，戒其可戒，非语语尽可取也。《尚书》、《周礼》、《春秋》，性质与历史为近，读之亦当如是。夫读史之效，在发扬祖德，巩固国本，不读史则不知前人创业之艰难，后人守成之不易，爱国之心，何由而起？”[⑥] 章太炎将经

① 章太炎：《订孔》，《章太炎政论选集》上册，中华书局1977年版，第179页。

② 章太炎：《诸子学略说》，《章太炎政论选集》上册，中华书局1977年版，第290—291页。

③ 章太炎：《东京留学生欢迎会演说辞》，《章太炎政论选集》上册，中华书局1977年版，第273页。

④ 章太炎：《订孔》，《章太炎政论选集》上册，中华书局1977年版，第181—186页。

⑤ 章太炎：《答张季鸾问政书》，《章太炎政论选集》下册，中华书局1977年版，第859页。

⑥ 章太炎：《论读经有利而无弊》，《章太炎政论选集》下册，中华书局1977年版，第863页。

籍归为史类，读史即读经。因此，章太炎在晚年不遗余力地呼吁尊孔读经。“儒家之学，不外修己、治人，而经籍所载，无一非修己、治人之事。《论语》：‘兴于诗，立于礼，成于乐。’又：‘不学诗，无以言；不学礼，无以立。’皆修己之道也。《周易》爻象，太半言修己之道，故孔子称：‘五十以学《易》，可以无大过。’夫修己之道，古今无二，经籍载之，儒家阐之，时有不同，理无二致。孔子以后，儒分为八，论其归趣，不相乖违。孟、荀二家，论性有别，而祁向攸同。厥后汉儒重行，宋人尚理，或实事求是，或旁参佛、老，要之，不能不以经为本。是故无论政体如何改易，时代如何不同，而修己之道，则亘古如斯；治人则稍异，古今异宜，习俗不同，不得不斟酌损益，至于尽善。……要之，读经之利有二：一，修己；二，治人。治人之道，虽有取舍，而保持国性实为最要。……余以为救之之道，舍读经末由。盖即前者所举《论语》三事，已可陶熔百千万人。夫如是，则可以处社会，可以理国家，民族于以立，风气于以正。一切顽固之弊，不革而自祛，此余所以谓有千利无一弊也。”[①] 前有《訄书》，后有《检论》，以今日之是非昨日之非。立场与观点的改变，体现的不仅仅是学问的日以渐进，也是人格的日臻完美。当然，章太炎晚年在对待孔子与儒家问题上之所以会出现这种巨大变化，也与当时中国正处于政治、经济与文化全方位民族危机之中有关。“且今日读经之要，又过往昔，在昔异族文化，低于吾华，故其入主中原，渐为吾化，今则封豕长蛇之逞其毒者，乃千百倍于往日，如吾学人，废经不习，忘民族之大闲，则必沦胥以尽，终为奴虏而已矣。有志之士，安得不深长思哉！”[②] 章太炎一生最为景仰的顾炎武尝言：“天下兴亡，匹夫有责。”自古以来，儒家一直将“国家”与“天下”两个范畴严格区分。历史上“国家”之兴亡不过是一家一姓之陵替，“天下”这一概念则不同。“天下”不仅是一政治概念，也是一地理之概念，而且更重要的它还是一文化概念。“天下”表征的是一种民族文化，是一个民族安身立命的根本标识。“天下”灭亡，意味着一个民族文化标识的寿终正寝。正因为如此，

---

① 章太炎：《论读经有利而无弊》，《章太炎政论选集》下册，中华书局1977年版，第862—868页。

② 章太炎：《论读经有利而无弊》，《章太炎政论选集》下册，中华书局1977年版，第863页。

晚年的章太炎才会四处奔波，高喊“不读史书，则无从爱其国家”。[①]“仆老，不及见河清，唯有惇诲学人，保国学于一线而已。”[②] 章太炎之吁喊，已有先儒“存亡继绝”、“续命河汾”之深意。国学存，则民族文化血脉存。像章太炎先生这样在五四新文化运动时期猛烈批孔反儒，在五四新文化运动之后又反思自我，在思想上经历了否定之否定心路历程的人，大有人在。甚至可以说当时绝大多数“先进的中国人”，都经历了这一从批判到反思、再到辩证认识的心路历程。譬如，胡适早年主张“全盘西化”，呼吁批孔，“捶碎，烧去！”[③] 晚年却一再申明：“有许多人认为我是反孔非儒的。在许多方面，我对那经过长期发展的儒教的批判是很严厉的。但是就全体来说，我在我的一切著述上，对孔子和早期的‘仲尼之徒’如孟子，都是相当尊崇的。……我不能说我自己在本质上是反儒的。”[④] 在五四新文化运动的先驱者中，钱玄同可以说是一员骁将，多次撰文呼吁废除汉字，“汉字之根本改革的根本改革”[⑤]。不仅如此，对历史上的孔子与儒教，要“摔破，捣烂，好叫大家不能再去用它”。[⑥] 但是，在1926年4月8日致周作人的信中，钱玄同对待孔子和传统文化的心态已趋向平和、宽容：“前几年那种排斥孔教，排斥旧文学的态度很应改变。”[⑦] 陈独秀在五四新文化运动中是“打倒孔家店的英雄”，叱咤风云、名盛一时。他早年曾断言“倘以旧有之孔教为是，则不得不以新输入之欧化为非。新旧之间，绝无调和两存之余地”。[⑧] 但是，晚年陈独秀又撰文指出，在现代知识的评定之下，孔子思想仍有其现代价值：“在孔子积极的教义中，若除去‘三纲’的礼教，剩下来的只是些仁、恕、忠、信等美德。”[⑨] 风云变幻、世事如棋。在尘埃落定的五四新文化运动之后，绝大多数中国知识分子都进入了集体反思之中。因为如果不能

---

① 章太炎：《历史之重要》，《制言》第五十五期。

② 章太炎：《致马宗霍书》，《章太炎政论选集》下册，中华书局1977年版，第827页。

③ 胡适：《吴虞文集·序》，《胡适文集》第2册，北京大学出版社1998年版，第610页。

④ 唐德刚：《胡适口述自传》，华文出版社1992年版，第282—283页。

⑤ 钱玄同：《汉字革命》，《钱玄同文选》，四川文艺出版社2010年版，第137页。

⑥ 钱玄同：《孔家店里的老伙计》，《钱玄同文选》，四川文艺出版社2010年版，第61页。

⑦ 钱玄同：《致周作人》，《钱玄同文集》第6册，中国人民大学出版社2000年版，第75页。

⑧ 陈独秀：《答佩剑青年》，《独秀文存》卷三，安徽人民出版社1987年版，第660页。

⑨ 陈独秀：《孔子与中国》，《陈独秀文章选编》下册，生活·读书·新知三联书店1984年版，第531页。

从片面激愤地批评中国传统文化的心结升华到对传统文化有一全面、辩证的认识，甚至“同情之理解”，就无法在知识和人格上实现自我超越。可喜可贺的是，当时绝大多数中国知识分子都已实现了这一内在自我超越。

主要参考文献

焦循撰:《孟子正义》，中华书局 1987 年版。

潘维城:《论语古注集笺》，续修四库全书，经部四书类。

阮元校刻:《春秋公羊传注疏》，十三经注疏本，中华书局 1980 年版。

阮元校刻:《春秋左传正义》，十三经注疏本，中华书局 1980 年版。

阮元校刻:《尚书正义》，十三经注疏本，中华书局 1980 年版。

阮元校刻:《孝经注疏》，十三经注疏本，中华书局 1980 年版。

阮元校刻:《周易正义》，十三经注疏本，中华书局 1980 年版。

孙诒让:《周礼正义》，中华书局 1987 年版。

《周髀算经》，上海古籍出版社 1990 年版。

《古文孝经》，丛书集成初编，中华书局 1991 年版。

《国语》，上海古籍出版社 1982 年版。

《史记》，中华书局 1959 年版。

《汉书》，中华书局 1962 年版。

《后汉书》，中华书局 1965 年版。

《三国志》，中华书局 2005 年版。

《晋书》，中华书局 1977 年版。

《宋书》，中华书局 1997 年版。

《魏书》，中华书局 1997 年版。

《隋书》，中华书局 1973 年版。

《旧唐书》，中华书局 1997 年版。

《新唐书》，中华书局 2003 年版。

《宋史》，中华书局 2004 年版。

《明史》，中华书局 1997 年版。

《清史稿》，中华书局 1977 年版。

《老子》，诸子集成本，上海书店 1986 年版。

《管子》，诸子集成本，上海书店 1986 年版。

《商君书》，诸子集成本，上海书店 1986 年版。

《慎子》，贵州人民出版社 1996 年版。

《尸子》，上海古籍出版社 1989 年版。

《孟子正义》，诸子集成本，上海书店 1988 年版。

《吕氏春秋》，诸子集成本，上海书店 1988 年版。

《鹖冠子》，中华书局 2004 年版。

《淮南子》，诸子集成本，上海书店 1986 年版。

《黄帝内经素问》，人民卫生出版社 1992 年版。

《论衡》，诸子集成本，上海书店 1986 年版。

郭庆藩辑：《庄子集释》，诸子集成本，上海书店 1986 年版。

《荀子》，诸子集成本，上海书店 1986 年版。

《越绝书》，四部丛刊史部，上海涵芬楼借江安傅氏双鉴楼藏明双柏堂刊本。

《庄子》，诸子集成本，上海书店 1986 年版。

《天文气象杂占》，上海古籍出版社 1995 年版，续修四库全书本，子部术数类。

韩婴撰，许维遹校释：《韩诗外传集释》，中华书局 1980 年版。

刘向撰，赵善诒疏证：《说苑疏证》，华东师范大学出版社 1985 年版。

刘向撰，赵仲邑注：《新序详注》，中华书局 1997 年版。

许慎：《说文解字》，中华书局 1963 年版。

荀悦：《申鉴》，上海古籍出版社 1990 年版。

应劭撰，王利器校注：《风俗通义校注》，中华书局 2010 年版。

张衡著，张震泽校注：《张衡诗文集校注》，上海古籍出版社 2009

年版。

王充:《论衡》,中华书局 1979 年版。

郭璞注、邢昺疏:《尔雅注疏》,十三经注疏本,中华书局 1980 年版。

葛洪:《抱朴子内篇》,中华书局 1985 年版。

常璩撰,任乃强校注:《华阳国志校补图注》,上海古籍出版社 1987 年版。

王弼注:《老子》,诸子集成本,上海书店 1986 年版。

释慧皎撰,汤用彤校注:《高僧传》,中华书局 1992 年版。

陆德明撰,黄焯汇校:《经典释文汇校》卷二,中华书局 2006 年版。

长孙无忌等编修,刘俊文点校:《唐律疏议》,法律出版社 1999 年版。

杜佑:《通典》,中华书局 1984 年版。

韩愈:《韩愈全集》,上海古籍出版社 1997 年版。

慧能著、郭朋校释:《坛经》,中华书局 1983 年版。

李淳风:《乙巳占》,上海古籍出版社 1995 年版,续修四库全书本,子部术数类。

瞿昙悉达:《开元占经》,中央编译出版社 2006 年版。

柳宗元:《柳河东集》,上海古籍出版社 2008 年版。

释道宣:《续高僧传》,《佛藏要籍选刊》,上海古籍出版社 1994 年版。

《宋刑统》,薛梅卿点校,法律出版社 1999 年版。

程颢、程颐:《二程集》,中华书局 1981 年版。

道原:《景德传灯录》,上海书店出版社 2010 年版。

李焘:《续资治通鉴长编》,中华书局 2004 年版。

李昉等:《太平御览》,中华书局 1960 年版。

司马光:《资治通鉴》,中华书局 1956 年版。

王溥:《唐会要》,上海古籍出版社 2006 年版。

王钦若等编:《册府元龟》,中华书局 1960 年版。

张载:《张载集》,中华书局 1978 年版。

张载:《张子全书》,朱熹注,四库全书本。

徐天麟:《东汉会要》,上海古籍出版社 1978 年版。

叶适:《习学记言序目》,中华书局 1977 年版。

朱熹:《晦庵先生朱文公文集》,国家图书馆出版社 2006 年版。
朱熹:《太极图说解》,《周子全书》卷一,中华书局 1990 年版。
朱熹:《朱子全书》,上海古籍出版社、安徽教育出版社 2003 年版。
朱熹:《四书章句集注》,中华书局 1983 年版。
朱熹:《朱熹集》,四川教育出版社 1996 年版。
陈淳:《北溪字义》,中华书局 1983 年版。
黎靖德编:《朱子语类》,中华书局 1986 年版。
朱棣:《金刚经集注》,上海古籍出版社 1984 年版。
王廷相:《王廷相集》,中华书局 1989 年版。
王廷相:《王廷相哲学选集》,中华书局 1965 年版。
王阳明:《王阳明全集》,上海古籍出版社 1992 年版。
罗钦顺:《整庵存稿》,《四库全书》集部。
释德清:《道德经解》,华东师范大学出版社 2009 年版。
高攀龙:《正蒙释》,四库存目丛书。
黄宗羲:《明儒学案》,中华书局 2008 年版。
崔述:《崔东壁先生遗书十九种》,北京图书馆出版社 2007 年版。
董诰等编:《全唐文》,中华书局 1983 年版。
纪昀总纂:《四库全书总目提要》,河北人民出版社 2000 年版。
孙希旦撰,沈啸寰、王星贤点校:《礼记集解》,中华书局 1989 年版。
孙诒让:《墨子间诂》,诸子集成本,上海书店 1988 年版。
谭嗣同:《仁学》,《谭嗣同全集》,中华书局 1998 年版。
王夫之:《船山全书》,岳麓书社 1996 年版。
王夫之:《张子正蒙注》,中华书局 1975 年版。
王聘珍:《大戴礼记解诂》,中华书局 1983 年版。
王先谦:《荀子集解》,诸子集成本,上海书店 1986 年版。
王先慎集解:《韩非子集解》,诸子集成本,上海书店 1986 年版。
张志聪:《黄帝内经集注》,浙江古籍出版社 2002 年版。
《法华经》,中国社会科学出版社 2003 年版。
严可均校辑:《全上古三代秦汉三国六朝文》,中华书局 1958 年版。
程树德:《论语集释》,中华书局 1990 年版。

徐鹏校点：《陈子昂集》，中华书局1960年版。

徐震堮：《世说新语校笺》，中华书局1984年版。

罗钦顺著，阎韬译注：《困知记》（上、下），巴蜀书社2000年版。

奚侗：《老子集解》，上海世纪出版集团2007年版。

范应元：《老子道德经古本集注》，《续古逸丛书》本，江苏古籍出版社2001年版。

陈立撰，吴则虞点校：《白虎通疏证》，中华书局1994年版。

陈奇猷：《韩非子新校注》，上海古籍出版社2000年版。

张觉校注：《商君书校注》，岳麓书社2006年版。

苏舆撰，钟哲点校：《春秋繁露义证》，中华书局1992年版。

王卡点校：《老子道德经河上公章句》，中华书局1993年版。

王洲明、徐超校注：《贾谊集校注》，人民文学出版社1996年版。

王利器校注：《新语校注》，中华书局1986年版。

王利器校注：《盐铁论校注》，天津古籍出版社1983年版。

王利器撰：《文子疏义》，中华书局2000年版。

黄永年校点：《古本竹书纪年辑校》，辽宁教育出版社1997年版。

王明：《太平经合校》，中华书局1960年版。

袁珂校注：《山海经校注》，上海古籍出版社1980年版。

曾振宇：《春秋繁露注说》，河南大学出版社2009年版。

田汉元点校：《新编汪中集》，广陵书社2005年版。

吴九龙释：《银雀山汉简释文》，文物出版社1985年版。

睡虎地秦墓竹简整理小组编：《睡虎地秦墓竹简》，文物出版社1990年版。

马承源主编：《上海博物馆藏战国楚竹书》（一），上海古籍出版社2001年版。

马承源主编：《上海博物馆藏战国楚竹书》（三），上海古籍出版社2003年版。

马承源主编：《上海博物馆藏战国楚竹书》（五），上海古籍出版社2005年版。

《云梦睡虎地秦墓》编写组：《睡虎地云梦秦简》，文物出版社1978

年版。

荆门市博物馆编：《郭店楚墓竹简》，文物出版社 1998 年版。

邓球柏：《帛书周易校释》，湖南出版社 1987 年版。

刘乐贤：《马王堆天文书考释》，中山大学出版社 2004 年版。

张家山 247 号汉墓竹简整理小组：《张家山汉墓竹简（247 号墓）》，文物出版社 2001 年版。

朱红林：《张家山汉简〈二年律令〉集释》，中国社会科学出版社，2005 年版。

王栻主编：《严复集》，中华书局 1986 年版。

汤志钧编：《章太炎政论选集》，中华书局 1977 年版。

王国维：《观堂集林》，中华书局 1959 年版。

罗振玉编：《殷墟书契后编》，1916 年影印本。

罗振玉编：《三代吉金文存》，中华书局 1983 年版。

蔡元培：《中国伦理学史》，商务印书馆 2000 年版。

梁启超：《清代学术概论》，上海古籍出版社 1998 年版。

梁启超：《先秦政治思想史》，东方出版社 1996 年版。

梁启超：《先秦政治思想史》，东方出版社 1996 年版。

梁启超：《饮冰室合集》，中华书局 1989 年版。

中央研究院主编：《历史语言研究集刊》第十七本，1948 年版。

鲁迅：《鲁迅全集》，人民文学出版社 1981 年版。

程树德：《九朝律考》，中华书局 2003 年版。

《古文孝经》（及其他三种），丛书集成初编，中华书局 1991 年版。

于省吾：《甲骨文字释林》，中华书局 1979 年版。

于省吾主编：《甲骨文字诂林》，中华书局 1996 年版。

方法敛编：《金璋所藏甲骨卜辞》，1939 年影印本。

容庚编著：《金文编》，中华书局 1985 年版。

陈梦家：《尚书通论》，中华书局 1985 年版。

陈梦家：《殷墟卜辞综述》，中华书局，1988 年版。

胡适：《胡适学术文集》，中华书局 1991 年版。

胡适：《中国哲学史大纲》，东方出版社 1996 年版。

傅斯年:《民族与古代中国史》，河北教育出版社 2002 年版。

郭沫若:《卜辞通纂》，科学出版社 1983 年版。

郭沫若:《管子集校》，《郭沫若全集》历史编第五卷，人民出版社 1984 年版。

郭沫若:《郭沫若全集》历史编第 2 卷，人民出版社 1982 年版。

郭沫若:《郭沫若全集》历史编第 1 卷，人民出版社 1982 年版。

郭沫若:《两周金文辞大系考释》，上海书店出版社 1999 年版。

郭沫若:《青铜时代》，人民出版社 1954 年版。

顾颉刚主编:《古史辨》第一册，上海古籍出版社 1982 年版。

罗根泽编著:《古史辨》第四册，上海古籍出版社 1982 年版。

顾颉刚主编:《古史辨》第五册，上海古籍出版社 1982 年版。

高亨:《老子注译》，《高亨著作集林》第五卷，清华大学出版社 2004 年版。

高亨:《周易大传今注》，齐鲁书社 1979 年版。

钱穆:《先秦诸子系年》，商务印书馆 2002 年版。

黄云眉:《古今伪书考补正》，齐鲁书社 1979 年版。

张心徵编著:《伪书通考》，上海书店出版社 1998 年版。

蒋伯潜:《诸子通考》，浙江古籍出版社 1985 年版。

刘梦溪主编:《中国现代学术经典·冯友兰卷》，河北教育出版社 1996 年版。

冯友兰:《中国现代哲学史》，广东人民出版社 1999 年版。

冯友兰:《中国哲学简史》，北京大学出版社 1985 年版。

冯友兰:《中国哲学史》，华东师范大学出版社 2000 年版。

冯友兰:《中国哲学史新编》，人民出版社 1982 年版。

傅隶朴:《春秋三传比义》，中国友谊出版公司 1984 年版。

《山东省志》编纂委员会编:《山东省志·曾子志》，山东人民出版社 2001 年版。

北京大学历史系《论衡》注释小组:《论衡注释》，中华书局 1979 年版。

陈鼓应:《老子今注今译》，商务印书馆 2003 年版。

陈鼓应：《管子四篇诠释》，商务印书馆 2006 年版。

陈来：《古代宗教与伦理——儒家思想的根源》，生活·读书·新知三联书店 1996 年版。

陈来：《古代思想文化的世界》，生活·读书·新知三联书店 2009 年版。

陈胜粦：《林则徐与鸦片战争论稿》，中山大学出版社 1990 年版。

崔大华：《庄学研究》，人民出版社 1992 年版。

崔瑞德、鲁惟一：《剑桥中国秦汉史》，中国社会科学出版社 1992 年版。

邓星盈、黄开国、唐永进、李知恕：《吴虞思想研究》，四川教育出版社 1996 年版。

冯天瑜：《中华元典精神》，上海人民出版社 1994 年版。

赵宗正、谢祥皓、高晨阳编：《孔孟荀比较研究》，山东大学出版社 1989 年版。

高令印、乐爱国：《王廷相评传》，南京大学出版社 1998 年版。

葛荣晋：《王廷相和明代气论》，中华书局 1990 年版。

顾德融、朱顺龙：《春秋史》，上海人民出版社 2001 年版。

郭霭春主编：《黄帝内经素问语译》，人民卫生出版社 1992 年版。

郭成伟点校：《大元通制条格》，法律出版社 2000 年版。

武威县博物馆：《汉简研究文集》，甘肃人民出版社 1984 年版。

梁涛：《郭店竹简与思孟学派》，中国人民大学出版社 2008 年版。

郭梨华：《出土文献与先秦儒道哲学》，（台湾）万卷楼图书股份有限公司 2008 年版。

丁四新：《郭店楚墓竹简思想研究》，东方出版社 2000 年版。

杨朝明：《儒家文献与早期儒学研究》，齐鲁书社 2002 年版。

郭沂：《郭店楚简与先秦学术思想》，上海教育出版社 2001 年版。

姜广辉主编：《郭店简与儒学研究》（《中国哲学》第二十一辑），辽宁教育出版社 2000 年版。

金春峰：《汉代思想史》，中国社会科学出版社 1987 年版。

顾颉刚：《汉代学术史略》，东方出版社 1996 年版。

郭汉民:《晚清社会思潮研究》，中国社会科学出版社 2003 年版。

郭湛波:《近五十年中国思想史》，山东人民出版社 1997 年版。

何怀宏:《底线伦理》，辽宁人民出版社 1998 年版。

贺麟:《文化与人生》，商务印书馆 1988 年版。

侯外庐、赵纪彬、杜国庠:《中国思想通史》，人民出版社 1957 年版。

胡平生:《孝经译注》，中华书局 1996 年版。

黄留珠:《秦汉仕进制度》，西北大学出版社 1985 年版。

黄一农:《社会天文学史十讲》，复旦大学出版社 2004 年版。

黄永武主编:《敦煌宝藏》，（台北）新文丰出版公司 1986 年版。

蒋庆:《公羊学引论》，辽宁教育出版社 1995 年版。

金景芳:《中国奴隶社会史》，上海人民出版社 1983 年版。

金耀基:《中国民本思想史》，（台北）商务印书馆 1993 年版。

瞿同祖:《中国法律与中国社会》，中华书局 2003 年版。

中国哲学编辑部编:《中国哲学》第 20 辑，辽宁教育出版社 1999 年版。

李方录校:《敦煌〈论语集解〉校证》，江苏古籍出版社 1998 年版。

李泽厚:《中国古代思想史论》，人民出版社 1986 年版。

李泽厚:《中国近代思想史论》，生活·读书·新知三联书店 2008 年版。

李泽厚:《历史本体论·己卯五说》，生活·读书·新知三联书店 2005 年版。

连云港市博物馆等编:《尹湾汉墓简牍》，中华书局 1997 年版。

林剑鸣:《秦汉史》，上海人民出版社 2003 年版。

刘朝阳:《刘朝阳中国天文学史论文选》，大象出版社 2000 年版。

刘发贵:《罗钦顺评传》，南京大学出版社 2001 年版。

刘笑敢:《老子古今》，中国社会科学出版社 2006 年版。

刘钊:《郭店楚简校释》，福建人民出版社 2005 年版。

吕思勉:《秦汉史》，中国友谊出版公司 2009 年版。

茅元仪辑:《武备志》，（台北）宗青·华世出版社 1996 年版。

摩尔根:《古代社会》，商务印书馆 1983 年版。

牟宗三:《历史哲学》，（台北）学生书局 1988 年版。

牟宗三：《中国哲学的特质》，上海古籍出版社 1997 年版。

牟宗三：《中国哲学十九讲》，上海古籍出版社 1997 年版。

牛仰山、孙鸿霓编：《严复研究资料》，海峡文艺出版社 1990 年版。

潘吉星主编：《李约瑟文集》，辽宁科学技术出版社 1986 年版。

钱大群：《唐律研究》，法律出版社 2000 年版。

任继愈主编：《中国哲学发展史》（先秦卷），人民出版社 1983 年版。

任继愈主编：《中国哲学发展史》（秦汉卷），人民出版社 1985 年版。

沙知录校：《敦煌契约文书辑校》，江苏古籍出版社 1998 年版。

商务印书馆编辑部：《论严复与严译名著》，商务印书馆 1982 年版。

沈家本撰，邓经元、骈宇骞点校：《历代刑法考》，中华书局 1985 年版。

汤用彤：《汤用彤学术论文集》，中华书局 1983 年版。

唐君毅：《中国文化之精神价值》，广西师范大学出版社 2005 年版。

唐君毅：《中国哲学原论》，中国社会科学出版社 2005 年版。

童书业：《春秋左传研究》，上海人民出版社 1980 年版。

退溪学丛书编辑委员会编辑：《陶山全书》，［韩］高丽书籍株式会社 1988 年版。

王世舜：《尚书译注》，四川人民出版社 1982 年版。

王文亮：《中国圣人论》，中国社会科学出版社 1993 年版。

王运熙、王国安评注：《汉魏六朝乐府诗评注》，齐鲁书社 2000 年版。

韦政通：《中国的智慧》，中国和平出版社 1988 年版。

韦政通：《中国思想史》，（台北）水牛出版社 1994 年版。

向世陵、冯禹：《儒家的天论》，齐鲁书社 1991 年版。

蒙培元：《理学的演变》，福建人民出版社 1984 年版。

蒙培元：《理学范畴系统》，人民出版社 1987 年版。

丁为祥：《虚气相即》，人民出版社 2000 年版。

杨立华：《气本与神化》，北京大学出版社 2008 年版。

孟祥才、胡新生：《齐鲁思想文化史——从地域文化到主流文化》，山东大学出版社 2002 年版。

潘德荣：《文字·诠释·传统：中国诠释传统的现代转化》，上海译文出版社 2003 年版。

彭永捷:《朱陆之辩——朱熹陆九渊哲学比较研究》,人民出版社 2002 年版。

谢桂华、李均明、朱国炤:《居延汉简释文合校》,文物出版社 1987 年版。

徐复观:《中国艺术精神》,春风文艺出版社 1987 年版。

徐中舒:《先秦史论稿》,巴蜀书社 1992 年版。

薛安勤、王连生注译:《国语译注》,吉林文史出版社 1991 年版。

严灵峰:《老庄研究》,中华书局 1966 年版。

阎韬译注:《困知记全译》,巴蜀书社 2000 年版。

杨鸿烈:《中国法律思想史》,中国政法大学出版社 2004 年版。

杨柳桥注:《荀子诂译》,齐鲁书社 1985 年版。

杨荣国:《中国古代思想史》,人民出版社 1973 年版。

叶秀山:《前苏格拉底研究》,生活·读书·新知三联书店 1982 年版。

余明光等注校:《黄帝四经今注今译》,岳麓书社 1993 年版。

俞荣根:《儒家法思想通论》,广西人民出版社 1998 年版。

俞晓群:《数术探秘》,生活·读书·新知三联书店 1994 年版。

袁保新:《老子哲学之诠释与重建》,(台北)文津出版社 1997 年版。

袁保新:《孟子三辨之学的历史省察与现代诠释》,台湾文津出版社 1992 年版。

张岱年:《中国古典哲学概念范畴要论》,中国社会科学出版社 1989 年版。

张岱年:《中国哲学大纲》,中国社会科学出版社 1982 年版。

张立文主编:《气》,中国人民大学出版社 1990 年版。

李存山:《中国气论探源与发微》,中国社会科学出版社 1990 年版。

张涛译注:《列女传译注》,山东大学出版社 1990 年版。

张涛注译:《孔子家语注译》,三秦出版社 1998 年版。

赵清、郑城编:《吴虞集》,四川人民出版社,1985 年版,

赵守正:《管子注译》,广西人民出版社 1987 年版。

哲学研究编辑部编:《老子哲学讨论集》,中华书局 1959 年版。

朱汉民：《忠孝道德与臣民精神——中国传统臣民文化论析》，河南人民出版社 1994 年版。

石俊、杨宪邦等：《中国哲学通史》，中国人民大学出版社 1988 年版。

周锡山编校：《王国维集》，中国社会科学出版社 2008 年版。

唐德刚：《胡适口述自传》，华文出版社 1992 年版。

林文光选编：《钱玄同文选》，四川文艺出版社 2010 年版。

刘思源主编：《钱玄同文集》，中国人民大学出版社 2000 年版。

陈独秀：《独秀文存》，安徽人民出版社 1987 年版。

陈炎：《多维视野中的儒家文化》，山东教育出版社 2006 年版。

颜炳罡：《当代新儒学引论》，北京图书馆出版社 1998 年版。

［古希腊］亚里士多德：《形而上学》，商务印书馆 1959 年版。

［德］伽达默尔：《真理与方法》，上海译文出版社 1999 年版。

［德］黑格尔：《逻辑学》，商务印书馆 1966 年版。

［德］黑格尔：《小逻辑》，商务印书馆 1986 年版。

［德］黑格尔：《哲学史讲演录》，商务印书馆 1995 年版。

［德］康德：《实践理性批判》，商务印书馆 1960 年版。

［德］雅斯贝尔斯：《历史的起源与目标》，华夏出版社 1989 年版。

［美］保罗·蒂利希：《系统神学》，上海三联书店 1999 年版。

［美］本杰明·史华兹：《古代中国的思想世界》，江苏人民出版社 2004 年版。

［美］艾兰、［英］魏克彬原编，邢文编译：《郭店〈老子〉——东西方学者的对话》，学苑出版社 2002 年版。

［英］麦克唐纳·罗斯：《莱布尼茨》，中国社会科学出版社 1987 年版。

［英］达尔文：《人类的由来》，商务印书馆 1983 年版。

［英］李约瑟：《中国科学技术史》第二卷《科学思想史》，科学出版社、上海古籍出版社 1990 年版。

［英］罗素著，何兆武、李约瑟译：《西方哲学史》，商务印书馆 1991 年版。

［英］耶方斯著，严复译：《名学浅说》，商务印书馆 1981 年版。

［法］列维·布留尔：《原始思维》，商务印书馆1994年版。

［日］安居香山、中村璋八辑：《纬书集成》，河北人民出版社1994年版。

［日］池田知久著，曹峰译：《池田知久简帛研究论集》，中华书局2006年版。

［日］小野泽精一等编著：《气的思想》，上海人民出版社1990年版。

［日本］池田知久：《中国思想史上“自然”之产生》，《民族论坛》1994年第3期。

［韩］徐敬德：《花潭集》，《李朝名贤集》，［韩］骊江出版社1988年版。

［韩］韩国哲学会编：《韩国哲学史》，社会科学文献出版社1992年版。

［美］本杰明·史华兹著、程刚译：《古代中国的思想世界》，江苏人民出版社2004年版。

［美］陈荣捷：《朱学论集》，（台北）学生书局1982年版。

［美］成中英：《合外内之道——儒家哲学论》，中国社会科学出版社2001年版。

［美］狄百瑞著，黄永婴译：《儒家的困境》，北京大学出版社2009年版。

［美］杜维明著，曹幼华等译：《儒家思想新论——创造性转换的自我》，江苏人民出版社1996年版。

［美］费正清、赖肖尔主编：《中国：传统与变革》，江苏人民出版社1992年版。

［美］赫伯特·芬格莱特著，彭国翔、张华译：《孔子——即凡而圣》，江苏人民出版社2002年版。

［美］郝大维、安乐哲著，何金俐译：《通过孔子而思》，北京大学出版社2005年版。

［美］鲁·马利诺夫著、马方方等译：《中庸之道》，当代中国出版社2008年版。

［美］刘梦溪：《传统的误读》，河北教育出版社1996年版。

［美］墨子刻：《摆脱困境》，江苏人民出版社1995年版。

[美] 倪德卫著，周炽成译：《儒家之道——中国哲学之探讨》，江苏人民出版社 2006 年版。

[美] 田浩编，杨立华、吴艳红等译：《宋代思想史论》，社会科学文献出版社 2003 年版。

[美] 田浩：《朱熹的思维世界》，江苏人民出版社 2009 年增订版。

[美] 许倬云：《中国古代社会史论》，广西师范大学出版社 2006 年版。

[美] 余英时：《士与中国文化》，上海人民出版社 2003 年版。

[美] 余英时：《历史与思想》，（台北）联经出版事业公司 1992 年版。

[美] 余英时：《朱熹的历史世界——宋代士大夫政治文化的研究》，生活·读书·新知三联书店 2004 年版。

中共中央马克思恩格斯列宁斯大林著作编译局编：《马克思恩格斯选集》，人民出版社 1972 年版。

北京大学哲学系外国哲学史教研室编译：《西方哲学原著选读》，商务印书馆 1981 年版。

汪子嵩等：《希腊哲学史》第一卷，人民出版社 1993 年版。

北京大学哲学系外国哲学教研室编译：《古希腊罗马哲学》，商务印书馆 1982 年版。

苗力田主编：《古希腊哲学》，中国人民大学出版社 1989 年版。

后　　记

日本著名学者沟口雄三曾经指出，目前对中国思想与历史的研究，都是“没有中国的中国学”。“这三百年来，我们习惯用西洋标准来看待世界问题，用西洋的规律来研究亚洲历史。中国是最大也最古老的文明圈，有自己的特殊规律。但这三百年来，不，这四千年来，世界上没有产生真正研究中国的历史。中国人自己也一样。现在很多中国年轻人说，为什么中国落后（不如日本）？为什么日本那样快？都是把西洋的看法作为标准的看法。我们研究中国的目的是要了解整个中国的历史、文明、价值及其与西洋不同的原理，那时才能站在真正多元性历史观上研究中国。”美国学者柯文教授也一针见血提出了“中国中心观”，批评“凡是近代的就是西方的，而西方的就是重要的”西方文明中心论立场。日本与美国学者的这些观点，犹如当头棒喝，足以使中国学人既感到震惊又羞愧难当。为何海外学者有如此深邃且清醒的认识？为何本土学者亦步亦趋跟在西洋学者后面拾人牙慧还自诩“高深”、“现代”与“进步”？20 世纪 50 年代末那场声势浩大的老子哲学大讨论，就是一场典型的“汉话胡说”的学术案例，无论所使用的原理、方法，还是概念、范畴，都来自西洋哲学。实际上时至今日，学术界都没有对“没有中国的中国学”进行全面而深刻的反思与检讨。每当听到刚进校门的博士生大谈中国思想史“本体论”、“唯物主义”、“理念”时，心中油然而生“墨子悲丝、杨朱泣歧”之慨叹。“梦里不知身是客，一晌贪欢。”大梦初醒，我们该思考如何实现“有中国的中国学”。梁启超所言“吾侪所恃之利器实洋货”是典型的“以西释中”，韩愈所言“中国则中国之，夷狄则夷狄之”也有狭隘民族主义立场之嫌。鸦片战争一声炮响，炸开的不只是没落清政府的国门，更深刻的危机还在于掠夺中国文化的特殊性。如何将被掠夺的文化精神与文化立场回归文化中国？这是目前企盼“文化自觉”的中国学人面临的重大课题。“谁能出不由户，何莫由斯道也！”正确的道路当是坚守文明多元论立场，在多元性世界中寻找中国文化的独特性，有特殊性才能有真正的普遍性。

曾振宇

2012年3月9日于中国孔子研究院